Busche

# Dozentenhandbuch Waffensachkundelehrgang

# Zur Verwendung des Buches

Als Lehrgangsträger, besonders aber als Fachdozent für die rechtlichen Inhalte eines Lehrgangs zur Erlangung der Sachkunde nach § 7 WaffG oder im Rahmen der Jagdausbildung, haben Sie die fast unlösbare Aufgabe, Ihren Auszubildenden die komplexe Materie des Waffengesetzes zu vermitteln. Die Vorschriften, nicht selten ohne logischen Zusammenhang oder aus den Erfordernissen des Alltags nur schwer ableitbar, sind selbst für Praktiker im behördlichen Bereich kaum in ihrer Gesamtheit zu erfassen, und auch im Rahmen der polizeilichen Ausbildung, die in der Regel mehr Zeit bietet als ein herkömmlicher Sachkundelehrgang im zivilen Bereich, gelingt es meist nur mühsam, die Regelungen in dem für den späteren Umgang mit Waffen und Munition erforderlichen Umgang zu vermitteln.

Dieses Dozentenhandbuch enthält zunächst den Inhalt des bewährten Lehrbuches zur Waffensachkunde, wie es in verschiedenen Ausgaben in Lehrgängen zur Vorbereitung auf die Waffensachkundeprüfung eingesetzt wird. Daneben enthält es auch Gesetzestexte, teilweise im Volltext (WaffG und AWaffV), teilweise in Auszügen, die sich auf die lehrgangsrelevanten Inhalte beschränken. Zusätzlich sind in einem Kapitel Kontrollfragen enthalten, die durch den Dozenten zur Auflockerung des Unterrichts, insbesondere aber zur Lernkontrolle durch den Vortragenden während des Lehrgangstages genutzt werden können.

Besonders wertvoll sind aber die ebenfalls in dieser Dozentenausgabe enthaltenen Auszüge aus dem Hauptband der Reihe „Waffenrecht" des Autors (ISBN 9783963940231, im Buchhandel erhältlich oder direkt über den Verlag bestellbar), die neben Erklärungen zu Grundbegriffen des Waffenrechts besondere Schwerpunktthemen vermitteln wie die gesetzeskonforme Aufbewahrung von Waffen und Munition oder die Voraussetzungen für einen Entzug waffenrechtlicher Erlaubnisse durch die Waffenbehörde. Die Idee hinter dieser Zusammenfassung von den Inhalten des Ausbildungshandbuch und vertiefendem Hintergrundwissen für den Ausbilder ergab sich aus der praktischen Tätigkeit als Sachkundedozent – stets gelingt es Teilnehmern, den Dozenten mit Detailfragen zu konfrontieren, auf die auch erfahrene Lehrer nicht unmittelbar antworten können. Aus diesem Grunde enthält das Vertiefungskapitel vorbereitenden Lernstoff für den Ausbilder, dient aber zugleich als Nachschlagewerk während des Lehrgangstages, um beispielsweise komplexere Fragestellungen zur Aufbewahrung sicher beantworten zu können.

André Busche

# Dozentenhandbuch zum Waffensachkundelehrgang

Waffenrecht • Beschussrecht
Waffentechnik • Munitionskunde
Seenotsignalmittel • Handhabung
Bewachungsgewerbe • Vertiefungskapitel
Kontrollfragen • Gesetzestexte

Bibliografische Information der Deutschen Nationalbibliothek

Die Deutsche Nationalbibliothek verzeichnet diese Publikation in der Deutschen Nationalbibliografie; detaillierte bibliografische Daten sind im Internet über http://dnb.d-nb.de abrufbar. (D2)


Verlag: Juristischer Fachverlag André Busche
Gneisenaustraße 1, 24105 Kiel

Alle Hinweise und Angaben in diesem Buch wurden vom Autor sorgfältig recherchiert. Trotzdem kann keine Gewähr für die Richtigkeit der Angaben gegeben werden.

Die Informationen zu Recht und verwandten Themen dienen der allgemeinen Information und nicht der Beratung im Falle eines individuellen rechtlichen Anliegens. Verwenden Sie daher die hier bereitgestellten Informationen niemals als alleinige Quelle für rechtsbezogene Entscheidungen und ziehen Sie weitere Informationsquellen hinzu.



Die Verwendung männlicher Substantive intendiert bei möglicher abweichender weiblicher oder diverser Form deren Inklusion.

ISBN-13: 978-3-96394-090-3 13. Auflage

www.juristischer-fachverlag.de

## Inhaltsverzeichnis

# Abkürzungsverzeichnis

| | | |
|---|---|---|
| A | ...... | *Abschnitt (in einer Anlage des WaffG)* |
| Abs. | ...... | *Absatz* |
| aF | ...... | *alter Fassung; Rechtslage vor 6.7.2017* |
| AG | ...... | *Amtsgericht* |
| AWaffV | ...... | *Allgemeine Waffengesetz-Verordnung* |
| BAFA | ...... | *Bundesamt für Wirtschaft und Ausfuhrkontrolle* |
| BeschG | ...... | *Beschussgesetz* |
| Beschl. | ...... | *Beschluss* |
| BeschussV | ...... | *Beschussverordnung* |
| BGB | ...... | *Bürgerliches Gesetzbuch* |
| BGH | ...... | *Bundesgerichtshof* |
| BJagdG | ...... | *Bundesjagdgesetz* |
| BKA | ...... | *Bundeskriminalamt* |
| BR-Drs. | ...... | *Bundesratsdrucksache* |
| BT-Drs. | ...... | *Bundestagsdrucksache* |
| BVA | ...... | *Bundesverwaltungsamt* |
| BVerfG | ...... | *Bundesverfassungsgericht* |
| BVerwG | ...... | *Bundesverwaltungsgericht* |
| CIP | ...... | *Commission Internationale Permanente pour l'Epreuve des Armes à Feu Portatives* |
| EN | ...... | *Europäische Norm* |
| GG | ...... | *Grundgesetz* |
| idF | ...... | *in der Fassung (vom)* |
| idR | ...... | *in der Regel* |
| IPSC | ...... | *International Practical Shooting Confederation* |
| iVm | ...... | *in Verbindung mit* |
| KrWaffKontrG | ...... | *Gesetz über die Kontrolle von Kriegswaffen* |
| lfB | ...... | *lang für Büchse („Kleinkaliber")* |
| LG | ...... | *Landgericht* |
| LKA | ...... | *Landeskriminalamt* |
| mVa | ...... | *mit Verweis auf* |
| OLG | ...... | *Oberlandesgericht* |
| OVG | ...... | *Oberverwaltungsgericht* |
| Rn. | ...... | *Randnummer* |
| SprengG | ...... | *Gesetz über explosionsgefährliche Stoffe (Sprengstoffgesetz)* |
| StGB | ...... | *Strafgesetzbuch* |
| UA | ...... | *Unterabschnitt (in einer Anlage des WaffG)* |
| Urt. | ...... | *Urteil* |
| UVV | ...... | *Unfallverhütungsvorschrift* |
| VG | ...... | *Verwaltungsgericht* |
| VGH | ...... | *Verwaltungsgerichtshof* |
| VO | ...... | *Verordnung* |
| WaffG | ...... | *Waffengesetz* |
| WaffRÄndG | ...... | *Waffenrechtsänderungsgesetz* |
| WaffRG | ...... | *Waffenregistergesetz* |
| WaffVwV | ...... | *Allgemeine Verwaltungsvorschrift zum WaffG* |
| WBK | ...... | *Waffenbesitzkarte* |
| WS | ...... | *Waffenschein* |
| zB | ...... | *zum Beispiel* |

Im ersten Kapitel des Buches werden **Aufbau und Zweck des Waffengesetzes** beschrieben. Zudem werden die grundlegenden Begriffe des Waffenrechts, nämlich Waffe, Schusswaffe, Munition und Umgang erläutert.

Die Kenntnis der **Grundlagen des Waffengesetzes** ist für jeden Besitzer einer Schusswaffe von Bedeutung – ohne ein solides Wissen um die Fachbegriffe sind die teils sehr komplizierten Regelungen des Waffengesetzes nur schwer nachvollziehbar. Da aber schon vermeintlich geringfügige Verstöße gegen waffengesetzliche Regelungen zum Entzug einer Erlaubnis führen können, sollten diese Grundlagen gelernt und auch verstanden werden.

Das **Lernziel** ist das Verstehen der grundlegenden Begriffe und die Fähigkeit, eine Waffe einer bestimmten Waffenart sicher zuzuordnen und auch die Umgangsart zu benennen.

Die **wichtigsten Fakten** in diesem Kapitel:

- **Waffen** sind **Schusswaffen** und ihnen **gleichgestellte Gegenstände** sowie **tragbare Gegenstände**, die entweder **dazu bestimmt** sind, Menschen zu verletzen, oder, wenn sie nicht dazu bestimmt sind, zumindest **dazu geeignet** sind **und** in der **Anlage 1 des Waffengesetzes genannt** sind.
- Die **Begriffe der Waffen und Munition** sind in der **Anlage 1** des Gesetzes verzeichnet. Die **Anlage 2** enthält konkrete Angaben zu **Verboten**, **Erlaubnispflichten** und **Freistellungen**.
- **Wesentliche Teile** von Schusswaffen und **Schalldämpfer** sind den Schusswaffen gleichgestellt, für die sie bestimmt sind, wenn das Gesetz nicht etwas anderes bestimmt.
- Zu den wesentlichen Teilen zählen insbesondere der **Lauf**, der **Verschluss** und das **Gehäuse** (bei Kurzwaffe: **Griffstück**).
- **Umgang** mit einer Waffe hat insbesondere, wer diese Waffe **erwirbt**, **besitzt**, **überlässt**, **führt** oder mit ihr **schießt**.
- Es **schießt** insbesondere, wer mit einer Schusswaffe Geschosse durch einen Lauf verschießt.
- Grundsätzlich dürfen **nur Volljährige** mit Waffen umgehen; Ausnahmen sind möglich auf genehmigten Schießstätten.
- **Langwaffen** sind in der kürzesten bestimmungsgemäß verwendbaren Gesamtlänge länger als 60 cm und ihr Lauf und ihr Verschluss sind in geschlossener Stellung über 30 cm lang; andere Waffen werden als **Kurzwaffen** bezeichnet.

Als erweiterter **Lernstoff** bietet sich die Lektüre der Anlage 1 des Waffengesetzes an. Hier sind die Begriffe der verschiedenen Arten von Waffen übersichtlich aufgelistet.

# 1. Das Waffengesetz (WaffG)

Das Waffengesetz und die **Allgemeine Waffengesetz-Verordnung** (AWaffV) regeln den Umgang mit Waffen und Munition. Ergänzt wird das Waffengesetz durch das **Beschussgesetz** nebst Verordnung. Das Waffengesetz ist nicht anzuwenden auf Kriegswaffen (diese unterliegen dem **Kriegswaffenkontrollgesetz**) und Böller (diese unterliegen dem **Beschussgesetz**).

## 1.1. Zielsetzung des Gesetzes

Das Waffengesetz reguliert die Nutzung von Waffen oder Munition, je nach Art oder Verwendung, durch Freistellung, Verbot oder Erlaubnisvorbehalt. Dabei spielt der Begriff „Bedürfnis" eine zentrale Rolle – wer ein besonders anzuerkennendes Interesse in wirtschaftlicher oder persönlicher Hinsicht glaubhaft machen kann, erhält in der Regel die Erlaubnis zum Umgang – die höchstrichterlich[1] regelmäßig bestätigte Absicht, „so wenig Waffen wie möglich ins Volk" gelangen zu lassen, wird damit allerdings nicht unterlaufen. Die Erteilung der Erlaubnis ist an weitere Voraussetzungen geknüpft, die sich auf körperlich-geistige Eigenschaften wie auch auf das Sozialverhalten des Erlaubnisinhabers beziehen. So soll sichergestellt werden, dass dieser (legale) Waffenbesitz keine Gefahr für die Allgemeinheit darstellt. Entfällt das Bedürfnis oder eine der weiteren Voraussetzungen, etwa die persönliche Eignung durch geistigen Verfall, ist die Erlaubnis zu entziehen.

## 1.2. Systematik des Gesetzes

**§ 1 WaffG** enthält die wesentlichen Gedanken zur Struktur des Gesetzes:

- **Zweckbestimmungen**
  - Regelung des Umgangs mit Waffen oder Munition
  - Berücksichtigung von Sicherheitsbelangen
- **Begriffsbestimmungen**
  - Waffe
  - Umgang

**Anlage 1 WaffG** enthält **Definitionen** zu waffengesetzlichen Begriffen.

**§ 2 WaffG** ergänzt die Ausführungen zur Struktur in § 1 WaffG durch Regelungen zum dort definierten Begriff des Umgangs, indem

- Mindestalter,
- Erlaubnisvorbehalte,
- Verbote sowie

- Ausnahmen von den vorgenannten Regelungen

beschrieben werden, die sich aus dem Gesetzestext (zum Mindestalter etwa §§ 3, 12, 27 WaffG), aber auch aus der **Waffenliste Anlage 2** ergeben.

Einige Waffenarten unterliegen nicht der Erlaubnispflicht – doch kann persönlich ungeeigneten Personen, in deren Hand diese Gegenstände Schaden anrichten können, jeglicher Umgang mit Waffen untersagt werden.

Das Waffengesetz ist gemäß §§ 55, 56 WaffG nicht anzuwenden auf Angehörige von Polizei, Bundespolizei, Zoll und Bundeswehr sowie Staatsgäste.

## 1.3. Waffenbegriff (§ 1 Abs. 2)

**Waffen sind**

- **Schusswaffen** und ihnen **gleichgestellte Gegenstände** (zum Beispiel SRS-Waffe, Armbrust, Pfeilabschussgerät, Schalldämpfer, wesentliche Teile, sonstige Vorrichtungen wie etwa Magazine) sowie
- **tragbare Gegenstände**, die **geeignet** sind, die Angriffs- oder Abwehrfähigkeit von **Menschen** zu beseitigen oder herabzusetzen, und
  - die **ihrem Wesen nach dazu bestimmt** sind, eine **Waffe zu sein** (etwa Hieb- und Stoßwaffen wie Schlagstock oder Kampfmesser), oder
  - die zwar **nicht dazu bestimmt sind, Waffe zu sein**, aber durch ihre Beschaffenheit, Handhabung oder Wirkungsweise **als Waffe dienen können** und **im Waffengesetz in der Anlage 1 ausdrücklich genannt** werden (etwa das **Faustmesser**, siehe Anlage 1 WaffG).

Die **Bestimmungstafeln** ab Seite 66 vermitteln Definitionen und Verbote.

Beachten Sie zum **Munitionsbegriff** die Ausführungen auf Seite 247.

### 1.3.1. Schusswaffen und ihnen gleichgestellte Gegenstände

**Schusswaffen** sind Gegenstände, die zum Angriff oder zur **Verteidigung**, zur **Signalgebung**, zur **Jagd**, zur **Distanzinjektion**, zur **Markierung**, zum **Sport** oder zum **Spiel** bestimmt sind und bei denen **Geschosse** durch einen **Lauf** getrieben werden. Es müssen keine „heißen Gase" das Geschoss „durch den Lauf treiben" – auch Federdruck- oder Druckluftwaffen fallen unter den Begriff der Schusswaffe und damit unter die Regelungen des Waffengesetzes. Selbst nicht für den scharfen Schuss verwendbare **Salutwaffen** oder **unbrauchbar gemachte Schusswaffen**, sogenannte

**Dekorationswaffen**, fallen rechtlich unter den Begriff der Schusswaffe im weiteren Sinne, für sie gelten aber besondere Regelungen.

Einzelne Gegenstände, die die Definition der Schusswaffe erfüllen, zum Beispiel **Blasrohre**, werden durch die Anlage 2 WaffG aus den Regelungen des WaffG fast vollständig entlassen. Blasrohre sind Schusswaffen im Sinne des Gesetzes, aber die meisten Vorschriften des Gesetzes, etwa zur sicheren Aufbewahrung oder zum Mindestalter, sind nicht auf sie anzuwenden.

**Werkzeuge** sind keine Schusswaffen, weil sie **nicht** zu den in der Definition der Schusswaffe in der Anlage 1 WaffG genannten Zwecken **bestimmt** sind, selbst dann nicht, wenn ein fester Körper durch ein ausreichend festes Rohr getrieben wird, etwa bei einem **Bolzensetzgerät**. Sie können aber Schusswaffen gleichgestellt und damit Waffe sein.

Mit dem Begriff „**Handfeuerwaffen**" bezeichnet man Lang- als auch Kurzwaffen. **Handfeuerwaffen** sind alle **tragbaren**[2] **Schusswaffen**, also solche Schusswaffen, die von einer Person aus der Hand bedienbar sind. Als **Faustfeuerwaffen** werden einhändig verwendbare Schusswaffen bezeichnet.

Der Begriff der **Feuerwaffe** wird durch das **Waffengesetz** definiert als Schusswaffe, bei der ein Geschoss mittels heißer Gase durch einen Lauf oder aus einem Lauf getrieben wird.[3]

Das **Beschussgesetz** (BeschG) erweitert den Begriff der Feuerwaffe um Geräte zum Abschießen von Munition oder hülsenlosen Treibladungen, bei denen kein Geschoss durch den Lauf getrieben wird.[4] Dadurch fallen beschussrechtlich auch **SRS-Waffen** (**S**chreckschuss-, **R**eizstoff-, **S**ignalwaffen) unter den Begriff der Feuerwaffe; waffenrechtlich gelten sie als der Schusswaffe gleichgestellte tragbare Gegenstände, die zwar zum Abschießen von Munition bestimmt sind, in denen aber eben kein Geschoss durch einen Lauf getrieben wird.[5]

Die Definitionen der Begriffe Langwaffe und Kurzwaffe finden sich in der Anlage 1 des WaffG. Danach sind **Langwaffen** Schusswaffen, deren **Lauf und Verschluss** in geschlossener Stellung insgesamt **länger als 30 cm** sind und deren kürzeste bestimmungsgemäß verwendbare **Gesamtlänge 60 cm überschreitet**. **Kurzwaffen** sind alle anderen Schusswaffen, somit also Waffen, die **höchstens 60 cm** lang sind oder deren **Lauf und Verschluss** eine Gesamtlänge von **höchstens 30 cm** haben. Entscheidend ist das Wort „und" in der Definition der Langwaffe – nur wenn beide Bedingungen, Gesamtlänge der Waffe über 60 cm und Gesamtlänge von Lauf und Verschluss über 30 cm, erfüllt sind, handelt es sich um eine Langwaffe. Schusswaffen mit glattem Lauf werden als **Flinten** bezeichnet, solche mit gezogenem Lauf oder Polygonlauf als **Büchsen**. **Pistolen** sind Kurzwaffen, bei denen Patronenlager und Lauf in der Regel eine Einheit bilden. Bei einem **Revolver** sind Patronenlager und Lauf dagegen einzelne, nicht direkt miteinander verbundene Teile einer Waffe. Die Trommel des Revolvers hat die Funktion des Patronenlagers, ist aber zugleich, wie ein Magazin, der Patronenvorrat.

**Schusswaffen gleichgestellt** ist neben **SRS-Waffen** und bestimmten tragbaren **Schussapparaten** die **Armbrust** (Anlage 1 A1 UA1 Nr. 1.2.3 WaffG). Sie ist keine Schusswaffe, da sie nicht über einen Lauf verfügt. Zwar ist sie wie eine Schusswaffe zu behandeln, ist aber von Erlaubnispflichten weitgehend freigestellt.

**Pfeilabschussgeräte** unterliegen der unbedingten Gleichstellung mit Schusswaffen. **Die Erlaubnisbefreiungen für Armbrüste** (Erwerb, Besitz und Führen der Armbrust sind von der Erlaubnispflicht befreit) **gelten nicht für Pfeilabschussgeräte**. Sie unterfallen allen Vorschriften für Schusswaffen vollumfänglich. Für **Erwerb und Besitz** benötigt man eine **Waffenbesitzarte**, zum **Führen** einen **Waffenschein.** Dabei sind alle Voraussetzungen, auch der Nachweis der **Sachkunde** und eines **Bedürfnisses,** zu erfüllen.

Ein **Bogen** ist keine Waffe und damit nicht den Vorschriften des WaffG unterworfen, da er mangels eines Laufs oder der Möglichkeit, durch Muskelkraft eingebrachte Energie zu speichern, keine der erforderlichen Definition erfüllt, es sei denn, dass er hergestellt wurde, die Angriffs- oder Abwehrfähigkeit von Menschen herabzusetzen, womit er durch seine Bestimmung zur Waffe würde (siehe § 1 Abs. 2 Nr. 2 Buchst. a WaffG).

**Magazine** sind Waffen im Sinne des WaffG, nicht aber wesentliche Teile. Sie unterliegen nicht der Erlaubnispflicht, so dass nur Regelungen für Waffen zu beachten sind, die grundsätzlich gelten, etwa zum Mindestalter oder zur Aufbewahrung. Bestimmte Wechselmagazine unterfallen einem Verbot, wenn sie mehr als die gesetzlich festgelegten Höchstmengen an Patronen aufnehmen können.

**Den Schusswaffen gleichgestellt, für die sie bestimmt sind,** sind **wesentliche Teile**, soweit das Gesetz im Einzelfall keine anderen Vorschriften enthält. Es handelt sich also um eine bedingte Gleichstellung. So gilt für den Erwerb und Besitz eines Laufes für eine erlaubnispflichtige Kurzwaffe die Erlaubnispflicht grundsätzlich in vollem Umfang – zu den **Ausnahmen** für bestimmte Austausch- und Wechselläufe beachten Sie bitte das entsprechende Kapitel 1.3.1.5 dieses Buches. Ist beispielsweise der Erwerb und Besitz einer Waffe erlaubnisfrei (z. B. Druckluftwaffe mit Kennzeichen „F im Fünfeck“), kann ein Lauf für diese Waffe erlaubnisfrei erworben werden.

**Wesentliche Teile** sind **Lauf** oder **Gaslauf**, **Verschluss, Verbrennungskammer** (bei Antrieb durch Gasgemische), fest mit der Waffe verbundene **Antriebsvorrichtungen, Patronen- bzw. Kartuschenlager** sowie **Gehäuse einer Waffe**. Gleiches gilt für die **Trommel**.

Das **Gehäuse** ist das Bauteil, das den Lauf, die Abzugsmechanik und den Verschluss aufnimmt im Sinne einer Verbindung durch Kraft oder Form; setzt sich das Gehäuse aus einem Ober- und einem Unterteil zusammen, sind beide Teile wesentliche Teile; das Gehäuseoberteil nimmt den Lauf und den Verschluss auf, das Unterteil die Abzugsmechanik. Ist die Abzugsmechanik komplett als **Rahmen** entnehmbar, ist sie das Unterteil.

Das „**führende Teil**" der Waffe ist beispielsweise bei der Registrierung einer Waffe bedeutsam. Dabei kommt es auf die Konstruktion der Waffe an, welches wesentliche Teil das führende Teil ist. Bei Waffen, die ein Gehäuse haben, ist das Gehäuse führendes Teil; handelt es sich um ein teilbares Gehäuse mit Ober- und Unterteil, ist das Unterteil führendes Teil; bei Kurzwaffen ist das Griffstück das führende Teil. Handelt es sich um eine Waffe ohne Gehäuse, ist der Verschluss das führende Teil. Hat die Waffe weder Gehäuse noch Verschluss, ist der Lauf das führende Teil.

Ein **Schalldämpfer** ist **kein wesentliches Teil einer Schusswaffe** und auch **grundsätzlich kein verbotener Gegenstand**. Da Schalldämpfer nach Anlage 1 A1 UA1 Nr. 1.3 WaffG der **Schusswaffe**, für die sie bestimmt sind, **gleichgestellt** sind, sind die Vorschriften für diese Schusswaffe auch auf Schalldämpfer anzuwenden, sofern das Gesetz nichts anderes bestimmt. Wird also ein Bedürfnis für den Erwerb und Besitz eines Schalldämpfers nachgewiesen, kann die zuständige Behörde eine entsprechende Erlaubnis erteilen. Schalldämpfer zählen nach § 2 Abs. 2 BeschG (Beschussgesetz) nicht zu den höchstbeanspruchten Teilen einer Schusswaffe und unterliegen nicht der **Beschusspflicht** nach § 3 BeschG. Damit ist auch die Anbringung von **Prüfzeichen** nicht vorgeschrieben, ebenso wenig die **Kennzeichnung** nach § 24 WaffG mit einer Seriennummer oder Herstellerangabe. Gleichwohl sollte auf freiwilliger Basis vor Eintragung eines Schalldämpfers in eine WBK eine dauerhafte Kennzeichnung (Gravur, Laser etc.) vorgenommen werden, um die Eintragung mit einem eindeutigen Kennzeichen (Seriennummer, Besitzerkürzel o.ä.) vornehmen zu können.

Ist fraglich, wie ein Gegenstand rechtlich einzuordnen ist, entscheidet das **Bundeskriminalamt** (BKA). Dabei ist allerdings zu beachten, dass die Entscheidungen des BKA keinen Gesetzesrang haben, sondern lediglich zur **Klärung von Zweifelsfällen** dienen sollen. Eine durch das Waffengesetz bestimmte Regelung kann also nicht durch das BKA aufgehoben oder verändert werden. Ebenso ist zu beachten, dass sich solche Entscheidungen in der Regel auf einen konkreten Einzelfall beziehen müssen.

Die Entscheidungen des BKA ergehen in Form von **Feststellungsbescheiden**, die öffentlich bekannt gemacht werden. Sie sind auf der Website des BKA einsehbar.

### 1.3.1.1. Salutwaffe

Eine Salutwaffe ist eine veränderte Langwaffe. Sie ist nicht *unbrauchbar gemacht*, denn mit Salutwaffen kann Kartuschenmunition („Platzpatrone") abgeschossen werden. Salutwaffen dienen in erster Linie zur Darstellung echter Schusswaffen in Film und Fernsehen oder auf der Theaterbühne. Salutwaffen sind **keine Anscheinswaffen** im Sinne des § 42a WaffG.

Um als Salutwaffe zu gelten, müssen an einer Langwaffe verschiedene Änderungen vorgenommen werden, insbesondere am Patronenlager – es muss dauerhaft so verändert worden sein, dass nur Kartuschenmunition („Platzpatronen") darin geladen und gezündet werden kann. Der Lauf ist zu blockieren und mit Löchern zu versehen, so dass weder ein Geschoss durch den Lauf getrieben werden kann noch sich ein ausreichender Gasdruck im Lauf aufbauen kann. Außerdem muss der Lauf fest mit dem Gehäuse der Waffe verbunden werden, etwa durch Verschweißen.

Die Durchführung der Umbaumaßnahmen ist behördlich (Beschussamt) zu überprüfen. Die bestandene Prüfung wird durch Anbringen eines Kennzeichens auf dem **Verschluss** der Salutwaffe nachgewiesen.

**Erwerb** und **Besitz** wie auch das **Führen** von Salutwaffen und der **Handel** mit ihnen unterliegen der **Erlaubnispflicht**. Die Erteilung der Erlaubnis in Form einer **WBK** bedarf eines **Bedürfnisnachweises**. Nicht erforderlich sind Nachweise der Sachkunde oder der sicheren Aufbewahrung.

Ist eine Salutwaffe aus einer Schusswaffe entstanden, die nach Anlage 2 A1 WaffG verboten ist (zum Beispiel aus einer vollautomatischen Waffe oder aus einer „Pumpgun" mit einer Gesamtlänge unter 95 cm) ist auch diese Salutwaffe verbotene Waffe.

Für die **Aufbewahrung von Salutwaffen** sind lediglich Mindestanforderungen zu erfüllen; sie sind vor dem Zugriff Unbefugter in einem verschlossenen Behältnis aufzubewahren, eine besondere Konstruktion, Eigengewicht oder Qualität des Behältnisses wird nicht gefordert.

### 1.3.1.2. Unbrauchbar gemachte Schusswaffe

Unbrauchbar gemachte Schusswaffen sind aus Schusswaffen entstanden, haben aber nur noch die äußere Gestalt mit diesen gemeinsam. Während nach den bislang geltenden Vorschriften der Waffengesetze unbrauchbar gemachte Schusswaffen als sogenannte „**Dekorationswaffen**" von den Vorschriften des Waffengesetzes weitestgehend ausgenommen waren, ausgenommen etwa das Führen in der Öffentlichkeit ab 2008, sind mit Inkrafttreten der Änderungen des WaffG am 1. September 2020 die unbrauchbar gemachten Schusswaffen neuen besonderen Regelungen unterworfen.

Zu unterscheiden ist dabei zwischen zwei Kategorien, die zur Vereinfachung mit den Begriffen „EU-Deko" und „Alt-Deko" bezeichnet werden:

| | |
|---|---|
| 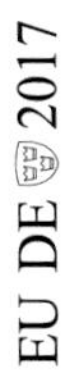 | Schusswaffen, die unbrauchbar gemacht wurden („EU-Deko")<br>o nach den Vorschriften der EU-Deaktivierungsrichtlinie, was<br>o durch eine entsprechende Bescheinigung dokumentiert ist und durch das am Gegenstand angebrachte Deaktivierungszeichen (hier am Beispiel Beschussamt Köln) |
| 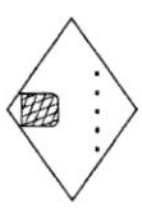 | Schusswaffen, die unbrauchbar gemacht wurden („Alt-Deko")<br>o vor dem 1. April 2003 nach den Regeln der 1. Verordnung (VO) zum WaffG 1976 (kein Zulassungszeichen)<br>**oder**<br>o vor dem 8. April 2016 nach den Vorschriften des WaffG 2003 (mit Zulassungszeichen nach Beschussverordnung 2006, wie nebenstehend die *„Abbildung 11 der Anlage II der BeschussV"*, gestempelt erst ab Mitte 2006) |

Der wesentliche **technische** Unterschied ist, dass „Alt-Deko"-Waffen teilweise noch bewegliche Teile besitzen, während bei „EU-Deko" alle beweglichen Teile einschließlich des Abzugs unbeweglich gemacht wurden und auch das Magazin fest mit dem Gehäuse verbunden ist.

**Rechtlich** sind Vorschriften, die unbrauchbar gemachte Schusswaffen betreffen, grundsätzlich nur auf die „EU-Deko"-Waffen anzuwenden, während die „Alt-Deko"-Waffen besonderen Regeln der AWaffV unterfallen und von Freistellungen für „EU-Deko"-Waffen nicht erfasst werden.

Unbrauchbar gemachte Schusswaffen sind **Anscheinswaffen**. Sie unterfallen dem Führverbot nach § 42a WaffG.

**„Alt-Deko":**

- Nur Besitz und Überlassung sind erlaubnisfrei; eine Überlassung erfordert aber eine Anzeige bei der Waffenbehörde.
- Der Erwerb einer solchen Waffe und der Handel damit sind nur mit Erlaubnis möglich.
- Die unbrauchbar gemachte Schusswaffe ist in einem verschlossenen Behältnis aufzubewahren.
- Für den Umgang mit unbrauchbar gemachten Schusswaffen ist ein Mindestalter von 18 Jahren erforderlich.

**„EU-Deko":**

- Erwerb, Besitz und Überlassung sind erlaubnisfrei, ebenso das Führen und der Handel.
- Die unbrauchbar gemachte Schusswaffe ist in einem verschlossenen Behältnis aufzubewahren.
- Für den Umgang mit unbrauchbar gemachten Schusswaffen ist ein Mindestalter von 18 Jahren erforderlich.

#### 1.3.1.3. Anscheinswaffe (Anlage 1)

Der durch die Änderung des Waffengesetzes 2008 wieder eingeführte Begriff der **Anscheinswaffe** entspricht nicht der ursprünglichen Bedeutung aus den Jahren vor 2003. Bis zum 1. April 2003 wurden als Anscheinswaffen solche Schusswaffen bezeichnet, die nach „ihrer äußeren Form ... den Anschein einer vollautomatischen Selbstladewaffe hervorrufen, die Kriegswaffe im Sinne des Gesetzes über die Kontrolle von Kriegswaffen ist" (§ 37 Abs. 1 WaffG aF). Solche Schusswaffen unterlagen einem umfassenden Verbot. Diese in der Praxis unscharfe Regelung wurde bei der umfassenden Neuregelung des Waffenrechts 2003 ersatzlos gestrichen.

Die Diskussion über sogenannte **Softair-Waffen** im Vorfeld der Überarbeitung des Waffengesetzes 2008 führte zunächst dazu, dass der alte Begriff der Anscheinswaffe in dem Entwurf des neuen Waffengesetzes erneut verwendet wurde, aber mit abweichender Bedeutung. Zusammen mit Hieb- und Stoßwaffen sowie bestimmten Messern, die keine Waffen im Sinne des Waffengesetzes sind, unterliegen Anscheinswaffen einem Führverbot (§ 42a WaffG). Dabei beschränkt sich der Begriff der Anscheinswaffe nicht allein auf Schusswaffen, sondern erstreckt sich auch auf Gegenstände, die nicht als Schusswaffen hergestellt wurden, aber einer Schusswaffe nachgebildet sind, und auf Spielzeug. Ausdrücklich ausgenommen von der Definition „Anscheinswaffe" sind solche Schusswaffen und gleichgestellten

Gegenstände, die mit einem Waffenschein nach § 10 Abs. 4 WaffG geführt werden dürfen, also „scharfe" Schusswaffen ebenso wie Signal-, Reizstoff- und Schreckschusswaffen. Auch erkennbar zum Spiel bestimmte Gegenstände, die deutlich kleiner oder größer sind als das Original oder grell gefärbt, deren Drohpotential also gering ist, fallen nicht unter das Verbot des § 42a WaffG. Zum **Führen von Anscheinswaffen** siehe auch Seite 63.

### 1.3.1.4. Nachbildung, Spielzeug, Softair, Gotcha

**Nachbildungen** sind Gegenstände, die nie schussfähig waren und die äußere Form einer Schusswaffe haben. Sie sind Anscheinswaffen, wenn sie wie Feuerwaffen aussehen. Nachbildungen sind vom Waffengesetz mit Ausnahme des Führverbots nach § 42a WaffG ausgenommen. Typische Vertreter dieser Gattung sind Modelle aus Zinkspritzguss – hier sind die Läufe meist vergossen. Nur wenn solche Nachbildungen mit allgemein gebräuchlichen Werkzeugen so verändert werden, dass aus ihnen Munition, Ladungen oder Geschosse verschossen werden können, unterliegen sie als Schusswaffen dem Waffengesetz.

**Softair-Waffen** unterliegen den Vorschriften des Waffengesetzes. Nur **zum Spiel bestimmte Schusswaffen**, die lediglich Geschosse mit nicht mehr als 0,5 Joule (J) Bewegungsenergie verschießen können, und **Spielzeugwaffen** sind vom Gesetz mit Ausnahme von § 42a WaffG (Verbot des Führens von Anscheinswaffen, dazu mehr ab Seite 63) ausgenommen. Bei Überschreitung des Grenzwertes muss eine Softair-Waffe das Zeichen „F im Fünfeck" tragen – sonst ist eine Erlaubnis erforderlich. Über 0,5 Joule gilt ein Mindestalter von 18 Jahren, das Führen ohne Waffenschein ist verboten.

**Für Softair- wie Paintball-Waffen** gilt das **Verbot von Vollautomaten** – das entsprechende Verbot der Anlage 2 WaffG ist nicht auf Feuerwaffen beschränkt, sondern bezieht sich auf alle Arten von Schusswaffen. Für **Spielzeugwaffen** (siehe oben) gilt das „Vollautomatenverbot" dagegen nicht, da diese Gegenstände mit Ausnahme von § 42a WaffG nicht dem Waffengesetz und damit nicht dem Vollautomatenverbot unterliegen.

**Paintball-Waffen** (**Gotcha-Waffen**) verschießen mit Farbstoff gefüllte Kugeln im Kaliber .68, die von Federkraft oder Gasdruck durch den Lauf getrieben werden. Für die Einordnung als Druckluft-, Federdruck- oder Kaltgaswaffe, die einen erlaubnisfreien Erwerb ermöglicht, ist es erforderlich, dass die Bewegungsenergie der Geschosse 7,5 J nicht übersteigt und die Einhaltung dieser Vorschrift bei einem geprüften Serienmodell durch das Kennzeichen „F im Fünfeck" auf der jeweiligen Waffe nachgewiesen wird.

Damit sind Erwerb und Besitz ab 18 Jahren erlaubnisfrei, das Führen aber nur mit **Waffenschein** gestattet.

**Erlaubnisfreies Führen** einer Paintball-Waffe mit „F im Fünfeck" ist möglich, wenn es auf dem **befriedeten Besitztum**, in der Wohnung oder in den Geschäftsräumen eines Dritten erfolgt und es sich bei dieser Waffe nicht um eine Anscheinswaffe im Sinne des WaffG handelt. Sofern das Führen der Waffen an diesem Ort mit Einverständnis des Zustimmungsberechtigten geschieht, bedarf es keines Waffenscheins. Befriedetes Besitztum ist ein etwa durch Einzäunung vom öffentlichen Raum abgetrenntes Gelände.

Ist sichergestellt, dass die Geschosse das Gelände nicht verlassen können, darf mit einer solchen Waffe hier auch geschossen werden, **ohne** dass es einer **Schießerlaubnis** oder einer Zulassung des Bereiches als Schießstätte bedarf, wenn der Inhaber des Hausrechts zustimmt oder selbst schießt.[6] Dies gilt für Schusswaffen, deren Geschossen eine Bewegungsenergie nicht über 7,5 J erteilt wird oder deren Bauart nach § 7 BeschG zugelassen ist.

**Hallen** für das Ausüben von **Paintball-Spielen** fallen nicht unter den Begriff der Schießstätte, da es an Schießanlage-typischen Vorrichtungen fehlt[7]. Die Rechtsprechung sieht zudem einen **Verstoß** gegen die **Menschenwürde** durch Paintball oder Reball mittlerweile **nicht** mehr **gegeben**[8].

### 1.3.1.5. Wechsel- und Austauschläufe / Wechselsysteme

Anstelle des bei Auslieferung verwendeten Laufs kann ein **Austauschlauf** verwendet werden. Dies kann zum Beispiel sinnvoll sein, wenn man mit einem Revolvermodell, den man mit einem kurzen Lauf zur Selbstverteidigung trägt, mit einem langen Lauf an einem Scheibenschießen teilnehmen will. Gleiches gilt für Austauschläufe kleineren Kalibers, die das Verschießen von Munition kleinerer und damit oftmals preisgünstigerer Patronen ermöglicht. Neben den

**Austauschläufe** können ohne Anpassungsarbeiten in die Waffe eingesetzt werden – sie können durch den Waffenbesitzer gegen den vorhandenen Lauf ausgetauscht werden, ohne dass dafür besondere Werkzeuge oder Anpassungsarbeiten erforderlich sind. Soll dagegen ein **Wechsellauf** verwendet werden, bedarf es immer der Montage durch einen Büchsenmacher, da Wechselläufe, anders als Austauschläufe, in die Waffe eingepasst werden müssen.

Als **wesentliche Teile** unterliegen **Läufe**, **Verschlüsse** und **Trommeln** den Vorschriften, die für die Waffe gelten, für die sie bestimmt sind. Für **Inhaber einer WBK** ist der **Erwerb** eines Austausch- oder Wechsellaufes nebst notwendiger Verschlüsse (in Gesamtheit: **Wechselsystem**) für eine bereits eingetragene Waffe **erlaubnisfrei** (Anlage 2 A2 UA2 Nr. 2 WaffG). Dies gilt für Läufe und Systeme gleicher und kleinerer Kaliber sowie für **Wechseltrommeln** – bei Trommeln wird aber auf gleiches oder kleineres Kaliber und Gasdruck abgestellt. Die **Besitzberechtigung** wird **durch Eintragung** des erworbenen Waffenteils in die WBK erteilt.

Wenn Sie ein Wechselsystem bzw. einen Lauf eines größeren Kalibers verwenden möchten, ist ein Voreintrag ist erforderlich.

**Erwerb** und **Überlassung** sind binnen zwei Wochen der zuständigen Behörde unter Vorlage der WBK **anzuzeigen** (§§ 37a, 37g WaffG).

#### 1.3.1.6. Einsteckläufe, Einstecksysteme, Einsätze

**Einsteckläufe** werden in den Lauf eingeführt, um Geschosse eines geringeren Kalibers ohne weitere Veränderungen an der Waffe aus dieser verschießen zu können. Sie benötigen in der Regel keinen eigenen Verschluss. Als „**Einstecksystem**" gelten Einsteckläufe einschließlich des für sie bestimmten Verschlusses.

**Einsätze** (Reduzierpatronen) sind an die Innenabmessungen des Patronenlagers angepasst, um daraus Munition eines kleineren Kalibers verschießen zu können.

Eine **Erlaubnispflicht** für den **Erwerb und Besitz** besteht **nicht** (beachten Sie den Unterschied der Regelung in Anlage 2 A2 UA2 Nr. 2 und Nr. 2a WaffG in Bezug auf Austausch-/Wechselläufe einerseits und Einsteckläufe und Einsätze andererseits) und **keine Pflicht zur Eintragung** in eine WBK oder zur Anzeige (auch nicht im Falle der Überlassung). Die Eintragung in die WBK ist aber in der Praxis empfehlenswert, da ansonsten der Munitionserwerb aufgrund fehlender Erlaubnis für diesen Lauf nicht möglich ist.

### 1.3.2. Tragbare Gegenstände

#### 1.3.2.1. Waffe durch Herstellerbestimmung

Ist ein Gegenstand dazu bestimmt, die Angriffs- oder Abwehrfähigkeit eines Menschen herabzusetzen oder zu beseitigen, ist dieser Gegenstand Waffe im Sinne des WaffG. Die Bestimmung ergibt sich in der Regel aus der Bezeichnung oder Werbung des Herstellers, etwa in Katalogen. Das Wesen, also die offenkundig bezweckte Art der Wirkung des Gegenstandes zu Angriffs- und Verteidigungszwecken gegen Menschen, kann aber zu einer

Einstufung als Waffe führen, wenn die behauptete Zweckbestimmung offensichtlich unzutreffend ist.

Der Gesetzgeber nennt exemplarisch, nicht aber abschließend, **Hieb- und Stoßwaffen**. Anlage 1 A1 UA2 Nr. 1.1 WaffG definiert diese als Gegenstände, die nach ihrem Wesen dazu bestimmt sind, unter unmittelbarer Ausnutzung der Muskelkraft durch Hieb, Stoß, Stich, Schlag oder Wurf Verletzungen beizubringen, beispielsweise **Kampfmesser**, **Dolch** oder **Schlagstock**, aber auch **Schlagring** und **Wurfstern**.

Das **Nunchaku** oder **Würgeholz** wird als Gegenstand zum Erdrosseln von Menschen in der Anlage 1 A1 UA2 Nr. 1.2.6 WaffG dem Waffenbegriff unterworfen. Unbeachtet bleibt bei dieser Sichtweise die ursprüngliche Verwendung des Dreschflegel-ähnlichen Nunchaku in der Tradition der Insel Okinawa, die enorme Schlagkraft des nicht gehaltenen, stark beschleunigten Holzes zum Angriff zu nutzen.

Weitere Waffen nach § 1 Abs. 2 Nr. 2 Buchst. a WaffG sind insbesondere

- Elektroimpulsgeräte
- Reizstoffsprühgeräte (kein Lauf, somit keine Schusswaffe)
- Flammenwerfer (Flamme länger als 20 cm)
- Brandsätze („Molotow-Cocktails", Hülle mit Brennstoff und Zündvorrichtung)
- Schleudern mit Armstütze (Präzisionsschleuder); schon die bloße Möglichkeit einer Montage (Aufnahmevorrichtung an der Schleuder) erfüllt das Verbotsmerkmal
- Armstützen für vorgenannte Schleudern

Beachten Sie, dass diese **Aufzählung nicht abschließend** ist.

### 1.3.2.2. Waffe durch gesetzliche Einordnung

Ist ein Gegenstand ursprünglich nach dem Willen des Herstellers oder Erfinders nicht zu Angriffs- oder Verteidigungszwecken gegen Menschen bestimmt, würden zahlreiche Gegenstände nicht unter den Waffenbegriff fallen, die aus polizeilicher Sicht „beliebte" Waffen bestimmter Tätergruppen sind, insbesondere aufgrund ihrer Effektivität. Darum ist neben den zu Angriffs- oder Verteidigungszwecken bestimmten und hergestellten Gegenständen auch eine abschließende Aufzählung bestimmter Gegenstände in der Anlage 1 A1 UA2 Nr. 2 WaffG aufgeführt, die Waffen im Sinne des WaffG sind, ohne dass es eine herstellerseitige Bestimmung gibt.

Nach § 1 Abs. 4 WaffG unterfallen § 1 Abs. 2 Nr. 2 Buchst. b WaffG solche Gegenstände, die in Anlage 1 A1 UA2 Nr. 2 WaffG aufgenommen sind (trifft abschließend zu auf **Springmesser**, **Fallmesser**, **Faustmesser** und **Butterflymesser** sowie nicht-mechanisch Schmerzen-auslösende Geräte für den Einsatz am Tier, **außer für Tierhaltung und -ausbildung bestimmte** Gegenstände wie **Viehtreiber**). Nicht erfasst werden **Baseballschläger**.

Beachten Sie, dass die **Einstufung als Waffe** durch Anlage 1 A1 UA2 Nr. 1 WaffG **nicht gleichzusetzen** ist **mit einem Verbot** dieses Gegenstandes nach § 2 Abs. 3 WaffG iVm. Anlage 2 A1 WaffG. Zwar sind die Aufzählungen, was eine Waffe (Anlage 1) und was verboten (Anlage 2) ist, auf den ersten Blick ähnlich, doch unterfallen nicht alle der in Anlage 1 A1 UA2 Nr. 2 WaffG bestimmten Waffen dem Verbot nach Anlage 2 A1 WaffG.

Einige sog. „milieutypische" Gegenstände wie das **Balisong**-Messer (**Butterfly**, **Faltmesser**) wurden ursprünglich als Werkzeuge entwickelt und genutzt (im Falle des Balisong nach überwiegender Meinung auf den Philippinen für Fischer als Arbeitsmesser, möglicherweise auch in Frankreich). Ein **Balisong-Trainer** (stumpfes, vorher nicht scharf geschliffenes Metallteil anstelle einer Klinge, mit der das Öffnen und Schleudern des Balisong („Flippen") gefahrlos geübt wird) ist mangels Klinge **keine Waffe** im Sinne des WaffG.

## 1.4. Umgang (§ 1 Abs. 3, Anlage 1 Abschnitt 2)

„Umgang" mit einer Waffe oder Munition hat, wer diese erwirbt, besitzt, überlässt, führt, verbringt, mitnimmt, damit schießt, diese herstellt, bearbeitet, instand setzt oder damit Handel treibt sowie eine Waffe unbrauchbar macht. Betrachten wir die im Alltag relevanten **Umgangsarten** im Sinne des Waffengesetzes – zur Vereinfachung beschränkt auf „Waffen".

**„Tatsächliche Gewalt"** bedeutet, dass der Inhaber der tatsächlichen Gewalt nach seinem Willen über die Waffe verfügen kann.

**Erwerb**: Es erwirbt, wer die tatsächliche Gewalt über eine Waffe erlangt, sie also an sich nimmt oder auch findet. Der **Kauf** einer Waffe ist dagegen **kein Erwerb**, da die Zahlung des Kaufpreises nur das Eigentumsrecht überträgt, nicht aber die tatsächliche Gewalt!

**Besitz**: Es besitzt, wer die tatsächliche Gewalt über die Waffe ausübt, sie beispielsweise bei sich trägt oder im Safe aufbewahrt.

**Überlassen**: Es überlässt, wer anderen die tatsächliche Gewalt über die Waffe einräumt, sie also schlicht weitergibt.

**Führen** ist jedes Ausüben der tatsächlichen Gewalt über eine **Waffe** (nicht aber über **Munition**, hier ist allein ein Besitzen möglich) außerhalb der eigenen Wohnung oder Geschäftsräume, des eigenen befriedeten Besitztums oder einer Schießstätte. Zu beachten ist das **erlaubnisfreie Führen** nach § 12 Abs. 3 WaffG, auch „**Transport**" genannt – auch wenn es hier um eine Waffe geht, auf die der Besitzer nicht sofort zugreifen kann, so handelt es sich um ein Führen im Sinne des Waffengesetzes. Beachten Sie die Hinweise zum **Führen von Anscheinswaffen** ab Seite 63.

Eine Waffe **verbringt**, wer diese „über die Grenze zum dortigen Verbleib oder mit dem Ziel des Besitzwechsels in den, durch den oder aus dem Geltungsbereich des Gesetzes zu einer anderen Person oder zu sich selbst transportieren lässt oder selbst transportiert." Verbringen setzt immer einen Grenzübertritt voraus, bezieht sich also nicht auf den Transport im Inland.

Vom Verbringen zu unterscheiden ist die **Mitnahme**. Eine Waffe nimmt mit, wer diese Waffe ohne Aufgabe des Besitzes und zur Verwendung (z. B. Wettkampf) vorübergehend auf einer Reise über die Grenze einführt, ausführt oder durch Deutschland bringt.

Heikel wird für den Privatmann das „**Bearbeiten**" und „**Instandsetzen**". Diese Tätigkeiten sind Personen vorbehalten, die eine Ausbildung als Büchsenmacher haben oder eine besondere Erlaubnis innehaben - nur geringfügige Änderungen, beispielsweise am Schaft oder an der Visierung, dürfen „in Heimarbeit" durchgeführt werden. Auch das **Brünieren** (Behandlung einer metallischen Oberfläche mit einer Salzlösung sauer oder basisch, um einen Rostschutz zu erzeugen) einer schadhaften Stelle an der Oberfläche gilt als „geringfügig". Andere Arbeiten aber, die die Funktionsweise, technischen Maße (Lauflänge, Kaliber, Patronenlager) oder die Sicherheit der Waffe verändern, fallen unter den Begriff „Bearbeiten". Wenn für die Einpassung eines „wesentlichen Teils" der Waffe Nacharbeiten notwendig sind, handelt es sich ebenfalls um ein „Bearbeiten".

Eine Schusswaffe wird **unbrauchbar gemacht**, wenn die Maßnahmen an ihr durchgeführt werden, die erforderlich sind, um die gesetzlichen Vorschriften zur Unbrauchbarmachung von Schusswaffen zu erfüllen. Es ist also keine Unbrauchbarmachung, wenn eine Schusswaffe bearbeitet wird, ohne diese tatsächlich unbrauchbar machen zu wollen.

Beim „**Handel**" stellt der Gesetzgeber auf eine wirtschaftliche Unternehmung ab – doch **Vorsicht**: Je nach Umfang der Tätigkeit kann auch ein Privatmann schnell als „Händler" gelten.[9] Und dann wäre der Verkauf eines erlaubnisfrei zu erwerbenden Gasrevolvers über eine Internet-Börse kein

Privatverkauf mehr, sondern Handel im Sinne des § 21 WaffG. So können auch Jäger, die Waffen regelmäßig oder in kurzen Zeitabständen erwerben und überlassen (etwa durch Ankauf von Nachlässen), rasch den **Tatbestand des unerlaubten Handelns** mit Schusswaffen erfüllen.

Es **schießt**, wer mit einer Schusswaffe Geschosse aus einem Lauf verschießt, Kartuschenmunition („Platzpatrone") abschießt oder Wirkstoffe (z. B. Tränengas) mit Patronen- oder Kartuschenmunition verschießt. Eine **Armbrust** ist keine Schusswaffe, aber den Schusswaffen gleichgestellt[10], womit alle Regelungen, die sich auf das Schießen beziehen, auch auf den Gebrauch von Armbrüsten anzuwenden sind (zum Beispiel § 27 WaffG über Schießstätten oder die Erlaubnispflicht für das Schießen). Auch das Abschießen von Kartuschenmunition mit einem den Schusswaffen **gleichgestellten Abschussgerät**, etwa einer **SRS-Waffe**, ist Schießen im Sinne des WaffG.

**Kein Schießen** ist mangels ihrer Gleichstellung mit Schusswaffen die Verwendung von **Bögen**. Das Abfeuern („Abtun") von **Böllern** (pyrotechnische Munition, z.B. Kartusche bei Verwendung von Böllerkanonen, Pulverladung von Hand- und Standböllern) gilt ebenfalls nicht als Schießen und bedarf keiner waffenrechtlichen Erlaubnis (Böller fallen nicht unter den Begriff der Waffe und somit nicht unter die Regelungen des Waffengesetzes).

Umgang mit Waffen und Munition dürfen nach § 2 WaffG nur Personen haben, die das 18. Lebensjahr vollendet haben. Für **Kinder und Jugendliche** eröffnet § 3 WaffG Ausnahmemöglichkeiten, beispielsweise Jugendlichen für den Umgang mit Waffen oder Munition im Rahmen der beruflichen Ausbildung oder beruflichen Tätigkeit unter Aufsicht eines weisungsberechtigten Erlaubnisinhabers, nicht aber im privaten Bereich. Kindern und Jugendlichen kann der Umgang mit Waffen und Munition in Form einer behördlichen Ausnahmegenehmigung erlaubt werden. In der Regel gilt für diese Altersgruppen (Kinder: bis 14 Jahre; Jugendliche: mindestens 14, aber noch nicht 18) aber ein **absolutes Umgangsverbot mit Waffen und Munition**. Eine **Ausnahme** bildet hier das **Schießen**, insbesondere Sportschießen, **unter Aufsicht** nach § 27 Abs. 3 bis Abs. 6 WaffG in Vereinen, an „Schießbuden" auf Jahrmärkten oder in der Jagdausbildung.

Der Umgang mit **geprüften Reizstoffsprühgeräten** („CS-Gas") ist bereits **ab 14 Jahren ohne weitere Erlaubnis gestattet**. **Tierabwehrsprays** („Pfefferöl") unterliegen nicht dem Waffengesetz, da sie **nicht zum Einsatz gegen Menschen bestimmt** und nicht im Waffengesetz genannt werden, obwohl die Eignung vorhanden ist.

Im zweiten Kapitel des Buches geht es um die **Voraussetzungen für den Umgang mit Waffen und Munition**. Insbesondere geht es hier um die Zuverlässigkeit als zentrale Forderung des Gesetzgebers an Personen, die Waffen und Munition besitzen wollen.

Die Anforderungen an Personen, die eine waffenrechtliche Erlaubnis erhalten oder behalten möchten, sind aus guten Gründen hoch. Es handelt sich dabei um juristisch bewertbare Eigenschaften wie etwa begangene Straftaten oder zu erwartende Handlungen aufgrund vorangegangenen Fehlverhaltens, aber auch um persönliche Voraussetzungen wie körperliche und geistige Eignung sowie den Nachweis des Bedürfnisses als Zweck des Waffenbesitzes.

Das **Lernziel** ist das Wissen um die Anforderungen und die Bedeutung der einzelnen Kriterien, die zwingend vorausgesetzt werden.

Die **wichtigsten Fakten** in diesem Kapitel:

- Als Voraussetzungen für den Umgang werden geprüft:
  **B**edürfnis (der Grund, warum die Waffe benötigt wird)
  **E**ignung (persönliche Eignung, körperlich wie geistig)
  **S**achkunde (die Sie durch Bestehen der Prüfung nachweisen)
  **1**8 Jahre (als Mindestalter)
  **T**resor (als Behältnis zur sicheren Aufbewahrung)
  **Z**uverlässigkeit (Ihr Waffenbesitz ist keine Gefahr für Dritte)
  *(Hinweis: Wenn Sie die fett gedruckten Buchstaben von oben nach unten lesen und in Gedanken an Stelle der 1 ein I setzen, haben Sie ein Merkwort für die Voraussetzungen: BES1TZ)*
- **Zuverlässigkeit** und persönliche **Eignung** (alle drei Jahre) sowie das **Bedürfnis** (alle fünf Jahre) sind **durch** die **Behörde regelmäßig zu prüfen** (Ausnahmen gibt es zB für Sportschützen)
- Für die **Aufbewahrung von Waffen** ist mindestens ein Behältnis des Widerstandsgrads 0 nach DIN EN 1143-1 erforderlich. Darin dürfen bis zu zehn Kurzwaffen und eine beliebige Anzahl von Langwaffen aufbewahrt werden. Eine unbeschränkte Zahl von Waffen darf in einem Behältnis des Widerstandsgrads I (römisch 1) aufbewahrt werden.
- Für die **Aufbewahrung von Munition** ist ein Stahlblechbehältnis mit Schwenkriegelschloss ausreichend.

Als erweiterter **Lernstoff** bietet sich die Lektüre des Waffengesetzes im Original an, insbesondere die Paragraphen 4 bis 9, 13, 14, 16 und 28.

# 2. Voraussetzungen für den Umgang mit Waffen und Munition

## 2.1. Mindestalter und Überprüfungen (§ 4)

Der Umgang mit Waffen oder Munition, die der Erlaubnispflicht unterliegen (Anlage 2 A2 UA1 WaffG), bedarf der Erlaubnis der zuständigen Behörde. Das ist nach § 3 VwVfG jene Behörde, in deren Bezirk der Antragsteller seinen **gewöhnlichen Aufenthaltsort** hat - in der Regel der Erstwohnsitz, in begründeten Fällen aber auch der Zweitwohnsitz, etwa bei Studierenden.

Zentrale Vorschrift für waffenrechtliche Erlaubnisse ist § 4 WaffG. Er fordert für die Erteilung einer waffenrechtlichen Erlaubnis:

- **Mindestalter**; Antragsteller hat das 18. Lebensjahr vollendet (nach § 14 Abs. 1 WaffG für Sportschützen: 21. Lebensjahr)
- **Zuverlässigkeit** (Seite 36) und **persönliche Eignung** (Seite 38)
- Nachweis von **Sachkunde** (Seite 40) und **Bedürfnis** (Seite 41)

**Eine weitere**, nicht in § 4 WaffG genannte **Voraussetzung** für die Erteilung einer Erwerbserlaubnis ist der in § 36 Abs. 3 WaffG geforderte **Nachweis der sicheren Aufbewahrung** für die beantragte Waffe.

Bei Beantragung eines **Waffenscheines** oder einer **Schießerlaubnis** wird zudem der Nachweis einer <u>bestehenden</u> **Haftpflichtversicherung** für Personen- und Sachschäden in Höhe von einer Million Euro gefordert.

Die **Prüfung der Zuverlässigkeit und der persönlichen Eignung** soll nach <u>mindestens</u> **drei Jahren** von der Behörde wiederholt werden, danach in regelmäßigen Abständen **(Regelüberprüfung)**. Gleiches gilt für das Bestehen der Haftpflichtversicherung für Inhaber eines Waffenscheines oder einer Schießerlaubnis. Die zuständige Behörde <u>kann</u> den Erlaubnisinhaber mit den **Kosten** der Regelüberprüfung belasten.[11]

Das **Fortbestehen des Bedürfnisses** ist fortlaufend **alle fünf Jahre** durch die Waffenbehörde zu **prüfen**.

Für die Prüfung des **Bedürfnisses** zum Erwerb und Besitz sowie das Führen von Schusswaffen ist § 8 WaffG eine zentrale Vorschrift und der Paragraph, auf dem die Regelung spezieller Bedürfnisse beruht. Er enthält eine **Aufzählung bestimmter Bedürfnisgruppen**, die aber **nicht abschließend** ist.

Regelt das Waffengesetz ein Bedürfnis nicht weitergehend, wie etwa bei den Jägern (§ 13) oder Sportschützen (§ 14), die in § 8 WaffG ausdrücklich genannt werden, aber speziellen Regelungen des Gesetzes unterworfen werden, ist bei der Bewertung eines vermeintlichen Bedürfnisses durch Auslegung zu erforschen, ob ein Bedürfnis im Sinne des § 8 WaffG gegeben ist (Beispiele: Tierarzt, Schießstandbetreiber, Theaterbetreiber u. ä.).

Zentrale Forderung des Gesetzes ist, dass die Belange der öffentlichen Sicherheit und Ordnung bei Erteilung einer waffenrechtlichen Erlaubnis als schützenswertes Gut berücksichtigt werden. Es erfolgt eine Abwägung zwischen dem Interesse des Einzelnen an der Erlaubnis zum Umgang mit Waffen und dem Bedürfnis der Allgemeinheit nach Schutz vor Gewalt.

## 2.2. Zuverlässigkeit (§ 5)

Bezüglich der **Zuverlässigkeit** des Waffenbesitzers gibt es einen ganzen Kanon von Versagungsgründen, die sich in § 5 WaffG finden – lesen Sie den Wortlaut der Vorschrift im Gesetz nach.

**Absatz 1** nennt die Gründe, die **in jedem Falle** der Erteilung einer waffenrechtlichen Erlaubnis entgegenstehen oder zu einem Widerruf bereits erteilter Erlaubnisse führen. Dazu zählen sowohl rechtskräftige Verurteilungen als auch festgestellte *„Tatsachen, die die Annahme rechtfertigen“*, dass die erforderliche Zuverlässigkeit nicht vorliegt, etwa wenn Waffen nicht vorschriftsmäßig aufbewahrt oder missbräuchlich verwendet wurden.

**Absatz 2** dagegen stellt auf die Formulierung „**in der Regel**“ ab – hier wäre also durch die Behörde eine zusätzliche Abwägung notwendig, wobei hier „im Zweifel gegen den Antragsteller“ zu entscheiden ist. Drei Arten von Handlungen sind zu unterscheiden:

- Vorsätzliche Straftaten (Delikt<u>art</u> unerheblich)
- Fahrlässige Straftaten (mit Waffen, Munition oder explosionsgefährlichen Stoffen, gemeingefährliche Delikte)
- Straftaten nach dem Waffengesetz, Kriegswaffenkontrollgesetz, Sprengstoffgesetz oder Bundesjagdgesetz

Entscheidend ist hier, dass eine Freiheitsstrafe, Jugendstrafe, Geldstrafe von mindestens 60 Tagessätzen oder mindestens zweimal eine Geldstrafe <u>rechtskräftig</u> verhängt worden ist.

Ebenso ist in der Regel unzuverlässig, wer in bestimmten Zeiträumen

- Mitglied eines verbotenen Vereins oder als verfassungswidrig eingestuften Partei gewesen ist,
- staatsfeindliche Bestrebungen verfolgt hat,
- mehr als einmal wegen Gewalttätigkeit in Vorbeugegewahrsam genommen wurde,
- wiederholt oder gröblich gegen Vorschriften des KrWaffKontrG oder des Waffen-, Sprengstoff- oder Bundesjagdgesetzes verstoßen hat oder
- bei dem Tatsachen die Annahme rechtfertigen, dass er einzeln oder als Mitglied einer Vereinigung Bestrebungen verfolgt oder unterstützt oder in den letzten fünf Jahren verfolgt oder unterstützt hat, die
    - gegen die verfassungsmäßige Ordnung oder
    - gegen den Gedanken der Völkerverständigung, insbesondere gegen das friedliche Zusammenleben der Völker, gerichtet sind, oder
    - durch Anwendung von Gewalt oder darauf gerichtete Vorbereitungshandlungen auswärtige Belange der Bundesrepublik Deutschland gefährden.

Zur Prüfung der Zuverlässigkeit holt die Waffenbehörde neben der unbeschränkten Auskunft aus dem Bundeszentralregister auch Informationen bei der Staatsanwaltschaft und der örtlich zuständigen Polizeidienststelle ein. Außerdem erfolgt eine Abfrage bei dem jeweils örtlich zuständigen Landesamt für Verfassungsschutz.

(Hinweis: der nachfolgend **kursiv** gedruckte Text ist kein Lernstoff, sondern dient nur der Verdeutlichung, welche Folgen derartige Verstöße für den Waffenbesitzer haben können.)

*Der **Verlust einer Schusswaffe**[12] kann ausreichend für die Annahme der Unzuverlässigkeit durch die zuständige Waffenbehörde sein – bereits ein einmaliges Fehlverhalten dieser Art führt zu einer negativen Prognose und rechtfertigt den Widerruf einer waffenrechtlichen Erlaubnis, da von Waffen und Munition eine große Gefahr für Leib und Leben Dritter und damit für höherrangige Rechtsgüter ausgeht, wenn diese in die Hände Unbefugter kommen.[13] [14] Gleiches gilt für **missbräuchlichen oder leichtfertigen Umgang mit Schusswaffen** oder Munition, etwa durch einen Schuss mit dem Schrotgewehr in die Luft, um damit auf den Lärm einer Party in der Nachbarschaft „zu antworten",[15] oder durch **Befestigen einer Lampe** an einer Jagdwaffe.[16] Insbesondere Delikte, die Dritte gefährden, sind bei einer*

*Überprüfung zu beachten – so kann eine Verurteilung wegen **Trunkenheit im Straßenverkehr** ein Anhaltspunkt für eine Regelunzuverlässigkeit im Umgang mit Waffen sein.*

## 2.3. Persönliche Eignung (§ 6)

Die erforderliche **persönliche Eignung** besitzen nach § 6 WaffG Personen nicht, die geschäftsunfähig sind oder abhängig von Alkohol oder anderen Rauschmitteln, die psychisch krank oder debil sind. Auch Zweifel an der Fähigkeit, sorgfältig mit Waffen und Munition umzugehen, stehen der Erteilung einer Erlaubnis entgegen bzw. begründen den Widerruf der Erlaubnis und auch die Sicherstellung von Waffen.[17] Um diesbezüglich den Antragsteller zu überprüfen, kann die Ordnungsbehörde die örtliche Polizei über Erkenntnisse zum Antragsteller befragen – auch der subjektive Eindruck beim Kontakt mit dem Antragsteller kann Zweifel an dessen persönlicher Eignung aufkommen lassen.

Die persönliche Eignung bezieht sich nicht nur auf geistige, sondern auch auf körperliche Eigenschaften des Antragstellers.

Die körperliche Gesundheit bezieht sich auf die Fähigkeit, eine Schusswaffe sicher zu beherrschen. Im Falle einer chronischen Erkrankung, die diese Fähigkeit vorübergehend einschränken kann (z. B. Epilepsie, Diabetes Mellitus), ist sicherzustellen, dass eventuelle Symptomatiken wie etwa Ausfallerscheinungen, Bewusstlosigkeit, Krämpfe o. ä. durch Einnahme geeigneter Medikamente unterdrückt werden können. Es ist in diesem Falle durch ein amts- oder fachärztliches Gutachten (§ 4 AWaffV) nachzuweisen, dass sich der Antragsteller in ärztlicher Behandlung befindet und aus fachkundiger Sicht keine Bedenken bestehen, die gegen einen Umgang mit Schusswaffen sprechen, bei dem jederzeit eine vollständige Kontrolle des Körpers gewährleistet sein muss.

Die in § 6 Abs. 1 WaffG festgelegten Versagungsgründe, speziell die „Abhängigkeit", müssen nicht durch rechtskräftiges Gerichtsurteil festgestellt worden sein. Wenn Tatsachen die Annahme rechtfertigen, dass der Antragsteller beispielsweise alkoholabhängig ist, hat die Behörde die Möglichkeit, den Antragsteller zur Vorlage eines amts- oder fachärztlichen oder fachpsychologischen Gutachtens nach § 4 AWaffV zu verpflichten. Diese Forderung kann nicht angefochten werden und ist durch den Antragsteller zu erfüllen. Weigert sich der Antragsteller, darf die Behörde nach § 4 Abs. 6 AWaffV auf **Nichteignung** schließen.

Der Antragsteller hat die **Kosten** des Gutachtens zu tragen (§ 6 Abs. 2 WaffG). Er hat die Behörde darüber zu **informieren**, wen er mit der Erstellung des Gutachtens beauftragt hat (§ 4 Abs. 3 AWaffV) – damit soll verhindert werden, dass im Falle eines negativen Gutachtens ein weiterer Gutachter beauftragt wird („Gutachter-Hopping").

**Antragsteller unter 25 Jahren** haben vor Erteilung ihrer ersten waffenrechtlichen Erlaubnis ein Gutachten über ihre geistige Eignung vorzulegen. Dies gilt nicht für Anträge von **Sportschützen** für den Erwerb und Besitz von Kleinkaliberwaffen bis 200 Joule oder Einzellader-Flinten Kaliber 12 oder kleiner. **Jäger** sind nach § 13 Abs. 2 WaffG von der generellen Pflicht zur Begutachtung für Antragsteller unter 25 Jahren ausgenommen. Hier geht der Gesetzgeber davon aus, dass die Zeit der Ausbildung zum Jäger den Ausbildern und Prüfern ausreichend Gelegenheit gibt, geistig oder körperlich ungeeignete Personen zu erkennen und durch deren Ausschluss aus der Ausbildung zu verhindern, dass diese Personen als Jäger Waffen erwerben können.

Ist der Antragsteller **Dienstwaffenträger**, etwa Polizeivollzugs- oder Zollbeamter mit Laufbahnprüfung, **entfällt** bei Personen unter 25 Jahren die **Begutachtung**. Voraussetzung dafür ist eine Bescheinigung des Dienstherrn des Antragstellers, dass eine Begutachtung der geistigen Eignung bereits stattgefunden hat, etwa im Rahmen der Ausbildung. Aus der Bescheinigung muss hervorgehen, dass der Antragsteller ohne Einschränkung zum Umgang mit Dienstwaffen berechtigt ist.

Als **Gutachter** kommen nach § 4 Abs. 2 AWaffV in Betracht Amtsärzte, Psychiater, approbierte Psychotherapeuten, Fachärzte für psychotherapeutische Medizin und Fachpsychologen. **Zwischen** dem **Gutachter** und dem **Antragsteller** darf in den fünf Jahren vor Begutachtung **kein Behandlungsverhältnis** bestanden haben. Dies hat der Gutachter zu bestätigen. Er darf allerdings Kontakt mit dem behandelnden Arzt (also Hausarzt oder Facharzt) des Antragstellers aufnehmen, um sich ein umfassendes Bild zu verschaffen.

Zentrale Frage des Gutachtens ist, ob der Antragsteller die **nötige geistige und emotionale Reife** besitzt, um **verantwortungsvoll** mit Schusswaffen umzugehen. Sieht der Gutachter diese Anforderung nicht vollständig erfüllt, ist es möglich, dass die Waffenbehörde weitergehende Untersuchungen des Antragstellers anordnet.

## 2.4. Sachkunde (§ 7)

Umfang und Inhalt der **Sachkundeprüfung** sind in § 1 der Allgemeinen Waffengesetz-Verordnung (AWaffV) geregelt. Die in der Prüfung nachzuweisende Sachkunde umfasst danach **ausreichende Kenntnisse**

- **über** die beim Umgang mit Waffen und Munition zu beachtenden **Rechtsvorschriften** des Waffenrechts, des Beschussrechts sowie der Notwehr und des Notstands,
- **auf waffentechnischem Gebiet** über Schusswaffen (Langwaffen, Kurzwaffen und Munition) hinsichtlich Funktionsweise, sowie Innen- und Außenballistik, Reichweite und Wirkungsweise des Geschosses, bei verbotenen Gegenständen, die keine Schusswaffen sind, über die Funktions- und Wirkungsweise sowie die Reichweite,
- über die **sichere Handhabung** von Waffen oder Munition einschließlich ausreichender Fertigkeiten im Schießen mit Schusswaffen.

**Anstelle** einer **Sachkundeprüfung** kann der Nachweis der Sachkunde auch durch **Ausbildung** oder **Tätigkeit** geführt werden, zum Beispiel als Waffen-Ingenieur oder Büchsenmacher. Die Tätigkeit als Polizist oder Soldat allein ersetzt dagegen nicht die Sachkundeprüfung, es sei denn, es wird seitens der Dienststelle bestätigt, dass eine Ausbildung stattgefunden hat, die eine entsprechende Sachkunde vermittelt hat. Der Nachweis der Sachkunde muss sich auf den **aktuellen Stand** des Umfanges und Inhalts einer Sachkundeprüfung beziehen. Insofern kann bei Antragstellern, deren Prüfung der Sachkunde vor Inkrafttreten des geltenden Waffengesetzes erfolgte, durch den Sachbearbeiter eine erneute Überprüfung der Sachkunde verlangt werden.

Beachten Sie, dass einzelne Sachkundenachweise nur **für bestimmte Waffen- oder Munitionsarten** ausgestellt werden. Insofern ist bei Beantragung einer Schusswaffe zu prüfen, ob die Sachkunde für die beantragte Waffen- bzw. Munitionsart nachgewiesen werden kann.

Die Anforderungen an die Sachkunde unterscheiden sich auch nach dem Profil des Antragstellers. So ist eine von einem Sportschützen erworbene Sachkunde nicht ausreichend, um als Nachweis der Sachkunde für Mitarbeiter im Bewachungsgewerbe durch die zuständige Behörde anerkannt zu werden. Entsprechende Auflagen werden schon mit der Erteilung der Erlaubnis für Ausbildungsträger erteilt, um etwa eine Mindeststundenzahl für die Ausbildung festzulegen.

## 2.5. Bedürfnis (§ 8)

In waffenrechtlicher Hinsicht handelt es sich bei dem Bedürfnis um den **Nachweis** des Antragstellers, dass er die beantragte Waffe oder Munition **benötigt**, um etwa seinem Sport oder Hobby, seinem Beruf oder der Jagd nachzugehen. § 8 WaffG stellt Gruppen heraus, deren Bedürfnis besonders anzuerkennen ist, vor allem Jäger, Sportschützen, Brauchtumsschützen, Sammler, Sachverständige, gefährdete Personen, Hersteller, Händler oder Bewachungsunternehmer.

Die Erlaubnisbehörde muss abwägen, ob dem Interesse des Antragstellers das Interesse der Bevölkerung entgegensteht, die Zahl der Waffen in privater Hand gering zu halten. Das Bedürfnis kann sowohl privater, also persönlicher, als auch wirtschaftlicher Art sein.

Zudem muss die beantragte Waffe oder Munition **geeignet** und **erforderlich** sein, den **Bedürfniszweck** zu **erfüllen**. So muss eine **gefährdete Person** eine **konkrete und erhebliche Gefahr** benennen, die durch Schusswaffe **verringert** werden kann. Ein **Sportschütze** muss eine Bescheinigung beibringen, dass er die Waffe zur Ausübung seines Sports benötigt.

Das **Fortbestehen des Bedürfnisses** ist **alle fünf Jahre** behördlich zu überprüfen. Entfällt das Bedürfnis, ist in der Regel die Erlaubnis zu widerrufen. So kann ein **Sportschütze**, der den Schießsport nicht mehr regelmäßig betreibt, kein Bedürfnis mehr geltend machen. Wie schon bei Erteilung der waffenrechtlichen Erlaubnis ist der Nachweis der regelmäßigen Ausübung des Schießsports auch danach der zuständigen Behörde auf Verlangen zu erbringen.

Gleiches gilt für den **Jäger**, dessen Bedürfnis bei Aufgabe der Jagd entfällt.

## 2.6. Aufbewahrung von Waffen und Munition (§ 36)

**Erlaubnisfreie Waffen**, etwa Schlagstöcke oder Reizstoffsprühgeräte, müssen gegen unbefugte Wegnahme gesichert werden.

**Waffen, die von der Erlaubnispflicht freigestellt sind**, etwa **SRS-Waffen** mit entsprechender Kennzeichnung (zum Beispiel „PTB im Kreis"), oder **Druckluftwaffen** mit „F im Fünfeck", sind in einem verschlossenen Behältnis aufzubewahren. Eine besondere Sicherheitsstufe ist nicht vorgeschrieben. Gleiches gilt für **Salutwaffen** und **unbrauchbar gemachte Schusswaffen**.

Für **erlaubnispflichtige** Waffen und verbotene Waffen (etwa in der Hand von Gutachtern, aber auch von Altbesitzern im Falle von Magazinen hoher

Kapazität) sieht § 13 AWaffV die Aufbewahrung in besonders klassifizierten Behältnissen, sogenannten **Waffenschränken**, oder in **Waffenräumen** vor.

Zur **sicheren Aufbewahrung von erlaubnispflichtigen und verbotenen Waffen** dürfen grundsätzlich Behälter folgender Qualitäten unter Berücksichtigung einschränkender Eigenschaften verwendet werden:

- DIN EN 1143-1 **Widerstandsgrad 0 (Null)**, mit einem Eigengewicht **unter 200 kg**: Bis zu fünf Kurzwaffen und bestimmte verbotene Waffen, Langwaffen ohne zahlenmäßige Begrenzung; Munition darf gemeinsam mit den Waffen aufbewahrt werden;

- DIN EN 1143-1 **Widerstandsgrad 0 (Null)**, mit einem Eigengewicht **von mindestens 200 kg**: Bis zu zehn Kurzwaffen und bestimmte verbotene Waffen, Langwaffen ohne zahlenmäßige Begrenzung; Munition darf gemeinsam mit den Waffen aufbewahrt werden;

- DIN EN 1143-1 **Widerstandsgrad I (römisch 1)**, Eigengewicht gesetzlich nicht festgelegt: Aufbewahrung einer unbegrenzten Zahl von Lang- und Kurzwaffen sowie verbotener Waffen und Munition.

Für die **sichere Aufbewahrung von Munition** ist keine Sicherheitsstufe vorgeschrieben. Sie muss in der Wohnung gegen unbefugten Zugriff qualifiziert aufbewahrt werden, mindestens in einem **Stahlblechbehältnis** mit **Schwenkriegelschloss**, zB in einer Geldkassette oder einem gleichwertigen Behältnis. Ein **Schwenkriegelschloss** ist ein Metallriegel oder Haken, der am Schließzylinder befestigt ist und um dessen Achse gedreht wird.

Inhaber einer waffenrechtlichen Erlaubnis, die vor Inkrafttreten der Waffengesetzänderung 2017 erteilt wurde, dürfen Waffenschränke älterer Bauart auch weiterhin nutzen, wenn diese bereits vor dem Zeitpunkt des Inkrafttretens des Gesetzes am 6. Juli 2017 von ihnen genutzt wurden. Es handelt sich dabei vornehmlich um Behältnisse der Stufen A und B nach VDMA 24992 Stand Mai 1995; beachten Sie: nur Altbesitzer dürfen Schränke dieser Sicherheitsstufen verwenden!

Der **„A-Schrank“** – Behältnis der Sicherheitsstufe A nach VDMA 24992 – darf zur Aufbewahrung von **bis zu zehn Langwaffen** eingesetzt werden. Der **„B-Schrank“** – Behältnis der Sicherheitsstufe B nach VDMA 24992 – darf zur Aufbewahrung einer **unbegrenzten Zahl von Langwaffen** und **bis zu zehn Kurzwaffen** (Schrank-Eigengewicht oder Abrisslast durch Verankerung unter 200 kg: bis zu fünf **Kurzwaffen**) eingesetzt werden.

In einem A-Schrank mit Innen**schrank** der Sicherheitsstufe B (sog. **„Jägerschrank"**) ist die Lagerung von bis zu zehn Langwaffen sowie von **bis zu fünf Kurzwaffen im Innenschrank** gestattet sowie passender Munition für die Lang- und Kurzwaffen im Innenschrank.

**Für A- und B-Schrank gilt, dass Munition**, die aus den aufbewahrten Waffen verschossen werden kann, **nicht mit den Waffen** in einem Schrank aufbewahrt werden darf, wenn Waffen und Munition nicht durch eine verschließbare Tür voneinander getrennt werden. Auch ein zur Aufbewahrung von Munition zugelassenes Behältnis darf im Schrank aufgestellt sein.

Fortsetzung oder Beginn einer **gemeinschaftlichen Aufbewahrung** von Altbesitzern mit anderen Erlaubnisinhabern, die selbst einen solchen Behälter nicht verwenden dürften, **ist zulässig**, aber der zuständigen Behörde auf Verlangen nachzuweisen.[18]

In **„nicht dauernd bewohnten Gebäuden"**, unter diesen Begriff fallen beispielsweise **Jagdhütten**, dürfen **höchstens drei Langwaffen** aufbewahrt werden, aber **keine Kurzwaffen oder Munition.** Dabei ist zwingend ein Behältnis des Widerstandsgrades I nach DIN EN 1143-1 zu verwenden. Durch die ausdrückliche Beschränkung auf Langwaffen ist eine Aufbewahrung von **Schalldämpfern** in einem nicht dauernd bewohnten Gebäude nicht gestattet. Während des Aufenthalts, also im **Zeitraum zwischen An- und Abreise** des Hüttennutzers, ist die Jagdhütte für diesen Zeitraum als **dauernd bewohntes Gebäude** anzusehen. Damit würden während der Dauer des gesamten Aufenthalts die allgemeinen Vorschriften zur Aufbewahrung von Schusswaffen und Munition gelten, selbst wenn der Jäger die Hütte zur Jagdausübung oder zu einer Besorgung verlässt.

Die **Aufbewahrung geladener Schusswaffen** ist unzulässig. Das gilt auch für die Aufbewahrung von **SRS-Waffen** und **Druckluftwaffen**.

Die **gemeinsame Aufbewahrung von Waffen und Munition** ist **nur dann unzulässig**, wenn erlaubnispflichtige Schusswaffen mit Munition in einem A- oder B-Schrank aufgrund der Altbesitzregelung aufbewahrt werden.

In einem Schrank dürfen die Schlüssel anderer Behältnisse aufbewahrt werden. Das ist zulässig, solange die Zahl der Waffen in jenen Behältnissen zusammen nicht größer ist als die Anzahl von Waffen, die in diesem einen Behältnis aufbewahrt werden darf. Zahlenschlösser sind Schlüsselschlössern unter praktischen Gesichtspunkten immer vorzuziehen.

**Wesentliche Teile** von Schusswaffen und Schalldämpfer sind aufzubewahren wie die Schusswaffen, für die sie bestimmt sind. Dabei werden sie nicht angerechnet auf die Anzahl der aufbewahrten Waffen im Behältnis.

Bestimmte **verbotene Waffen** (Anlage 2 A1 Nr. 1.1 bis 1.2.3 und 1.2.5 WaffG) sind wie Kurzwaffen zu lagern und werden auf die Zahl der maximal aufzubewahrenden Kurzwaffen angerechnet. Das **Faustmesser** im Besitz eines Jägers ist beispielsweise nicht auf die Anzahl der aufbewahrten Waffen anzurechnen, sondern lediglich in einem B- oder WG-0-Schrank aufzubewahren; gleiches gilt für **verbotene Nachtsichttechnik**.

Werden Waffen und Munition im **Bewachungsgewerbe** aufbewahrt, sind diesbezügliche Regelungen in **Unfallverhütungsvorschriften** zu beachten.

Eine ausdrückliche **Pflicht zur Verankerung** eines Behältnisses zur Aufbewahrung von Waffen oder Munition ergibt sich nicht aus den speziellen Vorschriften des § 13 AWaffV. Allerdings ist die generelle Vorgabe in § 36 Abs. 1 WaffG zu beachten, wonach die **erforderlichen Vorkehrungen** zu treffen sind, um **zu verhindern**, dass diese Gegenstände **abhanden**kommen.

Im Falle eines Behälters, dessen Gewicht einschließlich Füllung unter 30 kg liegt, kann dieser ohne größeren Aufwand aus der Wohnung getragen werden. Darum ist bei der **behördlichen Überprüfung der sicheren Aufbewahrung** zu beachten, dass Behältnisse, deren Gesamtgewicht (Behältnis plus Inhalt) unter 100 kg (Richtwert) liegt, gegen Wegnahme zu sichern sind, etwa durch Verankerung in der Wand oder im Boden, um die Wegnahme zu verhindern. In einem solchen Falle ist unter Würdigung der Gesamtsituation die Erteilung eine **Anordnung** nach § 36 Abs. 6 WaffG zu prüfen, die den Waffenbesitzer zur Verankerung des Behälters mit einer ausreichenden und festzusetzenden Abrisslast verpflichtet.

**Möbeltresore**, in der Norm VDMA 24992 Stand Mai 1995 bezeichnet als „**Einsatzschrank**, nicht zur freien Aufstellung“, sind **in Möbel oder hinter Wandverkleidungen einzubauen**, ansonsten gelten sie nicht als A- oder B-Behältnis. Die Vorgaben des Herstellers zur Verankerung, die in den meisten Fällen dem gelieferten Behältnis beiliegen, sind einzuhalten.

**Einmauertresore** sind nach den Vorgaben des Herstellers und den einschlägigen Richtlinien der VdS in ein Mauerwerk oder eine Betonwand einzulassen und mit Beton von mindestens 100 mm Stärke zu umgeben.

Bei der Einstufung wird das **Eigengewicht** des einzelnen Schrankes gewertet, nicht ein Verbund mehrerer miteinander verschraubter Schränke.

Kapitel 3 behandelt die **Erlaubnispflichten und Verbote** für den Umgang mit Waffen und Munition. Besonderes Augenmerk gilt dabei den gesetzlichen Ausnahmen von Erlaubnispflichten, etwa für die Leihe oder die Verwahrung und den Transport von Waffen.

Das Waffengesetz regelt den Zugang zu Waffen insbesondere durch Erlaubnisvorbehalte. Dazu kommen einige Waffen- und Munitionstypen, die durch den Gesetzgeber als derart gefährlich angesehen werden, dass jeglicher Umgang mit ihnen grundsätzlich verboten wird. Andererseits entfällt die Erlaubnispflicht für einige Arten von Schusswaffen. Die *tragbaren Gegenstände* unterfallen grundsätzlich nicht der Erlaubnispflicht.

Das **Lernziel** in diesem Kapitel ist insbesondere das Wissen um die Ausnahmen von den Erlaubnispflichten aus § 12 WaffG und der Anlage 2 WaffG sowie die Voraussetzungen dieser Ausnahmen.

Die **wichtigsten Fakten** in diesem Kapitel:

- WBK-Inhaber dürfen sich für bis zu einem Monat eine Waffe **leihen** und während dieser Zeit diese Waffe auch benutzen, wenn sie diese Waffe auch regulär im Rahmen ihres Bedürfnisses (zB ein Sportschütze solche Waffen, die schießsportlich verwendet werden dürfen) erwerben könnten.
- Soll eine Waffe durch einen Dritten nur **verwahrt** oder privat **transportiert** werden, darf dies ohne zeitliche Begrenzung erfolgen durch einen WBK-Inhaber, und zwar unabhängig vom Bedürfnis – eine Verwendung der Waffe ist dabei nicht gestattet.
- Ebenso wie eine Waffe darf auch Munition geliehen, verwahrt oder transportiert durch einen WBK-Inhaber werden.
- Ohne Waffenschein darf eine Waffe geführt werden (**Transport**), wenn sie **nicht zugriffsbereit** (zB verschlossener Waffenkoffer) und **nicht schussbereit** (keine Munition in der Waffe) ist und der **Zweck des Bedürfnisses** diesen Transport umfasst, zB bei einem Sportschützen auf dem direkten Weg von zuhause zum Schießstand und zurück.
- **Munition** darf **zum sofortigen Verbrauch ohne eigene waffenrechtliche Erlaubnis auf dem Schießstand** erworben werden.
- Erwerb und Besitz von **Druckluftgewehren** mit „F im Fünfeck" und **SRS-Waffen** mit „PTB im Kreis ist **erlaubnisfrei.**
- Beim **Waffentransport** muss man **WBK und Ausweis** mitführen.
- Auf genehmigten **Schießstätten** ist das **Schießen erlaubnisfrei**.

Als erweiterter **Lernstoff** dienen § 12 WaffG und die Anlage 2 des Waffengesetzes – keine Sorge, die Anlage ist „relativ lesbar" formuliert.

# 3. Erlaubnispflichten, Freistellungen, Verbote

## 3.1. Erlaubnispflichtige Waffen und Munition

Nach Anlage 2 A2 **UA1** WaffG **bedarf** der **Umgang** (Erwerb, Besitz, Führen, Verbringen, Mitnehmen, Schießen, Herstellung, Bearbeitung, Instandsetzung, Handel, Unbrauchbarmachung) mit Waffen nach Anlage 1 A1 UA1 Nrn. 1 – 4.3 WaffG oder Munition grundsätzlich einer **Erlaubnis**, **ausgenommen** das **Überlassen**. Betroffen sind Schusswaffen und ihnen gleichgestellte Gegenstände, die aber teilweise durch Regelungen der Anlage 2 A2 UA2 und 3 WaffG wieder von der Erlaubnispflicht oder fast vollständig von den Regelungen des Waffengesetzes befreit werden. Die folgenden Kapitel geben einen Überblick über die Regelungen für verschiedene Waffen und Umgangsarten.

Beachten Sie beim Lesen der Anlage 2 im Original die Unterschiede, die bezüglich der unterschiedlichen Arten des Umgangs gemacht werden. Ist eine Waffe nach Anlage 1 A1 UA1 Nrn. 1 bis 4.3 WaffG oder Munition weder in Unterabschnitt 2 noch im Abschnitt 3 („Vom Gesetz ganz oder teilweise ausgenommene Waffen") der Anlage 2 WaffG geführt, bedarf es zum Umgang einer Erlaubnis.

Erlaubnispflichtig ist auch der Umgang mit Kartuschenmunition, die aus scharfen Waffen verschossen werden kann (**Manöverpatronen**).

Auf **funktionsfähige** Schusswaffen, die durch **Umbau** einer erlaubnispflichtigen Schusswaffe hergestellt wurden (4 mm M20, LEP), sind die Vorschriften für Erwerb und Besitz der Ursprungswaffe anzuwenden (Anlage 2 A2 UA1 Satz 3 WaffG).

## 3.2. Erteilung der Erlaubnis

Die **Erlaubnis zum Erwerb und Besitz** von **Waffen** wird durch eine **Waffenbesitzkarte** (WBK) erteilt. Neben der grünen (Standard-) WBK existiert eine gelbe „WBK für Sportschützen" und eine rote „WBK für Sammler und Sachverständige". Neben dem Inhaber der WBK können **weitere Personen** als Berechtigte eingetragen werden, wenn sie ebenfalls alle Voraussetzungen erfüllen, die tatsächliche Gewalt über die eingetragenen Waffen ausüben können und das gleiche Bedürfnis nachgewiesen haben.

**Die Erlaubnis zum Erwerb und Besitz** von **Munition** kann entweder durch eine **WBK** oder durch **Eintragung in die WBK** erteilt werden. Auch die Ausstellung eines **Munitionserwerbscheins** (Farbe hellbraun) ist möglich.

Die **Erlaubnis zum Führen** einer **Waffe** wird durch den blauen **Waffenschein** erteilt.

**Eintragungen** in diese Dokumente dürfen nur durch die zuständige Behörde vorgenommen werden.

Waffenbesitzkarten sind **binnen zwei Wochen nach Erwerb oder Überlassung** einer Schusswaffe der Behörde zur Berichtigung vorzulegen.

Eine weitergehende Erläuterung der unterschiedlichen Arten und Erteilungsvoraussetzungen von Erlaubnissen, insbesondere von Waffenbesitzkarte und Waffenschein, finden Sie ab Seite 113.

## 3.3. Ausnahmen von Erlaubnispflichten

Ausnahmen von den gesetzlichen Erlaubnispflichten sind hauptsächlich in drei Bereichen des Waffengesetzes zu finden:

- § 12 WaffG
  - Ausnahmen für bestimmte Situationen und Umgangsarten
  - Ohne Berücksichtigung der Art der Waffe oder Munition
- Anlage 2 Abschnitt 2
  - Ausnahmen für bestimmte Umgangsarten
  - Mit Beschränkung auf bestimmte Arten von Waffen
- Anlage 2 Abschnitt 3
  - Fast vollständige Freistellung von den Regeln des WaffG
  - Mit Beschränkung auf bestimmte Arten von Waffen

Nachfolgend werden die wesentlichen Ausnahmen der vorgenannten Regelungen dargestellt. Aus Gründen der Übersichtlichkeit beschränkt sich die Darstellung auf die im Alltag wesentlichen Freistellungen; das Nachlesen der Normen im Gesetzestext wird ausdrücklich empfohlen.

### 3.3.1. Die Ausnahmen nach § 12 WaffG

Die Ausnahmeregelungen nach § 12 WaffG können als „Anpassung an die Erfordernisse der Lebenswirklichkeit“ angesehen werden, da sie solche Situationen von Erlaubnispflichten ausnehmen, in denen der Umgang mit Waffen entweder aus organisatorischen Gründen kaum gesondert erlaubt werden könnte oder aus Gründen der Praktikabilität Ausnahmen der eng gefassten waffenrechtlichen Tatbestände erforderlich sind. Beispiele dafür wären der Paketzusteller, der ohne waffenrechtliche Erlaubnis im Besitz einer Schusswaffe ist, die sich in einem Paket befindet, oder der Sportschütze, der mangels eines Waffenscheins seine Waffe nicht zum Schießstand transportieren dürfte, weil auch dieser Transport in einem verschlossenen Koffer ein Führen im Sinne des Waffengesetzes darstellt. In solchen Fällen leisten die Regelungen des § 12 WaffG recht umfassend Abhilfe.

Zu beachten ist, dass gemäß § 12 Abs. 5 WaffG die zuständige Behörde, in der Regel die örtlich zuständige Waffenbehörde, über die in der Norm genannten Tatbestände hinaus für den konkreten Einzelfall weitere Ausnahmen von den Erlaubnispflichten genehmigen kann, wenn besondere Gründe vorliegen und die Belange der öffentlichen Sicherheit und Ordnung dem nicht entgegenstehen, was bedeutet, dass sich durch die konkrete Ausnahme keine negativen Folgen für die Sicherheit der Bevölkerung ergeben.

Die in der Praxis wichtigsten Ausnahmen nach § 12 WaffG sind:

- **Leihe**: Bis zu einem Monat, nur Inhaber einer WBK
- **Verwahrung** und **Transport**: Vorübergehend, privat nur durch Inhaber einer WBK, gewerblich ohne WBK möglich
- **Gewerblicher Erwerb und vorübergehender Besitz**: Keine Vorgabe
- **Erwerb und vorübergehender Besitz im Auftrag** eines Vereins: Umgang nur im Rahmen erteilter Weisungen
- **Führen** (Transport): Bedürfniszweckbindung, nicht zugriffsbereit, nicht schussbereit
- **Erwerb Munition**: Zum sofortigen Verbrauch auf der **Schießstätte**

### 3.3.1.1. Erlaubnisfreier Erwerb und Besitz (§ 12 Abs. 1, 2)

Der Regelungsumfang umfasst insbesondere Fragen des Erwerbs und des vorübergehenden Besitzes von Waffen im Zuge der privaten Leihe oder Verwahrung, aber auch den gewerblichen Umgang mit Waffen im Zuge des Transports durch Logistikunternehmen oder den Umgang durch Beschäftigte von Erlaubnisinhabern.

Zu beachten ist bei der Anwendung der Norm, dass nicht die Überlassung, sondern der Erwerb und der Besitz erlaubnisfrei gestellt werden. Der Grund dafür ist, dass die Überlassung von Waffen oder Munition grundsätzlich keiner Erlaubnis bedarf, sondern vollumfänglich in der Verantwortung des Überlassenden liegt, der seinerseits prüfen muss, ob der Erwerber die erforderliche Erlaubnis zum Erwerb besitzt, bevor die Überlassung erfolgt.[19]

### 3.3.1.1.1. Verwahrung, Leihe (§ 12 Abs. 1 Nr. 1)

Der Inhaber einer waffenrechtlichen Erlaubnis kann seine Waffe zur sicheren **Verwahrung**, etwa bei längerer Abwesenheit oder während eines Umzuges, einem Berechtigten zur sicheren Verwahrung vorübergehend überlassen, ihm also die tatsächliche Gewalt über seine Waffen einräumen. Der Verwahrende muss im Besitz einer waffenrechtlichen Erlaubnis sein, wodurch gewährleistet ist, dass er sachkundig, zuverlässig und persönlich geeignet ist. Eine Frist für die Dauer der Verwahrung ist nicht vorgesehen. Gleiches gilt für den **nicht gewerblichen Transport** von Waffen und Munition, also im privaten Bereich. Eine **Überlassung von Schlüsseln** für einen Behälter, in dem Waffen aufbewahrt werden, an einen anderen WBK-Inhaber ist davon **nicht gedeckt** und bedeutet eine Überlassung an einen Unberechtigten, was zur **Unzuverlässigkeit** des Überlassenden führt.

Anders die **Leihe** einer Waffe von einer anderen Person – da die Waffe *zum Zwecke der Benutzung* verliehen wird, muss der Entleiher (Erwerber und vorübergehender Besitzer) im Besitz einer WBK aufgrund eines Bedürfnisses sein, das den Umgang mit einer Waffe der geliehenen Art umfasst. Der Begriff „Leihe" wird im Gesetz nicht verwendet – in § 12 Abs. 1 Nr. 1 Buchstabe a WaffG ist nur von einem Erwerben und einem lediglich vorübergehenden, aber auf höchstens einen Monat begrenzten Besitzen die Rede.

Zwar darf der Inhaber einer „WBK für Sportschützen", die den Erwerb und Besitz von Halbautomaten nicht vorsieht, einen Halbautomaten mit dieser WBK nicht erwerben und dauerhaft besitzen, doch ist die Leihe möglich, wenn die genehmigte Sportordnung seines Verbandes eine Disziplin enthält, die mit einem Halbautomaten geschossen werden kann. Andere beschränkende Voraussetzungen (Mindestalter für Großkaliber, Bedürfnisbindung etc.) dürfen nicht durch Leihe umgangen werden. Die **Leihe** ist auf **einen Monat** befristet. Keine Auswirkung haben Kontingentierung und Erwerbsstreckungsgebot auf die Zulässigkeit einer Leihe oder Verwahrung.

Leihe, Verwahrung und Transport sollten durch einen **datierten Beleg** mit **Namen** der Beteiligten, also überlassender Besitzer und derzeitiger Besitzer, dokumentiert werden. Dieser Beleg ist beim **Transport** mitzuführen und dient mit der WBK als Nachweis des erlaubten Besitzes.[20] Zudem ist damit bei einer Kontrolle der sicheren Aufbewahrung der Nachweis über Herkunft oder Verbleib der darin aufgeführten Schusswaffen zu führen. Dies ist aus praktischen Erwägungen nicht erforderlich bei der „Leihe in sich selbst", wenn eine Person sowohl Jäger als auch Sportschütze ist, da zB die Waffe eines Jägers, die dieser zum Zwecke des Trainings an sich selbst als Sportschütze verleiht, in einer seiner Waffenbesitzkarten eingetragen ist.

### 3.3.1.1.2. Gewerblicher Umgang (§ 12 Abs. 1 Nr. 2)

Freigestellt von der Erlaubnispflicht sind der Erwerb und vorübergehende Besitz von Waffen im Rahmen gewerbsmäßiger Tätigkeiten zum Zweck der

- Beförderung (Kurier, Postbote, Paketfahrer u.a.),
- Lagerung (Speditionsbetrieb, Lagereibetrieb u.a.) und
- Verschönerungen oder ähnlicher Arbeiten (Gravuren, Brünierungen etc.; auch Schäftereien fallen unter diese Regelung).

Auch wenn der vorübergehende Umgang mit der Waffe erlaubnisfrei gestellt ist, hat der betroffene Betrieb die waffenrechtlichen Regelungen, insbesondere zum sicheren Transport und zur sicheren Aufbewahrung, vollumfänglich einzuhalten. Aus diesem Grunde sollten betroffene Betriebe den Umfang erforderlicher Maßnahmen durch eine sachkundige Person regelmäßig prüfen lassen.

### 3.3.1.1.3. Umgang auf Weisung (§ 12 Abs. 1 Nr. 3)

Eine besonders umfassende Freistellung stellt die Regelung nach Nr. 3 dar, die allein unter Beachtung des Mindestalters nach § 2 WaffG bzw. möglicher Ausnahmen nach § 3 WaffG für Kinder und Jugendliche, aber ohne die Notwendigkeit eines persönlichen Bedürfnisses oder nachgewiesener Sachkunde Personen den Erwerb und vorübergehenden Besitz erlaubt, die auf Weisung eines Berechtigten oder im Rahmen erteilter Weisungen tätig werden. Hier ist zu beachten, dass etwaige Verstöße des vorübergehenden Besitzers immer auf den eigentlichen Berechtigten zurückfallen, weshalb eine besondere Sorgfalt bei der Auswahl beauftragter Personen empfohlen wird. Der Beauftragte ist weisungsgebunden und darf nicht nach eigenem Ermessen über die Waffe verfügen, weshalb in diesem Zusammenhang auch von einem „willenlosen Muskel" gesprochen wird, der lediglich eine klar umrissene Weisung auszuführen hat.

Die Ausnahme gilt dabei sowohl für den Erwerb von einem Berechtigten wie auch für einen Berechtigten, etwa bei Abholung einer Waffe nach einer Reparatur.

Die Ausnahme bezieht sich auf Personen, die tätig werden

- aufgrund eines **Arbeits- oder Ausbildungsverhältnisses** (zB Fahrt zu Schießstand mit Waffen einer Sicherheitsfirma, Auslieferung durch Angestellte eines Waffenhändlers etc.)
- als **Beauftragter einer schießsportlichen oder jagdlichen Vereinigung** (zB volljähriger Bruder eines jugendlichen Sportschützen, der die Vereinswaffe für den Schützen zu einem Wettkampf transportieren soll, oder Vereinsmitglied ohne eigene Waffe für Teilnahme an einem Wettkampf außerhalb des Vereins)
- als **Charterer von seegehenden Schiffen** zur Abgabe von Seenotsignalen (damit darf eine erlaubnispflichtige Signalpistole als Ausrüstung für die Dauer der Fahrt durch den Schiffsvermieter überlassen werden)

Der Besitz von Waffen ist dabei auf den tatsächlich erforderlichen Zeitraum zu beschränken. Nicht zulässig ist es, andere gesetzliche Regelungen zu umgehen, etwa die Erlaubnispflicht für den längerfristigen Besitz einer Feuerwaffe durch einen Sportschützen, indem diesem eine Vereinswaffe nicht für den Besuch einer einzelnen Veranstaltung überlassen wird, sondern etwa für das erste Jahr seiner Vereinsmitgliedschaft.

### 3.3.1.1.4. Erwerb auf der Schießstätte (§ 12 Abs. 1 Nr. 5)

Diese Regelung bildet in beispielhafter Form die Funktion des § 12 WaffG ab, indem sie als Ausnahme von der Erlaubnispflicht, in der Regel in Form einer Waffenbesitzkarte mit Voreintrag für die betreffende Waffe, die Möglichkeit schafft, auf der Schießstätte mit der Schusswaffe eines Dritten oder einer Vereinswaffe Schießübungen zu absolvieren, ohne während dieser Zeit durch den eigentlichen Besitzberechtigten in Eingriffsnähe begleitet zu werden. Der Übende hat vorübergehend die tatsächliche Gewalt über die Waffe, besitzt sie also - ohne diese Ausnahmeregelung könnte ein Heranführen von Anfängern im Schießsport oder auch ein Ausprobieren anderer Waffenmodelle nicht im sinnvollen Umfang erfolgen.

Zu beachten ist die Einschränkung, dass der Besitz nur vorübergehend und nur zum Schießen auf der Schießstätte gestattet ist, auf der die Waffe erworben wurde; ein Ausleihen der Waffe und nachfolgendes Ausprobieren auf einer anderen Schießstätte ist somit nicht zulässig, dies wäre nur im Zuge der Leihe und damit nur durch den Inhaber einer WBK statthaft.

### 3.3.1.1.5. Munition (§ 12 Abs. 2)

Die Freistellungen von der Erlaubnispflicht für Erwerb und Besitz gelten auch für die für diese Waffen erforderliche Munition, wobei die in § 12 Abs. 1 WaffG genannten Voraussetzungen umfassend vorliegen müssen.

Darüber hinaus erlaubt die Norm ohne Erlaubnis den **Erwerb** und Besitz von Munition auf einer nach § 27 WaffG zugelassenen Schießstätte für dort erworbene Munition, wenn diese Munition **zum sofortigen Verbrauch auf dieser Schießstätte** bestimmt ist. Eventuell am Ende eines Schießtrainings noch vorhandene Munition ist einem Berechtigten zu überlassen, da durch diese Ausnahmeregelung die Besitzberechtigung nur bis zum Verlassen der Schießstätte besteht. Auch ist zu beachten, dass sich die Menge der Munition, die im Rahmen dieser Regelung auf dem Schießstand erlaubnisfrei erworben werden darf, immer an dem realistisch zu erwartenden Bedarf im Rahmen dieser aktuellen Trainingseinheit orientieren muss. Der Überlassende ist diesbezüglich verantwortlich, da er den Bedarf einschätzen muss.

### 3.3.1.2. Erlaubnisfreies Führen / Transport (§ 12 Abs. 3)

Schon der Transport einer Waffe von der eigenen Wohnung zum Schießstand ist Führen im Sinne des Waffengesetzes. Allerdings besagt § 12 Abs. 3 WaffG, dass einer Erlaubnis zum Führen von Waffen, also eines Waffenscheins, nicht bedarf, wer die Waffe **nicht schussbereit** und **nicht zugriffsbereit** von einem Ort zu einem anderen Ort befördert, **wenn** dieser Transport **vom Bedürfnis gedeckt** ist oder **im Zusammenhang damit** erfolgt. Dabei ist die Waffe insbesondere in einem **verschlossenen Behältnis nicht zugriffsbereit. Munition** kann per Definition nicht geführt, sondern lediglich besessen werden und ist **gegen Wegnahme durch Dritte zu sichern**.

Die Rechtsprechung definiert das „**verschlossene Behältnis**" im Zusammenhang mit Delikten nach §§ 202, 243 StGB[21] als ein verschließbares Behältnis, das über eine **besondere Vorrichtung** verfügt, die **geeignet und bestimmt** ist, die **Wegnahme** einer Sache zu **erschweren**. Bedingung ist die Sicherung durch ein **Schloss**, eine sonstige **technische Schließeinrichtung** oder auf andere Weise. So wird auch das **feste Verschnüren eines Rucksacks** als „gegen einen ordnungswidrigen Zugriff von außen besonders gesichert" angesehen[22] - diese niedrigschwellige Auslegung des Begriffs „verschlossen" sollte angesichts der generellen Pflicht zur besonderen Absicherung von Schusswaffen allerdings nicht auf Transportbehältnisse für erlaubnispflichtige Schusswaffen angewandt werden. Schon die Konkretisierung der Anforderungen an den Zustand des Behältnisses durch die Änderung des WaffG 2008[23] zeigt, dass als Verschluss nur ein solch festes

Zugriffshindernis angesehen werden darf, dessen Überwindung erst durch Einsatz eines zerstörenden Werkzeuges (etwa Messer gegen Kabelbinder), eines Schlüssels oder eines Codes (Zahlenschloss) möglich wird.

In der Regel werden diese Anforderungen durch den Transport in einem Waffenkoffer mit Zahlen- oder Vorhängeschloss erfüllt, womit die Waffe „nicht zugriffsbereit" ist. Nach Anlage 1 A2 Nr. 13 WaffG ist eine Waffe in einem unverschlossenen Behältnis nur dann **nicht zugriffsbereit**, wenn sie nicht **innerhalb drei Sekunden mit weniger als drei Handgriffen** unmittelbar in Anschlag gebracht werden kann; nicht zugriffsbereit ist sie insbesondere dann, wenn sie in einem verschlossenen Behältnis mitgeführt wird.

Grundsätzlich sollte Dritten während des Transports der Zugriff auf die Waffe unmöglich gemacht werden, etwa durch Transport im Kofferraum und separates Verschließen des Kofferraumes, um beispielsweise an einer Ampel zu verhindern, dass Unberechtigte den Kofferraum öffnen. Fahrer von Kombis und Geländewagen sollten durch geeignete Maßnahmen verhindern, dass die Waffe aus dem Laderaum nach Einschlagen einer Autoscheibe entnommen werden kann – beispielsweise durch eine feste Laderaumabdeckung oder Anschließen des Koffers im Laderaum. Eine **Ausnahme** gilt nach § 13 Abs. 6 WaffG für **Jäger** – sie dürfen **im Zusammenhang mit der Jagd** ihre **nicht schussbereite** Waffe **zugriffsbereit** führen; dies gilt für die Fahrt in das Revier und zurück einschließlich kurzer Unterbrechungen, beispielsweise das „Schüsseltreiben" (gemeinschaftliche Mahlzeit der Jäger nach Ende der Jagd), Besorgungen, Tankstopps oder ähnliches – siehe auch Ausführungen zur „Beförderung".

Wird **Munition** mitgeführt, darf sich diese **nicht in der Schusswaffe** befinden, um die Forderung „**nicht schussbereit**" zu erfüllen. Anlage 1 A2 WaffG definiert „schussbereit" als „geladen"; die gefüllte Trommel des Revolvers, das befüllte und in die Waffe eingeschobene Magazin sowie eine Patrone oder ein Geschoss im Patronen– oder Geschosslager bedeuten „geladen". Ist die Munition außerhalb der Waffe, etwa in einer Munitionsschachtel im gleichen Transportbehältnis, oder in einem bereits gefüllten, aber nicht in die Waffe eingeschobenen Magazin, ist die Waffe nicht schussbereit. Dies gilt während des Per-Hand-Transports durch den Schützen und auch, wenn die Waffe etwa im Fahrzeug bei einer Rast aufbewahrt wird – das bis 2017 geltende Gebot der Trennung von Waffe und Munition im Zuge der Aufbewahrung wurde durch Streichung des § 36 Abs. 2 WaffG hinfällig.

„**Beförderung** von einem Ort zum anderen" meint etwa den direkten Weg zum Schießstand, da das Schießen mit der Waffe im Zusammenhang mit dem Bedürfnis des Schützen erfolgt. Eine kurze Unterbrechung der Fahrt zum Schießstand, beispielsweise der Halt an einem Gasthof oder ein Tankstop, ist kein Verstoß gegen das Waffengesetz, solange die Waffen ausreichend sicher gegen Wegnahme geschützt oder nicht unbeaufsichtigt sind.

Eine Besonderheit stellt das **Führen der Waffe auf dem befriedeten Besitztum, in der Wohnung oder in den Geschäftsräumen eines Dritten** dar. Sofern das Führen der Waffen an diesem Ort mit Einverständnis des Zustimmungsberechtigten zu einem von dem Bedürfnis umfassten Zweck geschieht, bedarf es zum Führen keiner waffenrechtlichen Erlaubnis. Auf einer **Schießstätte** wird eine Schusswaffe nicht geführt, sondern besessen.

Ebenfalls keiner Erlaubnis bedarf das Führen eines wesentlichen Teils einer Schusswaffe, wenn etwa **auf Reisen im Zusammenhang mit dem Sport oder der Jagd** eine Schusswaffe außerhalb der Wohnung aufbewahrt werden muss, beispielsweise in einem **Hotel**. Um bei einem Diebstahl der Waffe aus dem Hotelzimmer die Gefahr eines Missbrauchs zu verringern, gestattet § 12 Abs. 3 Nr. 6 WaffG das Führen eines wesentlichen Waffenteiles, etwa des Laufes, wenn man es aus der Waffe ausgebaut hat und nun zum Beispiel im Restaurant bei sich trägt, Allerdings muss auch die „Restwaffe" im Zimmer so gut wie möglich gegen eine Wegnahme geschützt werden.

Das **Führen** der Waffe **ohne Waffenschein** muss immer **im Zusammenhang mit dem Bedürfnis** stehen. So wird ein Sportschütze seine Waffen auch mit Zustimmung des Hausrechtsinhabers nicht im fremden befriedeten Besitztum zu Wachaufgaben führen oder zum Töten von Tieren im Rahmen einer genehmigten Tätigkeit nach der Tierschutz-Schlachtverordnung verwenden dürfen.[24] Ebenso darf ein Sammler eine Waffe seiner Sammlung nicht zum Sportschießen verwenden, wenn die Sammlung aus künstlerischem oder wissenschaftlichem Interesse oder aus Liebhaberei zusammengetragen wurde.[25] Ein **Probeschießen** mit Waffen der eigenen Sammlung ist dagegen begründbar, da die Funktionsfähigkeit einzelner Stücke geprüft werden darf. Beachten Sie, dass nicht das Schießen auf der Schießstätte selbst dem Waffenbesitzer untersagt ist, da es nicht von seinem Bedürfnis gedeckt ist, sondern der Transport zum Schießstand mangels Bedürfnis<u>zweck</u> kein erlaubnis<u>freies</u> Führen wäre, er also einen Waffenschein bräuchte.

<u>**Auf einer Schießstätte**</u> bedarf es keiner gesonderten Erlaubnis, wenn der Schütze hier eine Waffe (im Holster) trägt, da auf einer Schießstätte per Definition Waffen nicht geführt werden. Allerdings sollte sich jeder Schütze, um Unstimmigkeiten auszuschließen, über die örtlichen Gepflogenheiten informieren, am besten beim Schießleiter oder der Aufsicht.

Wird der Waffenbesitzer durch eine befugte Person angehalten (etwa Zoll- oder **Polizeikontrolle**), können die Beamten verlangen, dass die WBK als Nachweis zum befugten Umgang mit der mitgeführten Waffe vorgelegt wird.[26] Da ein bedürfnisgedecktes Führen nur dann erlaubnisfrei ist, wenn die Waffe nicht schussbereit und nicht zugriffsbereit[27] befördert wird, darf der Transportbehälter, etwa ein Waffenkoffer, **erst auf ausdrückliche Aufforderung geöffnet werden**, da die Waffe nach Öffnung des Behälters zugriffsbereit ist. Von der Waffenscheinpflicht ist der Waffenbesitzer in diesem Falle allerdings befreit, wenn er erst auf Weisung des kontrollierenden Beamten das Transportbehältnis öffnet, um die Waffe vorzuzeigen.

Die WBK sollte nicht im verschlossenen Behälter, sondern möglichst so mitgeführt werden, dass sie zur Hand ist, ohne den Waffenkoffer öffnen zu müssen. Dem kontrollierenden Beamten sollte vor dem Öffnen vorgeführt werden, welche Maßnahmen zum Schutz der Waffe vor unbefugtem Zugriff ergriffen wurden (etwa durch Vorführung, dass der Koffer durch ein Schloss verschlossen und nicht nur geschlossen, also lediglich zugeklappt ist).

### 3.3.1.3. Erlaubnisfreies Schießen (§ 12 Abs. 4)

Da selbst von erlaubnisfrei erwerbbaren Druckluftwaffen eine große Gefahr ausgeht, ist Schießen grundsätzlich nur auf genehmigten Schießstätten erlaubnisfrei, da hier durch spezielle Kugelfangeinrichtungen eine Gefährdung des Schützen und Dritter bei Einhaltung der Sicherheitsvorschriften weitgehend ausgeschlossen ist. Doch auch außerhalb genehmigter Schießstätten ist es in gewissen Situationen erlaubt, mit bestimmten Waffen zu schießen. Diese Ausnahmen sind abschließend im Gesetz aufgeführt.

So darf außerhalb des öffentlichen Raumes („auf befriedetem Besitztum", also ein für Außenstehende erkennbar privates Grundstück oder Bauwerk) durch den Hausrechtsinhaber oder mit seiner Zustimmung geschossen werden mit Schusswaffen, mit denen nur Kartuschenmunition abgeschossen werden kann (zB Salutwaffen oder SRS-Waffen). Gleiches gilt außerdem für

- Schusswaffen mit einer Geschossenergie bis 7,5 Joule oder
- nach § 7 BeschG bauartzugelassenen Schusswaffen,

wenn die angetriebenen Geschosse das befriedete Besitztum nicht verlassen können. Es ist also nicht ausreichend, dass die Geschosse nicht tatsächlich das befriedete Besitztum verlassen, sondern es muss durch Aufbauten (Geschossfänge) oder die schlichte Größe des Grundstücks ausgeschlossen sein, dass das Geschoss das Besitztum verlassen kann.

Biathleten, die den Regeln entsprechend an genehmigten Sportwettkämpfen teilnehmen, dürfen in diesem Rahmen ebenfalls erlaubnisfrei schießen.

Das Schießen mit Schusswaffen, aus denen nur Kartuschenmunition verschossen werden kann (zB Salutwaffen oder SRS-Waffen), ist darüber hinaus erlaubnisfrei für **Mitwirkende an Theateraufführungen, Filmaufnahmen** u.ä. sowie zum Vertreiben von Vögeln in landwirtschaftlichen Betrieben. Bei Not- und Rettungsübungen, etwa auf See oder in den Bergen, darf mit Signalwaffen geschossen werden.

Außerdem darf mit Schreckschuss- oder Signalwaffen bei Sportveranstaltungen geschossen werden, wenn dies im Auftrag der Veranstalter erfolgt und erforderlich ist, beispielsweise als Start- oder Beendigungszeichen bei einer Regatta.

### 3.3.2. Erlaubnisfreie Arten des Umgangs nach Anlage 2 A2 UA2

Abschnitt 2 Unterabschnitt 2 der Anlage 2 WaffG entbindet einzelne Formen des Umgangs für bestimmte Waffenarten von der Erlaubnispflicht. Beachten Sie, dass die erwähnten Waffen ihre Waffeneigenschaft nicht verlieren, somit also ausdrückliche Verbote in anderen Vorschriften des WaffG trotzdem gelten, beispielsweise das Führverbot von Waffen nach § 42 WaffG – das Verbot besteht auch bei Wegfall der Erlaubnispflicht für das Führen, etwa von Armbrüsten, oder bei einem berechtigten Führen von SRS-Waffen mit dem „Kleinen Waffenschein".

*Beachten Sie, dass die nachfolgend aufgelisteten Freistellungen nur für die jeweilige Umgangsart gelten!*

Erlaubnisfrei ab 18 Jahren sind **Erwerb und Besitz** von

- Druckluft-, Federdruck- und Kaltgas-Waffen mit Prüfzeichen „F im Fünfeck" (alternativ: Herstellung und Inverkehrbringen vor 1970 oder im Gebiet der ehemaligen DDR),
- Schreckschuss-, Reizstoff- oder Signalwaffen mit Kennzeichen „PTB im Kreis" oder dem anerkannten Prüfzeichen eines anderen EU-Mitgliedsstaats,
- historische Vorderladerwaffen (Modell entwickelt vor 1871, umfasst Schusswaffen mit Lunten-, Funken und Zündnadelzündung sowie einläufige Einzellader mit Zündhütchenzündung) und
- Armbrüste

- sowie Kartuschenmunition für Schussapparate, Salutwaffen und SRS-Waffen und
- pyrotechnische Munition der Klasse „PM I".

Erlaubnisfrei ist der Erwerb von **Wechsel- und Austauschläufen** (sowie der im Einzelfall notwendigen Verschlüsse, falls der Verschluss der Waffe nicht mit diesem Austauschlauf verwendet werden kann und somit ein **Wechselsystem**, bestehend aus Austauschlauf und einem für diesen Austauschlauf bestimmten Verschluss, erworben werden muss) sowie Wechseltrommeln für solche Waffen, die bereits in der WBK des Erwerbers eingetragen sind; hier ist aber der Besitz durch Eintragung des erworbenen Waffenteils in eine WBK durch die Waffenbehörde genehmigen zu lassen.

Für **Einsteckläufe und -systeme sowie Einsätze** bedarf es einer in die WBK eingetragenen Waffe, allerdings sind Erwerb und Besitz erlaubnisfrei, eine Eintragung des erworbenen Teils in die WBK also nicht vorgeschrieben.

Erlaubnisfrei ist der **Handel** mit

- Schusswaffen, die nach aktuell geltenden EU-Deaktivierungsvorschriften unbrauchbar gemacht worden sind,
- auf historischen Waffen basierenden (Modell entwickelt vor 1871)
  - Schusswaffen mit Zündnadelzündung und
  - einläufigen Einzelladerwaffen mit Zündhütchenzündung.

Erlaubnisfrei sind **Führen** und **Herstellung** von sowie **Handel** mit

- Vorderladern (Modell entwickelt vor 1871) mit Lunten- oder Funkenzündung sowie
- Armbrüsten.

### 3.3.3. Vom Gesetz ausgenommene Waffen nach Anlage 2 A3

Vom Waffengesetz (zu beachten sind nur das Mindestalter von 18 Jahren und ein mögliches Waffenverbots nach § 41 WaffG) ausgenommen sind **Harpunen**, die ohne Munition angetrieben werden.

Lediglich dem Führverbot nach § 42a WaffG unterliegen **Nachbildungen**, **Blasrohre** und **Spielzeugwaffen sowie zum Spiel bestimmte Schusswaffen**, deren Geschosse max. 0,5 Joule Bewegungsenergie erhalten – zum Beispiel die „Erbsenpistolen" – und bei denen bauseitig verhindert wird, dass sich diese Schusswaffe mit einfachem Werkzeug so verändern lässt, dass höhere Energiemengen erzeugt werden (z. B. durch Federwechsel).

## 3.4. Schießerlaubnis (§ 10) und Schießstätte (§ 27)

Ein Schießstand, in § 27 WaffG „Schießstätte" genannt, bedarf in der Regel einer behördlichen Genehmigung. Für den Sportschützen ist das in doppelter Hinsicht von Bedeutung – zum einen regelt die Genehmigung, bis zu welcher Bewegungsenergie des Geschosses auf der betreffenden Schießstätte geschossen werden darf, zum anderen hängt die **Erteilung des waffenrechtlichen Bedürfnisses** davon ab, ob die vom Verein des Schützen benutzte Schießstätte auch für die Durchführung der angegebenen Schießübungen zugelassen ist. So wird beispielsweise ein Bedürfnis für einen Revolver im Kaliber .44 Magnum (Geschossenergie >1000 Joule) versagt werden, wenn die verfügbare Schießstätte nur für Geschossenergien unter 200 Joule zugelassen ist. Durch Trainingszeiten in einer anderen Schießstätte, wo sich der Verein stundenweise einmietet, kann dieses Problem allerdings gelöst werden. Übliche **Grenzwerte** für Schießstätten sind:

| | |
|---|---|
| Schießstätte für Druckluft-Waffen: | 7,5 Joule |
| Schießstätte für Kleinkaliber-Waffen: | 200 Joule |
| Schießstätte für Großkaliber-Kurzwaffen: | bis 1.500 Joule (idR) |
| Schießstätte für Großkaliber-Langwaffen: | bis 7.000 Joule (idR) |

Für das Schießen selbst bedarf es für den einzelnen Schützen keiner Genehmigung. Somit darf auch jeder Besucher der Schießstätte hier schießen, sogar Munition erwerben, allerdings nur zum sofortigen Verbrauch auf dieser Schießstätte und unter Beachtung der Alterserfordernisse!

Einer **Schießerlaubnis** bedarf es grundsätzlich, wenn **außerhalb einer genehmigten Schießstätte** geschossen werden soll. Diese Schießerlaubnis setzt den Nachweis eines konkreten Bedürfnisses voraus und wird in der Regel anlassbezogen erteilt. Neben dem Bedürfnis sind die nach § 4 WaffG geforderten Nachweise zu erbringen, insbesondere der Nachweis einer bestehenden Haftpflichtversicherung, die die Risiken eines Schießens außerhalb einer genehmigten Schießstätte abdeckt. **Ausnahmen** von der Erlaubnispflicht gelten beispielsweise für Sportwettkämpfe oder Signalschüsse.[28]

### 3.4.1. Aufsicht auf Schießstätten (§§ 10, 11 AWaffV)

Grundsätzlich darf kein Schießen ohne die erforderliche Aufsicht erfolgen. Nur das Schießen einer zur Aufsicht befähigten Person, die sich allein auf dem Schießstand aufhält, darf ohne weitere Aufsicht erfolgen.

Aufsicht beim Schießen auf einer Schießstätte kann

- der Betreiber einer Schießstätte,
- eine vom Betreiber bestellte Aufsichtsperson oder
- die Aufsicht einer schießsportlichen Vereinigung sein.

Die Aufsichtsperson muss volljährig, zuverlässig und persönlich geeignet sein. Sie muss darüber hinaus die erforderliche **Sachkunde** und im Bedarfsfall die **Eignung zur Kinder- und Jugendarbeit** besitzen. Im Sinne des Waffengesetzes sind **Kinder**[29] Personen, die noch nicht 14 Jahre alt sind, **Jugendliche** Personen, die mindestens 14, aber noch nicht 18 Jahre alt sind.

Der Begriff der Sachkunde in § 10 AWaffV ist **nicht gleichbedeutend** mit der Sachkunde nach § 7 WaffG, womit auch eine erfolgreich abgelegte Jägerprüfung nicht zur Aufsichtsführung befähigt. Die Aufsichtsperson muss in der Lage sein, die Benutzungsordnung der Schießanlage, die allgemeinen und besonderen Sicherheitsbestimmungen für den Umgang mit Waffen und Munition sowie die Einhaltung der Sport- oder Schießordnung durchzusetzen. Dies setzt zwingend den Nachweis des Erwerbs dieser Kenntnisse im Rahmen einer geeigneten Aus- und Fortbildung voraus.

Der Erlaubnisinhaber hat die Personalien der Aufsicht zwei Wochen vor dem Beginn der Tätigkeit der Behörde schriftlich anzuzeigen. Das Ausscheiden einer Aufsichtsperson und die Bestellung einer neuen Aufsichtsperson hat er unverzüglich anzuzeigen.

Wird die Aufsichtsperson durch einen schießsportlichen Verein beauftragt, hat der Verein die Aufsichtsperson zu registrieren, die vorgeschriebene Sachkunde und ggf. die Eignung zur Jugendarbeit zu prüfen. Diese Aufsicht mit der Befähigung zur Kinder- und Jugendarbeit beinhaltet eine besondere Obhutspflicht, die auch besondere Rechten und Pflichten mit sich bringt. Dazu gehört beispielsweise, dass diese Aufsicht gegenüber anderen Aufsichten weisungsberechtigt ist, wenn die besonderen Belange der Kinder und Jugendlichen berührt werden.

Der Verein hat der von ihm beauftragten Aufsichtsperson ein Nachweisdokument auszustellen, dass die Aufsichtsperson während der Wahrnehmung der Aufsicht mitzuführen und zur Kontrolle befugten Personen auf Verlangen zur Prüfung auszuhändigen hat.

### 3.4.2. Pflichten der Aufsichtsperson

Die verantwortliche Aufsichtsperson hat vermeidbare Gefahren durch das Verhalten der Anwesenden zu unterbinden und das Schießen ständig zu beaufsichtigen. Benutzer der Schießstätte haben die Anordnungen der

Aufsicht zu befolgen. Das gilt vor allen Dingen für die unzulässige Verwendung von Schusswaffen, die vom Schießsport ausgeschlossen[30] sind.

Die Aufsichtsperson muss das Schießen mit Waffen, die vom Schießsport ausgeschlossen sind, unterbinden, es sei denn, der Schießstandbenutzer ist Sportschütze, Jäger, schießt zur Waffensachkundeausbildung, zur Jagdausbildung oder zur Ausbildung oder Übung im Verteidigungsschießen. Inhaber einer WBK dürfen im Rahmen des zugrundeliegenden Bedürfnisses schießen. Handelt es sich um einen Schützen, der ohne eigenes waffenrechtliches Bedürfnis an einem Schießen teilnimmt, etwa als Gastschütze oder bei einem *Schießen zur Belustigung*, gelten für diesen die Einschränkungen zu Waffen und Schießübungen nach §§ 6, 7 AWaffV.[31]

## 3.5. Ausweispflichten (§ 38 Abs. 1)

Wird eine Waffe geführt, hat der Besitzer einen Personalausweis oder Reisepass bei sich zu tragen, um sich gegenüber Kontrollberechtigten ausweisen zu können. Zudem muss er, wenn für den Erwerb der Waffe eine Erlaubnis erforderlich ist, die WBK mitführen oder ein Dokument, aus dem hervorgeht, dass er zum Umgang mit dieser Waffe berechtigt ist. Ist das Führen der Waffe im Moment der Kontrolle erlaubnispflichtig (also kein erlaubnisfreies Führen wie beim Transport im Behältnis zum Schießstand), ist an Stelle der WBK ein Waffenschein vorzulegen. **Jäger** haben, wenn sie eine Schusswaffe führen, neben der WBK ihren Jagdschein mitzuführen.

Im Falle der Leihe, Verwahrung oder des Führens der Waffe durch **Mitarbeiter eines Bewachungsunternehmens** ist neben den vorgenannten Dokumenten ein Beleg mit dem Namen des Überlassers, seiner Besitzberechtigung und des Datums der Überlassung mitzuführen.

Wurde eine Waffe ohne Eintragung in die WBK erworben (Erwerb durch Inhaber eines Jahresjagdscheins oder einer WBK für Sportschützen, aber auch zur Leihe, Verwahrung oder Beförderung), ist ersatzweise ein datierter schriftlicher Nachweis vorzulegen, aus dem sich ergibt, dass die zweiwöchige Frist zur Anmeldung des Erwerbs noch nicht verstrichen ist oder sich die Waffe nur vorübergehend im Besitz befindet.

Ein praktisches Formular mit Abfrage aller erforderlichen Angaben für Leihe, Verwahrung, Transport oder beauftragtes Mitführen finden Sie als Download auf der Website www.sv-busche.de, Suchwort „Vordruck“

Mitgeführte Waffen sind auf Verlangen dazu berechtigter Personen, beispielsweise Zoll- oder Polizeibeamten, im Rahmen dieser Kontrolle vorzulegen, um einen Abgleich mit den Erlaubnisdokumenten zu ermöglichen.

## 3.6. Waffenrechtliche Verbote

Das Waffenrecht kennt neben Erlaubnissen eine große Zahl von Verboten. Sie umfassen bestimmte Waffen, Munitionstypen und Gegenstände sowie bestimmte Arten des Umgangs. Die Verbote finden sich in den §§ 40 bis 42a WaffG sowie Anlage 2 A1 WaffG (Waffenliste).

### 3.6.1. Verbotene Waffen

Das Verbot einer Waffe, die in der Anlage 2 A1 WaffG genannt wird, ist umfassend und bezieht sich auf jegliche Art des Umgangs mit Ausnahme der Unbrauchbarmachung. Verboten sind zum Beispiel nicht nur das Führen, sondern auch Erwerb, Besitz oder Herstellung dieser Waffen. Ausnahmen sind möglich, etwa für den Umgang im behördlichen oder gerichtlichen Auftrag. Verboten sind:

- Waffen (Ausnahme: halbautomatische tragbare Schusswaffen) nach **Verlust der Kriegswaffeneigenschaft**[32]
- **voll**automatische Schusswaffen
- Vorderschaftrepetierflinten („Pump-Action/Pumpgun") mit
    - einem **Kurzwaffengriff anstelle eines Hinterschafts** oder
    - einer **Gesamtlänge unter 95 cm** oder
    - einer **Lauflänge unter 45 cm**
- getarnte Schusswaffen wie **Schießkugelschreiber** oder **Stockgewehr** (Gehstock mit Lauf, Patronenlager und Abzug)
- mehr als üblich verkürzbare oder schnell zerlegbare Waffen („Wilderergewehr")
- Lichtquellen, die das Ziel beleuchten oder markieren, die an der Waffe **montiert** werden können (Laser, Lampen, Projektoren etc.)
- **Nachtsichtgeräte, Nachtzielgeräte, Nachtsichtvorsätze und Nachtsichtaufsätze für Zielhilfsmittel**, die **zur Montage** an einer Schusswaffe **bestimmt sind**[33]
- mehrschüssige Kurzwaffen Baujahr 1970 oder jünger für Zentralfeuermunition in Kalibern unter 6,3 mm, wenn der Antrieb der Geschosse nicht ausschließlich durch den Zündsatz erfolgt

- getarnte Hieb- und Stoßwaffe (zB Stockdegen)
- Stahlrute (nicht: Teleskopschlagstöcke)
- Totschläger, Schlagring, Wurfstern
- Molotow-Cocktail
- Schleuder mit Aufnahme für Armstütze sowie Armstütze selbst
- Nunchaku (auch aus Schaumstoff), Würgehölzer
- Springmesser[34] (ausgenommen Modelle mit allen nachfolgenden Eigenschaften: Klinge nicht zweiseitig geschliffen, Klingenlänge außerhalb des Griffs max. 8,5 cm und seitlich aus dem Griff springend)
- Faustmesser (Ausnahme: Jäger und Pelz- / Leder-Handwerk)
- Butterfly-Messer
- Fallmesser
- Elektro-Impulsgerät ohne Zulassung
- Distanz-Elektroimpulsgerät (Taser), bei dem mittels Flüssigkeitsstrahl oder Leitungsdraht elektrische Ladungen übertragen werden
- **Wechselmagazine[35] für Zentralfeuer-Munition**, die als
  - Langwaffenmagazine mehr als 10 Patronen aufnehmen oder
  - Kurzwaffenmagazine mehr als 20 Patronen aufnehmen und
  - Magazingehäuse dieser Magazine
    (Hinweis: Maßgeblich ist die Herstellerangabe zur Kapazität)
- **Halbautomatische Waffen für Zentralfeuermunition** mit **fest eingebautem Magazin**,
  - die als Langwaffe mehr als 10 Patronen aufnehmen oder
  - die als Kurzwaffe mehr als 20 Patronen aufnehmen
- **Salutwaffen**, hergestellt aus verbotenen Schusswaffen nach Anlage 2

## 3.6.2. Verbotene Munition

- **Reizstoffmunition** ohne amtliche Zulassung (PTB-Zeichen)
- **panzerbrechende Munition**
- Munition mit **Leuchtspursätzen, Spreng- und Brandsätzen**
- Munition mit **Hartkerngeschoss** oder **Treibspiegelgeschoss**
- Knallpatronen oder Reizstoffmunition, die durch feste Bestandteile bis 1,5 m vor der Laufmündung Verletzungen hervorrufen können

- Bestimmte **Kleinschrotmunition** (Kartuschenmunition für das Verschießen von Schrot aus **SRS-Waffen**, sogenannte **„Grenaille"**)
- Munition, die ausschließlich in **Kriegswaffen** Verwendung findet oder zur ausschließlichen Verwendung durch staatliche Stellen nach § 55 Abs. 1 S. 1 WaffG bestimmt ist („**Behördenmunition**")

**Ausnahme**: pyrotechnische Munition, zur **Gefahrenabwehr** bestimmt.

### 3.6.3. Verbotene Geschosse

- Geschosse mit **Betäubungsstoffen** für Angriff oder Verteidigung
- **Nadelgeschosse** (Pfeilmunition, „Flechettes")
- **Hartkerngeschosse**
- Geschosse aus **panzerbrechender Munition**, Munition mit **Spreng- und Brandsätzen** sowie aus Munition mit **Leuchtspursätzen**

Nicht verboten sind spezielle Geschossarten wie etwa **Hohlspitz**- oder **Dum-Dum**-Geschosse.

### 3.6.4. Verbotenes Führen (§§ 42, 42a)

Für **öffentliche Veranstaltungen** wie Messen, Volksfeste, Märkte, kurz, für Orte, an denen sich anlässlich einer Veranstaltung viele Menschen aufhalten, gilt nach § 42 WaffG ein allgemeines **Verbot**, **Waffen zu führen** – und zwar nicht nur Schusswaffen, sondern alle Waffen nach § 1 Abs. 2 WaffG, also neben Schusswaffen und ihnen gleichgestellten Gegenstände insbesondere auch Hieb- und Stoßwaffen. Beachten Sie, dass Gegenstände, die ihrem Wesen nach nicht dazu bestimmt sind, als Waffe zu dienen, allerdings ausdrücklich im Gesetz[36] genannt sein müssen, um „Waffe" im Sinne von § 1 Abs. 2 WaffG zu sein. Auch der Inhaber eines Waffenscheines muss, will er seine Waffe auf einer öffentlichen Veranstaltung führen, eine spezielle Genehmigung der zuständigen Behörde vorweisen können.

Ist ein Bereich behördlich zur (**Waffen)-Verbotszone** erklärt, darf hier kein Messer mit feststehender oder feststellbarer Klinge geführt werden, dessen **Klingenlänge 4 cm** überschreitet, wobei Ausnahmen für bestimmte Personengruppen zu beachten sind.

**Verboten** ist nach § 42a WaffG das **Führen** von **Anscheinswaffen, Hieb- und Stoßwaffen**[37], **Einhandmessern** und **Messern mit einer Klingenlänge über 12 cm**, also das Ausüben der tatsächlichen Gewalt außerhalb der eigenen Wohnung oder Geschäftsräume, des eigenen befriedeten Besitztums oder einer Schießstätte. Das Führen ist dabei nicht nur im öffentlichen Raum, sondern auch im fremden Wohnraum, Geschäft oder befriedeten Besitztum eines Anderen, etwa der Wohnung eines Freundes, verboten.

**Ausnahmen** finden sich §§ 42 Abs. 4, 42a Abs. 2 und 3 WaffG. Danach ist das Verbot des Führens von Waffen im Sinne des § 1 Abs. 2 WaffG für Teilnehmer an **Theateraufführungen** erlaubt, wenn es sich um ungeladene oder nur mit Kartuschenmunition geladene Schusswaffen oder Waffen im Sinne von § 1 Abs. 2 Nr. 2 WaffG handelt. Auch auf das Schießen in Schießstätten sowie bei Vorliegen einer Schießerlaubnis nach § 10 Abs. 5 WaffG oder auf das Ausstellen von Waffen und Munition auf Fachmessen findet das Verbot keine Anwendung. Werden die in § 42a WaffG genannten Waffen im Zusammenhang mit der Berufsausübung, zur Brauchtumspflege, zum Sport oder einem allgemein anerkannten Zweck geführt, ist dies ebenfalls nicht verboten. Ein solch anerkannter Zweck ist beispielsweise die Jagd. Ebenfalls ausgenommen vom Führverbot des § 42a Abs. 1 WaffG ist der Transport von Anscheinswaffen, Hieb- oder Stoßwaffen in einem verschlossenen Behältnis (§ 42a Abs. 2 Nr. 2 WaffG).

## 3.6.5. Vom Schießsport ausgeschlossene Schusswaffe (§ 6 AWaffV)

Nach § 6 AWaffV sind **Kurzwaffen** mit einer Lauflänge unter 7,62 cm (drei Zoll) und **halbautomatische Langwaffen** mit einem Magazin, das eine Kapazität von **mehr als zehn Patronen** hat, vom Schießsport ausgeschlossen

Ebenfalls vom Schießsport ausgeschlossen sind **halbautomatische Schusswaffen**, die ihrer äußeren Form nach den **Anschein** einer **vollautomatischen Kriegswaffe** hervorrufen, die Kriegswaffe im Sinne des Gesetzes über die Kontrolle von Kriegswaffen ist, wenn die **Lauflänge**[38] **weniger als 40 cm** beträgt, das **Magazin** sich **hinter der Abzugseinheit** befindet (sogenannte „Bullpup-Waffen", wobei im Verordnungstext die **fehlerhafte Schreibweise** „Bul-Pup" verwendet wird) **oder** die **Hülsenlänge** der verwendeten Munition **bei Langwaffen** **weniger als 40 mm** beträgt. Ist mindestens eine dieser drei Bedingungen erfüllt, ist die Schusswaffe nicht eintragungsfähig.

## 3.6.6. Verbotene Schießübung (§ 27 WaffG, § 7 AWaffV)

Nur die Teilnehmer eines **Lehrgangs im Verteidigungsschießen** dürfen auf **menschenähnliche Ziele** schießen – die Verwendung von „**Mannscheiben**" **außerhalb einer solchen Ausbildung** ist somit **verboten**. Das gilt für jegliche

Schießübung, auch solche von Jägern oder Inhabern eines Waffenscheines, durch das **Verbot des kampfmäßigen Schießens** nach § 27 Abs. 7 WaffG.

Zu beachten ist § 7 AWaffV, der im Rahmen des Schießsports die **Durchführung bestimmter Übungen** ausdrücklich untersagt. Dazu zählen unter anderem **Deutschüsse**, also Schüsse ohne genaues Anvisieren des Zieles, es sei denn, es handelt sich um das Schießen auf Wurfscheiben.

# 4. Bestimmungstafeln

| | |
|---|---|
| Bezeichnung | **Automatische Waffe: Halbautomat** |
| Kategorie | Schusswaffe |
| Definition | Schusswaffen, die nach Abgabe eines Schusses selbsttätig erneut schussbereit werden und bei denen aus demselben Lauf durch einmalige Betätigung des Abzuges oder einer anderen Schussauslösevorrichtung jeweils nur ein Schuss abgegeben werden kann (Halbautomaten); als automatische Schusswaffen gelten auch Schusswaffen, die mit allgemein gebräuchlichen Werkzeugen in automatische Schusswaffen geändert werden können. |
| Synonym | Pistole, Selbstladeflinte (SLF), Selbstladebüchse (SLB) |
| Waffe nach ... | § 1 Abs. 2 Nr. 1 WaffG |
| Norm Begriff | Anlage 1 A1 UA1 Nr. 2.2 WaffG |
| Möglicher Verstoß | § 42 WaffG (**Führverbot öfftl. Veranstaltung**) |

Bei halbautomatischen Schusswaffen sorgen in der Regel der Rückstoß oder der am Lauf abgenommene und zum Verschluss geführte Gasdruck nach Schussabgabe für die Repetierbewegung des Verschlusses (siehe Ausführungen ab Seite 212). Halbautomatische Büchsen und Flinten sind vorwiegend im militärischen und sportlichen Bereich anzutreffen.

**Double-Action-Revolver** sind <u>keine</u> halbautomatischen Waffen.

**Jäger** dürfen halbautomatische Langwaffen erwerben und besitzen, wenn die Jagd mit ihnen nach § 19 Abs. 1 BJagdG nicht verboten ist. Das geltende Bundesjagdgesetz untersagt lediglich den **Schuss aufs Wild** mit solchen halbautomatischen Langwaffen, die mit mehr als drei Schuss **geladen <u>sind</u>**. Das Einführen eines Magazins mit mehr als zwei Schuss <u>Kapazität</u> stellt somit keinen Verstoß gegen das WaffG dar, da der Besitz der entstehenden Waffe von der zugrundeliegenden Erwerbserlaubnis (Jagdschein) des § 13 Abs. 3 WaffG umfasst wird.

Vom **sportlichen Schießen** sind halbautomatische Langwaffen mit einer Magazinkapazität von mehr als zehn Patronen ausgeschlossen.

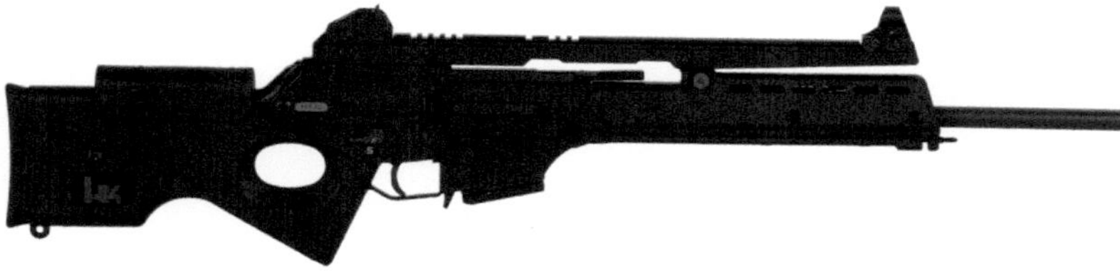

SLB 2000 LIGHT

| | |
|---|---|
| Bezeichnung | **Repetierwaffe** |
| Kategorie | Schusswaffe |
| Definition | Schusswaffen, bei denen das Zuführen der Patrone aus einem Magazin, das Abfeuern und das Entfernen der Patrone oder Patronenhülse mit Hilfe eines nur von Hand zu betätigenden Mechanismus erfolgt |
| Synonym | Repetierbüchse, Unterhebelrepetierer (UHR, engl. „lever action"), Winchester, Vorderschaftrepetierer (VSR), Vorderschaftrepetierflinte (VSRF), Vorderschaftrepetierbüchse (VSRB), Repetierpistole |
| Waffe nach ... | § 1 Abs. 2 Nr. 1 WaffG |
| Norm Begriff | Anlage 1 A1 UA1 Nr. 2.3 |
| Möglicher Verstoß | §§ 41 (Waffenverbot), 42 WaffG (Führverbot) |

Repetierwaffen führen Munition in einem Magazin. Das Magazin ist fest in die Waffe eingebaut (auch als Trommel) oder als Wechselmagazin vorgesehen. Der Begriff „Mehrlader" für Repetierwaffen ist in der Praxis untauglich, da auch automatische Waffen Mehrlader sind.

Repetierbüchsen gelten im Vergleich zu Automaten als präziser. Zudem sind automatische Büchsen im Bereich der Jagd vielerorts nicht gern gesehen. Auch hinsichtlich der Sicherheit bieten Repetierer einen Vorteil – der Schütze entscheidet selbst, wann die Waffe wieder schussbereit ist. Beim Automaten übernimmt das die Waffe.

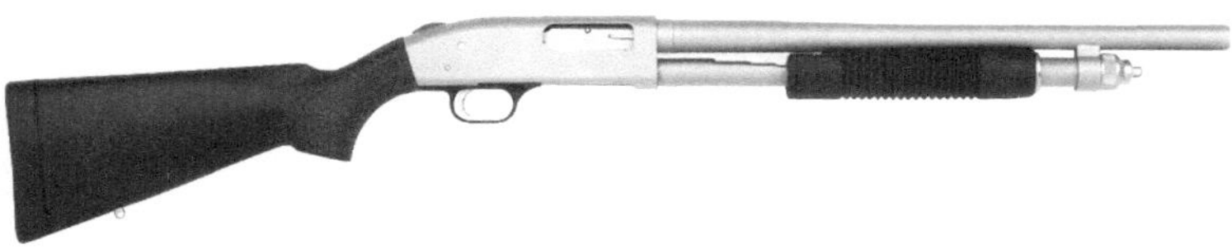

| | |
|---|---|
| Bezeichnung | **Einzellader** |
| Kategorie | Schusswaffe |
| Definition | Schusswaffen ohne Magazin mit einem oder mehreren Läufen, die vor jedem Schuss aus demselben Lauf von Hand geladen werden |
| Synonym | Flinte, Büchse, Drilling, Bockbüchse, Bockflinte, siehe auch „Kombinierte Waffen", Tingle, Terzerol, Derringer, Duellpistole, Vorderlader, Perkussionspistole |
| Waffe nach ... | § 1 Abs. 2 Nr. 1 WaffG |
| Norm Begriff | Anlage 1 A1 UA1 Nr. 2.4 WaffG |
| Möglicher Verstoß | § 42 WaffG (**Führverbot öfftl. Veranstaltung**) |

Einzellader verfügen nicht über eine Vorrichtung, die eine automatische Zuführung von Munition aus einem Magazin, einer Trommel oder einem Gurt in das Patronenlager ermöglicht. Der Verschluss muss händisch geöffnet werden, die Patrone eingelegt und der Verschluss wieder geschlossen werden.

Auch eine Doppelflinte oder ein Drilling sind Einzellader im Sinne des Waffengesetzes, da aus jedem Rohr nur ein einziger Schuss abgegeben werden kann und dann per Hand nachgeladen werden muss. Gleiches gilt für **Vorderladerwaffen**.

Im Bereich der Langwaffen findet man Einzellader hauptsächlich im Bereich der Jagdwaffen und der Kleinkaliber-Matchbüchsen, bei den Kurzwaffen vereinzelt im Bereich der Matchpistolen zum Silhouettenschießen. Ein klassischer Einzel-, weil Vorderlader, ist der ein- oder zweiläufige **Terzerol**, eine besonders kleine Pistole.

Zur Abgrenzung gegenüber einer automatischen Waffe oder Repetierwaffe bedarf es immer der Überprüfung. Hat die Waffe einen Magazineinschub oder ein eingebautes (funktionsfähiges) Kasten- oder Röhrenmagazin, handelt es sich <u>nicht</u> um einen Einzellader.

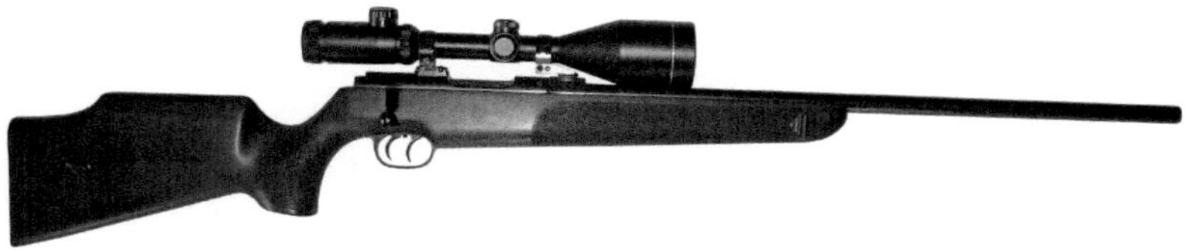

| | |
|---|---|
| Bezeichnung | **Revolver** |
| Kategorie | Schusswaffe |
| Definition | Keine gesetzliche Definition vorhanden; hilfsweise: Waffe, die den Patronenvorrat in einer drehbaren Trommel (Walze) enthält, die das jeweilige Kartuschen-, Geschoss- oder Patronenlager (Kammer) bei Spannung des Schlagstücks vor dem Lauf positioniert |
| Synonym | Revolverbüchse, Revolvergewehr, Revolverflinte, Drehling (mehrschüssiger Vorläufer des Revolvers im 15. Jhdt.) |
| Waffe nach ... | § 1 Abs. 2 Nr. 1 WaffG |
| Norm Begriff | keine gesetzliche Definition (siehe oben) |
| Möglicher Verstoß | §§ 41 (Waffenverbot), 42 WaffG (Führverbot) |

Der Revolver stellt keine gesonderte Art einer Schusswaffe im Sinne der Anlage 1 A1 UA1 Nr. 2 WaffG dar. Er ist, da die zugrundeliegenden Definitionen nicht erfüllt werden, weder Einzelladerwaffe noch Repetierwaffe. Die Einordnung als Automat wird, allerdings nur für Double-Action-Revolver, gesetzlich ausdrücklich verneint.

Bezüglich der mechanischen Abläufe wäre, müsste eine Zuordnung zu einer der drei vorgenannten Arten von Schusswaffen erfolgen, die Einordnung als Repetierwaffe naheliegend.

Auch wenn es sich bei Revolvern nicht um Repetierwaffen handelt, wäre diese klare Abgrenzung nur im Falle von Langwaffen relevant, da im Falle von Kurzwaffen eine Einordnung als Repetierwaffe den Revolver bezüglich der gesetzlichen Folgen weder besser noch schlechter stellt als eine Kurzwaffe ohne derartige Kategorisierung.

Moderne **Revolver** sind in der Regel **mehrschüssige Kurzwaffen für Patronenmunition**, die über einen Double-Action-Abzug verfügen. Klassische (Western-) Revolver verfügen meist über einen Single-Action-Abzug, oft handelt es sich um Modelle mit Perkussionszündung.

Smith & Wesson
357 Magnum

| | |
|---|---|
| Bezeichnung | **Gotcha (Halbautomat)** |
| Kategorie | Schusswaffe |
| Definition | Druckluftwaffen, die nach Abgabe eines Schusses selbsttätig erneut schussbereit werden und bei denen aus demselben Lauf durch einmalige Betätigung des Abzuges oder einer anderen Schussauslösevorrichtung jeweils nur ein Schuss abgegeben werden kann (Halbautomaten) |
| Synonym | Markierer, Farbmarkierer, Paintballwaffe |
| Waffe nach ... | § 1 Abs. 2 Nr. 1 WaffG |
| Norm Begriff | Anlage 1 A1 UA1 Nr. 2.9 WaffG |
| Möglicher Verstoß | § 42 WaffG (**Führverbot öfftl. Veranstaltung**) |

Gotcha-Waffen verschießen meist Farbkugeln im Kaliber .68. Es handelt sich hier um Schusswaffen, die Vorschriften des WaffG sind vollumfänglich anzuwenden. Das Führen dieser Waffe bedarf der Erlaubnis (Waffenschein). Erwerb und Besitz sind erlaubnisfrei, wenn die Waffe das Zeichen „F im Fünfeck“ trägt (Anlage 2 A2 UA2 1.1, 1.2 WaffG); in diesem Falle ist der Umgang ab 18 Jahren erlaubt und die einfache Aufbewahrung zum Schutz vor unbefugter Wegnahme in einem verschlossenen Behältnis ausreichend.

Vollautomatische Gotcha-Waffen sind verbotene Waffen (§ 2 Abs. 3 WaffG in Verbindung mit Anlage 2 A1 1.2.1.1 WaffG).

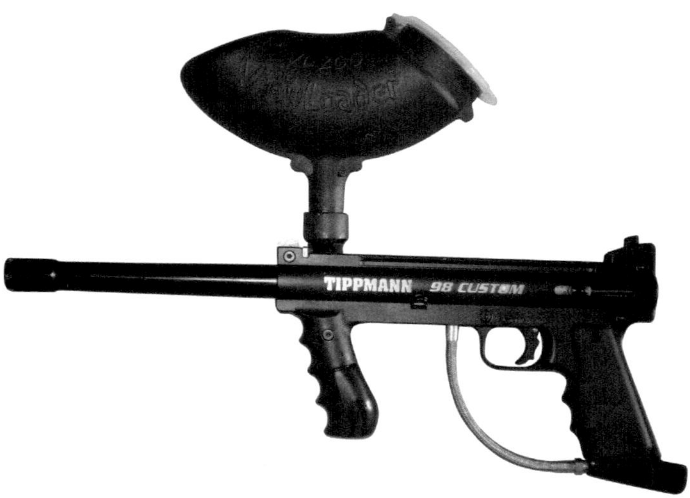

| | |
|---|---|
| Bezeichnung | **Magazin** |
| Kategorie | Waffe |
| Definition | Für die Verwendung in Schusswaffen bestimmte Munitionsbehältnisse, die der Aufbewahrung und Zuführung von Patronen im Rahmen des Ladevorgangs dienen. |
| Synonym | Ladevorrichtung |
| Waffe nach ... | § 1 Abs. 2, 4 WaffG iVm Anlage 1 A1 UA1 Nr. 4.4, Anlage 2 A1 Nr. 1.2.4.1 WaffG |
| Norm Begriff | Anlage 1 A1 UA1 Nr. 4.4 WaffG |
| Möglicher Verstoß | § 2 Abs. 3 WaffG iVm Anlage 2 A1 Nr. 1.2.4.3 ff. (Umgangsverbot): Magazine mit hoher Kapazität („high capacity“, „Hi-Cap-Magazine“) |

| | |
|---|---|
| Bezeichnung | **Signalwaffe** |
| Kategorie | Schusswaffe oder Waffe durch Gleichstellung |
| Definition | Schusswaffen nach Anlage 1 A1 UA1 Nr. 1.1 WaffG<br><br>oder<br><br>tragbare Gegenstände mit einem Patronen- oder Kartuschenlager nach Anlage 1 A1 UA1 Nr. 1.2.1 WaffG, die zum Verschießen pyrotechnischer Munition bestimmt sind |
| Synonym | Leuchtpistole, SigPi, Signalpistole |
| Waffe nach ... | § 1 Abs. 2 Nr. 1 WaffG |
| Norm Begriff | Anlage 1 A1 UA1 Nr. 2.8 WaffG |
| Möglicher Verstoß | § 42 WaffG (**Führverbot öfftl. Veranstaltung**) |
| Signalwaffen im Kaliber 4 sind in der Regel Einzellader.<br><br>Signalwaffen unterliegen der WBK-Pflicht, sofern sie nicht als bauartgeprüft (etwa SRS-Waffe mit Zeichen „PTB im Kreis") gekennzeichnet sind. | |

| Bezeichnung | **Getarnte Schusswaffe** |
|---|---|
| Kategorie | Schusswaffe, (meist) Einzellader |
| Definition | Ihrer Form nach geeignet, einen anderen Gegenstand vorzutäuschen oder die mit Gegenständen des täglichen Gebrauchs verkleidet sind |
| Synonym | Schießkugelschreiber, Stockgewehr, Koppelschlosspistole, Taschenlampenpistole |
| Waffe nach ... | § 1 Abs. 2 Nr. 1 WaffG |
| Norm Begriff | Anlage 1 A1 UA1 Nr. 1.1 WaffG in Verbindung mit Anlage 2 A1 Nr. 1.2.2 WaffG |
| Möglicher Verstoß | § 2 Abs. 3 WaffG in Verbindung mit Anlage 2 A1 Nr. 1.2.2 WaffG **(Verbotene Schusswaffe)** |
| Die besondere Gefährlichkeit einer getarnten Schusswaffe liegt einerseits in der Möglichkeit, eine Waffe unbemerkt für eine Straftat zu verwenden, andererseits in der Gefahr der Verwendung durch andere Personen, die nicht um die Gefährlichkeit des Gegenstandes wissen. | |

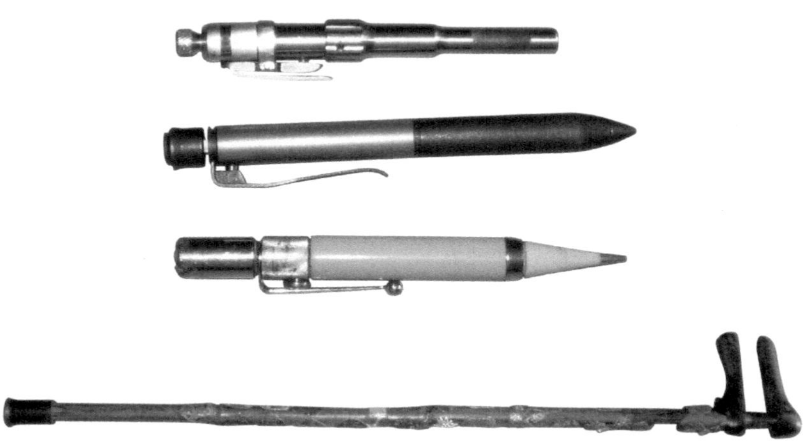

| Bezeichnung | **Verbotene Vorderschaftrepetierflinte (VSRF)** |
|---|---|
| Kategorie | Schusswaffe, Repetierwaffe |
| Definition | ... bei denen anstelle des Hinterschafts ein Kurzwaffengriff vorhanden ist<br>**oder** die Waffengesamtlänge in der kürzest möglichen Verwendungsform weniger als 95 cm<br>**oder** die Lauflänge weniger als 45 cm beträgt |
| Synonym | Pumpe, Pumpgun, Pump-Action, Riotgun, VSRF |
| Waffe nach ... | § 1 Abs. 2 Nr. 1 WaffG |
| Norm Begriff | Anlage 1 A1 UA1 Nr. 2.3 WaffG in Verbindung mit Anlage 2 A1 Nr. 1.2.1.2 WaffG |
| Möglicher Verstoß | § 2 Abs. 3 WaffG in Verbindung mit Anlage 2 A1 Nr. 1.2.1.2 WaffG (**Verbotene Schusswaffe**) |

Verbotsmerkmale sind bei Vorhandensein eines **Kurzwaffengriffs** (der Begriff „Pistolengriff" wäre einschränkend) ein **Klappschaft** oder das Fehlen eines Schaftes; zudem darf die Gesamtlänge der Waffe 95 cm nicht unterschreiten, die Lauflänge (Lauf einschließlich Patronenlager) nicht unter 45 cm sein. Auch bei VSR-Waffen mit gezogenen Läufen in einem „typischen Flintenkaliber" gilt das Verbot, obwohl es sich dabei per definitionem nicht um eine Flinte handelt.

VSRF mit zu- oder umschaltbarem, halbautomatischem Nachladesystem sind als Repetierwaffe und Halbautomat anzusehen. Hier ist jeweils die im Einzelfall gefahrenmindernde Einordnung vorzunehmen – so wäre in diesem Beispiel davon auszugehen, dass der Zustand „Halbautomat" als Art der Waffe bei der Beantragung einer Erwerbserlaubnis anzusetzen wäre, bei dem Verbot der „Vorderschaftrepetierflinte mit Kurzwaffengriff" dagegen der Zustand „Repetierwaffe", da in beiden Fällen der Einordnung Gefahren durch einen nicht bedürfnisbegründeten Umgang vermindert werden (so auch BKA-Feststellungsbescheid SO11-5164.01-Z-180 vom 11. Februar 2009)

| | |
|---|---|
| Bezeichnung | **Wilderergewehr** |
| Kategorie | Schusswaffe, (meist) Einzellader |
| Definition | Kann über den für Jagd- und Sportzwecke allgemein üblichen Umfang hinaus zusammengeklappt, zusammengeschoben, verkürzt oder schnell zerlegt werden |
| Synonym | - |
| Waffe nach ... | § 1 Abs. 2 Nr. 1 WaffG |
| Norm Begriff | Anlage 1 A1 UA1 Nr. 1.1 WaffG in Verbindung mit Anlage 2 A1 Nr. 1.2.3 WaffG |
| Möglicher Verstoß | § 2 Abs. 3 WaffG in Verbindung mit Anlage 2 A1 Nr. 1.2.3 WaffG (**Verbotene Schusswaffe**) |

Die Abgrenzung zwischen erlaubter schneller Demontage-Möglichkeit (**Take-down-Waffe**) und der verbotenen Wildererwaffe, die ebenfalls schnell in kurze, leicht zu versteckende Teile zerlegbar sein muss, ist in der Praxis äußerst mühselig. Es müssen daher im Einzelfall durch die Fachabteilung des LKA oder das BKA Ermittlungen geführt werden, um eine rechtlich einwandfreie Einordnung zu erreichen.

Ein Hinweis auf die Zuordnung als Wildererwaffe ist beispielsweise die Möglichkeit, die demontierten Bestandteile im Schaft unterzubringen, ebenso die schnelle Demontage mit Hilfe einer händisch lösbaren Überwurfmutter mit Rändelung als Laufbefestigung wie im Fall der nebenstehend abgebildeten Waffe. Außengewinde an der Laufmündung sind angesichts der Möglichkeit zum Erwerb von Schalldämpfern für Jäger allerdings kein Hinweis mehr auf die Bestimmung der Waffe zur Wilderei.

Die Abbildung zeigt oben das Gewehr im fast verpackten Zustand (die rechts daneben liegend Schaftkappe wird als Deckel aufgesteckt). Unten sind die drei Bestandteile der demontierten Waffe (Schaft mit aufgesteckter Kappe, Lauf mit Mutter, Verschlussgehäuse mit Abzugsgruppe und eingestecktem Magazin, von oben nach unten) dargestellt.

| Bezeichnung | **SRS-Waffe** |
| --- | --- |
| Kategorie | Waffe, den Schusswaffen gleichgestellt |
| Definition | Tragbare Gegenstände, die zum Abschießen von Munition zum Angriff oder zur Verteidigung, zur Signalgebung, zur Jagd, zur Distanzinjektion, zur Markierung, zum Sport oder zum Spiel bestimmt sind |
| Synonym | Schreckschusswaffe, Gasrevolver, Gaser, Gaspistole |
| Waffe nach ... | § 1 Abs. 2 Nr. 1 WaffG |
| Norm Begriff | Anlage 1 A1 UA1 Nr. 1.2.1 WaffG |
| Möglicher Verstoß | § 42 WaffG (**Führverbot öfftl. Veranstaltung**) |

Das Kürzel SRS steht für die Anfangsbuchstaben der ausführlichen Bezeichnung Schreckschuss-, Reizstoff- und Signalwaffe. Anders als bei Schusswaffen kommt in SRS-Waffen anstelle eines Laufes ein Gaslauf zum Einsatz, der Verbrennungsgase und Reizstoffe ableitet. Er verhindert durch seine Gestaltung oder durch Sperren (siehe nebenstehende Abbildung, Mündungsbereich einer GECO P35), dass aus diesem Lauf Geschosse verschossen werden. Laufsperren sind meist sichtbar, bei Revolvern entsprechende laufseitige Einengungen der Trommelkammern.

Neben einem gültigen Beschusszeichen (auch SRS-Waffen unterliegen der Pflicht zum Einzelbeschuss) müssen SRS-Waffen das Zeichen „PTB im Kreis" (siehe Foto) oder ein anerkanntes Zeichen eines anderen EU-Mitgliedsstaates tragen, um erlaubnisfrei erworben und besessen werden zu dürfen. Zum Führen ist der „Kleine Waffenschein" erforderlich.

SRS-Waffen sind keine Anscheinswaffen.

Die einfache **Aufbewahrung** zum Schutz vor unbefugter Wegnahme in einem **verschlossenen Behältnis** ist ausreichend, es ist kein qualifiziertes Behältnis erforderlich. Die Waffe darf dabei nicht geladen sein.

Die Erfolgsaussichten, durch Drohung mit einer anscheinend „scharfen" Schusswaffe einen Angriff abzuwehren, sind zumindest fraglich. Gleichwohl sind SRS-Waffen in der Regel sehr vorbildgetreu gestaltet und für den unkundigen Beobachter kaum von ihren Vorbildern zu unterscheiden.

P35
PTB
456
MADE IN WEST GERMANY

| Bezeichnung | **Tierabwehrspray** |
|---|---|
| Kategorie | Keine Waffe im Sinne des WaffG |
| Definition | - |
| Synonym | Pfefferspray, Hundeabwehrspray, Pfeffergas, Pepper Fog (auch Foam, Gel, Powder), Abwehrspray, Gas, Nebel |
| Waffe nach ... | - |
| Norm Begriff | - |
| Norm Verbot | - |

Mangels Bestimmung zum Einsatz gegen Menschen und fehlende Nennung im Gesetz unterliegen Tierabwehrsprays nicht dem Waffengesetz.

Bekanntmachungen von **Verbotszonen**, in denen der Besitz solcher Gegenstände untersagt wird, müssen somit ausdrücklich diese zur Tierabwehr bestimmten Geräte erfassen - die bloße Eignung zur Abwehr menschlicher Angriffe allein ist nicht ausreichend, um diese Geräte als Waffen im Sinne des WaffG einzuordnen.

Anders als ein Reizstoffsprühgerät zur Abwehr menschlicher Angriffe muss ein Tierabwehrspray zuhause auch nicht verschlossen aufbewahrt werden, da es keine Waffe im Sinne des WaffG ist.

*Die nebenstehende Abbildung zeigt neben einem komplett montierten Tierabwehrspray das zur Wartung zerlegte Gerät (ohne Kopf). Der nachfolgende Hinweistext, durch den die Bestimmung ausgedrückt wird, ist auf dem Gehäuse sichtbar angebracht (mit freundlicher Genehmigung von DEF-TEC Defense Technology GmbH, Frankfurt am Main).*

FIRST DEFENSE®

**RED PEPPER SPRAY MK-6**

Spray auf Augen oder Schleimhäute richten. Reichweite bis 6 Meter. Nicht unter einem Meter Entfernung anwenden. Wirkt unmittelbar und stoppt praktisch sofort jeden Angriff. Unerwünschte Nebenwirkungen sind nicht bekannt. Erste-Hilfe-Maßnahmen: Betroffene Stelle mit viel Wasser spülen und Frischluft zuführen, ggf. Arzt aufsuchen. Pepperspray ist nicht brennbar. Verfall: siehe Dosenboden. Dieses Reizstoffsprühgerät enthält den natürlichen Wirkstoff OC (Oleoresin Capsicum). Es darf in der BRD von Privatpersonen nur zur Tierabwehr eingesetzt werden (**Tierabwehrspray**). Bei diesem Verwendungszweck unterliegt es nicht dem deutschen Waffengesetz und dessen Prüfvorschriften.

FIRST DEFENSE
RED PEPPER SPRAY MK-6
Spray auf Augen oder Schleimhäute richten. Reichweite bis 6 Meter. Nicht unter einem Meter Entfernung anwenden. Wirkt unmittelbar und stoppt praktisch sofort jeden Angriff. Unerwünschte Nebenwirkungen sind nicht bekannt. Erste-Hilfe-Maßnahmen: Betroffene Stelle mit viel Wasser spülen und Frischluft zuführen, ggf. Arzt aufsuchen. Pepperspray ist nicht brennbar. Verfall: siehe Dosenboden. Dieses Reizstoffsprühgerät enthält den natürlichen Wirkstoff OC (Oleoresin Capsicum). Es darf in der BRD von Privatpersonen nur zur Tierabwehr eingesetzt werden (Tierabwehrspray). Bei diesem Verwendungszweck unterliegt es nicht dem deutschen Waffengesetz und dessen Prüfvorschriften.
Enthält 35 % brennbare Bestandteile. Behälter steht unter Druck. Vor Sonnenbestrahlung und Temperaturen über 50° C schützen. Auch nach Gebrauch nicht gewaltsam öffnen oder verbrennen. Darf nicht in die Hände von Kindern gelangen.
Defense Technology GmbH
28 ml
4 039342 600001
FIRST DEFENSE
RED PEPPER SPRAY
MK-6
NACHFÜLLPATRONE

| Bezeichnung | **Reizstoffsprühgerät (RSG)** |
|---|---|
| Kategorie | Waffe |
| Definition | Tragbare Gegenstände, aus denen Reizstoffe versprüht oder ausgestoßen werden, die eine Reichweite bis zu 2 m haben |
| Synonym | CS-Gas, CN-Gas, Tränengas, Abwehrspray |
| Waffe nach ... | § 1 Abs. 2 Nr. 2 Buchstabe a WaffG |
| Norm Begriff | Anlage 1 A1 UA2 Nr. 1.2.2 WaffG |
| Möglicher Verstoß | § 42 WaffG (**Führverbot öffentl. Veranstaltungen**); **ohne Prüfzeichen: Verbotene Waffe** nach § 2 Abs. 3 WaffG iVm. Anlage 2 A1 Nr. 1.3.5 |

Anders als Tierabwehrspray, das mangels Bestimmung zur Abwehr menschlicher Angriffe nicht unter das Waffengesetz fällt, ist ein Reizstoffsprühgerät eine Waffe nach § 1 Abs. 2 Nr. 2 Buchstabe a WaffG, da es dazu bestimmt ist, die Angriffs- oder Abwehrfähigkeit von Menschen zu beseitigen oder herabzusetzen.

Der Begriff „Reizstoffsprühgerät" wird durch Anlage 1 A1 UA2 Nr. 1.2.2 WaffG auf solche Geräte beschränkt, die eine Reichweite bis zu 2 m haben. Bei größerer Reichweite unterfällt der Gegenstand der Definition nach Anlage 1 A1 UA2 Nr. 1.2.3 Buchst. a WaffG. Trotz dieser Unterscheidung werden beide Gegenstandsarten durch die Nennung in der Anlage 1 Waffen im Sinne des WaffG.

Das **Mindestalter** für den Umgang mit geprüften Reizstoffsprühgeräten ist durch § 3 Abs. 2 WaffG auf **14 Jahre** herabgesetzt.

Nach Anlage 2 A1 Nr. 1.3.5 WaffG ist der Umgang mit Reizstoffsprühgeräten verboten, es sei denn, sie sind in ihrer Reichweite und Sprühdauer begrenzt und der Reizstoff als gesundheitlich unbedenklich eingestuft worden.

Ein amtliches Zulassungszeichen nach Bauartprüfung nach § 9 Abs. 2 Nr. 3 BeschG (siehe Abbildung rechts), das Nachweis der beiden genannten Voraussetzungen für eine Ausnahme von dem Umgangsverbot ist, muss auf dem Reizstoffsprühgerät angebracht sein.

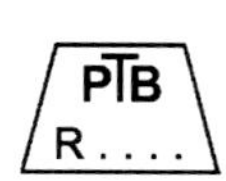


Hinweis: Zulassungen nach §§ 7 bis 11 BeschG, die vor Inkrafttreten des Gesetzes erteilt wurden, sind weiterhin gültig, diesbezüglich anerkannte oder erteilte Prüfzeichen (siehe Detailaufnahme „BKA-Raute" auf folgender Seite) gelten als Prüfzeichen im Sinne des geltenden Rechts (§ 22 Abs. 1, 2 BeschG).

*(Produktbilder TW 1000 mit freundlicher Genehmigung der CARL HOERNECKE CHEM. FABRIK GMBH & CO. KG, Oberstenfeld)*

Auf **Kombinationen** aus RSG und Schlagstock (siehe rechts) sind sowohl Vorschriften für Hieb- und Stoßwaffen als auch für Reizstoff-Sprühgeräte anzuwenden.

*Nebenstehende Abbildung mit freundlicher Genehmigung (Copyright) „Soldier of Fortune GmbH"*

| | |
|---|---|
| Bezeichnung | **Kombinierte Waffe (Drilling etc.)** |
| Kategorie | Schusswaffe, Einzellader |
| Definition | Mehrläufige Schusswaffen, bei denen ein Lauf ein gezogener oder glatter Lauf ist und mindestens ein weiterer Lauf nicht dieser Laufart entspricht |
| Synonym | *siehe nachfolgende Übersicht* |
| Waffe nach ... | § 1 Abs. 2 Nr. 1 WaffG |
| Norm Begriff | - |
| Möglicher Verstoß | § 42 WaffG (**Führverbot öfftl. Veranstaltung**) |

Kombinierte Waffen sind in der Regel **Jagdwaffen**. Sie verfügen meist über mindestens zwei verschiedene Laufarten und mindestens zwei Kaliber. Sie sind im Jagdbereich anzutreffen, zum Beispiel als Kombination aus glattem Flintenlauf und gezogenem Büchsenlauf übereinander, was als **Bockbüchsflinte** bezeichnet wird. Die Bezeichnung „Bock" leitet sich vom Aufbocken der Läufe ab, im Gegensatz zur früher üblichen Anordnung nebeneinander.

Kombinierte Waffen werden als Kipplaufsysteme angeboten und sind **Einzellader**. Neben der beschriebenen Bockbüchsflinte gibt es die verschiedensten Kombinationen von Flinten- und Büchsenläufen, darunter der **Doppelbüchsdrilling** (ein Flintenlauf, zwei Büchsenläufe) und der klassische **Drilling** (zwei Flintenläufe mit einem zusätzlichen Büchsenlauf). Ein Flintenlauf kann mit einem Einstecklauf ohne großen Aufwand in einen Kugellauf umgewandelt werden, was insbesondere Besitzer eines klassischen Drillings im Bedarfsfall schätzen.

Die nachfolgenden Ansichten zeigen den Lauf von der „unfreundlichen Seite", sprich aus der Perspektive des Zieles. Dabei steht ein vollständiger Kreis für einen glatten Flintenlauf, ein Kreis „mit Kerben" stellt den gezogenen Büchsenlauf dar. Die Bezeichnung der jeweiligen Kombination (es sind mehrere Synonyme möglich) befindet sich links daneben.

## Laufbündel mit ausschließlich glatten Läufen

**Doppelflinte**
**Querflinte**

**Bockflinte**
**Bockdoppelflinte**
**BDF**

**Flintendrilling**
**Schrotdrilling**

## Laufbündel mit ausschließlich gezogenen Läufen

**Doppelbüchse**

**Bockbüchse**
**Bockdoppelbüchse**
**BDB**

**Büchsdrilling**

## Kombinierte Laufbündel

**Bergstutzen** links

**Bergstutzendrilling** rechts

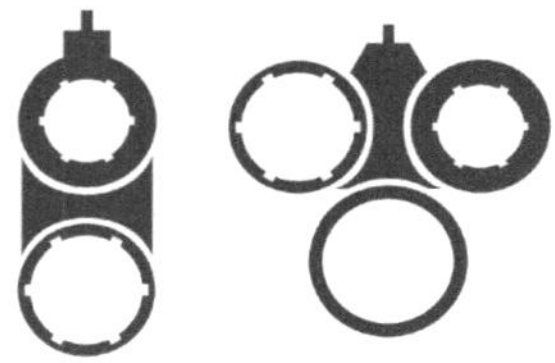

**Büchsflinte**

**Bockbüchsflinte**
**BBF**

**Drilling**

(„Schienendrilling“ o. „Waldläufer“ bei Lage des Kugellaufes über den glatten Rohren)

**Doppelbüchsdrilling**

**Bockdrilling**

| | |
|---|---|
| Bezeichnung | **Griffstück** |
| Kategorie | Waffe |
| Definition | Bei Kurzwaffen Bezeichnung für das Gehäuseunterteil; wesentliches Teil einer Schusswaffe, wenn es zur Aufnahme des Auslösemechanismus bestimmt ist und dieser nicht als vollständige Baugruppe (Rahmen) entnommen werden kann.[39] |
| Synonym | Griff |
| Waffe nach ... | § 1 Abs. 2 Nr. 1, Anl. 1 A1 UA1 Nr. 1.3 WaffG |
| Norm Begriff | Anlage 1 A1 UA1 Nr. 1.3.1.6 WaffG |
| Erlaubnispflichtig | Ja; Voreintrag in WBK erforderlich |
| Bemerkungen | Griffstücke können nicht als „Wechselgriffstück" erworben werden. |

| | |
|---|---|
| Bezeichnung | **Verschluss** |
| Kategorie | Waffe |
| Definition | Das Patronen- oder Kartuschenlager oder den Lauf abschließendes Teil einer Schusswaffe; bei teilbaren Verschlüssen sind Verschlusskopf und Verschlussträger jeweils wesentliche Teile; der Verschlusskopf ist das unmittelbar das Patronen- oder Kartuschenlager oder den Lauf abschließende Teil; der Verschlussträger ist das Bauteil, welches das Ver- und Entriegeln des Verschlusskopfs steuert.[40] |
| Synonym | Schlitten, Kammer |
| Waffe nach ... | § 1 Abs. 2 Nr. 1, Anl. 1 A1 UA1 Nr. 1.3 WaffG |
| Norm Begriff | Anlage 1 A1 UA1 Nr. 1.3.1.2 WaffG |
| Erlaubnispflichtig | Ja; Voreintrag in WBK erforderlich |
| Bemerkungen | Erwerb ohne Voreintrag möglich nach Anlage 2 A2 UA2 Nr. 2.1 WaffG, wenn der Verschluss erforderlich (siehe ebenda) ist, um die Waffe mit einem Austausch- oder Wechsellauf eines gleichen oder geringeren Kalibers zu nutzen |

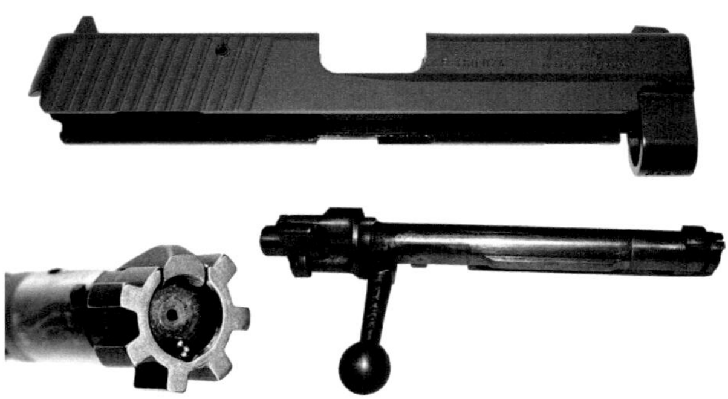

| | |
|---|---|
| Bezeichnung | **Lauf** |
| Kategorie | Waffe |
| Definition | Ein aus einem ausreichend festen Werkstoff bestehender rohrförmiger Gegenstand, der Geschossen, die hindurchgetrieben werden, ein gewisses Maß an Führung gibt, wobei dies in der Regel als gegeben anzusehen ist, wenn die Länge des Laufteils, der die Führung des Geschosses bestimmt, mindestens das Zweifache des Kalibers beträgt. |
| Synonym | Rohr |
| Waffe nach ... | § 1 Abs. 2 Nr. 1, Anl. 1 A1 UA1 Nr. 1.3 WaffG |
| Norm Begriff | Anlage 1 A1 UA1 Nr. 1.3.1.1 WaffG |
| Erlaubnispflichtig | Ja; Voreintrag in WBK erforderlich |
| Bemerkungen | Erwerb ohne Voreintrag möglich nach Anlage 2 A2 UA2 Nr. 2.1 WaffG, wenn die Waffe, für die dieser Austausch- oder Wechsellauf bestimmt ist, bereits in der WBK eingetragen ist und das Kaliber ihres Laufes größer oder gleich ist; ist das **Patronenlager** Teil des Laufes, ist es nicht als gesondertes wesentliches Teil zu betrachten.<br><br>Ein **Gaslauf**[41] leitet ausschließlich Verbrennungsgase ab. Er ist durch seine Gestaltung oder durch Sperren nicht geeignet, um Geschosse hindurchzuführen. Ein Gaslauf kommt in SRS-Waffen zum Einsatz. |

| | |
|---|---|
| Bezeichnung | **Schalldämpfer** |
| Kategorie | Waffe |
| Definition | Vorrichtungen, die der wesentlichen Dämpfung des Mündungsknalls dienen und für Schusswaffen bestimmt sind. |
| Synonym | Silencer, Schallschlucker, Dämpfer |
| Waffe nach ... | § 1 Abs. 2 Nr. 1, Anl. 1 A1 UA1 Nr. 1.3 WaffG |
| Norm Begriff | Anlage 1 A1 UA1 nach Nr. 1.3.3 WaffG |
| Erlaubnispflicht | Ja, wenn Schusswaffe erlaubnispflichtig; Voreintrag nicht erforderlich für Jäger bei Bestimmung für Langwaffe mit Zentralfeuerkaliber |
| Bemerkungen | Die Erlaubnispflicht richtet sich nach der Waffe, für die der Schalldämpfer bestimmt ist.<br><br>Eine wesentliche Dämpfung des Mündungsknalls liegt dann vor, wenn für einen Ohrenzeugen eine wahrnehmbare Verminderung des Mündungsknalls erfolgt; dies ist bereits ab 3 dB (A) der Fall.<br><br>Zur Dämpfung des Gesamtknalls einer Schusswaffe, der sich aus dem Knall des Gases und dem Knall des Geschosses zusammensetzt, ist neben dem Schalldämpfer die Verwendung von Munition erforderlich, deren Geschosse lediglich Unterschallgeschwindigkeit erreichen.<br><br>Kriminaltaktisch stellen Schalldämpfer, anders als lange Zeit vermutet, keine besondere Gefährdung dar. Insbesondere Schalldämpfer von Sportschützen und Jägern sind statistisch unauffällig (so BKA-Bericht zu Schalldämpfern SO 11 101 – 2013-0014079990). |

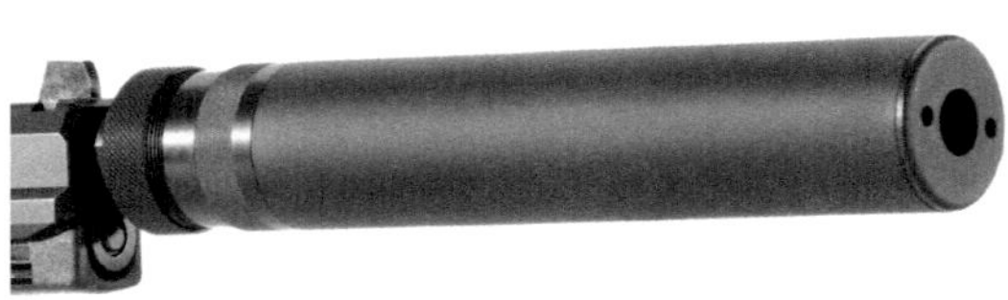

| | |
|---|---|
| Bezeichnung | **Zielscheinwerfer** |
| Kategorie | Waffe |
| Definition | Für Schusswaffen bestimmte Vorrichtungen, die das Ziel beleuchten. Ein Ziel wird dann beleuchtet, wenn es mittels Lichtstrahlen bei ungünstigen Lichtverhältnissen oder Dunkelheit für den Schützen erkennbar dargestellt wird. Dabei ist es unerheblich, ob das Licht sichtbar oder unsichtbar (z. B. infrarot) ist und ob der Schütze weitere Hilfsmittel für die Zielerkennung benötigt. |
| Synonym | Lampe |
| Waffe nach ... | § 1 Abs. 2, 4 WaffG iVm. Anlage 1 A1 UA1 Nr. 4.1, Anlage 2 A1 Nr. 1.2.4.1 WaffG |
| Norm Begriff | Anlage 1 A1 UA1 Nr. 4.1 WaffG |
| Möglicher Verstoß | § 2 Abs. 3 WaffG in Verbindung mit Anlage 2 A1 Nr. 1.2.4.1 WaffG (**Umgangsverbot**) |
| Bemerkungen | Maßgebliche Verbotseigenschaft ist die Montage oder Montagebestimmung an einer Schusswaffe. |

| | |
|---|---|
| Bezeichnung | **Zielpunktprojektor** |
| Kategorie | Waffe |
| Definition | Für Schusswaffen bestimmte Vorrichtungen, die das Ziel markieren. Ein Ziel wird markiert, wenn auf diesem für den Schützen erkennbar ein Zielpunkt projiziert wird. |
| Synonym | Laser |
| Waffe nach ... | § 1 Abs. 2, 4 WaffG iVm. Anlage 1 A1 UA1 Nr. 4.2, Anlage 2 A1 Nr. 1.2.4.1 WaffG |
| Norm Begriff | Anlage 1 A1 UA1 Nr. 4.2 WaffG |
| Möglicher Verstoß | § 2 Abs. 3 WaffG in Verbindung mit Anlage 2 A1 Nr. 1.2.4.1 WaffG (**Umgangsverbot**) |
| Bemerkungen | **Leuchtpunktzielgeräte** fallen dann <u>nicht</u> unter den Begriff des Zielpunktprojektors, wenn sie keine Strahlung in Richtung des Zieles abgeben.<br><br>Maßgebliche Verbotseigenschaft ist die Montage oder Montage<u>bestimmung</u> an einer Schusswaffe. |

| | |
|---|---|
| Bezeichnung | **Nachtsichtgerät / Nachtzielgerät / Nachtsichtvorsätze und Nachtsichtaufsätze für Zielhilfsmittel** |
| Kategorie | Waffe |
| Definition | Für Schusswaffen bestimmte Vorrichtung, die elektronische Verstärkung oder Bildwandler und eine Montageeinrichtung für Schusswaffen besitzt. Erfasst sind Nachtsichtvorsätze und -aufsätze für Zielhilfsmittel (Zielfernrohre), sie gelten als Nachtzielgerät. |
| Synonym | Restlichtverstärker, Wärmebildgerät |
| Waffe nach ... | § 1 Abs. 2, 4 WaffG iVm. Anlage 1 A1 UA1 Nr. 4.3, Anlage 2 A1 Nr. 1.2.4.2 WaffG |
| Norm Begriff | Anlage 1 A1 UA1 Nr. 4.3 WaffG |
| Möglicher Verstoß | § 2 Abs. 3 WaffG in Verbindung mit Anlage 2 A1 Nr. 1.2.4.2 (Umgangsverbot); für **Jäger** gilt eine Ausnahme vom Umgangsverbot nach § 40 Abs. 3 WaffG, aber **nur für Vorsatz- und Aufsatzgeräte** |
| Bemerkungen | Maßgebliche Verbotseigenschaft ist die Montage oder **Montagemöglichkeit** an einer Schusswaffe, wenn die Vorrichtung für diesen Zweck bestimmt ist.[42] **Wärmebildwandler** fallen ebenfalls unter den Begriff und damit unter das Verbot[43] wie auch unter die Freistellung für Jäger. |

*Beispielbild: Wärmebildvorsatzgerät (Dual-Use) „Leica CALONOX Sight"*

| Bezeichnung | **Bolzensetzgerät** |
|---|---|
| Kategorie | Werkzeug, **nur dann** Waffe, wenn vorgeschriebene Kennzeichnung nicht vorhanden sind |
| Synonym | Bolzenschussgerät |
| Bemerkungen | Auch Modelle mit Lauf unterfallen mangels einer Bestimmung zu den in Anlage 1 A1 UA1 1.1 WaffG genannten Zwecken nicht dem Schusswaffenbegriff. Bolzensetzgeräte sind nicht den Schusswaffen gleichgestellt, wenn sie über die vorgeschriebene Kennzeichnung nach Anlage 1 A1 UA1 1.2.2 WaffG verfügen.<br><br>Beachten Sie: **Kartuschen** für Bolzensetzgeräte mit Kartuschenantrieb sind keine Munition im Sinne von Anlage 1 A1 UA3 WaffG, da sie nicht zum Verschießen aus Schusswaffen bestimmt sind.[44] Der Handel mit ihnen ist somit kein Munitionshandel im Sinne von Anlage 1 A2 Nr. 9 WaffG. |

| | |
|---|---|
| Bezeichnung | **Stahlrute** |
| Kategorie | Hieb- und Stoßwaffe |
| Definition | Gegenstände, die ihrem Wesen nach dazu bestimmt sind, unter unmittelbarer Ausnutzung der Muskelkraft durch Hieb, Stoß, Stich, **Schlag** oder Wurf Verletzungen beizubringen |
| Synonym | - |
| Waffe nach ... | § 1 Abs. 2 Nr. 2 Buchst. a WaffG |
| Norm Begriff | Anlage 1 A1 UA2 Nr. 1.1 WaffG |
| Möglicher Verstoß | § 2 Abs. 3 WaffG in Verbindung mit Anlage 2 A1 Nr. 1.3.2 WaffG (**Verbotene Waffe**) |
| Bemerkungen | Häufig verwechselt mit Teleskopschlagstock, der nur eine Hieb- und Stoßwaffe im Sinne des Waffengesetzes ist, aber keine verbotene Waffe |

*unten: Vergrößerte Darstellung des vorderen Teiles*

| | |
|---|---|
| Bezeichnung | **Totschläger** |
| Kategorie | Hieb- und Stoßwaffe |
| Definition | Gegenstände, die ihrem Wesen nach dazu bestimmt sind, unter unmittelbarer Ausnutzung der Muskelkraft durch Hieb, Stoß, Stich, **Schlag** oder Wurf Verletzungen beizubringen |
| Synonym | - |
| Waffe nach ... | § 1 Abs. 2 Nr. 2 Buchst. a WaffG |
| Norm Begriff | Anlage 1 A1 UA2 Nr. 1.1 WaffG |
| Möglicher Verstoß | § 2 Abs. 3 WaffG in Verbindung mit Anlage 2 A1 Nr. 1.3.2 WaffG (**Verbotene Waffe**) |
| Bemerkungen | Meist aus Leder angefertigt, um ein Durchschwingen (Peitscheneffekt) zu ermöglichen; in der Spitze mit einer Kugel aus Eisen oder Blei beschwert |

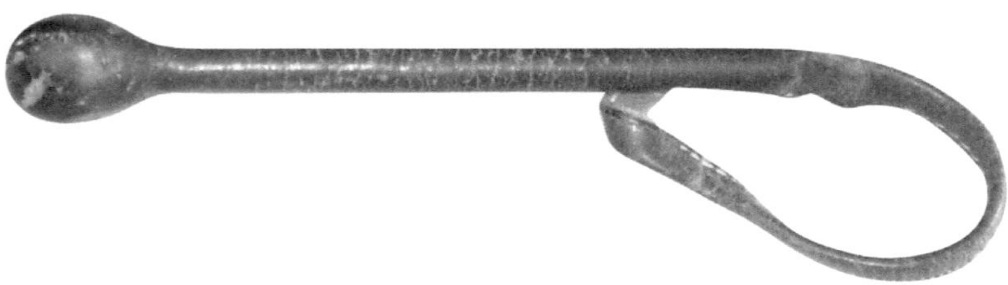

| | |
|---|---|
| Bezeichnung | **Wurfstern** |
| Kategorie | Hieb- und Stoßwaffe |
| Definition | Gegenstände, die ihrem Wesen nach dazu bestimmt sind, unter unmittelbarer Ausnutzung der Muskelkraft durch Hieb, Stoß, Stich, Schlag oder **Wurf** Verletzungen beizubringen |
| Synonym | Shuriken, Shaken |
| Waffe nach ... | § 1 Abs. 2 Nr. 2 Buchst. a WaffG |
| Norm Begriff | Anlage 1 A1 UA2 Nr. 1.1 WaffG |
| Möglicher Verstoß | § 2 Abs. 3 WaffG in Verbindung mit Anlage 2 A1 Nr. 1.3.3 WaffG (**Verbotene Waffe**) |
| Bemerkungen | Auch im nicht angeschliffenen Zustand kann diese Waffe tödliche Verletzungen beibringen. Es ist daher keine Voraussetzung für ein Verbot, dass der Gegenstand angeschliffen ist. |

| | |
|---|---|
| Bezeichnung | **Nunchaku** |
| Kategorie | a) Hieb- und Stoßwaffe<br>b) Gegenstand, der nach seiner Beschaffenheit und Handhabung dazu bestimmt ist, durch Drosseln die Gesundheit zu schädigen |
| Definition | a) Gegenstände, die ihrem Wesen nach dazu bestimmt sind, unter unmittelbarer Ausnutzung der Muskelkraft durch Hieb, Stoß, Stich, **Schlag** oder Wurf Verletzungen beizubringen<br>b) siehe oben (Kategorie) |
| Synonym | Tschaku, Würgeholz |
| Waffe nach ... | § 1 Abs. 2 Nr. 2 Buchst. a WaffG |
| Norm Begriff | a) Anlage 1 A1 UA2 Nr. 1.1 WaffG<br>b) Anlage 1 A1 UA2 Nr. 1.2.6 WaffG |
| Möglicher Verstoß | § 2 Abs. 3 WaffG in Verbindung mit Anlage 2 A1 Nr. 1.3.8 WaffG (**Verbotene Waffe**) |
| Bemerkungen | Die Nutzung des Nunchaku als Würgeholz tritt in der Praxis hinter die enorme Schlagwirkung zurück; das Verbot von Soft-Nunchakus aus Schaumstoff (Feststellungsbescheid BKA KT 21/ZV 25 – 5164.01 – Z – 23/2004 vom 05. 05. Februar 2004) ist nicht nachvollziehbar, aber dadurch wird klargestellt, dass die Kombination aus zwei Elementen, die flexibel verbunden sind, unabhängig vom Material immer verboten ist; offen bleibt, ob traditionelle Nunchakus aus drei Hölzern erfasst werden. |

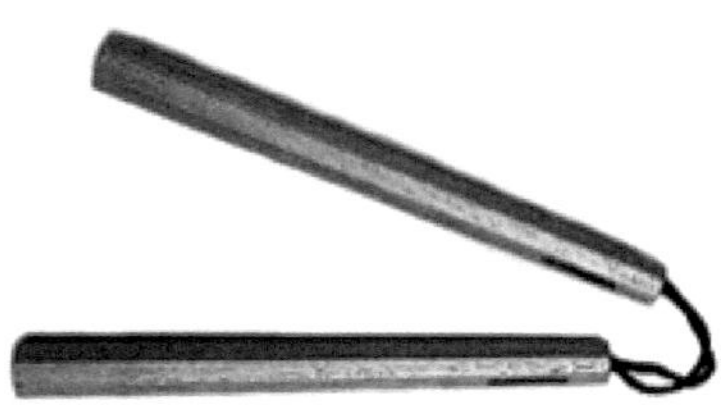

| | |
|---|---|
| Bezeichnung | **Präzisionsschleuder** |
| Kategorie | Schleuder |
| Definition | Schleudern, die zur Erreichung einer höchstmöglichen Bewegungsenergie eine **Armstütze oder eine vergleichbare Vorrichtung** besitzen oder für eine solche Vorrichtung eingerichtet sind (Präzisionsschleudern) **sowie Armstützen und vergleichbare Vorrichtungen** für die vorbezeichneten Gegenstände |
| Synonym | Zwille |
| Waffe nach ... | § 1 Abs. 2 Nr. 2 Buchst. a WaffG |
| Norm Begriff | Anlage 1 A1 UA2 Nr. 1.3 WaffG |
| Möglicher Verstoß | § 2 Abs. 3 WaffG in Verbindung mit Anlage 2 A1 Nr. 1.3.7 WaffG (**Verbotene Waffe**) |
| Bemerkungen | Begriff und Verbot beziehen sich nicht allein auf die Schleuder, sondern auch auf die **Armstütze** als separates Teil; schon das Vorhandensein einer Aufnahmevorrichtung (Öse) für die Armstütze erfüllt das Verbotsmerkmal!<br><br>*Hinweis: Abbildung zeigt fast zusammengelegte Waffe, die Armstütze wird zur Benutzung der Waffe auf die andere Seite geschwenkt (Schussrichtung wird durch die Fingermulden des Griffs vorgegeben).* |

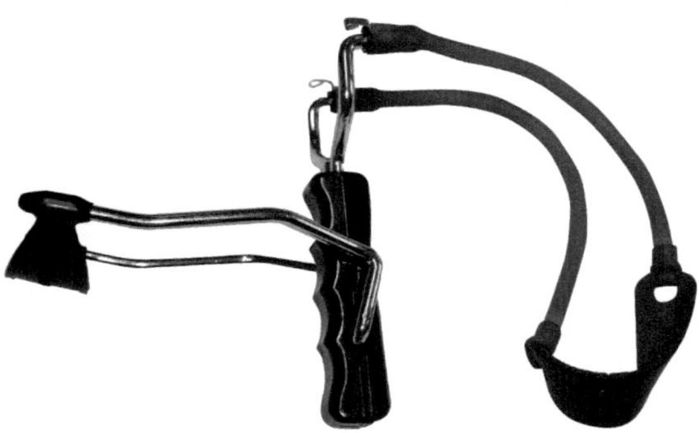

| | |
|---|---|
| Bezeichnung | **Springmesser** |
| Kategorie | Messer |
| Definition | Messer, deren Klingen auf Knopf- oder Hebeldruck hervorschnellen und hierdurch oder beim Loslassen der Sperrvorrichtung festgestellt werden können |
| Synonym | Stellmesser, Springer |
| Waffe nach ... | § 1 Abs. 2 Nr. 2 Buchst. b WaffG |
| Norm Begriff | Anlage 1 A1 UA2 Nr. 2.1.1 WaffG |
| Möglicher Verstoß | § 2 Abs. 3 WaffG in Verbindung mit Anlage 2 A1 Nr. 1.4.1 WaffG (**Verbotene Waffe**) |
| Bemerkungen | **Nicht verboten (Ausnahme** vom Umgangsverbot), wenn die Klinge seitlich aus dem Griff springt und der Klingenteil außerhalb des Griffs höchstens 85 mm lang ist und die Klinge nicht zweiseitig geschliffen ist; **dann nur Führverbot** nach §§ 42, 42a WaffG; **keine Waffe** gemäß § 1 Abs. 2 Nr. 2 Buchst. b WaffG nach BKA-Feststellungsbescheid KT21/SO 11-5164.01-Z-76, wenn die Klinge bis zu 41 mm lang und bis zu 10 mm breit ist („Kleinstmesser"); somit würde auch das Verbot nicht greifen.<br><br>Bei **defekter Feder** entfällt die verbotsbegründende Eigenschaft und damit die Einordnung als verbotener Gegenstand, denkbar wäre aber die Einstufung als (ebenso) verbotenes Fallmesser (BGH 1 StR 35/17).<br><br>Wichtig: **Bemerkungen zum Fallmesser** beachten! |

| | |
|---|---|
| Bezeichnung | **Fallmesser** |
| Kategorie | Messer |
| Definition | Messer, deren Klingen beim Lösen einer Sperrvorrichtung durch ihre Schwerkraft oder durch eine Schleuderbewegung aus dem Griff hervorschnellen und selbsttätig oder beim Loslassen der Sperrvorrichtung festgestellt werden |
| Synonym | Fallschirmjägermesser |
| Waffe nach ... | § 1 Abs. 2 Nr. 2 Buchst. b WaffG |
| Norm Begriff | Anlage 1 A1 UA2 Nr. 2.1.2 WaffG |
| Möglicher Verstoß | § 2 Abs. 3 WaffG in Verbindung mit Anlage 2 A1 Nr. 1.4.1 WaffG (**Verbotene Waffe**) |
| Bemerkungen<br><br>**(gelten auch für das o. g. Springmesser)** | **Freistellung** sog. „Rettungsmesser" oder „Rescue-Tools" durch BKA-Feststellungsbescheid KT21/ZV25-5164.01-Z-20/2003;<br><br>**Berechtigte nach dem Bundesversorgungsgesetz** (Kriegsopfer etc.), die ein solches Messer vor dem 30. Juni 2003 durch die Versorgungsbehörden der Länder erhalten haben, dürfen nach BKA-Ausnahmegenehmigung, ZV 25-2-5166.00-489/03 vom 10. November 2003, dürfen es sowohl **besitzen** als auch **führen**. |

| | |
|---|---|
| Bezeichnung | **Faustmesser** |
| Kategorie | Messer |
| Definition | Messer, mit einem quer zur feststehenden oder feststellbaren Klinge verlaufenden Griff, die bestimmungsgemäß in der geschlossenen Faust geführt oder eingesetzt werden |
| Synonym | Skinner, Stoßdolch, Kürschnermesser |
| Waffe nach ... | § 1 Abs. 2 Nr. 2 Buchst. b WaffG |
| Norm Begriff | Anlage 1 A1 UA2 Nr. 2.1.3 WaffG |
| Möglicher Verstoß | § 2 Abs. 3 WaffG in Verbindung mit Anlage 2 A1 Nr. 1.4.2 WaffG (**Verbotene Waffe**) |
| Bemerkungen | **Ausnahme** vom Umgangsverbot nach § 40 Abs. 3 WaffG für Inhaber einer jagdrechtlichen Erlaubnis und Angehörige Leder-und Pelz-verarbeitender Berufe, soweit das Messer zur Ausübung der Tätigkeit erforderlich ist |

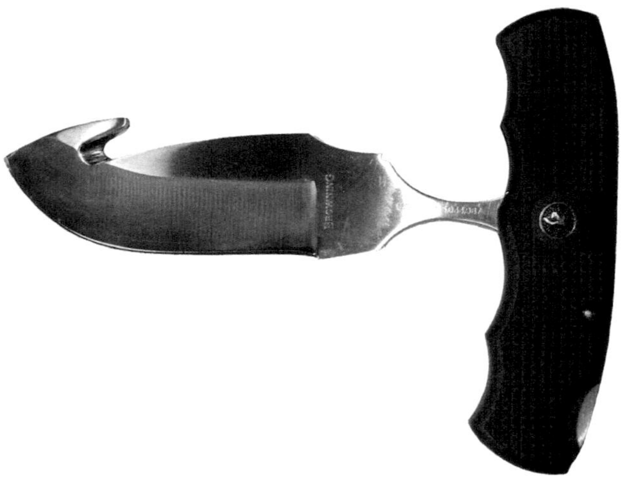

| | |
|---|---|
| Bezeichnung | **Butterflymesser** |
| Kategorie | Messer |
| Definition | Faltmesser mit zweigeteilten, schwenkbaren Griffen |
| Synonym | Balisong, Butterfly, Faltmesser |
| Waffe nach ... | § 1 Abs. 2 Nr. 2 Buchst. b WaffG |
| Norm Begriff | Anlage 1 A1 UA2 Nr. 2.1.4 WaffG |
| Möglicher Verstoß | § 2 Abs. 3 WaffG in Verbindung mit Anlage 2 A1 Nr. 1.4.3 WaffG (**Verbotene Waffe**) |
| Bemerkungen | Gemäß § 1 Abs. 2 Nr. 2 Buchst. b WaffG nach BKA-Feststellungsbescheid KT21/SO 11-5164.01-Z-76 handelt es sich nicht um eine Waffe, wenn die Klinge bis zu 41 mm lang und bis zu 10 mm breit ist („Kleinstmesser"); somit würde auch das Verbot nicht greifen. |

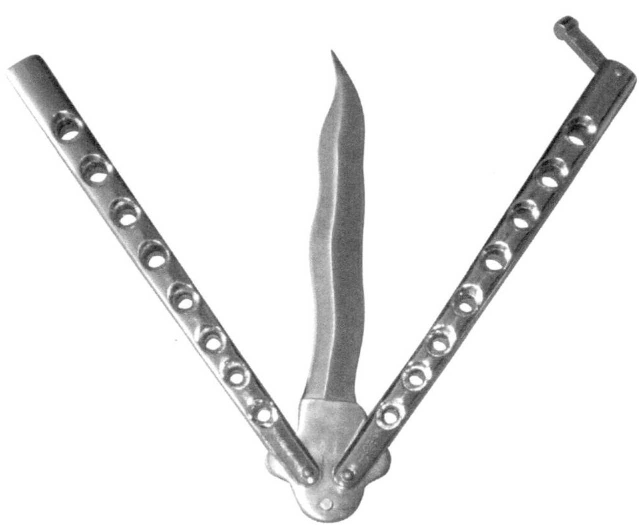

| | |
|---|---|
| Bezeichnung | **Einhandmesser** |
| Kategorie | Messer |
| Definition | Messer mit einhändig feststellbarer Klinge |
| Synonym | Teppichmesser |
| Waffe nach ... | - |
| Norm Begriff | § 42 a Abs. 1 Nr. 3 WaffG |
| Möglicher Verstoß | § 42 a WaffG (**Führverbot**, aber kein **Besitz**verbot) |
| Bemerkungen | Das Öffnen des Messers kann über einen Pin (Knopf) an der Klinge, eine Bohrung oder Vertiefung in der Klinge oder eine Nase (Flipper) auf dem Klingenrücken erfolgen; zur Einordnung kann das „Neumünsteraner Modell" dienen: „Ich setze mich auf eine Hand – kann ich die Klinge mit der anderen Hand feststellen, handelt es sich um ein Einhandmesser."<br><br>Handelsübliche Einhandmesser sind **keine Waffen**, sie unterliegen mit Ausnahme des Führverbots nicht den Vorschriften des WaffG. |

| | |
|---|---|
| Bezeichnung | **Schlagring** |
| Kategorie | Hieb- und Stoßwaffe |
| Definition | Gegenstände, die ihrem Wesen nach dazu bestimmt sind, unter unmittelbarer Ausnutzung der Muskelkraft durch Hieb, **Stoß**, Stich, **Schlag** oder Wurf Verletzungen beizubringen |
| Synonym | - |
| Waffe nach ... | § 1 Abs. 2 Nr. 2 Buchst. a WaffG |
| Norm Begriff | Anlage 1 A1 UA2 Nr. 1.1 WaffG |
| Möglicher Verstoß | § 2 Abs. 3 WaffG in Verbindung mit Anlage 2 A1 Nr. 1.3.2 WaffG (**Verbotene Waffe**) |
| Bemerkungen | - |

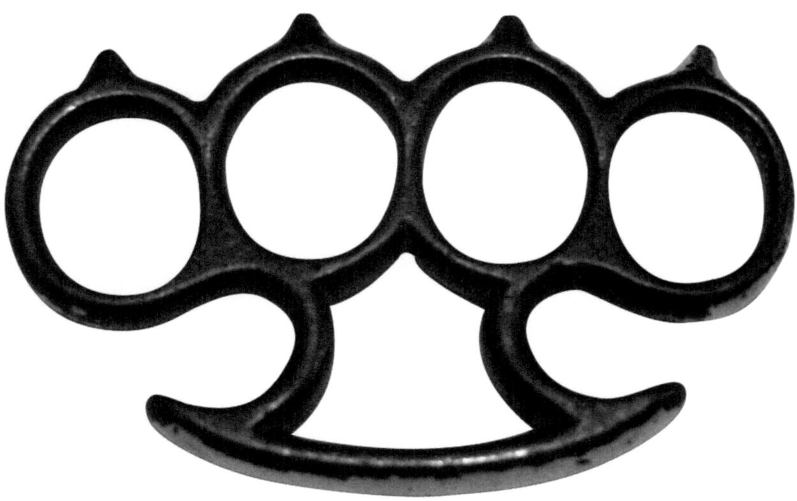

# Waffenbesitzkarte

**Nr.** ______________

Herr/Frau ______________________________

geboren am ______________________________

in ______________________________

wird hiermit die Erlaubnis erteilt, die von der Behörde auf Seite 2 bezeichneten Schusswaffen zu erwerben und zu besitzen. Die Erlaubnis gilt auch für die auf Seite 6 genannten Personen.

______________________________

(Ort) (Datum)

Dienstsiegel

______________________________

(Behörde)

______________________________

(Unterschrift)

**Artikel Nr. 3101404** Bundesdruckerei 2011

| Lfd. Nr. | Art | Munitions-bezeichnung/ Kaliber | Berechtigt zum Erwerb bis zum (Dienstsiegel) | Hersteller Modellbezeichnung | Seriennummer | Berechtigt zum Erwerb und Besitz von für die Waffe bestimmter oder zugelassener Munition (Dienstsiegel) | erworben oder angemeldet | | |
|---|---|---|---|---|---|---|---|---|---|
| | | | | | | | am | von | Behörde (Dienstsiegel) |
| 1 | 2 | 3 | 4 | 5 | 6 | 7 | 8 | 9 | 10 |
| 1 | <- - - - - - - - - - - - VOREINTRAG - - - - - - - - -> | | | | | | | | |
| 2 | | | | | | | | | |
| 3 | | | | | | | | | |
| 4 | | | | | | | | | |
| 5 | | | | | | | | | |
| 6 | | | | | | | | | |
| 7 | | | | | | | | | |
| 8 | | | | | | | | | |

2 3 4

Kapitel 5 gibt einen Überblick über die **Waffenbesitzkarten und Waffenscheine**. Insbesondere die ausführliche Darstellung der unterschiedlichen Bedürfnisarten vertieft die in den ersten Kapiteln vermittelten Grundkenntnisse.

Die Erteilung einer waffenrechtlichen Erlaubnis ist grundsätzlich an den Nachweis eines Bedürfnisses geknüpft. Gleiches gilt für die Aufrechterhaltung einer Erlaubnis – entfällt das Bedürfnis, ist in der Regel die darauf erteilte Erlaubnis zu widerrufen. Die waffenrechtlichen Erlaubnisse sind für Waffenbesitzer darum von besonderer Bedeutung. Ergänzend werden auch der Jagdschein und der Europäische Feuerwaffenpass grundlegend dargestellt.

Das **Lernziel** in diesem Kapitel ist das Wissen um die unterschiedlichen Erlaubnisarten. Insbesondere Sportschützen müssen den Unterschied zwischen der grünen und der gelben WBK kennen.

Die **wichtigsten Fakten** in diesem Kapitel:

- Eine **grüne WBK** erlaubt den Erwerb einer Waffe durch einen **Voreintrag**. Dieser Voreintrag besteht aus den Angaben zu „Art der Waffe" und „Kaliber der Waffe", dem Ablaufdatum dieses Voreintrages (in der Regel ein Jahr nach Ausstellungsdatum) und dem behördlichen Dienstsiegel. Der **Munitionserwerb** wird für eine eingetragene Waffe **durch ein Siegel** der Behörde erlaubt.
- Die **gelbe WBK für Sportschützen** erlaubt den **Erwerb von bis zu zehn Schusswaffen bestimmter Arten** (die Schusswaffenarten müssen aufgezählt werden können) **und der Munition** für die in ihr **eingetragenen Waffen**.
- Eine Waffe ist in der WBK eingetragen, wenn die Behörde in der letzten Spalte durch ein Siegel die Erwerbsanzeige gesiegelt hat.
- **Sammlern und Sachverständigen** wird eine **rote WBK** ausgestellt. Sie erlaubt nicht den Erwerb und Besitz von Munition.
- Der **Munitionserwerbsschein** erlaubt den Erwerb und den Besitz der darin eingetragenen Arten von Munition.
- Der **Jagdschein** ist **keine waffenrechtliche Erlaubnis**. Inhaber eines gültigen Jahresjagdscheins dürfen **auch ohne Voreintrag** in einer WBK **Langwaffen** erwerben. **Kurzwaffen** darf dagegen auch ein Jäger **nur mit Voreintrag** in einer WBK erwerben.
- Das **Nationale Waffenregister** enthält **Identifikationsnummern** zu Personen, Firmen, Erlaubnissen, Waffen und Waffenteilen.

Treten bei der Lektüre dieses Kapitels Unsicherheiten bezüglich eines Fachbegriffs aus den vorangehenden Kapiteln dieses Buches auf, schlagen Sie die entsprechenden Begriffe bitte im Stichwortverzeichnis nach und frischen Sie Ihr Wissen gleich auf.

# 5. Waffenrechtliche Erlaubnisse

## 5.1. Das Nationale Waffenregister (NWR)

Während vor dem 1. September 2020 allein die Angaben zu einer Waffenart und einem Kaliber nebst Verfalldatum der Erwerbserlaubnis ausreichten, um nach Vorlage des Erlaubnisdokuments eine Waffe zu erwerben (Voreintrag), sind seitdem zusätzlich verschiedene **Ordnungsnummern** erforderlich, um von einem gewerblichen Waffenhändler eine Schusswaffe erwerben zu können. Das Nationale Waffenregister, das seit mehreren Jahren im behördlichen Bereich genutzt wird, hat damit für den einzelnen Waffenbesitzer eine besondere Bedeutung bekommen. Denn auch schlichte Reparaturarbeiten an Schusswaffen zwingen etwa den Büchsenmacher, von seinem Kunden die Angabe der verschiedenen Ordnungsnummern zu fordern, die im NWR für die jeweilige Person und Waffe hinterlegt sind.

Das Waffenregistergesetz (WaffRG) dient wie das WaffG dem Schutz der öffentlichen Sicherheit und Ordnung. Insbesondere soll es eine unkomplizierte Nachverfolgbarkeit von Waffen und deren wesentlichen Teilen ermöglichen sowie einen erleichterten Datenaustausch zwischen den Sicherheitsbehörden. Dazu dienen verschiedene Ordnungsnummern, „ID" genannt. Diese werden für die unterschiedlichen Daten im Zusammenhang mit dem Besitz von Schusswaffen vergeben, nämlich für die Grunddaten

- der Person eine Personen-Ordnungsnummer („P..."),
- der Erlaubnis (in der Regel WBK) eine Erlaubnis-ID („E..."),
- der Waffe eine Waffen-Ordnungsnummer („W...") und
- des wesentlichen Teils eine Waffenteil-Ordnungsnummer („T...").

## 5.2. Waffenbesitzkarte (WBK, § 10 Abs. 1)

*Zu unterscheiden sind* ***grüne WBK*** *(Kapitel 5.2),* ***gelbe WBK für Sportschützen*** *(5.3) und* ***rote WBK für Sammler und Sachverständige*** *(5.4/5.5). Diese Erlaubnisse werden in den angegebenen Kapiteln ausführlich behandelt.*

### 5.2.1. Überblick

Die **Berechtigung zum Besitz** von Schusswaffen und Munition wird durch die WBK dokumentiert. Nach Erwerb oder Überlassung einer Waffe muss die WBK binnen zwei Wochen der Waffenbehörde vorgelegt werden. Eine **Erwerbsberechtigung** wird im Falle der sogenannten „grünen" WBK durch den **Voreintrag** dokumentiert.

Der **Voreintrag** ist ein Jahr gültig und berechtigt **zum Erwerb und Besitz einer Waffe** der Art und des Kalibers, die in dem betreffenden Voreintrag eindeutig benannt sind. Der Voreintrag und damit die Erwerbserlaubnis verfällt nach einem Jahr. Der Erwerb einer Waffe ist **binnen zwei Wochen** in der WBK behördlich dokumentieren zu lassen. **Der Voreintrag besteht somit aus den Angaben „Art der Waffe", „Kaliber" und dem Datum, bis zu dem der Erwerb erlaubt ist, sowie dem Siegel** in Spalte 4 der WBK.

Besteht eine **Erwerbsberechtigung ohne Voreintrag** (zB Erwerb von Langwaffen mit gültigem Jahresjagdschein), erteilt die Behörde die **Berechtigung zum dauerhaften Besitz** dieser Waffe durch **Eintragung** in die WBK.

Der **Verlust** der Waffenbesitzkarte (Diebstahl, Feuer etc.) ist umgehend der zuständigen Behörde anzuzeigen. Gleiches gilt bei **Verlust der Waffe**.

Die Erlaubnis zum **Munitionserwerb und -besitz** für die in derselben Zeile eingetragene Schusswaffe ist gesondert zu beantragen und wird **durch Siegelung** des Feldes in Spalte 7 erteilt.[45] Auch die durch den **Voreintrag** für eine dadurch definierte Schusswaffe eines bestimmten Kalibers erteilte Erlaubnis **gilt im Falle der Munitionserwerbserlaubnis als eingetragene Waffe**. Sie gilt für jegliche Munition, die aus dieser Waffe im eingetragenen Kaliber verschossen werden kann. Das Bedürfnis für den Umgang mit Munition ist durch die Erlaubnis für diese Schusswaffe bei Sportschützen, gefährdeten Personen, Bewachungsunternehmen und Jägern sowie Brauchtumsschützen als gegeben anzusehen. Mit **Austragung** der **Waffe verfällt** die **Erlaubnis zum Munitionserwerb und -besitz**, ohne dass das Siegel für den Munitionserwerb gesondert entwertet werden muss.

## 5.2.2. Allgemeine Voraussetzungen für die Antragstellung

Grundsätzlich muss der Antragsteller das 18. Lebensjahr vollendet haben.

Ist der Antragsteller bei Beantragung seiner ersten[46] waffenrechtlichen Erlaubnis jünger als 25, ist der Waffenbehörde nach § 6 Abs. 4 WaffG ein Gutachten (**MPU**) über die geistige Eignung vorzulegen. Beachten Sie dazu auch die Ausführungen ab Seite 38. Ausgenommen von dieser Regelung sind Jäger sowie Personen, die eine Schusswaffe (Lang- oder Kurzwaffe) im Kaliber 22 lfB. oder kleiner für Munition mit Randfeuerzündung und einer Mündungsenergie von höchstens 200 Joule oder eine Einzellader-Flinte im Kaliber 12 oder kleiner erwerben wollen. Ist der Antragsteller **Dienstwaffenträger**, etwa Polizeivollzugs- oder Zollbeamter, **entfällt** bei Personen unter 25 Jahren die **Begutachtung**. Voraussetzung dafür ist eine Bescheinigung des Dienstherrn des Antragstellers, dass eine Begutachtung der geistigen Eignung bereits stattgefunden hat, etwa im Rahmen der Ausbildung. Zudem muss aus der Bescheinigung hervorgehen, dass der Antragsteller ohne Einschränkung zum Umgang mit Dienstwaffen berechtigt ist.

## 5.2.3. Spezielle Voraussetzungen nach Bedürfnisgruppen

### 5.2.3.1. Sportschützen (§ 14)

Um ein **Bedürfnis** glaubhaft zu machen, muss der Antragsteller eine Bescheinigung seines Schießsportverbandes[47] vorlegen. Der Schießsportverband muss durch das Bundesverwaltungsamt (BVA) anerkannt sein (§ 15 Abs. 3 WaffG). Die Bescheinigung muss sich nicht allein auf Termine in Vereinen des bescheinigenden Verbandes beziehen, sondern darf auch die Teilnahme an Schießübungen bei Vereinen anderer anerkannter Schießsportverbände bestätigen. Untergliederung eines Schießsport**verbandes** sind schießsportliche **Vereine**.

**Nachweis des Bedürfnisses zum Erwerb:**

- **Mitgliedschaft in Verein**: Ununterbrochen seit mindestens 12 Monaten vor Antragstellung
- **Ausübung des Schießsports** in diesem Verein mit erlaubnispflichtigen Schusswaffen: Innerhalb von 12 Monaten vor Antragstellung monatlich einmal oder an 18 Tagen
- **Disziplinbestätigung**: Die vom Antragsteller beantragte Waffe muss für eine Disziplin nach der Sportordnung des bestätigenden Schießsportverbandes zugelassen und erforderlich sein.

**Nachweis des Bedürfnisses zum Besitz:**

- **Ausübung des Schießsports** mit eigenen erlaubnispflichtigen Schusswaffen in einem Verein: Einmal pro Quartal oder sechsmal innerhalb von 12 Monaten, nachzuweisen für einen Zeitraum von 24 Monaten vor Prüfung des Bedürfnisfortbestandes.
- **Waffenarten**: Bei Besitz von Lang- und Kurzwaffen müssen die geforderten Schießtermine pro Waffenart nachgewiesen werden; das Schießen mit jeder Waffe im Bestand ist nicht erforderlich.
- Zehn Jahre nach erster Erlaubnis genügt zum Nachweis des Bedürfnisses zum Besitz der Nachweis der **Vereinsmitgliedschaft**

Als Übungsschießen gelten nur sportliche Schießveranstaltungen und nicht etwaige dienstlich absolvierte Schießübungen, ebenso nicht die Schießübungen in einem Sachkundelehrgang.

Ist eine Verbandsbescheinigung erforderlich, wird in der Regel eine Kopie des Schießbuches des Antragstellers und eine Bestätigung des Vereines an den Verband gegeben, der die Bedürfnisbescheinigung ausstellt. Der Antragsteller muss im gesetzlich geforderten Zeitraum durchgehend Mitglied des bestätigenden Vereins (**Vereinsmitgliedschaft)** gewesen sein, nicht aber des Verbandes (**Verbandsmitgliedschaft**).

Neben der grünen Standard-WBK sieht das Gesetz für Sportschützen auch die gelbe „WBK für Sportschützen" als Erlaubnis vor. Der Unterschied: Die Waffenarten, die mit der grünen *Standard-WBK* und dem jeweiligen Voreintrag erworben und besessen werden dürfen, sind grundsätzlich nicht eingeschränkt, während mit der gelben *WBK für Sportschützen* nur bestimmte Arten von Schusswaffen erworben werden können, dafür aber ohne Voreintrag. **Nur mit der grünen Standard-WBK** und einem Voreintrag kann der Sportschütze

- **mehrschüssige** Pistolen und Revolver für Patronenmunition,
- **halbautomatische** Langwaffen (Büchsen oder Flinten) und
- **Repetier**flinten (nicht Repetier**büchsen**)

erwerben, aber **auch alle anderen Waffenarten**.

Dagegen erlaubt die **gelbe WBK für Sportschützen** ohne Voreintrag **nur den Erwerb** von

- **Einzellader**-Langwaffen,
- **einschüssigen** Kurzwaffen für Patronenmunition,
- mehrschüssigen **Perkussionswaffen** und
- **Repetierbüchsen**.

Ein Sportschütze kann also sowohl eine gelbe als auch eine grüne WBK besitzen, je nachdem, welche Art von Waffe er erwerben will. Mehr zur Erwerbsfunktion der „**WBK für Sportschützen**" lesen Sie ab Seite 124.

Sportschützen werden bezüglich des Erwerbs und Besitzes bestimmter Waffenarten eingeschränkt. Sie dürfen in der Regel **nicht mehr als zwei mehrschüssige Kurzwaffen für Patronenmunition und drei halbautomatische Langwaffen** erwerben und besitzen, andere Waffenarten dagegen ohne Begrenzung. Um dieses **Kontingent** zu **überschreiten**, bedarf es seitens des Schießsportverbandes einer **Befürwortung**. Danach muss die zusätzliche erworbene Waffe zur Ausübung **weiterer Sportdisziplinen** des Verbandes geeignet oder zur Ausübung des **Wettkampfsports** erforderlich sein. Zudem ist es erforderlich, dass der Antragsteller seine **regelmäßige Teilnahme an Wettkämpfen** nachweist. Bereits ein nach den Regeln des Verbandes organisierter **Vereinswettkampf** gilt als **ausreichend**. Der Begriff der Regelmäßigkeit ist hier anders auszulegen als bei der Trainingsteilnahme – der Antragsteller muss erkennbar und nachvollziehbar aktiv am Schießsport in Form von Wettkämpfen teilnehmen und nicht lediglich trainieren.

In der Regel wird der Schießsportverband vom Antragsteller ein Verzeichnis der bisher erworbenen Waffen fordern, um die entsprechende **Bedürfnisbescheinigung** ausstellen zu können (Unterscheidung Kontingent als Grundausstattung oder zusätzliche Waffe). Zudem wird es in jedem Falle erforderlich sein, die Notwendigkeit der Überschreitung des Kontingents durch Wettkampfteilnahmen oder –erfolge zu belegen. Von der Kontingentierung sind mehrschüssige Kurzwaffen für Patronenmunition und halbautomatische Langwaffen betroffen, aber nicht Repetierflinten und solche Waffen, die mit der „WBK für Sportschützen" erworben werden können.

Verfügt der Antragsteller bereits über eine Waffenbesitzkarte und will eine weitere Waffe erwerben, ist neben der Kontingentierung das **Erwerbsstreckungsgebot** nach § 14 Abs. 3 WaffG zu beachten. Danach dürfen innerhalb eines halben Jahres in der Regel höchstens zwei erlaubnispflichtige Schusswaffen erworben werden – dies schließt den Erwerb mit der Waffenbesitzkarte für Sportschützen ein, wenn der Betroffene auch dieses Dokument besitzt. Der Zeitraum von sechs Monaten beginnt mit dem Erwerb der ersten von zwei Waffen. Eine weitere Waffe wäre somit erst sechs Monate nach diesem Datum erwerbbar, wobei Ausnahmen möglich sind (Erbe etc.).

Sportschützen müssen bei Beantragung einer Erlaubnis das 21. Lebensjahr vollendet haben. Abweichend gilt ein Mindestalter von 18 Jahren für den Erwerb von Schusswaffen (Lang- und Kurzwaffen) im Kaliber 22 lfB. oder kleiner für Munition mit Randfeuerzündung und einer Mündungsenergie von höchstens 200 Joule und Einzellader-Flinten im Kaliber 12 oder kleiner (gemeint sind die Kaliber 16, 20 usw.).

Als **Gutachter** kommen nach § 4 Abs. 2 AWaffV Amtsärzte, Psychiater, Fachpsychologen, approbierte Psychotherapeuten und Fachärzte für psychotherapeutische Medizin in Betracht. Die **Kosten** des Gutachtens muss der Antragsteller tragen.

**Zwischen** dem **Gutachter** und dem **Antragsteller** darf in den fünf Jahren vor Begutachtung **kein Behandlungsverhältnis** bestanden haben. Dies hat der Gutachter in seinem Gutachten zu bestätigen. Der Gutachter darf aber

Kontakt mit dem behandelnden Arzt (also Hausarzt oder Facharzt) des Antragstellers aufnehmen, um sich ein umfassendes Bild zu verschaffen.

Zentrale Frage des Gutachtens ist, ob der Antragsteller die **nötige geistige Reife** besitzt, um verantwortungsvoll mit Schusswaffen umzugehen. Sieht der Gutachter diese Anforderung nicht vollständig erfüllt, kann die Waffenbehörde weitergehende Untersuchungen des Antragstellers anordnen.

### 5.2.3.2. Jäger (§ 13)

Der **Jäger**[48] ist vom Nachweis des Bedürfnisses durch Vorlage des gültigen Jahresjagdscheines befreit.[49] Jahresjagdscheine gelten für ein, zwei oder drei Jahre. Der Jahresjagdschein ersetzt zwar nicht das Recht zur Jagdausübung (Jagderlaubnis oder Jagdausübungsrecht), begründet in waffenrechtlicher Hinsicht allerdings das Bedürfnis zum Erwerb und Besitz von Schusswaffen und Munition.

Der Jagdschein wird nur erteilt, wenn keine Versagungsgründe nach § 17 Bundesjagdgesetz (BJagdG) vorliegen. Inhaltlich ähneln die dort genannten Gründe den Vorschriften in den §§ 5, 6 WaffG.

§ 13 Abs. 3 WaffG erleichtert den Erwerb von Jagdwaffen und Jagdmunition. **Jagdwaffen** und **Jagdmunition** sind solche Schusswaffen und Munition, die nicht nach § 19 Abs. 1 BJagdG verboten sind. Durch diese negative Formulierung beschränkt der Gesetzgeber den Erwerb nicht auf die zur Jagd geeigneten Waffen, sondern verbietet den Erwerb und Besitz solcher Waffen, die nach § 19 Abs. 1 BJagdG verboten sind – er schafft eine Art „Negativliste".

**Langwaffen**, die nicht nach § 19 Abs. 1 BJagdG verboten sind, sowie **Schalldämpfer für Langwaffen mit Zentralfeuerkaliber** können ohne vorheriges Einholen einer Erwerbserlaubnis lediglich durch Vorlage des **gültigen Jahresjagdscheins** erworben werden; hier tritt der gültige Jahresjagdschein an die Stelle einer WBK, die sowohl den dauerhaften Erwerb[50] (mit Voreintrag) als auch den Erwerb und vorübergehenden Besitz[51] (im Sinne der Leihe) erlauben würde.

Der Erwerb nach § 13 Abs. 3 WaffG ist binnen zwei Wochen der Behörde anzuzeigen und die Befugnis zum dauerhaften Besitz durch Eintrag in der WBK dokumentieren zu lassen. Eine Kontingentierung für Langwaffen oder ein Erwerbsstreckungsgebot gilt für Jäger nicht.

Bei den **zur Jagd verbotenen Schusswaffen** ist insbesondere zu unterscheiden zwischen

- Waffen, die grundsätzlich bei der Jagd nicht verwendet werden dürfen (etwa vollautomatische Waffen), und
- Waffen, die in einem bestimmten Zustand nicht zu einem bestimmten Zweck verwendet werden dürfen.

So ist etwa das **Schießen auf Wild** mit einer **halbautomatischen Langwaffe, die mit mehr als drei Patronen** geladen ist, ein Verstoß gegen das BJagdG. Somit darf der Jäger im letzten Moment vor der Schussabgabe nur eine solche halbautomatische Langwaffe in Anschlag gebracht haben, die mit höchstens drei Patronen geladen war (eine Patrone im Patronenlager, zwei im Magazin; alternativ Patronenlager frei, Magazin mit drei Patronen gefüllt). Der sonstige Umgang mit einer solchen halbautomatischen Langwaffe ist dem Jäger unabhängig von der Magazinkapazität erlaubt.[52] Somit ist der Erwerb und Besitz von halbautomatischen Waffen, die mehr als zwei Schuss Magazinkapazität aufweisen, dem Jäger nicht verboten. Auch das Schießen auf einer Schießstätte mit einer halbautomatischen Waffe, die mit mehr als drei Patronen geladen ist, stellt keinen Verstoß gegen das WaffG dar, ebenso wenig das Ein- oder Anschießen im Revier mit einer derartig geladenen Schusswaffe.[53]

Der Erwerb von **Kurzwaffen** ist nur nach Voreintrag einer entsprechenden Erwerbserlaubnis in der WBK möglich. Der Grund dafür liegt in der **Kontingentierung von Kurzwaffen** für Jäger – das grundsätzlich durch das Gesetz anerkannte Bedürfnis nach § 13 Abs. 2 WaffG gilt zwar für eine unbegrenzte Zahl von Langwaffen, aber für höchstens zwei Kurzwaffen.

Bei der Zahl von zwei Kurzwaffen handelt es sich somit um eine Art „Standardausstattung". Eine Überschreitung dieses Kontingents setzt voraus, dass der Jäger der Waffenbehörde glaubhaft macht, dass der Erwerb der beantragten zusätzlichen Kurzwaffe für den vorgetragenen Zweck geeignet und erforderlich ist – so ist für die Fallenjagd als Begründung für die Überschreitung des Kontingents die Erteilung einer Erwerbserlaubnis für eine großkalibrige Kurzwaffe mangels Erforderlichkeit regelmäßig abzulehnen.[54] Es ist auch zu prüfen, ob nicht der Waidmann eine der vorhandenen Kurzwaffen veräußern kann, um eine Überschreitung des Kontingents zu vermeiden. Insofern bedarf es einer überzeugenden Begründung, warum drei oder mehr Kurzwaffen zur Jagdausübung erforderlich sind. In Betracht käme eine Argumentation, nach der zum Zwecke des Übungsschießens oder zur Teilnahme an jagdlichen Schießwettkämpfen mit einer weiteren Waffe geübt werden solle und die beantragte Waffe dafür erforderlich sei. Eine diesbezügliche Auslegung des WaffG wird seitens der Erlaubnisbehörden in der Regel aber eher restriktiv gehandhabt. Eine **Stellungnahme** des zuständigen

**Jagdverbandes** zur Bestätigung des weitergehenden Bedürfnisses ist sachdienlich, aber **nicht zwingend erforderlich**.

Der **Erwerb und Besitz von Munition, die für Langwaffen geeignet ist**, ist nach § 13 Abs. 5 WaffG Jägern mit gültigem Tages- oder Jahresjagdschein ohne zusätzliche Erlaubnis gestattet. Für **Kurzwaffenmunition** gilt, da das Gesetz keine spezielle Regelung für Jäger vorsieht, dass sie nur nach Erteilung der entsprechenden Erwerbs- und Besitzerlaubnis in der WBK oder mit einem Munitionserwerbsschein erworben und besessen werden darf.

Nach § 38 WaffG hat der Jäger neben seinem Personalausweis oder Pass seinen Jagdschein und die WBK mitzuführen, wenn er zum Zwecke der Jagd seine Waffe führt. Im Falle des Führens oder Transports **einer geliehenen Waffe** ist ein entsprechender Leihe-Nachweis mitzuführen.

### 5.2.3.3. Brauchtumsschützen (§ 16)

Wie die Sportschützen und Jäger finden auch die Brauchtumsschützen die waffenrechtlichen Vorschriften für ihr Bedürfnis in einem Paragraphen zusammengefasst, der darüber hinaus auch Vorschriften für das Führen der Waffen umfasst, die zur Pflege des Brauchtums erworben werden sollen.

Auf eben diese Pflege des Brauchtums stellt der Gesetzgeber das erforderliche Bedürfnis des Antragstellers ab. Nach § 16 WaffG ist das **Bedürfnis** nachzuweisen durch eine **Bescheinigung der Brauchtumsschützenvereinigung**, also des Vereines des Antragstellers. Die Angehörigkeit des Vereines zu einem übergeordneten Verband oder eine staatliche Anerkennung der Vereinigung wird nicht gefordert. Allerdings ist seitens des Vereines schlüssig darzulegen, warum Waffen für die Pflege des Brauchtums erforderlich sind („glaubhaft zu machen").

Für Brauchtumsschützen sind ein **Kontingent** von höchstens drei Repetier-Langwaffen sowie eine unbegrenzte Zahl von Einzellader-Langwaffen zulässig. Der Munitionserwerb für diese Waffen kann auf Antrag genehmigt werden, wenn ein Bedürfnis nachgewiesen wurde.

### 5.2.3.4. Gefährdete Personen (§ 19)

Gefährdete Personen im Sinne des Waffengesetzes sind jene, die wesentlich mehr als die Allgemeinheit durch **Angriffe auf Leib oder Leben** gefährdet sind. Es geht in diesem Zusammenhang **nicht um schützenswertes Eigentum**, einzig die persönliche Unversehrtheit soll durch die Erlaubnis, eine Schusswaffe nebst Munition zu erwerben und zu besitzen, geschützt werden. Zudem muss der Antragsteller wesentlich mehr als die

Allgemeinheit gefährdet sein – dafür sind objektive Gründe anzuführen, ein bloßes Angstgefühl reicht nicht aus, ebenso wenig diffuse Gefährdungsszenarien – die Gefahr muss konkret vorliegen oder nachgewiesen werden. Jeder Antrag ist also als Einzelfall zu betrachten und zu bewerten.

Beantragt etwa ein Diamantenhändler eine WBK, so ist in diesem Falle zu prüfen, ob die Person des Händlers selbst durch einen Überfall gefährdet ist – die Diamanten sind kein schützenswertes Gut im Sinne von § 19 Abs. 1 WaffG. Außerdem ist zu ermitteln, ob die Gefährdung nicht durch andere Maßnahmen, zum Beispiel baulicher Art, beseitigt werden kann.

Der Erwerb und Besitz von Schusswaffe und Munition muss geeignet und erforderlich sein, die Gefahr für Leib und Leben zu mindern. Kann aus fachlicher Sicht die drohende Gefahr nicht durch eine Waffe abgewendet werden, etwa weil ein Bombenattentat oder ein Giftanschlag auf den Antragsteller geplant ist, scheidet eine Erlaubnis nach § 19 Abs. 1 WaffG aus.

Soll die Waffe geführt werden (schussbereites Tragen außerhalb der eigenen Wohnung oder Geschäftsräume), ist die Ausstellung eines Waffenscheines erforderlich. Beachten Sie dazu die Ausführungen ab Seite 113.

### 5.2.3.5. Bewachungsunternehmen (§ 28)

Neben dem Waffengesetz enthalten die Gewerbeordnung (GewO) und die „Verordnung über das Bewachungsgewerbe" (BewachV) Vorschriften für die Ausstattung von Bewachungsunternehmen mit Waffen und Munition.

Bewachungsunternehmen im Sinne von § 34a GewO können Inhaber einer WBK oder eines Waffenscheines sein. Bewachungsunternehmen gleichgestellt sind Fachabteilungen von Unternehmungen wie Banken oder Konzernen, die eigene Sicherheitskräfte beschäftigen.

§ 28 Abs. 1 WaffG regelt grundsätzlich sowohl die Erlaubnis für den Erwerb und Besitz (WBK) als auch für das Führen (Waffenschein) von Waffen und Munition. Im Gegensatz zu § 19 Abs. 1 WaffG, der Schusswaffen lediglich zum Schutz von Leib oder Leben des Antragstellers erlaubt, kann Bewachungsunternehmen auch zum Schutz besonders gefährdeter Objekte eine waffenrechtliche Erlaubnis erteilt werden.

Nach § 28 Abs. 2 WaffG darf eine **Schusswaffe nur im Rahmen eines Auftrages geführt** werden, der aus Gründen der Sicherung Schusswaffen erforderlich macht. Seitens des Unternehmens ist sicherzustellen, beispielsweise durch entsprechende Gestaltung des Dienstplanes und Sicherheitsprotokolle innerhalb des Unternehmens, dass Schusswaffen nicht über diesen engen Rahmen hinaus geführt werden. Bewacht etwa ein Unternehmen eine kerntechnische Anlage, zu deren Schutz regelmäßig eine Bewaffnung des Sicherheitspersonals zu befürworten ist, darf der Wachmann nicht etwa einen nahegelegenen Supermarkt kontrollieren, während er seine Dienstwaffe führt (fehlendes Bedürfnis).

Beschäftigt der Unternehmer, der Inhaber der waffenrechtlichen Erlaubnis ist, Mitarbeiter, so gelten die Voraussetzungen des § 4 Abs. 1 WaffG mit Ausnahme des erforderlichen Versicherungsumfanges auch für diese Mitarbeiter und sind seitens der Behörde zu prüfen. Insofern muss der Unternehmer zunächst den betroffenen Mitarbeiter, der zum Führen einer Schusswaffe ermächtigt werden soll, der Waffenbehörde melden, die ihrerseits dessen Ermächtigung genehmigen muss. Der eben angesprochene Versicherungsschutz ist in diesem Zusammenhang durch den Unternehmer nachzuweisen, genauer, es ist nachzuweisen, dass die abgeschlossene Versicherung auch das Führen von Waffen durch Mitarbeiter des Unternehmers einschließt (siehe dazu auch Kapitel „Waffenschein" ab Seite 113).

Voraussetzung für die Erteilung der Erlaubnis ist der Nachweis eines Auftrages zur Bewachung solcher Personen oder Objekte, die eines bewaffneten Schutzes bedürfen. Die Prüfung des Schutzbedürfnisses orientiert sich hier an den Maßstäben, die bei der Prüfung von Anträgen gefährdeter Personen nach § 19 Abs. 1 WaffG angelegt werden.

Die Erlaubnis zum Führen wird in Form eines Waffenscheines erteilt, wenn die beantragten Schusswaffen in der Öffentlichkeit geführt werden sollen, etwa im Umfeld eines Schutzobjektes oder zum Schutz einer Person. Beachten Sie dazu die Ausführungen im entsprechenden Kapitel ab Seite 113.

#### 5.2.3.6. Erben (§ 20)

Erbt eine Person eine **Schusswaffe** (**Munition** fällt nicht unter die Regelung des § 20, Ausnahme: Munitionssammlung), ist **innerhalb eines Monats** nach Annahme des Erbes bei der zuständigen Behörde eine WBK zu beantragen. Die Anzeige der Inbesitznahme muss nach § 37c dagegen unverzüglich erfolgen. Wird das Erbe nicht innerhalb der gesetzlichen Frist von sechs Wochen ausgeschlagen, beginnt die Frist für die Anzeige nach Ablauf dieser Ausschlagungsfrist.

Der § 20 stellt innerhalb der Bedürfnisgruppen eine Besonderheit dar. Anders als bei Sportschützen, Jägern oder Bewachern begründet sich das Bedürfnis zum Besitz aus der Erbschaft. Somit wird dem Erben auch nicht mehr als eben die Ausübung des Besitzes gestattet, nicht aber das Schießen mit den geerbten Waffen[55] oder der Erwerb von Munition. Eventuell vererbte **Munition**, die der Erblasser zum Schießen besessen hat, kann nicht rechtmäßig in Besitz genommen werden, sie ist umgehend einem Berechtigten zu überlassen, es sei denn, der Erbe ist im Besitz einer Munitionserwerbserlaubnis. Ausnahmen bestehen, wenn es sich um die Vererbung einer **Munitionssammlung** handelt.[56]

Die Beschränkung auf den bloßen Besitz der Schusswaffe verdeutlicht sich auch durch die im Gesetz dokumentierte Absicht des Gesetzgebers, Erbwaffen vorübergehend die Schussfähigkeit zu nehmen, solange nicht ein Bedürfnis des Erben vorliegt, etwa als Sportschütze oder Jäger.

Hat der Erblasser die Waffe legal besessen, kann der Erbe die Ausstellung einer WBK verlangen. Es ist lediglich die **Zuverlässigkeit** und die **persönliche Eignung** des Antragstellers zu überprüfen.[57] Das **Bedürfnis** ergibt sich aus dem **Erbfall** selbst und ist somit nicht über diesen hinaus nachzuweisen, eine **Sachkunde** ist **nicht Voraussetzung** für den Erwerb und Besitz. Hatte der Erblasser dagegen **keine waffenrechtliche Erlaubnis** zum Besitz der Waffe, ist diese nach Weisung der Waffenbehörde abzugeben.

Der Erbe hat die geerbten Waffen unverzüglich mit einem anerkannten **Blockiersystem** auszurüsten. Dies gilt nicht, wenn der Erbe selbst über eine waffenrechtliche Erlaubnis verfügt und dadurch die Gewähr bietet, dass die Waffe entsprechend den gesetzlichen Vorgaben aufbewahrt wird. Die Eintragung erfolgt in die WBK, allerdings ist eine Nutzung der Erbwaffe, etwa durch Mitnahme auf den Schießstand, nicht zulässig – das Bedürfnis für diese Waffe bezieht sich nur auf die Erbschaft als solche, nicht auf eine Benutzung. Die Eintragung der Erbwaffe in eine **gesonderte WBK** ist daher ratsam. Zur **Vererbung von Waffensammlungen** beachten Sie auch die Informationen im Kapitel „Waffensammler“ ab Seite 127.

### 5.2.3.7. Schießsportverein / Jagdliche Vereinigung

Seit Inkrafttreten der Änderung des Waffengesetzes im Jahre 2003 besteht die Möglichkeit, **Schießsportvereinen**, die Mitglied eines anerkannten Schießsportverbandes sind, eine WBK auszustellen. Der Verein muss die Rechtsform einer juristischen Person besitzen, etwa als „eingetragener Verein“ – die Organisation als nicht rechtsfähiger Verein oder als Schießleistungsgruppe ohne Rechtspersönlichkeit ist nicht ausreichend.

Die Änderung des Waffengesetzes im Jahre 2008 erweiterte diese Vorschrift auch auf **jagdliche Vereinigungen**. Hiermit wurde die Eigenschaft der WBK, höchstpersönliche Erlaubnis für eine natürliche Person zu sein, erweitert, da es sich beim Verein um eine juristische Person handelt. Gleichwohl ist ein waffenrechtlich Verantwortlicher zu benennen. Diese Person muss die Voraussetzungen des § 4 WaffG bezüglich des Mindestalters, der Zuverlässigkeit und der persönlichen Eignung sowie der Sachkunde erfüllen.

Zwar sind die Vorschriften zum Mindestalter und der MPU auch auf den Antragsteller nach § 10 Abs. 2 WaffG anzuwenden und der Antragsteller ist entsprechend fachkundig zu untersuchen, wenn er jünger als 25 ist. Allerdings spricht die verantwortungsvolle Funktion des Erlaubnisinhabers, insbesondere die Kontroll- und Vorbildfunktion für andere Schützen, für ein „reiferes Semester". Zudem sollte der waffenrechtlich Verantwortliche persönlich damit betraut sein, den Umgang mit den Vereinswaffen unmittelbar zu überwachen – für die Waffenbehörde ist er „Ansprechpartner", etwa im Falle von unsachgemäßem Umgang oder mangelhafter Aufbewahrung.

Das **Bedürfnis des Vereines** ergibt sich aus dem Vereinszweck und muss nicht durch einen Verband bestätigt werden. Hier wird der Sachbearbeiter die **Erforderlichkeit des Erwerbs und Besitzes** und die **Eignung** der Waffen gemäß § 8 WaffG **prüfen** – zu berücksichtigen sind die Zahl der Mitglieder ohne eigene waffenrechtliche Erlaubnis oder Anhaltspunkte, dass eine Waffe des beantragten Kalibers für den Ausbildungsbetrieb notwendig ist.

## 5.3. Waffenbesitzkarte für Sportschützen (§ 14 Abs. 6)

### 5.3.1. Überblick

Mit der Waffenbesitzkarte für Sportschützen vereinfacht der Gesetzgeber den Erwerb bestimmter Waffenarten durch **Sportschützen**. Der Besitz wird durch Eintragung durch die Waffenbehörde unbefristet erlaubt.

Die „WBK für Sportschützen" wird zwar nur Sportschützen erteilt, für Erwerb und Besitz von Waffen und Munition können Sportschützen aber auch die normale WBK beantragen – insofern besitzen Sportschützen nicht selten sowohl die eine wie die andere Art der Waffenbesitzkarte. Denn: Die sogenannte „**Gelbe WBK**" erlaubt, unbefristet und ohne Voreintrag, nur den Erwerb von

- **einläufigen Einzellader**-Kurzwaffen für Patronenmunition,
- mehrschüssigen Kurz- und Langwaffen mit **Zündhütchenzündung** (Perkussionswaffen),

- **Einzellader**-Langwaffen mit glatten oder gezogenen Läufen
- **Repetier**-Langwaffen **mit gezogenen Läufen**
- und der mit den eingetragenen Waffen verwendbaren **Munition**.

Erlaubnispflichtige **Druckluftwaffen** können **als Einzellader oder als Repetier-Langwaffe mit gezogenem Lauf** mit dieser WBK erworben werden.

Andere Waffen, etwa Halbautomaten oder mehrschüssige Kurzwaffen für Patronenmunition, können nicht mit der „WBK für Sportschützen" erworben werden, hier ist der Voreintrag in einer Standard-WBK erforderlich.

Die **Erwerbs- und Besitzerlaubnis für Munition** gilt nur für jene Waffen, die auf der WBK für Sportschützen eingetragen sind. Ist etwa eine Schrotflinte im Kaliber 12/70 im Besitz des Schützen, gilt die Erlaubnis nur für Munition im Kaliber 12/70 und nicht etwa für Patronen im Kaliber 16/70. Auch ein Erwerb von Munition im Kaliber 12/76 wäre damit nicht erlaubt. Aus einer Magnum-Flinte (12/76) könnte 12/70-Munition dagegen gefahrlos verschossen werden, womit Erwerb und Besitz erlaubt wären.

Die Zahl der Waffen, die mit der „WBK für Sportschützen" erworben werden dürfen, ist **auf zehn Waffen beschränkt**.[58] Die WBK ist binnen zwei Wochen nach Erwerb der Waffe der zuständigen Behörde vorzulegen.

Bezüglich der **Eintragungsfähigkeit** gilt das **Erwerbsstreckungsgebot**. Danach dürfen innerhalb eines halben Jahres höchstens zwei erlaubnispflichtige Schusswaffen erworben werden – dies schließt den Erwerb anderer Waffen, zB von Halbautomaten auf einer „grünen WBK", ein. Der Zeitraum von sechs Monaten beginnt mit dem Erwerb der ersten von zwei Waffen. Eine dritte Waffe wäre erst sechs Monate nach diesem Datum erwerbbar.

### 5.3.2. Allgemeine Voraussetzungen

Der Antragsteller muss das 21. Lebensjahr vollendet haben. Abweichend gilt ein Mindestalter von 18 Jahren für den Erwerb von Schusswaffen (Lang- und Kurzwaffen) im Kaliber 22 lfB. oder kleiner für Munition mit Randfeuerzündung und einer Mündungsenergie von höchstens 200 Joule und Einzellader-Flinten im Kaliber 12 oder kleiner (d.h. Kaliber 16, 20 usw.).

### 5.3.3. Bedürfnis

Um das für die Erteilung der Erlaubnis (Ausstellung der WBK) erforderliche **Bedürfnis** glaubhaft zu machen, muss der Antragsteller eine Bescheinigung seines Schießsportverbandes vorlegen. Der Schießsportverband muss durch das Bundesverwaltungsamt (BVA) anerkannt sein (§ 15 Abs. 3 WaffG). Untergliederung eines Schießsport**verbandes** sind schießsportliche **Vereine**. Die Bescheinigung darf auch die Teilnahme an Schießübungen bei Vereinen anderer anerkannter Verbände bestätigen.

**Nachweis des Bedürfnisses zum Erwerb (Ausstellung der WBK):**

- **Mitgliedschaft in Verein**: Ununterbrochen seit mindestens 12 Monaten vor Antragstellung
- **Ausübung des Schießsports** in diesem Verein mit erlaubnispflichtigen Schusswaffen: Innerhalb von 12 Monaten vor Antragstellung monatlich einmal oder an 18 Tagen

**Nachweis des Bedürfnisses zum Besitz (der eingetragenen Waffen):**

- **Ausübung des Schießsports** mit eigenen erlaubnispflichtigen Schusswaffen in einem Verein: Einmal pro Quartal oder sechsmal innerhalb von 12 Monaten, nachzuweisen für einen Zeitraum von 24 Monaten vor Prüfung des Bedürfnisfortbestandes.
- **Waffenarten**: Bei Besitz von Lang- und Kurzwaffen müssen die Schießtermine pro Waffenart nachgewiesen werden; das Schießen mit jeder Waffe im Bestand ist nicht erforderlich.
- Zehn Jahre nach erster Erlaubnis genügt zum Nachweis des Bedürfnisses zum Besitz der Nachweis der **Vereinsmitgliedschaft**

Ist eine Verbandsbescheinigung erforderlich, wird in der Regel eine Kopie des Schießbuches des Antragstellers und eine Bestätigung des Schießsportvereines an den Verband gegeben, der nach Prüfung der Unterlagen die Bedürfnisbescheinigung ausstellt. Der Antragsteller muss im gesetzlich geforderten Zeitraum durchgehend Mitglied des bestätigenden Vereins (**Vereinsmitgliedschaft)** gewesen sein, nicht aber des Verbandes (**Verbandsmitgliedschaft**).

Verfügt der Antragsteller über eine Waffenbesitzkarte und will den Erwerb einer weiteren Waffe beantragen, ist das **Erwerbsstreckungsgebot** nach § 14 Abs. 3 WaffG zu beachten. Danach dürfen innerhalb eines halben Jahres höchstens zwei erlaubnispflichtige Schusswaffen erworben werden.

Die Schießsportordnung des Verbandes, dem der WBK-Inhaber angehört, ist bei einem Erwerb mit der WBK für Sportschützen bei fehlender Schießsportdisziplin kein Ausschlusskriterium. Die zu erwerbende Waffe muss nur nach einer genehmigten Schießsportordnung zum sportlichen Schießen verwendet werden können, ohne dass der WBK-Inhaber in dem betreffenden Verband organisiert sein muss. So soll es ermöglicht werden, auch als verbandsfremder Gastschütze mit eigenen Waffen sportlich zu schießen.

# 5.4. Waffenbesitzkarte für Sammler (§ 17)

## 5.4.1. Überblick

Der waffenrechtliche Begriff des **Sammlers** ist eng gefasst. Die Anforderungen an die Erlaubnis, eine Waffen- oder Munitionssammlung anzulegen, sind hoch. Schon die Festlegung des Sammelgebietes stellt manchen zukünftigen Sammler vor große Schwierigkeiten. So wird regelmäßig verlangt, dass die Sammlung aus kulturhistorisch bedeutsamen Stücken bestehen muss. Das Sammeln muss dabei systematisch geschehen, also nicht bloß ein Anhäufen von Waffen sein. Die zuständige Behörde wird die Qualifikation des Antragstellers selbst überprüfen, um sicherzustellen, dass der Zweck dieser besonderen Erlaubnis auch erfüllt werden kann.

Auf der roten WBK des Sammlers wird das Sammelgebiet ausdrücklich genannt. Will der Sammler eine Waffe aus seinem Sammelgebiet erwerben, ist kein Voreintrag der Behörde erforderlich. Allerdings muss der Erwerb innerhalb von zwei Wochen unter Vorlage der roten WBK der Ordnungsbehörde angezeigt werden, die durch Siegelung die Anmeldung bestätigt und damit zugleich die unbefristete Erlaubnis zum Besitz der Waffe erteilt.

§ 17 Abs. 3 WaffG eröffnet **Erben**, Vermächtnisnehmern und anderen Erwerbern infolge des Erbfalles die Möglichkeit, eine bestehende Sammlung zu übernehmen und fortzuführen. Voraussetzung dafür ist die glaubhaft gemachte Absicht, dass die bestehende Sammlung fortgeführt werden soll. Fortführen bedeutet in diesem Sinne allerdings nicht, dass die Sammlung erweitert werden muss oder soll. Das Erhalten des Bestandes ist Fortführen im Sinne des § 17 Abs. 3 WaffG. Die Qualifikation des Antragstellers ist entsprechend nachzuweisen.

Da der Erbe nicht bloßer Empfänger eines Wertes ist, sondern vielmehr Nachfolger des Sammlers in dessen Funktion als Bewahrer kulturhistorisch bedeutsamen Gutes, sind die Regelungen des § 20 WaffG bezüglich der Blockierung von Erbwaffen auf Waffensammlungen nicht anzuwenden.

## 5.4.2. Allgemeine Voraussetzungen

Für die Erteilung der waffenrechtlichen Erlaubnis nach § 17 WaffG gelten die allgemeinen Voraussetzungen nach § 4 WaffG.

Eine MPU ist nach § 6 Abs. 3 WaffG bei Antragstellern unter 25 Jahren zu fordern, es sei denn, die Sammlung beschränkt sich auf kleinkalibrige Waffen und Flinten im Sinne von § 14 Abs. 1 S. 2 WaffG.

### 5.4.3. Sachkunde

Eine besondere Sachkunde im Sinne von § 7 WaffG wird von einem Sammler nicht erwartet. Auch gilt eine bestandene Jägerprüfung als Nachweis der Sachkunde,[59] ebenso die bestandene Fachkundeprüfung für den Waffenhandel.

### 5.4.4. Befähigung

Die Waffenbesitzkarte ist zu versagen, wenn der Antragsteller nicht glaubhaft machen kann, dass er in der Lage ist, das kulturhistorische Anliegen der angestrebten Sammlung zu verwirklichen, und dieses Ziel ernsthaft zu verfolgen. Dabei sind die Anforderungen an den Nachweis der Kenntnisse desjenigen, der eine kulturhistorisch bedeutsame Sammlung anlegen will, grundsätzlich nicht geringer als die, die an den Nachweis einer wissenschaftlichen oder technischen Tätigkeit zu stellen sind. Allerdings hängt es von den konkreten Umständen ab, über welche Kenntnisse der Antragsteller verfügen muss.[60] Es obliegt der zuständigen Behörde und im Zweifel dem Gericht zu entscheiden, ob der Antragsteller die erforderlichen Fähigkeiten und Kenntnisse besitzt. Ein wesentlicher Anhaltspunkt ist die vorzulegende Ausarbeitung zum Sammelgebiet - das Thema und die Darlegung eigener Kenntnisse dürfen keinen Zweifel an der Befähigung des Sammlers lassen, über genau dieses Sammelgebiet überdurchschnittliche Kenntnisse zu besitzen. Grundsätzlich sollte die Entscheidung der Behörde nicht ohne eine zusätzliche Einschätzung von fachkundiger Seite erfolgen – neben den Fachabteilungen der Landeskriminalämter sind hier öffentlich bestellte und vereidigte Sachverständige sowie andere, ähnlich fachkundige und qualifizierte Personen zu nennen.

### 5.4.5. Bedürfnis

Grundsätzlich reicht es nicht aus, eine bloße „Sammlung“, also eine Anhäufung von Schusswaffen oder Munition einer bestimmten Epoche oder Gattung anzulegen. Auch ist bloße Liebhaberei keine Begründung für eine Erlaubnis nach § 17 WaffG. Vielmehr wird schon durch den Wortlaut des Gesetzes deutlich, dass eine kulturhistorische Bedeutsamkeit nachgewiesen werden muss. Dies bezieht sich einerseits auf die **Antragsbegründung**, andererseits aber auch auf die **Ernsthaftigkeit** und **Systematik** der

Sammlung. Am Ende muss eine geordnete, wissenschaftlich fundierte Sammlung geschaffen worden sein, die einen Überblick über das beantragte Sammelgebiet gibt. Um dies schon vor Beginn der Sammlung sicherzustellen, sollten Sie schriftlich darlegen, in welcher Art Sie diese Aspekte durch die gewünschte Sammlung ausfüllen wollen.

Behördlicherseits wird es möglicherweise auch die Auflage geben, mit dem Antrag nicht nur eine umfassende Darstellung des Sammelgebietes selbst, sondern auch eine Liste der dazu gehörenden Schusswaffen oder Munition einzureichen (**Sammelplan**). Dies erleichtert Ihnen nach Ausstellung der waffenrechtlichen Erlaubnis auch den sammlerischen Alltag – Sie werden kaum erleben, dass die Waffenbehörde die Eintragung einer bereits erworbenen Waffe verweigert, wenn diese Waffe bereits mit dem Antrag benannt worden war.

## 5.5. Waffenbesitzkarte für Sachverständige (§ 18)

### 5.5.1. Überblick

Ein **Sachverständiger** im Sinne des § 18 WaffG erwirbt Schusswaffen oder Munition für wissenschaftliche oder technische Zwecke, zur Erprobung, Begutachtung, Untersuchung oder, wie es das Gesetz formuliert, „zu einem ähnlichen Zweck". Wie bei Sammlern wird auch die waffenrechtliche Erwerbserlaubnis für Sachverständige unbefristet erteilt, allerdings in der Regel, und das ist das Besondere, für **Schusswaffen jeder Art**. Die Berechtigung zum Erwerb und Besitz von Munition ist dagegen durch einen **Munitionserwerbschein** zu erteilen.

Für Schusswaffen, die bis zu drei Monate im Besitz des Sachverständigen sind, entfällt die Anmeldepflicht nach § 37a WaffG aufgrund der Sonderregelung in § 37e Abs. 4 Nr. 2 WaffG. Ein Sachverständiger wird zahlreiche Waffen zur Begutachtung erwerben, die er danach aber wieder dem ehemaligen Besitzer überlässt. Die vorgesehene Frist von zwei Wochen nach Erwerb für die Anzeige gilt erst nach Ablauf des Drei-Monats-Zeitraumes[61].

### 5.5.2. Allgemeine Voraussetzungen

Die Voraussetzungen für die Erteilung der waffenrechtlichen Erlaubnis nach § 18 WaffG sind die allgemeinen Voraussetzungen nach § 4 WaffG.

Zudem ist gemäß § 36 Abs. 2 WaffG die sichere Aufbewahrung für die beantragte Art und Anzahl von Schusswaffen nachzuweisen.

Eine MPU ist nach § 6 Abs. 3 WaffG bei Antragstellern unter 25 Jahren zu fordern, da die Erwerbserlaubnis nach § 18 Abs. 2 Nr. 1 WaffG in der Regel für *Schusswaffen jeder Art* erteilt wird.

### 5.5.3. Sachkunde

Eine besondere Sachkunde im Sinne von § 7 WaffG wird von einem Waffensachverständigen nicht erwartet. Auch hier gilt eine bestandene Jägerprüfung als Nachweis der Sachkunde.[62]

### 5.5.4. Bedürfnis

Der Antragsteller muss glaubhaft machen, Schusswaffen oder Munition für Zwecke der Erprobung, Untersuchung oder Begutachtung zu benötigen. Somit beschränkt sich das Bedürfnis nicht auf die wissenschaftliche oder technische Auseinandersetzung mit Waffen oder Munition, sondern gilt auch für Versuche im Bereich der Akustik, der Ballistik oder der Sicherheit von Schießstätten.

## 5.6. Waffenschein (§ 10 Abs. 4)

### 5.6.1. Überblick

Die Erlaubnis zum Führen von Schusswaffen wird durch einen Waffenschein erteilt.[63] Anders als eine Erlaubnis zum Besitz (WBK) wird der Zeitraum der Gültigkeit eines Waffenscheines auf drei Jahre begrenzt, nach deren Ablauf die Erlaubnis erneut zu beantragen ist. Auf diese Weise soll die höhere Gefahr, die durch die Erlaubnis des Führens einer Schusswaffe in der Öffentlichkeit entsteht, verringert werden – es ist in kurzen Zeitabständen das Fortbestehen eines besonderen Schutzbedürfnisses nachzuweisen, das nicht durch andere Maßnahmen erfüllbar ist.

Die Erteilung der Erlaubnis ist an bestimmte **Voraussetzungen** geknüpft, die sich in der Regel auf eine **besondere Gefährdung** des Antragstellers reduzieren lassen, zum Beispiel exponierte Wirtschaftsführer und ihre Begleiter oder Diamantenhändler. Diese Personengruppen erfüllen zunächst die gesetzlichen Forderungen aus §§ 19 Abs. 1, § 28 WaffG für die Genehmigung des Erwerbs und des Besitzes von Schusswaffen und Munition durch Erteilung einer **Waffenbesitzkarte**, da sie wesentlich mehr als die Allgemeinheit durch Angriffe auf Leib und Leben gefährdet sind und Erwerb und Besitz von Schusswaffe und Munition geeignet und erforderlich sind, diese Gefahr zu mindern.

Ist die Erteilung der Waffenbesitzkarte nicht ausreichend, weil der abzuwehrende Angriff im öffentlichen Raum zu erwarten ist, ist ein Waffenschein auszustellen, der das Führen der Waffe in schussbereitem und zugriffsbereitem Zustand erlaubt. Die beschränkenden Vorschriften nach § 42 WaffG sind ebenso zu beachten wie die Möglichkeit, bezüglich des Führens Auflagen zu erteilen.

Es wird grundsätzlich zu prüfen sein, ob die Erteilung der WBK tatsächlich die Gefährdung mindern könnte – eine Ermessensfrage, die üblicherweise sehr eng ausgelegt wird. Die Waffenbesitzkarte berechtigt ihren Inhaber nur zum Erwerb und zum Besitz der darin vermerkten Waffen. Auch hat der Erlaubnisinhaber das Recht, die Waffe in seinen Wohn- und Geschäftsräumen, auf seinem befriedeten Besitztum oder auf einer Schießstätte ohne eine weitere Erlaubnis bei sich zu tragen – dabei handelt es sich nicht um ein Führen im Sinne des WaffG. Unter „**Führen**" versteht der Gesetzgeber, dass eine Person die tatsächliche Gewalt über eine Waffe außerhalb seiner Wohn- und Geschäftsräume oder seines befriedeten Besitztums sowie außerhalb einer Schießstätte ausübt.[64] Es ist zwischen erlaubnisfreiem[65] und erlaubnispflichtigem Führen zu unterscheiden.

Nach § 4 Abs. 1 Nr. 5 WaffG ist für die Erteilung des Waffenscheins das Bestehen einer sachlich geeigneten Haftpflichtversicherung mit einer Deckungssumme in Höhe von einer Million Euro pauschal für Sach- und Personenschäden nachzuweisen. Die Erlaubnis wird für einen Zeitraum von höchstens drei Jahren erteilt, eine zweimalige Verlängerung um höchstens je drei Jahre ist möglich. Danach ist es notwendig, einen neuen Waffenschein zu beantragen.

**Bewachungsunternehmer** müssen bei Beantragung eines Waffenscheines glaubhaft machen, dass **Bewachungsaufträge wahrgenommen werden** oder werden sollen, die aus Gründen der Sicherung einer gefährdeten Person im Sinne des § 19 WaffG oder eines gefährdeten Objektes **Schusswaffen erfordern**.[66] Das gilt entsprechend für Wachdienste als Teil wirtschaftlicher Unternehmungen.

Der Waffenschein wird auf den Erlaubnisinhaber ausgestellt und berechtigt zum Führen von Schusswaffe und Munition. Bei Bewachungsunternehmen werden in der Regel nicht jedem einzelnen Mitarbeiter ein Waffenschein und eine WBK ausgestellt – hier ist es ausreichend, eine beglaubigte Kopie mitzuführen. Beachten Sie die Ausführungen zur WBK für Bewachungsunternehmen ab Seite 121.

## 5.6.2. Allgemeine Voraussetzungen für die Antragstellung

Die Voraussetzungen für die Erteilung der waffenrechtlichen Erlaubnis sind die allgemeinen Voraussetzungen nach § 4 WaffG.

Bei Antragstellern unter 25 Jahren ist nach § 6 Abs. 3 WaffG eine medizinisch-psychologische Untersuchung (MPU) nicht erforderlich, da eine Erlaubnis zum Führen, nicht aber zum Erwerb und Besitz einer Schusswaffe beantragt wird.

## 5.6.3. Spezielle Voraussetzungen

### 5.6.3.1. Bedürfnisgruppe gefährdete Personen

Die zentrale Frage bei der Prüfung der Erteilung der waffenrechtlichen Erlaubnis „Waffenschein" ist, ob die Voraussetzungen des § 19 Abs. 2 WaffG vorliegen, der Antragsteller also wesentlich mehr als die Allgemeinheit durch Angriffe auf Leib und Leben gefährdet ist und die Schusswaffe diese Gefährdung mindern kann. Dies wurde beispielsweise bei einem Arzt angenommen, der bei nächtlichen Krankenbesuchen mehrfach mit Waffen bedroht worden war,[67] nicht aber bei einem Waffenhändler, der sich auf eine besondere Gefahr beim Transport von Waffen in großer Stückzahl berief.[68]

Die beantragte Schusswaffe muss geeignet und erforderlich sein, um den Bedürfniszweck zu erfüllen. Sie ist **geeignet**[69], wenn durch sie in einer für die Verhältnisse des Antragstellers typischen Verteidigungssituation eine erfolgreiche Abwehr der Gefahr zu erwarten ist. **Erforderlich**[70] ist die Waffe dann, wenn die Gefährdung nicht auf andere zumutbare Weise verhindert werden kann.

Zu beachten ist hier, dass bei **Änderung der Gefährdungslage** auch die Notwendigkeit des Waffenscheins erneut zu prüfen ist. Ergibt diese Prüfung, dass keine Gefährdung besteht, die das Führen einer Waffe erforderlich macht, ist der Waffenschein zu widerrufen oder nicht erneut zu erteilen. Dabei ist immer zu prüfen, ob die Gefährdung auch auf andere zumutbare Weise verringert werden kann, etwa durch Beauftragung eines Wachdienstes. Einen **Bestandsschutz** für Waffenscheine gibt es nicht.[71]

### 5.6.3.2. Bedürfnisgruppe Bewachungsunternehmen

Neben dem Waffengesetz enthalten die Gewerbeordnung (GewO) und die „Verordnung über das Bewachungsgewerbe" (BewachV) maßgebliche

Vorschriften für die Ausstattung von Bewachungsunternehmen mit Waffen und Munition sowie für den Umgang.

Bewachungsunternehmen im Sinne von § 34a GewO können Inhaber einer WBK oder eines Waffenscheines sein. Bewachungsunternehmen gleichgestellt sind Fachabteilungen von Unternehmungen wie Banken oder Konzernen, die eigene Sicherheitskräfte beschäftigen.

§ 28 Abs. 1 WaffG regelt grundsätzlich sowohl die Erlaubnis für den Erwerb und Besitz (WBK) als auch für das Führen (Waffenschein) von Waffen und Munition. Im Gegensatz zu § 19 Abs. 1 WaffG, der Schusswaffen lediglich zum Schutz von Leib oder Leben des Antragstellers erlaubt, kann Bewachungsunternehmen auch zum Schutz besonders gefährdeter Objekte eine waffenrechtliche Erlaubnis erteilt werden.

Nach § 28 Abs. 2 WaffG darf eine **Schusswaffe nur im Rahmen eines Auftrages geführt** werden, der aus Gründen der Sicherung Schusswaffen erforderlich macht. Seitens des Unternehmens ist sicherzustellen, beispielsweise durch entsprechende Gestaltung des Dienstplanes und Sicherheitsprotokolle innerhalb des Unternehmens, dass Schusswaffen nicht über diesen engen Rahmen hinaus geführt werden. Bewacht etwa ein Unternehmen eine kerntechnische Anlage, zu deren Schutz regelmäßig eine Bewaffnung des Sicherheitspersonals zu befürworten ist, darf der Wachmann nicht etwa einen nahegelegenen Supermarkt kontrollieren, während er seine Dienstwaffe führt (fehlendes Bedürfnis).

Nach § 13 BewachV ist der Unternehmer oder die von ihm verantwortlich beauftragte Person für die sichere Aufbewahrung der Waffen und der Munition verantwortlich. Zudem ist die ordnungsgemäße Rückgabe der Schusswaffen und der Munition nach Beendigung des Wachdienstes sicherzustellen. Die Vorgaben des Waffengesetzes bezüglich der zu verwendenden Sicherheitsbehältnisse sind einzuhalten und nachzuweisen.

Beschäftigt der Unternehmer, der Inhaber der waffenrechtlichen Erlaubnis ist, Mitarbeiter, so gelten die Voraussetzungen des § 4 Abs. 1 WaffG auch für diese Mitarbeiter und sind seitens der Behörde zu prüfen. Insofern muss der Unternehmer zunächst den betroffenen Mitarbeiter, der zum Führen einer Schusswaffe ermächtigt werden soll, der Waffenbehörde melden, die ihrerseits dessen Ermächtigung genehmigen muss. Der Versicherungsschutz ist durch den Unternehmer nachzuweisen, genauer, es ist nachzuweisen, dass die abgeschlossene Versicherung auch das Führen von Waffen durch Mitarbeiter des Unternehmers einschließt.

Voraussetzung für die Erteilung der Erlaubnis ist der Nachweis eines Auftrages zur Bewachung solcher Personen oder Objekte, die eines bewaffneten Schutzes bedürfen. Die behördliche Prüfung des Schutzbedürfnisses orientiert sich hier an den Maßstäben, die bei der Prüfung von Anträgen gefährdeter Personen nach § 19 Abs. 1 WaffG angelegt werden.

## 5.7. „Kleiner Waffenschein" (§ 10 Abs. 4)

Der „Kleine Waffenschein" (KWS) berechtigt zum Führen von bauartgeprüften SRS-Waffen mit dem Kennzeichen „PTB im Kreis" oder einem anderen anerkannten Zeichen anderer EU-Mitgliedsstaaten, deren Erwerb und Besitz von der Erlaubnispflicht freigestellt ist. **SRS** steht für **S**chreckschuss-, **R**eizstoff- und **S**ignalwaffen. Die Gefahr, die von einer solchen Waffe ausgeht, darf nicht unterschätzt werden – so kann schon ein aufgesetzter Schuss mit einer Knallpatrone zu schwersten Verletzungen führen.

Es entfallen bei der Prüfung des Antrages der Nachweis eines Bedürfnisses, der Sachkunde oder der Haftpflichtversicherung. Insofern sind durch den Sachbearbeiter lediglich das Vorliegen des **Mindestalters** von 18 Jahren, die **Zuverlässigkeit** (§ 5 WaffG, siehe Seite 36) und die **persönliche Eignung** (§ 6 WaffG, siehe Seite 38) zu prüfen.

Der „Kleine Waffenschein" wird **unbefristet** erteilt. Zudem wird nicht eine einzelne Waffe darin vermerkt, sondern die Berechtigung zum Führen jeglicher SRS-Waffen als **Waffenart**.

Der „Kleine Waffenschein" berechtigt nicht zum uneingeschränkten Führen von SRS-Waffen. Es gilt das Verbot des Führens bei öffentlichen Veranstaltungen nach § 42 WaffG einschließlich der möglichen Genehmigung von Ausnahmen der Sonderregelungen. Der „Kleine Waffenschein" kann von der Waffenbehörde mit **Auflagen**, etwa zum verdeckten Führen der SRS-Waffe unter der Oberbekleidung, verbunden werden.

## 5.8. Munitionserwerbschein (MES)

Die Erlaubnis zum Erwerb und Besitz von Munition wird nach § 10 Abs. 3 Satz 1 WaffG durch Eintragung in eine Waffenbesitzkarte für die darin eingetragenen Schusswaffen erteilt. Diese Regelung bezieht sich zunächst auf die Waffenbesitzkarte (Farbe grün), in der die Erlaubnis zum Erwerb und Besitz von Munition durch Siegelung hinter der betreffenden Waffe erteilt wird.

Die „Waffenbesitzkarte für Sportschützen“ (Farbe gelb) nach § 14 Abs. 6 WaffG enthält in ihrem Erlaubnistext bereits die Aussage, dass dieses Dokument die Erlaubnis zum Erwerb und Besitz von Munition für die in ihr eingetragenen Schusswaffen darstellt.

Wenn die entsprechende Erlaubnis nicht durch eine WBK oder durch Eintragung der Erwerbserlaubnis in eine WBK erteilt werden kann, wird ein **Munitionserwerbschein** (MES) ausgestellt, etwa für Inhaber einer WBK nach § 17 WaffG (Sammler) oder § 18 WaffG (Sachverständiger). Die §§ 17, 18 WaffG sprechen ausdrücklich von „Waffen oder Munition“, so dass eine Erlaubnis zum Erwerb und Besitz nur durch das jeweilige Erlaubnisdokument, entweder mit einer Waffenbesitzkarte oder einem Munitionserwerbschein, erteilt werden kann.

Die Erlaubnis zum Erwerb ist in der Regel auf sechs Jahre befristet, der Besitz wird dagegen unbefristet gestattet. Somit ist, wenn der MES nicht widerrufen wird, auch nach Ablauf von sechs Jahren der Besitz der Munition weiterhin möglich.

Diese Erlaubnis wird grundsätzlich auf bestimmte Munition beschränkt. Im Falle eines Waffensammlers kann beispielsweise eine Beschränkung auf die Kaliber der im Sammelplan angegebenen Waffen erfolgen. Bei einem **Munitionssammler** wird der MES dagegen auf ein Sammelgebiet ausgestellt.

Neben dem Munitionserwerbschein ist auch die Erlaubnis zum nicht gewerblichen Laden von Munition im Sinne des **Sprengstoffgesetzes** eine mögliche Erlaubnis zum Erwerb und Besitz von Munition. Dabei bezieht sich der Begriff „Erwerb“ allerdings nur auf den Vorgang der Inbesitznahme aus dem eigenen Herstellungsvorgang – der Erwerb von Munition von Dritten, etwa im Handel, durch Vorlage eines „**Wiederladerscheins**“ wird dadurch nicht möglich und ist durch den Gesetzgeber nicht vorgesehen.

Auf den ersten Blick schwer verständlich ist aufgrund der redaktionellen Gestaltung der Norm die in § 10 Abs. 3 Satz 4 WaffG verwendete Formulierung, dass nach Ablauf der Gültigkeit des Erlaubnisdokuments die Erlaubnis zum Besitz „dieser Munition“ für weitere sechs Monate gültig ist. Dieser Passus steht nicht im Widerspruch zur zeitlich unbeschränkten Besitzerlaubnis durch den MES nach § 10 Abs. 3 Satz 2 WaffG, sondern besagt, dass nach Ablauf der Gültigkeit des zugrundeliegenden Erlaubnisdokuments nach dem Sprengstoffgesetz der Besitz über selbst hergestellte Munition für sechs Monate befugt ausgeübt werden kann.

## 5.9. Schießerlaubnis

Die Erteilung einer Schießerlaubnis erfolgt durch eine Erlaubnis der zuständigen Behörde. Sie erlaubt das Schießen mit der Waffe außerhalb genehmigter Schießstätten. Innerhalb einer genehmigten Schießstätte bedarf es für den Schützen keiner gesonderten Schießerlaubnis.

Die Schießerlaubnis wird beispielsweise **Brauchtumsschützen** erteilt, um im Rahmen einer Feierlichkeit einen Salut zu schießen. Wie für den Waffenschein gilt auch für die Erteilung der Schießerlaubnis, dass das Bestehen einer sachlich geeigneten Haftpflichtversicherung mit einer Deckungssumme in Höhe von einer Million Euro pauschal für Sach- und Personenschäden nachzuweisen ist.[72]

Wird einer Brauchtumsschützenvereinigung eine Schießerlaubnis nach § 16 Abs. 3 WaffG erteilt, ist der Waffenbehörde zur Prüfung von Alterserfordernis, Zuverlässigkeit, persönlicher Eignung, Sachkunde und Bedürfnis ein verantwortlicher Leiter des Vereins zu benennen. Die Erlaubnis kann bis zur Dauer von fünf Jahren erteilt werden. Bei der Prüfung des Antrags ist auch zu prüfen, inwieweit die Allgemeinheit durch das Schießen gefährdet oder belästigt wird. In diesem Falle sind dem Antragsteller entsprechende Auflagen zu erteilen.

## 5.10. Jagdschein

Der Jagdschein gilt im gesamten Bundesgebiet. Für die erstmalige Erteilung muss die Prüfung zur Erlangung des ersten Jagdscheines erfolgreich abgelegt worden sein. Der Jagdschein wird für ein, zwei oder drei Jahre (**Jahresjagdschein**) oder als **Tagesjagdschein** für einen 14tägigen ununterbrochenen Zeitraum ausgestellt. Zu beachten ist, dass der Jahresjagdschein nicht für Kalenderjahre, sondern ab Ausstellung bis zum 31. März ausgestellt wird.

**Jäger** ist, wer Inhaber eines gültigen Jagdscheines im Sinne von § 15 Abs. 1 Satz 1 BJagdG ist.[73] Dies setzt voraus, dass er entweder über einen gültigen Tagesjagdschein oder einen gültigen Jahresjagdschein verfügt.

Der **Jagdschein** (somit **Tages-** **oder** **Jahresjagdschein**, nicht aber der **Jugendjagdschein**)

- erlaubt den Erwerb und vorübergehenden Besitz nach § 12 Abs. 1 Nr. 1 a) WaffG (im Sinne der **Leihe oder Verwahrung**) in Verbindung mit § 13 Abs. 4 WaffG von **Langwaffen** im Sinne von § 13 Abs. 1 Nr. 2

WaffG und **Schalldämpfern**, die für Langwaffen mit Zentralfeuerkaliber bestimmt sind, für den Gültigkeitszeitraum des Jagdscheins, aber nicht länger als einen Monat,[74]

- erlaubt den Erwerb und Besitz von **Munition,** die geeignet ist für **Langwaffen**, sofern sie nach dem Bundesjagdgesetz nicht verboten ist, unabhängig davon, ob der Betroffene eine Waffe dieses Kalibers besitzt,
- erlaubt das **Führen von und Schießen mit Jagdwaffen** nach § 13 Abs. 6 WaffG und
- ist **Nachweis für das Bedürfnis** im Sinne von § 4 Abs. 1 Nr. 4 und § 8 WaffG, wenn glaubhaft gemacht wird, dass Schusswaffen und Munition zur Jagdausübung oder zum Training im jagdlichen Schießen einschließlich jagdlicher Schießwettkämpfe benötigt werden.

Außerdem **befreit** ein Jagdschein **vom Verbot des Umgangs mit Nachtsichtvorsatz- und -aufsatzgeräten**.

Der **Jahresjagdschein** erlaubt darüber hinaus

- den **Erwerb von Langwaffen** im Sinne von § 13 Abs. 1 Nr. 2 WaffG und **Schalldämpfern**, die für Langwaffen mit Zentralfeuerkaliber bestimmt sind; der befugte dauerhafte **Besitz ist durch Eintragung in einer WBK** zu dokumentieren und
- lässt den gesonderten Nachweis eines **Bedürfnisses** im Sinne von § 4 Abs. 1 Nr. 4 WaffG entfallen für den Erwerb
  - von Langwaffen im Sinne von § 13 Abs. 1 Nr. 2 WaffG
  - Schalldämpfer für Langwaffen mit Zentralfeuerkaliber
  - der ersten oder zweiten Kurzwaffe für die Jagd.

Für den **Erwerb von Kurzwaffen** ist ein Voreintrag in einer WBK erforderlich. Für den Erwerb und Besitz von **Kurzwaffenmunition** gilt, dass das entsprechende Feld der WBK gesiegelt sein muss.

Inhaber eines **Jugendjagdscheins** im Sinne von § 16 BJagdG dürfen ohne Erlaubnis bei der Ausübung der Jagd, zum Training oder zum jagdlichen Schießwettkampf Schusswaffen und für diese bestimmte Munition erwerben und besitzen sowie Schusswaffen führen und mit ihnen schießen. Eine WBK wird ihnen nicht erteilt. Nicht schussbereite Schusswaffen dürfen von ihnen im Zusammenhang mit der Jagd, etwa auf der Fahrt in das Revier, erlaubnisfrei geführt werden. Zu beachten ist das Erfordernis einer **jagdlich erfahrenen Begleitperson** nach § 16 Abs. 2 BJagdG bei der Jagdausübung.

Das **Führen** einer Schusswaffe ist dem Inhaber eines gültigen Jagdscheins ohne Waffenschein erlaubt, wenn die Voraussetzungen von § 13 Abs. 6 WaffG erfüllt werden. Danach darf die Waffe **zur befugten Jagdausübung** einschließlich des Ein- und Anschießens der Waffe im Revier, der Ausbildung von Jagdhunden im Revier sowie zum Jagd- oder Fortschutz geführt werden, und zwar sowohl **schussbereit als auch zugriffsbereit**. Auch das **Schießen** mit der Waffe im Revier ist nach dieser Regelung erlaubnisfrei. **Im Zusammenhang mit der Jagd**, etwa auf der Fahrt ins Revier oder zurück, darf die Jagdwaffe **zugriffsbereit** geführt werden, dabei **aber nicht schussbereit**, also nicht geladen sein.

**Einschießen** ist das Überprüfen der Treffpunktlage nach Veränderungen an der Waffe, während es sich bei einem **Anschießen** lediglich um zwei bis drei Kontrollschüsse handelt, die der Jäger quasi vor Beginn der Jagd abgibt, um sich von der Zielgenauigkeit seiner Waffe, genauer von der korrekten Justierung der Visiereinrichtung, zu überzeugen.

## 5.11. Erwerb und Überlassung von Schusswaffen oder Munition

Der Erwerb erlaubnispflichtiger **Schusswaffen** ist in der Regel nur aufgrund einer Erlaubnis der zuständigen Behörde gestattet. Der Antragsteller hat die in Kapitel 35 genannten Voraussetzungen zu erfüllen. Die Erlaubnis wird durch **Voreintrag** in der WBK dokumentiert, der für den Zeitraum von einem Jahr den Erwerb einer Waffe erlaubt, die lediglich nach Art der Waffe und Kaliber bestimmt ist.

Die Erwerbserlaubnis ist durch den Überlasser zu prüfen. Diese Regel nimmt den Überlasser in die Pflicht – denn anders als für den Erwerb ist für das Überlassen keine Erlaubnis erforderlich, es entfällt also die Prüfung durch die Behörde. Macht der Überlasser einen Fehler, indem er etwa einem WBK-Inhaber eine Waffe überlässt, ohne dass dieser eine Erwerbserlaubnis (Voreintrag) hat und es sich nicht um eine vorübergehende Überlassung (Leihe) handeln soll, verstößt er gegen das Waffengesetz. Insbesondere der **dauerhafte Tausch** von Waffen ist **nicht zulässig** – es handelt sich dabei um zwei erlaubnispflichtige Erwerbsvorgänge, somit ist die Erlaubniserteilung zum Erwerb durch Voreintrag in den WBKn beider Erwerber vor dem Tauschvorgang erforderlich.

Für den Erwerb von **Munition** ist es in der Regel notwendig, dem Überlasser eine gültige Erwerbsberechtigung vorzulegen. Mögliche Formen sind:

- WBK mit gesiegeltem Feld „Munitionserwerbsberechtigung“ für die betreffende Waffe (gilt für alle mit ihr verwendbaren Kaliber)
- WBK für Sportschützen für darin eingetragene Waffen
- Jagdschein (Tages- / Jahresjagdschein) für Langwaffenmunition
- Munitionserwerbsschein für darin eingetragene Munitionsarten
- ohne Erlaubnis zum sofortigen Verbrauch auf der Schießstätte

Die Erlaubnis sollte grundsätzlich im Original vorgelegt werden. Kopien, auch wenn sie beglaubigt sind, können zum Zeitpunkt der Überprüfung nicht die Beweiskraft einer im Original vorhandenen Urkunde entwickeln. Da der Überlasser einer Waffe aber eine intensive Prüfung der Erwerbsberechtigung durchführen muss, sollten insbesondere Privatpersonen, die einem Dritten eine Waffe überlassen, immer auf Vorlage einer Erwerbsberechtigung im Original bestehen und diese genau prüfen.

**Ablauf aus Sicht des Erwerbers**

- Beantragung der Erwerbserlaubnis
- Behörde prüft Vorliegen der Erteilungsvoraussetzungen
  - durch behördliche Anfragen
    - Mindestalter
    - Zuverlässigkeit
    - Persönliche Eignung
  - durch Nachweise des Antragstellers
    - Sachkunde
    - Bedürfnis
    - Nachweis der sicheren Aufbewahrung
- Ausstellung einer WBK (oder Voreintrag) durch Behörde
- Vorlage der Erwerbserlaubnis bei Überlasser
- Vorlage der WBK bei Behörde binnen 14 Tagen nach Erwerb
- Eintragung des Erwerbs in WBK durch die Waffenbehörde

**Ablauf der Überlassung**

- Prüfung der Erwerbserlaubnis durch den Überlasser
  - Voreintrag in Waffenbesitzkarte
  - Gleichwertige Erwerbserlaubnis
    - Jahresjagdschein (nur Langwaffen)
    - WBK für Sportschützen (Waffenarten beachten)
  - Waffenhandelserlaubnis

- Ausstellung eines Lieferscheines (zB Kaufvertrag mit Zeitangabe der Überlassung, bei Versand: Übergabebeleg an Paketdienst)
- Vorlage der WBK zur Austragung der Waffe bei der eigenen Waffenbehörde binnen 14 Tagen nach Überlassung

# 5.12. Europäischer Feuerwaffenpass (EFP)

Für Reisen in und durch Staaten, die der Europäischen Union (EU) angehören und bei denen Waffen mitgenommen werden sollen, wie zur Teilnahme an Schießwettbewerben, wird auf Antrag nach § 32 Abs. 6 WaffG ein „Europäischer Feuerwaffenpass" (EFP) ausgestellt, wenn der Antragsteller zum Besitz der Waffen berechtigt ist, etwa durch eine WBK.

*(Ergänzender Hinweis: Ist in diesem Kapitel von Mitgliedsstaaten die Rede, umfasst dieser Begriff neben EU-Mitgliedsländern auch die* ***Schengenstaaten*** *Schweiz, Liechtenstein, Norwegen und Island.)*

Der EFP dient zur Legitimation des Umgangs mit den darin eingetragenen Waffen bei Mitnahme innerhalb der EU, stellt zugleich aber keine Mitnahmeerlaubnis dar. Der EFP ist keine waffenrechtliche Erlaubnis im Sinne von § 10 WaffG. Er soll kontrollierenden Kräften anderer Mitgliedsländer die Überprüfung erleichtern, ob die kontrollierte Person im Besitz einer Erlaubnis ihres Heimatlandes zum Umgang mit Waffen ist, was durch eine länderübergreifende Legitimation geprüft werden soll.

In einigen EU-Staaten ist trotzdem vor Einreise die Eintragung der Zustimmung zur Waffeneinfuhr einzuholen, die als Sichtvermerk im EFP einzutragen ist. Der **Europäische Feuerwaffenpass ersetzt** im Bundesgebiet **nicht**

**die Waffenbesitzkarte** und **die Erwerbserlaubnis**, sondern gestattet lediglich die **Mitnahme einer Waffe**, also den Grenzübertritt aus Deutschland in einen anderen Mitgliedsstaat mit der Absicht, diese Waffe nach Ende der Reise wieder nach Deutschland zurückzubringen. Die Einordnung von Schusswaffen in Kategorien erfolgt nach Anlage 1 Abschnitt 3 des WaffG.

Die Mitnahme in einen **Drittstaat** bedarf keiner Erlaubnis aufgrund der Freistellung von der Erlaubnispflicht nach Anlage 2 A2 UA2 Nr. 8.1 WaffG. Hier sind unter Umständen aber Erlaubnis- und Informationspflichten nach Außenwirtschaftsrecht zu beachten.

Im Geltungsbereich des WaffG ersetzt der EFP nicht die WBK. Dies ist insbesondere zu beachten im Falle des erlaubnisfreien Führens in Form eines Transports durch einen EU-Ausländer, der eine Waffe im Geltungsbereich des WaffG erworben hat und diese in eigener Obhut verbringen will; hier ist regelmäßig die Beantragung einer WBK gemäß § 11 WaffG erforderlich.

Bei einer Reise zu Jagd- oder Sportzwecken bedeutet der EFP für den Inhaber einer waffenrechtlichen Erlaubnis eine deutliche Erleichterung. Anders als eine Mitnahmeerlaubnis, die für die Ausreise mit der betreffenden Waffe mit dem Ziel der späteren Wiedereinreise zu beantragen und zu erteilen ist, ermöglicht es der EFP **Jägern** sowie Sport- und Brauchtumsschützen, während seiner Gültigkeit von fünf Jahren bestimmte Arten von Waffen in begrenzter Zahl sowie die für den angegebenen Zweck benötigte Munition innerhalb der EU ohne Mitnahmeerlaubnis mitnehmen, sofern sie den Grund der Mitnahme im Sinne des Zwecks der Reise nachweisen können. Dabei sind die gesetzlich festgelegten Arten von Schusswaffen sowie die Höchstzahl, die mitgenommen werden darf, zu beachten, ebenso der jeweilige Zweck – Jägern ist die Mitnahme zum Zweck der Jagd gestattet, Sportschützen zum Zweck des Schießsports und Brauchtumsschützen zur Teilnahme an Brauchtumsveranstaltungen. Es empfiehlt sich, einen Nachweis rechtzeitig vor Beginn der Reise von dem Gastgeber anzufordern.

Zu beachten ist, dass die Einreise mit Waffen grundsätzlich erlaubnisfrei ist, wenn die betroffene Person eine waffenrechtliche Erlaubnis für Erwerb und Besitz der jeweiligen Waffe oder Munition hat. Der Jagdschein als jagdrechtliche Erlaubnis ist in diesem Zusammenhang nicht einer WBK gleichgestellt und keine waffenrechtliche Erlaubnis im Sinne des WaffG. Somit benötigt er bei Einfuhr von Munition eine diesbezügliche Erlaubnis, die in Form eines Munitionserwerbscheins oder einer in die WBK eingetragenen Erlaubnis (Siegel zum Munitionserwerb und -besitz) nachzuweisen ist.

Kapitel 6 behandelt das **Beschussrecht**. Anders als das Waffenrecht regelt das Beschussgesetz in Verbindung mit der Beschussverordnung die Prüfung und Zulassung von Waffen und Munition sowie anderen Gegenständen wie zum Beispiel Böllern (Handkanonen).

Waffengesetz und Beschussgesetz sind aus dem vor 2003 geltenden Waffengesetz und dessen Verordnungen hervorgegangen. Die Geltungsbereiche beider Normen werden durch einen Vergleich mit dem Verkehrsrecht verständlicher: Die StVO (Straßenverkehrsordnung) legt fest, dass beim Abbiegen geblinkt werden muss, und die StVZO (Straßenverkehrszulassungsordnung) besagt, dass ein Blinker vorhanden sein muss und wie er zu blinken hat. Waffengesetz und Beschussgesetz stehen gleichberechtigt nebeneinander.

Das **Lernziel** in diesem Kapitel ist das Wissen um die Durchführung der Beschussprüfung, die Pflicht zum Neubeschuss nach Arbeiten an höchstbeanspruchten Teilen und die Kennzeichnung von Waffen und Munition, die die Prüfung bestanden haben.

Die **wichtigsten Fakten** in diesem Kapitel:

- Anders als das Waffengesetz spricht das Beschussgesetz nicht von den wesentlichen, sondern den **höchstbeanspruchten** („dem Gasdruck ausgesetzten") **Teilen** einer Waffe – die von den Begriffen erfassten Bestandteile von Schusswaffen sind dabei annährend deckungsgleich.
- Waffen und Munition, die die Beschussprüfung bestanden haben, werden durch **Prüfzeichen** gekennzeichnet. Dabei wird **jedes höchstbeanspruchte Teil** einer Schusswaffe mit einem **Beschusszeichen** gekennzeichnet, bei **Munition** erfolgt die **Kennzeichnung auf der kleinsten Verpackungseinheit**.
- Wird ein höchstbeanspruchtes Teil **bearbeitet**, muss es **erneut** der **Beschussprüfung** unterzogen werden.
- Nur Schusswaffen mit **gültigem Beschusszeichen** dürfen zum **Schießen** verwendet oder anderen **überlassen** werden.
- **Jede Schusswaffe** muss vor dem Inverkehrbringen **beschossen** werden; **Munition** wird **stichprobenartig** überprüft.
- Die Beschussprüfung erfolgt grundsätzlich mit zwei Beschusspatronen aus jedem Lauf der Waffe. Bei einem Revolver wird jede Kammer der Trommel geladen und abgeschossen.
- Der **Gasdruck** einer **Beschusspatrone**, die durch einen geriffelten Hülsenboden erkennbar ist, ist **25 bis 30 Prozent höher** als höchste zulässige Gasdruck einer Patrone dieses Kalibers.

Lesen Sie ergänzend auch die Regelungen des Waffengesetzes zur Kennzeichnung von Waffen im Gesetzestext, die Sie in § 24 WaffG und § 21 AWaffV finden.

# 6. Das Beschussgesetz (BeschG)

## 6.1. Geltungsbereich und Zweck

**Die Beschusspflicht**, der die Hersteller und Importeure von Schusswaffen unterliegen, **soll** den Benutzer und Dritte **vor Gefahren schützen**. Geregelt wird der Beschuss im Waffengesetz sowie im **Beschussgesetz** (BeschG) nebst den dazugehörigen Verordnungen. Das BeschG regelt die Prüfung und Zulassung von Feuerwaffen, Böllern, Munition und sonstigen Waffen sowie Geräten, bei denen zum Antrieb Munition oder hülsenlose Treibladungen verwendet werden. **Beschusszeichen** finden sich in der **Beschussverordnung** (BeschussV) – die nachfolgend genannten **Kennzeichnungen** sind keine Beschusszeichen im Sinne des Beschussgesetzes.

Waffen, die nach dem 31.12.1890 hergestellt wurden (ab dem Baujahr 1891), unterliegen grundsätzlich der Beschusspflicht. Sofern sie kein Beschusszeichen nach dem aktuellen Beschussgesetz oder ein anerkanntes Beschusszeichen eines anderen Staates tragen[75], müssen sie zumindest eine andere anerkannte Kennzeichnung aufweisen, wie etwa die Prüfzeichen deutscher Behörden.[76] Waffen der Bundeswehr oder anderer Bundes- und Landesbehörden (Polizei, Zoll o. ä.), die **nach dem 1. Dezember 1968** beschossen wurden, müssen nicht erneut (zivil) nachbeschossen werden, wenn diese Waffen den Vorschriften des Beschussgesetzes entsprechen. Für alle anderen Dienstwaffen (Reichswehr, Wehrmacht, aber eben auch Polizei o. ä. bis zum 14.6.1968) gilt: Das Beschusszeichen hat keine Gültigkeit! Beachten Sie: Entsprechende Kennzeichen des **Deutschen Reiches** oder der **DDR** für zivile Waffen haben uneingeschränkte Gültigkeit. Zu beachten ist, dass die behördlichen Prüfzeichen BMI/BWB zwar national, aber nicht im Bereich der CIP anerkannt sind.[77]

Der Beschuss selbst erfolgt in der Regel mit zwei **Beschusspatronen** pro Lauf, bei Revolvern mit einer Beschusspatrone pro Patronenlager (Kammer). Der Gasdruck, der von den Beschusspatronen (erkennbar am **gerändelten Patronenboden**) erzeugt wird, ist je nach Waffenart 25 bis 30 Prozent höher als der gesetzlich vorgeschriebene Höchstgebrauchsgasdruck. Übersteht die Waffe diesen Beschuss, der die Waffe außergewöhnlich belastet, ist in der Regel sichergestellt, dass bei der Verwendung von normaler Munition in dieser Waffe keine Unglücksfälle durch Laufsprengungen oder ähnliches passieren können. Darum ist es sinnvoll, **alte Waffen**, mit denen nach längerer Zeit wieder einmal geschossen werden soll, vor der Benutzung einem

**erneuten Beschuss** zu unterziehen. Geprüft werden durch den Beschuss die zu prüfenden Stücke auf

- Haltbarkeit,
- Funktionssicherheit,
- Maßhaltigkeit und
- Erfüllung der Vorschriften zur Kennzeichnung.

Der Beschusspflicht unterliegt nicht erst die vollständig hergestellte und zum Verkauf vorbereitete Waffe, sondern auch schon die weißfertige. **Weißfertig** im Sinne des Beschussgesetzes sind Gegenstände, wenn alle material<u>schwächenden</u> (im Sinne von Bohren, Abdrehen o. ä.) oder material<u>verändernden</u> (wie etwa das Schweißen oder Härten) Arbeiten beendet sind – ausdrücklich ausgenommen von dieser Regelung sind Gravurarbeiten, da es sich bei dieser Behandlung des Gegenstandes nur um minimale Eingriffe in die Oberflächenstruktur handelt.[78] Auch das Brünieren oder Polieren der Läufe ist keine Tätigkeit, die vor dem Zustand der „Weißfertigkeit" erfolgt sein muss. Voraussetzung für die Beschussprüfung ist, dass der Prüfling mindestens weißfertig ist.[79] Der Begriff „weißfertig" leitet sich von der hellen Farbe des Metalls vor dem Brünieren („Schwärzen") ab.

Ausnahmen von der generellen Beschusspflicht des einzelnen Stückes bestehen für bestimmte Feuerwaffen und Gegenstände, deren Gefährlichkeit für den Bediener und Dritte derart gering ist, dass eine **Bauartzulassung** ausreicht, um Gefahren zu erkennen. Bauartgeprüfte Feuerwaffen und Gegenstände tragen anstelle eines Beschusszeichens ein **Zulassungszeichen** („CIP T", bis 2014: PTB im Viereck).

Die Bauartzulassung anstelle des Einzelbeschusses ist zulässig für[80]

- pyrotechnische Munition
- Gasböller[81]
- bestimmte Einsteckläufe und Reduzierhülsen / -stücke
- Feuerwaffen im Kaliber 4 mm und 6 mm Flobert
- Schussapparate und ihre Zusatzgeräte

Als **Schussapparate** gelten tragbare Geräte, die für gewerbliche oder technische Zwecke bestimmt sind und bei denen zum Antrieb Munition verwendet wird.

**Böller** sind Geräte, die ausschließlich zur Erzeugung eines Schussknalls bestimmt und keine Feuerwaffen oder Geräte zum Abschießen von Munition sind. Unter den Begriff fallen sowohl tragbare (Handböller) wie nicht tragbare (Standböller) Modelle.

Ausgenommen von der Beschusspflicht sind **Feuerwaffen**, die **vor dem 1. Januar 1891 hergestellt** wurden und **nicht verändert** worden sind[82] sowie Schusswaffen mit einem Patronen- oder Kartuschenlager unter 6 mm Durchmesser und unter 7 mm Länge[83].

**Nicht anzuwenden** ist das BeschG auf bereits **unbrauchbar gemachte Schusswaffen** sowie Feuerwaffen, die zum Verschießen von Munition mit einer **Ladung von höchstens 15 mg** bestimmt sind. Sonstige beschusspflichtige Gegenstände unterliegen nicht dem BeschG, wenn sie in **verschlossenen Zoll-Lagern** oder **in Freizonen** lagern. [84]

**Druckluft-, Federdruck- und Druckgaswaffen** unterliegen nicht der Erwerbserlaubnispflicht, wenn die Bewegungsenergie der Geschosse 7,5 J nicht übersteigt. Der auf der Waffe sichtbare Nachweis ist das Prüfzeichen **„F im Fünfeck"**. Es darf durch den Hersteller auf den Waffen einer Serie dauerhaft angebracht werden, wenn er der Physikalisch-Technischen Bundesanstalt (**PTB**) fünf Messprotokolle und ein Hinterlegungsmuster überlassen hat. Die Protokolle sind durch ein Beschussamt oder bei dem Hersteller durch ein kalibriertes Geschwindigkeitsmessgerät zu erstellen.[85] Ältere Schusswaffen können bei Einhaltung des Bewegungsenergie-Grenzwertes durch Prüfung bei einem Beschussamt ein „F im Fünfeck" erlangen. Daneben ist das Ortszeichen des Beschussamtes anzubringen, bei **Feuerwaffen** mit „F im Fünfeck" (bis 7,5 J) zusätzlich als Zeichen der Bauartzulassung das Zeichen „CIP T" (bis 2014: PTB im Viereck).

## 6.2. Begriffsbestimmungen

**Beschusszeichen** bestehen aus dem Kürzel „CIP" (bis 2014: Bundesadler) und einem Kennbuchstaben. Sie geben die Art des Beschusses an.

**Ortszeichen** erlauben den Rückschluss auf das Beschussamt, das den Beschuss durchgeführt hat. Das Ortszeichen ist auch wichtig für die Wiedervorlage der Waffe, sofern beim zuvor beantragten Beschuss ein Mangel festgestellt wurde. Die Wiedervorlage soll nur bei dem Beschussamt erfolgen, dessen **Rückgabezeichen** auf der Waffe angebracht wurde.

**Prüfzeichen** ist die Bezeichnung für **Beschuss-** und **Ortszeichen sowie andere Zeichen**, die im Rahmen der Beschussprüfung an der Waffe angebracht werden, zum Beispiel **Jahreszahlen**.

Von den Beschusszeichen zu unterscheiden ist die waffengesetzlich[86] geforderte **Kennzeichnung von Waffen** nach § 24 WaffG. Der Hersteller oder Importeur hat auf dem **führenden wesentlichen Teil** der Schusswaffe seinen Namen, Firmennamen oder Markennamen anzubringen, das Herstellungsland in Form eines normierten Landeskürzels, darüber hinaus die Bezeichnung der Munition oder der zu verwendenden Geschosse, bei Importwaffen das Einfuhrland in Form eines normierten Landeskürzels sowie eine fortlaufende Nummer (**Seriennummer**). Auf **Lauf** und **Patronenlager** sind Munition oder Laufkaliber anzugeben. Alle anderen wesentlichen Teile, die nicht das führende wesentliche Teil sind, sind nur mit Herstellerangabe (Name, Firma oder Markenzeichen) und Seriennummer zu kennzeichnen.

Kann die Trommel eines Revolvers ohne Anwendung von Hilfsmitteln ausgetauscht werden (Wechseltrommel), ist auch auf ihr die Munitions- oder Geschossbezeichnung anzubringen.

Von dieser Kennzeichnungspflicht ausgenommen sind unter anderem solche **erlaubnispflichtigen Schusswaffen**, die Aufnahme in einer **kulturhistorisch bedeutsamen Sammlung** finden sollen. Auch für **Munition**, die Teil einer Sammlung ist oder werden soll, gilt diese Ausnahme.

Zudem gilt, dass **wesentliche Teile** erlaubnispflichtiger Schusswaffen **gesondert** mit einer Seriennummer gekennzeichnet und im Waffenbuch des Händlers festzuhalten sind, wenn sie **einzeln gehandelt** werden, etwa bei der Verwertung einzelner wesentlicher Teile einer Grundwaffe.

Tragen die wesentlichen Teile einer Waffe unterschiedliche Seriennummern, etwa durch Verwendung eines Ersatzteiles oder aufgrund ihrer modularen Bauweise, ist bei der **Dokumentation** (WBK, Handelsbuch) die Seriennummer **des führenden wesentlichen Teiles**[87] zu verwenden.

**Waffenhändler** sind **verpflichtet** zu überprüfen, ob Schusswaffen oder Munition die vorgeschriebene Kennzeichnung tragen, bevor sie gewerbsmäßig einem anderen überlassen werden.[88] Dabei ist **jede Waffe einzeln** zu kontrollieren; für die Prüfung der Kennzeichnung von **Munition** reichen dagegen **Stichproben** aus. Trägt eine ältere Waffe **keine Seriennummer**, ist bei der zuständigen **Behörde** eine solche zu **beantragen** (Zuteilung aus Nummernkontingent).

Schusswaffen dürfen nur überlassen oder zum Schießen verwendet werden, wenn sie ein **gültiges Beschusszeichen** tragen.[89] Das gilt nicht, wenn die zuständige Behörde (idR Beschussamt) bescheinigt, dass die amtliche Prüfung nicht durchgeführt werden kann – eine Verwendung ist dann nicht mehr zulässig.[90] Diese Regelung gilt auch für **historische Waffen**, bei denen die Anbringung der Prüfzeichen auf Wunsch des Sammlers unterbleiben soll.

Die erweiterte Kennzeichnungspflicht ist Teil der Änderungen des Waffengesetzes zum 1. April 2008 gewesen. Sie gilt auch für solche Waffen, die bereits zu diesem Zeitpunkt im Warenbestand eines Waffenhändlers lagerten, aber bislang nicht überlassen wurden. Hier gilt die Pflicht zur **nachträglichen** Kennzeichnung.

Grundsätzlich werden beim **Beschuss** nicht nur Stichproben durchgeführt – **jede einzelne Waffe** wird beschossen (beachten Sie Ausnahmen wie Bauartzulassungen etc.). Dies gilt auch für **SRS-Waffen**, die zwar keine Schusswaffe im Sinne des WaffG sind, aber **Munitionsabschussgeräte**, womit sie unter den Begriff der **Feuerwaffe** im Sinne des Beschussgesetzes fallen.[91] Ausgenommen sind SRS-Waffen Kaliber 6 mm Flobert Platz.[92]

Durch die Einzelprüfung gelangen nur Waffen in den Handel, die auf Verwendungssicherheit geprüft wurden. Gleiches gilt nach Arbeiten an der Waffe, bei denen materialschwächende Arbeiten an wesentlichen Teilen vorgenommen wurden oder eine Anpassung eines bereits beschossenen wesentlichen Teiles notwendig war.

## 6.3. Anbringung der Prüfzeichen

**Prüfzeichen** sind **an jedem höchstbeanspruchten Teil** der Waffe **dauerhaft sichtbar** anzubringen[93], in der Regel durch Einschlag an den **wesentlichen Teilen** der Waffe.

**Wesentliche Teile** einer Waffe sind alle Bestandteile, die **notwendig** sind, **um einen Schuss abgeben zu können**. Bei einer **Kurzwaffe** reicht es beispielsweise nicht aus, nur Lauf und Verschluss zu haben – auch das Griffstück ist wesentliche Voraussetzung für die Abgabe des Schusses. Anders verhält es sich mit dem **Magazin** – schließlich ließe sich die Patrone von Hand in das Patronenlager einführen.

Die **höchstbeanspruchten Teile einer Schusswaffe** sind diejenigen, die dem **Gasdruck** ausgesetzt sind, also:

- **Lauf** (auch Austauschlauf, Wechsellauf)

- **Verschluss** („Schlitten")
- **Patronen**- oder **Kartuschenlager**, **Trommeln**, Wechseltrommeln
- **Griffstück** (bei Kurzwaffen)

- **Jedes dieser Teile** erhält ein **Beschusszeichen**. Außerdem muss **auf einem höchstbeanspruchten Teil** der Waffe (nicht auf jedem) das **Ortszeichen** aufgebracht werden sowie die codierte oder uncodierte Jahreszahl.

- Die **Jahreszahl** ist zweistellig, uncodiert mit den Ziffern 0 bis 9, codiert mit den entsprechenden Buchstaben A bis K (ohne J). Beispiel: 2005 wäre „05" oder „AF", 2043 wäre „43" oder „ED".

| | | | | | | | | | |
|---|---|---|---|---|---|---|---|---|---|
| 0 | 1 | 2 | 3 | 4 | 5 | 6 | 7 | 8 | 9 |
| A | B | C | D | E | F | G | H | I | K |

- Bei einer **Einzelprüfung**, zum Beispiel eines einzelnen Laufes, sind **alle Prüfzeichen** auf diesem einzelgeprüften Stück anzubringen!

Nach Arbeiten an den höchstbeanspruchten Teilen (zum Beispiel nach Verkürzen des Laufes) ist ein **erneuter Beschuss** gesetzlich vorgeschrieben,[94] wenn durch die Arbeiten das **Material geschwächt oder verändert** wurde. Gleiches gilt für Schusswaffen, bei denen ein höchstbeanspruchtes Teil **eingepasst** werden musste oder nicht mit dem für diese Waffe vorgeschriebenen Beschussgasdruck beschossen wurde.

Wird bei der Prüfung ein Mangel an der Waffe festgestellt, wird die Waffe an den Antragsteller zurückgegeben. Diese Rückgabe wird auf der Waffe festgehalten, und zwar in Form des **Rückgabezeichens**. Da es sich beim Rückgabezeichen um einen Teil der Kennzeichnung handelt, die bei bestandener Beschussprüfung auf der Waffe angebracht wird, ist es möglich, den Mangel noch zu beheben. Das **Rückgabezeichen** besteht aus dem **Ortszeichen** des Beschussamtes sowie dem **Jahrescode** – es fehlt nur das **Prüfzeichen**, zum Beispiel „CIP N".

**Vorhandene Prüfzeichen** sind durch **Einschlagen eines „X"** auf oder neben dem Prüfzeichen zu **entwerten** – das gilt für jedes höchstbeanspruchte Teil der Waffe.[95]

Auf unbrauchbar gemachten Schusswaffen muss ab dem 8. April 2016 nach Maßgabe der „Durchführungsverordnung (EU) 2015/2403 der Kommission" (Deaktivierungsverordnung zur EU-Feuerwaffenrichtlinie) nach

Feststellung der Unbrauchbarmachung das Prüfzeichen deutlich sichtbar und nicht entfernbar angebracht werden. Die ursprüngliche Seriennummer der Feuerwaffe ist dabei beizubehalten, bei verschiedenen Teilenummern gilt das für alle Teilenummern. Das vollständige Zeichen wird dabei nur auf dem Rahmen (Griffstück) der Feuerwaffe angebracht, das **Deaktivierungszeichen** („EU“) und der **Ländercode** des Landes, in dem die Deaktivierung geprüft wurde (etwa „DE“ für Deutschland) auf allen anderen wesentlichen Teilen angebracht.[96]

Bei einem **Import** von **Softair- oder Paintballwaffen** ist zu beachten, dass der Importeur eine Genehmigung der zuständigen Behörde für die Einfuhr dieser Waffe benötigt - ohne das Prüfzeichen „F im Fünfeck“ handelt es sich um eine erlaubnispflichtige Waffe. Die Einfuhrgenehmigung ist kostenpflichtig. Die Waffe ist einem Beschussamt zur Prüfung vorzulegen.

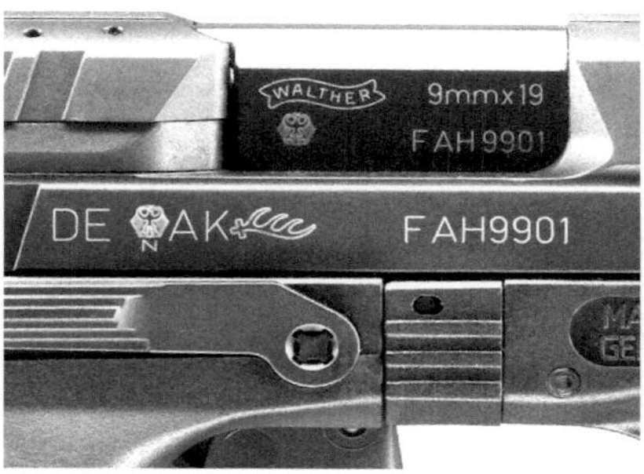

*Beispiele für Kennzeichen und Beschusszeichen: Links Pistole Walther P99, Herstellungsland Deutschland, Beschussamt Ulm, „Normaler Beschuss“ (Adler N) im Jahr 2009 (AK), Seriennummer FAH9901, Kaliber 9 mm x 19; rechts Pistole Heckler & Koch SFP 9, Herstellungsland Deutschland (DE), Beschussamt Ulm, „Normaler Beschuss“ (CIP N) im Jahr 2014 (BE), Seriennummer 224-000210, Kaliber 9 mm x 19.*

## 6.4. Kennzeichnung von Munition

**Munition muss ein Prüfzeichen tragen**, wenn sie Dritten gewerblich überlassen werden soll – allerdings **nicht jede einzelne Patrone**, sondern **nur die kleinste Verpackungseinheit**. Da Munition grundsätzlich nur in verschlossenen Packungen überlassen werden darf, kann der Erwerber leicht erkennen, ob diese Munition geprüft wurde.

Auf der Verpackung müssen neben dem Prüfzeichen („CIP M" mit daneben gesetztem Ortszeichen, vormals Patronensymbol mit Ortszeichen darin) der Hersteller, die Fertigungsserie, die Bezeichnung der Munition sowie die Zahl der enthaltenen Patronen oder Kartuschen angegeben sein. Oftmals sind auch Angaben zur Bewegungsenergie und Mündungsgeschwindigkeit der Geschosse auf der Verpackung zu finden.

Jede **Patronenhülse** muss so gekennzeichnet sein, dass sowohl der Hersteller als auch die Bezeichnung der Munition abgelesen werden können. Die Kennzeichnung erfolgt auf dem Hülsenboden. Die Kaliberangabe muss CIP-konform sein, militärische Codierungen reichen nicht aus. „**Surplus-Munition**" aus Militärbeständen ist daher durch einen nachträglich angebrachten Aufdruck auf der Hülse zu kennzeichnen, bevor sie gewerblich überlassen werden darf.

Die **abweichende Kennzeichnung** einiger Munitionsarten wie Randfeuermunition, Kartuschen- oder pyrotechnischer Munition regelt § 17 BeschussV. Deren Kennzeichnung kann auf dem Hülsenboden oder durch die Farbe der Kartuschenabdeckung erfolgen. So tragen **Kleinkaliberpatronen** als **Randfeuermunition** auf dem Hülsenboden **nur das Herstellerkennzeichen**.[97] Die Zusätze bei der Kaliberbezeichnung sind von enormer Bedeutung – denn jede Waffe darf nur mit der für sie vorgesehenen Munition geladen werden. Zusätze wie Magnum, Special, Luger oder IS müssen unbedingt beachtet werden.

Anders als bei Schusswaffen erfolgt die **Prüfung von Munition** nur **stichprobenartig** nach Maßgabe der Anlage III der BeschussV. Alle **Lose** eines Herstellers unterliegen dabei einer Fabrikationskontrolle. Der Begriff des Loses ist in der BeschussV für inländische Produktion bestimmt als Gesamtheit einer Munition desselben Typs, der von demselben Hersteller in einer Serie gefertigt wird, ohne Änderung wesentlicher Komponenten.[98]

Munition, die Teil einer **Munitionssammlung** ist oder werden soll, muss keine Zeichen tragen.[99]

**Ausgenommen**[100] von Zulassungspflicht, Fabrikationskontrolle und regelmäßiger behördlicher Kontrolle sind

- **Treibladungen** nach § 11 Abs. 1 BeschG und
- nicht gewerbsmäßig **wiedergeladene Munition**.

Gleiches gilt für **Beschussmunition** und **Munition für Sammlungen**, sofern grundlegende Sicherheitsforderungen[101] erfüllt werden.

## 6.5. Ältere Kaliberangaben auf Flinten

Eine abweichende Form der Kaliberangabe findet sich auf älteren Flinten.[102] Die Kaliberangabe wird hier lediglich in Form der nachstehenden Zeichen (Zahl im Kreis) in den Lauf eingeschlagen. Die Zahl steht für die Abmessungen des Lagers und damit der Munition, die verschossen werden darf, sowie des in die WBK einzutragenden Kalibers – die Länge des Patronenlagers kann daneben angegeben sein. Ohne diese Angabe gilt:

| **Angabe mit Kreis** | **Patronen bis Kaliber** |
|---|---|
| ⑫ | 12/65 |
| ⑯ | 16/65 |

# 6.6. Zeichen

| Bis 12/2013 | Ab 01/2014 | |
|---|---|---|
| N | CIP N | Normaler Beschuss, Verschießen von Munition mit normalem Gebrauchsdruck |
| L | CIP N | Normalbeschuss bei Antrieb mit flüssigem (Liquid) oder gasförmigem entzündliches Gemisch oder Treibladung* |
| J | CIP N | Instandsetzungsbeschuss* |
| F | CIP N | Freiwilliger Beschuss* |
| V | CIP S | Verstärkter Beschuss, Verschießen von Munition mit überhöhtem Gasdruck (z. B. Magnum-Schrot) |
| SP | CIP PN | Normalbeschuss, Verschießen von Schwarzpulver (SP) (frz. „poudre noir“, als Kürzel „PN“ gestempelt 1991 bis 2006 unter dem Bundesadler, ab 2014 unter CIP) |
| B | B | Böllerbeschuss |
| | CIP | Stahlschrotbeschuss |
| PTB ..... | CIP T PTB ..... | Zulassungszeichen nach § 7 BeschG (Einsteckläufe, Schussapparate, bestimmte Handfeuerwaffen) mit Nummer der Bauartprüfung (ab 2014 mit Ortszeichen „PTB“) |
| | CIP M | Prüfzeichen für Munition (alt hier: Beschussamt München); Systematik: Prüfzeichen mit Ortszeichen nebenstehend |

* Diese Art des Beschusses wird ab 2014 als Normaler Beschuss (CIP N) gekennzeichnet

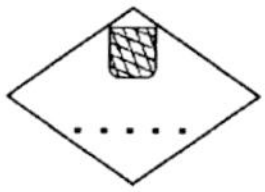

Zulassungszeichen „Bauartgeprüft nach § 9 Abs. 1 BeschG“, zB auf älteren unbrauchbar gemachten Waffen (Systematik: Raute mit Ortszeichen innen und Nummer)

---

Zulassungszeichen
„Bauartgeprüft nach § 9 Abs. 2 Nr. 2 - 4 BeschG“

E: Elektroimpulsgerät

R: Reizstoffe

---

Kennzeichen für Waffen, deren Geschosse nicht mehr als 7,5 Joule Bewegungsenergie erhalten (z. B. Druckluftwaffe)

---

Prüfzeichen Beschussstelle der Bundespolizeidirektion nach § 1 Abs. 7 BPolZV am Standort St. Augustin, ehemals Grenzschutzpräsidium West

Buchstabe B: Erstbeschuss
Buchstabe J: Instandsetzungsbeschuss

---

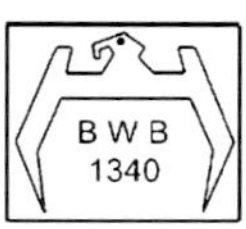


Prüfzeichen des Bundesamtes für Wehrtechnik und Beschaffung (BWB) für Beschuss; die Nachfolgedienststelle Bundesamt für Ausrüstung, Informationstechnik und Nutzung der Bundeswehr (BAAINBw) stempelt mit gleichem Symbol und Prüfernummer, aber ohne Schriftzug

---

Zulassungszeichen der PTB (Physikalisch-Technische Bundesanstalt) nach § 8 BeschG für bauartgeprüfte Schreckschuss-, Reizstoff-, Signalwaffen

---

EU DE  2017

Deaktivierungszeichen (EU) am Beispiel einer unbrauchbar gemachten Schusswaffe, in Deutschland (Ländercode DE) im Beschussamt Köln (Ortszeichen) im Jahre 2017 geprüft

---

Zulassungszeichen der BAM (Bundesanstalt für Materialforschung und -prüfung) für pyrotechnische Munition nach § 10 Abs. 1 BeschG

# 6.7. Ortszeichen

**Kiel**, Schleswig-Holstein
*(Nesselblatt des Landeswappens von Schleswig-Holstein)*

**Köln**, Nordrhein-Westfalen
*(Die Drei Kronen des Kölner Stadtwappens)*

**Mellrichstadt**, Bayern
*(Halbrundschild mit Rautenmuster)*

**München**, Bayern
*(Halbrundschild mit erweiterten Spitzen, „Bierschürze“)*

**Suhl**, Thüringen
*(Sohle mit Hacke aus dem Wappen der Bergbaustadt)*

**Ulm**, Baden-Württemberg
*(Geweihstange, Zeichen des Ulm-Vorläufers Oberndorf a.N.)*

**Hannover**, Niedersachsen
*(Sachsenross des niedersächsischen Landeswappens)*

PTB

**Physikalisch-Technische Bundesanstalt**, Braunschweig

## 6.8. Beschusszeichen anderer Staaten

Die Beschusspflicht gilt nicht, wenn die Waffe ein gültiges Beschusszeichen eines CIP-Staates trägt. Die **CIP-Staaten** (Commission Internationale Permanente pour l'Epreuve des Armes à Feu Portatives) haben die gegenseitige **Anerkennung der Beschusszeichen** vereinbart. CIP-Staaten sind:

Belgien

Chile

Finnland

Frankreich

Großbritannien

Italien

Österreich

Russland

Slowak. Rep.

Spanien

Tschech. Rep.

Ungarn

Vereinigte Arabische Emirate

Deutschland

> Die abgebildeten Zeichen stehen für Beschussstellen der jeweiligen Staaten; national können verschiedene Beschussstellen tätig werden.

Dies ist insbesondere für Erwerber von Waffen aus den USA oder der Schweiz wichtig – Schusswaffen von Smith & Wesson, Ruger oder Colt, die in Deutschland gehandelt oder verwendet werden, müssen ein deutsches Beschusszeichen oder das eines anderen CIP-Staates tragen.

Die **Beschusszeichen untergegangener Staaten** sind **weiterhin gültig**, wenn der betreffende Staat CIP-Staat war und die Prüfung während jener Zeit erfolgte, in der der Beschuss dieses Staates in der CIP anerkannt war.

# 7. Das Notwehrrecht

Ein Waffenbesitzer kann in die Situation kommen, dass er sich oder einen anderen Menschen mit seiner Waffe verteidigen muss - ein Beispiel.

*Es ist ein heißer Sommertag. Sportschütze Max befindet sich auf der Fahrt zum Schießtraining. Als er an einer Ampel verkehrsbedingt anhalten muss, bemerkt er Schreie. Als er nach rechts blickt, erkennt Max, dass auf einem Spielplatz ein großgewachsener Mann in Armeekleidung eine Axt schwingt. Soeben hat er mit der massiven Waffe einen Stuhl zertrümmert – mehrere Kinder laufen schreiend vor dem Mann davon. Der Mann versucht, die fliehenden Kinder mit der Axt zu treffen – bislang vergebens. Aber es ist nur eine Frage von Sekunden, bis ein Hieb treffen wird.*

*Max zögert nicht lange und steigt aus seinem Wagen. Er öffnet seinen Kofferraum, den darin liegenden Waffenkoffer, entnimmt seinen Revolver und füllt die Trommel mit sechs Patronen Kaliber .357 Magnum. Max tritt an den Spielplatz heran und ruft den Axtmann an. Der Mann reagiert und wendet sich nun Max zu, geht mit erhobener Axt auf Max los.*

*In diesem Moment gibt Max einen Warnschuss ab und legt daraufhin auf den Mann an. Beeindruckt von dem Warnschuss lässt der die Axt fallen und flieht.*

Wie ist diese erfundene Geschichte rechtlich zu bewerten? Um es kurz zu machen: Max handelt in diesem Falle in Notwehr. Zwar hat er keinen Waffenschein und darf somit in der Öffentlichkeit seine Waffe nicht führen; auch eine Schießerlaubnis liegt nicht vor. Allerdings ist der „wilde Mann" im Begriff, mit einer Axt andere Menschen tödlich zu verletzen – aus diesem Grunde kann sich Max auf Notwehr (in diesem Falle: Nothilfe) berufen.

## 7.1. Notwehr

Die **Notwehr** ist, wie der Notstand, im Strafgesetzbuch (StGB) geregelt. So heißt es in § 32 StGB:

*(1) Wer eine Tat begeht, die durch Notwehr geboten ist, handelt nicht rechtswidrig.*

*(2) Notwehr ist die Verteidigung, die erforderlich ist, um einen gegenwärtigen rechtswidrigen Angriff von sich oder einem anderen abzuwenden.*

Prüfen wir die Geschehnisse Punkt für Punkt:

**Verteidigung**: Max hat den Warnschuss abgegeben, um den Axtmann von sich abzuwehren.

**Erforderlich**: Der Axtmann griff die Kinder an, und nach dem Anrufen Max selbst. Ein Polizist war nicht in der Nähe, und nach Würdigung aller Umstände konnte Max nicht davon ausgehen, den Axtmann anders abwehren zu können.

**Gegenwärtig**: Der Axtmann bewegte sich auf Max zu, und alle Umstände deuteten darauf hin, dass ein Hieb mit der Axt kurz bevorstand.

**Rechtswidrig**: Der Axtmann durfte nicht mit der Axt angreifen.

**Angriff**: Ein Angriff ist jede von einem Menschen ausgehende Gefährdung rechtlich geschützter Interessen. Der bevorstehende Axthieb, der von dem Mann geführt werden würde, gefährdete die Gesundheit, unter Umständen sogar das Leben von Max. Somit lag ein Angriff vor.

**Von sich oder einem anderen**: Max handelte, um sowohl sich als auch die Kinder zu schützen.

Gerade der letzte Punkt ist für die strafrechtliche Bewertung entscheidend – denn Max ist nicht von vornherein bedroht gewesen. Er hat durch sein Rufen den Axtmann auf sich aufmerksam gemacht und so die Kinder beschützt. Eine Notwehrhandlung, die den *auf andere* gerichteten Angriff abwehrt, wird als **Nothilfe** bezeichnet – inhaltlich entspricht die Nothilfe der Notwehr.

Die Voraussetzungen von Absatz 2 sind also gegeben – fraglich ist jetzt, ob die **Handlung** auch **geboten** war. In diesem Zusammenhang ist auch immer wieder von der „Verhältnismäßigkeit der Mittel“ die Rede. Im vorliegenden Fall begeht Max eindeutig eine Straftat - er verletzt also die Rechtsordnung. Stellen Sie sich eine Balkenwaage vor – legen Sie in die eine Schale die Straftat des Max, in die andere die Straftat des Axtmanns. Entscheidend ist jetzt, wessen Tat schwerer wiegt. Im vorliegenden Fall steht der Schuss des Max in die Luft gegen eine mögliche Tötung, in jedem Falle aber eine gefährliche Körperverletzung.

Die Waage wird deutlich zugunsten von Max ausschlagen. Sein Warnschuss war „**unter gleich sicheren Mitteln das mildeste**“.

Würde Max nicht handeln, würde er sich im vorliegenden Fall einer **unterlassenen Hilfeleistung** strafbar machen – schließlich verfügt er über die geeigneten Mittel, die bestehende Gefahr für die Kinder abzuwehren. Der Waffenbesitzer wie auch der Waffenträger ist also auch in einer verstärkten

**Pflicht zur Hilfeleistung, soweit es ihm zumutbar ist**. Verschärftes Beispiel: Wenn der Axtmann mit einer Maschinenpistole um sich schießen würde, wäre es Max nicht zumutbar, sich mit seinem Revolver dem Täter entgegenzustellen.

Nun ein paar Abwandlungen der Geschichte.

Fall 1: Der Axtmann geht auch nach dem Warnschuss weiter auf Max zu und schreit: „Ich bring' dich um!". Er hat die Axt zum Hieb erhoben und ist nur noch zwei Schritte von Max entfernt.

Fall 2: Der Axtmann greift weiterhin die Kinder an und wird mit Sicherheit bald mit einem Axthieb ein Kind schwer verletzen.

Fall 3: Der Axtmann ist kein Axtmann, sondern ein betrunkener, älterer Mann, der nackt ist und eine Bierdose in der Hand hält.

Im Fall 1 kann Max davon ausgehen, dass nur ein gezielter Schuss den Axtmann stoppen kann. Allerdings muss er versuchen, den Angreifer so geringfügig wie möglich zu verletzen, zum Beispiel durch einen Schuss in den Oberschenkel.

Im Fall 2 kann Nothilfe geltend gemacht werden, wenn andere Menschen angegriffen werden. Es gilt die Begründung zu Fall 1.

Fall 3 ist für die Praxis wahrscheinlicher als die beiden anderen – die Notwehr darf hier nicht über einfache körperliche Gewalt hinausgehen. Zwar sind die Voraussetzungen der Notwehr aus § 32 Abs. 2 StGB gegeben, aber mehr als ein Festhalten des trunkenen Nackten (Freiheitsberaubung, Nötigung) wird kaum nötig sein, um die Gefahr von den Kindern abzuwehren.

## 7.2. Rechtfertigender Notstand

Der **Rechtfertigende Notstand** (§ 34 StGB) entspricht äußerlich dem Notwehrparagraphen. Sein Wortlaut ist sogar noch etwas deutlicher:

„Wer in einer gegenwärtigen, nicht anders abwendbaren Gefahr für Leben, Leib, Freiheit, Ehre, Eigentum oder ein anderes Rechtsgut eine Tat begeht, um die Gefahr von sich oder einem anderen abzuwenden, handelt nicht rechtswidrig, wenn bei Abwägung der widerstreitenden Interessen, namentlich der betroffenen Rechtsgüter und des Grades der ihnen drohenden Gefahren, das geschützte Interesse das beeinträchtigte wesentlich überwiegt. Dies gilt jedoch nur, soweit die Tat ein angemessenes Mittel ist, die Gefahr abzuwenden."

Ob man sich auf Notwehr oder Notstand beruft, ist abhängig von der Gefährdungslage. Nur wenn die **Gefahr von einem Menschen** ausgeht, kann **Notwehr** geltend gemacht werden. Eine **Notstandshandlung** ist dagegen **auch gegen Tiere oder Sachen** gerechtfertigt.

## 7.3. Entschuldigender Notstand

Neben den Rechtfertigungsgründen Notwehr und Notstand (§§ 32, 34 StGB) gibt es den Entschuldigungsgrund „**Entschuldigender Notstand**", geregelt in § 35 StGB. Der Hintergrund ist die juristische Art und Weise, zu einem Urteil über die Handlung eines Täters zu kommen. Kurzgefasst:

- Es wird geprüft, ob die Tat an sich strafbar ist (Strafbarkeit).
- Es wird geprüft, ob ein Rechtfertigungsgrund vorgelegen hat (meist Notwehr oder Notstand).
- Wenn kein Rechtfertigungsgrund vorgelegen hat, wird die Vorwerfbarkeit der Handlung geprüft.

Der Entschuldigende Notstand nach § 35 StGB ähnelt in seinen Voraussetzungen dem Rechtfertigenden Notstand, lesen Sie selbst den Satz 1:

*„Wer in einer gegenwärtigen, nicht anders abwendbaren Gefahr für Leben, Leib oder Freiheit eine rechtswidrige Tat begeht, um die Gefahr von sich, einem Angehörigen oder einer anderen ihm nahestehenden Person abzuwenden, handelt ohne Schuld."*

Vergleichen Sie beide Vorschriften – es fehlt offenbar bei § 35 StGB die Einschränkung, dass der Handelnde eine Güterabwägung vornehmen muss. Allerdings, zweiter Unterschied, darf sich die Gefahr nur gegen ihn selbst, einen Angehörigen oder eine ihm nahestehende Person gerichtet haben.

Der § 35 StGB ist also in einem Falle zu prüfen, in dem die „**Verhältnismäßigkeit der Mittel**" offenkundig nicht gewahrt wurde, die Tat dem Handelnden aber eigentlich nicht vorgeworfen werden kann.

## 7.4. Überschreitung der Notwehr

Damit sind wir auch schon bei der **Überschreitung der Notwehr** (§ 33 StGB) – Verwirrung, Furcht oder Schrecken können den sogenannten „Notwehr-Exzess" auslösen. Darum ist in diesen Fällen eine Überschreitung der

Notwehr nicht strafbar. Die **Beweislast** liegt allerdings im Falle der Überschreitung der Notwehrgrenzen beim Handelnden.

## 7.5. Putativ-Notwehr

Erwähnenswert ist noch die sogenannte „**Putativ-Notwehr**", zu deutsch die „vermeintliche Notwehr". Hier geht man davon aus, dass der Handelnde sich im Recht glaubte, als er den Angriff von sich abwehrte. Nehmen Sie einen Polizisten, der sich plötzlich einem Jugendlichen gegenübersieht, der mit einer Waffe auf ihn anlegt und schreit „Ich knall dich ab, Bulle!". Der Polizist schießt und verletzt den Angreifer. Als die Waffe des Jugendlichen untersucht wird, stellt sich heraus, dass es sich nur um eine täuschend echt aussehende Spielzeugpistole handelt – bedenken Sie in diesem Zusammenhang die Problematik „Anscheinswaffe". Objektiv lag keine wirkliche Bedrohung des Polizisten vor – subjektiv musste er aber davon ausgehen, mit einem tödlichen Angriff konfrontiert zu werden. Darum ist hier nur zu prüfen, ob der Irrtum **vermeidbar** gewesen ist. Gleiches gilt für den **Putativ-Notstand**.

## 7.6. Grenzen der Notwehr

Grundsätzlich muss der Angriff rechtswidrig sein, und damit scheiden Handlungen von Polizeibeamten oder anderen Berechtigten als abwehrbare Handlung aus. Ebenso muss man **Angriffe von Kindern, Geisteskranken oder Betrunkenen** hinnehmen – bis zu dem Punkt, an dem die eigene Gesundheit gefährdet wird. Hier würde der Entschuldigende Notstand greifen, nicht aber die Notwehr.

## 7.7. Festnahmerecht

Das **Recht der vorläufigen Festnahme** wird geregelt in § 127 Abs. 1 der Strafprozessordnung (StPO), dem sogenannten „Jedermann-Paragraphen". Er besagt, dass ein auf frischer Tat betroffener Täter festgehalten werden darf, bis obrigkeitliche Hilfe erreichbar ist oder die Identität des Täters zweifelsfrei festgestellt werden kann, etwa indem sich der Täter ausweist.

# 8. Schusswaffen im Bewachungsgewerbe

Anders als etwa Sportschützen gehen Mitarbeiter im Bewachungsgewerbe auch außerhalb von Schießstätten mit Schusswaffen um. Dabei geht es nicht allein um den scharfen Schuss, der an die Schießfertigkeiten und insbesondere die Zielgenauigkeit des Schützen besondere Anforderungen stellt, sondern auch um eine sichere Aufbewahrung in geeigneten Trageeinrichtungen. Solche Holster sind, je nach Einsatzanforderung, als offene oder verdeckte Trageeinrichtung am Gürtel, am Bein oder als Schulterholster zu tragen, um zwei Aufgaben zu erfüllen: Schutz gegen Verlust der Waffe bei gleichzeitiger schneller Zugriffsmöglichkeit für den Waffenträger.

Auch die Unfallverhütungsvorschrift der Berufsgenossenschaft enthält besondere Vorschriften für Schusswaffenträger, die auch die Unternehmer in Sachen Ausrüstung in die Pflicht nehmen.

Statisches Schießen wird im Zuge der Waffensachkunde vermittelt. Für die Einsatzpraxis ist dies allerdings nicht ausreichend. Das Schießtraining für Waffenträger muss insbesondere das Ziehen der Schusswaffe und die Zielerfassung vermitteln.

## 8.1. Unfallverhütungsvorschriften

Die Unfallverhütungsvorschrift (UVV) „Wach- und Sicherungsdienste", kurz DGUV Vorschrift 23, enthält die einschlägigen, besonderen Vorschriften der Verwaltungs-Berufsgenossenschaft (BG) für Unternehmer und Versicherte. Sie ergänzen die Bestimmungen der DGUV Vorschrift 1.

Eine wesentliche Bestimmung findet sich in § 3 DGUV Vorschrift 23, „Eignung". Nur solche Versicherte, die die zur Erfüllung der Aufgabe notwendige **Eignung** haben, dürfen von einem Unternehmer mit dieser Aufgabe betraut werden. Damit soll sichergestellt werden, dass ein Unfall nicht aufgrund von Überforderung oder mangels Erfahrung geschieht. So können für bestimmte Aufgaben wie etwa als Sicherungsposten im Bereich von Gleisen besondere Ausbildungen vorausgesetzt werden, ohne die ein Versicherter diese Aufgabe nicht übernehmen darf und auch nicht vom Unternehmer eingesetzt werden darf – insofern sind beide Parteien, Arbeitgeber wie Arbeitnehmer, verantwortlich.

**Dienstanweisungen** sind durch den Unternehmer zu erlassen, die das Verhalten des Personals regeln sollen – die Norm (§ 4) hebt besonders standardisierte Verfahren zur Meldung von Mängeln und Gefahrenquellen hervor; hier zeigt sich die primäre Aufgabe der Vorschrift als Handreichung zur

Unfallverhütung. Der Unternehmer ist dazu verpflichtet, seine Mitarbeiter regelmäßig unterweisen zu lassen und das Üben von sicherheitsgerechtem Verhalten zu ermöglichen; der Versicherte (Mitarbeiter) ist zur Befolgung der Dienstanweisung verpflichtet und soll die Maßnahmen, die der Steigerung der Arbeitssicherheit dienen, aktiv unterstützen – auch hier sind wieder beide Parteien an der Unfallverhütung beteiligt.

**Berauschende Mittel** (§ 5) wie Alkohol, Drogen o. ä. zu sich zu nehmen ist während des Dienstes verboten. Gleiches gilt für die Zeit vor Dienstantritt, denn zu Dienstbeginn hat der Versicherte nüchtern zu sein. Diese Unfallverhütungsregel hat noch einen weiteren und nicht unwichtigen Aspekt – der Mitarbeiter eines Unternehmens ist auch immer seine Visitenkarte. Wie muss es auf einen Auftraggeber wirken, wenn ein „offen-schnüffelbar" Alkoholisierter für seinen Schutz und den seines Wohnobjektes zuständig ist?

Die DGUV Vorschrift 23 enthält einschlägige Vorschriften zur **Ausrüstung mit Schusswaffen** (§ 18 ff.). Dabei ersetzt sie nicht das Waffengesetz, sondern ergänzt die dort festgelegten Bestimmungen, um Unfälle von Versicherten beim Umgang mit Schusswaffen zu verhindern. Begriffe des Waffengesetzes wie Zuverlässigkeit, Eignung oder Sachkunde sind auf die DGUV Vorschrift 23 analog anzuwenden.

Der Unternehmer muss sicherstellen, dass seine Mitarbeiter nur auf seine ausdrückliche Anordnung hin mit Schusswaffen ausgerüstet werden. Diese Anordnung darf nur bei solchen Mitarbeitern erfolgen, die zuverlässig, persönlich geeignet und sachkundig im Sinne des Waffengesetzes sind. Eine weitere Voraussetzung ist, dass eine Einweisung in die Handhabung der entsprechenden Waffe stattgefunden hat. Um eine sichere Handhabung sicherzustellen, müssen Waffenträger **regelmäßig** (in der Regel vierteljährlich) an **Schießübungen** teilnehmen. Darüber hinaus sind auch **Kenntnisse über Waffenrecht und Waffentechnik** regelmäßig nachzuweisen. Teilnahme und Nachweise sind zu protokollieren. Entfallen die Voraussetzungen für den Umgang mit Schusswaffen (z. B. Wegfall der persönlichen Eignung aufgrund gesundheitlicher Mängel), muss der Unternehmer dem Mitarbeiter unverzüglich die Schusswaffe entziehen.

Welche Schusswaffen zum Einsatz kommen, liegt in der Entscheidung des Unternehmers. Dabei werden wirtschaftliche, aber auch praktische Überlegungen und Anforderungen des Auftrages eine Rolle spielen. Verboten ist der Einsatz Schreckschuss- oder Gas-Pistolen (sog. SRS-Waffen) – die Gefahren sind für den Mitarbeiter kaum einschätzbar. Zulässig ist nur der Einsatz solcher Schusswaffen, die ein in Deutschland anerkanntes Beschusszeichen tragen – damit wird sichergestellt, dass die Waffe handhabungssicher ist und bei Abgabe eines Schusses keine Gefahr für den Schützen darstellt.

Schusswaffen sind einmal jährlich durch einen Sachkundigen (Büchsenmacher, Sachverständiger) auf Handhabungssicherheit zu überprüfen. Werden Schäden festgestellt, sind die Waffen an eine Büchsenmacherei zur Reparatur abzugeben – gleiches gilt, wenn der Versicherte bei Übernahme der Waffe einen Schaden feststellt.

Sollen Schusswaffen **geführt** werden (§ 20), sind Tragevorrichtungen mit Sicherungen gegen ein unbeabsichtigtes Herausfallen der Waffe zu benutzen. Am Mann getragene Munition ist entweder in Taschen aufzubewahren, die speziell für Munition eingerichtet sind, oder, im Falle von Pistolen, in Ersatzmagazinen. Schusswaffen sind, wenn dies technisch möglich ist, zu sichern. Wenn sich bei entspanntem Hahn kein Schuss lösen kann (z. B. Schlagbolzensicherung), darf die Waffe fertig geladen (d. h. mit Patrone im Patronenlager) geführt werden. Ansonsten ist die Waffe „unterladen" oder „teilgeladen" zu führen – es befindet sich dann keine Patrone „vor dem Lauf".

Bei der **Übergabe und Übernahme von Schusswaffen** (§ 21) passieren besonders häufig Unfälle, da hier auch meist die Waffe geladen oder entladen wird. Die DGUV Vorschrift 23 schreibt daher zwingend vor, dass Schusswaffen nur an einem sicheren Ort unter Nutzung einer geeigneten Kugelfangeinrichtung geladen und entladen werden dürfen. Die Waffe ist dabei immer so zu handhaben, dass sich kein Schuss lösen kann.

Die Übergabe einer Schusswaffe darf nur im entladenen Zustand erfolgen. Der Übernehmende darf sich niemals auf die Aussage des Übergebenden verlassen (die lauteste Waffe ist stets die nicht Geladene...) – er muss sofort den Ladezustand überprüfen. Dabei hat er die Waffe auch auf erkennbare Mängel zu untersuchen. Typische und bei genauer Betrachtung erkennbare Mängel sind Risse im Verschluss, locker sitzende Griffschalen oder auch starke Schmutzansammlungen.

Die **Aufbewahrung von Schusswaffen und Munition** (§ 22) ist durch das Waffengesetz geregelt. Die DGUV Vorschrift 23 weicht hier bezüglich der gesetzlich geforderten Sicherheitsstufen ab – als verbindlich ist darum nur die getrennte Aufbewahrung von Schusswaffe und Munition anzusehen, ansonsten gelten für Sicherheitsbehältnisse die waffenrechtlichen Vorschriften. Die Schusswaffe darf dabei nur entladen aufbewahrt werden.

## 8.2. Holster

Moderne Holster haben mit den einfachen Tragevorrichtungen, die man in alten Krimis sieht oder am Gürtel der Westernhelden, nicht mehr viel zu tun. Ein Holster dient zum Führen der Waffe – im engsten waffenrechtlichen Sinne, denn die Waffe soll zugriffsbereit sein, also direkt in Anschlag gebracht werden können. Zugleich soll verhindert werden, dass die Waffe aus der Tragevorrichtung fällt oder von einem Dritten aus dem Holster gezogen werden kann.

Zu unterscheiden sind hier Holster für eine verdeckte Trageweise und Dienstholster für die offene Trageweise. Bei der **verdeckten Trageweise** ist der Aspekt der Entwendungssicherheit nachrangig, denn es soll durch die Trageweise unter der Oberbekleidung gar nicht sichtbar sein, dass eine Waffe geführt wird. Hier steht die sichere Aufbewahrung mehr im Vordergrund, außerdem ein Design, das die Waffe so an den Körper ihres Trägers anpasst, dass sie verborgen wird. Bei der **offenen Trageweise** muss die Möglichkeit des Fremdzugriffs oder Verlusts ausgeschlossen werden, während der Waffenträger ohne Verzögerung seine Waffe in Anschlag bringen kann.

Das hier abgebildete Holster der Firma Bianchi ist ein **Paddleholster**. Es wird durch einfaches Einstecken in den Hosenbund oder Gürtel sicher befestigt und verhindert durch seine Form ein Abzeichnen der Waffe unter der Jacke („Auftragen"). Die Riemen früherer Modelle, die zum Schutz gegen den Verlust der Waffe um den Griff gelegt werden mussten und ein schnelles Ziehen behinderten, werden hier durch einen Hebel ersetzt, der die Waffe im Holster sichert und beim Ziehen einfach zur Seite gedrückt wird.

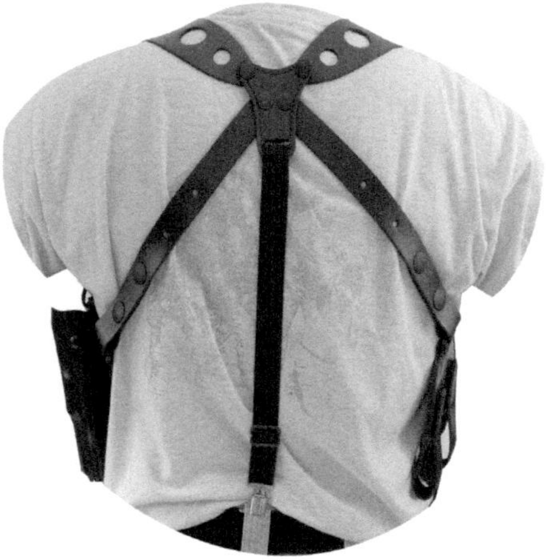

Für die verdeckte Trageweise sind **Schulterholster** die erste Wahl. Durch die Verteilung des Gewichts von Waffe und Munition (im Ersatzmagazin) auf beide Körperseiten und den Einsatz weicher Leder- oder Kunststoff-Riemen nimmt der Träger keine Belastung wahr. Dagegen ist ein Gürtelholster, das die Hose herabzieht, nach längerer Zeit mehr als nur ein Ärgernis. Abgesehen davon tragen Schulterholster deutlich weniger auf als Gürtelholster.

Offen getragene **Dienstholster** wecken Begehrlichkeiten beim Gegenüber – darum muss der Entwicklung dieser speziellen Holster die Entwendungssicherheit beachtet werden. Die Entnahme der Waffe aus dem Holster darf erst nach Betätigung des Sicherungshebels möglich sein.

Praktiker bringen es mit einiger Übung auf eine erstaunliche Schnelligkeit beim Ziehen der Waffe. Waffenbesitzer, die die Erlaubnis zum Führen der Waffe haben, sollten Zeit und Ehrgeiz auf das perfekte Ziehen der Waffe verwenden. Nur so kann im Ernstfall die Waffe zum wirksamen Instrument der Verteidigung werden.

## 8.3. Das Ziehen der Schusswaffe

So zahlreich die unterschiedlichen Meinungen zur „perfekten Schusswaffe zur Verteidigung", so zahlreich sind die Meinungen zur perfekten Haltung für den Schuss.

Da es sich bei einem Schuss zur Verteidigung in der Regel um eine Entfernung zwischen den Kontrahenten im Bereich zwischen fünf und zehn Metern handelt, sollte keine Zeit durch eine Änderung der Körperhaltung verloren werden. Auch die Verkleinerung der Silhouette, also die Verringerung der von vorn sichtbaren Körperbreite und –höhe, rechtfertigt auf diese kurze Distanz keine übertriebenen Bewegungen. Vielmehr muss es darum gehen, den Angreifer dauerhaft im Blick zu behalten und die Schusswaffe „blind" zu ziehen und in den Anschlag zu bringen. Dabei muss der Schütze immer im Gleichgewicht bleiben, den Körperschwerpunkt also nicht nach vorn oder hinten verlagern – hier liegt für den Anfänger eines der größten Probleme.

Zur besseren Darstellung werden die einzelnen Stadien der Bewegung von der Seite und von schräg vorn dargestellt. Es wird dabei von einem Rechtsschützen ausgegangen, es handelt sich also um einen Rechtshänder.

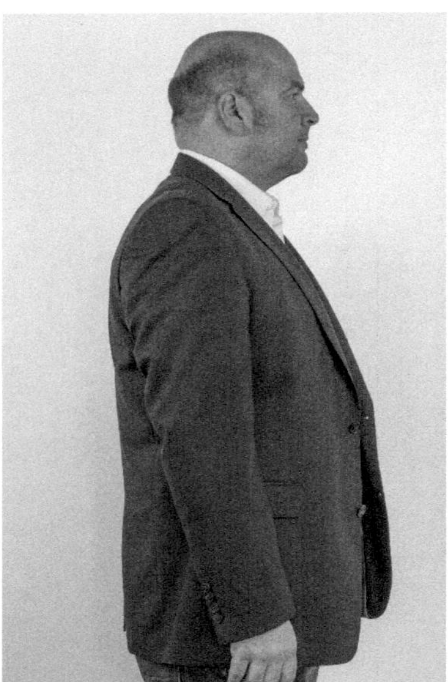

## 1. Phase – Griff zur Waffe und Positionierung der linken Hand

Während der Blick des Verteidigers den Angreifer fixiert, wird der Oberkörper etwas nach rechts gedreht und zugleich der Schwerpunkt des Körpers abgesenkt, indem die Beine etwas gebeugt werden.

Der linken Hand kommt in dieser ersten Phase die zentrale Rolle zu. Sie wird vor dem Oberkörper, vor dem Solarplexus zentral gehalten, die Innenseite des Unterarms wird fest an die Rippen gedrückt. Die Finger werden schräg nach unter gestreckt. Diese Hand ist das Ziel der anderen Hand, die die Waffe zieht und eng am Körper nach vorn geführt wird. Es ist bei diesem engen Führen beider Hände am Körper nicht notwendig, das Zusammenführen der Hände mit den Augen zu kontrollieren – der Verteidiger spürt, wann die Hände auf dem richtigen Weg sind.

## 2. Phase – Zusammenführung der Hände vor dem Körper

Die Waffenhand (rechte Hand) hat die linke (geöffnete) Hand erreicht, die Finger und die Innenfläche der linken Hand umschließen nun die Finger der rechten Hand – prinzipiell ist die Waffe jetzt schon auf das Ziel gerichtet und der Verteidiger schussbereit, da in der Nahdistanz geringe Abweichungen nicht dazu führen, dass der Angreifer nicht getroffen wird. Die oben dargestellte Haltung zeigt die Waffe schon einige Zentimeter in der Vorwärtsbewegung, die in der auf der folgenden Seite dargestellten Haltung endet.

Vergleichen Sie diese Phase mit der vorhergehenden (1. Phase), werden Sie bemerken, dass der Verteidiger seinen Körper abduckt, den Kopf zwischen den Schulterblättern absenkt, aber den Angreifer fest im Blick behält.

### 3. Phase – Schussbereitschaft

Was die Bildfolge nicht darstellen kann, ist die Bewegung der Waffe – sie wird förmlich „in den Angreifer hineingestoßen", um die Zielerfassung noch unabhängiger zu machen von einem Visieren über „Kimme und Korn". Das Bild auf der folgenden Seite verdeutlicht die Art der „Zielbeobachtung".

**3. Phase – Schussbereitschaft (veränderter Blickwinkel)**

Die Vorwärtsbewegung der Schusswaffe ist beendet, der Verteidiger hat einen festen Stand eingenommen, der Abzugsfinger liegt fest am Abzug der Waffe, beide Augen sind auf den Angreifer gerichtet.

Eine weitere Art des Anschlags ist der **Schuss aus der knienden Position**.

Wie schon bei einem Schuss im stehenden Anschlag ist auch hier das Gleichgewicht des Verteidigers entscheidend für die sichere Abgabe des Schusses.

Betrachten Sie den Bildausschnitt unten – beide Augen sind geöffnet!

Die Verwendung von Lampen, die durch den Hersteller ausschließlich dazu bestimmt sind, an der Waffe montiert zu werden, ist verboten. Nicht verboten ist es aber, den Zielbereich mit einer gewöhnlichen Lampe auszuleuchten, wenn diese nicht an der Waffe befestigt ist. Dazu können Lampe und Schusswaffe auf die unten dargestellte Weise gehalten werden.

# 9. Waffenkunde

## 9.1. Waffenarten

Die Definition der Begriffe Langwaffe und Kurzwaffe findet sich in der Anlage 1 WaffG. Danach sind **Langwaffen** Schusswaffen, deren Lauf und Verschluss in geschlossener Stellung insgesamt länger als 30 cm sind und deren kürzeste bestimmungsgemäß verwendbare **Gesamtlänge 60 cm überschreitet**. **Kurzwaffen** sind alle anderen Schusswaffen, somit also Waffen, die **höchstens 60 cm** lang sind, oder deren Lauf und Verschluss eine Gesamtlänge von höchstens 30 cm haben. Entscheidend ist das Wort „und" in der Definition der Langwaffe – nur wenn beide Bedingungen, Gesamtlänge der Waffe über 60 cm und Gesamtlänge von Lauf und Verschluss über 30 cm, erfüllt sind, handelt es sich um eine Langwaffe.

Wichtig ist die Unterscheidung in juristischer Hinsicht, da insbesondere beim Erwerb einer Schusswaffe die Einordnung der Schusswaffe entscheidend ist. Während zum Beispiel die Zahl der zu erwerbenden Repetier-Langwaffen für den Sportschützen praktisch nicht beschränkt ist, sieht der Gesetzgeber zunächst zwei mehrschüssige Kurzwaffen für Patronenmunition als angemessene Höchstmenge für den Sportschützen an – will der Sportschütze dieses Kontingent überschreiten, muss er sein Bedürfnis besonders begründen.

Die Langwaffen werden in **Flinten** und **Büchsen** unterteilt, diese Gruppen wieder in **Einzellader**, **Repetierwaffen** und **Automaten**. Zu beachten sind die zur Jagd gebräuchlichen **Kombinierten Waffen** mit glatten und gezogenen Läufen im Laufbündel. Bei einer Unterteilung nach Verschlussarten wird zwischen Systemen mit starren Läufen und mit Kippläufen unterschieden. Fast alle Langwaffen verfügen über einen Single-Action-Abzug, weshalb eine Unterscheidung nach Abzugsarten hier nicht notwendig ist. Ist ein Waffentyp nicht einem bestimmten Begriff nach Anlage 1 WaffG zuzuordnen, etwa ein **Revolvergewehr**, sind **Analogien** zu bilden – im Falle des Revolvergewehrs die sinnvolle Einordnung als Repetierlangwaffe. Die **Kurzwaffen** teilen sich auf in **Pistolen** und **Revolver**, die wiederum nach den **Abzugsarten** unterschieden werden.

Beachten Sie zu den unterschiedlichen Arten von Schusswaffen auch die ausführlichen Darstellungen in den **Bestimmungstafeln** ab Seite 66.

### 9.1.1. Einzellader

Einzellader verfügen nicht über eine Vorrichtung, die eine automatische oder manuelle Zuführung von Munition in das Patronenlager ermöglicht. Dazu muss in der Regel der Verschluss händisch geöffnet werden, die Patrone eingelegt und der Verschluss wieder verriegelt werden.

Auch eine Doppelflinte oder ein Drilling sind Einzellader im Sinne des Waffengesetzes, da aus jedem Rohr nur ein einziger Schuss abgegeben werden kann und dann per Hand nachgeladen werden muss. Gleiches gilt für **Vorderladerwaffen**.

Im Bereich der Langwaffen findet man Einzellader hauptsächlich im Bereich der Jagdwaffen und der Kleinkaliber-Matchbüchsen, bei den Kurzwaffen vereinzelt im Bereich der Matchpistolen zum Silhouettenschießen. Ein klassischer Einzel-, weil Vorderlader, ist der ein- oder zweiläufige **Terzerol**, eine besonders kleine Pistole.

### 9.1.2. Repetierwaffen

Repetierwaffen führen einen Vorrat an Munition in einem Magazin mit. Das Magazin ist entweder fest in die Waffe eingebaut, beispielsweise als Röhrenmagazin unter dem Lauf, oder kann von außen zugeführt werden.

Der Verschluss wird durch manuelle Betätigung eines Kammerstengels, Vorderschaftes oder Unterhebels entriegelt und geöffnet. Die leere Hülse wird ausgezogen und abgeworfen, und beim Verschließen wird die nächste Patrone mitgenommen und in das Patronenlager geführt.

Repetierbüchsen gelten im Vergleich zu Halbautomaten als präziser. Zudem sind automatische Waffen im Bereich der Jagd nicht immer gern gesehen. Auch hinsichtlich der Sicherheit bieten Repetierer einen Vorteil – der Schütze entscheidet durch seine Handbewegung selbst, wann die Waffe wieder schussbereit ist, bei einem Automaten übernimmt das die Waffe.

### 9.1.3. Automatische Waffen

Bei automatischen Waffen sorgen der Rückstoß des Geschosses oder der am Lauf abgenommene und zurückgeführte Gasdruck nach Schussabgabe für die Repetierbewegung des Verschlusses (siehe Ausführungen ab Seite 189). Die ursprünglich als „Selbstlader" bezeichneten Waffen sind vorwiegend im militärischen und sportlichen Bereich anzutreffen. Unterschieden werden Vollautomaten (bei einmaliger Betätigung des Abzugs mehrere

Schüsse) und Halbautomaten (bei jeder Betätigung des Abzugs wird nur ein einziger Schuss abgegeben).

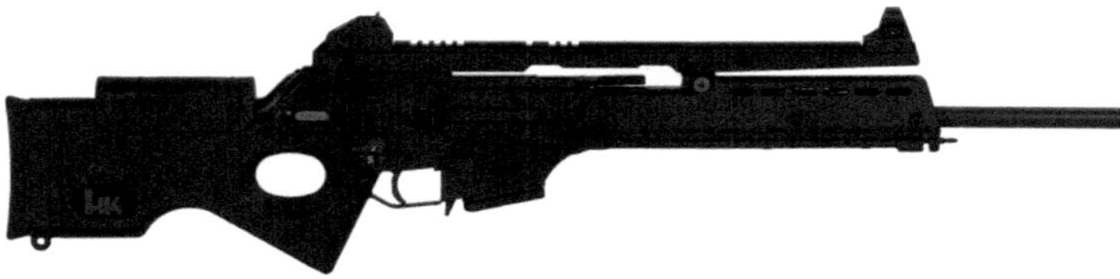

**Jäger** dürfen Halbautomaten verwenden, aber im Moment des Schusses auf das Wild darf die Waffe mit höchstens drei Patronen geladen sein. Bei sonstigem Schießen mit der Waffe, etwa auf dem Schießstand oder beim Ein- und Anschießen im Revier, gilt die Beschränkung auf drei Patronen nicht.

Für **Sportschützen** gilt beim sportlichen Schießen mit halbautomatischen Langwaffen eine Magazinbeschränkung auf zehn Patronen. Zudem ist § 6 AWaffV zu beachten, der bestimmte halbautomatische „**Klone**" aktueller Militärwaffen vom sportlichen Schießen ausschließt, wenn sie nicht bestimmte Anforderungen erfüllen, etwa eine Mindestlauflänge von 40 cm.[103]

## 9.1.4. Langwaffen

### 9.1.4.1. Flinte

Flinten sind **Langwaffen mit glattem Lauf**. Die Patrone wird in das Rohr eingeführt und die **Vorlage** („Schrotladung") beim Schuss ohne die Einwirkung von Zug und Feld, also ohne Drall, durch das Rohr getrieben.

Die Entwicklung der **Würgebohrung** („Choke") sorgte für kleinere Streukreise. Schon eine gleichmäßige geringe Verkleinerung des Rohrdurchmessers vom Patronenlager bis zur Mündung („konzentrische" oder „verbesserte Zylinderbohrung") verbessert die Trefferleistung um 25 Prozent.

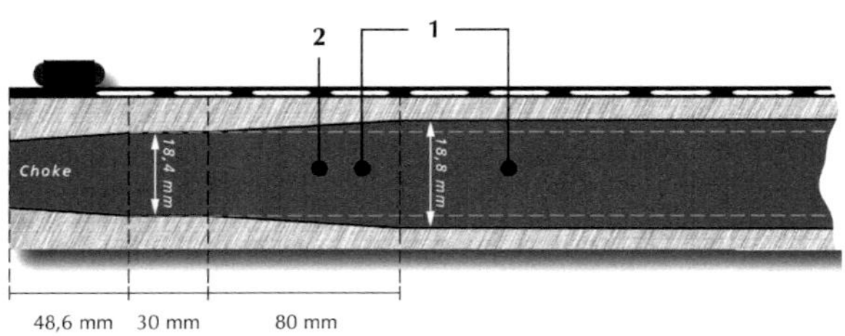


Die heute gebräuchliche Choke-Würgebohrung verengt den Lauf erst auf den letzten Zentimetern, indem meist Choke-Einsätze in die Mündung eingeführt werden. Der Choke verengt zunächst den Lauf und läuft dann zylinderförmig zur Mündung aus. Der Streukreis wird deutlich verkleinert.

Die zuvor im schematischen Querschnitt dargestellte **Tribore-Choke-Flinte** der Firma Rottweil verfügt über eine Choke-Kaskade mit zwei Verengungen vor der Laufmündung – der Lauf verengt sich bei diesem Modell zwischen Patronenlager und erstem Choke nicht. Zwischen erstem und zweitem Choke liegt ein weiterer zylinderförmiger Abschnitt. Der sanfte Übergang (Punkte zu 1) sorgt für höhere Geschwindigkeit der Schrote, die Verengung an Punkt 2 für eine verbesserte Deckung der Garbe, weil die Schrote weniger stark verformt werden.

Allerdings gibt es auch Anwendungen der Flinte, die einen größeren Streukreis erfordern, als er von einem zylindrischen Flintenlauf erzeugt werden kann, zum Beispiel das Skeet- oder Wurftaubenschießen. Bei einer Skeet-Bohrung wird der Lauf direkt nach der Verengung wieder erweitert. Durch dieses „erst enger, dann weiter" ergeben sich auf geringe Entfernung große, gleichmäßige Streukreise.

Selbst **Flintenlaufgeschosse** erzielen bei Verwendung eines Normal-Chokes (s. u.) bessere Trefferbilder – beachten Sie dazu auch die Ausführungen auf Seite 245.

Flinten mit **Wechselchokes** geben Sportschützen die Möglichkeit, die Läufe der jeweils gestellten Aufgabe anzupassen. Sie werden im Mündungsbereich eingeschraubt und ersetzen die Würgebohrung des Laufes.

Neben der schon dargestellten verbesserten Zylinderbohrung mit ihrer schwachen Verengung sind folgende Bohrungsarten üblich:

- Normal-Choke (kegelförmige Verengung kurz vor Laufmündung, auf den letzten Zentimetern dann wieder zylinderförmiger Lauf)
- Spitzbogen-Choke (bogenförmiger Verengung vor der Laufmündung ohne zylindrische Fortsetzung)
- Skeet-Choke 2 (wie Normal-Choke mit verlängertem, also weniger steil verlaufendem Kegel)

Wenn sich der Lauf vor der Mündung nicht verengt, sondern erweitert, spricht man von einer **Lauferweiterung**. Auch sie hat Einfluss auf die Garbenstreuung und wird als „verkehrter Choke" oder Glocken-Choke bezeichnet, die zu einer größeren Streuung führt. Auch der Skeet Choke 1 zählt zu Lauferweiterungen – hier verengt sich der Lauf zunächst, wird dann aber auf den letzten Zentimetern erweitert und sorgt für eine größere Streuung, die beim Wurftaubenschießen auf kurze Distanzen hilfreich ist.

Neben der schon angesprochenen Form der Bohrung ist auch die **Stärke der Bohrung** entscheidend für die Streuung der **Schrotgarbe**. Man spricht in diesem Zusammenhang auch von **Trefferleistung** und beschreibt damit einen **prozentualen Wert**, der sich aus der Zahl der Schrote, die nach dem Schuss ein definiertes Ziel (75 cm Durchmesser auf 35 m Entfernung) treffen, im Verhältnis zu den Schroten, die insgesamt in der Garbe enthalten waren, ergibt.

Die Einteilung und Trefferleistungen der Chokes (Mittelwerte):

| | | | |
|---|---|---|---|
| Vollchoke | * | Laufverengung 0,875 mm | 70 % |
| ¾-Choke | ** | Laufverengung 0,76 mm | 65 % |
| ½-Choke | *** | Laufverengung 0,45 mm | 60 % |
| ¼-Choke | **** | Laufverengung 0,25 mm | 55 % |
| Verbesserte Zylinderbohrung | ***** | bis 0,1 mm auf Lauflänge | 50 % |
| Zylinderbohrung | | keine Verengung | 40 % |

Ein Schrotschuss auf Kleintiere bewirkt einen Nervenschock beim getroffenen Stück. Es tötet also nicht das Eindringen eines Geschosses und das Verletzen wichtiger Organe, sondern das mehrfache Aufschlagen kleiner Geschosse, die das Nervensystem der Kreatur überlasten und zum Tode führen.

Bei Kipplaufflinten erfolgt das Spannen des Abzugs durch ein Abkippen des Laufes. Bei einigen Modellen sorgen **Ejektoren** für schnellen Auswurf der abgeschossenen Patronenhülsen. Ejektoren sind durch ihre geteilte Bauform von sogenannten **Ausziehern** zu unterscheiden, die die Hülsen bei dem Öffnen der Waffe etwas vorschieben, um die abgeschossenen Hülsen leichter entnehmen zu können.

Ein **Polychoke** wird an der Mündung einläufiger Flinten montiert, nicht im Lauf, sondern über den Lauf gezogen. Er kann mehrstufig in seiner inneren Form verändert werden und bietet so eine variable Choke-Einrichtung, die ohne großen Aufwand zu montieren ist.

### 9.1.4.2. Büchse

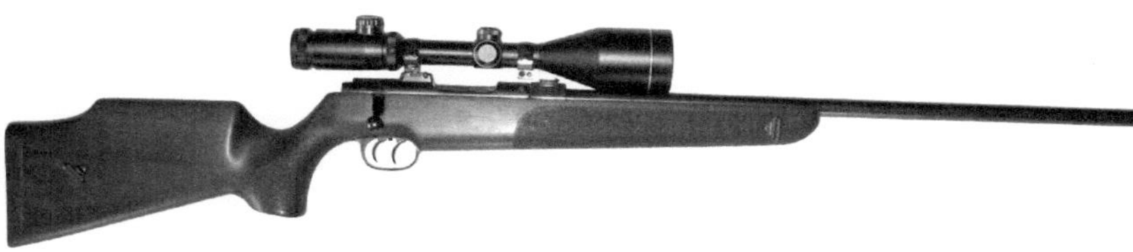

Eine Büchse verfügt im Gegensatz zur Flinte über einen gezogenen Lauf. Auch Langwaffen mit Polygonlauf werden Büchsen genannt.

Beachten Sie bei der abgebildeten Waffe die doppelte Ausführung der Züngel, den **Stecher** („Stechschloss"). Er ermöglicht es, den Abzugswiderstand auf ein Minimum zu reduzieren. Beim „Deutschen Stecher" wird dazu zunächst der hintere Abzug bis zum Einrasten zurückgezogen, die Schussabgabe erfolgt dann nach Betätigung des vorderen Abzugs. Mehr zum Stecher lesen Sie im Kapitel 9.2.1.

### 9.1.4.3. Kombinierte und mehrläufige Waffen

Kombinierte Waffen sind **Jagdwaffen**. Sie verfügen in der Regel über mindestens zwei verschiedene Laufarten und mindestens zwei Kaliber. Sie sind im Jagdbereich anzutreffen, zum Beispiel als Kombination aus glattem Flintenlauf und gezogenem Büchsenlauf übereinander, der **Bockbüchsflinte**. Die Bezeichnung „Bock" leitet sich vom Aufbocken der Läufe ab, im Gegensatz zur früher üblichen Anordnung nebeneinander.

Ein Phänomen dieser Waffen ist das **Klettern**. Es entsteht, wenn sich ein Lauf aufgrund von Wärme ausdehnt, der mit ihm verbundene zweite Lauf aber unverändert bleibt und so das Laufbündel „verbogen" wird. Durch die feste (gelötete) Verbindung der Läufe wird sich der benutzte (erhitzte) Lauf zumindest an der Seite, die der Laufschiene gegenüberliegt, ausdehnen. Das Schussbild ändert sich – wird bei einer Bockbüchsflinte nur der untere (erste) Lauf verwendet, „klettert" die Treffpunktlage. Insbesondere beim Einschießen von Büchsen mit Optik muss das Klettern durch längere Abkühlphasen der Waffe geringgehalten werden – schließlich wird auf der Jagd auch nicht mit dem heißen Lauf angesessen.

Die Auswahl des Laufes, aus dem der Schuss abgegeben werden soll, erfolgt mittels eines Schiebers oder durch den Einsatz zweier Abzüge (siehe nachfolgende Abbildungen, Gesamtansicht und Ausschnitt Abzug). Beachten Sie auch die Ausführungen zum Stecherabzug im Kapitel 9.2.1.

Kombinierte Waffen werden ausschließlich als Kipplaufsysteme angeboten. Neben der beschriebenen Bockbüchsflinte gibt es die verschiedensten Kombinationen von Flinten- und Büchsenläufen, darunter der **Doppelbüchsdrilling** (ein Flintenlauf, zwei Büchsenläufe) und der klassische **Drilling** (zwei Flintenläufe mit einem zusätzlichen Büchsenlauf).

Die Kombinationen von gleichen und verschiedenen Läufen, sogenannte **Laufbündel**, finden Sie in diesem Buch ab Seite 89.

Das Gehäuse von Kipplaufgewehren, in dem das Abzugssystem und die Verriegelung untergebracht sind und an dem der Kolben befestigt ist, wird **Basküle** genannt, auch Kasten oder **Verschlusskasten**.

Bei einem Drilling muss der Schütze in der Lage sein, schnell die Läufe auszuwählen, auf die der Doppelabzug wirken soll. Die hier abgebildete Waffe (Merkel Drilling mit System 96) nutzt einen **Dreistellungsschieber**.

In der **hinteren Position** (Bild 1) ist die Waffe sicher – die oberen Läufe sind gesichert, das Schloss für den unteren Lauf ist entspannt. Befindet sich der Schieber in der **mittleren Position** (Bild 2), sind die (vorgespannten) Schlosse der oberen Läufe entsichert und könnten durch Betätigung der Abzüge Patronen im rechten (vorderer Abzug) und linken Lauf abfeuern. Wird der Schieber in die **vordere Rast** (Bild 3) geführt, wird das Schloss des unteren Laufes gespannt (**Handspanner**) und zugleich das Schloss des rechten oberen Laufes gesichert – nun löst der vordere Abzug den unteren Lauf aus, der hintere Abzug den Lauf oben links.

*Bild 1*

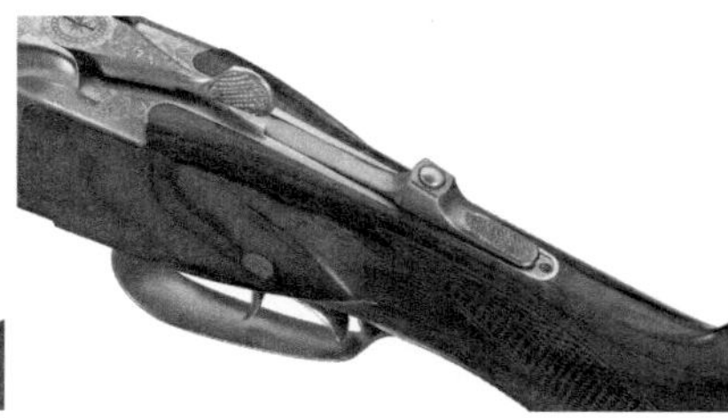

*Bild 2*

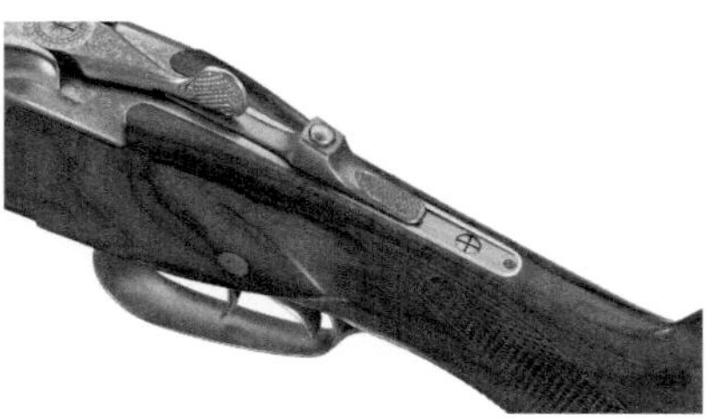

*Bild 3*

Beachten Sie: Bei anderen Drillingen kann der Schieber in zwei Positionen einrasten. Dann handelt es sich meist um **Selbstspanner** – die Läufe sind gesichert (hintere Stellung) oder im entsicherten Zustand mittels des vorderen Abzugs (Einabzug, der auf die Schrotläufe wirkt) und hinterem Abzug (für Kugellauf unten) abzufeuern.

## 9.1.5. Kurzwaffen

Weder Pistole noch Revolver sind im WaffG als Waffenart definiert, auch verwendet das Gesetz beide Begriffe nicht. Stattdessen werden zB in § 14 Abs. 5 WaffG mehrschüssige Revolver und halbautomatische Pistolen, die zum Verschießen von Patronenmunition bestimmt sind, als *mehrschüssige Kurzwaffen für Patronenmunition* in dieser Bestimmung beschrieben.

### 9.1.5.1. Pistole

Pistolen sind in der Regel **halbautomatische Waffen**. Aufbau und Funktion sowie die verschiedenen Abzugsarten werden im Kapitel „Waffentechnik" ab Seite 185 am Beispiel der SIG-SAUER P 220 ausführlich dargestellt. Diese Abbildung zeigt eine SIG-SAUER P 228.

Bei der Auswahl der für Sie geeigneten Pistole sollten Sie die in Frage kommenden Modelle bezüglich Ihres Griffs und der Visierung überprüfen. Je nach Handgröße und Fingerlänge scheiden einige Pistolenmodelle schon aufgrund persönlicher Merkmale des Schützen aus. Hier kann das Austauschen der Griffschalen helfen.

Zentrales Auswahlkriterium ist das Einsatzgebiet. Pistolen für das **sportliche Schießen** sollten über einen für diesen Verwendungszweck geeigneten Abzug verfügen sowie über eine gute Visierung nebst entsprechender Visierlänge. **Gebrauchspistolen** zur Verteidigung sollten dagegen kompaktere Maße aufweisen, über eine hohe Magazinkapazität verfügen und möglichst mit einem DAO-Abzug (siehe Seite 198) ausgestattet sein.

### 9.1.5.2. Revolver

Vor Einführung der Pistole waren Revolver für Patronenmunition die Waffe der Wahl, wenn der Schütze in der Lage sein wollte, ohne nachzuladen mehrmals nacheinander zu feuern und danach schnell wieder zu laden.

Aufbauend auf den Modellen von Smith & Wesson entwickelten deutsche Ingenieure den sogenannten **Reichsrevolver**, der die zuvor genutzten Perkussionswaffen ersetzte und in der Folge durch die Pistole 08 abgelöst wurde.

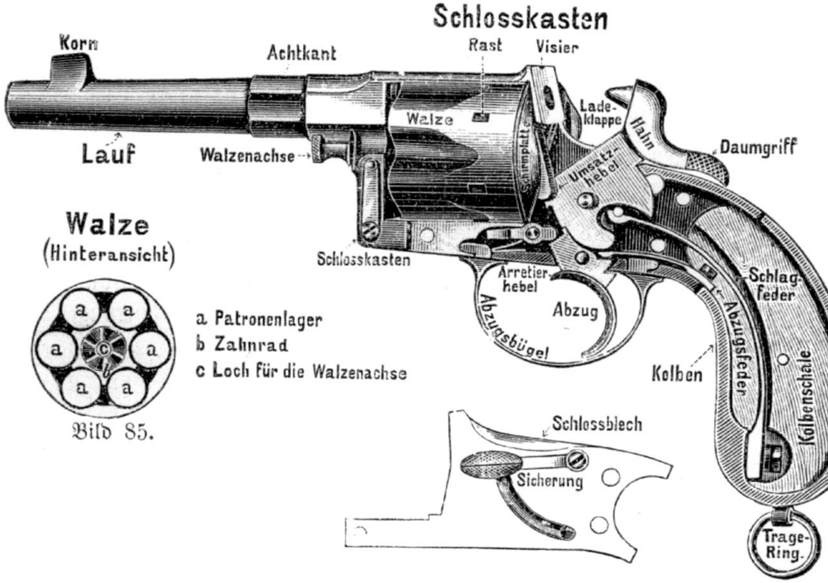


Bei den Revolvern kommen heute meist Modelle mit **ausschwenkbarer Trommel** zum Einsatz, die nach Betätigung eines meist seitlich angebrachten Daumenschiebers ausgeschwenkt werden kann. Das Bauteil, an dem die Trommel durch die Trommelachse drehbar befestigt ist und nach Freigabe ausgeschwenkt werden kann, wird als **Kran** bezeichnet. Bei Modellen mit **fest montierter Trommel** können die Patronen durch eine **Ladekammer** (schwenkbare Klappe der Schirmplatte hinter der Trommel) oder durch **Kippen** von Lauf und Trommel zugeführt und entnommen werden.

Grundsätzliches Problem aller Revolver ist der **Trommelspalt**, der Abstand zwischen der Trommel und dem **Übergangskonus** des Laufes – ein Problem, das man bei Waffen mit einem Patronenlager als Teil des Laufes nicht kennt. Durch den Trommelspalt können die Gase entweichen, der Gasdruck also stark abfallen - der Spalt sollte darum möglichst klein sein.

Die Entwicklung **gasdichter Revolver** mit einer beweglichen Trommel, die sich durch eine Bewegung auf der Laufachse über das Laufende schob, um eine gasdichte Verbindung zu ermöglichen, war nicht zielführend.

Neben dem Trommelspalt haben Revolver ein weiteres konstruktives Problem: Es muss gewährleistet sein, dass die Trommel im Moment des Schusses exakt so gestellt ist, dass die **Seelenachsen** des gerade genutzten Patronenlagers (als Teil der Trommel) und des Laufes eine gemeinsame Flucht haben, also eine Linie bilden. Hinsichtlich der Höhe der Seelenachsen ist das weniger ein Problem als bei der Frage, ob die Trommel in ihrer Drehbewegung Spiel hat und dadurch aus dieser gemeinsamen Flucht der Seelenachsen läuft. Je größer das Trommelspiel ist, desto größer ist die Gefahr, dass bei Abgabe des Schusses Teile des Geschossmantels beim Eintritt in den Konus förmlich abgehobelt werden, was die Schussleistung der Waffe deutlich verschlechtert. Im Umkehrschluss ist eine geringe Abweichung der Seelenachsen ein qualitatives Merkmal eines Revolvers – man spricht hier auch von Bewegungsbestimmung oder Timing.

Die Trommelbewegung wird durch das Zurückziehen des Hahnes oder durch den Spannabzug erzeugt, indem zunächst der **Mitnehmer** schräg in einen kleinen **Zahnkranz** auf der Ausstoßerseite der Trommel hineinstößt und die Trommel dadurch zu einer Drehung zwingt.

Die **Hohlkehlen** auf der Außenseite der Trommel zeigen deren **Drehrichtung** an - die Trommel dreht sich immer in Richtung dieser Hohlkehlen, weil über diese Schrägung die **Sperrklinke** der Trommelsperre an der Trommelwandung besser entlanggleiten und am Ende in die **Sperrnut** (in der Skizze als „Rast“ bezeichnet) fallen kann. Ein sechsschüssiger Revolver hat eine Trommel mit sechs Sperrnuten mit jeweils einer Hohlkehle, die das Hineingleiten der Sperrklinke in die Nut erleichtert.

Sobald die im unteren Bereich des Rahmens federnd gelagerte Sperrklinke in die Sperrnut gestoßen ist, wird die Trommel fixiert, im Idealfall liegen die Seelenachse (theoretische Mittelachse) von Lauf und der davor liegenden Kammer der Trommel in einer gemeinsamen Flucht. Die Sperrklinke ist verantwortlich für eine gute Bewegungsabstimmung – ist sie schlecht konstruiert oder abgenutzt, können die beschriebenen Probleme auftreten.

Informationen zu den **Abzugsarten** der Revolver lesen Sie ab Seite 199.

# 9.2. Waffentechnik

## 9.2.1. Abzug

### 9.2.1.1. Grundlagen

Der Abzug ist ein kleiner, aber sehr wichtiger Bestandteil jeder modernen Schusswaffe. Hier findet der entscheidende Kontakt von Schütze und Waffe statt, überträgt sich der Wille zum Schuss und die Kraft des Abzugsfingers auf die Mechanik im Innern der Waffe, die den Schuss auslöst. Die vom Abzug aktivierte Baugruppe wird **Schloss** genannt. Befindet sich die komplette Abzugsmechanik einer Waffe in einer Baugruppe, die vollständig aus dem Griffstück einer Waffe entnommen werden kann, so dass nur der Griff als solcher übrigbleibt, wird die Baugruppe als **Rahmen** bezeichnet.

Ob man sich für einen Stecherabzug entscheidet, der bereits bei leichtester Berührung den Schuss brechen lässt, oder einen Double-Action-Only-Abzug wählt, um die Waffe im Personenschutz erst im Moment der Schussabgabe zu spannen und so das Risiko einer ungewollten Schussabgabe zu verringern, ist immer eine Frage des Einsatzgebietes.

Betrachten wir zunächst moderne Pistolen und Revolver. Die technisch ältere Methode ist der **Single-Action- oder SA-Abzug**. Indem man den Abzug durch Zurückziehen des **Züngels** betätigt, löst sich der Schlaghebel, der zuvor per Hand gespannt werden muss, und der Schuss wird abgegeben. Western-Revolver sind typische SA-Waffen.

Anders beim **Double-Action-** oder **DA-Abzug**, auch **Spannabzug** genannt – hier wird der Abzug dazu genutzt, um die noch nicht gespannte Schlagfeder des Schlaghebels erst zu spannen und dann freizugeben, so dass bei geladener Waffe der Schlagbolzen in die Zündkapsel vorstoßen und die Patrone zünden kann. Der DA-Abzug wirkt bei bereits <u>vorgespanntem</u> Schlaghebel wie ein SA-Abzug.

Der Vorteil eines DA-Abzuges ist die hohe Sicherheit des Waffenträgers bei gleichzeitig schneller Schussmöglichkeit. So kann bei der im nachfolgenden Kapitel dargestellten **DA-Pistole** SIG Sauer P 220 nach dem ersten Repetieren des Verschlusses der Entspannhebel betätigt werden, um eine ungewollte Schussabgabe zu verhindern. Der Schlaghebel liegt dann entspannt vor dem gesicherten Schlagbolzen. Sollte der Waffenträger jetzt zu einem schnellen Schuss gezwungen sein, kann er die Waffe in Anschlag bringen und ohne Durchladen oder manuelles Spannen des Schlaghebels direkt den DA-Abzug betätigen und schießen. Gleiches gilt für **DA-**

**Revolver**, nur entfällt bei diesen ein einleitendes Repetieren – bei einer vollständig gefüllten Trommel befindet sich stets eine Patrone in der nächsten Kammer, die bei Betätigung des DA-Abzugs vor den Lauf geführt wird.

Als besonders sicher gelten Kurzwaffen, die über einen **Double-Action-Only-Abzug (DAO)** verfügen. Hier kann der Schlaghebel nur durch den Abzug gespannt werden, was die Sicherheit des Schützen und seiner Umgebung erhöht.

Insbesondere bei Jagdbüchsen kommt das **Stechschloss** mit dem **Stecher** zum Einsatz. Nach dem *Einstechen* genannten ersten Betätigen des Stechschlosses ist das zur Abgabe des Schusses erforderliche Abzugsgewicht so herabgesetzt, dass ein Abzugsfehler und damit ein Verreißen der Waffe im Prinzip nicht möglich ist. Unterschieden werden **Deutscher Stecher** (zwei Züngel; Einstechen mit dem hinteren Züngel, Schussabgabe mit dem vorderen Züngel), **Französischer Stecher** (Rückstecher, auch **Kombiabzug**; ein Züngel; nach dem Vorschieben des Züngels und fühlbarem Einrasten kann die Schussauslösung durch leichten Druck erfolgen) und **Mehrfachstecher** (Einsatz in Sportwaffen; sehr empfindlich). Alle genannten Systeme können auch ohne vorheriges Einstechen einen Schuss auslösen, allerdings ist das dafür nötige Abzugsgewicht verhältnismäßig hoch.

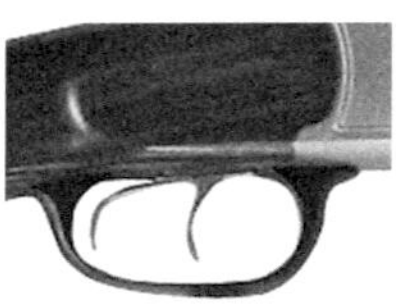

Um bei einer kombinierten Waffe die Läufe einzeln abfeuern zu können, bedarf es in der Regel mehrerer Züngel. Dabei löst der vordere der beiden Züngel dieses **Doppelabzugs** den unteren (rechten) Lauf aus, der hintere den oberen (linken).

Der Doppelabzug steht trocken, ist also ohne Vorweg sofort abzuziehen. Dabei unterscheiden sich die Abzugsgewichte – der vordere Abzug ist meist etwas leichter eingestellt als der hintere.

Auch **Drillinge** (Waffe mit drei Läufen) verfügen meist nur über einen Doppelabzug. Hier bedarf es einer zusätzlichen Auswahl der Läufe, auf die das jeweilige Züngel wirken soll (siehe auch Seite 181).

Der **Einabzug** findet sich bei doppelläufigen Gewehren, meist bei Doppelflinten. Anders als bei Schlossen mit zwei Züngeln, die unabhängig voneinander die Läufe abfeuern, ist der Einabzug in der Lage, die Läufe nacheinander abzufeuern. Nach Abgabe des ersten Schusses schaltet das Schloss auf den zweiten Lauf um, der Abzug ist wieder zur Schussabgabe bereit. Die Reihenfolge der Läufe beim Schuss kann bei entsprechend ausgestatteten Waffen eingestellt werden. Standard ist bei Bockflinten (Läufe liegen übereinander) die Reihenfolge „unten – oben“, um die Belastung der

Verriegelung geringer zu halten; bei Querflinten mit Einabzug ist die Reihenfolge „rechts – links“, aus Sicht des Schützen, womit als Merkhilfe auch die Straßenverkehrsregel „rechts vor links“ dienen kann.

Bei einem **Druckpunktabzug** bewegt sich der Abzugsfinger bis zu einem Druckpunkt, der überwunden werden muss, um den Schuss brechen zu lassen.

Der trocken stehende **Flintenabzug** hat keinen Vorweg, durch den der Abzug zu ziehen ist. Er löst unmittelbar aus, wenn der Schütze die Kraft aufgebracht hat, um den Schuss brechen zu lassen. Dieser Abzug eignet sich besonders für den schnellen Schuss.

Der **Feinabzug** ist eine besondere Art des Flintenabzugs, der vor allem bei Jagdbüchsen zum Einsatz kommt. Er hat wie der Flintenabzug keinen Vorweg, steht also trocken, erfordert aber nur rund ein Drittel der Abzugskraft.

Ein weiteres Unterscheidungsmerkmal bezieht sich auf die Art und Weise des Spannens der Schlosse.

Typische **Selbstspanner** sind **Kipplaufwaffen**, etwa die klassischen Bockflinten. Hier spannt die Bewegung der Läufe beim Öffnen (das **Brechen** oder **Auskippen** der Waffe) über Hebel auf verschiedene Arten die Schlosse. Waffen mit **Zylinderverschluss**, bei denen manuell repetiert wird, aber eine Spannung des Abzugs von Hand nicht nötig ist, sind Selbstspanner. Im Grunde sind auch Halbautomaten (Ausnahme: Double-Action-Revolver, diese sind keine halbautomatischen Waffen) Selbstspanner, da die Verschlussbetätigung die Schlosse spannt.

Als **Handspanner** bezeichnet man solche Jagdgewehre, deren Schlosse erst durch einen Seitenhebel oder einen Schieber (auch Hahn) von Hand gespannt werden. Das entspannte, ungesicherte Schloss bietet dabei mehr Sicherheit als das zwar gesicherte, aber gespannte Schloss – versagt die Sicherung, weil etwa die Sicherheitsrast durch ihr Alter abgenutzt ist oder ein Teil des Schlosses bricht, kann sich der Schuss trotz Sicherung lösen. Diese Gefahr besteht nicht, wenn zunächst das Schloss gespannt werden muss.

Der Abzug ist, wie schon zu Beginn des Kapitels dargestellt, ein besonders wichtiges Bauteil jeder Waffe. Das gilt insbesondere für den zuvor dargestellten Sicherheitsaspekt. Außerhalb des statischen Schießens, ob man nun das Wurftaubenschießen, die Jagd oder den Einsatz der Waffe zu Verteidigungszwecken betrachtet, ist der Abzug bzw. seine Funktionalität ein entscheidendes Leistungsmerkmal jeder Waffe. Ist der Schütze bei der Jagd auf ein rasches Reagieren der Waffe, also auf schnelles und sicheres Auslösen angewiesen, ist ein trocken stehender Abzug eine gute Wahl – allerdings sollte aus Gründen der Sicherheit ein vergleichsweise hohes Abzugsgewicht gewählt werden, um ein unbeabsichtigtes Auslösen zu verhindern. Dies ist auf dem Schießstand nicht nötig, hier kann ein geringeres Abzugsgewicht die Leistung des Schützen verbessern. Bei einem praktischen Einsatz der Waffe im Personenschutz darf dagegen zu keiner Zeit das Risiko einer ungewollten Schussauslösung bestehen, während die Waffe zugleich unmittelbar schussbereit sein muss, um auf einen Angreifer reagieren zu können – das manuelle Betätigen von Sicherungen wäre da unter Umständen ein tödliches Risiko.

Die Wahl der Waffe ist somit auch immer eine Wahl des Abzugs – und der sollte dem Schützen, neben dem Aspekt der Sicherheit, auch gut „am Finger liegen". Hier spielt der Abzug eng mit der Form des Handgriffs zusammen. Moderne halbautomatische Pistolen für den Polizeibereich werden bereits mit Umbausätzen geliefert, die ein Anpassen des Griffs an die Größe der Hand ermöglichen. Und auch der Abzug kann bei solchen Waffen (z. B. Heckler & Koch P 30, Walther P 99) bei der Bestellung speziell ausgewählt werden. Welcher Abzug den Wünschen und Bedürfnissen des Schützen dabei am nächsten kommt, kann nur ein intensives Ausprobieren der verschiedenen Waffen zeigen.

### 9.2.1.2. Abzugsarten bei halbautomatischen Pistolen

Als Sportschütze oder Waffenträger müssen Sie nicht über Fertigkeiten und Kenntnisse eines Büchsenmachers verfügen. Trotzdem stellt das Waffengesetz bezüglich der Sachkunde auch in diesem Bereich grundlegende Anforderungen, was die Kenntnisse zur Funktionsweise der Bauteile einer Waffe beziehungsweise zum Zusammenspiel der verschiedenen Baugruppen betrifft.

Die grundlegenden Funktionen von Pistolen werden in diesem Buch am Modell der halbautomatischen Pistole SIG Sauer P220 erläutert.

Die Bezeichnungen der wichtigsten Bauteile von Pistolen, die nachfolgend verwendet werden, zeigt diese Übersicht:

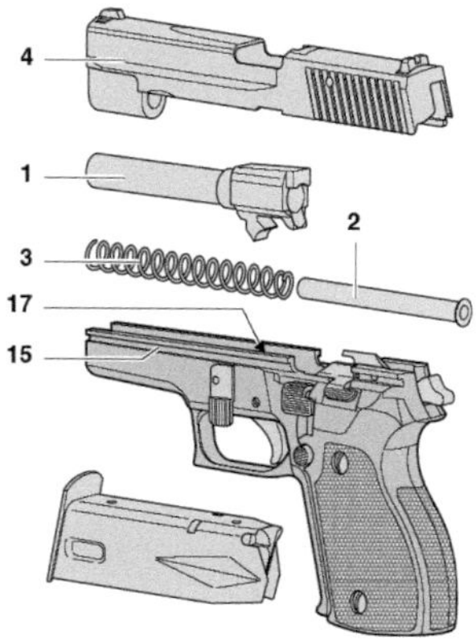


Elemente einer Pistole:

**Lauf** (1) mit Patronenlager

**Federführungsstange** (2)

**Schließfeder** (3)

**Verschluss** (4), Schlitten

**Griffstück** (15) mit Verriegelungsblock (17)

**Magazin** (liegend)

**Schlagbolzen**: beweglich Stift im Verschluss, der durch Feder oder Schlagstück beschleunigt wird und in das Anzündhütchen schlägt.

**Schlagstück** (**Hahn**): meist außenliegendes Bauteil, schlägt durch Federspannung nach Betätigung des Abzugs auf den Schlagbolzen

**Schließfeder** und **Federführungsstange**: diese Bauteile bewirken das Schließen der geöffneten Waffe, sind aber keine wesentlichen Teile im Sinne des Waffengesetzes.

*Liste der Nummern und Bauteilbezeichnungen in den nachfolgenden Abbildungen der SIG Sauer P220*

| | | | |
|---|---|---|---|
| *P* | *Patrone* | *28* | *Auslösehebel* |
| *H* | *Hülse* | *29* | *Schlaghebel, „Hahn"* |
| *1* | *Lauf* | *29a* | *Single-Action-Raste* |
| *2* | *Federführungsstange* | *29b* | *Sicherheitsraste* |
| *3* | *Schließfeder* | *29c* | *Spannabzugsraste* |
| *4* | *Verschluss / „Schlitten"* | *31* | *Schlaghebelachse* |
| *10* | *Auszieherkralle* | *32* | *Auswerfer* |
| *11* | *Schlagbolzen* | *33* | *Schlagstange* |
| *13* | *Sicherungsschieber* | *34* | *Schlagfeder* |
| *17* | *Verriegelungsblock* | *40* | *Entspannhebel* |
| *20* | *Abzug* | *43* | *Magazinlöseknopf* |
| *22* | *Abzugsstange* | *52* | *Magazinfeder* |
| *24* | *Fangklinke* | | |

Den Anfangszustand der Waffe zeigt die folgende Grafik – die Pistole ist „**unterladen**", das mit Patronen gefüllte Magazin befindet sich in der Waffe, der Schlaghebel ist entspannt, das Patronenlager ist leer. Der Magazinhalter (43) sorgt dafür, dass das Magazin sicher verriegelt, also nicht aus der Waffe gleiten und zu Boden fallen kann. Die Magazinfeder (mit Pfeil markiert, im unteren Teil des Magazins) drückt von unten die Patronen gegen die Verschlussunterseite.

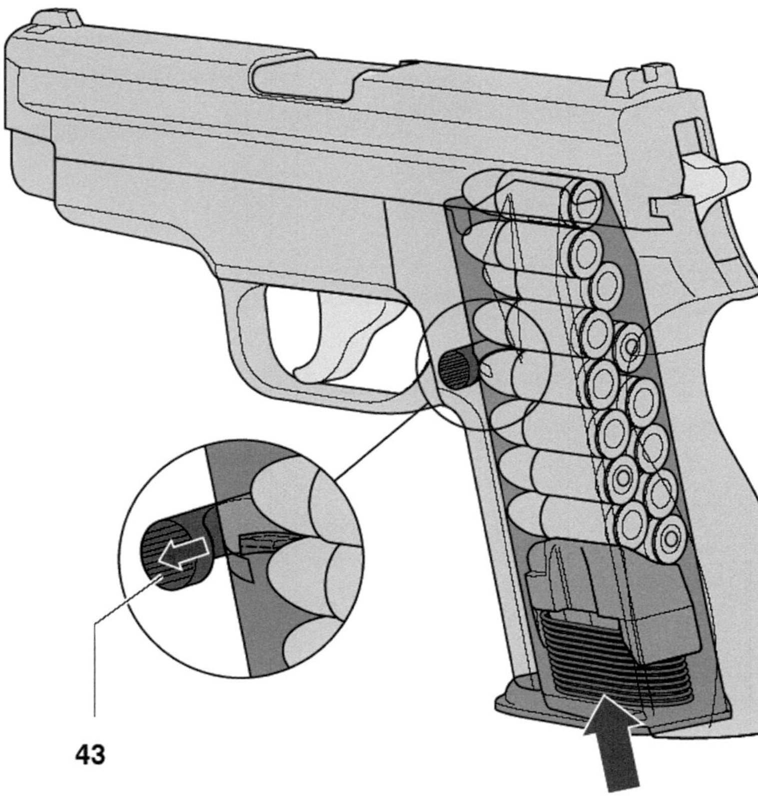


Abb. W-1

### 9.2.1.2.1. Single-Action-Modus (SA)

Durch vollständiges Zurückziehen des Verschlusses (4) mit der linken Hand (bei rechtshändigen Schützen) erhält die erste Patrone im Magazin Platz zum Aufstieg – die dafür notwendige Energie liefert die Magazinfeder (52). Beim Zurückziehen des Verschlusses wird zugleich der Schlaghebel (29), auch „Hahn" genannt, gespannt. Wenn nun der Verschluss freigegeben („losgelassen") wird, drückt die Kraft der gespannten Schließfeder (3) den Verschluss nach vorn - der Verschluss nimmt die erste Patrone (P) mit und schiebt sie in den Lauf, genauer: in das Patronenlager ein.

*Der **Verschluss**, auch Schlitten genannt, wird im Kapitel 9.2.3 ausführlich behandelt. Betrachten Sie ihn zunächst als Bauteil, das das Patronenlager verschließt, indem es den Patronenboden stützt. Dieses Verschließen oder Abschließen ist kein Abdichten, dieses erfolgt durch das „Lidern" genannte Ausdehnen der Patronenhülse im Patronenlager, aus dem der Verschluss die Hülse nicht nach hinten „entkommen" lässt.*

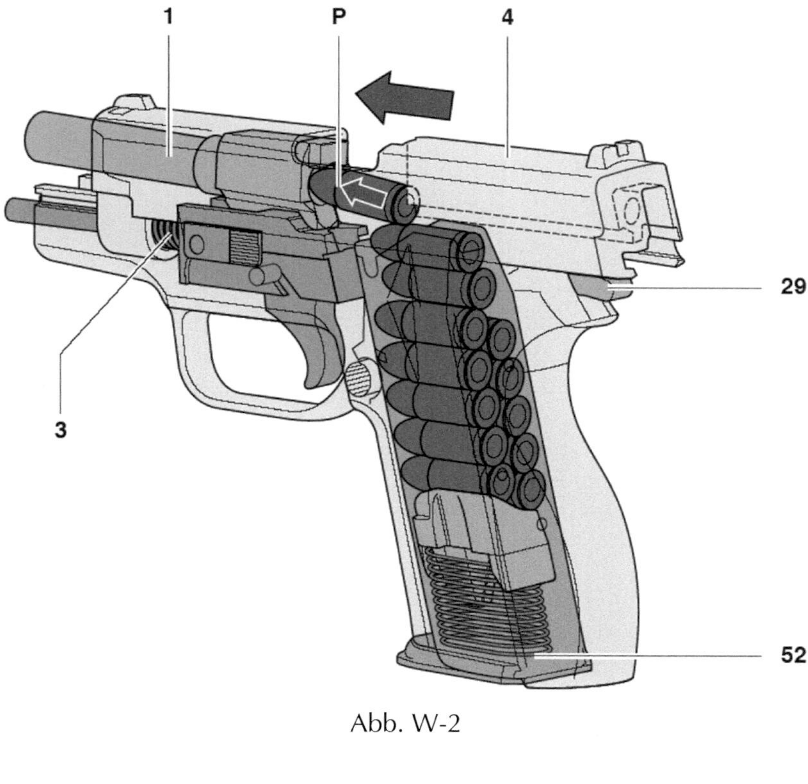


Abb. W-2

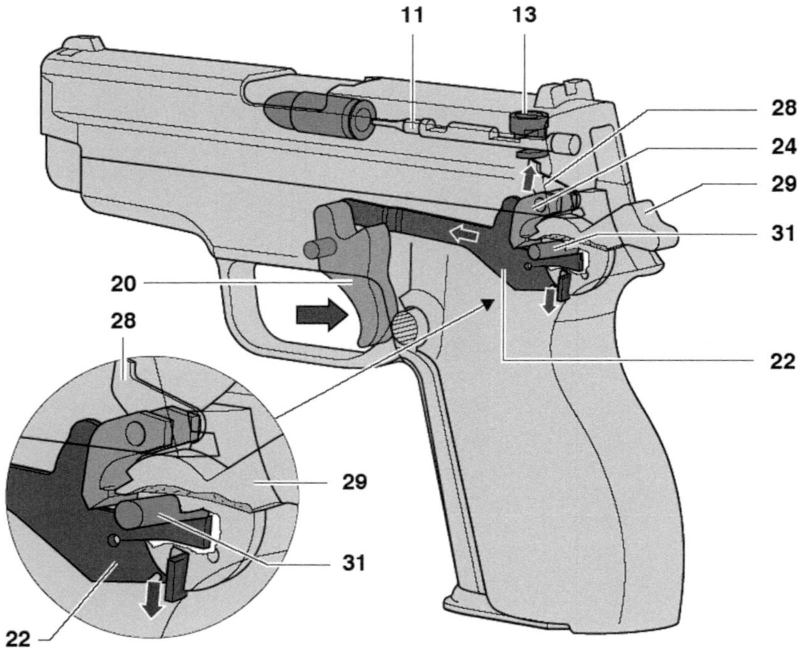


Abb. W-3

Nun ist die Pistole **geladen** und **schussbereit**. Sobald der Schütze den Abzug betätigt und die Abzugsstange (22) nach vorn geführt wird, bricht der Schuss und das Geschoss verlässt den Lauf. Da moderne DA-Pistolen oftmals über keine zusätzlichen Sicherungen verfügen, sondern mit automatischen Sicherungen ausgestattet sind, um eine schnelle Schussabgabe zu ermöglichen, ist keine weitere Betätigung etwaiger Sicherungshebel notwendig. Der Sicherungsschieber (13) gibt den Schlagbolzen nur frei, wenn der Abzug betätigt wird – die versehentliche Auslösung des Schusses, etwa durch Herabfallen der Waffe, wird damit ausgeschlossen.

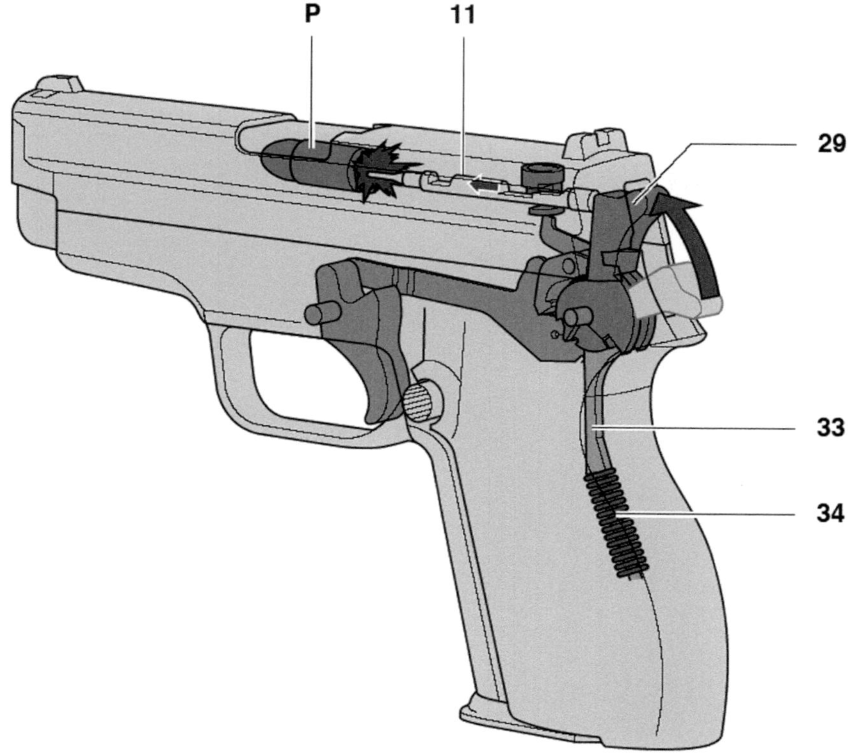


Abb. W-4

Der Schlaghebel (29) schnellt, getrieben von der Kraft der Schlagfeder (34), nach vorn und schlägt auf den Schlagbolzen (11). Der Schlagbolzen bewegt sich daraufhin nach vorn in die Zündkapsel der Patrone (P) – die Patrone zündet (Abb. W-4). Durch den Rückstoßimpuls wird der Verschluss danach zurückbewegt (Abb. W-5 und W-6).

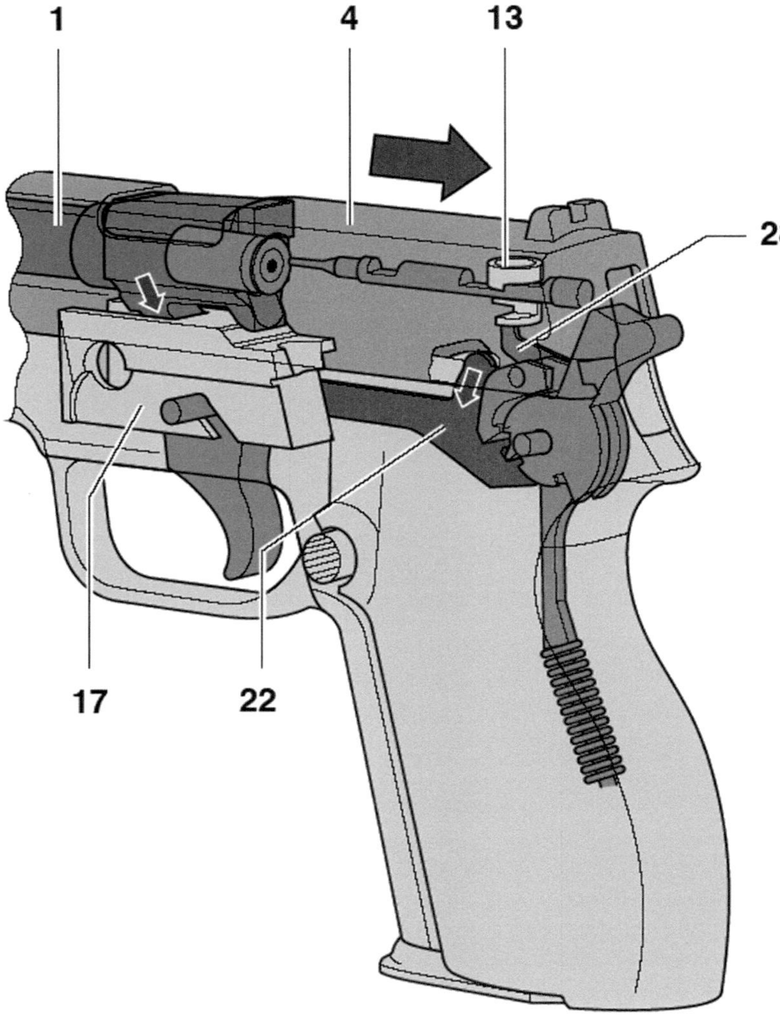


Abb. W-5

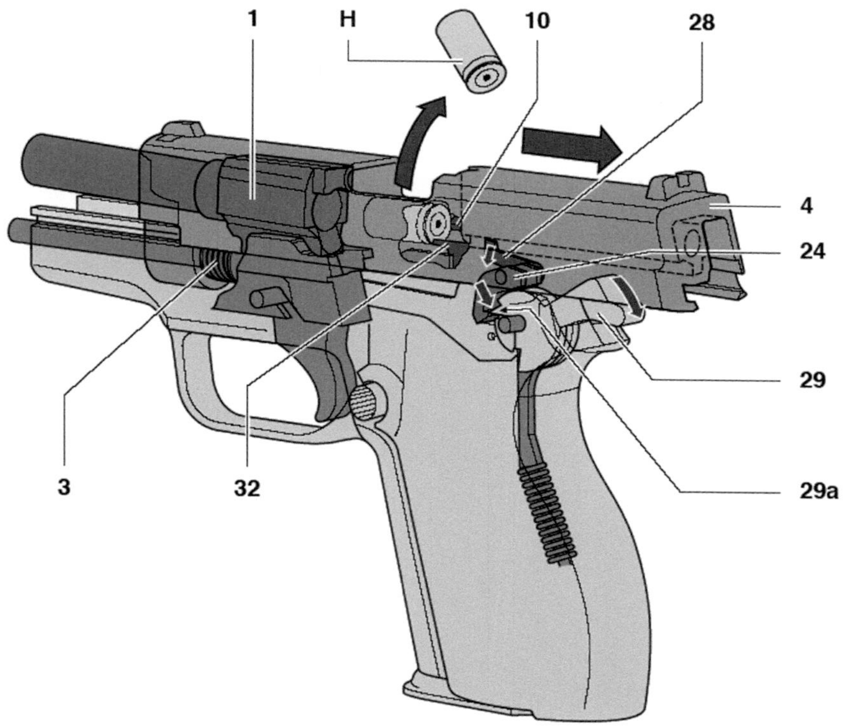


Abb. W-6

Die automatische Verschlussbewegung ist komplex, insbesondere die Bewegung des Laufes bei einer Pistole mit einem Verschluss nach dem „Browning-Prinzip“, auch als „verriegelter Verschluss“ bezeichnet. Im Moment der Schussabgabe ist der Lauf in seiner Schussposition verriegelt - sobald sich nun der Verschluss nach hinten bewegt, bewegt sich auch der Lauf. Die Kippbewegung des Laufes, der sich mit dem Patronenlager leicht abwärts bewegt, ist deutlich sichtbar. Der Lauf wird abgesenkt, löst sich aus dem Verschluss und verharrt, während der Verschluss weiterläuft. Die Hülse wird dabei von der Ausziehkralle aus dem Lager gezogen und ausgeworfen, der Schlaghebel gespannt. In der folgenden Schließbewegung, also quasi auf dem Weg nach vorn (Abb. W-2), durch den Druck der Schließfeder bewirkt, zieht der Verschluss eine Patrone aus dem Magazin nach. Der gesamte Vorgang entspricht dem Durchladen der Waffe per Hand, dem vollständigen Zurückziehen und Loslassen des Verschlusses.

### 9.2.1.2.2. Double-Action-Modus (DA)

Die erste Frage lautet hier: Wie kommt eine Pistole in den entspannten, geladenen Zustand? In der Regel durch das Laden des Patronenlagers durch Zurückziehen des Verschlusses (Abb. W-2) und nachfolgendes Entspannen des Schlaghebels, wie es die Abbildung W-7 zeigt.

Der in der P 220 verwendete Entspannhebel erspart dem Schützen das mit Daumen und Zeigefinger auszuführende manuelle Entspannen durch Abdrücken bei gehaltenem Schlaghebel. Zudem sichert der Entspannhebel den Schlaghebel gegen unbeabsichtigtes Vorschnellen. Die **Fangklinke** (Abb. W-6, 24) fängt den nach vorn gehenden Schlaghebel auf und hält ihn in der **Sicherheitsrast** (Abb. W-7, 29b), der Schlagbolzen wird während des gesamten Entspannvorgangs blockiert. Ein Abzugssystem mit Sicherheitsrast, in die der Hahn nach Auftreffen auf den Schlagbolzen automatisch zurückspringt, wird auch als **Rückspringschloss** bezeichnet.

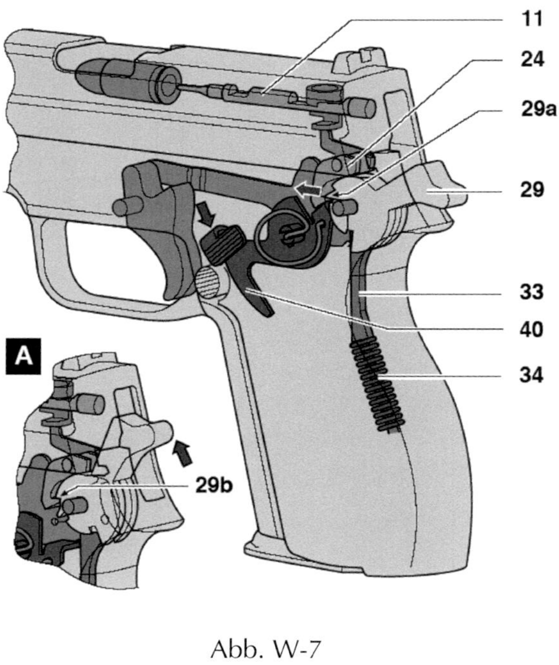


Abb. W-7

Wird nun der Abzug betätigt, wird der Schlaghebel zunächst mittels der Abzugsstange (22) gespannt und schließlich von der Kraft der Schlagfeder nach vorn geführt.

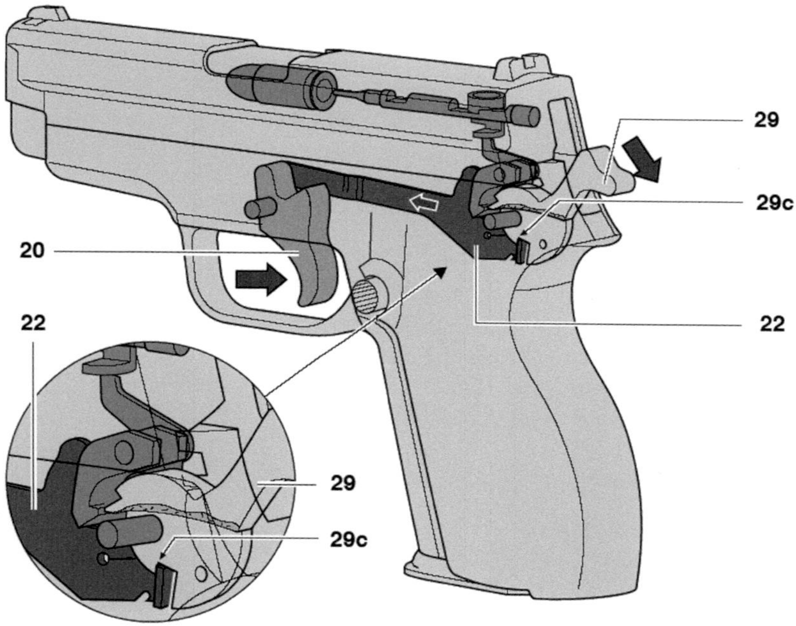


Abb. W-8

Um den Abzug nicht unnötig weit zu bewegen, kann im Griffstück ein **Triggerstop** montiert werden, meist in Form einer Schraube. Der Abzug drückt gegen den Schraubenkopf und kann diesen Widerstand nicht überwinden. Die Schraube wird so weit eingedreht, dass der Abzug bei seiner Bewegung den Schuss gerade auslöst und danach nur etwa 0,3 mm weiter nach hinten gezogen werden kann. So wird verhindert, dass bei hohem Abzugswiderstand die Waffe nach Schussauslösung nicht mehr sicher gehalten wird und es somit zu einem Verreißen des Schusses kommt.

Wenn es sich um eine Pistole mit DA-System handelt, folgt nun der in Kapitel „Single-Action" dargestellte Ablauf (Seite 191). Der Schuss wird abgegeben, der Rückstoßimpuls treibt den Verschluss zurück, die Schlagfeder wird gespannt und eine neue Patrone nachgeführt. Die Waffe ist danach schussbereit und kann mit weniger Abzugswiderstand abgefeuert werden. Anders bei einer Waffe mit **DAO-Abzug** – hier würde die Schlagfeder nicht gespannt, sondern nur eine neue Patrone zugeführt.

Warum feuert die Waffe bei gehaltenem Abzug jetzt nicht weiter wie ein **Vollautomat**? Das liegt an dem **Unterbrecher**. Er löst den Kraftschluss von Abzug und Abzugsstange beim Zurückgleiten des Verschlusses und macht es dadurch notwendig, den Abzug wieder freizugeben, bevor der Abzug wieder kraftschlüssig mit der Abzugsstange verbunden wird. Das bei der Abzugsfreigabe fühlbare leichte Knacken ist für erfahrene Schützen das Signal für das erneute Krümmen des Abzugsfingers, wenn es um rasche Schussfolge, etwa im Bereich des Verteidigungsschießens, geht.

### 9.2.1.2.3. Double-Action-Only-Modus (DAO)

Der fühlbare Unterschied zwischen einem SA- und DA-Abzug ist der **Abzugswiderstand** – in einer physikalischen Größe, der Kraft, ausgedrückt, benötigt man einen Druck (oder Zug) von 20 N (Newton), um den SA-Abzug zu betätigen. Zur Erklärung: 20 N sind das Maß an Kraft, das aufgewendet werden muss, um ein Gewicht von 2 kg zu heben. Für die Abgabe eines Schusses im DA- oder DAO-Modus sind 55 N notwendig, also fast die dreifache Abzugskraft. Zum Vergleich stellen Sie sich folgendes Experiment vor: Binden Sie eine Zwei-Liter-Packung Saft mit einem Schnürsenkel an Ihren leicht gebeugten Abzugsfinger und heben Sie bei gespanntem Senkel die Packung nur durch Beugen des Abzugsfingers. Und nun wiederholen Sie das Gedankenexperiment nicht mit 2 kg, sondern mit einem Gewicht von 5,5 kg. Dieser Gewichtsunterschied entspricht den unterschiedlichen Abzugswiderständen. Sie werden feststellen, dass der Unterschied beträchtlich ist.

Doch welche Bedeutung hat das für den Schützen?

Für Präzisions- und Sportschützen ist ein SA-Abzug oder zumindest ein DA-Abzug mit SA-Funktionalität unerlässlich – für den präzisen Schuss ist in der Regel nur ein SA-Abzug mit geringem Abzugswiderstand geeignet.

Für eine **Verteidigungswaffe** ist dagegen ein DAO-Abzug die optimale, ein DA-Abzug zumindest eine gute Lösung. Denn hier kommt es meist nicht darauf an, ein kleines Ziel über eine große Distanz zu bekämpfen, sondern die Waffe schnell in Anschlag zu bringen und einen oder mehrere Schüsse abzugeben, ohne dass man lange überlegen muss, ob die Waffe gespannt, gesichert, entspannt, entsichert, unterladen oder geladen ist. Eine DAO-Waffe kann aufgrund des hohen Abzugswiderstandes eigentlich nur abgefeuert werden, wenn es der Waffenträger will – selbst ein „erschrockenes Verkrampfen" des Abzugsfingers reicht meist nicht aus, den Widerstand des DAO-Abzugs in Verbindung mit dem längeren Abzugsweg zu überwinden.

### 9.2.1.3. Abzugsarten bei Revolvern

#### 9.2.1.3.1. Single-Action

Der abgebildete Revolver ist optisch ein typischer Single-Action-Revolver – charakteristisch sind der tief sitzende Griff, der stummelartige Abzug und der große, vergleichsweise hoch stehende Hahn.

SA-Revolver verfügen meist nicht über eine ausschwenkbare Trommel. Das Be- und Entladen der Kammern erfolgt über eine Öffnung, die „Ladekammer", die mit der Ladeklappe verschlossen wird. Die Trommel ist hier fest eingebaut.

Der Abzug eines SA-Revolvers steht in der Regel trocken und muss nur einen minimalen Weg zurücklegen, da er lediglich den Hahn auslöst.

Diese Abzugsart ist heute nur noch im sportlichen Bereich vertreten. Da sich das Abzugssystem präziser einstellen lässt als bei einem DA-Abzug, lassen sich mit einem SA-Abzug in der Regel bessere Ergebnisse erzielen. So kann das Abzugsgewicht meist auf ein Minimum reduziert werden.

## 9.2.1.3.2. Double-Action

Der DA-Revolver ist aufgrund der Wahlmöglichkeit zwischen DA- und SA-Abzug die beliebteste Abzugsvariante. Anders als beim SA-Revolver ist der Hahn etwas kompakter ausgeführt.

Für den Einsatz als Gebrauchswaffe spricht die systembedingte Sicherheit eines Revolvers mit DA-Abzug – mit entspannter Waffe, sofern alle Kammern der Trommel (zumindest die als nächste vorgeführte) mit einer Patrone gefüllt sind, kann der Schütze ohne zeitraubendes Entsichern, Repetieren oder Vorspannen einen Schuss abgeben. Dazu kommt das höhere Abzugsgewicht eines DA-Systems – hier ist eine bewusste Entscheidung zur Schussabgabe Voraussetzung für das Durchziehen des Abzugs.

Selbst eine DA-Pistole bietet nicht diese Sicherheit – ist sie unterladen, also keine Patrone im Patronenlager, wird die Betätigung des Abzugs nichts bewirken. Gleiches gilt für Zündversager – während beim Revolver einfach noch einmal der Abzug betätigt wird und sich die nächste Patrone vor den Lauf legt, ist bei einer Pistole eine Repetierbewegung des Schlittens notwendig.

Beachten Sie: **DA- und DAO-Revolver** sind **keine halbautomatischen Waffen** im Sinne des Waffengesetzes (Anlage 1 Abschnitt 1 Nr. 2.2 WaffG).

### 9.2.1.3.3. Double-Action-Only (DAO)

Charakteristisch für Revolver mit Double-Action-Only-Abzug ist der deutlich ausgeführte „Buckel", in dem sich der Hahn ungehindert und ohne Zugriffsmöglichkeit für den Schützen bewegen kann. Gleichzeitig hat die Waffe keine hervorstehenden Teile, die beim Ziehen, insbesondere aus einem Schulterholster, das verdeckt unter dem Sakko getragen wird, in der Kleidung „hängenbleiben" könnten.

Derartige Revolver sind im sportlichen Bereich kaum anzutreffen, da aufgrund des höheren Abzugswiderstands im Vergleich zu vorgespannten DA- oder reinen SA-Revolvern ein sportlicher Präzisionsschuss kaum möglich ist.

Wie schon im Kapitel „Waffentechnik" und bei der Beschreibung des DA-Revolvers dargestellt, bietet der DAO-Abzug ein Stück passive Sicherheit - die DAO-Waffe kann aufgrund des hohen Abzugswiderstandes eigentlich nur dann abgefeuert werden, wenn es der Schütze wirklich will. Selbst ein „erschrockenes Verkrampfen" des Abzugsfingers reicht in der Regel nicht aus, den Widerstand des DAO-Abzugs zu überwinden.

### 9.2.2. Lauf und Patronenlager

Der **Lauf** gibt dem Geschoss, das nach Anzündung des Treibsatzes in der Patronenhülse durch ihn hindurch getrieben wird, Führung und nimmt gemeinsam mit dem Verschluss den Gasdruck auf. Man unterscheidet **glatte** und **gezogene** Läufe. **Polygonläufe** zählen zu den gezogenen Läufen. Die **Bohrung** des Laufes (der Hohlraum, durch den das Geschoss getrieben wird) nennt man **Seele**, den Mittelpunkt der Bohrung die **Seelenachse**.

Das **Patronenlager** befindet sich, von der Mündung gesehen, im rückwärtigen Bereich des Laufes und ist somit Teil der Laufbohrung. Im Patronenlager ruht die zu verfeuernde Patrone. Zwischen dem Patronenlager und dem Teil des Laufes, der dem Geschoss Führung geben soll, befindet sich der **Übergangskegel** (Übergangskonus), in den das Geschoss eintritt, wenn es in Bewegung gesetzt wird. Beim Revolver dient die **Trommel** als Patronenlager, somit ist hier das Patronenlager nicht Teil des Laufes. Patronenlager, Lauf und Trommel sind **wesentliche Teile** einer Waffe.

Für die Verwendung von randloser Munition wird das Patronenlager so konstruiert, dass es entweder durch seine Innenform bei flaschenförmigen Patronen (Patrone mit **Schulter**, „**Schulteranlieger**", linke Skizze; meist für Büchsen, aber auch für einige Kurzwaffen) oder durch eine definierte **Kante** („**Hülsenmundanlieger**", rechte Skizze) verhindert, dass die Hülse tiefer als vorgesehen in das Patronenlager gleiten kann.

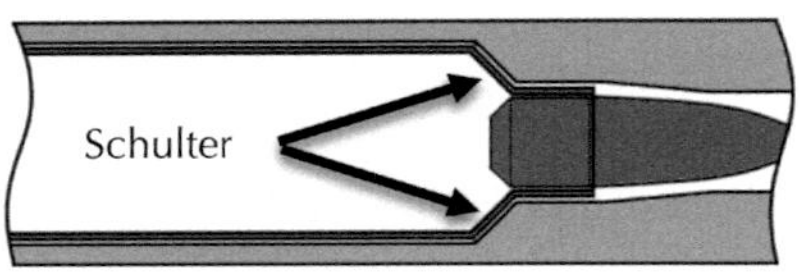


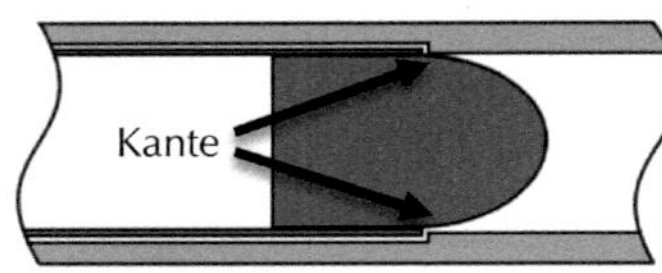


Um Waffensprengungen zu vermeiden, muss die Patrone nahezu spielfrei, insbesondere in der Längsrichtung, im Patronenlager ruhen. Der **Verschlussabstand** ist technisch der mit engen Toleranzen gesetzlich festgelegte Abstand zwischen dem Stoßboden des Verschlusses und dem vorderen Anschlagpunkt oder Anlagepunkt der jeweiligen Patronenart. Damit wird sichergestellt, dass die Patrone *gasdicht lidern*[104] kann, das Anzündhütchen in der Zündglocke bleibt, die Hülse nicht reißt und der Schlagbolzen das Anzündhütchen erreicht. Ist beispielsweise der Verschlussabstand unzulässig groß, kann der Schütze durch austretende Gasschwaden oder ein Abreißen von Teilen der Waffe schwer verletzt werden.

**Form** und **Maßhaltigkeit** von Patronenhülse und Patronenlager sind sehr wichtig – während der Verschluss am Hülsenboden dafür sorgt, dass sich die Hülse nicht aus dem Patronenlager herausbewegen kann, sorgt am anderen Ende der Hülse der Hülsenmund (**Hülsenmundanlieger**) beziehungsweise die Schulter der Patronenhülse (**Schulteranlieger**) dafür, dass die Hülse nicht zu weit in das Patronenlager hineingleitet, dabei aber ein geringstmöglicher Abstand zwischen Hülsenboden und Verschluss verbleibt.

Bei **Randpatronen** stellt sich dieses Problem meist nicht: Als typische Munition für Hinterlader (Kipplaufwaffen) und Revolver können sie nur bis zum Rand des Hülsenbodens in das Patronenlager eingeführt werden. Passt sich die Hülse dabei exakt in das Patronenlager ein, bewirkt das Lidern der Patronenhülse bei Schussabgabe einen gasdichten Abschluss des Laufes. Darum kann von dem Grundsatz, dass nur Munition des auf dem Patronenlager angegebenen Kalibers verwendet werden darf, bei Randpatronen abgewichen werden, wenn bei gleichem Geschoss- oder Patronendurchmesser die Hülsenlänge nach dem Schuss geringer ist als diejenige der Munition, die zum Verschießen aus der betreffenden Waffe vorgesehen ist. Dies gilt insbesondere bei **Schrotpatronen** mit kürzerer Hülsenlänge – aus einer Flinte im Kaliber 12/76 dürfen Patronen im Kaliber 12/70 verschossen werden. Umgekehrt würde das unter Umständen zu einer Waffensprengung führen, da sich die Patrone zwar einführen lässt, aber bei Anzündung nicht vollständig öffnen kann – beim Umgang mit Flinten ist darum immer sehr genau auf die richtige Wahl der Patronen zu achten!

Ein weiteres Beispiel sind Patronen im Kaliber .38 Special – sie haben eine etwa 3,4 mm kürzere Hülse bei gleichem Geschossdurchmesser und geringerem Gasdruck als die Patrone .357 Magnum und dürfen darum auch aus einer Waffe des Kalibers .357 Magnum verschossen werden. Umgekehrt ist dies nicht zulässig (und wird technisch durch eine kürzere Trommel des Revolvers im Kaliber .38 Special verhindert).

Unterschiede bei den Formen des Hülsenrandes werden bei der Bezeichnung der Kaliber häufig berücksichtigt. Zu unterscheiden sind (von links nach rechts) Hülsen **„mit Rand“**, **„mit Gürtel“** und **„ohne Rand“**, hier dargestellt am Beispiel einer RWS-Patrone (Ausschnitt des Hülsenkörpers).

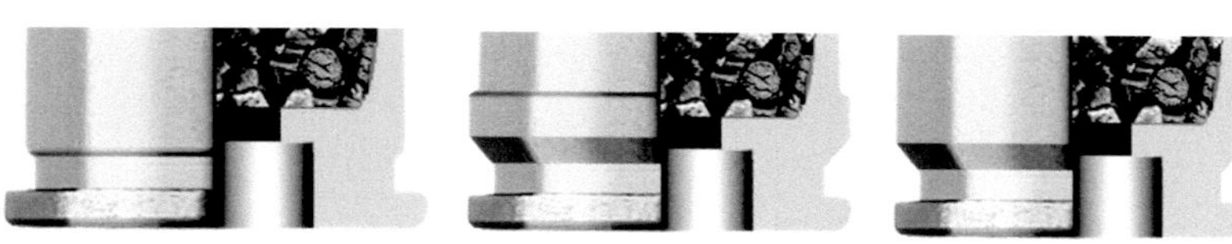

Die **Hülse mit Gürtel** wird für Kaliber mit besonders hohem Gasdruck verwendet. Vornehmlich dient der Gürtel dazu, dass sich die Patrone mit der vorderen Kante des Gürtels an einer Ausfräsung im Patronenlager abstützt, um so eine verbesserte Messung und Einstellung des Verschlussabstands zu ermöglichen. Für die ebenfalls vertretene Auffassung, der Gürtel sei eine Art „Sicherungsmaßnahme", um besonders stark geladene Patronen nicht in das Patronenlager einer älteren Waffe einführen zu können, oder verstärke die Hülse, liegen dagegen keine belastbaren Quellen vor.

Der zuvor bereits mehrfach erwähnte **Verschlussabstand** führt in der Praxis nicht selten zu Verwirrung. Denn es sind zwei Arten von Verschlussabstand zu unterscheiden, nämlich der tatsächliche Verschlussabstand einerseits und andererseits das im Beschussgesetz festgelegte Maß, das sich auf die Abstände vom **Stoßboden** des Verschlusses (der dem Hülsenboden nächste Punkt des Verschlusses) zu einem Anlagepunkt oder Anschlagpunkt der Patronenhülse im Patronenlager bezieht. Ein minimaler Abstand von Stoßboden zu Hülsenboden muss dabei immer vorhanden sein, da eine Schusswaffe wie jede Maschine etwas „Spiel" braucht, um eine Bewegung aller Waffenteile und der Patrone zu ermöglichen; zugleich darf der tatsächliche Abstand aber auch nicht den gesetzlich festgelegten Maximalwert überschreiten, der zB bei Waffen im Kaliber 9 mm x 19 bis zu 0,25 mm betragen darf, bei Waffen im Kaliber 8 x 57 IS jedoch nicht mehr als 0,1 mm. Die Erforderlichkeit eines minimalen Spiels ist auch bei Randpatronen gegeben.

Zur **Messung des Verschlussabstandes** muss zunächst die Hülsenform bekannt sein, da sich nach ihrer Beschaffenheit die Messmethode bestimmt. Bei **Randpatronen** (Schrotpatronen, typische Revolverpatronen) beschreibt das Verschlussabstandsmaß die Entfernung vom Stoßboden bis zur Vorderseite des Randes (gemeint ist die vom Verschluss gesehen entferntere Seite des Randes). **Randlose Hülsen**, die flaschenförmig sind, sind in der Regel Schulteranlieger; sie stützen sich also vorn an der Auflagefläche mit der Schulter der Hülse ab, darum wird das Maß des Verschlussabstands bei Schulteranliegern als Abstand zwischen dem Stoßboden und dem Anlagepunkt der Schulter angegeben und gemessen. Bei **Hülsenmundanliegern** (Pistolenpatronen) wird der rechnerische Verschlussabstand zwischen dem Stoßboden und dem Anschlagpunkt der Hülse im Patronenlager gemessen.

*Zu Unterschieden und Eigenschaften der unterschiedlichen Laufarten lesen Sie bitte im Kapitel „Innenballistik" ab Seite 263 nach. Informationen zum **Flintenlauf** können Sie dem Kapitel „Flinte" ab Seite 176 entnehmen.*

Bei Abgabe des Schusses treten im Lauf, insbesondere im Bereich des Patronenlagers, sehr hohe Gasdrücke auf, die Werte bis zu mehreren tausend bar erreichen können. Das Material, aus dem der Lauf gefertigt wird, muss fest genug sein, um diesen Drücken zu widerstehen. Und wenn Sie das

Kapitel über den Beschuss bedenken, muss der Lauf im Zuge der Beschussprüfung auch höhere Drücke verkraften, als ihn die Munition erzeugt, für die er konstruiert wurde. Neben der Festigkeit muss das Material zugleich flexibel genug sein, um sogenannten „Sprödbrüchen" vorzubeugen.

Moderne Läufe werden **nahtlos** hergestellt, aus Legierungen auf Basis von Stahl. Da die Laufinnenseiten nicht nur dem enormen Gasdruck der Munition, sondern gleichzeitig auch hohen Temperaturen, der mechanischen Belastung der Geschosse sowie der chemischen Reaktion mit Pulverrückständen ausgesetzt sind, ist eine spezielle Oberflächenveredelung keine Seltenheit, zum Beispiel eine Hartverchromung.

Ein **Wechsellauf** muss vom Büchsenmacher an die Waffe angepasst werden. Ein **Austauschlauf** kann dagegen ohne Nacharbeiten in die Waffe eingesetzt werden. Der Austauschlauf ist in seinen äußeren Abmessungen vollständig identisch mit dem Originallauf, so dass die optimale Führung in der Waffe, insbesondere die Funktion des Verschlusses unter Beibehaltung des zulässigen Verschlussabstands, gewährleistet ist, ohne dass weitere Anpassungsarbeiten an Lauf oder Waffe vorgenommen werden müssen.

Ein **Wechselsystem** besteht aus einem Austauschlauf und dem für die Verwendung notwendigen Verschluss.

**Wechseltrommeln** sind Trommeln für ein bestimmtes Waffenmodell, die ohne Nacharbeit gewechselt werden können, um Munition eines kleineren Kalibers zu verschießen.

Der Einsatz von **Austauschläufen**, **Wechseltrommeln** oder **Wechselsystemen** kann sinnvoll sein, wenn man mit einem Revolvermodell, das man mit einem kurzen Lauf zur Selbstverteidigung trägt, an einem Scheibenschießen teilnehmen will. Um eine längere Visierlänge sowie mehr Präzision zu erreichen, bedient man sich in diesem Fall eines Austauschlaufes von 6 Zoll Länge, der gegen den 3-Zoll-Lauf ausgetauscht wird. Ein oft genanntes Argument ist zudem die Nutzung eines Wechselsystems, um im Training günstigere Munition eines kleineren Kalibers verwenden zu können.

Für **Inhaber einer WBK** ist der **Erwerb** eines **Austausch**- oder **Wechsellaufes** sowie eines notwendigen Verschlusses (**Wechselsystem**) für die bereits eingetragene Waffe **erlaubnisfrei** (Anlage 2 WaffG), es besteht aber eine **Eintragungspflicht** (§§ 37a, 37g WaffG). Der **Besitz** wird durch Eintragung des erworbenen Waffenteils in eine WBK durch die Behörde genehmigt.

Während der Austauschlauf bei geringfügig kleineren Hülsenboden-Durchmessern mit dem vorhandenen Verschluss in der Regel problemlos funktioniert und somit also einfach ausgetauscht werden kann, muss in der Regel zumindest das Magazin der Waffe ausgetauscht werden, da die Magazinlippen Patronen eines kleineren Kalibers nicht optimal positionieren.

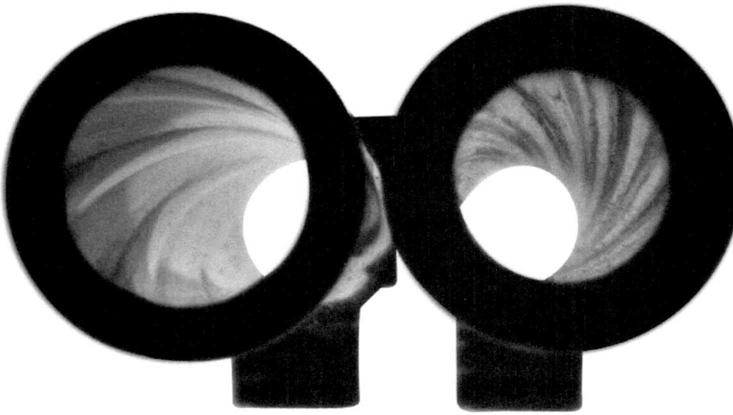

*Austauschlauf-Modell von IGB-Austria - die Außenabmessungen des Austauschlaufes (9 mm x 19, rechts) entsprechen denen des Originallaufes (.40 S&W, li.), so dass der Lauf in den Verschluss der Grundwaffe (Glock 22) problemlos eingesetzt werden kann. Die größere Wandstärke des Austauschlaufes (rechts) ist in dieser Abbildung deutlich zu erkennen.*

**Einsteckläufe** werden in dem Lauf der Waffe eingelegt und befestigt, um Geschosse eines geringeren Kalibers ohne weitere Veränderungen an der Waffe verschießen zu können. **Einstecksysteme** sind dagegen Einsteckläufe einschließlich des für sie bestimmten Verschlusses sowie der für sie bestimmten Gehäuseteile.

Einsteckläufe und Einstecksysteme können erlaubnisfrei erworben und besessen werden, wenn die für ihre Verwendung vorgesehene Waffe bereits in der WBK eingetragen ist.

*Zu **rechtlichen Voraussetzungen** für den Erwerb von Austausch-/ Wechselläufen und Einsteckläufen sowie Systemen beachten Sie die Kapitel 1.3.1.5und 1.3.1.6dieses Buches.*

*Beachten Sie zum Thema **Laufbündel** Kapitel 9.1.4.3. dieses Buches.*

## 9.2.3. Verschluss

Der Verschluss soll das Patronenlager nach hinten abschließen und zudem die Patronen beim Schießen im Patronenlager festhalten. Das Vorantreiben des Geschosses durch den Lauf soll die einzige Möglichkeit für das sich ausbreitende Gas sein, sich auszudehnen. Der Stoßboden des Verschlusses liegt mit festgelegtem, äußerst geringem Abstand am Boden der Patrone an, die im Patronenlager liegt. In den Stoßboden integriert ist meist eine Öffnung für den Schlagbolzen. Allerdings sorgt nicht der Verschluss für die Dichtheit des Laufes, sondern die Patronenhülse. Die Hülse hat im Moment der Zündung keine Möglichkeit, dem Druck nach hinten auszuweichen und dehnt sich im Patronenlager aus, sie „**lidert**". Diese Ausdehnung der Hülse dichtet das Patronenlager zum Verschluss hin ab. Je stärker die Liderung, desto gasdichter kann das Gesamtsystem aus Patronenlager und Lauf auf diese Weise abgedichtet werden. Hülsen aus Messing lidern besser als solche aus Stahl, da Messing das weichere Material ist.

Eine weitere Aufgabe des Verschlusses kann darin bestehen, den Schlagbolzen oder Hahn zu spannen – bei halbautomatischen Pistolen geschieht dies bei der Öffnungsbewegung des Verschlusses zum Auswerfen der abgeschossenen Hülse.

Die Einführung des Verschlusses war für die Handhabung der Schusswaffen ein entscheidender Schritt – es war das Ende der Vorderlader (wenn man von Traditionsschützen absieht). Nun war es möglich, moderne Waffensysteme zu entwickeln, bis hin zu den heutigen automatischen Waffen.

Bei automatischen Waffen stellt der enorme Gasdruck im Patronenlager die Konstrukteure vor eine besondere Aufgabe. Dies gilt für **verriegelte** wie für **unverriegelte** Verschlusssysteme. Insbesondere bei Gasdruckladern muss in der Regel eine **Steuerung** entwickelt werden, die mit Blick auf die Lauflänge und den von der Munition erzeugten Gasdruck ein Aufheben des Verschlusses verhindert, solange der Gasdruck in Lauf und Patronenlager noch nicht auf ein ungefährliches Maß abgesunken ist.

Beim **unverriegelten Verschluss**, auch „**Masseverschluss**" genannt, wird der Verschluss allein mit Federkraft gegen den Patronenboden gepresst. Bei schwachen Patronen wie .22 lfB ist das ausreichend – Patronen, die einen höheren Gasdruck erzeugen, erfordern dagegen den Einsatz eines **verriegelten Verschlusses.** Durch mechanische Blockierungen oder durch Drehen des Verschlusses in eine verriegelte Position kann im Lager ein hoher Druck erzeugt werden, da sich der Verschluss **nicht durch den Druck** bewegen bzw. entriegeln lässt.

Bei **Pistolen mit Masseverschluss** (Federverschluss) ist der Lauf fest mit dem Griffstück verbunden und nicht beweglich. Der Verschluss (auch als **Schlitten** bezeichnet) gleitet nach Abgabe des Schusses zurück, angetrieben vom Gasdruck. Da der Verschluss mittels der Schließfeder fest an den Hülsenboden gedrückt wird und erst noch aus seiner Ruheposition bewegt werden muss (Trägheit), muss der Gasdruck so groß sein, dass der Verschluss in Bewegung kommt und seine **Masseträgheit** und die Federkraft überwindet.

Die nachfolgenden Skizzen verdeutlichen das Prinzip. Im ersten Bild wird die Masse durch den Federdruck gegen den Boden der Patrone gedrückt, die sich im Patronenlager befindet. Das zweite Bild zeigt den Zustand der Waffe mit fast vollständig geöffnetem Verschluss.

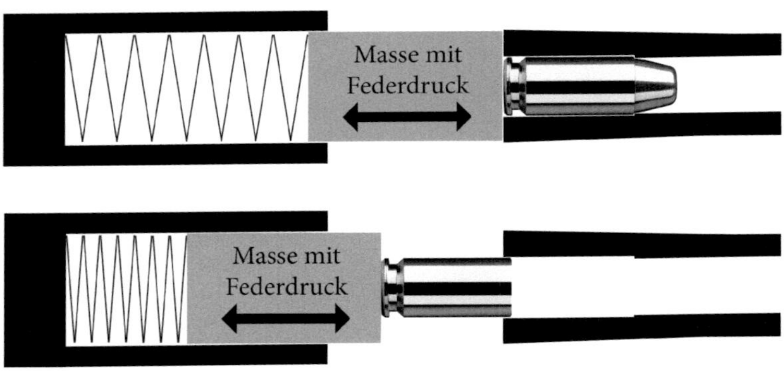


Entscheidend für das Funktionieren des einfachen Masseverschlusses sind die Dimensionierung der Schließfeder sowie die Masse des Verschlusses im Verhältnis zur Masse und Bewegungsenergie des Geschosses. Während es bei „leichter" Munition wie etwa .22 lfB mit vergleichsweise geringer Bewegungsenergie nur geringer Kräfte bedarf, um den Verschlusszustand ausreichend lange beizubehalten, ist bei Kalibern ab etwa 9 mm x 19 eine simple Feder-Masse-Kombination nicht mehr zu realisieren. Denn bei besonders schweren oder energiereichen Geschossen müsste die Masse des Verschlusses deutlich zunehmen, um ein vorzeitiges Freigeben der Hülse zu verhindern. Denn um es noch einmal deutlich zu machen: Nur wenn das Patronenlager lang genug verschlossen wird, weil die Feder ausreichend stark, die Masse des Verschlusses ausreichend groß und der Verschluss damit ausreichend träge ist, kann der Gasdruck in Lauf und Patronenlager vor dem Öffnen auf das Maß absinken, das den Schützen nicht mehr gefährdet. Die perfekte Abstimmung der Bewegungen von Lauf, Verschluss und Geschoss ist die Voraussetzung für eine gut funktionierende und präzise Waffe mit Masseverschluss.

Ein vernünftiger Kompromiss aus Federstärke und Masse des Verschlusses ist bei größeren Kalibern nicht realisierbar – hier bedarf es ausgefeilterer Konstruktionen wie etwa des Browning-Verschlusses oder gasgebremster Masseverschlüsse, wie sie nachfolgend dargestellt werden.

Eine effektive Form der **Verriegelung** nutzt der Revolver mit ausschwenkbarer Trommel. Anders als bei Waffen, in denen das Patronenlager Teil des Laufes oder fest mit diesem verbunden ist, wird durch Drehung der Revolvertrommel jeweils eine einzelne Kammer so positioniert, dass die Mittelachse der Kammer und die Laufseelenachse eine Linie bilden. Der Gasdruck wirkt hier auf die Trommelwandungen und den Rahmen des Revolvers, der mit dem Lauf fest verschraubt ist und verhindert, dass die gezündete Patrone nach hinten auf der Trommelkammer entkommen kann – der Gasdruck kann aber die Trommel selbst nicht seitlich bewegen. Dies kann nur der Schütze per Hand durch Bedienung des Daumenschiebers und anschließendes Herausdrücken der nun frei beweglichen Trommel.

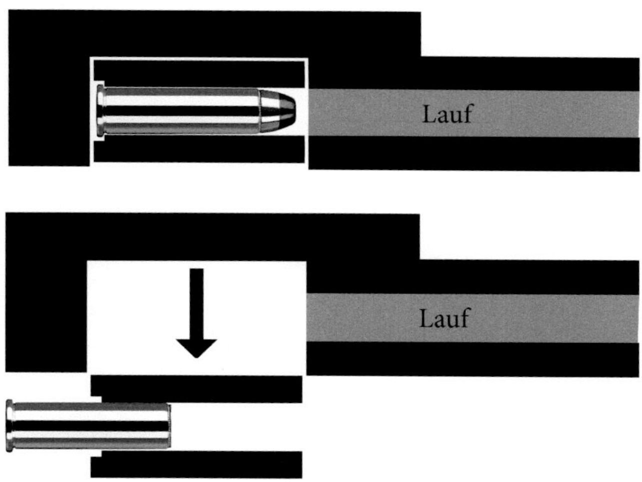


Grundsätzlich arbeiten alle verriegelten Verschlüsse nach diesem Prinzip, dass die Betätigung des Riegels nicht durch eine direkte Einwirkung des Gasdrucks erfolgt, sondern entweder zeitverzögert durch eine Verschluss-Steuerung (wie nachfolgend der Browning-Verschluss) oder durch händische Bedienung durch den Schützen (siehe auch Zylinder-Verschluss).

Das **Prinzip des verriegelten Verschlusses** bei Waffen, in denen das Patronenlager ein Teil des Laufes oder fest mit dem Lauf verbunden ist, unterscheidet sich zwar in der Art der Verriegelung, das Prinzip bleibt aber stets gleich: Der Druck auf den Verschluss ist nicht in der Lage, diesen aus seiner Verriegelungsposition zu bewegen, in der er, je nach Art der Verriegelung, sicher gestützt wird. Die Entriegelungsrichtung steht dabei in der Regel in einem rechten Winkel zur Richtung der Kraft, die auf den Verschluss wirkt. Erst durch eine weitere, in der Regel äußere Kraft, die die Verriegelung durch Drehung, Auslenkung oder eine andere Bewegung löst, kann die Patrone wieder aus dem Patronenlager herausgleiten, wie es in der nachfolgenden Prinzip-Darstellung verdeutlich wird. Der Verschlussblock kann sich nur auf und ab bewegen, während Kraft, der durch den Patronenboden auf den Verschlussblock einwirkt, lediglich im rechten Winkel zu dieser Bewegungsmöglichkeit angreift und unwirksam ist.

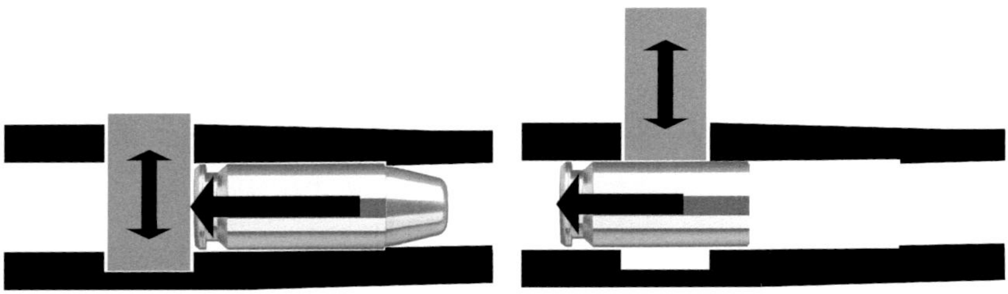

**Pistolen mit verriegeltem Verschluss** („Browning-Prinzip“) sind für Patronen mit stärkerer Ladung konstruiert, bei denen ein vernünftiger Kompromiss aus Federstärke und Masse des Verschlusses nicht realisierbar ist, ein Feder-Masse-Verschluss also nicht praktikabel ist.

Als Beispiel sehen sie unten die Walther P 99 - ein Ausschnitt mit **Steuerkurve** (A) (Unterseite Patronenlager, „Nase“) und **Verriegelungsblock** (B).

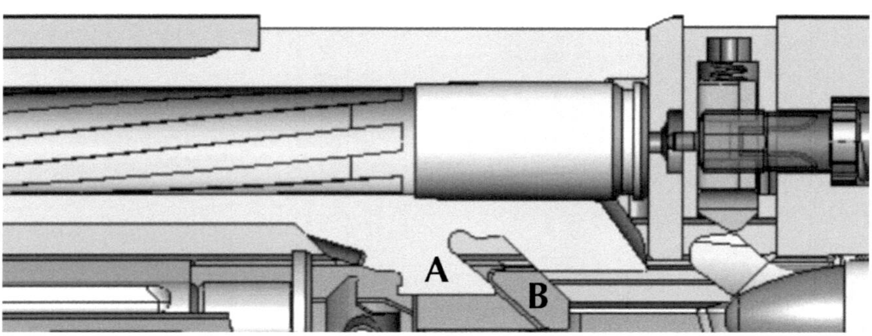


Nachdem der Schlitten gemeinsam mit dem Lauf wenige Millimeter nach hinten geglitten ist (Bild oben, Geschoss abgefeuert), läuft die Steuerkurve auf den Verriegelungsblock. Der Lauf lässt sich zwar innerhalb des

Verschlusses in verriegeltem Zustand nicht in Längsrichtung bewegen (also in Wirkrichtung des Gasdrucks), aber senkrecht nach unten (aus dem Auswurffenster des Schlittens, der Verriegelung). Indem der Verriegelungsblock für die schräge Fläche der Steuerkurve in Bewegungsrichtung des Verschlusses ein unüberwindliches Hindernis ist, weicht die Steuerkurve nach unten aus und löst die Verriegelung. Der Verschluss läuft weiter und zieht die Hülse aus, der Lauf verharrt am Verriegelungsblock. Durch die Kraft der Schließfeder gleitet der Verschluss dann wieder vor, der Lauf wird mitgenommen und durch die Steuerkurve in das Auswurffenster auf der Oberseite des Verschlusses gehoben, die Verriegelung wird wiederhergestellt.

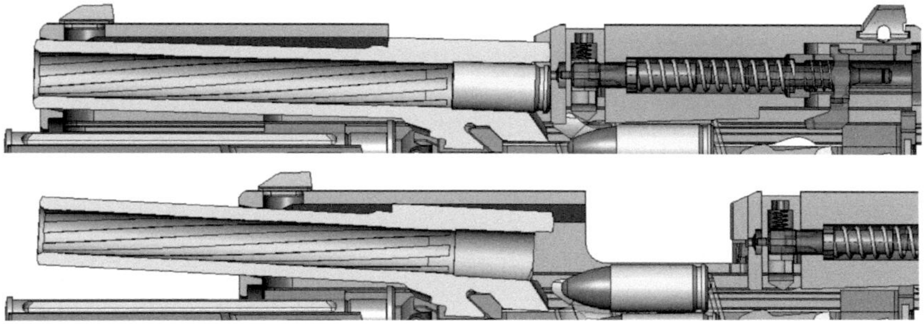

*Eine Videosequenz mit der Darstellung des Browning-Prinzips bietet ein Lehrvideo zum Buch, entweder durch Scan des QR-Codes oder unter https://www.e-busy.de/34501brw.mp4*

Eine andere Art des Verschlusses findet sich in der **P 7** von Heckler & Koch (HK), die auf der folgenden Seite abgebildet ist – diese Waffe arbeitet mit einem unverriegelten, **gasgebremsten** (Gasdruck-verzögerten) **Masseverschluss**. Der Lauf ist unbeweglich mit dem Griffstück verbunden, was diesem Modell eine große Präzision verleiht. Ein **Kolben** ist mit der Spitze des Schlittens (Verschlussträger) verbunden. Seine Spitze befindet sich in einem **Zylinder**, der unterhalb des Laufes angebracht ist. Eine **Bohrung** (Detailbild) verbindet Lauf und Zylinder (Bohrung mit Pfeil markiert). Beim Schuss wird ein Teil des Gasdrucks aus dem Lauf in den Zylinder geleitet. Der Kolben und damit der Verschluss werden so lange fest nach vorn gepresst, bis das Geschoss den Lauf verlassen hat und der Gasdruck im Lauf und damit auch im Zylinder rapide abnimmt. Erst dann gleitet der Verschluss nach hinten, da er jetzt allein gegen den Widerstand der Verschlussfeder bewegt wird.

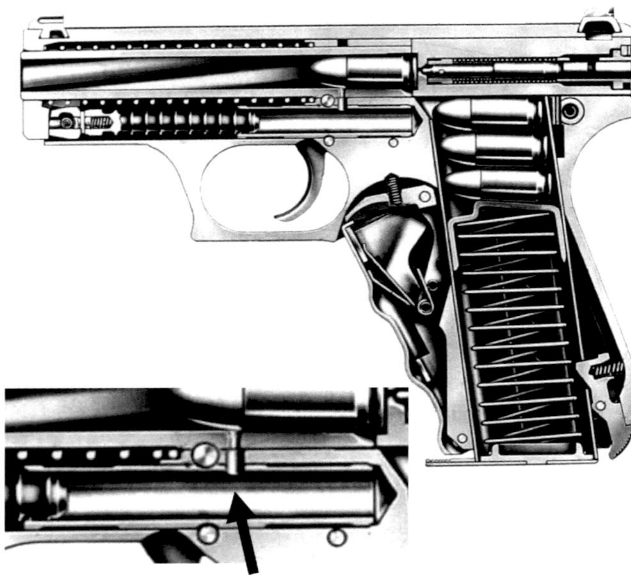

**Gasdrucklader** wie Halbautomaten oder Vollautomaten nutzen für die Bewegung des Verschlusses den Gasdruck im Lauf. Dazu wird ein Loch im Lauf gesetzt, durch das der Gasdruck entweichen kann. Ist das Loch im vorderen, der Laufmündung zugewandten Hälfte des Laufes, kann der Gasdruck zwischen Geschoss und Patronenhülse erst dann durch dieses Loch entweichen, wenn das Geschoss dieses Loch passiert hat. Jetzt kann über eine Druckleitung der Gasdruck durch das Loch beispielsweise Druck auf einen Kolben ausüben, der den Verschluss entriegelt – auf diese Weise wird der Repetiervorgang, der sonst manuell durch den Schützen ausgeführt wird, von der Waffe automatisch durchgeführt. Die Kraft wird dabei in manchen Waffen mit Hilfe eines Gestänges (Gasdruckgestänge) vom Kolben auf den Verschluss übertragen. Einige Gasdrucklader wie das M 16 verzichten auf ein Kolbensystem – hier wirkt der Gasdruck, der durch ein Rohrsystem umgeleitet wird, direkt auf Verschluss oder Verschlussträger.

Gasdrucklader „entriegeln" mit der Energie des Gasdrucks – die Verriegelung selbst erfolgt durch Verdrehung des Verschlusses über Rollen oder einrastende Warzen, wobei die dazu notwendige Energie durch die beim Rücklauf des Verschlusses gespannte Rückholfeder geliefert wird. Der Druck des Patronenbodens gegen den Verschluss hat auf die Bewegung des Verschlusses zunächst keinen Effekt – schließlich ist es ja gerade Aufgabe des verriegelten Verschlusses, den enormen Druck zu halten. Erst wenn durch die Steuerung des Verschlusses die Verriegelung gelöst wird, kann sich der gesamte Verschlussblock rückwärts gegen die Kraft der Rückholfeder bewegen, die schließlich genügend Gegendruck aufbaut, um den Verschluss wieder nach vorn zu schieben.

Der entscheidende Vorteil des Prinzips „Gasdrucklader" beim Einsatz in automatischen Waffen ist die Fähigkeit, den Verschluss sicher abstützen zu können und durch die Konstruktion die Entriegelung so lange herauszuzögern, dass der Repetiervorgang erst bei ungefährlichen Druckverhältnissen im Lauf beginnt. Bei besonders starken Kalibern hätte eine direkte Steuerung des Entriegelns über den Rückstoß oder die direkte Einwirkung auf den Verschluss schlimmste Folgen – der Gasdrucklader vereint die Sicherheit und Stabilität des traditionellen Verschlusses einer großkalibrigen handverriegelten Büchse mit den Vorzügen einer automatischen Waffe.

Das Gewehr HK SL 8 verfügt über einen **Drehkopf-Verschluss**. Zur Verriegelung wird der **Verschlussträger** zunächst mit Hilfe des Federdrucks nach vorn geführt. Der **Verschlusskopf** ist drehbar und längsverschiebbar im Verschlussträger gelagert.

In verriegelter Stellung (Grafik links) liegen die **Verriegelungswarzen** des Verschlusskopfes hinter den **Verriegelungsnasen** des Verriegelungsstückes (Gegenstück des Verschlusskopfes). Das Verriegelungsstück selbst ist mit Lauf und Patronenlager im Gehäuse der Waffe fest verschraubt. Der von vorn auf den Verschlusskopf wirkende Druck müsste also erst die Verriegelungswarzen oder die Verriegelungsnasen brechen lassen, um den Verschluss zu sprengen. Nur die Drehung des Verschlusskopfes kann die Verriegelung lösen, erst dann kann der Verschlusskopf zurückgleiten.

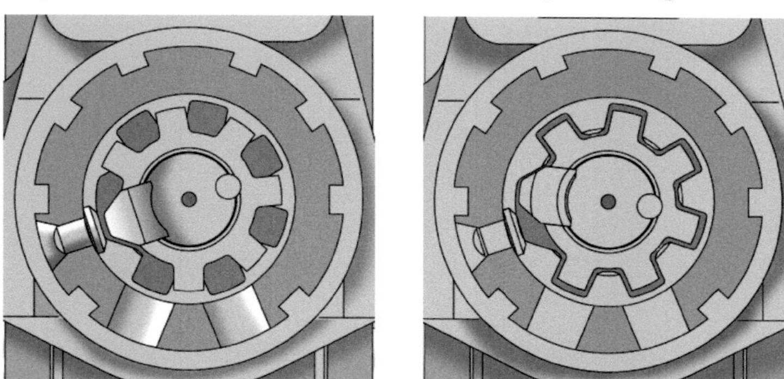

Nachdem die Patrone gezündet wurde, treibt der Gasdruck das Geschoss durch den Lauf. Sobald das Geschoss die Stelle passiert hat, an der sich die **Gasbohrung** befindet, wird ein Teil des Gasdrucks durch die Bohrung aus dem Lauf in die Gasabnahme geführt.

In der Gasabnahme wirkt der Gasdruck auf den Gaskolben. Der Gaskolben ist mit der Antriebsstange verbunden, die auf den Verschlussträger wirkt. Während sich der Verschlussträger allmählich rückwärts bewegt, sitzt der Verschlusskopf zunächst noch sicher im Verriegelungsstück, kann die Rückwärtsbewegung nicht mitmachen, da die Verriegelungswarzen noch hinter den Verrieglungsnasen sitzen. Der Verschlusskopf wird dabei aus dem Verschlussträger herausgezogen. Der **Steuerbolzen** (unten, Pfeil) ist Teil des Verschlusskopfes. Er liegt in der **Steuerkurve**, hier eine Aussparung im Verschlussträgergehäuse. Der Verschlusskopf wird durch seine Rückwärtsbewegung und die Form der Steuerkurve, in der sich der Steuerbolzen bewegt, zu einer Drehung gezwungen, weil er durch die Steuerkurve geführt („gesteuert") wird. Der Verschlusskopf dreht sich, damit treten die Warzen hinter den Verriegelungsnasen hervor, die Verriegelung wird aufgehoben und der Verschlusskopf kann mit dem Verschlussträger gemeinsam zurücklaufen. Am Ende dieses Rücklaufes, bei dem die leere Hülse ausgeworfen wird, sorgt die Schließfeder für eine Umkehrung der Bewegung. Sie schiebt den Verschluss nach vorn, die Verriegelung wird wiederhergestellt.

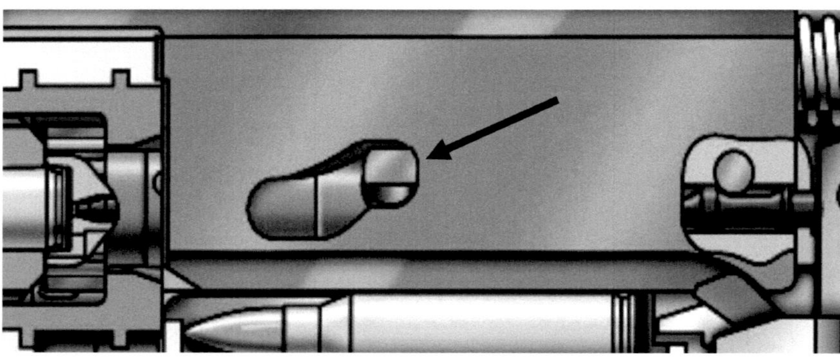

Anders als Gasdrucklader nutzen **Rückstoßlader** wie das HK G 3 die Masseträgheit des Verschlusses zur Steuerung der Verriegelung. Wie beim Drehverschluss ist der Kopf des **beweglich abgestützten Rollenverschlusses** im Verschlussträger gelagert, aber nur in Längsrichtung verschiebbar.

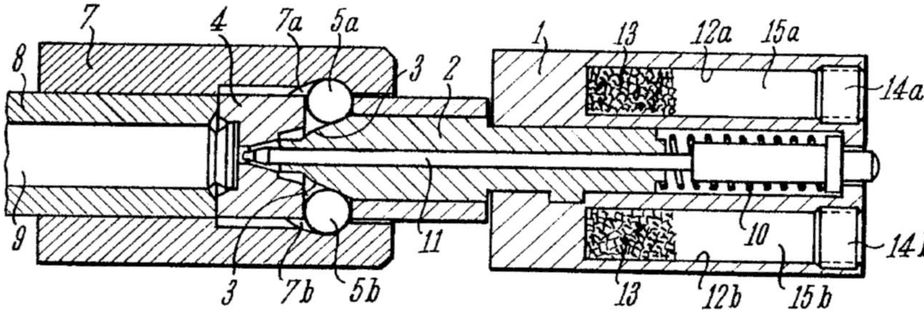


Unten der Verschluss allein mit „eingefahrenen" Rollen (5a/5b) – in der ersten Zeichnung verhindern die Rollen durch ihre Stellung in Widerlagern (7a/7b), dass sich der Verschluss zurückbewegt. Die Steuerung der Rollen erfolgt durch das Zurückgleiten des Verschlussträgers (1) und den dadurch geschaffenen Raum an der schrägen Fläche (3) des Steuerstücks (2). Der Verschlussträger wird durch den Rückstoß der Waffe und seine Masseträgheit beschleunigt und nach hinten bewegt, zieht Steuerstück und Verschlusskopf mit.

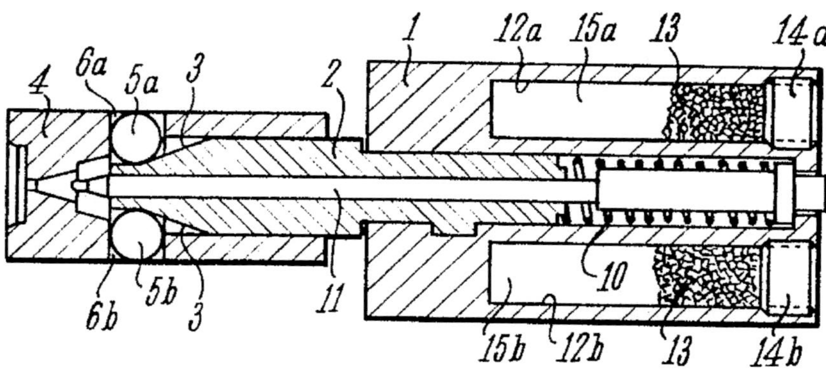


Der Effekt der Masseträgheit wird durch frei bewegliches Wolframpulver im Innern des Verschlussträgers noch verstärkt (13).

Langwaffen mit starren Läufen nutzen oft den seit Einführung des Dreyse-Zündnadelgewehres gebräuchlichen **Zylinder-Verschluss**, auch **Kammer-Verschluss** genannt. Die Art der Verriegelung wird auch von Drehverschlüssen automatischer Waffen verwendet, deren Automatik die Aufgaben der Hand des Schützen beim Bewegen der Kammer übernimmt. Dazu wird der Verschluss mit Hilfe eines **Kammerstengels** in der **Kammerhülse**, bestehend aus **Hülsenkopf** und **Hülsenbrücke** (siehe auch nachfolgende Bildreihen) vorwärts bewegt und gedreht – durch die Drehung wird er im Hülsenkopf ver- oder entriegelt, indem die **Verriegelungswarzen** (Erhebungen auf der Kammer) durch Drehung der Kammer ihre Stellung zu den **Verriegelungsnasen** verändern. Die Verriegelungsnasen befinden sich im Hülsenkopf, der fest mit dem Lauf verbunden ist. Im System Mauser dient eine **Sicherungswarze** (mit Spiel) in der Hülsenbrücke als „Back-up", um bei einer Verschlusssprengung die Kammer aufzuhalten. Zylinder-Verschlüsse widerstehen höchsten Drücken und kommen in schweren Büchsen und in Repetierflinten des Kalibers 12/89, **Gänseflinte** genannt, zum Einsatz.

**Verschluss offen**, aber Kammer in der Kammerhülse.

**Verriegelung im Hülsenkopf wurde hergestellt** – der Kammerstengel wurde nach vorn und zur Seite bewegt.

Der Verschlussvorgang im Innern der Waffe wird durch die nachfolgenden Darstellungen verdeutlicht. Die Kammer wird nach vorn geführt, bis eine Drehung durch eine Abwärtsbewegung des Kammerstengels möglich ist. Durch die Drehung kann sich die Kammer nicht mehr rückwärts bewegen, widersteht also dem Gasdruck, der nicht die Drehung der Kammer bewirken kann, durch die der Verschluss wieder geöffnet wird.

Die Zeichnungen demonstrieren drei Phasen der Verriegelung. Der Verriegelungsvorgang ist dabei dem Blick vollkommen entzogen – darum wird durch Schnittdarstellungen die Funktionsweise des Kammerverschlusses illustriert.

**Vorwärtsbewegung** (Verschluss nicht verriegelt, Drehung der Kammer nicht möglich) – der Schütze bewegt durch Druck von hinten auf den Kammerstengel die Kammer nach vorn. Diese Bewegung nach vorn endet, sobald die Patrone im Patronenlager positioniert ist – dann ist nur noch eine Drehbewegung der Kammer möglich.

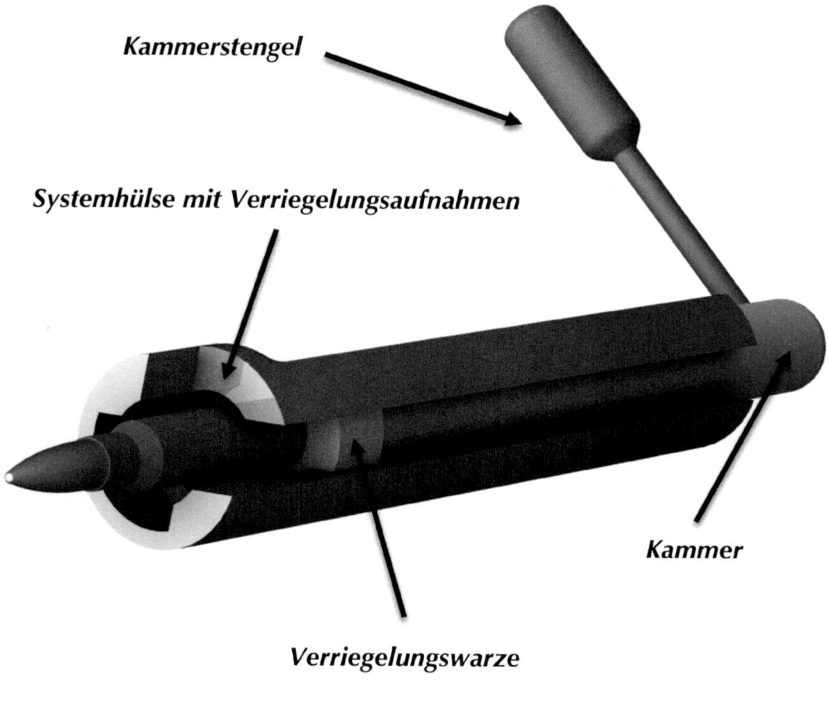

**Kammer in vorderste Position geschoben** (Verschluss nicht verriegelt, Drehung der Kammer möglich) – nun bewegt die Hand des Schützen die Kammer nicht mehr vorwärts, sondern leitet durch eine leichte Neuausrichtung des Handdrucks die Abwärtsbewegung des Kammerstengels ein, der dadurch die Kammer zu einer Drehung zwingt und unmittelbar eine Bewegung der Kammerwarzen in die Aufnahmen bewirkt.

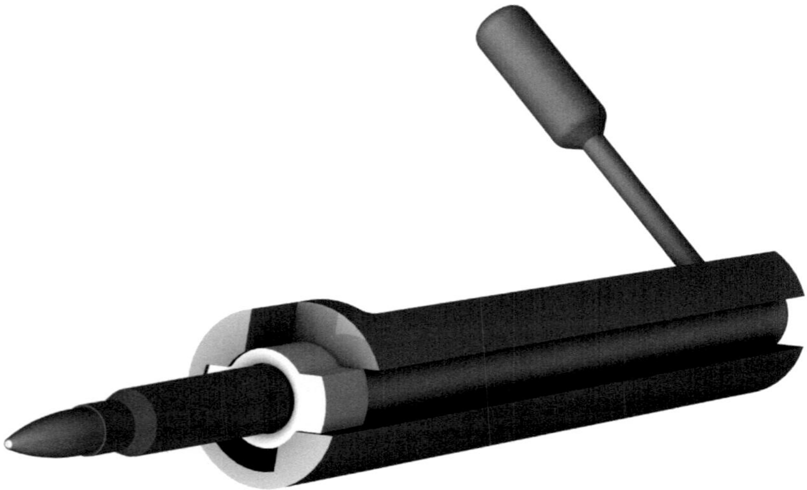

**Verschluss hergestellt** (Rückwärtsbewegung nicht möglich, Drehung der Kammer möglich) – die Kammerwarzen haben ihre Endposition eingenommen, erst durch eine Aufwärtsbewegung des Kammerstengels wird der Verschluss wieder aufgehoben.

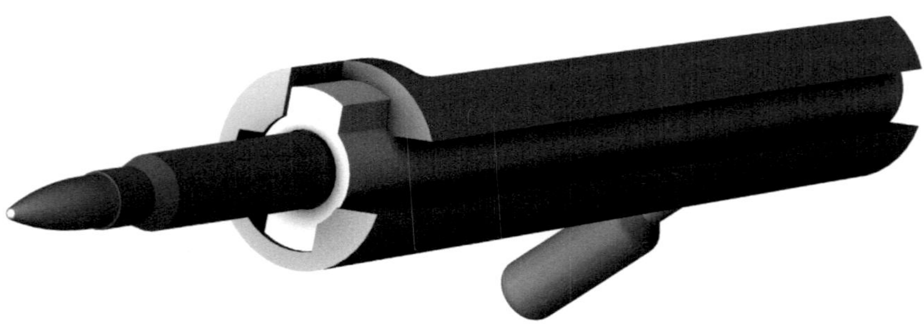

Bei Kipplaufgewehren stellt der **Laufhakenverschluss**, auch **Keilverschluss** genannt, die simpelste Form der Verriegelung bei einem **Baskülverschluss** (Sammelbezeichnung für Verschlüsse von Kipplaufwaffen) dar. Ein oder zwei Laufhaken, die unter der Laufschiene montiert sind, werden von einem Verschlusskeil (auch als Riegelplatte bezeichnet) gehalten, der durch Betätigung des **Oberhebels** (Hebel auf dem Kolbenhals) zurückgezogen wird und so die Haken freigibt.

### 9.2.4. Schloss

Das Schloss ist die Auslösevorrichtung für den Schuss – der Wille des Schützen wird nach Betätigung des Abzuges über eine Mechanik an den Schlagbolzen weitergegeben, der durch das Schlagstück aus seiner Ruhelage beschleunigt wird und die Patrone zündet.

Das Schloss eines modernen Gewehres besteht in der Regel aus Schlagbolzen, Schlagstück, Schlagfeder, Abzugsstange und Abzug sowie aus Abzugs- und Stangenfeder.

**Selbstspanner-Kipplaufwaffen** ersetzen das Spannen der Schlagfeder per Hand (wie es bei Gewehren mit außenliegendem Hahn üblich ist) meist durch ein automatisches Spannen. Beim Öffnen (Brechen) der Waffe wird, ohne dass es der Schütze aufgrund der Masse des Laufbündels oder Laufes bemerkt, die Schlagfeder gespannt. Verwendet werden in modernen Kipplauf-Gewehren

- **Kastenschloss** (Anson-Deeley-Schloss),
- **Blitzschloss** und
- **Seitenschloss.**

Die Schlossmodelle haben unterschiedliche Konstruktionsmerkmale und Abmessungen. Da sie im Bereich des Schafthalses montiert werden, ist der Schaft entweder größer zu dimensionieren oder das Schloss möglichst raumsparend zu gestalten. Kastenschloss und Seitenschloss ist dabei der Vorzug zu geben, weil beide relativ flach konstruiert sind und so den Bau eines schmalen Schafthalses bei guter Stabilität ermöglichen.

### 9.2.4.1. Kastenschloss

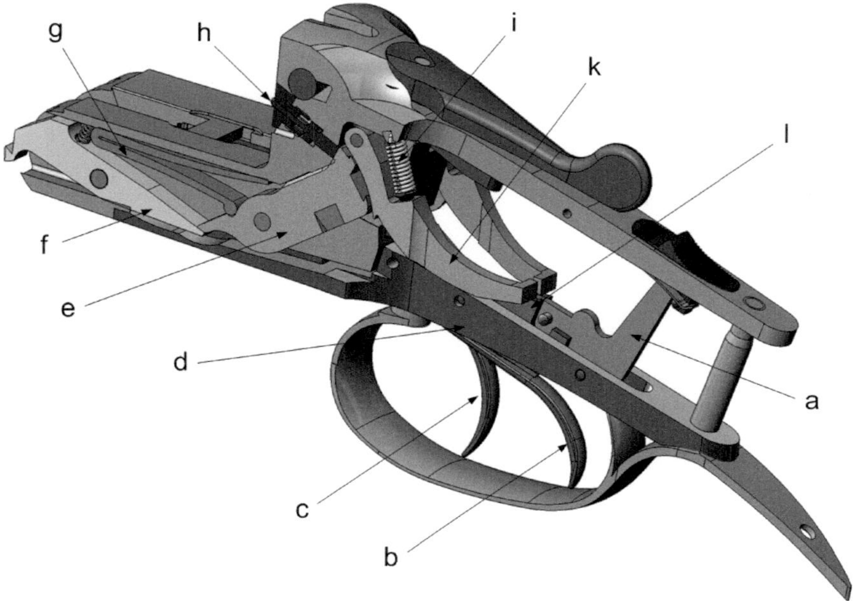


*a) Sicherungselement; b) Abzug für oberen/linken Lauf;*

*c) Abzug für unteren/rechten Lauf; d) Abzugsblech;*

*e) Schlagstück; f) Spannhebel; g) Schlagfeder; h) Schlagbolzen;*

*i) Abzugsstangenfeder; k) Abzugsstange; l) Abzugsblatt*

Das Kastenschloss, nach seinen Erfindern auch als Anson & Deeley-Schloss bezeichnet, entstand Ende des 19. Jahrhunderts und wird heute meist in Doppelflinten verbaut. Es liegt für jeden Lauf einer Waffe einzeln vor.

### 9.2.4.2. Blitzschloss (Drillingsschloss mit Handspannung)

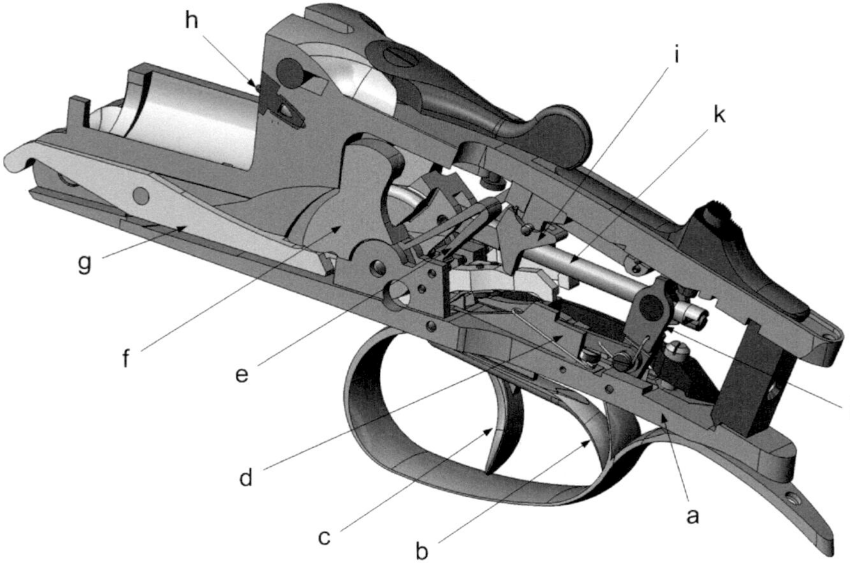


*a) Schlossboden; b) Abzug für oberen/linken Lauf;*

*c) Abzug für unteren/rechten Lauf; d) Abzugsblatt; e) Schlagfeder;*

*f) Schlagstück; g) Spannhebel; h) Schlagbolzen; i) Abzugssicherung;*

*k) Federhülse für Kugellauf; l) Galgen*

Das in Deutschland aus dem Kastenschloss entwickelte Blitzschloss (hier dargestellt als Drillingsschloss mit Handspannung) ist besonders wegen seiner raschen Zerlegbarkeit sehr beliebt. Die Schlagfedern können als Spiral- oder Schenkelfedern ausgeführt sein, als Spiralfeder auch in einem Gehäuse (siehe k).

### 9.2.4.3. Seitenschloss

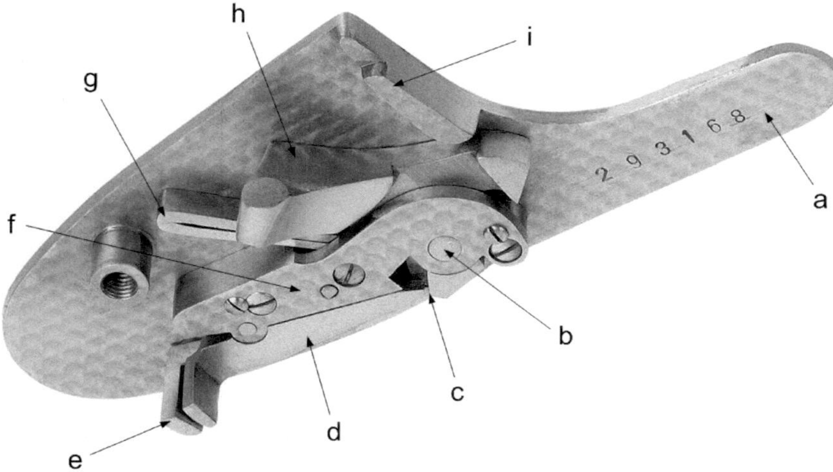


*a) Schlossplatte; b) Schlagstückachse; c) Spannrast;*

*d) Sicherheitsfangstange; e) Schlagstückachse; f) Studel;*

*g) Schlagfeder; h) Schlagstück; i) Widerlager für Schlagstück*

Anders als bei den zuvor dargestellten Schlossen befindet sich das Seitenschloss nicht in, sondern an der Basküle – seine Schlossplatte ist oftmals außen mit verzierenden Gravuren versehen. Seitenschlosse sind wie Blitzschlosse leicht zu entnehmen und darum sehr wartungsfreundlich. Konstruktiv ähneln Seitenschlosse dem Modell des Kastenschlosses nach Anson & Deeley, sind aber aufwändiger gefertigt. Die **Sicherheitsfangstange** verhindert das Vorschnellen des Schlagstücks, wenn die Abzugsrast durch einen mechanischen Fehler das Schlagstück freigeben würde; aus diesem Grunde bietet ein Seitenschloss mehr Sicherheit als andere Konstruktionen.

## 9.2.5. Zündungsarten

Heute gebräuchliche Arten der Zündung sind **Zentralfeuer**- und **Randfeuer**-Zündung. Hier genügt ein Aufschlagen des Schlagbolzens (Zentralfeuer) oder das Zusammenpressen der Zündmasse im Hülsenrand (Randfeuer), um die Zündung auszulösen, die das Pulver in der Patrone zur Umsetzung (Vorgang der Verbrennung) bringt. Weitere Einzelheiten entnehmen Sie bitte dem Kapitel „Munitionskunde" ab Seite 237.

Vor Einführung von Patronenmunition Mitte des 19. Jahrhunderts war der Gebrauch einer Feuerwaffe weitaus umständlicher. **Vorderladerwaffen** mussten in mehreren Schritten schussbereit gemacht werden. Zunächst füllte der Schütze Pulver ein, führte dann von vorn ein Zwischenmittel und ein Geschoss in den Lauf ein und bereitete schließlich die Zündung vor.

Die Art der Zündung änderte sich im Laufe der Jahre. Bei den ersten Handfeuerwaffen erfolgte sie noch in einer Weise, die an das Abfeuern einer Kanone erinnert. Mit Hilfe einer glimmenden Lunte, die man in das **Zündloch** des Gewehres hineinstieß, kam es zur Entzündung des Pulvers im Innern der Waffe. Es wurden zur Sicherheit beide Enden der Lunte entzündet, um bei Verlöschen eines Endes der Lunte weiterhin feuerbereit zu sein – diese „Sicherheitsmaßnahme" gefährdete allerdings den Schützen, der mit doppelt glimmender Lunte und offenem Pulver hantieren musste.

Dieses Problem konnte durch die nächste Stufe der Entwicklung, die Erfindung des Luntenschlosses, nicht restlos behoben werden. Beim **Luntenschloss** wird eine Lunte an einem Hahn befestigt. Durch Betätigung des Abzuges wird die glühende Lunte in das Zündloch bewegt, entweder durch direkte Bewegung des Hahnes mittels des Abzuges oder durch Auslösung des Hahnes, wenn dieser unter Federspannung steht.

Erst mit dem **Radschloss** gelang es, auch bei Regenwetter die Funktionsfähigkeit der Feuerwaffe sicherzustellen, zudem wurde die Schussauslösezeit verkürzt. Nicht durch eine außenliegende glimmende Lunte, sondern durch geschlagene Funken wird hier das Pulver entzündet. Noch heute ist dieses Prinzip allgegenwärtig bei Einweg-Feuerzeugen zu beobachten. Ein gezacktes Rad wird in Drehung versetzt, wobei es mit einem funkenschlagenden Material in Berührung gebracht wird (z. B. Schwefelkies). Das Rad muss dabei mit Hilfe eines Schlüssels „aufgezogen" werden, ähnlich einem Uhrwerk. Die Betätigung des Abzugs löst dann die Sperre, das Rad dreht sich und die entstehenden Funken können das Pulver entzünden.

Beim **Steinschloss** (auch: **Feuersteinschloss, Schnappschloss**) wird der Funken durch das Aufschlagen eines Feuersteines erzeugt, der, ähnlich wie bei der Luntenzündung, an einem Hahn befestigt ist und nach Betätigung des Abzugs an einer Reibfläche (**Batterie**) in Richtung der Pulverpfanne bewegt wird. Der Pulverraum im Innern der Waffe ist mit der Zündpfanne über einen **Zündkanal** verbunden.

Die **Perkussionszündung** (hier wurden die Konstruktionsmerkmale des Steinschlosses weiterverwendet) stellt eine Zwischenstufe der Entwicklung vom Luntenschloss zur Zentralfeuerzündung moderner Waffen dar. Möglich wurde dies erst durch die Erfindung des **Anzündhütchens**[105]. Der Pulverraum der Waffe hat auch eine kleine Öffnung, die in einem **Zündstöckel** (**Piston**) nach außen mündet. Auf diesen Piston wird ein Anzündhütchen aufgesetzt, das nach Aufschlagen des Hahnes eine Zündflamme durch den hohlen Zündstöckel in das Pulver schickt.

Bei der **Lefaucheux-Zündung** (**Stiftfeuerzündung**) wird ein in der Patronenhülse angebrachter Stift (seitlich nach außen vorstehend) vom Hahn in die Hülse geschlagen. Der Stift bringt dabei eine im Innern der Patrone eingebaute Zündmasse zur Entzündung. Vorsicht ist geboten, weil beim Herabfallen der Patrone (unsachgemäße Handhabung) eine Zündung außerhalb der Waffe erfolgen könnte.

Die Entwicklung des **Zündnadelgewehrs** durch Nikolaus von Dreyse (vorgestellt 1827) fand ihren Höhepunkt mit der Vorstellung eines Hinterladers 1836 – es wurde fünf Jahre später bei der preußischen Armee eingeführt und ist das erste Militärgewehr, das mit einer standardisierten Patrone (**Einheitspatrone** oder **Zündnadelpatrone**) von hinten geladen wurde. Das Dreyse-Zündnadelgewehr führte zu einer schnelleren Schussbereitschaft nach der ersten Salve und war ein enormer taktischer Vorteil. Der im Dreyse-Gewehr verbaute Kammerverschluss war Vorläufer der noch heute oftmals in Militär- und Jagdwaffen verwendeten **Zylinderverschlüsse**.

Die **ursprüngliche Einheitspatrone** als Vorläufer der heute verwendeten Metallpatronen fasste in ihrer Papierhülse das Geschoss, die Zündung und die Treibladung zusammen. Die Besonderheit ist die Art und Weise der Zündung: Mittels einer Nadel wurde der Boden der Hülse durchstochen, und zwar durch die Treibladung (Schwarzpulver) hindurch bis zum Boden des Treibspiegels, der das Geschoss nicht nur von der Treibladung trennte, sondern es auch umfasste und so ein Verbleien des Laufes verhinderte. Traf die Nadel auf die **Zündpille** im Boden des Treibspiegels, wurde nicht nur das Geschoss aus Weichblei mit fast 300 m/s aus dem Lauf geschossen (800 m Reichweite bei einem Gewicht von 31 g), sondern es verbrannte auch die Papierhülse – ein Ausziehen der Hülse wie bei heute gebräuchlichen **Metallpatronen** war nicht notwendig.

Damit nahm die Einheitspatrone eine Entwicklung voraus, die als Gewehr G11 von Heckler & Koch breitere Bekanntheit erlangte – **hülsenlose Munition**. Ziel der Entwicklung war eine recht einfache Überlegung – wenn der Soldat nicht das Gewicht der Patronenhülse mit sich tragen muss, kann er mehr Geschosse mit ins Feld nehmen, gegenüber dem G3 die fünffache Menge. Die Geschosse waren in Ladestreifen konfektioniert.

Die **heutige Einheitspatrone für Büchsen** hat eine metallene Hülse, in der neben dem **Anzündhütchen** die Treibladung und das Geschoss verwendungsbereit zusammengefasst werden. Eine weitere, insbesondere im Entwicklungsprozess hülsenloser Munition unterschätzte Aufgabe der Hülse ist der Abtransport von Wärme aus dem Patronenlager.

## 9.2.6. Sicherungsvorrichtungen

### 9.2.6.1. Sicherungsvorrichtungen von Kurzwaffen

Moderne Pistolen verfügen über verschiedene, meist **automatisch wirkende Sicherungseinrichtungen** – darum verzichten viele Hersteller auf mechanische Sicherungen, die vom Schützen vor Abgabe des Schusses bewusst bedient werden müssen. Insbesondere bei Waffen für die Selbstverteidigung kann so eine ständige Schussbereitschaft bei gleichzeitiger Sicherung gegen ungewollte Abgabe eines Schusses erreicht werden.

Sicherungen wirken auf den Übertragungsweg zwischen Abzug und Patronenboden. Sie können dabei beispielsweise die Abzugsstange blockieren, den Schlaghebel und/oder seinen Weg und natürlich den Schlagbolzen.

Auf der nachfolgenden Darstellung der SIG-SAUER P 220 können Sie deutlich erkennen, dass sich die Sicherungsschieber so in den Schlagbolzen verkantet, dass der Schlagbolzen nicht nach vorn gleiten kann (**Schlagbolzensicherung**) – erst mit Durchziehen des Abzugs wird der Sicherungsschieber nach oben bewegt und gibt den Schlagbolzen frei. Fällt die Waffe beispielsweise zu Boden direkt auf den Schlaghebel und drückt diesen auf den Schlagbolzen, würde der Sicherungsschieber den Schlagbolzen blockieren.

Den außenliegenden **Sicherungshebel** der Heckler & Koch P8 zeigt die erste Abbildung – „S" für „sicher", „F" für „Feuer". Darunter die **Züngelsicherung** einer Walther P 99 – das Abzugszüngel ist geteilt, nur wenn der Finger den Abzug berührt, wird eine Bewegung des Züngels möglich.

Weitere bewährte Prinzipien sind die **Handballensicherung** und die **Handspannung** der Waffe. Während die Handballensicherung nur dann den Abzug freigibt, wenn die Hand den geringen Widerstand einer am Griffstück angebrachten Wippe überwindet (durch Erfassen der Waffe), sind Waffen mit **Handspannsystem** so lange entspannt und damit sicher, bis der Schütze mit einem deutlichen Kraftaufwand das Griffstück zusammendrückt und dadurch den Schlagbolzen spannt. Lässt er den Griff vor Abgabe des Schusses los oder fällt die Waffe zu Boden, ist sie entspannt und damit sicher.

Beim Revolver sorgt eine **Sicherheitsrast** für eine quasi automatische Sicherung. Der Schlaghebel kann den Patronenboden nur erreichen, wenn der Abzug gedrückt wird. Somit kann sich auch beim **Herabfallen** der Waffe auf den Hahn kein Schuss lösen.

Die **Magazinsicherung** verhindert eine Schussabgabe aus einer nur vermeintlich entladenen Waffe. Bei entnommenem Magazin ist der Abzug blockiert, so dass auch eine im Patronenlager „vergessene" Patrone nicht zu einer Gefahr werden kann.

**Abzugssicherungen** verhindern nur eine Betätigung des Abzuges und blockieren nicht den Schlagbolzen – sie sind nicht Stand der Technik und bieten keine ausreichende Sicherheit.

| |
|---|
| Die an einer Schusswaffe vorhandenen Sicherungen sollten grundsätzlich aktiviert werden, um eine ungewollte Schussauslösung zu verhindern. Wichtiger aber als die aktivierte Sicherung ist die ungeteilte Aufmerksamkeit des Waffenbesitzers – denn keine Sicherung ist in der Lage, eine ungewollte Schussabgabe eigenständig zu verhindern. Gleiches gilt für das Sichern einer Waffe vor dem Entladen nach einem Zündversager – Sicherungen können schadhaft sein, weshalb auch bei aktivierter Sicherung niemals der Abzug betätigt oder berührt werden darf und die Waffe immer in Richtung des sicheren Kugelfangs zu richten ist. |

*Oben: Flügelsicherung der Heckler & Koch Pistole P 8 mit Markierungen*

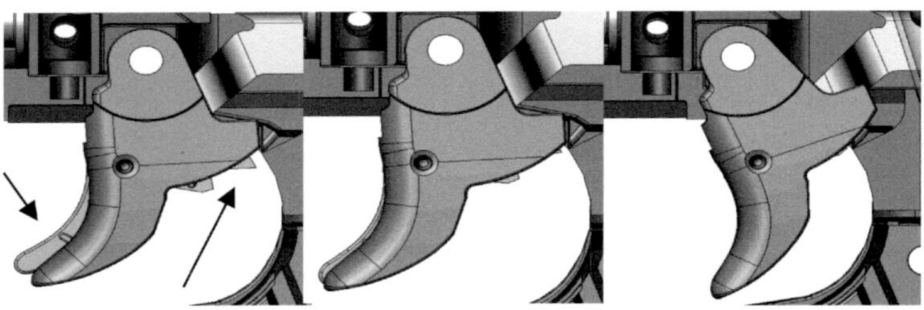

*Oben: Züngelsicherung der Walther P 99 DAO – deutlich zu erkennen ist die „Nase", die ein Teil der beweglich gelagerten Züngelhälfte ist. Erst wenn beide Hälften deckungsgleich sind, ist die Nase so weit zurückgezogen, dass der Abzug freigegeben wird.*

*Unten: Schlagbolzensicherung der SIG-SAUER P 220.*

### 9.2.6.2. Sicherungsvorrichtungen von Langwaffen

Prinzipiell treffen die im vorigen Kapitel getroffenen Aussagen auch auf die Sicherungsvorrichtungen an Langwaffen zu.

Besonderheiten zeigen sich bei **Kipplaufwaffen**, insbesondere bei Jagdwaffen. Zu unterscheiden sind hier die **Art der Sicherung** und die **Art der Bedienung**. Gebräuchlich sind als Art der Sicherung

- Stangensicherung
- Schlagstücksicherung oder Schlagbolzensicherung
- Abzugssicherung

Während bei einer **Stangensicherung** die Stange als Übermittler der Auslösung blockiert wird, wird bei einer **Schlagstücksicherung** oder **Schlagbolzensicherung** das für die Abgabe des Schusses entscheidende Element blockiert – damit ist der Schlagstücksicherung in jedem Falle der Vorzug zu geben. Die **Abzugssicherung** blockiert allein den Abzug – von den drei vorgestellten Sicherungsarten ist diese Art der Sicherung die unsicherste.

Gebräuchliche Arten der Bedienung sind

- Schiebesicherung
- Flügelsicherung
- Druckknopfsicherung

Bei einer **Schiebesicherung** befindet sich das Bedienelement in Form eines **Schiebers** auf dem Kolbenhals (Oberseite des Schaftes hinter der Basküle, unten abgebildet). Hier kann der Schütze die Sicherung mit dem Daumen aktivieren und deaktivieren, ohne umgreifen zu müssen – die Abzugshand umgreift den Kolbenhals und der Daumen liegt auf Höhe des Sicherungsschiebers. Als **automatische Sicherung** befindet sich die Schiebesicherung nach dem Schließen der Waffe in gesicherter Stellung und muss vor der Schussabgabe betätigt werden.

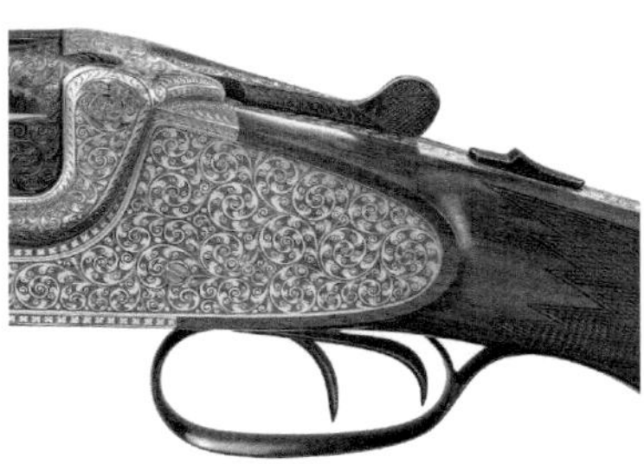

Die **Flügelsicherung** kann als Drehflügel (zum Beispiel bei einem Kammerverschluss System Mauser) oder als Hebel an der Außenseite des Verschlussgehäuses (HK SL 8, siehe unten) ausgeführt sein.

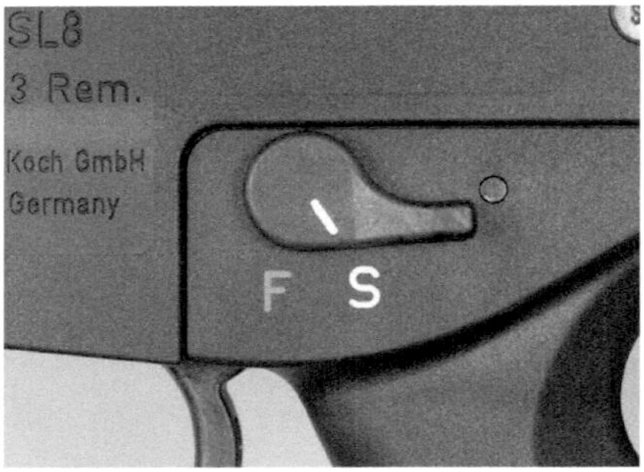


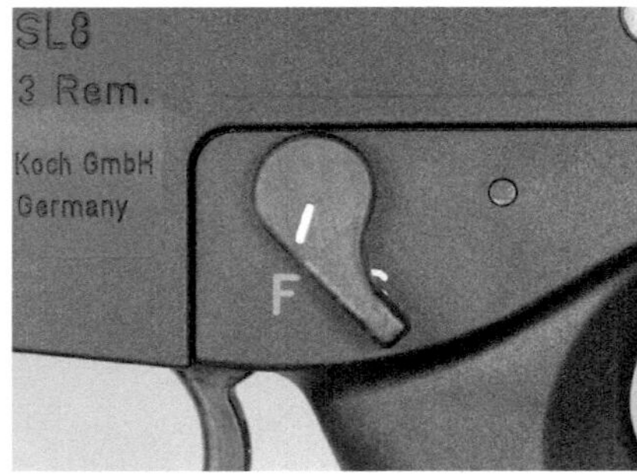


Eine **Druckknopfsicherung** findet sich meist am Abzugsbügel – hier kann der Schütze leicht die Waffe sichern und entsichern, ohne die Schusshand vom Kolbenhals nehmen zu müssen. Die Sicherung erfolgt durch Eindrücken des Knopfes, der dadurch auf der anderen Seite des Bügels herausgedrückt wird und so für Entsichern wieder gedrückt werden kann.

### 9.2.7. Magazin

Das Magazin befindet sich bei Gebrauchspistolen meist als **Wechselmagazin** im Griffstück. Es wird entweder durch einen Magazinhalter, der in Daumenhöhe in das Griffstück integriert ist und in eine Aussparung des Magazins greift, gehalten (siehe Abbildung, links) oder von einem Hebel im Griffboden (siehe Abbildung, rechts), der das Magazin am Herausgleiten hindert. Zum Lösen kann es nötig sein, den Hahn zu spannen (z. B. Tokarev-Pistolen). Das Magazin kann auch als zusätzliche Sicherung wirken (**Magazinsicherung**, bei Entnahme wird die Schussauslösung blockiert).

Der Magazinboden wird oftmals mit einem **Magazinschuh** gegen Schäden beim Herabfallen geschützt. Der Magazinschuh kann durch eine besondere Formgebung auch zum schnelleren Magazinwechsel dienen.

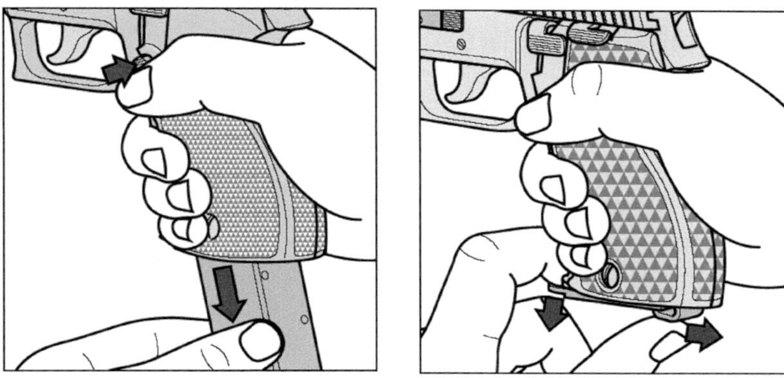

Die **Magazinfeder** drückt die im Magazin befindlichen Patronen, die auf dem **Magazinzubringerstück** liegen, gegen die „Magazinlippen", die das Magazin nach oben begrenzen. Die Patronen können nur nach vorn aus dem Magazin geschoben werden, und diese Aufgabe erledigt der nach vorn gleitende Verschluss sozusagen im „Vorübergehen". Die oberste Patrone im Magazin wird bei geschlossenem Verschluss gegen die Unterseite des Verschlusses gedrückt und erreicht dabei nicht die Magazinlippen. Sobald nun der Verschluss nach hinten läuft, gibt er den Raum über der Patrone frei – die Magazinfeder schiebt nun die Patronen minimal aufwärts bis zu den Magazinlippen, und die stehen dann hoch genug, um dem vorgehenden Verschluss „im Wege zu stehen". Der Verschluss nimmt die oberste Patrone mit, die über eine Zuführung in das Patronenlager gleitet.

Nach Auszug der letzten Patrone übt die Magazinfeder Druck auf den Verschlussfanghebel aus – damit wird nach Schussabgabe der nach hinten gelaufene Verschluss am Vorwärtsgleiten gehindert. Das Magazin kann durch Betätigen des Magazinhalters aus dem Griff gleiten und durch ein gefülltes Magazin ersetzt werden; das Betätigen des Verschlussfanghebels oder ein Zurückziehen des Verschlusses lässt diesen dann durch den Druck der Schließfeder vorschnellen.

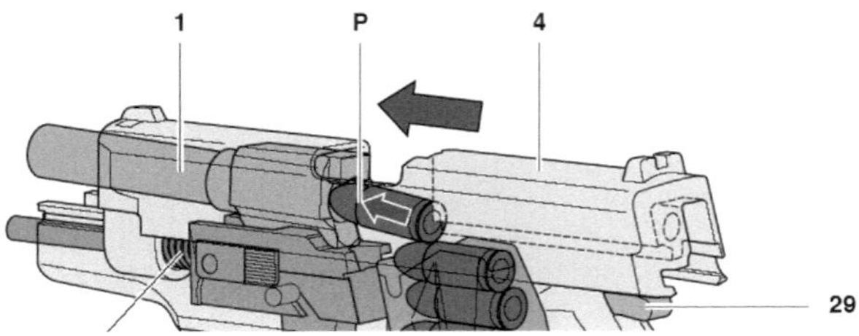


Im Gegensatz zur **Trommel** eines Revolvers, die den Patronenvorrat der Waffe in sich trägt, aber als Patronenlager auch wesentliches Teil ist, sind Magazine kein wesentliches Teil einer Schusswaffe im Sinne des Waffengesetzes. Sie sind **Waffen im Sinne des Waffengesetzes**, unterliegen aber nicht der Erlaubnispflicht. Das hat zur Folge, dass sie beispielsweise ohne nachgewiesenes Bedürfnis erworben werden können. Zu beachten sind aber Verbotsvorschriften für Magazine mit großer Kapazität.

Neben Wechselmagazinen sind **Kastenmagazine** (fest eingebautes Patronenmagazin in Repetierlangwaffen), **Röhrenmagazine** (Vorderschaft-Repetierflinte, Unterhebelrepetierer nach Modell der „Winchester“) und **Trommelmagazine** (meist vollautomatische Waffen, Patronen liegen in schneckenartig geformtem Rundmagazin) bekannt.

## 9.2.8. Trommel

Anders als das Magazin ist die Trommel, früher „Walze“ genannt, wesentliches Teil einer Schusswaffe, da sie nicht nur den Patronenvorrat enthält, sondern auch **Patronenlager** ist. Anders als bei der Pistole, bei der das Patronenlager Teil des Laufes ist und bei der Berechnung der Lauflänge berücksichtigt wird (Abstand zwischen Mündung und Stoßboden des Verschlusses), wird bei einem Revolver nur die wirkliche Lauflänge gemessen, die Trommel als „Kammer“ dagegen nicht dazugerechnet.

Die Trommeln der gängigsten Großkaliber-Gebrauchsrevolver fassen fünf oder sechs Patronen. Beim Spannen des Schlaghebels, sei es nun direkt durch Zurückziehen oder durch Durchziehen des Abzugs bei DA-Revolvern, wird zunächst die Trommel um eine Patronenkammer gedreht – damit liegt eine Patrone vor dem Schlaghebel und kann durch den jetzt vor ihr liegenden Lauf verschossen werden. Das Befüllen erfolgt entweder nach Ausschwenken der Trommel oder mittels einer Zuführung am Griffstück („Ladekammer"), die Zugriff auf nur eine Kammer der Trommel gibt.

## 9.2.9. Schalldämpfer

Schalldämpfer stehen nach Anlage 1 WaffG den Schusswaffen gleich, für die sie bestimmt sind. Somit ist ein Schalldämpfer für eine Großkaliber-Pistole erlaubnispflichtig, für eine Druckluftwaffe mit Kennzeichen „F im Fünfeck" dagegen erlaubnisfrei ab 18 Jahren. Alle Vorschriften, die auf die Waffe anzuwenden sind, etwa zu Aufbewahrung, Transport oder Erlaubnis- und Eintragungspflicht, gelten auch für den Schalldämpfer.

Der Schalldämpfer ist ein meist röhrenförmiges Gebilde, das in den Lauf der Waffe integriert ist oder auf den Lauf geschraubt werden kann. Dazu muss der Lauf allerdings in der Regel über ein **Außengewinde** verfügen. Außerdem wird der Lauf, im Falle einer Pistole, in der Regel länger sein als der Serienlauf und deutlich sichtbar hervorstehen.

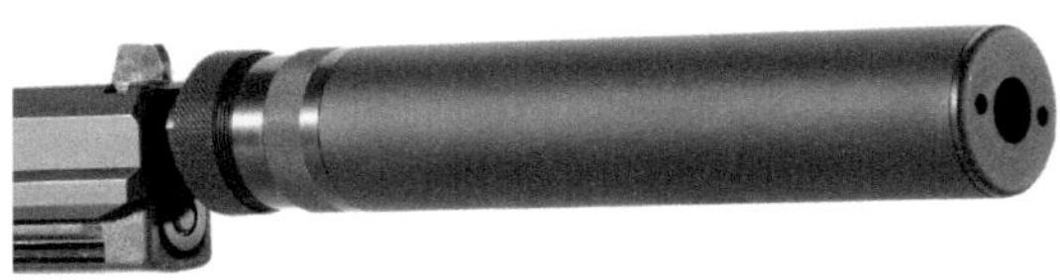

Ein Schalldämpfer vermindert den **Mündungsknall** des Gases, indem er die Gaswolke verwirbelt, die sich explosionsartig nach vorn ausdehnt. Ab einer Dämpfung von 3 bis 5 dB ist ein Unterschied subjektiv wahrnehmbar, womit die vom Gesetz geforderte Eigenschaft einer „wesentlichen Dämpfung" (Anlage 1 Abschnitt 1 Nr. 1.3 WaffG) erfüllt wird. Außerdem vermindert er den **Mündungsfeuerschein** der Waffe.

Die nachfolgende Skizze zeigt beispielhaft den schematischen Aufbau eines Schalldämpfers im Querschnitt.

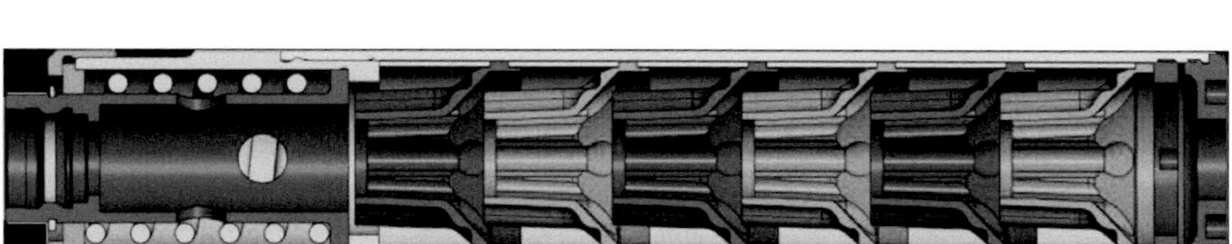

Im Dämpfergehäuse befinden sich mehrere Objekte (ähnlich Trichtern), hier abwechselnd hell und dunkel dargestellt, die in der Mitte der engeren Trichterseite ein Loch im Durchmesser des Geschosskalibers aufweisen. Das Geschoss fliegt nun aus dem Lauf (in der Abbildung von links) in den Dämpfer und durchquert nun die Reihe der Objektöffnungen. Die Mündungsgase verfangen sich im Verlauf dieses „Durchfluges" in den Hohlräumen zwischen den Objekten und der Gehäusewand. Dabei werden sie verwirbelt, so dass eine wahrnehmbare Dämpfung erreicht wird. Beachten Sie, dass mit dem Schalldämpfer allein der Überschallknall der Mündungs**gase** gedämpft wird, nicht des austretenden Geschosses!

Der beste Dämpfer kann darum nur dann wirksam arbeiten, wenn auch die für den Schalldämpfer-Einsatz geeignete Munition verwendet wird. Diese sogenannte „**Subsonic**"-Munition, übersetzt also „Unterschall"-Munition, tritt mit Unterschallgeschwindigkeit aus dem Lauf, so dass der Überschallknall, der vom austretenden Geschoss erzeugt wird (**Geschossknall**) und als ein Gesamtereignis mit dem Mündungsknall der Gase wahrgenommen wird, ausbleibt.

Die **Verwendbarkeit** eines Schalldämpfers im Rahmen der **Jagdausübung**[106] lässt in der Regel nur den Einsatz von normaler Munition zu, da für den Schuss auf Wild durch das Bundesjagdgesetz bestimmte **Mindestenergiemengen** verbindlich festgelegt werden, die mit gängiger Subsonic-Munition nicht zu erreichen sind.[107] Lediglich bei der Bejagung von Raubzeug und Raubwild, etwa im Rahmen der Tätigkeit eines **Stadtjägers** oder **Friedhofsjägers**, ist die Schalldämpfung durch Verwendung von Unterschall-Munition zulässig, da hier keine Mindestenergiemengen gefordert werden.

Doch auch bei der Verwendung mit normal geladener Munition bedeutet ein Schalldämpfer für den Schützen und für Personen in der Nähe der Laufmündung eine deutlich geringere Impulsbelastung für das Gehör. Darum ist die Verwendung von Schalldämpfern bei der Jagd eine sinnvolle Maßnahme zum Schutz von Mensch und Hund.

## 9.2.10. Visierung

Der Treffer setzt in der Regel ein genaues Zielen voraus. Dabei helfen entweder ein Zielfernrohr, eine Leuchtpunkt-Visierung oder die klassische Visierhilfe „Kimme und Korn“, die **offene Visierung**. Dabei bezeichnet der Begriff „Korn“ die näher an der Laufmündung aufgesetzte Zielhilfe („Korn ist vorn“).

Bei einer Pistole ist die offene Visierung auf dem Schlitten befestigt. Der nahe der Laufmündung befindliche Teil der Visierung ist das Korn, das Gegenstück am Ende des Schlittens die Kimme. Aufgabe der Visierung ist es, dem Schützen beim Blick über Kimme und Korn das Ziel zu zeigen, das er nach Abgabe des Schusses treffen wird – bei gleicher Laborierung der Patrone und gleicher Distanz zum Ziel sollte jeder Schuss das Ziel im anvisierten Bereich treffen.

Liegen die Treffer links vom anvisierten Ziel, muss die Visierung so verändert werden, dass die Treffer nach rechts wandern – die Kimme wird verstellt, und zwar nach rechts, da auch der Lauf weiter nach rechts gehalten werden muss.

Zum Verstellen von Kimme oder Korn bedient man sich eines **Visierschiebers**, der die im Schlitten eingeklemmte Kimme in kleinsten Schritten in ihrer Position verschieben kann (unten links). **Mikrometervisierungen** (unten Mitte und rechts) können dagegen „Klick für Klick“ horizontal und vertikal verstellt werden.

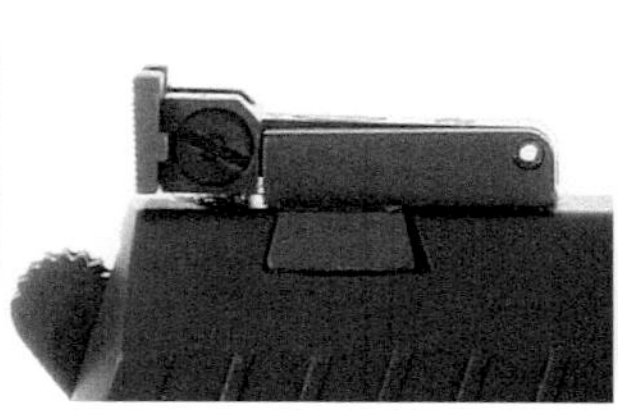

Zum Zielen werden Kimme und Korn in Deckung gebracht (siehe oben), so dass das Korn in der mittleren Aussparung der Kimme zu sehen ist und die Oberkanten beider Objekte bündig abschließen. Das Ziel muss dabei über dem mittleren Punkt zu sehen sein. Nur wenn Sie diese Konstellation von Kimme und Korn sehen und darüber das Ziel, dürfen Sie schießen!

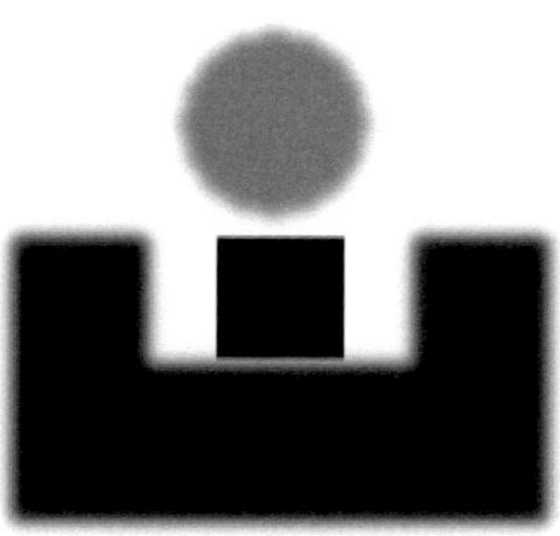

Der Schütze muss gleichzeitig die Zielscheibe, die Kimme und das Korn „im Auge behalten". Scharfgestellt wird auf das Korn – Kimme und Zielscheibe sind leicht unscharf zu sehen. Dabei sollte der **Haltepunkt**, also jener Punkt, auf den man zielt, um den Treffer zu erzielen, unterhalb der dunklen Fläche der Scheibe sein, um dem Auge eine Hilfe zu geben. Dies ist aber eine Frage der Einstellung des Visiers und damit von Waffe zu Waffe unterschiedlich – bei fremden Waffen sollten Sie den Besitzer nach dem Haltepunkt fragen!

Die für Ihre Bedürfnisse und Voraussetzungen, insbesondere ihre individuelle Sehfähigkeit, geeignete Zieltechnik können Sie nur durch beständiges Ausprobieren und die Unterstützung anderer erfahrener Schützen herausfinden. Die Zahl guter Ratschläge und Faustregeln ist unüberschaubar groß – mit Eigeninitiative und Geduld werden Sie zu Ihrer persönlichen Technik des präzisen Schusses kommen.

# 10. Munitionskunde

## 10.1. Grundlagen

Sie werden in der Regel Patronen für Ihre Waffe verwenden – was heute selbstverständlich ist und es dem Schützen ermöglicht, nacheinander aus einem Lauf mehrere Schüsse abzugeben, war in alten Zeiten nicht denkbar. Damals hieß es vor jedem Schuss: Schwarzpulver einfüllen, Geschoss in den Lauf einführen, stopfen, und dann darauf hoffen, dass die Lunte oder der Zündfunken den Schuss auslösen – mehr zu diesem Thema finden Sie im Kapitel „Zündungsarten“ ab Seite 224.

**Zentralfeuerpatronen** bestehen in der Regel aus **Hülse**, **Anzündhütchen**, **Treibladung** und **Geschoss**, bei **Randfeuerpatronen** befindet sich das Anzündmittel im Rand des Patronenbodens. Der Hülse kommen gleich zwei Aufgaben zu: Einerseits soll sie alle Bestandteile der Patrone vor äußeren Einflüssen **schützen** und das Geschoss festhalten, andererseits trägt sie durch das **Lidern** wesentlich zum **Abdichten** des Patronenlagers (siehe dazu auch die Kapitel 9.2.2 und 9.2.3) bei. Außerdem sorgt sie dafür, dass **Wärmeenergie** aus dem Patronenlager abgeleitet wird.

Im Folgenden werden Sie grundsätzliche Informationen zu verschiedenen Munitionssorten erhalten – dabei werde ich Ihnen nur die gängigsten Kaliber und Arten vorstellen. Gleiche Kaliber können unterschiedliche Geschossgewichte und Pulvermengen enthalten – man spricht in diesem Zusammenhang von unterschiedlichen **Laborierungen**. Je nach Einsatzzweck und Patronenart werden als Treibladung Schwarzpulver oder Nitrocellulose-(NC-) Pulver verwendet.

**Schwarzpulver** war vor Erfindung des NC-Pulvers über Jahrhunderte die Treibladung von Kanonen und Handfeuerwaffen. Es besteht aus einer Mischung von Kalisalpeter, Schwefel und Holzkohle. Schwarzpulver ist leicht entflammbar, der Umgang sollte darum nur durch Fachkundige erfolgen. Es ist massenexplosionsgefährlich, das bedeutet, dass die gesamte Schwarzpulvermenge sofort umgesetzt wird. Die Brandgeschwindigkeit von Schwarzpulver liegt zwischen 600 m und 800 m pro Sekunde. Es wird heute hauptsächlich zum Böllern oder in Vorderladerwaffen sowie in Kartuschenmunition und in der Pyrotechnik verwendet.

**NC- oder Nitro-Pulver** dagegen brennt mit 10 cm pro Sekunde extrem langsam ab und ist dadurch im Freien auch nicht so explosionsgefährlich wie Schwarzpulver. Erst in einem begrenzten Raum, also unter Druck, entwickelt NC-Pulver seine enorme Wirkung. Es wird durch die Behandlung von Cellulose mit Nitriersäure (Mischung aus Schwefel- und Salpetersäure) und anschließendes Auswaschen hergestellt. Man setzt verschiedene Sorten von NC-Pulver je nach dem gewünschten Abbrandverhalten ein: Langsam abbrennende Sorten kommen in Büchsenpatronen zum Einsatz, schnell abbrennende in Kurzwaffen- und Schrotpatronen. Die Abbrenngeschwindigkeit wird durch die Form der einzelnen Pulverkörper bestimmt – zusätzlich wird bei Sorten, die besonders langsam abbrennen sollen, eine Behandlung mit Chemikalien vorgenommen, die die einzelnen Pulverteile umhüllen und sie so weniger reaktiv werden lassen.

Alle nachfolgend gemachten ballistischen Angaben unterliegen je nach Hersteller teilweise deutlichen Unterschieden. Die hier angegebenen Werte beziehen sich auf Patronen und Geschosse der Marken GECO, RWS, NORMA und HIRTENBERGER sowie ROTTWEIL und auf das angegebene Geschossgewicht.

Informationen zu **pyrotechnischer Munition** finden Sie im später folgenden Kapitel „**Seenotsignalmittel**" in diesem Buch ab Seite 273.

## 10.2. Geschossarten

Der Begriff Munition bezeichnet in der Regel patronierte Munition – Geschosse sind keine Munition im Sinne des Waffengesetzes und unterliegen nicht seinen Regeln bezüglich des Erwerbens und Besitzens (Ausnahmen: unpatronierte pyrotechnische Munition, also Geschosse mit einem pyrotechnischen Satz, sowie verbotene Geschosse). Geschosse sind als Waffen oder für Schusswaffen bestimmte feste Körper beziehungsweise gasförmige, flüssige oder feste Stoffe in Umhüllungen.

Unterschieden werden **Vollgeschosse** und **Mantelgeschosse**. Vollgeschosse bestehen aus einem einzigen Material (in der Regel Blei), Mantelgeschosse dagegen aus einem Kern und einem ihn umgebenden Mantel (Kernmaterial meist Blei, Mantel Stahl, Kupferlegierung oder Tombak). Welches Geschoss für den jeweiligen Einsatzzweck geeignet oder erforderlich ist, ist Gegenstand der Jägerprüfung und auch der Fachkundeprüfung.

Bei den Mantelgeschossen wird nach Art des Mantels unterschieden zwischen **Vollmantelgeschoss (VM)** und **Teilmantelgeschoss (TM)**. Während bei einem Vollmantelgeschoss das Mantelmaterial den Kern vollständig oder mit Ausnahme des Geschossbodens vollständig umschließt, ist bei einem Teilmantelgeschoss die Geschossspitze nicht vom Mantel umschlossen, so dass hier der Kern sichtbar ist.

Teilmantelgeschosse können weiter differenziert werden - bei einem **Lochgeschoss** ist der Mantel geöffnet und gibt einen Teil des formgebenden Geschosskerns frei, bei einem **Hohlspitzgeschoss** ist der Kern eingehöhlt.

Die Form der **Geschossspitze** kann zur Unterscheidung dienen:

- Spitzgeschosse
- Halbspitzgeschosse
- Rundkopfgeschosse
- Kupferhohlspitzgeschosse (HMK)
- Kupfer-Teilmantel-Flachkopfgeschoss (KTM)
- Kegelspitz-Geschoss (KS)
- Kegelstumpfgeschosse
- Wadcutter-Geschosse

Für die ballistischen Eigenschaften kommt es aufgrund des Einflusses auf das Strömungsverhalten auch auf das „Heck", den **Geschossboden**, an. Hier sind unterschiedliche Ausformungen erhältlich. Unterschieden werden beispielsweise **Bootschwanz** („Heck-Konus") und **Torpedoheck**.

Speziell für Jagdwaffen haben sich als Spezialgeschosse bewährt:

- Teilmantel-Spitz-Geschoss (TMS)
- Teilmantel-Rundkopf-Geschoss (TMR)
- Teilmantel-Flachkopf-Geschoss (TMF)
- H-Mantel-Geschoss (mit H-Rille)
- Torpedo-Ideal-Geschoss (TIG)
- Torpedo-Universal-Geschoss (TUG)
- Kegelspitz-Geschoss (KS)
- Doppelkern-Geschoss (DK)

Um die Wirkung eines Geschosses beurteilen zu können, betrachtet man den **Restkörper**. Der Restkörper ist das, was von einem Geschoss nach Eintritt in das Ziel übrigbleibt. Das können Fragmente des ursprünglichen Geschosses sein, aber auch vollständige Geschosse, die sich beim Eintritt lediglich verformten, um ihre Energie an das Ziel abzugeben.

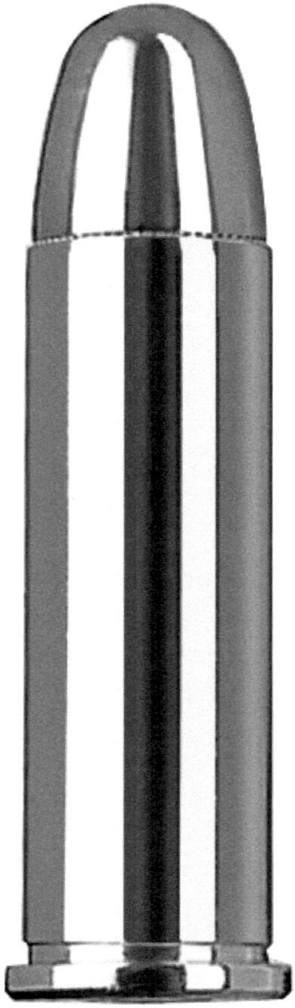

**Vollmantelgeschosse** (**VM**, hier auch als Teil einer Patrone GECO .38 Special VM) bestehen aus einem Bleikern, der in einen Mantel aus Stahl eingepresst wird. Auf den Stahl wird meist **Tombak** „plattiert", eine Messinglegierung mit einem Kupferanteil von mehr als 70 Prozent. Die durch das Tombak glattere Oberfläche des Geschosses verringert den Durchpresswiderstand. Der gesamte Mantel aus Stahl und Tombak passt sich den Zügen im Lauf besser an.

Der Mantel ermöglicht höhere Geschwindigkeiten als reine Bleigeschosse. Zudem erhöht sich die Durchschlagsfähigkeit im Vergleich zu einem reinen Bleigeschoss, da das Geschoss nicht verformt wird (siehe auch unten dargestellter Restkörper, formstabil, aber mit Verfeuerungsspuren) und aufgrund der „Zäpfchenform" einen Körper mit geringer Energieabgabe durchschlägt. Gleichzeitig ist damit aber eine geringe Wirkung verbunden, weshalb die Mannstopwirkung von VM-Munition als eher gering einzustufen ist.

Jagdlich ermöglicht die Verwendung von VM-Geschossen die Jagd auf schweres Wild, weil sie auch Knochen sicher durchdringen. Dazu sind schwerere Geschosse an ihrer Spitze zusätzlich verstärkt. VM-Geschosse kleinerer Kaliber werden mit spitzer, im größeren Kaliber mit runder Kopf-Form verwendet.

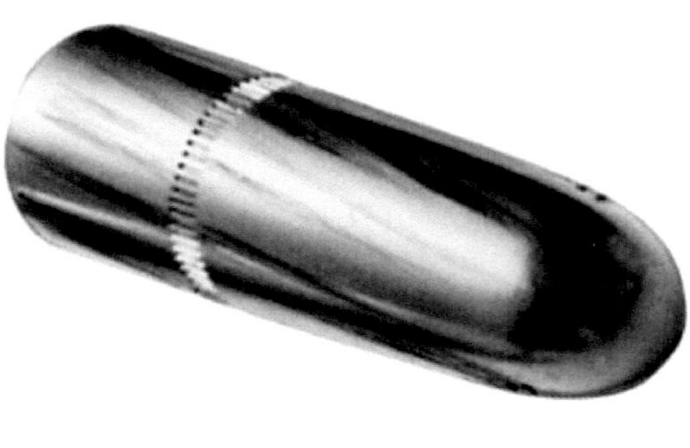

**Teilmantelgeschosse** (**TM**, hier auch als Teil einer Patrone GECO .357 Magnum TM-Flachkopf, unten links Restkörper) bestehen wie Vollmantelgeschosse aus einem Bleikern und einem Mantel aus Stahl oder Tombak, das Geschoss gleicht einem stumpfen Kegel. Der Mantel bedeckt nicht die gesamte Bleimasse. Eine „Verbleiung" des Laufes, also eine Ablagerung von verschmierten Bleiresten insbesondere in den Zügen, wird mit diesem Geschosstyp ebenso effektiv vermieden wie bei einem Vollmantelgeschoss – allerdings verformt sich ein Teilmantelgeschoss sehr stark beim Auftreffen, so dass ein deutlich größerer Teil der Bewegungsenergie des Geschosses am Ende auf das getroffene Ziel übertragen werden kann. Die Mannstopwirkung von schnellen Teilmantel-Laborierungen ist im Vergleich zur Wirkung von Vollmantel-Laborierungen sehr hoch.

Jagdlich ermöglicht ein TM-Geschoss eine hohe Energieabgabe an den Tierkörper, durch die starke Splitterwirkung ergibt sich meist aber kein sauberer Ausschuss.

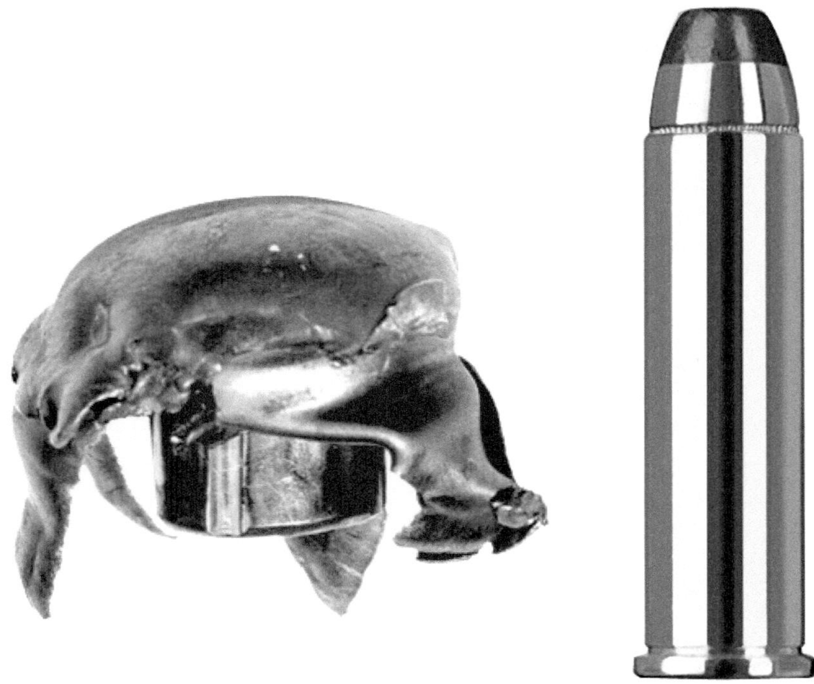

Ein typisches **Bleigeschoss** für sportliche Zwecke ist der sogenannte **Wadcutter (WC)**. Das nebenstehende Bild zeigt eine Patrone GECO .32 S&W long WC. Das 6,5 g schwere Geschoss selbst ist in der Seitenansicht nicht zu sehen – es befindet sich vollständig in der Hülse und wird als zylinderförmiger Bleikörper aus der Hülse in den Lauf getrieben. Wadcutter-Geschosse werden ausschließlich zum Scheibenschießen eingesetzt, weil sie ein kreisrundes und damit gut auswertbares Loch in die Scheibe „stanzen".

Der Begriff „wadcutter" leitet sich von den englischen Begriffen „wad" für „Pappe" und „to cut" für „schneiden" her.

Die hier im Seitenanschnitt abgebildete Patrone (RWS-Büchsenpatrone mit Gürtel) zeigt die typische Flaschenform der mittleren bis schweren **Büchsenpatronen**. Im Vergleich zu Kurzwaffen-Kalibern wie 9 mm Luger sind Geschosse für halbautomatische Büchsen wie die HK SL8 im Kaliber .223 Rem. mit 5,56 mm im Querdurchmesser vergleichsweise klein.

Einige Büchsenpatronen (wie 9,3 x 72 R oder Großwildmunition) entstanden bereits zu einer Zeit, als die Patronen noch mit Schwarzpulver geladen wurden – dazu musste eine große Menge an Pulver eingebracht werden. Der Pulverraum wurde durch die Verlängerung der Hülse vergrößert. Moderne Zentralfeuerpatronen sind dagegen „short and fat“ – hier ist die Hülse deutlich kürzer, hat aber einen größeren Querdurchmesser. Ein Vorteil der kurzen Bauform ist, dass die Zündflamme die Pulversäule schneller durchschlagen kann.

Auf den folgenden Seiten werden verschiedene Geschosse für Büchsenpatronen in Aufbau und Wirkung dargestellt. Beachten Sie, dass dies nur eine Übersicht und keine finale Aufzählung ist – Geschosse und Munition allgemein sind ein weites Feld, das sich ständig erweitert.

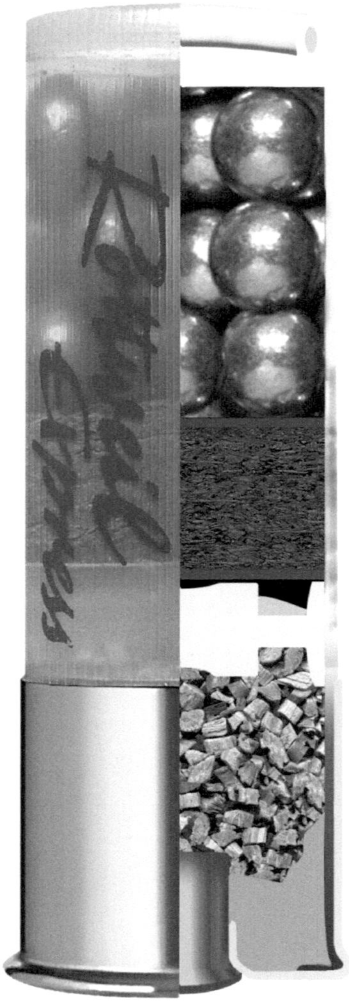

Das Innere einer **Schrotpatrone,** nebenstehend im Viertelschnitt. Über dem Anzündhütchen in der Bodenkappe befindet sich die Treibladung. Die Schrote im oberen Teil der Patrone werden vom Pulver durch das sogenannte „Zwischenmittel“ getrennt, bestehend aus Filz oder Holzfasern, Kork oder Kunststoff. Das Zwischenmittel gibt den Stoß der Verbrennungsgase als Schub auf die Schrotladung, die als „Vorlage“ bezeichnet wird, weiter und schützt die Bleischrote vor der Hitze des Pulvergases. Die Oberkante der Hülse ist nach innen umgebördelt und drückt in der Regel eine Scheibe aus Kunststoff oder Pappe auf die Schrotladung; eine Verdämmung der Ladung durch eine sternförmige Faltung der Hülse ist ebenfalls eine gängige Methode.

Schrote mit einem Durchmesser von mehr als 4 mm werden Posten oder **Postenschrot** genannt.

**Flintenlaufgeschosse** (auch **FLG**, **„slugs“**) werden aus dem glatten Lauf verschossen. Die an Züge erinnernde Oberfläche des Bleigeschosses bleibt dabei ohne wirksamen Einfluss auf die Schussbahn und erzeugt auch keinen wirksamen Drall; es kommt nur zu einer minimalen Rotation im Flug. Um dem Geschoss einen Drall zu verschaffen, muss es aus einem gezogenen Flintenlauf verschossen werden.

Der Bleikörper des Brenneke-FLG hat eine Kegelspitze. Die Stabilisierung der Flugbahn erfolgt nach dem „Pfeilprinzip“ – eine schwere Spitze und ein leichtes Hinterteil, hier dargestellt durch einen angeschraubten Filzpfropfen.

Die schräggestellten Rippen sorgen für eine leichtere Anpassung des Geschosses an den Laufdurchmesser – Verengungen durch Chokes („Würgebohrung“) können mit einem FLG meist problemlos passiert werden (Hinweise des Waffenherstellers beachten).

# 10.3. Kaliberbezeichnungen

## 10.3.1. Schrotpatronen

Für die **Kaliberangabe von Flinten** wird historisch eine Art „Gewichtsverfahren“ benutzt, die sich auf ein englisches Pfund Blei (454 g) bezieht. Ähnliches findet sich bei Kaliberangaben von Kanonen („X-Pfünder“).

Die Berechnung am Beispiel des Kalibers 12: Aus einem englischen Pfund Blei werden 12 gleich große Bleikugeln gegossen. Der Durchmesser einer dieser Kugeln entspricht dem Durchmesser des Laufes im Kaliber 12.

Folgende Laufdurchmesser ergeben sich daraus:

10 = 19,7 mm    12 = 18,5 mm    16 = 16,8 mm    usw.

Je kleiner die erste Zahl der Kaliberangabe (etwa **12**/70), desto weiter ist also die Lauföffnung. Die zweite Zahl der Kaliberangabe (12/**70**) beschreibt die **Hülsenlänge nach Abschuss** der Schrote. Die Angabe der Schrotkorngröße findet sich nicht in der Kaliberangabe, ebenso wenig das Gewicht der Schrotladung (Vorlage).

## 10.3.2. Kugelpatronen

**Kaliberangaben für Kugelpatronen** beziehen sich auf den Durchmesser des Geschosses. Die Bezeichnung „9 mm x 19“ etwa nennt erst den Durchmesser des Geschosses (9 mm) und dann die Länge der Hülse (19 mm). Im englischsprachigen Raum wird das Kaliber in Zoll (1 Zoll entspricht 25,4 mm) angegeben. Zur Umrechnung muss lediglich die Kaliberangabe mit 25,4 multipliziert werden. So ergibt sich für eine Patrone im Kaliber .40 S&W eine Kaliberangabe von 10,16 mm (0,4 multipliziert mit 25,4).

Oftmals wird die numerische Kaliberangabe durch Zusätze wie „Magnum“ oder Entwicklernamen ergänzt, um bei gleichem Geschossdurchmesser weitere Differenzierungen zu ermöglich.

Während Schrotpatronen problemlos aus längeren Patronenlagern verschossen werden dürfen (siehe Erklärung auf Seite 203), darf bei Kugelpatronen grundsätzlich nur die Patrone in das Patronenlager eingeführt werden, deren Kaliberangaben mit denen des Lagers übereinstimmt – Ausnahmen gelten lediglich für einige Patronen mit Rand (z. B. Patrone .38 Spec. aus Revolver im Kaliber .357 Mag.). Bei nicht passender Hülsenlänge kann es aufgrund von Spiel und daraus resultierender mangelnder Abdichtung zu schwersten Verletzungen des Schützen kommen.

## 10.4. Munitionsarten

Rechtlich ist **Munition**[108] zum Verschießen aus Schusswaffen bestimmte

- **Patronenmunition** (auch Geschosse mit Eigenantrieb)
- **Kartuschenmunition** (Hülse mit Ladung, aber ohne Geschoss)
- **hülsenlose Munition**
- **pyrotechnische Munition** (siehe dazu Kapitel 12 des Buches)

Eine waffenrechtliche Besonderheit stellt die **hülsenlose Munition** dar – sie ist nach der Definition der Anlage 1 WaffG eine „Ladung mit oder ohne Geschoss, wobei die Treibladung eine den Innenabmessungen einer Schusswaffe ... angepasste Form hat" – damit sind auch **Presslinge** (in Form gepresstes Pulver zur Verwendung insbesondere in Schwarzpulverwaffen) Munition und erfordern für den Erwerb eine behördliche Erlaubnis, etwa in Form eines Munitionserwerbsscheins.

Die **Ladung** ist der Haupt-Energieträger der Munition, entweder als Treibladung in der Hülse, Pressling oder verdämmtes Pulver im Lauf einer Waffe und dient zum Antrieb von Geschossen und Wirkstoffen.

## 10.5. Munition für Langwaffen

Büchsenpatronen bestehen aus der Hülse, dem Geschoss, dem Anzündhütchen und Pulver. Die Herstellung der **Hülse** ist ein aufwendiger Prozess, bei dem strengste Maßstäbe an Material und Passgenauigkeit gestellt werden. In Büchsenpatronen werden regelmäßig Drücke um 4.000 bar erzeugt.

Je nach Einsatzgebiet werden unterschiedliche **Geschosskörper** verwendet. Sport-Munition enthält meist Geschosse mit Bleikern, die mit einem Stahl- oder Tombak-Mantel überzogen sind.

Unterschieden werden bei den heute gebräuchlichen Patronensorten **Zentralfeuerzündung** und **Randfeuerzündung**. Letztgenannte wird hauptsächlich für Waffen im Kaliber .22 lfB sowie für Zimmerstutzen (4 mm) verwendet. Eine **Patrone mit Zentralfeuerzündung** trägt im Hülsenboden ein **Anzündhütchen**. Schlägt der Schlagbolzen auf das Anzündhütchen, entzündet sich der Inhalt des Anzündhütchens. Im Anzündhütchen befindet sich in der Regel ein Sinoxid- oder ein Sintox-Zündsatz.

Der **Sinoxid-Zündsatz**, auch als „rostfreier Zündsatz" bezeichnet, begegneten einer schlechten Eigenschaft von Nitropulver – im Gegensatz zu Schwarzpulver entstehen bei seiner Umsetzung Stoffe, die im Lauf zu

Rostbildung führten, allerdings nur dann, wenn das Pulver durch eine **Kaliumchlorat-Zündung** umgesetzt wurde. Der Sinoxid-Zündsatz, entwickelt 1926 bei RWS, gilt als erster rost- und erosionsfreier Zündsatz.

Der **Sintox-Zündsatz** moderner Patronenmunition, insbesondere für Sportschützen, geht noch einen Schritt weiter – er schützt nicht nur die Waffen, sondern auch die **Gesundheit** der Schützen. Er ist nicht nur rostfrei (siehe Sinoxid), sondern auch frei von Blei und Barium.

Das Anzündhütchen ist direkt mit dem Pulverraum verbunden – durch Öffnungen kann die Zündflamme in das Pulver schlagen und die Pulverladung zünden. **Boxer-Anzündhütchen** haben eine einzige Öffnung zum Pulverraum der Patrone, **Berdan-Anzündhütchen** in der Regel mehrere Öffnungen. Bei einer **Patrone mit Randfeuerzündung** sitzt die Anzündladung im Rand des Hülsenbodens und wirkt direkt auf das Pulver.

Werden Patronen mit stärkerer Ladung hergestellt, die in den Außenabmessungen Patronen mit schwächerer Ladung gleichen, wird die Hülse der stärkeren Patronen bei einigen Kalibern mit einem **Gürtel**[109] versehen. Der Gürtel dient dabei vornehmlich der Bildung des Verschlussabstands.

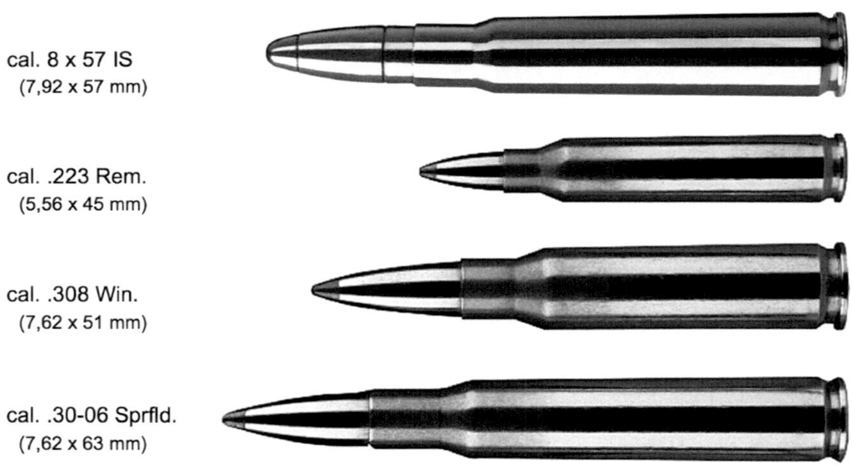

## 10.5.1. Schrotpatrone

**Nur für Flinten, aus denen Randpatronen verschossen werden, gilt:** Patronen für kürzere Lager dürfen auch aus längeren Patronenlagern verschossen werden, umgekehrt führt die Schussabgabe zu gefährlich hohen Gasdrücken – beim Laden der Waffe ist das meist nicht zu bemerken. Grund dafür ist das Verhalten der Hülse bei Abgabe des Schusses.

*Schnittmodell einer Rottweil-Tribore-Choke-Flinte ohne Laufverengung vor der Patrone mit eingelegter Patrone mit Teilanschnitt*

Der vorn umgebördelte Teil rollt sich nach Zünden des Pulvers nach vorn aus und gibt so den Weg frei für die Schrote. Wenn nun das Patronenlager zu kurz ist, ragt die abgeschossene Hülse in den Übergang hinein und verengt den Weg der Schrote – dadurch entsteht im Lauf unter Umständen ein gefährlich hoher Gasdruck, der zu Laufsprengungen führen kann und damit zu schwersten Verletzungen des Schützen und umstehender Personen.

**Schrotvorlage**

GECO Jagd 30

Geschossart:
Schrote

36 g / 2,7 mm

$V_{2,5}$ = 380 m/s

**Flintenlaufgeschoss**

GECO Competition Slug

Geschossart:
Solid (Bleikörper)

28,5 g

$V_{2,5}$ = 435 m/s

**Flintenlaufgeschosse** erzielen größere Schussweiten als Schrotgarben. Mit einem Gewicht um 30 g haben sie zudem eine „überzeugende Wirkung". Im Polizeibereich werden sie erfolgreich zum „Ausschalten" von Fahrzeugmotoren eingesetzt. Dabei wird bei einem Treffer der Motor-Block nicht durchschlagen, sondern so stark erschüttert, dass Kolben, Wellen etc. aufgrund der Vibration blockieren – der Motor stirbt ab.

## 10.5.2. .308 Win. / 7,62 x 51 mm NATO

In Sportschützenkreisen ist diese Patrone sehr beliebt. Munition dieses Kalibers ist aufgrund der großen Verbreitung günstig in der Anschaffung.

*Die tiefgestellte Zahl ist der Abstand des Geschosses zur Laufmündung, m/s steht für „Meter pro Sekunde", J steht für die Energie-Einheit „Joule":*

| | |
|---|---|
| $v_0$ | ***Geschwindigkeit** bei Verlassen des Laufes,* „Mündungsgeschwindigkeit" |
| $v_{100}$ | *Geschwindigkeit nach 100 m Flugstrecke* |
| $E_0$ | ***Energie** bei Verlassen des Laufes* |
| $E_{100}$ | *Energie nach 100 m Flugstrecke* |

*Hinweis: Alle Angaben sind beispielhaft.*

| | |
|---|---|
| Geschossgewicht / Lauflänge | 10,7 g / 600 mm |
| $v_0$ | 820 m/s |
| $v_{100}$ | 731 m/s |
| $E_0$ | 3.597 J |
| $E_{100}$ | 2.859 J |

Ende 1953 wurde diese Patrone als NATO-Standardpatrone eingeführt. Sie löste die bis dahin im amerikanischen Militär verwendete .30-06 Springfield (eingeführt 19**06**, wie auch aus dem Namen hervorgeht) ab. Entwicklungstechnisch wurde die .308 Win. durch Kürzen der Hülse aus der .30-06 Springfield abgeleitet.

Zu beachten sind die minimalen Unterschiede in den Maßen der Patronen aus militärischer und ziviler Fertigung für diesen Patronentyp. Da sich unter anderem die Geometrie der Hülsenschulter von .308 Win. und 7,62 x 51 NATO unterscheidet, kann es bei besonders exakt gearbeiteten Waffen zu Problemen kommen, insbesondere bei halbautomatischen Waffen.

## 10.5.3. .223 Rem. / 5,56 x 45 mm NATO

Die Patrone des M16 und des G36 sowie der HK SL8 – das geringe Gewicht ist ein Vorteil dieser Patrone (im Vergleich zur .308 Win. nur 11 g gegenüber 24 g!).

| | |
|---|---|
| Geschossgewicht / Lauflänge | 3,6 g / 600 mm |
| $v_0$ | 990 m/s |
| $v_{100}$ | 834 m/s |
| $E_0$ | 1.764 J |
| $E_{100}$ | 1.252 J |

Schon Ende der 50er Jahre entwickelte Remington diese Patrone, die die 7,62 x 51 mm NATO in der US-Armee ablösen sollte. Der Grund lag im taktischen Bereich – das geringere Gewicht. Das AR-15-Gewehr sollte mit dieser Patrone die Überlegenheit der amerikanischen Truppen erhöhen. Spätestens das Versagen der leichten Geschosse im Dschungel Vietnams machte die Überlegenheit der schwereren 7,62 x 51 mm NATO oder der 7,62 x 39 mm Kalashnikov zumindest für diesen Bereich aber deutlich, und auch in der Gegenwart werden in einzelnen Teilen der Bundeswehr wieder Waffen im alten Kaliber 7,62 x 51 mm NATO beschafft und eingesetzt.

Heute ist die Patrone als .223 Rem. im Bereich des Sportschießens weit verbreitet. Die Einführung im Bereich der Bundeswehr durch Umstellung vom Gewehr G3 auf das Gewehr G36 sorgte für eine stärkere Beachtung dieser Patrone.

## 10.5.4. .30-06 Springfield (7,62 x 63 mm)

In der US-Armee eingeführt im Jahre 1906. In Deutschland als Jagdkaliber gebräuchlich, da es auch für größere Wildarten geeignet ist.

Geschossgewicht / Lauflänge 10,7 g / 600 mm

| | |
|---|---|
| $v_0$ | 870 m/s |
| $v_{100}$ | 767 m/s |
| $E_0$ | 4.049 J |
| $E_{100}$ | 3.147 J |

Vor Ablösung durch die Patrone 7,62 x 51 NATO war die .30-06 Springfield die Standardpatrone der US-Armee. Sie war aus der Armeepatrone .30-03 entwickelt worden.

Noch heute schätzen Jäger die Eigenschaften des schlanken, aber energiereichen Geschosses, bei der Jagd auf größeres Wild. Darum werden Neuentwicklungen im Bereich der Jagdwaffen meist auch in diesem Kaliber angeboten.

### 10.5.5. 8 x 57 IS / 7,92 x 57 mm

In Deutschland wird diese Patrone vorwiegend von Jägern und Besitzern des Karabiners 98 verwendet.

| | |
|---|---|
| Geschossgewicht / Lauflänge | 11,7 g / 600 mm |
| $v_0$ | 820 m/s |
| $v_{100}$ | 717 m/s |
| $E_0$ | 3.934 J |
| $E_{100}$ | 3.007 J |

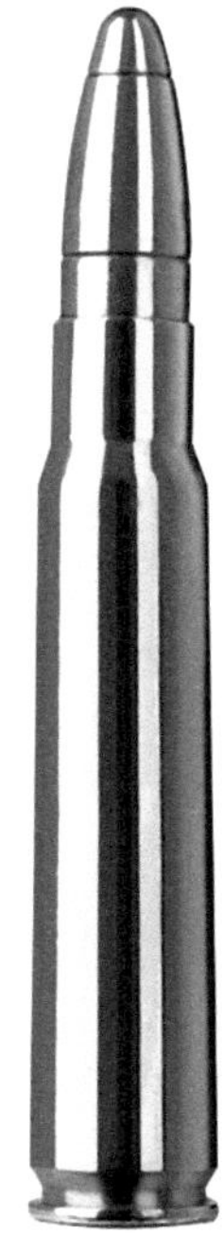

1888 führte das Deutsche Reich diese Patrone als neue Standard-Militärpatrone mit der Bezeichnung 8 x 57 I („I" für „Infanterie") ein. 1905 wurde das bis dahin verwendete **Ogival-Geschoss**, das zu den Rundkopfgeschossen gezählt wird, durch ein **Spitzgeschoss** ersetzt – die neue Bezeichnung der Patrone lautete „IS" für „Infanterie Spitz", der Geschossdurchmesser wurde vergrößert. Bei der Kaliberbezeichnung wird synonym auch das Kürzel JS anstelle von IS verwendet. Patronen, die einen **Rand** aufweisen (Patronen für Kipplaufbüchsen), werden als 8 x 57 IR bzw. IRS bezeichnet.

## 10.5.6. .22 lfB / .22 lr („Kleinkaliber“)

Das Kürzel „lfB“ steht für „lang für Büchse“, engl. „long rifle“, „lr“. Preiswerte Übungsmunition **für Lang- und Kurzwaffen**, in Wechselsystemen oder Einsteckläufen. Die Angaben gelten für ein **Bleigeschoss von 2,6 g**, verschossen aus Langwaffe (Lauflänge 650 mm) und Kurzwaffe (Lauflänge 150 mm).

| Lauflänge | 650 mm | 150 mm |
|---|---|---|
| $v_0$ | 330 m/s | 285 m/s |
| $v_{50}$ | 295 m/s | 262 m/s |
| $E_0$ | 142 J | 106 J |
| $E_{50}$ | 113 J | 89 J |

Mit dem Begriff „Kleinkaliber“, der zunächst mehrere Kaliber unterhalb von sechs Millimeter Durchmesser umfasste, wird heutzutage nur noch diese **Randfeuer-Patrone** bezeichnet. Davon abzugrenzen sind die ebenfalls erlaubnispflichtigen Waffen im sogenannten „**Kleinstkaliber**“ 4 mm M20, die einen noch geringeren Geschossdurchmesser, zudem aber auch eine sehr viel geringere Mündungsenergie besitzen.

Die geringen Abmessungen und der geringe Rückstoß dieser Patrone dürfen aber keinesfalls über ihre Gefährlichkeit hinwegtäuschen – Kleinkaliber-Waffen stehen in dem Ruf, im Bereich der Geheimdienste durch die Möglichkeit des fast geräuschlosen und unauffälligen Einsatzes für Attentate eingesetzt zu werden.

Als Übungsmunition für Großkaliberschützen ist diese Patrone nur für das Scheibenschießen zu empfehlen. Im Bereich des Verteidigungsschießens fehlt dem Schützen dagegen die Aufgabe, das durch den Rückstoß und das Hochschlagen der Waffe verlorene Ziel schnell wieder anzuvisieren.

## 10.6. Munition für Kurzwaffen

Im Folgenden werden Sie, wie schon im Kapitel „Zielballistik“ (ab Seite 270), mehrfach den Begriff „Mannstopwirkung“ finden – er sollte Sie immer daran erinnern, dass Schusswaffen eine Gefahrenquelle darstellen und eine Waffe immer als geladen zu betrachten und zu behandeln ist.

Neben den nun vorgestellten Kalibern gibt es zahlreiche weitere, teilweise auch unterschiedliche Ausführungen eines Kalibers. Insbesondere die Geschosstypen und verschieden starken Ladungen machen das Ausprobieren einer neuen Munitionssorte immer wieder zu einem Experiment.

Alle hier gemachten Angaben sind Beispiele und beziehen sich auf die angegebenen Geschossarten und –gewichte sowie den verwendeten Lauf.

Zunächst eine Übersicht im direkten **Maßstabsvergleich**:

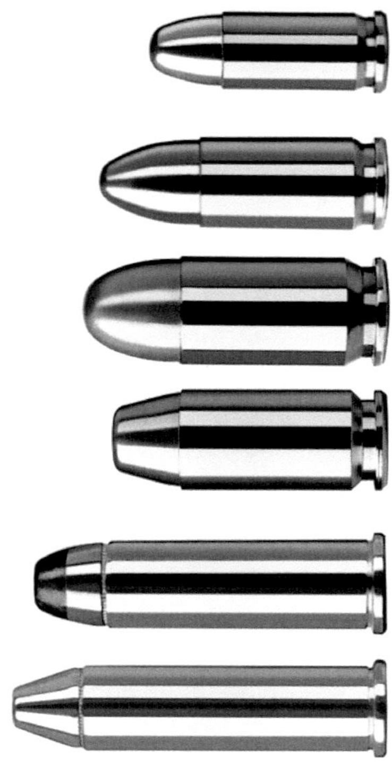

cal. 7,65 mm

cal. 9 mm x 19

cal. .45 ACP

cal. .40 S&W

cal. .38 Spec.

cal. .357 Mag.

## 10.6.1. 9 mm Luger (9 mm x 19) (auch: 9 mm Parabellum)

Das in Deutschland meistgenutzte Kaliber für Pistolen ist die „9 Millimeter". Aufgrund der unterschiedlichen Laborierungen muss die optimale Patronensorte für ein Pistolenmodell meist im Praxisbetrieb ermittelt werden.

Geschossmasse / Art / Lauflänge

8,0 g / VM / 125 mm

| | |
|---|---|
| $V_0$ | 360 m/s |
| $V_{25}$ | 337 m/s |
| $E_0$ | 518 J |
| $E_{25}$ | 454 J |

Diese Patrone wurde 1902 entwickelt. Namensgeber war der österreichische Erfinder Georg von Luger (1849-1923), der nach Abschluss seiner Militärzeit und einer Anstellung bei einer Bank in Wien als Handelsvertreter in die Dienste der DWM Loewe („**D**eutsche **W**affen- und **M**unitionsfabrik Loewe") in Berlin eintrat. Die von Luger weiterentwickelte „Pistole 08" mit dem berühmten „Kniegelenkverschluss" war für diese Patrone eingerichtet.

Die 9 mm Luger ist die weltweit meistverwendete Patrone für Pistolen und ältere Maschinenpistolen, insbesondere im militärischen Bereich. Der Maximaldruck in der Patrone liegt bei 2.600 bar.

## 10.6.2. .38 Special

Seit Anfang des 20. Jahrhunderts gebräuchliche Patrone für Revolver, die auch aus Waffen des Kalibers .357 Magnum verschossen werden kann.

Geschossmasse / Art / Lauflänge

10,2 g / VM / 150 mm

| | |
|---|---|
| $v_0$ | 320 m/s |
| $v_{25}$ | 309 m/s |
| $E_0$ | 522 J |
| $E_{25}$ | 487 J |

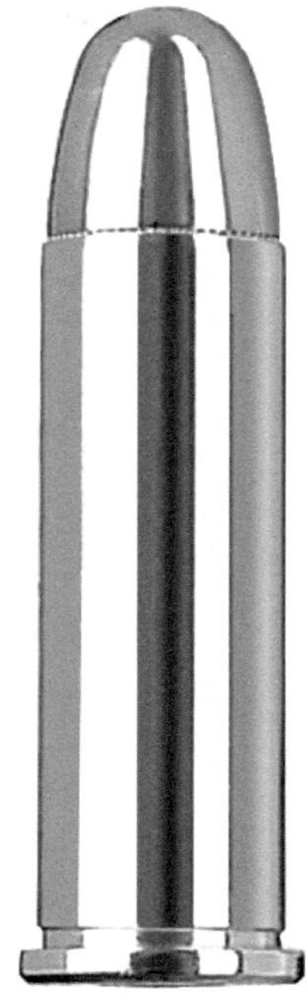

Ursprünglich für das US-Militär entwickelt, wurde diese Patrone 1902 von „Smith & Wesson“ in den zivilen und polizeilichen Markt eingeführt. Die nach Aussage von Fachleuten „beliebteste Revolverpatrone der Welt“ lässt sich auch aus Waffen des Kalibers .357 Magnum verschießen, erzeugt aber im Vergleich zu diesem Kaliber einen deutlich geringeren Rückstoß.

## 10.6.3. .357 Magnum

Weiterentwicklung der Patrone .38 Special und mit Teilmantelgeschoss (gute Mannstopwirkung) besonders im Sicherheitsbereich verbreitet.

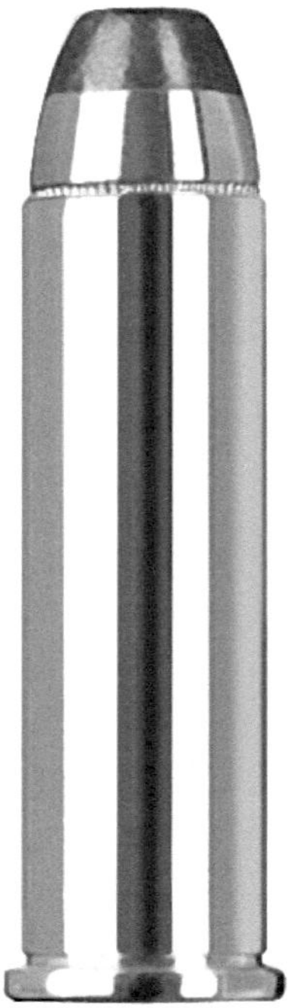

Geschossmasse / Art / Lauflänge

10,2 g / TM / 210 mm

| | |
|---|---|
| $v_0$ | 422 m/s |
| $v_{25}$ | 394 m/s |
| $E_0$ | 908 J |
| $E_{25}$ | 792 J |

Anders als die Patrone .38 Special gibt die Patrone .357 Magnum in ihrem Namen das genaue Maß des Geschossdurchmessers wieder. 1935 kam diese Patrone, entwickelt von Elmer Keith (1899-1984), auf den Markt und bediente den Wunsch nach mehr Energie und Durchschlagskraft, insbesondere im Bereich der Sicherheitskräfte.

Die Hülse der im Außendurchmesser mit der .38 Special identischen Patrone wurde um ca. 3,4 mm verlängert, um zu verhindern, dass diese starke Patrone in einem .38-Special-Revolver geladen wird – dessen Trommel kann mit eingeführter .357-Magnum-Patrone nicht eingeschwenkt werden, da die längere .357-Magnum-Patrone nicht vollständig in der Trommel „verschwindet".

## 10.6.4. .44 (Remington-) Magnum

Es handelt sich um eines der schwersten Kaliber für Kurzwaffen mit sehr hoher Mannstopwirkung (als Teilmantel).

*Bitte beachten: Die Angaben für Distanzen 0 m und 50 m basieren auf Daten der Fa. MagTech!*

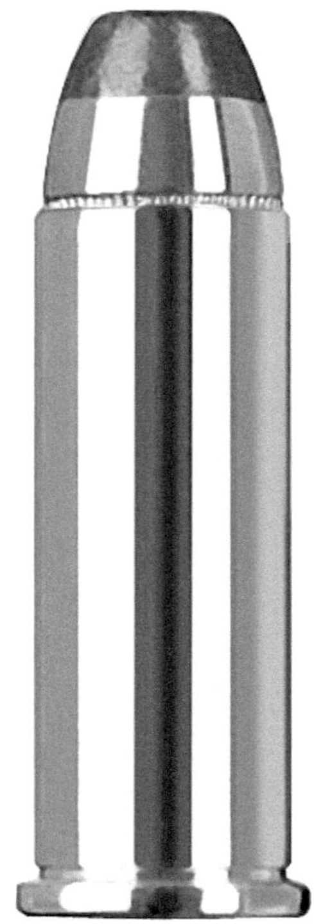

Geschossmasse / Art / Lauflänge

15,5 g / TM / 125 mm

| | |
|---|---|
| $v_0$ | 360 m/s |
| $v_{50}$ | 326 m/s |
| $E_0$ | 1010 J |
| $E_{50}$ | 828 J |

Diese Patrone, eine der stärksten Kurzwaffenpatronen, kam 1955 zusammen mit dem Revolvermodell „Smith & Wesson Modell 29" auf den Markt. S&W hatte die neue Patrone gemeinsam mit Remington und Elmer Keith entwickelt.

Wie die .357-Magnum-Patrone ist auch die .44-Magnum-Patrone länger (etwa 3,2 mm) als die kalibergleiche, aber schwächere Patrone .44 Special, die seit 1907 auf dem Markt war.

## 10.6.5. .40 S&W

Seit Anfang der 1990er Jahre setzt sich dieses Kaliber immer mehr durch. Gefühlt eine deutlich stärkere Patrone als die 9 mm Luger, aber trotzdem noch gut beherrschbar – durch den höheren Preis konnte sie bislang der Patrone 9 mm Luger nicht den Rang ablaufen.

Geschossmasse / Art / Lauflänge

11,0 g / VM-Kegelstumpf / 125 mm

| | |
|---|---|
| $v_0$ | 355 m/s |
| $v_{25}$ | 330 m/s |
| $E_0$ | 693 J |
| $E_{25}$ | 599 J |

Die Einführung dieser Patrone fand insbesondere in Kreisen der amerikanischen Polizei große Beachtung. Die im Vergleich zur 9 mm Luger stärkere Patrone bietet eine gute „Mannstopwirkung", ohne dabei den Schützen durch einen übermäßigen Rückstoß zu belasten.

In Deutschland setzen insbesondere IPSC-Schützen gern diese Patrone ein. Aufgrund des höheren Preises nutzen viele Anwender dabei die Möglichkeit, mittels eines Wechsellaufs die günstigere Patrone 9 mm Luger im Übungsbetrieb zu verwenden, die sich bezüglich der Daten nicht wesentlich unterscheidet (siehe Daten).

## 10.6.6. .45 ACP

ACP steht für **A**utomatic **C**olt **P**istol. Die wohl bekannteste Waffe dieses Kalibers ist der Colt Government 1911.

Geschossmasse / Art / Lauflänge

14,9 g / VM / 125 mm

| | |
|---|---|
| $v_0$ | 262 m/s |
| $v_{25}$ | 256 m/s |
| $E_0$ | 511 J |
| $E_{25}$ | 488 J |

John Moses Browning (1855-1926), der zuvor die Patrone .32 ACP (7,65 Browning, nicht zu verwechseln mit 7,65 Para) entwickelt hatte, stellte im Jahre 1905 mit der .45 ACP eine überaus beeindruckende Patrone aus Sicht des Zieles vor – die Mündung einer Kurzwaffe in diesem Kaliber ist nachgewiesenermaßen ein überzeugendes Argument zur Aufgabe (Stichwort: Drohwirkung).

Seit 1911 setzt die US-Armee diese Patrone ein, insbesondere durch den Colt Government wurde sie in der ganzen Welt bekannt. Die große Masse des Geschosses gleicht seine geringe Geschwindigkeit (Unterschall) aus.

# 11. Ballistik

## 11.1. Grundlagen

Der Begriff „**Ballistik**" leitet sich vom griechischen Wort für „werfen" ab und steht für die **Lehre von den geworfenen Körpern**.

Somit lassen sich alle physikalischen Gesetze, die wir im Schulunterricht lernen mussten, auch auf die Ballistik der Schusswaffen anwenden. Denn auch hier erhalten Körper Bewegungsenergie, sind während des Fluges dem Luftwiderstand ausgesetzt und unterliegen der Erdanziehungskraft.

Ein Beispiel: Wenn Sie einen Minigolfball in die Luft werfen, und zwar möglichst senkrecht nach oben, wird er nach kurzer Zeit wieder herunterfallen. Je nachdem, wie stark Sie den Ball nach oben geworfen haben, verlässt er ihre Hand mit einer gewissen Geschwindigkeit (**Mündungsgeschwindigkeit** $v_0$, sprich: „v-Null") und steigt bis zu einer maximalen Höhe, von wo aus er wieder herabfällt. Der Abstand zwischen dem Abwurfpunkt und dem höchsten Punkt des senkrechten Aufstiegs wird als **maximale Steighöhe** bezeichnet.

Wenn Sie den Ball jetzt nicht senkrecht nach oben werfen, sondern damit eine Dose umwerfen wollen, die in einigen Metern Entfernung steht, ändern Sie die Richtung des Wurfes. Wieder verlässt der Minigolfball Ihre Hand mit einer $v_0$ und er wird nicht auf einer Geraden sein Ziel erreichen, sondern Sie werden die Dose aus Erfahrung etwas höher anvisieren.

Der Grund: Sie wissen, dass auf den Minigolfball (den Luftwiderstand können wir hier vernachlässigen) immer die Schwerkraft der Erde einwirkt und dadurch von der theoretisch geraden Flugbahn abgelenkt wird.

Gleiches gilt in anderem Maßstab auch für ein Geschoss, das den Lauf der Waffe mit einer bestimmten $v_0$ verlassen hat und im Flug der natürlichen Schwerkraft ausgesetzt ist. Je länger die Flugbahn des Geschosses ist, desto deutlicher ist der Höhenverlust. Darum muss der Schütze bei einem Schuss auf ein Ziel auch immer die ungefähre Entfernung ermitteln, um die Visiereinrichtung entsprechend zu justieren.

Die Ballistik gliedert sich in die Bereiche Innenballistik, Abgangsballistik, Außenballistik und Zielballistik.

Gegenstand der **Innenballistik** sind die **Vorgänge im Lauf** einer Waffe nach Betätigung des Abzugs, zum Beispiel der Gasdruckverlauf.

Die **Abgangsballistik** oder **Mündungsballistik** befasst sich mit den **Vorgängen im Bereich der Laufmündung** – ein interessantes Gebiet, das im Rahmen der grundlegenden Ausbildung allerdings meist nicht behandelt wird und darum auch hier übergangen wird.

Die **Außenballistik** beschreibt die Vorgänge **während des Fluges** am Projektil.

Die **Zielballistik** beschreibt die **Wirkung des Geschosses im Ziel** sowie die Vorgänge am Projektil selbst.

Für Ihre Sachkundeprüfung müssen Sie Grundkenntnisse der Innen- und Außenballistik nachweisen, ebenso der Zielballistik – Stichwort Trefferwirkung. **Insbesondere die Gefahrenbereiche der gängigsten Waffen- und Munitionstypen müssen Sie sich einprägen!**

Bei den nun folgenden Beschreibungen sollen Sie verstehen, welche grundsätzlichen Vorgänge ablaufen werden, wenn Sie die Waffe auf ein Ziel richten und den Abzug Ihrer Waffe betätigen. Dieses Verstehen dient auch Ihrer Sicherheit – schließlich kann man mit einer Maschine sicherer umgehen, wenn man ihre Arbeitsweise kennt. Und letztendlich ist auch eine Schusswaffe nur eine Maschine.

## 11.2. Innenballistik

Das Geschoss, das Sie aus Ihrer Waffe verschießen wollen, muss dem Kaliber der Waffe entsprechen. So simpel dies klingt, so grundlegend ist diese Aussage. Denn alle Vorgänge rund um die Abgabe des scharfen Schusses beruhen auf dem exakten Zusammenwirken verschiedener, sehr genau gearbeiteter Bauteile.

Das Geschoss ist heute meist Teil der Patrone und steckt fest in der Hülse. Die Kraft, die man benötigt, um das Geschoss aus der Hülse zu ziehen, ist je nach Patronensorte verschieden, aber sollte pro Sorte immer annähernd gleich sein. Sie wird **Ausziehkraft** genannt.

Wenn das Pulver in der Hülse gezündet wird, baut sich in der Hülse ein enormer Gasdruck auf. Das aus dem Pulver entstandene Gas will sich auszudehnen und wählt, wie immer in der Natur, den einfachsten Weg – es breitet sich dorthin aus, wo das einengende Material nachgibt. Und das ist in diesem Fall der Boden des Geschosses. Von dem sich ausdehnenden Gas angetrieben, wird das Geschoss aus der Hülse in den **Lauf** gedrückt.

Vier Bedingungen sind also Voraussetzung für die Abgabe eines Schusses:

1. Der **Lauf**, der aus einem **ausreichend festen Material** besteht.

2. Der **Verschluss**, der dem Druck im Patronenlager widersteht.

3. Das **Geschoss** – ein Körper, der groß genug ist, um den Lauf nach vorn abzudichten, aber gleichzeitig klein genug, um noch durch den Lauf getrieben werden zu können.

4. Der **Gasdruck** – erzeugt durch Umsetzung der Treibladung.

Die Punkte 1 bis 3 sind unabdingbar für die Funktionsfähigkeit einer Schusswaffe. Gäbe das Material von Lauf oder Verschluss nach, wäre eine Waffensprengung mit erheblichen Verletzungen für die Umstehenden die Folge. Wäre das Geschoss zu klein oder auch zu weich, könnte der Druck ungehindert und nutzlos nach vorn durch den Lauf entweichen.

Der **Gasdruck** im Lauf ist **nicht konstant**. Zwei Faktoren beeinflussen ihn – zum einen der **zeitliche Verlauf**, da das Pulver erst allmählich umgesetzt wird („Umsetzung" könnte auch als „Verbrennung" beschrieben werden), zum anderen der sich **vergrößernde Raum**, der sich aus der Vorwärtsbewegung des Geschossbodens durch den Lauf ergibt.

**Maximale Gasdrücke gängiger Kaliber für Kurz- und Langwaffen**

| | | | |
|---|---|---|---|
| .22 lfB. | 2.050 bar | .223 Rem. | 4.300 bar |
| 9 mm x 19 | 2.350 bar | .308 Win. | 4.150 bar |
| .357 Mag. | 3.000 bar | 8 x 57 IS | 3.900 bar |
| .357 SIG | 3.050 bar | 9,3 x 72 R | 2.000 bar |
| .38 Spec. | 1.500 bar | 9,3 x 64 | 4.400 bar |
| .44 Rem. Mag. | 2.800 bar | 8 mm Rem. Mag. | 4.600 bar |
| .45 ACP | 1.300 bar | .300 Lapua Mag. | 4.700 bar |
| .454 Casull | 3.900 bar | cal. 12/70 (Schrot) | 740 bar |
| .40 S&W | 2.250 bar | cal. 20/70 (Schrot) | 830 bar |

Das Ideal des geschlossenen Raumes zwischen Geschoss und Hülsenboden wird beim Revolver konstruktionsbedingt nicht erreicht. Um die Drehung der Trommel zu ermöglichen, befindet sich zwischen Lauf und Trommel der meisten Revolver ein schmaler Spalt, der „**Trommelspalt**". Die Spaltbreite liegt bei hochwertigen, in engen Toleranzen hergestellten Waffen zwischen 0,1 und 0,25 mm. Hält man einen Revolver gegen das Licht, ist die Spalt mit bloßem Auge oft nicht zu sehen. Mit der Zeit kann sich die Spaltbreite allerdings vergrößern und damit der Druckverlust, der bei Abgabe eines Schusses auftritt. Denn hat das Geschoss die Trommel verlassen und den Trommelspalt überwunden, kann der Gasdruck den „bequemeren Weg“ wählen und, statt das Geschoss anzutreiben, durch den Trommelspalt entweichen. Der Energieverlust beläuft sich auf bis zu 20 Prozent im Vergleich zu Pistolenläufen. Dieser Wert steigt mit zunehmender Spaltbreite – eine regelmäßige Überprüfung durch einen Büchsenmacher ist daher bei Waffen mit hohen Schussleistungen angeraten.

Grundsätzlich unterscheiden wir **glatte** und **nicht-glatte Läufe**, letztere unterteilen sich in **gezogene Läufe** und **Polygonläufe**. Den Unterschied zwischen den nicht-glatten Läufen zeigen die folgenden Beispiele (links gezogen, rechts polygonal) einer HK USP.

Wenn es sich um einen **gezogenen Lauf** handelt, ist die Laufinnenseite nicht glatt, sondern enthält **Felder** und **Züge** (daher der Begriff „gezogen“). Sie werden durch Hämmern, Drücken oder Ziehen (spanabhebend) hergestellt. Die Felder sind gegenüber den Zügen erhaben und so bemessen, dass das Geschoss nicht ohne weiteres durch den Lauf gleiten kann – es muss hindurchgepresst werden, weil der **Feld-Durchmesser** des Laufes geringer ist als der Querdurchmesser des Geschosses. Den Zusammenhang verdeutlicht nachstehende Grafik mit der dazugehörenden Erläuterung auf der folgenden Seite.

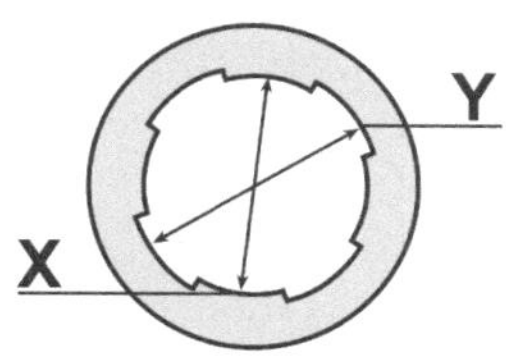

Die Grafik zeigt den Querschnitt eines gezogenen Laufes mit **vier Zügen**. Der Abstand zwischen zwei gegenüberliegenden Zügen wird **Zugdurchmesser (Y)** genannt, jener zwischen gegenüberliegenden Feldern **Felddurchmesser (X)**. Die Dimensionen der Züge und Felder sind hier nicht maßstabsgetreu wiedergegeben, um das Prinzip zu verdeutlichen. Der Unterschied liegt zwischen 0,05 und 0,25 mm.

Ein gezogener Lauf im Kal. 9 mm x 19 kann diese Daten aufweisen:

| | |
|---|---|
| Zugdurchmesser: | 9,02 mm |
| Felddurchmesser: | 8,82 mm |

Der **Geschossquerdurchmesser** liegt zwischen diesen beiden Werten, in diesem Falle sind es 9,0 mm. Um zu erfassen, was nun geschehen muss, um das Geschoss durch den eigentlich zu engen Lauf zu bringen (schließlich ist der Felddurchmesser kleiner als der Geschossquerdurchmesser), müssen wir unsere Phantasie bemühen.

Stellen Sie sich vor, Sie haben einen Klumpen Knetmasse in der Hand. Sie formen ihn zu einer Kugel, die einen Durchmesser von 50 mm hat. Wenn Sie jetzt versuchen, diese Knetkugel in ein Metallrohr mit nur 45 mm Durchmesser zu schieben, müssen Sie die Knetkugel mit dem Daumen hineindrücken, also Druck auf die Kugel ausüben, um die Kugel zu verformen.

Im Prinzip geschieht mit dem Geschoss das Gleiche. Der Gasdruck presst das Geschoss in den etwas zu engen Lauf. Die Unterschiede der Durchmesser sind minimal, aber sie reichen aus, um das Geschoss etwas an die Züge und Felder im Lauf anzupassen. Der Druck treibt nun das Geschoss durch den Lauf, und die Felder, die sich in einer gestreckten Spiralform durch den Lauf ziehen, zwingen das Geschoss, um die eigene Achse zu rotieren.

Die Strecke, in deren Verlauf ein Geschoss durch Züge und Felder einmal um sich selbst gedreht wird, nennt man **Drall-Länge,** die Bewegung selbst den **Drall**.

Wird die Patrone gezündet, wird das Geschoss aus der Patronenhülse herausgetrieben, allerdings noch ohne Rotation, denn erst durch den Kontakt mit den Zügen des Laufes erhält das Geschoss die für den Drall notwendige Energie.

Vor der Hülsenöffnung befindet sich der **Übergangskegel** (Übergangskonus), hier mit „ÜK" bezeichnet. Er ist Teil des Laufes und der sich verjüngende Übergang zwischen Patronenlager und gezogenem Teil des Laufes.

Das Geschoss ist in den Hülsenmund eingesetzt. Die **Einsetztiefe** (ET) ist die Strecke, auf der sich das Geschoss nach Zündung der Patrone mit Kontakt zur Hülse nach vorn bewegt.

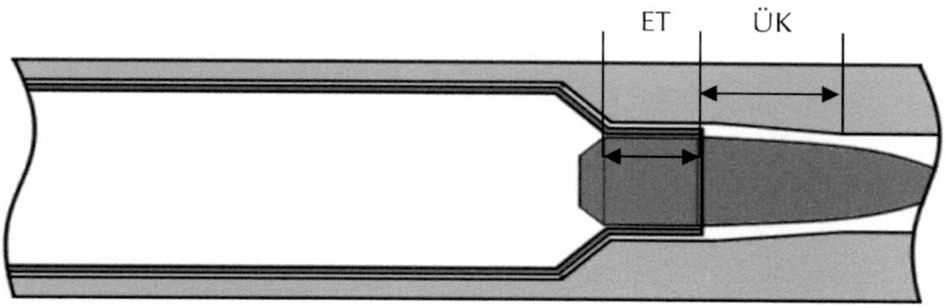


Die Strecke, die das Geschoss bis zum ersten Kontakt mit den Zügen zurücklegt, der das Geschoss zu einer Drehung um die Achse seiner Bewegungsrichtung zwingt, ist der **rotationslose Geschossweg**. Der **Freiflug** beginnt, sobald das Geschoss nicht mehr durch die Patronenhülse geführt wird. Sobald das Geschoss die Züge berührt, ist der Freiflug beendet.

Wenn das Geschoss schließlich den Lauf verlassen hat, hat es nicht nur Bewegungsenergie gespeichert, die es geradeaus fliegen lässt, sondern rotiert auch um die eigene Achse. Denken Sie nun wieder an die Ballistik – neben der eigenen Bewegungsenergie und der Eigenrotation wirkt auch die Schwerkraft auf das Geschoss.

Die **Rotation** stabilisiert die Flugbahn des Geschosses und verhindert ein Überschlagen, wenn das Geschoss ausreichend lang ist. Ohne Rotation wäre kein gezielter Schuss über weite Entfernungen möglich.

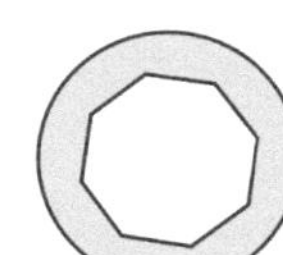

Eine andere Art des nicht-glatten Laufes ist der **Polygonlauf**. Für Drall und Drall-Länge gelten die Aussagen für den gezogenen Lauf. Das Geschoss wird allerdings nicht durch Feldkanten, sondern Führungsbänder zur Drehung gezwungen, wobei weniger Gasdruck nach vorn entweicht. Dadurch steigt aber auch der Gasdruck bei einigen Kalibern im Vergleich zum konventionellen Zug-Feld-Profil, ebenso die Mündungsgeschwindigkeit.

Polygonläufe sind haltbarer, ihre Sprengsicherheit ist größer und sie sind leichter zu reinigen. Geschosse, die aus einem Polygonlauf verschossen wurden, weisen keine Riefen auf (Hinweis auf Lauf mit Zügen und Feldern), sondern regelmäßige Abflachungen. **Waffenrechtlich** zählen Polygonläufe zu den **gezogenen Läufen**.

Der **glatte Lauf** ist im Prinzip nur ein Rohr, das einem Geschoss oder, im Falle einer Schrotgarbe, mehreren Geschossen zugleich eine gewisse Führung gibt. Da **keine Züge oder Felder** vorhanden sind und es sich meist um ein kreisrundes Rohr handelt, erhält ein sich im Lauf nach vorn bewegendes Geschoss keinen Drall – es wird aus dem Lauf herausgestoßen und verfügt nur über eine Bewegungsenergie in Richtung des Laufes.

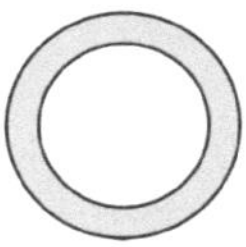

Glatte Läufe werden zum Verschießen von Schroten oder Flintenlaufgeschossen verwendet. Um die Streuung der Schrotgarbe einzuschränken, können sogenannte **Chokes** (Würgebohrungen) als wechselbare Einsätze in den Lauf eingeführt werden – sie engen den Lauf ein und verändern so das Trefferbild. Ein Lauf kann auch mit einem festen Choke versehen sein.

Auch das Auslösen des Schusses zählt zur Innenballistik. Hier ist insbesondere der Begriff der **Kadenz** bei vollautomatischen Waffen zu nennen – er gibt die Feuergeschwindigkeit in Schuss pro Minute an.

## 11.3. Außenballistik

Die Außenballistik beschreibt die Vorgänge am Projektil während des freien Fluges. Der Moment, in dem das Geschoss den Lauf verlässt, ist der Übergang von der Innen- zur Außenballistik. Das Geschoss hat eine Masse m (Maßeinheit: Kilogramm, kg), aus der sich in Verbindung mit der Geschwindigkeit v (Maßeinheit: Meter pro Sekunde, m/s) die Energie E (Maßeinheit: Joule, J) des Geschosses errechnen lässt.

Die **Mündungsgeschwindigkeit** wird mit $\mathbf{v_0}$ und die **Mündungsenergie** als $\mathbf{E_0}$ bezeichnet. Wird die Geschwindigkeit oder Energie nach einer bestimmten Flugstrecke angegeben, gibt die nachgesetzte Zahl an, in welcher Entfernung (in Metern) die Messung erfolgt (zB $E_{100}$ für Energie nach **100** m).

Gängige Kurzwaffenkaliber erreichen in der Regel Mündungsgeschwindigkeiten von 280 bis 400 m/s, mittlere Büchsenkaliber (Großkaliber-Langwaffen) dagegen 700 bis 1000 m/s.

Die **kinetische Energie** E ist das Produkt aus der halben Masse und dem Quadrat der Geschwindigkeit, mathematisch ausgedrückt:

$$\mathbf{E = \tfrac{1}{2} \cdot m \cdot v^2}$$

Die Energie nimmt mit dem Quadrat der Geschwindigkeit zu. Verdoppelt sich also die Geschwindigkeit, vervierfacht sich die Energie.

Wind und Regen, sogar Fluginsekten können die Flugbahn beeinflussen. Wie sich ein Kontakt auf die Flugbahn auswirkt, ist abhängig von Geschossmasse und Geschwindigkeit, aber auch von dem berührten Objekt.

Während des Fluges wirkt die Erdanziehungskraft auf das Geschoss. Das Geschoss beschreibt auf seiner Flugbahn eine **ungleichförmige Kurve**, die mit zunehmender Entfernung von der Mündung immer steiler abfällt.

(Höchst-) **Reichweite** ist die Distanz von der Laufmündung bis zum weitest erreichbaren Punkt, dem Auftreffpunkt bei perfektem Abschusswinkel. Der Begriff **Rasanz** beschreibt die Krümmung der Schussbahn. Je geringer die Flugbahn gekrümmt ist, desto besser ist die Rasanz eines Geschosses.

Im Flug taumelt die Spitze des rotierenden Geschosses um dessen Schwerpunkt, genauer um die theoretische Flugbahn. Das Ausmaß dieses Taumelns beschreibt die **Präzession**.

Bei einer erheblichen Änderung der Zielentfernung ist die Visierung neu einzustellen. Bei einem Wechsel von 25 auf 50 Meter ist das meist nicht nötig - es ist allerdings zu beachten, dass sich, bei Waffen mit einem großen Abstand zwischen Kornspitze und Laufseele, die **Visierlinie** der Waffe und die **Fluglinie** des Geschosses, die bei kurzen Distanzen und hohen Geschwindigkeiten nahezu gerade ist, zwischen Mündung und Ziel zweimal kreuzen können. Die Grafik überzeichnet den Effekt – der Kreuzungspunkt der Linien ist die ideale Entfernung zum Ziel, somit die **Einschussentfernung**; liegt das Ziel weiter entfernt, kann ein Hochschuss die Folge sein.

Ist eine Waffe auf 25 m „Fleck eingeschossen“ (Fleckschussweite), etwa bei Benutzung eines Leuchtpunktvisiers, würde bei 50 m der rote Punkt deutlich unter dem tatsächlichen Treffpunkt leuchten. Hier müsste entweder bei längerfristiger Änderung der Schussdistanz die Waffe neu eingeschossen werden oder durch Probeschüsse ein neuer Haltepunkt ermittelt werden.

## 11.4. Zielballistik

Wenn das Geschoss auf das Ziel trifft, wandelt sich die Bewegungsenergie in die sogenannte „**Auftreffenergie**“ um – allerdings nur rechnerisch. Auf dem Flug hat das Geschoss Bewegungsenergie verloren, und zwar durch den Luftwiderstand. Wie viel Energie an den getroffenen Körper abgegeben wird, hängt von der Deformation des Geschosses ab. Vollmantelgeschosse geben kaum Energie an den Körper ab, sie gehen oftmals unverändert und nur leicht abgebremst durch ihn hindurch, können sich aber nach einer kurzen Strecke innerhalb des Zielkörpers überschlagen. Anders Deformations- oder Ganzbleigeschosse – sie verformen sich (wofür auch ein Teil der Energie verbraucht wird) und geben durch die größere Oberfläche oder Splitter mehr Energie an den Zielkörper ab. Machen Sie doch einfach in Gedanken folgenden Versuch: Sie springen vom 3-Meter-Brett ins Schwimmbecken – mit den Händen nach vorn und „stromlinienförmig gestreckt“ tauchen sie schmerzfrei und ohne größere Fontäne ins Becken. Bei einem „Bauchklatscher“ haben Sie mehr Oberfläche, es wird sicherlich kein Vergnügen und die Fontäne wird kolossal sein.

Je nach Verformung des Geschosses beim Aufprall wird ein bestimmtes Maß an Wirkung erzielt – in diesem Zusammenhang wird von der ***Aufhaltekraft*** oder auch ***Mannstopwirkung*** gesprochen. Mit Hilfe der **Hatcher-Formel**, entwickelt von dem Ballistik-Experten und US-Offizier Julian Hatcher 1934, kann die Mannstopwirkung berechnet werden, um Geschossarten rechnerisch einfacher vergleichen zu können.

Grundsätzlich gilt: Je mehr Energie ein Geschoss hat und je mehr Energie es an das Ziel abgeben kann, desto größer ist die Aufhaltekraft. Unterschieden werden Mantelgeschosse (Vollmantel, Teilmantel) und Vollgeschosse (Solids, Ganzbleigeschosse, auch Geschosse, die vollständig aus einem Material hergestellt wurden).

Die Stufen des sogenannten „**Aufpilzens**“ im getroffenen Körper zeigt die nachstehende Bildfolge.

*Deformationsstadien eines Projektils (Jagdgeschoss „RWS Evolution“)*

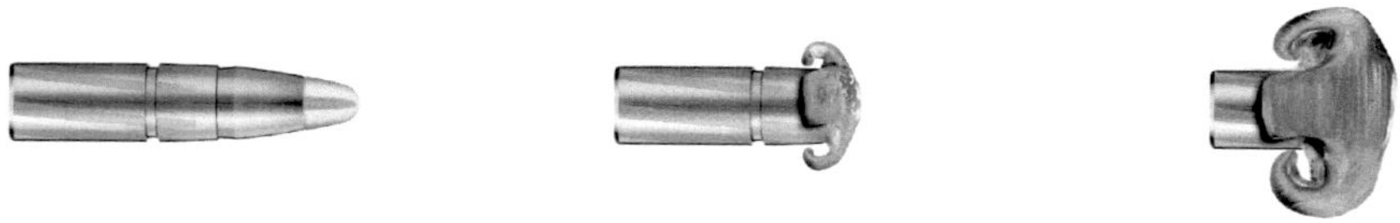

Für die Berechnung der Auftreffenergie gilt die Formel aus dem vorigen Kapitel zur Außenballistik auf Seite 268.

Hier sehen Sie in der direkten Gegenüberstellung zwei Geschosse gleichen Kalibers, die ein Ziel getroffen haben, sogenannte „**Restkörper**“, links Teilmantel, rechts Vollmantel – gleiches Kaliber, aber deutlich unterschiedliche Deformation und Energieabgabe.

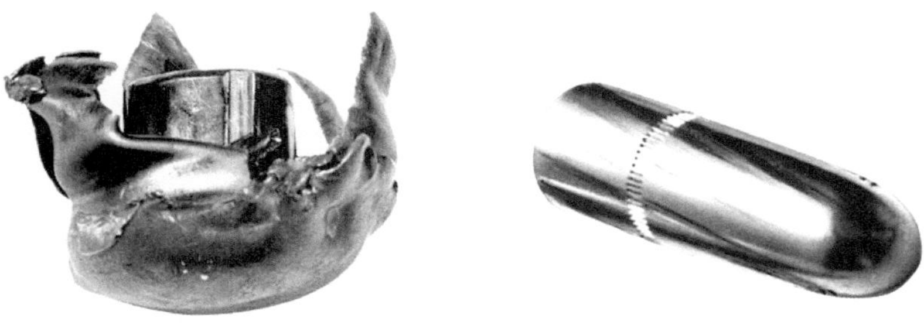

## 11.5. Gefahrenbereich

Geschosse in Bewegung sind gefährlich. Daraus leitet sich die Grundregel für den **Gefahrenbereich** ab, die Sie immer beherzigen sollten: Die höchste Reichweite einer Waffe oder die Flugweite eines Geschosses ist immer der Gefahrenbereich.

Die größten Schussweiten (**Maximalschussweiten**) werden bei einem Abschusswinkel um 30 Grad erzielt. In der Praxis wird man diese Distanz selten erreichen, doch um jede Gefährdung auszuschließen, müssen Sie immer von der maximal möglichen **Reichweite** ausgehen. Aus Gründen der Vereinfachung sind in der Tabelle die Maximalschussweiten auf volle 500-m-Schritte (Langwaffen: 1000-m-Schritte) aufgerundet worden!

*Hinweis: Die im Fragenkatalog des BVA angegebenen Daten, die Gegenstand der Prüfung sein können, sind in der zweiten Spalte angegeben.*

| **Kaliber** | ***BVA-Katalog*** | **Maximalschussweite und Gefahrenbereich** | | | |
|---|---|---|---|---|---|
| Luftgewehr" 7,5 J | | 175 m | | | |
| 4 mm M20 | 300 m | 500 m | | | |
| .22 kurz | | 1.000 m | | | |
| .32 S&W long NP | 1.200 m | | 1.500 m | | |
| .22 lfB/lr | 1.500 m | | 1.500 m | | |
| 7,65 mm | | | 1.500 m | | |
| .38 Spec. | 1.500 m | | 1.500 m | | |
| 9 mm Luger | 2.000 m | | | 2.000 m | |
| .357 Mag. | | | | 2.000 m | |
| .44 Rem. Mag. | 2.000 m | | | 2.000 m | |
| .45 ACP | | | | 2.000 m | |
| .223 Rem. | 4.300 m | | | | 5.000 m |
| .308 Win. | 5.000 m | | | | 5.000 m |

Als Gefahrenbereich von **Schrotpatronen** gilt **in Schussrichtung** das Hundertfache des Millimeter-Durchmessers der Einzelschrotkugeln in Metern – für 4-mm-Jagdschrote ergibt sich etwa ein Gefahrenbereich von 400 m.

Zu beachten ist dabei auch die **Breitenstreuung** der Schrote, da hier, anders als beim Kugelschuss, nicht nur die Flugbahn eines Geschosses, sondern der von den Schrotkörnern einer Garbe durchflogene trichterförmige Bereich ebenfalls Gefahrenbereich ist. Die nachfolgenden Werte verdeutlichen lediglich den Einfluss der Schrotgröße auf die Breitenstreuung – die Art des verwendeten Chokes ist ein weitere wichtiger Einflussfaktor.

| **Distanz** | **Schrotgröße 2,5 mm** | **Schrotgröße 3,5 mm** |
|---|---|---|
| 40 m | 4 m | 3 m |
| 80 m | 11 m | 8 m |
| 150 m | 46 m | 35 m |

Als **Schützenstreuung** bezeichnet man dagegen die **Streuung**, die durch den Schützen selbst erzeugt wird – der Begriff beschreibt die **Abweichung einer Reihe von Treffern zueinander bei gleichem Haltepunkt**.

**Flintenlaufgeschosse**, die aus **glatten Läufen** verschossen werden, haben durch ein anderes Verhältnis von Masse und Oberfläche eine deutlich höhere Maximalschussweite als Schrote - sie liegt bei 1.200 m. Aus **gezogenen Läufen** verschossen erhöht sich dieser Wert aufgrund der Stabilisierung durch die wirksame Eigenrotation, den Drall, deutlich.

# 12. Seenotsignalmittel

## 12.1. Rechtliche Grundlagen

Signalpistolen, landläufig auch als *Leuchtpistolen* bezeichnet, unterliegen dem Waffengesetz. Sie sind als tragbare Gegenstände den Schusswaffen mindestens gleichgestellt (§ 1 Abs. 2 Nr. 1 zweite Alternative WaffG), weil sie zum Verschießen von pyrotechnischer Munition zur Signalgebung oder zum Sport bestimmt sind. Wird bei ihrer Verwendung ein Geschoss durch einen Lauf getrieben, sind Signalwaffen gemäß Definition in Anlage 1 A1 UA1 Nr. 1.1 WaffG sogar Schusswaffen im Sinne des WaffG.

Das **Bedürfnis** nach § 8 WaffG für **Bootsführer** zum Erwerb einer Signalpistole setzt voraus, dass eine **besondere Gefährdungslage** glaubhaft gemacht wird, der nicht allein durch erlaubnisfreie Signalmittel begegnet werden kann. Auch für Boote, die nach ihrer Bauart nur für Fahrten in küstennahen Gewässern und Binnengewässern ausgelegt sind, ist das gegeben – denn durch Wetterwechsel oder starke Strömungen kann schnell ein Notfall eintreten, der Leib und Leben der Bootsinsassen gefährdet.[110] Ein Bedürfnis ist dagegen nicht gegeben beim **Charterer** eines seegehenden Schiffes, wenn der **Schiffseigner** eine Signalpistole für die Reise zur Verfügung stellt.[111]

Der Begriff „**pyrotechnische Seenotsignale**" bezeichnet Seenotsignale, die mit Hilfe **explosionsgefährlicher Stoffe** ausgelöst werden. Als **explosionsgefährlich** gelten solche festen oder flüssigen Stoffe oder Zubereitungen, die durch eine **nicht außergewöhnliche Einwirkung** von außen, etwa durch Temperatur und Druck, zur Explosion gebracht werden können.

**Pyrotechnische Munition** enthält explosionsgefährliche Stoffe oder Stoffgemische, die einen Licht-, Schall-, Rauch- oder ähnlichen Effekt erzeugen und keine zweckbestimmte Durchschlagskraft im Ziel entfalten. Sie unterliegt dem **Sprengstoffgesetz** und darf nicht in **öffentlichen Verkehrsmitteln** befördert werden. **Waffenrechtlich** handelt es sich bei pyrotechnischer Patronenmunition im Sinne des WaffG um Munition[112], deren Erwerb unter Erlaubnisvorbehalt steht (Munitionserwerbserlaubnis notwendig) – ausgenommen davon ist pyrotechnische Munition der Klasse **PM I**, nicht aber der Klasse **PM II**.[113] Die **Klasseneinteilung** erfolgt nach Anlage I Nr. 5.2 BeschussV.

Der **Einsatz** pyrotechnischer Notsignale ist **nur im Notfall** erlaubt. Eine Verwendung als Feuerwerk ist dagegen verboten und wird streng bestraft, da Dritte bei Sichtung des Notsignals davon ausgehen müssen, dass Menschen in Not sind, also Gefahr für Leib und Leben besteht und Rettungsmaßnahmen eingeleitet werden müssen. Als Notfall gilt auch eine konkrete Gefahr für bedeutende Sachwerte.

Zulässig für die pyrotechnische Signalgebung sind **Signalwaffen** im **Kaliber 4** sowie **SRS-Waffen**, die das **PTB-Zeichen** oder eine gleichwertige Kennzeichnung tragen. Gleiches gilt für die verwendete Munition. Ebenfalls zulässig sind **andere Notsignale**, die eine Zulassung der **BAM** (Bundesanstalt für Materialforschung und –prüfung) erhalten haben. Im Notfall dürfen gemäß § 34 StGB die erforderlichen Mittel eingesetzt werden, durch die Menschen aus konkreter Gefahr für Leib und Leben gerettet werden können!

Sofern es sich um Schreckschuss-, Reizstoff- und Signal- (SRS-) Waffen oder Signalgeräte **mit Zulassungszeichen „PTB im Kreis"** handelt, gilt für Waffe und Munition lediglich das Alterserfordernis von 18 Jahren für Erwerb und Besitz. Für das Führen ist der „Kleine Waffenschein" erforderlich. Für die sichere Verwahrung ist ein Schutz gegen einfache Wegnahme ausreichend.

Signalwaffen und Geräte **ohne das erforderliche Zulassungszeichen** unterliegen den Vorschriften des WaffG in der Regel wie Kurzwaffen. Grundsätzlich gilt, dass für Erwerb und Besitz dieser Gegenstände eine WBK und für das Führen ein Waffenschein erforderlich sind.

Die **Vorschriften zur Aufbewahrung und zum Transport** der Signalwaffe **entsprechen den gesetzlichen Forderungen für Schusswaffen** (mind. WG 0, bei Altbesitz Stufe B), **gleiches gilt für die Munition**. Für die **vorübergehende Lagerung** an Bord ist allerdings in der Regel auch der „**Hamburger Kasten**" zulässig. Diese Ausnahmeregelung wurde in Absprache zwischen der Hamburger Innenbehörde, der Landespolizei der Hansestadt und den Interessenverbänden entwickelt und wird derzeit von den Behörden der deutschen Küstenländer als sichere Aufbewahrung im Sinne des § 36 akzeptiert. Für die **vorübergehende Aufbewahrung** einer erlaubnispflichtigen Signalpistole **an Bord** einer See gehenden Segel- oder Motoryacht ein **nicht zertifiziertes Behältnis** als **ausreichend für die Aufbewahrung** anzuerkennen, wenn es die nachstehenden Anforderungen erfüllt:

- Behältnis aus **Stahlblech**, möglichst rostfrei, gearbeitet
- **Stahlblech-Tür** oder -**Klappe** mit einer **Stärke von mindestens 4 mm**
- **Verankerung** des Behältnisses mit dem Aufbau des Schiffes
- Behältnis **verschließbar** (elektronisch codiertes Zahlenschloss, Zahlenschloss oder Riegelschloss).

**Während der Fahrt** müssen Signalmittel für jeden an Bord erreichbar sein – so ist im Notfall jedem eine Alarmierung von Rettungskräften möglich. Der Bootsführer sollte vor dem Auslaufen die Mitfahrenden auf die Signalmittel hinweisen, dabei aber auch über die Gefahren des Missbrauchs aufklären – die Handhabung der Signalmittel sollte allen Personen an Bord bekannt sein. Die Signalmittel müssen trotz erleichterter Zugriffsmöglichkeit vor dem Einfluss von **Hitze oder Feuchtigkeit geschützt** werden, beispielsweise in einem geeigneten Behältnis, etwa einer weithalsigen Tonne.

**Ausnahmen** von der Waffenscheinpflicht gelten für das Führen der Leucht- und Signalpistole beim Bergsteigen, als **verantwortlicher Führer eines Wasserfahrzeuges auf dem Fahrzeug** oder bei Not- und Rettungsübungen (§ 12 Abs. 3 Nr. 4 WaffG) oder als Signalgeber bei Sportveranstaltungen (§ 12 Abs. 3 Nr. 5 WaffG). Für das Schießen ist eine Erlaubnis notwendig, es sei denn, es handelt sich um einen Notfall, eine Übung einer anerkannten Rettungsorganisation oder den Einsatz bei einer Sportveranstaltung, bei der optische oder akustische Signalgebung erforderlich ist und der „Starter" durch den Veranstalter oder Sportverband als zuverlässig eingestuft wird.

## 12.2. Technische Grundlagen

An Bord werden in der Regel **Signalraketen**, **Fallschirmsignalraketen**, **Handfackeln** oder **Leuchtsignale** verwendet. **Rauchsignale** kommen nur am Tag zum Einsatz und in der Regel dann, wenn Hilfe gesichtet worden ist.

Leucht- oder Rauchsignale in der **Farbe rot** sind der Verwendung als **Notsignal** vorbehalten. Die aus sogenannten „Leuchtpistolen" verschossenen pyrotechnischen Sätze („**Leuchtkugeln**") im Kaliber 4, dem gängigsten Kaliber (ca. 26,5 mm), steigen auf Höhen um 100 m, die Leuchtdauer liegt bei 7 s (Sekunden). Zur Verlängerung der Schwebezeit können die Leuchtsätze mit **Fallschirmen** ausgerüstet sein, die Leuchtzeit liegt bei bis zu 20 s, die Sinkgeschwindigkeit bei 5 m/s. Je nach Ausrüstung der Patrone sind größere Steighöhen ebenso möglich wie längere Leuchtzeiten. **Signalraketen** steigen bis auf 300 m bei einer Brenndauer bis zu 30 s.

Die **Sichtweite** von Fallschirmsignalpatronen und –raketen bei Tag wird mit 4 sm (Seemeilen) angegeben, bei Nacht sind es 20 sm.

In der Patrone wird nach dem Zünden der Ausstoßladung das Zünden des Leuchtsatzes zeitlich verzögert – so kann der Leuchtkörper den Lauf der Pistole verlassen und aufsteigen, bevor der Leuchtsatz zündet.

**Handfackeln** zünden erst mit Verzögerung – das dient der Sicherheit des Anwenders. Sie haben eine Sichtweite von 2,5 sm am Tage und 12,5 sm bei Nacht, die Leuchtdauer liegt bei 60 s.

## 12.3. Handhabung der Signalpistole

Die **Schussabgabe** muss über Kopfhöhe senkrecht nach oben erfolgen. Dabei sind Windrichtung und -stärke ebenso zu beachten wie Personen oder entflammbare Objekte im Gefahrenbereich. Das Schussfeld muss frei sein.

Signalpistole öffnen mit **abwärts gerichtetem** Lauf (1) – Lauf **auf Hindernis prüfen**. Der **Finger** liegt **nicht am Abzug**! Nach dem Einführen der Patrone (2) die Waffe schließen (3) und **über Kopfhöhe** heben (4). Schlaghebel (Hahn) mit dem Daumen der zweiten Hand spannen (5). Die Schussabgabe erfolgt über Kopf, erst jetzt legt sich der Finger an den Abzug (6).

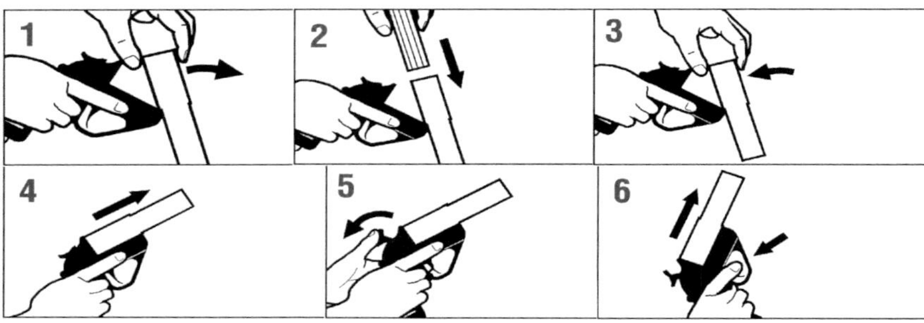


Im Falle eines wiederholten **Zündversagers** muss die Waffe in eine sichere Richtung gehalten werden, so dass ein plötzliches Zünden folgenlos wäre. Die Abzugshand betätigt den Öffnungsmechanismus der Pistole, während die freie Hand den Lauf umfasst, ohne die Mündung zu verschließen. Nun wird mit der Abzugshand die Pistole geöffnet – oft sorgt ein Ejektor für den Auswurf der Patrone. Der Lauf ist dabei so zu halten, dass sich nach Öffnung der Waffe weder vor dem Lauf noch in der entgegengesetzten Richtung Personen aufhalten, damit im Falle einer verzögerten Zündung niemand durch den nach vorn austretenden pyrotechnischen Satz verletzt wird oder durch die Hülse, die nun geschossartig die Waffe nach hinten verlässt.

**Signalpatronen im Kaliber 4** sind, damit eine sichere Auswahl der Farben auch bei Dunkelheit erfolgen kann, am Patronenboden mit einer **Rändelung** versehen. **Rote Signalpatronen** haben eine **volle Rändelung** (untere Patrone), das heißt, der gesamte Rand des Patronenbodens ist gerändelt. **Weiße und gelbe Signalpatronen** (obere Patrone) haben eine **halbe Rändelung, grüne und Blitz-/Knallpatronen (braun) keine Rändelung**.

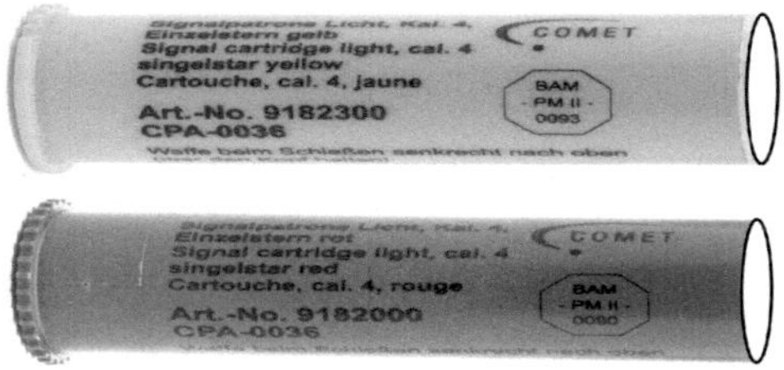


*Abbildungen in diesem Kapitel mit freundlicher Unterstützung der Chemring Defence Germany GmbH, Bremerhaven (www.chemringdefence.com)*

## 12.4. Lagerung der Munition

Pyrotechnische Munition hat auch bei sachgemäßer Lagerung nur eine **begrenzte Verbrauchsdauer** (in der Regel drei Jahre). Vorgeschrieben sind die Angabe des Verbrauchszeitraums auf dem Signalmittel sowie Hinweise zur Handhabung.

Die angegebene Verbrauchsdauer kann bei **unsachgemäßer Lagerung** deutlich unterschritten werden – Feuchtigkeit, Korrosion oder auch hohe Temperaturen sowie mechanische Beschädigungen können die Munition beschädigen oder unbrauchbar machen. In diesem Falle ist die Munition über eine fachkundige Stelle zu entsorgen – gleiches gilt für überlagerte Munition.

# 13. Sicherer Umgang mit Schusswaffen

## 13.1. Sicherheitsregeln

Beim Umgang mit Waffen und Munition dürfen Sie nie die Gefahren vergessen, die für Sie und andere entstehen, wenn allgemeine Regeln der Sicherheit missachtet werden. Diese allgemeinen Regeln „sind mit Blut geschrieben", beruhen also auf bereits gemachten Fehlern anderer.

Lesen Sie die nachfolgenden Hinweise aufmerksam – Sie werden bemerken, dass diese nachvollziehbaren Regeln leicht befolgt werden können.

1. Zielen Sie niemals mit einer Waffe auf einen Menschen, nur in Notwehr.

2. Gehen Sie immer davon aus, dass die Waffe geladen ist. Überzeugen Sie sich selbst vom Ladezustand, vertrauen Sie nicht auf Worte.

3. Waffen sind kein Spielzeug – sie gehören darum nicht in Kinderhände und dürfen auch nicht zum Spiel unter Erwachsenen verwendet werden.

4. Der Lauf der Waffe muss immer in eine sichere Richtung zeigen.

5. Der Finger gehört erst unmittelbar vor dem Schuss in den Abzugsbügel.

6. Beherrschen Sie Ihre Waffe – machen Sie sich mit Sicherung, Entspannvorrichtung und Möglichkeiten zum sicheren Entladen vertraut.

7. Waffen dürfen nie unbeaufsichtigt sein – treffen Sie auch auf dem Schießstand Vorkehrungen für eine sichere Aufbewahrung.

8. Waffen dürfen nur in technisch einwandfreiem Zustand benutzt werden – eine regelmäßige Pflege der vielen beweglichen Teile mit hochwertigen Ölen beugt Ladehemmungen und Waffenstörungen vor. Prüfen Sie den Zustand mindestens durch eine Sichtprüfung vor dem Schießen, dazu gehört auch die Kontrolle, ob der Lauf frei ist.

9. Waffen und Alkohol passen nicht zusammen!

10. Beachten Sie immer die Anweisungen der Schießaufsicht.

Auf der Internetseite **www.busche-lernsystem.de** sind verschiedene Videos verfügbar, die den sicheren Umgang mit den unterschiedlichen Arten von Schusswaffen leicht nachvollziehbar vermitteln. Schriftliche Darstellungen des sicheren Umgangs und viele Lernhilfen enthält auch das „Ergänzungsheft Waffensachkunde" des Autors, das im Buchhandel erhältlich ist.

## 13.2. Sicherheit herstellen – Waffe entladen

Überzeugen Sie sich bei Übernahme **sofort selbst** vom Zustand nach dem folgenden Schema, das allgemein für den Umgang mit Schusswaffen gilt.

Sind Sie mit der Waffe nicht vertraut, lassen Sie sich die Waffe erklären und insbesondere die Sicherung und die Magazinlösung vorführen. Auch für einen „alten Hasen" ist es dabei keine Schande nachzufragen.

1. Der Lauf einer Schusswaffe darf **niemals auf einen Menschen** gerichtet sein, außer in einer Notwehrsituation – der Lauf ist insbesondere beim **Entladen** immer in **Richtung eines sicheren Geschossfanges** zu halten.

2. Der Abzugsfinger, in der Regel der Zeigefinger der Hand, die die Waffe hält, wird bewusst gestreckt und darf auf keinen Fall den Abzug berühren.

3. Aktivieren Sie die **Sicherung**, dann **entladen** Sie die Waffe! Ist mit aktivierter Sicherung kein Öffnen möglich (zB Colt 1911), erfolgt das Entladen ohne Sicherung.

Das sichere Entladen bei den verschiedenen Waffenarten und Abzugszuständen ist nachfolgend beschrieben.

3.1. Bei einer **halbautomatischen Pistole** oder **Langwaffe mit Wechselmagazin** wird zunächst das **Magazin entnommen** und danach der **Verschluss mehrfach zurückgezogen**, um eine eventuell im Patronenlager befindliche Patrone herauszuziehen. Danach ist durch einen **Blick in das Patronenlager und in den Verschlussweg** zu prüfen, dass sich keine Munition mehr in der Waffe befindet. Anschließend kann der Schlagbolzen entspannt werden, es sei denn, die Waffe soll mit offenem Verschluss abgelegt werden.

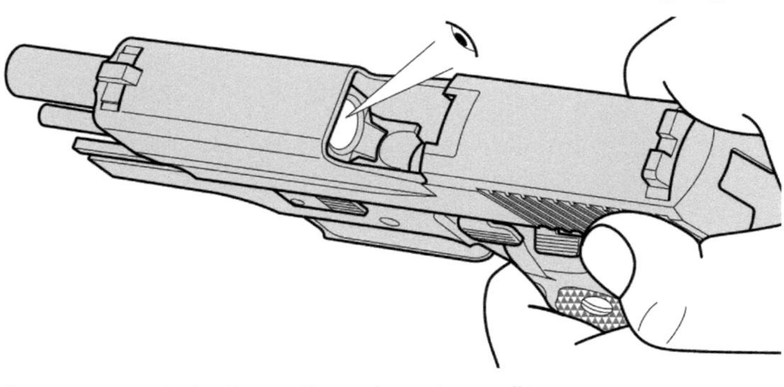

*Eine Videosequenz mit der Darstellung der sicheren Überprüfung einer halbautomatischen Pistole bietet ein Lehrvideo, abrufbar durch Scan des QR-Codes oder unter https://www.e-busy.de/34501pis.mp4*

3.2. Bei einem **Revolver mit entspanntem Hahn** ist die Trommel auszuschwenken, dann werden Patronen und Hülsen entnommen. Ist der **Hahn gespannt**, wird er mit einem, wenn erforderlich auch mit beiden Daumen gehalten und erst dann der Abzug betätigt. Sobald sich der Hahn bewegt, wird der Finger <u>sofort</u> vom Abzug entfernt und der Hahn langsam nach vorn geführt, die Trommel ausgeschwenkt und geleert.

3.3. Bei **Waffen mit fest eingebautem Magazin** ist der Patronenvorrat nach Aktivierung einer vorhandenen Sicherung durch Repetieren zu entfernen. Danach ist durch einen Blick in das Patronenlager und in den Verschlussweg zu prüfen, dass sich keine Munition mehr in der Waffe befindet. Anschließend <u>kann</u> der Schlagbolzen entspannt werden. Insbesondere in dunklen Umgebungen sollte dabei auch das Magazin durch leichtes Eindrücken und Fühlen mit dem Finger geprüft werden.

3.4. **Einzellader-Langwaffen** wie Jagdbüchsen, Doppelflinten oder Drillinge sind vor dem Öffnen der Waffe oder des Verschlusses zu **sichern**.

3.5. Hat die Waffe einen **Stecherabzug**, etwa einen **Deutschen Stecher** (erkennbar am Doppelzüngel bei einläufigen Jagdbüchsen) oder **Französischen Stecher** (Rückstecher, ein Abzug), und ist der Abzug eingestochen, wird die Waffe zunächst geöffnet, erst <u>danach</u> erfolgt das Entstechen. Das Öffnen einer Kipplaufwaffe wird als „brechen“ bezeichnet, darum lautet der eingängige Merksatz: „**Erst brechen, dann entstechen!**“ Um die Folgen einer ungewollten Schussauslösung zu mindern, ist bei einem Drilling mit eingestochenem Abzug vor dem Brechen auf Schrot umzustellen.

Wollen Sie die Waffe **auf dem Schießstand ablegen** oder der Schießaufsicht den Zustand der Waffe anzeigen, sollte der **Verschluss geöffnet** sein (bei Revolver die **Trommel ausgeschwenkt**). Je nach Wettkampf- oder Standordnung wird auch das Einlegen eines **Sicherheitsfähnchens** gefordert, um den sicheren Zustand der Waffe deutlich sichtbar zu machen.

Beim Umgang mit **Flinten** auf dem Schießstand, insbesondere auf Wurftaubenständen, ist die Waffe in geöffnetem Zustand („**gebrochen**“) in der dafür vorgesehenen Ablagevorrichtung aufzubewahren. **Repetierflinten** und **Halbautomaten** sind mit geöffnetem Verschluss abzustellen.

**Die wichtigste Regel beim Umgang mit Schusswaffen:** Bei Übernahme und Übergabe gilt die Waffe **immer** als geladen, entsichert und gespannt, bis Sie es **selbst überprüft** haben. Und Sie können nur so lange davon ausgehen, dass Ihnen der Ladezustand bekannt ist, bis Sie die Waffe ablegen oder abgeben – danach müssen <u>Sie</u> die Zustandskontrolle wiederholen!

## 13.3. Ladehemmung

Wird bei einer Schusswaffe die Patrone durch den Lademechanismus nicht ordnungsgemäß in das Patronenlager eingeführt, spricht man von einer „Ladehemmung“. Dabei ist es unerheblich, ob es sich um eine zunächst manuelle Zuführung nach Freigabe des Verschlusses bei einer Pistole, eine automatische Zuführung nach dem Schuss oder den manuellen Repetiervorgang handelt. Auch das etwaige Blockieren der Revolvertrommel kann als Ladehemmung bezeichnet werden.

Optisch ist die Ladehemmung daran zu erkennen, dass bei einer Pistole oder einer automatischen Waffe der **Verschluss** nach Zuführung der Patrone nicht normal geschlossen ist. In diesem Falle sollte auf keinen Fall versucht werden, durch Nachdrücken den Verschluss doch noch zu schließen. Ursache einer Ladehemmung kann nicht-maßhaltige Munition sein, in der Regel ist aber eine Verschmutzung des Patronenlagers oder ein Defekt des Magazins der Auslöser der Ladehemmung. Ebenfalls ein häufiger Grund für Zuführungsprobleme ist die zu vorsichtige Bedienung des Verschlusses durch den Schützen – der Verschluss sollte darum durch Betätigung des Schlittenfanghebels freigegeben werden oder in hinterster Rückzugsstellung losgelassen werden, niemals aber „vorsichtig“ vorgeschoben werden.

Bevor Sie die Ursache der Ladehemmung beseitigen oder untersuchen, müssen Sie die Waffe **entladen**. Beachten Sie dazu die Hinweise zu dem **Verfahren bei den verschiedenen Waffenarten** im vorigen Kapitel.

## 13.4. Versager

Zündet eine Patrone trotz ordnungsgemäßer Position im Patronenlager nicht, spricht man von einem „Versager“. Die Ursache kann sowohl im **Auslösemechanismus** der Waffe liegen als auch in der **Patrone** selbst.

Bricht der Schuss nach Betätigen des Abzuges nicht, muss die Waffe auf der Schießstätte auf das Ziel gerichtet bleiben, da es sich auch nur um eine **Verzögerung des Anzündsatzes** handeln könnte. Bis zu einer Minute danach besteht noch die Möglichkeit des Zündens, darum sollte die Waffe zuvor auf keinen Fall geöffnet werden. Der Aufsicht ist das Problem deutlich zu signalisieren, in der Regel durch Handzeichen – in diesem Moment sollten Sie ganz bewusst darauf achten, dass auch jetzt die Waffe auf den Kugelfang ausgerichtet bleibt.

Im Rahmen des normalen Gebrauchs von Schusswaffen, etwa im **sportlichen oder jagdlichen Bereich**, ist die Waffe nach Ablauf der vorgenannten

Wartezeit zu entladen. Verfügt die Waffe über ein Magazin, ist dieses zuvor zu entnehmen. Während des Entladens bleibt die Waffe weiter auf den sicheren Kugelfang ausgerichtet. Prüfen Sie den Lauf der entladenen Waffe darauf, ob er frei von Hindernissen ist, etwa einem steckenden Geschoss.

Anders verhält es sich im Falle der **Verteidigung mit einer Schusswaffe** – hier muss das **Risiko** einer noch erfolgenden Zündung **gegen** die **Gefahr** abgewogen werden, die dem Waffenträger durch einen Angreifer droht. Eine halbautomatische **Pistole** wird in einer konkreten Gefahrensituation bei einem Versager umgehend manuell repetiert, um erneut schießen zu können. Bei **Revolvern mit DA- oder DAO-Abzug** ist **ein erneutes Betätigen des Abzuges** notwendig, um die nächste Patrone zu verschießen, womit solche Waffen in Sachen Selbstschutz meist die bessere Wahl sind. Allerdings kann es bei einem Revolver im Falle eines verzögerten Zündens der Patrone, die in diesem Falle nicht mehr vor dem Lauf positioniert ist, zu einer Waffensprengung kommen, was schwere Verletzungen für den Schützen und Dritte nach sich ziehen kann.

## 13.5. Sicherheitsmaßnahmen

Schusswaffen können sowohl durch ballistische wie auch durch akustische Wirkung die Gesundheit schädigen. Gleiches gilt für die beim Schießen entstehenden Gase und Dämpfe. Und nicht allein das Geschoss, sondern auch kleine Splitter aus der Wand des Standes oder vom Geschossmantel bzw. der Waffe können im Auge des Schützen oder von Dritten schwere Verletzungen verursachen, die bis zum Verlust des Augenlichts reichen.

Nachfolgend werden grundlegende Maßnahmen zum Schutz vor Verletzungen dargestellt. Die Grundregel lautet: Die Benutzung einer zugelassenen und von einem qualifizierten Sachverständigen regelmäßig überprüften Schießstätte ist die Voraussetzung, damit Maßnahmen zum persönlichen Schutz greifen. Beachten Sie daher stets die folgenden **Sicherheitsregeln**:

- **Energiegrenzen** und **Beschränkungen** gemäß Zulassung beachten
- **Lüftungsanlage** verwenden
- **Gehörschutz** und **Schutzbrille** verwenden
- Waffen vor dem Schießen **auf Schäden prüfen** (auf Sicht)
- Waffen immer **geöffnet ablegen** und nur **nach Anweisung** aufnehmen
- Lauf der geladenen Waffe immer auf den **Geschossfang** ausrichten
- **Schäden** an der Anlage unverzüglich dem Betreiber **melden**

Bei Schießübungen von **Berufswaffenträgern** sollte die Aufsicht nicht davon ausgehen, dass sich jeder Teilnehmer so intensiv und regelmäßig mit dem Thema „Sicherer Umgang mit der Schusswaffe" befasst wie etwa ein Sportschütze, der Woche für Woche trainiert. Hier kommt einer disziplinierten Führung der Aufsicht und einer einleitenden Einweisung aller Teilnehmer durch die Standaufsicht eine grundlegende Bedeutung zu. Das gilt für statisches Schießen auf 25 m wie auch für komplexere, dynamische Übungen im Verteidigungsschießen.

## 13.6. Videos zur sicheren Handhabung

Zur Vorbereitung des praktischen Unterrichts stehen Ihnen verschiedene Videos zur Verfügung, mit denen Sie die Inhalte Ihrer Waffensachkundeausbildung noch intensiver erlernen werden, insbesondere die sichere Handhabung der verschiedenen Arten von Schusswaffen. Die Zahl dieser Videos wird kontinuierlich erhöht, um möglichst alle Bereiche der Ausbildung, die im Buch behandelt werden, in Ton und Bild zu vertiefen.

Ein Beispielvideo können Sie durch Scannen des QR-Codes in diesem Bild gleich jetzt sehen – probieren Sie es doch einfach mal aus.

Diese Videos beziehen sich dabei immer auf die Inhalte des von Ihnen genutzten Lehrbuches und stehen Ihnen auf der Website

**www.busche-lernsystem.de**

zur Verfügung.

# 14. Lernerfolgskontrolle

*In diesem Kapitel haben Sie die Gelegenheit, den Inhalt des Buches noch einmal effektiv aufzuarbeiten. Notieren Sie dazu die Antworten auf die Fragen auf einem Zettel und schlagen Sie die entsprechenden Abschnitte des Buches auf, um Ihre Antwort zu bewerten. Dieses Verfahren ist zwar unbequemer als ein Nachschlagen von vorgegebenen Antworten, aber durch die erneute Lektüre lässt sich der Lehrstoff noch besser im Gedächtnis behalten. Und noch ein Hinweis: Manche Fragen lassen sich nur dadurch beantworten, dass Sie Ihr gesamtes Wissen kombiniert anwenden. Viel Erfolg!*

## 14.1. Fragen zu waffenrechtlichen Definitionen

- Was ist eine Schusswaffe im Sinne des Waffengesetzes?
- Was sind den Schusswaffen gleichgestellte Gegenstände?
- Wie werden Schusswaffen im Sinne des Waffengesetzes definiert?
- Wann ist eine Schusswaffe dauerhaft unbrauchbar gemacht?
- Was versteht man unter halbautomatischen Schusswaffen?
- Wie unterscheidet das Waffengesetz Langwaffen und Kurzwaffen?
- Was versteht man unter einer „verbotenen Waffe“?
- Was sind „wesentliche Teile“ von Schusswaffen? Nennen Sie drei Beispiele!
- Was ist ein Drilling?
- Was versteht man unter einem Einstecklauf?
- Was bedeutet „Erwerben“ einer Schusswaffe im Sinne des Waffengesetzes?
- Setzt der Erwerb einer Schusswaffe eine Erlaubnis voraus?
- Was bedeutet „Überlassen“ einer Schusswaffe im Sinne des Waffengesetzes?
- Ist der Verkauf einer Schusswaffe dem „Überlassen“ gleichzusetzen?
- Was bedeutet „Führen“ einer Schusswaffe im Sinne des Waffengesetzes?
- Welche Erlaubnis ist zum „Führen“ in der Öffentlichkeit erforderlich?
- Was müssen Sie unternehmen, wenn Sie eine erlaubnispflichtige Schusswaffe gefunden haben?

- Sie sind gesetzlicher Erbe einer Schusswaffe. Was müssen sie tun?
- Dürfen Sie während ihres Urlaubs erlaubnispflichtige Schusswaffen zur Aufbewahrung einem anderen überlassen?
- Durch wen und wie wird die Zuverlässigkeit einer Person festgestellt?
- Wer hat Umgang mit einer Waffe oder Munition?
- Wann ist eine Schusswaffe „zugriffsbereit" im Sinne des Waffengesetzes?
- Wann ist eine Waffe „schussbereit" im Sinne des Waffengesetzes?
- Wer benötigt als Sportschütze ein amts- oder fachärztliches oder fachpsychologisches Gutachten?

## 14.2. Fragen zum Beschuss und zur Kennzeichnung

- Welche Kennzeichnung muss eine erlaubnispflichtige Feuerwaffe mindestens aufweisen?
- Welche Bedeutung hat ein Beschusszeichen auf einer Feuerwaffe?
- Darf mit einer amerikanischen Schusswaffe mit französischem Beschusszeichen in der Bundesrepublik geschossen werden?
- Was besagt die Überstempelung eines Beschusszeichens mit „X"?
- Wann ist eine Schusswaffe erneut zum Beschuss vorzulegen?

## 14.3. Fragen zum praktischen Umgang mit Schusswaffen

- Dürfen Schalldämpfer erworben werden? Wenn ja, unter welchen Voraussetzungen?
- Was bezeichnet die Zahl „12" bei dem entsprechenden Flintenkaliber?
- Woran können Sie erkennen, welche Munition aus einer Ihnen vorliegenden Waffe verschossen werden darf?
- Warum ist die Munitionsbezeichnung „9 mm" nicht ausreichend?
- Wie soll eine halbautomatische Pistole auf der Schießstätte an eine andere Person übergeben werden?
- Was versteht man unter Double-Action-Only-Pistolen?

- Was sollte als erstes geschehen, wenn man eine Schusswaffe übergeben bekommt?
- Sie erhalten durch Voreintrag die Erlaubnis zum Erwerb einer Kurzwaffe. Wie lange gilt die Erwerbsberechtigung?
- Sie haben in Ihrer WBK einen Voreintrag für einen Revolver .357 Magnum. Ihr Waffenhändler bietet Ihnen zu einem sehr günstigen Preis ein Sondermodell .38 Special an. Dürfen Sie diesen Revolver erwerben?
- Wann wird in der Regel eine waffenrechtliche Erlaubnis von der Erlaubnisbehörde widerrufen?
- Was muss ein Sportschütze nach dem dauerhaften Erwerb einer Waffe von einem anderen Sportschützen veranlassen?
- Was ist zu veranlassen, wenn eine Privatperson einer anderen berechtigten Privatperson eine erlaubnispflichtige Schusswaffe dauerhaft überlässt?
- Wie darf eine erlaubnispflichtige Kurzwaffe gelagert werden?
- Sie wollen 6 erlaubnispflichtige Kurzwaffen aufbewahren. Welches Sicherheitsbehältnis ist notwendig?
- Darf die Erlaubnisbehörde Zutritt zur Wohnung verlangen, um die ordnungsgemäße Waffenaufbewahrung zu überprüfen?
- Wann berechtigt die grüne Waffenbesitzkarte zum Munitionserwerb?
- Welche Teile erlaubnispflichtiger Schusswaffen dürfen einzeln nur mit einer Waffenbesitzkarte erworben werden?
- Welches sind die Voraussetzungen zur Erlangung einer Waffenbesitzkarte?

## 14.4. Fragen zum Transport und Mitführen von Schusswaffen

- Wie ist eine Schusswaffe von der Wohnung zu der Schießstätte zu transportieren, wenn kein Waffenschein erteilt wurde?
- Benötigen Jäger zur befugten Jagdausübung einen Waffenschein?
- Unter welchen Voraussetzungen darf Ihnen ein Waffenhändler eine erlaubnispflichtige Schusswaffe zum Ausprobieren ohne vorherige Erlaubnis der zuständigen Behörde überlassen?

- Welche Legitimationspapiere sind beim Transport einer erlaubnispflichtigen Schusswaffe durch einen Sportschützen mitzuführen?
- Sie wollen den defekten Verschluss ihrer Pistole zum Waffenhändler bringen. Wie nehmen Sie ihn waffenrechtlich einwandfrei mit?
- Wie alt müssen Sie als Sportschütze mindestens sein, um eine Büchse (.308 Win.) ohne amts- oder fachärztliches oder fachpsychologisches Zeugnis dauerhaft erwerben zu können?
- Wie viele Schusswaffen dürfen Sie als Sportschütze in der Regel innerhalb von 6 Monaten bei entsprechendem Bedürfnis erwerben?
- Wie kann ein 19-jähriger Sportschütze seine persönliche Eignung für den dauerhaften Erwerb einer halbautomatischen Pistole .45 ACP gegenüber der Behörde nachweisen?

## 14.5. Fragen zum Schießen und zu Schießstätten

- Darf eine verantwortliche Aufsichtsperson am Schützenstand dem Schützen im Rahmen der Ausbildung eine geladene Waffe übergeben?
- Wie ist eine Kipplaufflinte auf einer Schießstätte zu tragen?
- Darf auf der Schießstätte einem Gastschützen, der nicht im Besitz einer waffenrechtlichen Erlaubnis ist, eine erlaubnispflichtige Schusswaffe überlassen werden?
- Was ist beim Schießen mit einer halbautomatischen Pistole hinsichtlich der Schussbereitschaft zu beachten?
- Ist ein Drilling für das Schießen auf dem Wurfscheibenstand zugelassen?
- Wann darf im befriedeten Besitztum außerhalb von Schießstätten ohne Schießerlaubnis geschossen werden?

## 14.6. Fragen zum nichtgewerblichen Herstellen und Bearbeiten

- Benötigen Sie eine behördliche Erlaubnis für Änderungsarbeiten an der Visiereinrichtung?
- Berechtigt die abgelegte Sachkundeprüfung zum nichtgewerblichen Wiederladen von Hülsen?
- Ist das Anbringen von Bohrungen am Lauf generell zulässig?

- Was ist beim Verkürzen des Laufes einer erlaubnispflichtigen Schusswaffe zu beachten?

## 14.7. Fragen zur Aufbewahrung von Schusswaffen und Munition

- Wie sind erlaubnispflichtige Waffen und Munition aufzubewahren?
- Ist die gemeinschaftliche Aufbewahrung von Waffen oder Munition durch berechtigte Personen, die in einer häuslichen Gemeinschaft leben, zulässig?
- Wie sind erlaubnispflichtige Kurzwaffen aufzubewahren?
- Wie ist erlaubnispflichtige Munition aufzubewahren?
- Welche und wie viele erlaubnispflichtigen Schusswaffen dürfen Sie in einem Schrank der Sicherheitsstufe A nach VDMA 24992 (Stand Mai 1995) dauerhaft aufbewahren?
- Welche und wie viele erlaubnispflichtigen Schusswaffen dürfen Sie in einem Schrank des Widerstandsgrades I nach DIN EN 1143-1 (Stand Mai 1997) dauerhaft aufbewahren?

## 14.8. Fragen zur Not- und Seenotsignalmitteln

- Was versteht man unter pyrotechnischer Munition?
- Wann dürfen pyrotechnische Notsignale verwendet werden?
- Wie ist die Signalpistole im Notfall zu handhaben?
- Welche Farbe ist international als Notsignal zu verwenden?
- Wie ist eine Signalpistole an Bord eines seegehenden Wassersportfahrzeuges im Hafen aufzubewahren?
- Wie ist an Land eine Signalpistole im Kaliber 4 (26,5 mm) aufzubewahren?
- Welche Signalwaffen können frei erworben und an Bord mitgeführt werden?
- Wie hoch steigen Seenotsignalraketen bei senkrechtem Abschusswinkel?
- Wie verhalten Sie sich bei einem Munitionsversager in der Signalpistole?
- Wer darf in Seenotfällen mit einer Signalwaffe schießen?

- Wie ist die Signalwaffe während der Fahrt aufzubewahren?
- Sie wollen nach einem Segelwochenende die Signalpistole nach Hause transportieren. Wie müssen Sie den Transport durchführen?

## 14.9. Fragen zur Notwehr

- Soll im Notwehrfall vor dem Einsatz der Schusswaffe gewarnt werden?
- Muss der Schusswaffengebrauch in solchen Notwehrlagen unterbleiben, in denen der Angegriffene den Angriff mit milderen Mitteln sicher abwehren kann?
- Kann in Notwehrfällen, in denen von der Schusswaffe Gebrauch gemacht werden darf, die Abgabe eines möglicherweise tödlich wirkenden Schusses zulässig sein?
- Wie lange besteht die Notwehrsituation fort?
- Was versteht man unter „Putativnotwehr"?
- Was bedeutet „entschuldigender Notstand"?
- Was versteht man unter Nothilfe?

## 14.10. Fragen zur Waffenkunde

- Welche Läufe weisen Züge und Felder auf?
- Was ist eine Flinte?
- Was versteht man unter Kaliber?
- Was versteht man unter dem Gefahrenbereich einer Schusswaffe?
- Wozu dient der Verschluss?
- Was ist ein Einstecklauf und welchen Zweck hat er?
- Was ist ein Choke und was bewirkt er?
- Was unterscheidet einen Revolver von einer Pistole?
- Welche Aufgabe hat der Schalldämpfer?

## 14.11. Fragen zur Ballistik

- Wie lautet die Faustregel für die Reichweite von Schroten?
- Was versteht man unter der Höchstreichweite eines Geschosses?
- Wie groß ist die Höchstreichweite eines Geschosses .22 l.r. ?

  - Zusatzaufgabe: Schlagen Sie in Ihrem Lehrbuch auch die Gefahrenreichweiten anderer Kaliber nach!
- Was versteht man unter dem Begriff „Außenballistik“?
- Was versteht man unter der „Streuung“ der Geschosse?
- Was bedeutet der ballistische Begriff „Steighöhe eines Geschosses“?
- Was ist und was bewirkt der Drall?

# 15. Vertiefungskapitel

Die Vertiefungskapitel sind dem Buch „Waffenrecht" des Autors in der 12. Auflage entnommen (ISBN 9783963940231). Für eine intensive Beschäftigung mit den Regelungen des WaffG wird die Lektüre dieses Buches ausdrücklich empfohlen, insbesondere für Prüfer der Waffensachkunde.

## 15.1. Waffen und Munition

### 15.1.1. Der Begriff der Waffe im WaffG

Wenn in den nachfolgenden Kapiteln von **Waffen** die Rede ist, ist stets darauf zu achten, welche **Art** von Waffe von einer Regelung erfasst wird. So kann von Waffen allgemein die Rede sein, womit sämtliche Waffen gemäß der Definition in § 1 Abs. 2, 4 WaffG in Verbindung mit der Anlage 1 WaffG erfasst sind. In diesem Zusammenhang wird auch die Formulierung „Waffe im Sinne des WaffG" verwendet, womit eben dieses Unterfallen unter den Waffenbegriff nach § 1 Abs. 2 WaffG gemeint ist.

Der **Waffenbegriff** wird in Kapitel 15.1.4 ausführlich erläutert.

### 15.1.2. Der Begriff der Schusswaffe

Regelt eine Vorschrift den Umgang mit **Schusswaffen**, bezieht sich diese Regelung zunächst ausschließlich auf Schusswaffen, nicht aber auf sonstige Waffen. Der Begriff „Schusswaffe" ist durch Anlage 1 A1 UA1 Nr. 1.1 WaffG definiert und orientiert sich an Bestimmung (etwa zu Sport und Spiel, Signalgebung, Jagd, etc.) und Funktionsprinzip („Geschoss wird durch einen Lauf getrieben"). Hier besteht die Schwierigkeit darin, die Verwendung des Begriffs „Schusswaffe" in den Regelungen des Gesetzes stets auf seinen Anwendungsbereich zu prüfen. So gibt es den Schusswaffen gleichgestellte Gegenstände, auf die das Waffengesetz vollumfänglich anzuwenden ist wie auf tatsächliche Schusswaffen, obwohl sie per definitionem keine Schusswaffen sind (mangels eines Geschosses beispielweise die sogenannten „Gasrevolver"), und für die unter Umständen besondere Regelungen gelten (etwa zur Befreiung von der Erwerbs- und Besitzerlaubnispflicht). Andere Gegenstände sind dagegen nur den Schusswaffen gleichgestellt, für die sie bestimmt sind, solange das Gesetz nichts anderes bestimmt, etwa die Schalldämpfer oder die wesentlichen Teile.

Der **Schusswaffenbegriff** wird in Kapitel 15.1.5 ausführlich erläutert, ebenso die Arten der Schusswaffen in den darauffolgenden Kapiteln.

### 15.1.3. Der Begriff der Bestimmung

Bei der Prüfung der (Zweck-) **Bestimmung** eines Gegenstandes ist grundsätzlich auf den **Herstellerwillen** abzustellen, soweit er sich aus der Bauart des Gegenstandes ableiten lässt.[114] Auch die Benennung, die Darstellung der bezweckten Verwendung oder die Bewerbung eines Gegenstandes kann für die Feststellung einer Bestimmung herangezogen werden. Dabei ist aber von dem ursprünglichen Herstellerwillen nur auszugehen, solange Bauart oder Konstruktion nicht offenkundig eine davon abweichende Verwendung belegen und es sich bei dem behaupteten Bestimmungszweck nicht um eine bloße Schutzbehauptung handelt, um waffenrechtliche Verbote zu umgehen. Die „bloße subjektive Zweckbestimmung des Herstellers kann" nach Aussage des Gesetzgebers „für die waffenrechtliche Einordnung eines Gegenstandes nicht ausschlaggebend" sein.[115]

Dies ist insbesondere bei der Anwendung von Verboten zu beachten, die solche Gegenstände betreffen, die aufgrund ihrer Konstruktion zwar praktisch wie Waffen im Sinne des WaffG eingesetzt werden könnten, gleichwohl aber auch einem anderen Zweck dienen könnten, der nicht dem Waffengesetz unterfällt. Lehrbeispiel dazu ist das Urteil des Bundesverwaltungsgerichts, das als „Jagdlampen-Set"-Urteil[116] klare Regelungen zur Einordnung von Gegenständen schuf.

Ist aus Bezeichnung oder Bewerbung eines Gegenstandes durch den Hersteller oder Vertreiber eine ausdrückliche und ausschließliche Bestimmung als Waffe im Sinne des WaffG offenkundig („**Single-Use**"), etwa durch die Benennung eines Nachtsichtvorsatzgerätes als „Nachtvisier für Jagdwaffen", ist der Gegenstand Waffe im Sinne des WaffG, da er zwar anderen Zwecken dienen <u>könnte</u>, durch den Hersteller aber zur Verwendung an einer Waffe bestimmt ist, insbesondere durch die gewählte Konstruktion oder Bauart. Im vorliegenden Beispiel sind Nachtsichtvorsatzgeräte, die ausschließlich zur Verwendung an Schusswaffen bestimmt sind, nicht nur als Waffen im Sinne des WaffG eingestuft, sondern unterliegen darüber hinaus einem Verbot zum Umgang, ausgenommen der Umgang durch Inhaber einer Erlaubnis nach § 21 WaffG (Händler/Hersteller) und durch Jäger.

Neben diesen für ausdrücklich und ausschließlich für Schusswaffen <u>bestimmten</u> Zielhilfen gibt es aber auch Nachtsichtvorsatzgeräte, die zwar an dem Zielfernrohr einer Schusswaffe befestigt werden <u>könnten</u>, durch den Hersteller aber nicht ausdrücklich und ausschließlich für diesen Zweck am Markt angeboten werden, sondern allgemein als ein Hilfsgerät für die Beobachtung bei Dunkelheit, das beispielsweise auf Ferngläsern montiert werden <u>kann</u>. In diesem Falle liegt keine ausschließliche

Zweckbestimmung des Gegenstandes vor, so dass dieser als „**Dual-Use**"-Gerät bezeichnete Gegenstand mangels einer Bestimmung zur Waffe durch den Hersteller nicht als Waffe im Sinne des WaffG einzustufen ist.

Zu beachten ist, dass ein tatsächliches Verwenden des Gegenstandes zu einer nach Waffengesetz verbotenen Handlung gleichwohl strafbar wäre. Denn zu beachten ist in diesem Falle der Status des betroffenen Gegenstandes im Moment der Verwendung, in diesem Falle die Montage an einer Schusswaffe. Zwar behält dieses Nachtsichtvorsatzgerät seinen „Dual-Use"-Status bei und wird nicht zu einer Waffe, auch wenn der Verwender dieses Gerät wie ein solches Nachtsichtvorsatzgerät einsetzt, das im Falle einer tatsächlichen Bestimmung zum Einsatz an einer Waffe eine verbotene Waffe ist. Aber der Verwender stellt den „Dual-Use"-Gegenstand in einen *unzulässigen Verwendungszusammenhang*[117], und eben diese Verwendung missbilligt der Gesetzgeber durch die Verbotsnorm ausdrücklich, nämlich den Umgang mit einer Schusswaffe mit einem daran montierten Nachtsichtvorsatzgerät. Somit wäre dieser Umgang mit dem Nachtsichtvorsatzgerät zwar nicht als Erwerb und Besitz einer Waffe ohne Erlaubnis strafbar und damit der Gegenstand auch keine verbotene Waffe, aber in summarischer Betrachtung ein Verstoß gegen ein waffengesetzliches Verbot, nämlich der strafbedrohte Umgang mit einer Schusswaffe mit Nachtzielgerät.[118]

Im Falle von **Alltagsgegenständen**, die lediglich durch eine Kombination der Gegenstände ohne technische Veränderung der verwendeten Komponenten als Waffe im strafrechtlichen Sinne eingesetzt werden könnten, ist eine technische Veränderung Voraussetzung für eine Einstufung als Waffe im Sinne des WaffG.[119] Auch hier sind der Gegenstand als solcher und sein ursprünglich durch den Hersteller bestimmter Zweck maßgebend.

Ob ein Gegenstand, der keine Waffe im Sinne des WaffG ist, durch den Verwender objektiv zu einer Waffe **umbestimmt** werden kann, ist zumindest diskussionswürdig. Voraussetzung dafür ist aber aus hiesiger Sicht stets eine Bearbeitung des Gegenstandes durch technische Verfahren mit der Absicht, die Beschaffenheit des Gegenstandes, insbesondere seine Verwendbarkeit zu einem aus seinem Wesen oder seiner Anwendung ableitbaren Zweck, in Bezug auf seine Form, Abmessungen, Montagemöglichkeit, Material oder Funktionsweise dauerhaft zu ändern und so den Gegenstand dazu zu bestimmen, eine Funktion zu erfüllen, die er zuvor nicht hatte und die ihn zu einer Waffe im Sinne des WaffG macht.

Eine klare **Grenze** setzt dabei Anlage 2 A2 UA1 Satz 3 WaffG, wonach, wenn eine Waffe umgearbeitet worden ist, die Erlaubnispflicht für diesen Gegenstand unverändert bleibt und sich nach der Erlaubnispflicht jener

Waffe richtet, aus der er entstanden ist. Diese Spezialregelung bezieht sich nur auf die Erlaubnispflicht, nicht aber auf Verbote – ein Gegenstand kann durch Umbau von Verbotsmerkmalen befreit werden, die Erlaubnispflicht der Ursprungs-Waffe bestünde aber für die neu hergestellte Waffe fort.

### 15.1.4. Waffe (§ 1 Abs. 2)

Bei der Beurteilung eines Sachverhalts ist zunächst zu klären, ob der betroffene Gegenstand nach § 1 Abs. 2 WaffG **Waffe** im Sinne des WaffG ist, also dem **Waffenbegriff** unterfällt. Eingeschränkt wird die Zuordnung durch § 57 WaffG, der zur Kriegsführung bestimmte Waffen (**Kriegswaffen**) ausschließlich den Vorschriften des Kriegswaffenkontrollgesetzes unterwirft.

Neben **Schusswaffen und ihren wesentlichen Teilen** sowie den Schusswaffen **gleichgestellten Gegenständen** (zB Armbrust, Schussapparate, Schalldämpfer) können **tragbare Gegenstände**, die **geeignet** sind, die Angriffs- oder Abwehrfähigkeit von Menschen zu beseitigen oder herabzusetzen, eine **Waffe** sein. Das gilt zum einen für solche tragbaren **Gegenstände**, die **ihrem Wesen nach dazu bestimmt** sind, die Angriffs- oder Abwehrfähigkeit eines Menschen zu beseitigen oder herabzusetzen (zum Beispiel Hieb- und Stoßwaffen wie Schlagstock, Kampfmesser oder Tonfa, aber auch ein Reizstoffsprühgerät). Zum anderen fallen unter den Waffenbegriff **auch tragbare Gegenstände**, die zwar **nicht dazu bestimmt, aber** durch Beschaffenheit, Handhabung oder Wirkungsweise **dazu geeignet sind**, die Angriffs- oder Abwehrfähigkeit eines Menschen zu beseitigen oder herabzusetzen, allerdings nur dann, wenn sie **im Waffengesetz in Anlage 1 A1 UA2 Nr. 2 WaffG ausdrücklich genannt** werden (zB **Faustmesser** des Kürschners).

Das **Einhandmesser**, in § 42a WaffG genannt und zugleich definiert wird, fällt beispielsweise in seiner Grundform nicht unter den Waffenbegriff, da es nicht in der Anlage 1 WaffG aufgeführt ist. Entscheidend ist, ob der Hersteller oder auch der Händler, der das Messer anbietet, es ausdrücklich als Waffe im Sinne von „Gegenstand zur Herabsetzung der Angriffs- oder Abwehrfähigkeit eines Menschen" bezeichnet (Prospekt, Annonce etc.) oder sich diese Fähigkeit aus der Art oder Konstruktion des Gegenstandes ergibt („ihrem Wesen nach dazu bestimmt"). Unerheblich ist hier, ob der Hersteller die offenkundige Bestimmung als Waffe verneint, worüber abschließend das BKA als zuständige Behörde gemäß § 2 Abs. 5 WaffG eine Entscheidung zu treffen hat.

Zu Waffen werden durch Nennung im Gesetz auch solche Messer, die ihrem Wesen nach oder nach dem Willen des Herstellers ursprünglich nicht dazu bestimmt sind, Waffe zu sein, aber (wie jeder schwere, scharfe oder spitze Gegenstand) dazu benutzt werden können, die Angriffs- oder Abwehrfähigkeit eines Menschen zu beseitigen oder auch nur herabzusetzen. Um dem Bestimmtheitsgebot zu genügen und dem Bürger auf diese Weise eine klare Orientierung zu ermöglichen, werden Messer, die durch das Gesetz zu Waffen erklärt werden, obwohl es sich lediglich um Werkzeuge handelt, in Anlage 1 A1 UA2 Nr. 2.1 WaffG abschließend aufgelistet.[120]

Der **Waffenbegriff** nach § 1 Abs. 2 WaffG erstreckt sich damit auf

- **Schusswaffen**[121] und ihnen **gleichgestellte Gegenstände** (Nr. 1) und
- **tragbare Gegenstände**, die die **Angriffs- oder Verteidigungsfähigkeit eines Menschen** herabsetzen oder beseitigen können und dazu
    - bestimmt sind (Nr. 2 Buchst. a) oder,
    - ohne dafür bestimmt zu sein, im Gesetz genannt sind (Nr. 2 Buchst. b).

Systematisch korrespondieren **§ 1 Abs. 2 WaffG** und **Anlage 1 A1** wie folgt:

| | | |
|---|---|---|
| **Nr. 1** | ↔ | **UA1** |
| **Nr. 2 Buchst. a** | ↔ | **UA2 Nr. 1** |
| **Nr. 2 Buchst. b** | ↔ | **UA2 Nr. 2** |

Dem **Munitionsbegriff** unterfallen Gegenstände nach Anlage 1 A1 **UA3.**[122]

Der **Erlaubnispflicht** unterfallen alle Waffen nach Anlage 1 A1 UA1 Nr. 1 bis 4.3 sowie die für diese bestimmte Munition,[123] wobei Ausnahmen von diesen Erlaubnispflichten insbesondere in der Anlage 2 vorgesehen sind.

## 15.1.5. Schusswaffenbegriff (Nr. 1.1)

**Schusswaffen** sind nach Anlage 1 A1 UA1 Nr. 1.1 WaffG Gegenstände, die

- zum **Angriff**[124] oder zur **Verteidigung**[125], zur **Signalgebung**, zur **Jagd**, zur **Distanzinjektion**, zur **Markierung**, zum **Sport** oder zum **Spiel** bestimmt sind und
- bei denen **Geschosse** durch einen **Lauf** getrieben werden.

Schusswaffen werden rechtlich nach Waffenart und Kaliber unterschieden. Als **Kaliber** wird die Innenweite des Laufes bezeichnet. Einzelne Kaliberangaben beziehen sich auf die Abstände der Felder oder der Züge zueinander, geben somit nicht immer den Durchmesser des Geschosses an. Zusätze zur Kaliberangaben beschreiben besondere Patronenlagerformen.

Für die Einordnung als Schusswaffen müssen keine „heißen Gase“ das Geschoss durch den Lauf treiben – auch Federdruck- oder Druckluftwaffen sind Schusswaffen, womit sich der Schusswaffenbegriff auf Paintball-, Gotcha- und Softair-Waffen grundsätzlich erstreckt.

**Werkzeuge**, die Munition abschießen, beispielsweise **Bolzensetzgeräte** oder Geräte, die zu **Schlachtzwecken** bestimmt sind, unterliegen dem Schusswaffenbegriff[126] nicht, wenn sie anderen als den in Anlage 1 A1 UA 1 Nr. 1.1 WaffG genannten Zwecken dienen und besonderen Vorschriften für Maschinen unterfallen. Für das tatbestandsmäßige Abschießen von **Munition** ist es unerheblich, ob es sich dabei um Patronenmunition (mit Geschossen) oder Kartuschenmunition („Platzpatronen“) handelt.

**Blasrohre** sind Schusswaffen, da die Definition lediglich das Treiben eines Geschosses[127] durch einen Lauf im Sinne eines rohrförmigen Gegenstandes ausreichender Festigkeit zur Führung[128] fordert.[129] **Bogen** (Sportbogen) und **Armbrust** sind keine Schusswaffen im Sinne des WaffG; die Armbrust ist aber durch Gleichstellung[130] mit Schusswaffen dem WaffG unterworfen, während der Bogen mangels einer entsprechenden Gleichstellung[131] nicht erfasst wird. Eine Armbrust ist Waffe, allerdings nicht Schusswaffe im Sinne des WaffG. Der Gleichstellung können auch **Schussapparate** unterfallen.

Die Einordnung als Schusswaffe fordert eine Konstruktion (Lauf zur Führung von Geschossen), Methode (Geschoss durch Lauf drängen) und eine Bestimmung (in Nr. 1.1 genannte Zwecke). So können zB für den Schießsport bestimmte **Kanonen** Schusswaffen im Sinne des WaffG sein, da eine „Tragbarkeit“ für die Einstufung als Schusswaffe nicht vorausgesetzt wird.

**Gegenstände zum Abschießen von Signalmunition** sind Schusswaffen im Sinne des WaffG, auch wenn es sich nur um ein Rohr mit integrierter Auslösevorrichtung handelt. Der Schusswaffenbegriff ist vollumfänglich erfüllt, wenn Bestimmung (Signalgebung) und Lauf[132] gegeben sind.

Schusswaffen verfügen über einen Lauf, durch den ein Geschoss hindurchgetrieben wird. Ist ein laufähnlicher Gegenstand dagegen so konstruiert, dass durch Laufsperren ein Geschoss nicht durch den Lauf getrieben werden kann, handelt es sich lediglich um einen Gegenstand, der nicht Schusswaffe ist, aber diesen gleichgestellt und damit Waffe im Sinne des WaffG ist, wenn er zu den in der Definition der Schusswaffe genannten Zwecken Munition abschießen kann. Diese ist insbesondere zu beachten bei der Einordnung der sogenannten „Gaspistolen“ (SRS-Waffen), aus denen nur

Kartuschenmunition verschossen werden kann, wobei der Lauf nur von Schmauchpartikeln durchlaufen werden soll (auch verbotene Kleinstschrote könnten verschossen werden), die aber nicht unter den Begriff „Geschoss" nach Anlage 1 A1 UA3 WaffG im Sinne eines festen Körpers fallen.

## 15.1.6. Arten von Schusswaffen (Nr. 2)

Anlage 1 A1 UA1 Nr. 2 WaffG führt abschließend die Arten von Schusswaffen, zwischen denen waffenrechtlich differenziert wird. Die Zuordnung zu einer Art ist etwa notwendig, wenn Vorschriften sich auf bestimmte Arten von Schusswaffen beziehen. Ergänzt wird die Aufzählung durch Ausführungen zu Revolvern.

### 15.1.6.1. Feuerwaffe (Nr. 2.1)

Das **Waffengesetz** definiert eine **Feuerwaffe** als Schusswaffe, bei der ein Geschoss mittels ***heißer Gase***[133] durch oder aus einem Lauf getrieben wird.[134]

Das **Beschussgesetz** (BeschG) erweitert den Begriff der Feuerwaffe um Geräte zum Abschießen von Munition oder hülsenlosen Treibladungen, bei denen kein Geschoss durch den Lauf getrieben wird.[135] Dadurch fallen beschussrechtlich auch sogenannte **SRS-Waffen** (**S**chreckschuss-, **R**eizstoff-, **S**ignalwaffen, umgangssprachlich auch als **Gaspistole** oder **Gasrevolver** bezeichnet) unter den Begriff der Feuerwaffe; waffenrechtlich sind es in der Regel lediglich den Schusswaffen **gleichgestellte tragbare Gegenstände**, da sie zwar zum Abschießen von Munition bestimmt sind, bei denen aber eben kein Geschoss durch einen Lauf getrieben wird oder werden kann.[136]

Als „**Handfeuerwaffen**" bezeichnet man sowohl Lang- als auch Kurzwaffen. **Handfeuerwaffen** sind alle **tragbaren Schusswaffen**. Kurzwaffen, in der Regel einhändig verwendbar, werden differenzierend auch als **Faustfeuerwaffen** bezeichnet. Der Begriff „**tragbar**" bezieht sich nicht allein auf das Gewicht des Gegenstandes oder die Fähigkeit eines durchschnittlich kräftigen Menschen, diesen Gegenstand „tragen" zu können im Sinne von „heben und wegtragen", sondern setzt voraus, dass dieser Gegenstand dazu bestimmt ist, üblicherweise von einer Person getragen und bei der bestimmungsgemäßen Verwendung in der Hand gehalten zu werden.[137]

### 15.1.6.2. Automatische Schusswaffe (Nr. 2.2)

Automatische Waffen sorgen ohne einen zusätzlich erforderlichen Handgriff dafür, dass die Waffe nach dem Schuss wieder schussbereit ist. In der

Regel sorgen der Rückstoß oder der am Lauf abgenommene und zurückgeführte Gasdruck nach Schussabgabe für die Repetierbewegung des Verschlusses, wobei eine neue Patrone in das Patronenlager eingeführt wird, ausgenommen bei Waffen mit zuschießendem Verschluss. Automatische Waffen sind vorwiegend im militärischen und sportlichen Bereich anzutreffen. Unterschieden werden Vollautomaten und Halbautomaten.

**Vollautomaten** sind nach der Betätigung des Abzugs nach Schussabgabe wieder schussbereit und der nächste Schuss wird ohne Unterbrechung ausgelöst, bis sich der Finger vom Abzug löst oder der Patronenvorrat aufgebraucht ist (Dauerfeuer). *Feuerstoß* oder *Reihenfeuer* ist die Auslösung einer definierten Anzahl von mehr als einem Schuss je Abzugsbetätigung, wobei derartig eingerichtete Waffen ebenso als Vollautomaten einzuordnen sind.

In Abgrenzung zum Vollautomaten sind **Halbautomaten** nach Betätigung des Abzugs nach Schussabgabe wieder schussbereit, zur erneuten Schussabgabe bedarf es aber einer erneuten Abzugsbetätigung.

**Double-Action-Revolver** sind keine halbautomatischen Schusswaffen.[138]

*Das WaffG 2002 ersetzte den Begriff „**Selbstladewaffe**" durch „automatische Schusswaffe". Davor waren Selbstladewaffen* „Schusswaffen, bei denen nach dem ersten Schuss lediglich durch Betätigen des Abzuges weitere Schüsse aus demselben Lauf abgegeben werden können." Dagegen beschreibt die aktuelle Definition **automatische Schusswaffen** als solche „Schusswaffen, die nach Abgabe eines Schusses selbsttätig erneut schussbereit werden und bei denen aus demselben Lauf durch einmalige Betätigung des Abzuges oder einer anderen Schussauslösevorrichtung mehrere Schüsse abgegeben werden können (**Vollautomaten**) oder durch einmalige Betätigung des Abzuges oder einer anderen Schussauslösevorrichtung jeweils nur ein Schuss abgegeben werden kann (**Halbautomaten**)."

*Die Begriffe „Selbstladewaffe" und „(halb-)automatische Schusswaffe" sind nicht bedeutungsgleich, weshalb der Begriff „Selbstladewaffe" nicht mehr verwendet werden sollte. Dies gilt insbesondere, weil das WaffG vor 2003 Double-Action-Revolver ausdrücklich zu den Selbstladewaffen zählte.*[139]

### 15.1.6.3. Repetierwaffe (Nr. 2.3)

Repetierwaffen[140] können Munition in einem Magazin aufnehmen, aus dem diese Munition durch einen händisch betätigten Mechanismus in das Patronenlager bewegt wird. Das Magazin ist fest in der Waffe verbaut oder als ohne Werkzeug entnehmbares Wechselmagazin ausgeführt.

Repetierbüchsen gelten im Vergleich zu automatischen Waffen als präziser. Zudem sind automatische Waffen im Bereich der Jagd vielerorts, insbesondere in traditionsbewussten Kreisen der Jägerschaft, nicht gern gesehen. Auch hinsichtlich der Sicherheit bieten Repetierer einen Vorteil – der Schütze entscheidet selbst, wann die Waffe wieder schussbereit ist. Bei einer automatischen Waffe nimmt die Waffe dem Schützen diese Entscheidung ab und wird ohne dessen Zutun wieder schussbereit.

**Revolver** erfüllen nicht vollständig die gesetzliche Definition nach Nr. 2.3, kommen konstruktiv und von der Handhabung dieser aber am nächsten.[141] Das Nationale Waffenregister (NWR) stützt diese Überlegung und ordnet Revolver, die Kurzwaffe sind, als *kurze Repetierfeuerwaffe* ein und damit als Waffe der Kategorie B.

### 15.1.6.4. Einzelladerwaffe (Nr. 2.4)

Einzellader verfügen nicht über eine Vorrichtung, die eine automatische oder manuelle Zuführung von Munition aus einem Magazin, einer Trommel oder einem Gurt in das Patronenlager ermöglicht. Der Verschluss muss händisch geöffnet, die Patrone eingelegt und dann verriegelt werden.

Doppelflinte und Drilling sind Einzellader im Sinne des WaffG, da aus jedem Rohr nur ein einziger Schuss abgegeben werden kann und dann per Hand nachgeladen werden muss. Gleiches gilt für **Vorderladerwaffen**.[142]

Im Bereich der Langwaffen findet man Einzellader hauptsächlich im Bereich der Jagdwaffen und der Kleinkaliber-Matchbüchsen, bei den Kurzwaffen vereinzelt im Bereich der Matchpistolen zum Silhouettenschießen. Ein klassischer Einzel-, weil Vorderlader, ist der ein- oder zweiläufige **Terzerol**, eine besonders kleine Pistole.

Zur Abgrenzung gegenüber einer automatischen oder Repetierwaffe bedarf es immer einer Überprüfung der jeweiligen Waffe. Hat die Waffe einen Magazineinschub oder ein fest eingebautes, funktionsfähiges Kasten- oder Röhrenmagazin, handelt es sich nicht um einen Einzellader.

Zu beachten sind die Abgrenzungen zu ähnlich klingenden Begriffen:

- einläufig: Die Waffe verfügt nur über einen einzigen Lauf.
- mehrläufig: Die Waffe verfügt über mehr als einen Lauf.
- einschüssig: Die Waffe verfügt nur über einen einzigen Lauf, der vor dem nächsten Schuss von Hand geladen werden muss.
- mehrschüssig: Die Waffe kann mehr als einen Schuss abgeben, weil sie mit mehr als einer Patrone geladen werden kann; dabei

kann sie über mehrere Läufe verfügen oder über einen Patronenvorrat, aus dem die Patrone in das Patronenlager geladen wird.

Einzelladerwaffen können sowohl einläufig wie auch mehrläufig sein, solange vor dem Schuss der jeweilige Lauf von Hand geladen werden muss. Das Gesetz sieht Beschränkungen vor, etwa die Erlaubnisfreistellung nach Anlage 2 A2 UA2 Nr. 1.5 WaffG auf einläufige Einzelladerwaffen, die sich an den vorgenannten Begriffen orientieren.

### 15.1.6.5. Langwaffe, Kurzwaffe (Nr. 2.5)

**Langwaffen** sind Schusswaffen, deren **Lauf und Verschluss** in geschlossener Stellung insgesamt **länger als 30 cm** sind und deren *kürzeste bestimmungsgemäß verwendbare*[143] **Gesamtlänge 60 cm überschreitet**. **Kurzwaffen** sind alle anderen Schusswaffen, somit also Waffen, die **höchstens 60 cm** lang sind, oder deren **Lauf und Verschluss** in geschlossener Stellung eine Gesamtlänge von **höchstens 30 cm** haben. Entscheidend ist das Wort „und" in der Definition der Langwaffe – nur dann, wenn beide Bedingungen, Gesamtlänge der Waffe über 60 cm und Gesamtlänge von Lauf und Verschluss über 30 cm, erfüllt sind, handelt es sich um eine Langwaffe.

Langwaffen mit glattem Lauf werden als **Flinten** bezeichnet, solche mit gezogenem Lauf oder Polygonlauf als **Büchsen**. Mischformen mit Büchsen- und Flintenläufen werden **Kombinierte Waffen** genannt. **Pistolen** sind Kurzwaffen, bei denen Patronenlager und Lauf eine Einheit bilden. Bei einem **Revolver** sind Patronenlager und Lauf einzelne, nicht direkt miteinander verbundene Teile einer Waffe, wobei sich die Patronenlager in einer drehbaren Trommel befinden. Die Trommel erfüllt die Funktion eines Patronenlagers wie auch eines Magazins, ohne dadurch aber Magazin im Sinne des WaffG zu sein. Die Trommel ist als gesondert zu betrachtendes wesentliches Teil wie ein Patronen- oder Kartuschenlager zu behandeln.

Die Montage einer Waffe in einem **Anschlagschaft** („conversion kit") ändert nicht den Status der Waffe, an der der Schaft montiert ist, bezüglich ihrer Einstufung als Lang- oder Kurzwaffe. Der Anschlagschaft unterliegt nicht den Vorschriften des WaffG, wenn er nicht die Voraussetzungen erfüllt, wesentliches Teil zu sein. Letzteres würde in der Praxis voraussetzen, dass die Schäftung nicht allein die Außenform und damit die Handhabung der Waffe beeinflusst, was bei Anschlagschäften, insbesondere für Pistolen, nicht der Fall ist, da üblicherweise das Griffstück mit Abzugseinheit gegriffen wird (wie ohne einen an der Waffe montierten Anschlagschaft) und der Schlitten sich im Schaft frei bewegt.

### 15.1.6.6. Schreckschusswaffe (Nr. 2.6)

Eine Schreckschusswaffe verfügt über ein Kartuschenlager und ist zum Abschießen von Kartuschenmunition bestimmt. Verfügt diese Waffe über einen Lauf nach der Definition in Anlage 1 A1 UA1 Nr. 1.3.1.1 WaffG, handelt es sich um eine Schusswaffe. Ist dagegen nur ein Gaslauf zum Ableiten der Verbrennungsgase vorhanden, der nicht geeignet ist, dass Geschosse durch ihn getrieben werden, handelt es sich um einen den Schusswaffen gleichgestellten Gegenstand nach Anlage 1 A1 UA1 Nr. 1.2.1 WaffG.

Schreckschusswaffen mit Bauartzulassung nach Anlage 2 A2 UA2, UA3 WaffG tragen die Kennzeichnung „PTB im Kreis" oder eine andere erforderliche Kennzeichnung. Sie werden als „SRS-Waffen" bezeichnet und unterfallen besonderen Regelungen, zB sind bestimmte Arten des Umgangs erlaubnisfrei oder gelten abweichende Voraussetzungen für die Erteilung einer Erlaubnis zum Umgang.[144] Grundsätzlich sind aber aufgrund der Gleichstellung durch Anlage 1 A1 UA1 Nr. 1.2.1 WaffG auch auf sie die Vorschriften des WaffG für Schusswaffen anzuwenden, wenn das Gesetz nicht ausdrücklich eine Ausnahme vorsieht.

Auf andere Schreckschusswaffen sind die Vorschriften für Schusswaffen im Sinne des WaffG vollumfänglich anzuwenden.

### 15.1.6.7. Reizstoffwaffe (Nr. 2.7)

Eine Reizstoffwaffe, die Schusswaffe im Sinne des WaffG ist, verfügt über ein Patronen- oder Kartuschenlager und ist zum Verschießen von Reiz- oder anderen Wirkstoffen bestimmt. Verfügt diese Waffe über einen Lauf nach der Definition in Anlage 1 A1 UA1 Nr. 1.3.1.1 WaffG, handelt es sich um eine Schusswaffe. Ist dagegen nur ein Gaslauf zum Ableiten der Verbrennungsgase vorhanden, der nicht geeignet ist, dass Geschosse durch ihn getrieben werden, sondern lediglich Gasschwaden und Schmauch, die nicht als „feste Körper" gelten, handelt es sich um einen den Schusswaffen gleichgestellten Gegenstand nach Anlage 1 A1 UA1 Nr. 1.2.1 WaffG.

Reizstoffwaffen mit Bauartzulassung nach Anlage 2 A2 UA2, UA3 WaffG tragen die Kennzeichnung „PTB im Kreis" oder eine andere erforderliche Kennzeichnung. Sie werden als „SRS-Waffen" bezeichnet und unterfallen besonderen Regelungen, zB sind bestimmte Arten des Umgangs erlaubnisfrei oder gelten abweichende Voraussetzungen für die Erteilung einer Erlaubnis zum Umgang.[145] Grundsätzlich sind aber aufgrund der Gleichstellung durch Anlage 1 A1 UA1 Nr. 1.2.1 WaffG auch auf sie die Vorschriften des WaffG für Schusswaffen anzuwenden, wenn das Gesetz nicht ausdrücklich eine Ausnahme vorsieht.

Auf andere Reizstoffwaffen sind die Vorschriften für Schusswaffen im Sinne des WaffG vollumfänglich anzuwenden.

### 15.1.6.8. Signalwaffe (Nr. 2.8)

Signalwaffen sind zum Verschießen pyrotechnischer Munition bestimmte

- Schusswaffen mit einem Patronen- oder Kartuschenlager oder
- tragbare Gegenstände nach Anlage 1 A1 UA1 Nr. 1.2.1 WaffG (den Schusswaffen gleichgestelltes Abschussgerät)

Der Begriff der Signalwaffe beschränkt sich nicht auf Schusswaffen. Auch Abschussgeräte (etwa SRS-Waffen) sind Signalwaffen im Sinne des WaffG.

Signalwaffen mit Bauartzulassung nach Anlage 2 A2 UA2, UA3 WaffG tragen die Kennzeichnung „PTB im Kreis" oder eine andere erforderliche Kennzeichnung. Sie werden als „SRS-Waffen" bezeichnet und unterfallen besonderen Regelungen, zB sind bestimmte Arten des Umgangs erlaubnisfrei oder gelten abweichende Voraussetzungen für die Erteilung einer Erlaubnis zum Umgang.[146] Grundsätzlich sind aber aufgrund der Gleichstellung durch Anlage 1 A1 UA1 Nr. 1.2.1 WaffG auch auf sie die Vorschriften des WaffG für Schusswaffen anzuwenden, wenn das Gesetz nicht ausdrücklich eine Ausnahme vorsieht.

Auf andere Signalwaffen wie beispielsweise **Seenotsignalpistolen** im cal. 4 sind die Vorschriften für Schusswaffen im Sinne des WaffG vollumfänglich anzuwenden.

### 15.1.6.9. Druckluft-, Federdruck-, Kaltgaswaffe (Nr. 2.9)

#### 15.1.6.9.1. Druckluftwaffen

Druckluftwaffen werden landläufig als **Luftgewehre** und **Luftpistolen** bezeichnet, obwohl sie keine Luft verschießen. Die Bezeichnung „Luftdruckwaffe" ist ebenfalls falsch, denn weder wird der Luftdruck außerhalb der Waffe durch Abzugsbetätigung wesentlich verändert noch dient der Luftdruck zur Funktion der Waffe. Druckluftwaffen sind Schusswaffen.

Die korrekte Bezeichnung „Druckluftwaffe" ist schon ein Hinweis auf die Funktionsweise – Luft wird durch einen Kolben in einem Zylinder verdichtet. Der Kolben wird bei vielen Waffenmodellen durch einen seitlich montierten Hebel in den Zylinder geschoben – der Lauf bleibt in diesem Falle unbewegt, wodurch die Waffe eine hohe Präzision erreicht.

Ein „Ratschengeräusch“ beim Spannen der Waffe mit einem Seitenhebel ist ein Hinweis auf eine besondere Art von Sicherheitseinrichtung – damit der hohe Druck im Zylinder nicht dazu führt, dass der Seitenhebel plötzlich nach außen schnellt, wird eine Folge von Sicherheitsrasten beim Benutzen des Hebels überwunden, wobei das Geräusch einer Ratsche entsteht. Nach dem Spannen wird der Spannhebel in seine Ruhestellung zurückgeführt – wenn er aus dieser Ruhestellung nicht mehr herausbewegt werden kann, ist das ein Hinweis auf den Waffenzustand (gespannt).

Die zusammengepresste Luft hat das Bestreben, sich wieder auszudehnen, wird aber in dem Zylinder gehalten. Erst nach Freigabe eines Ventils kann sich die Luft wieder ausdehnen und aus dem Zylinder ausströmen. Dabei wirkt sie auf ein Geschoss und treibt dieses durch den Lauf, weil es der Ausdehnung keinen wesentlichen Widerstand entgegensetzen kann.

Zum **Entladen** oder **Sichern** wird bei einer Waffe mit feststehendem Lauf die Waffe zum Entladen in einen sicheren Kugelfang abgeschossen, weil der Spannhebel aus Sicherheitsgründen im gespannten Zustand nicht aus seiner Ruhestellung bewegt werden kann; das Geschosslager kann also nicht geöffnet werden, weshalb der Abzug zu betätigen ist. Verschossen werden aus Druckluftwaffen im sportlichen Bereich in der Regel Diabolos (Bleikelchgeschoss) mit 4,5 mm Durchmesser.

Druckluftwaffen unterliegen nicht der **Beschusspflicht**, sondern sind nur nach § 24 WaffG zu **kennzeichnen**. **Waffenrechtlich** zählen sie auch dann zu den Schusswaffen, wenn zum Antrieb des Geschosses keine „heißen Gase“ zum Einsatz kommen. Nur wenn die Waffe das Kennzeichen „F im Fünfeck“ trägt, die Bewegungsenergie der Geschosse den Wert von 7,5 J also nicht übersteigt, oder es sich um vor 1970 hergestellte Waffen oder solche aus DDR-Produktion handelt, darf die Waffe ohne Erlaubnis erworben und besessen werden. Das Führen ist erlaubnispflichtig.

**Weitschuss-Druckluftgewehre** können Geschossen deutlich mehr als 7,5 J Bewegungsenergie erteilen – Freistellungen von der Erlaubnispflicht wie für die vorgenannten Druckluftwaffen entfallen, sie sind WBK-pflichtig.

### 15.1.6.9.2. Federdruckwaffen

Federdruckwaffen speichern die vom Schützen mittels Hebelkraft eingebrachte Energie in einer Feder im Innern der Waffe. Die Kraft der gespannten Feder kann bei Lösung auf verschiedene Arten auf das Geschoss wirken:

- Das Geschoss wird direkt mittels **Stoßes** durch den Lauf getrieben.

- Ein Kolben wird in einem Zylinder bewegt; im Zylinder wird die vorhandene Luft sehr schnell komprimiert und gelangt durch eine Öffnung hinter das Geschoss; da dieser Bereich abgedichtet ist, gibt das Geschoss dem **Gasdruck** nach und wird durch den Lauf getrieben.

Gespannt wird die Feder entweder über den Lauf (**Knicklauf** als einfache Konstruktion, bei welcher der Lauf als Hebel wirkt und über eine Stange nahe der Knickachse die Feder im Innern der Waffe spannt) oder über einen seitlich montierten **Hebel** (wie *Druckluftwaffe*, siehe voriges Kapitel).

Da bei einer einfach konstruierten Federdruckwaffe der Kolben die Waffe insgesamt bewegt, sind solche Waffen nicht zum Wettkampfschießen geeignet. Höherwertige Modelle gleichen durch mechanische Maßnahmen den Impuls, der durch die Bewegung des Kolbens ausgelöst wird, aus.

Waffen mit Knicklauf können durch erneutes Abknicken des Laufes und Entnahme des Geschosses entladen werden; bei feststehenden Läufen gelten die Hinweise des vorigen Kapitels.

Rechtlich gelten die Ausführungen zu Druckluftwaffen.

### 15.1.6.9.3. Druckgaswaffen

Neben komprimierter Luft, die durch die Kraft des Schützen in die Waffe „gepumpt" wurde oder in einem Druckbehälter erhältlich ist, können beim Einsatz von Druckgaswaffen auch Gase zum Einsatz kommen. Anders als die Umgebungsluft stehen sie in einem Behälter unter hohem Druck und können nach Betätigen des Abzuges auf das Geschoss wirken.

Rechtlich gelten die Ausführungen zu Druckluftwaffen.

### 15.1.6.10. Revolver

Der Revolver ist nicht als eigenständige Art einer Schusswaffe in der Anlage 1 WaffG aufgeführt. Genannt wird nur der **Double-Action-Revolver**.[147] Seine Beschreibung in der Anlage 1 WaffG verwendet den gesetzlich nicht mehr[148] definierten Begriff **Trommel**.

Da das Gesetz an anderen Stellen den Begriff des Revolvers nicht verwendet, um den Umgang mit Waffen zu regeln, sondern zB von mehrschüssigen Kurzwaffen für Patronenmunition spricht, ist die fehlende Zuordnung kaum von praktischer Relevanz, da dieser Begriff auch Revolver umfasst.

Lediglich bei einem Erwerb von Repetierlangwaffen wäre die Zuordnung von Revolvern als Revolvergewehr zu den Repetierwaffen von Bedeutung.

Hilfsweise kann die Einordnung einer Schusswaffe als Revolver dadurch geschehen, dass es sich dabei um eine Waffe handelt, die über mindestens ein Geschoss-, Patronen- oder Kartuschenlager verfügt, das in Form einer Bohrung (Kammer) in einer Trommel vorhanden ist. Die Trommel hat neben der Aufgabe des Lagers auch die Funktion eines Patronen- oder Geschossvorrats und ist in der Waffe drehbar auf einer Achse montiert. Die Achse ist so positioniert, dass die Trommel durch Betätigung des Schützen so bewegt werden kann, dass vor Abgabe des Schusses ein Geschoss in einer Kammer so vor den Lauf gebracht wird, dass eine Schussabgabe möglich ist. Dazu ist es in der Regel erforderlich, dass die Mittelachsen der Innendurchmesser von Lauf und Kammer bei unendlicher Länge gleich sind.

Revolver erfüllen die Definitionen der Einzellader- und Repetierwaffen nicht vollständig. Bezüglich der mechanischen Abläufe wäre, müsste eine Zuordnung zu einer der vorgenannten Arten von Schusswaffen erfolgen, die Einordnung als Repetierwaffe naheliegend. Revolver sind bei strenger Auslegung nur Lang- bzw. Kurzwaffe oder Feuerwaffe als Art einer Waffe. Zu unterscheiden sind Perkussionsrevolver (Vorderlader mit Zündhütchenzündung) und Revolver für Patronen- bzw. Kartuschenmunition. Das Nationale Waffenregister (NWR) stützt diese Überlegung und ordnet Revolver, die Kurzwaffe sind, als *kurze Repetierfeuerwaffe* ein und damit als Waffe der Kategorie B.

## 15.2. Umgang (§ 1 Abs. 3)

### 15.2.1. Definition

„Umgang“ mit einer Waffe oder Munition hat, wer diese erwirbt, besitzt, überlässt, führt, verbringt, mitnimmt, damit schießt, diese herstellt, bearbeitet, instand setzt, unbrauchbar macht oder damit Handel treibt.[149] Nachfolgend werden die verschiedenen Umgangsarten erläutert.

Die Art des Umgangs ist entscheidend für die Erlaubnispflicht, das Verbot oder die Erlaubnisfreiheit des Ausübens der tatsächlichen Gewalt über bestimmte Gegenstände. So befreit § 12 WaffG Arten des Umgangs im Falle dort bestimmter Anlässe von der Erlaubnispflicht, § 2 Abs. 3 iVm Anlage 2 A1 WaffG unterwirft dagegen jeglichen Umgang mit den dort genannten Waffen oder Munitionsarten mit Ausnahme der Umgangsart

Unbrauchbarmachung einem Verbot. In diesen wie auch in weiteren Vorschriften des WaffG, insbesondere bei der Prüfung der Strafbarkeit oder Ordnungswidrigkeit nach §§ 51 ff. WaffG, ist stets exakt zu prüfen, um welche Art von Waffe oder Munition es sich handelt und welche Umgangsart in der Befassung des Betroffenen mit diesem Gegenstand verwirklicht wurde, bevor dann die Prüfung der Erlaubnispflicht, des Verbots oder der Erlaubnisfreiheit erfolgen kann und, im Falle eines Verstoßes gegen das Waffengesetz, die zutreffende waffengesetzliche Folge in Form von Freiheits- oder Geldstrafe sowie Geldbußen und der obligatorischen oder fakultativen Einziehung ermittelt werden kann. Da auch mehrere Arten des Umgangs zusammenfallen können, ist in der Praxis jede Form des Umgangs zu prüfen.

Der **Begriff der Waffe** ist im Sinne des § 1 Abs. 2 WaffG zu verstehen.

„**Tatsächliche Gewalt**" bedeutet, dass der Inhaber der tatsächlichen Gewalt nach seinem Willen über die Waffe oder Munition verfügen kann. Dabei ist es unerheblich, ob er auch in dem betrachteten Moment oder Zeitraum diese tatsächliche Gewalt auch ausübt – entscheidend ist allein, dass der Betroffene die Möglichkeit dazu hat und sich dieser Möglichkeit auch bewusst ist. Dabei folgt auf den Erwerb der Besitz und zu einem späteren Zeitpunkt das Überlassen, wobei ein Überlassen nicht zwangsläufig eine Besitzaufgabe des Überlassenden zur Folge hat.[150]

## 15.2.2. Erwerb (Anlage 1 A2 Nr. 1)

Es erwirbt, wer die tatsächliche Gewalt über Waffe oder Munition erlangt, sie also an sich nimmt. Dieses An-sich-nehmen muss willentlich erfolgen.

Es handelt sich bei einem Erwerb um einen Vorgang, der keine zeitliche Ausdehnung besitzt, sondern unmittelbar durch den Besitz abgelöst wird, der sich an jeden Erwerb anschließt, da auf das Erlangen der tatsächlichen Gewalt unmittelbar das Ausüben der tatsächlichen Gewalt folgen muss.

Die Erlaubnis zum Erwerb wird in der Regel durch Ausstellung einer **Waffenbesitzkarte** oder Eintragung eines Voreintrages erteilt. Grundsätzlich ist der Erwerb von Waffen nach Anlage 1 A1 UA1 Nrn. 1 bis 4.3 WaffG und der für sie bestimmten Munition erlaubnispflichtig. **Ausnahmen** ergeben sich insbesondere aus Anlage 2 A2 UA2 Nr. 1, 2 und A3 WaffG sowie aus § 12 Abs. 1, 2 WaffG unter den dort beschriebenen Voraussetzungen. Besonders zu beachten ist die Freistellung von der Erwerbserlaubnispflicht für Jagd-Langwaffen nach § 13 WaffG sowie der Erwerb durch Sportschützen nach § 14 Abs. 6 WaffG sowie Sammler nach § 17 WaffG.

Der Erwerb setzt nicht voraus, dass dieser Erwerb aufgrund einer Erlaubnis erfolgt. Allein das Erlangen der tatsächlichen Gewalt entscheidet über die Einordnung der zu prüfenden Handlung als Erwerb. Somit erwirbt auch, wer etwa die Waffe eines Dritten an sich nimmt, auch wenn dieser Dritte selbst ebenfalls noch die tatsächliche Gewalt ausübt – Gesetz und Rechtsprechung gehen von der Möglichkeit aus, dass mehrere Personen zur gleichen Zeit die tatsächliche Gewalt über eine Waffe ausüben können.[151]

Ein Erwerb, der ohne eine grundsätzliche gesetzlich vorgeschriebene Erlaubnis erfolgt, muss etwa durch eine Ausnahme in § 12 Abs. 1, 2 WaffG oder Anlage 2 A2 UA2 Nr. 1, 2 WaffG von der Erlaubnispflicht freigestellt sein, um nicht als Verstoß gegen das Waffengesetz geahndet zu werden.

Der **Kauf** einer Waffe oder von Munition ist dagegen **kein Erwerb**, da die Zahlung des Kaufpreises nur das Eigentumsrecht überträgt, nicht aber die tatsächliche Gewalt. Somit ist also auch ohne waffenrechtliche Erlaubnis der zivilrechtliche Kauf möglich, die Übergabe der Waffe und damit der Erwerb aber erst dann gestattet, wenn eine Erwerbserlaubnis vorliegt.

### 15.2.3. Besitz (Anlage 1 A2 Nr. 2)

Es besitzt, wer die tatsächliche Gewalt über die Waffe oder Munition ausübt, sie zB bei sich trägt oder im Waffenschrank aufbewahrt. Der Besitz ist die unmittelbar auf den Moment des Erwerbs folgende Art des Umgangs. Sie setzt wie der Erwerb ein Wissen um das Ausüben der tatsächlichen Gewalt voraus, womit in einem Wohnhaus vom vorherigen Bewohner verborgene Waffen oder durch Dritte im Geschäft einer Person verborgen abgelegte Waffen keinen Besitz durch den Betroffenen bedeuten.[152]

Die Erlaubnis zum Besitz wird in der Regel durch Eintragung in eine **WBK** erteilt. Grundsätzlich ist der Besitz von Waffen nach Anlage 1 A1 UA1 Nrn. 1 bis 4.3 WaffG und der für sie bestimmten Munition erlaubnispflichtig. **Ausnahmen** ergeben sich aus Anlage 2 A2 UA2 Nr. 1, 2 und A3 WaffG sowie aus § 12 Abs. 1, 2 WaffG.

Wird der Besitz über eine Waffe **außerhalb** der eigenen Wohnung, der eigenen Geschäftsräume, des eigenen befriedeten Besitztums oder einer Schießstätte ausgeübt, wird die Waffe **geführt**[153].

### 15.2.4. Überlassen (Anlage 1 A2 Nr. 3)

Es überlässt, wer anderen die tatsächliche Gewalt über die Waffe oder Munition einräumt, sie also beispielsweise weitergibt. Aber auch, wer einem Dritten lediglich die Möglichkeit einräumt, die tatsächliche Gewalt über eine Waffe oder Munition zu erlangen, etwa durch mangelnde Sorgfalt bei der Aufbewahrung, die eine Wegnahme ermöglicht, oder durch ein nicht nur kurzfristiges Ablegen innerhalb des eigenen Zugriffsbereichs, so dass der Zugriff eines Dritten wahrgenommen und unterbunden werden kann, überlässt Waffe oder Munition dem Dritten. Eine Waffe gilt auch dann als überlassen, wenn der Überlasser noch auf den Umgang des Erwerbers physischen Einfluss nehmen könnte, der Erwerber (und in diesem Moment dann auch unmittelbare Besitzer) aber tatsächlich nach eigenem Willen über diese Waffen verfügen kann.[154]

Dabei muss der Dritte im Moment der Überlassung nicht anwesend sein, etwa im Falle einer Besitzaufgabe durch Ablegen einer Waffe am Straßenrand. Hier ist in der Regel davon auszugehen, dass die Waffe durch eine zufällig vorbeikommende Person an sich genommen wird, was beim Vergraben einer Waffe im Wald oder durch ein Versenken in einem morastigen Tümpel nicht zu erwarten wäre. Aus den vorgenannten Überlegungen ist auch ein Wille des möglichen Erwerbers zum Erlangen der tatsächlichen Gewalt nicht erforderlich, um ein Überlassen zu verwirklichen.

Das Überlassen ist die einzige Art des Umgangs, die von der **Erlaubnispflicht** nach Anlage 2 A2 UA1 Satz 1 WaffG nicht erfasst wird. Zu beachten ist aber die gesetzliche Verpflichtung nach § 34 Abs. 1 WaffG, Waffen oder Munition nur an Personen zu überlassen, die zum Ausüben der tatsächlichen Gewalt berechtigt sind, womit dem Überlasser die Pflicht auferlegt wird, die Zulässigkeit der Überlassung selbst zu prüfen. Verstöße gegen § 34 Abs. 1 WaffG werden im Falle der Überlassung erlaubnispflichtiger Waffen oder Munition als Straftat, im Falle der Überlassung nicht erlaubnispflichtiger Waffen oder Munition als Ordnungswidrigkeit geahndet.[155]

Die Überlassung einer Waffe ist im Alltag schnell verwirklicht. So kann sich im Falle eines Aushändigens einer Waffe an einen privaten Besucher, der nicht über eine waffenrechtliche Befugnis verfügt, ein Waffenbesitzer nicht auf Ausnahmeregelungen von der Erlaubnispflicht berufen, da die einschlägigen Vorschriften nach § 12 Abs. 1 WaffG eine solche Ausnahme für erlaubnispflichtige Waffen nicht vorsehen. Dies gilt auch, wenn der eigentliche Besitzer unmittelbar neben dem Besucher steht und auf diesen einwirken könnte, da der Besucher Ort und Ausrichtung der Waffe zumindest teilweise bestimmen kann. Von besonderer Bedeutung für die waffenrechtliche Zuverlässigkeit ist insbesondere die Überlassung von Waffen durch ein Überlassen der Schlüssel zu einem Waffenschrank, die sich schon durch ein nachlässiges Aufbewahren der Schlüssel ergeben kann.[156]

Zu beachten sind neben der Vorschrift des § 34 Abs. 1 WaffG **besondere Strafvorschriften**,[157] die sich auf das **Überlassen verbotener Waffen oder Munition** beziehen. Während das Überlassen nicht der Erlaubnispflicht unterfällt, gilt das Verbot des Umgangs mit verbotenen Waffen oder Munition auch für die Umgangsart des Überlassens.

## 15.2.5. Führen (Anlage 1 A2 Nr. 4)

Nach Anlage 1 A2 Nr. 4 WaffG ist Führen das Ausüben der tatsächlichen Gewalt über eine **Waffe** außerhalb der eigenen[158] Wohnung oder Geschäftsräume, des eigenen befriedeten Besitztums oder einer Schießstätte, wobei die Auslegung der Begriffe denen nach § 123 StGB entspricht.[159]

Das Ausüben der tatsächlichen Gewalt in den genannten Bereichen ist bloßer Besitz im Sinne des WaffG. Somit ist das „Bei-sich-tragen" einer Waffe in der eigenen Wohnung oder auf dem eigenen Grundstück kein Führen.

Die Erlaubnis zum Führen wird durch einen **Waffenschein** nach § 10 Abs. 4 WaffG erteilt. Abweichend wird im Falle der **SRS-Waffen** nach Anlage 2 A2 UA2 Nr. 1.3 WaffG gemäß Anlage 2 A2 UA3 Nr. 2.1 WaffG die Erlaubnis durch Ausstellung eines **Kleinen Waffenscheins** erteilt.

Das Führen von Waffen nach Anlage 1 A1 UA1 Nrn. 1 bis 4.3 WaffG ist erlaubnispflichtig. **Ausnahmen** ergeben sich aus Anlage 2 A2 UA2 Nr. 3[160] und A3 WaffG sowie aus § 12 Abs. 3 WaffG unter den dort beschriebenen Voraussetzungen, aus § 13 WaffG für Jäger[161] und den §§ 55, 56 WaffG.

Zu beachten ist insbesondere das **erlaubnisfreie Führen** nach § 12 Abs. 3 Nr. 2 WaffG, auch „Transport" genannt. Es ist auch Führen im Sinne des WaffG, wenn sich die Waffe in einem Behältnis (zB **Futteral**, **Waffenkoffer**) befindet, da der Träger den Ort bestimmen kann, an dem sich die Waffe befindet – er übt somit die tatsächliche Gewalt außerhalb der eigenen Wohnung oder Geschäftsräume, des eigenen befriedeten Besitztums oder einer Schießstätte aus. Auch der Wortlaut der Einleitung des § 12 Abs. 3 WaffG verwendet den Begriff „Führen", womit Ausnahmen Fälle des Führens sind.

**Munition** wird **nicht von der Definition des Führens in Anlage 1 A2 WaffG erfasst**, sie befindet sich auch außerhalb des befriedeten Besitztums lediglich im Besitz. Der Transport von Munition ist daher erlaubnisfrei, die Regeln für Schusswaffen nach § 12 Abs. 3 WaffG sind nicht anzuwenden, ebenso nicht die Vorschriften zu den Ausweispflichten nach § 38 WaffG.

## 15.2.6. Verbringen (Anlage 1 A2 Nr. 5)

Eine Waffe oder Munition **verbringt**, wer diese „über die Grenze zum dortigen Verbleib oder mit dem Ziel des Besitzwechsels in den, durch den oder aus dem Geltungsbereich des Gesetzes zu einer anderen Person oder zu sich selbst transportieren lässt oder selbst transportiert. Verbringen setzt einen Grenzübertritt voraus, bezieht sich nicht auf den Transport im Inland.

## 15.2.7. Mitnahme (Anlage 1 A2 Nr. 6)

Vom Verbringen zu unterscheiden ist die **Mitnahme**, die im Zuge des Gesetzgebungsverfahrens zum WaffG 2002 als ergänzende, eigenständige Umgangsart eingeführt wurde.[162] Eine Waffe oder Munition nimmt mit, wer diese ohne Aufgabe des Besitzes und zur Verwendung (zB Schießwettkampf, Jagd) vorübergehend auf einer Reise über die Grenze einführt, ausführt oder durch Deutschland bringt.

## 15.2.8. Schießen (Anlage 1 A2 Nr. 7)

Es schießt im Sinne des WaffG, wer mit einer Schusswaffe **Geschosse** durch einen Lauf[163] verschießt, **Kartuschenmunition** verschießt oder **Wirkstoffe** (zB Tränengas) mit Patronen- oder Kartuschenmunition verschießt.

Das **Schießen** mit Waffen nach Anlage 1 A1 UA1 Nrn. 1 bis 4.3 WaffG ist **erlaubnispflichtig**, Ausnahmen sind lediglich vorgesehen für das Schießen auf einer behördlichen genehmigten Schießstätte[164], für das Schießen mit Waffen nach Anlage 2 A3 WaffG, da diese nur anderen Vorgaben des WaffG unterworfen sind und für das **Schießen außerhalb von Schießstätten** im Falle der Ausnahmen nach § 12 Abs. 4 WaffG.

Das Abfeuern („Abtun“) von **Böllern** (pyrotechnische Gegenstände, zB Kartusche bei Verwendung von Böllerkanonen, Ladung von Hand- und Standböllern) gilt **nicht als schießen** und bedarf somit keiner Schießerlaubnis (so fallen Böller auch nicht unter den Begriff der Waffe und auch nicht unter die Regelungen des Waffengesetzes). Das **Abfeuern einer Vorderladerwaffe**, die **nur Pulver**, **nicht** aber ein vor dem Pulver liegendes **Geschoss** enthält, ist mangels Verwendung von Munition oder des Verschießens von Geschossen durch einen Lauf **kein Schießen**.

**Kein Schießen** ist die Verwendung anderer Geräte als Schusswaffen wie Armbrüsten, Pfeilabschussgeräten, Harpunengeräten oder Bögen. Armbrust und Pfeilabschussgerät sind aber den Schusswaffen gleichgestellt[165], auf den **Gebrauch der Armbrust und des Pfeilabschussgeräts sind die**

**Vorschriften für das Schießen mit Schusswaffen** anzuwenden. Durch die Freistellung[166] für **Harpunen** ist deren Gebrauch waffenrechtlich irrelevant.

**Bögen** sind keine Waffen im Sinne des WaffG und unterliegen keine Regelungen des WaffG, da sie weder über einen Lauf verfügen noch über eine Speichermöglichkeit für eingebrachte Energie.

### 15.2.9. Herstellen (Anlage 1 A2 Nr. 8.1)

Als **Herstellung** von Waffen oder Munition gilt das **Erzeugen** des jeweiligen Endproduktes oder seiner wesentlichen Teile aus Rohteilen oder Materialien sowie das **Ersetzen des führenden wesentlichen Teils** bei einer Waffe durch ein Teil, **das noch nicht in einer Waffe verbaut war**. Als Herstellung gilt auch das Zusammenfügen einer Waffe aus separat erworbenen wesentlichen Teilen.[167] Die Neuschaffung eines Gegenstandes durch Einsatz von technischen Verfahren oder Werkzeugen, die zu einer Änderung des Ausgangsgegenstandes bezüglich seiner Abmessungen, Formgebung oder Beschaffenheit in Hinblick auf Material, Funktion oder objektiv erkennbare Verwendungsbestimmung führt, ist als Herstellung einer dann neuen Waffe anzusehen, der Schaffende ist Hersteller.[168] Eine Schusswaffe ist **hergestellt**, wenn sie **weißfertig** im Sinne von § 2 Abs. 5 BeschG ist oder der **Austausch des führenden wesentlichen Teils abgeschlossen** ist. Das Wiederladen von Hülsen ist Herstellen, nicht gewerbsmäßig aber erlaubnisbefreit.

### 15.2.10. Fertigstellen (Anlage 1 A2 Nr. 8.1a)

Fertiggestellt ist eine Waffe, sobald sie mit dem Beschusszeichen nach § 6 BeschG versehen wurde oder, sofern die Waffe nicht der Beschussprüfung unterliegt, sobald sie zum Inverkehrbringen bereitgehalten wird.

### 15.2.11. Bearbeiten / Instandsetzen (Anlage 1 A2 Nr. 8.2)

Das „**Bearbeiten**" und „**Instandsetzen**" ist Personen vorbehalten, die über die dafür erforderliche Erlaubnis verfügen. Die Erteilung einer Erlaubnis zur gewerblichen oder im Rahmen einer wirtschaftlichen Unternehmung selbstständig betriebenen Waffenherstellung nach § 21 WaffG setzt regelmäßig eine Ausbildung als Büchsenmacher voraus, wenn der Erlaubnisinhaber *in handwerklicher Betriebsweise* arbeitet. Soll die Bearbeitung oder Instandsetzung nicht gewerblich erfolgen, setzt die dafür erforderliche Erlaubnis nach § 26 WaffG zumindest überdurchschnittliche Kenntnisse der Waffentechnik voraus, weshalb die Erlaubnis in der Regel nur Inhabern einer Erlaubnis nach § 18 WaffG (Sachverständiger) erteilt wird.

Als **Bearbeitung** (Nr. 8.2) gelten das Instandsetzen oder der Umbau einer Schusswaffe sowie das Austauschen wesentlicher Teile.

Als **Umbau** (Nr. 8.2.1) einer Schusswaffe gilt das Verkürzen, das Verändern der Schussfolge oder eine Veränderung, nach der andere Munition oder Geschosse anderer Kaliber aus der Waffe verschossen werden können. Als einzige Art der Bearbeitung kann der Umbau auch Herstellung einer Waffe sein, insbesondere bei Umbestimmung des Verwendungszwecks.

Als **Austausch** (Nr. 8.2.2) gilt die Einpassung wesentlicher Teile in eine Schusswaffe, die eine Nacharbeit erfordern, insbesondere eines Wechsellaufs, es sei denn, es handelt sich um die Herstellung einer Schusswaffe.

Eine Waffe wird **instandgesetzt** (Nr. 8.2.3), wenn (materialschwächende) Arbeiten an der Schusswaffe durchgeführt werden, die eine Beschusspflicht gemäß § 3 Absatz 2 des Beschussgesetzes auslösen. Keine Instandsetzung ist es, wenn die Tätigkeit **Herstellung** (Nr. 8.1) oder **Umbau** (Nr. 8.2.1) einer Schusswaffe ist oder der **Austausch** (Nr. 8.2.2) wesentlicher Teile.

Keine Instandsetzung, Bearbeitung oder Herstellung ist das Zusammensetzen einer zuvor zur Reinigung oder ähnlichen Zwecken zerlegten Waffe. Das Einsetzen eines Austauschlaufs gemäß der Definition nach Anlage 1 A1 UA1 Nr. 3.1 WaffG ist kein Austausch nach Nr. 8.2.2 und darf somit auch ohne besondere Erlaubnis insbesondere durch den Waffenbesitzer durchgeführt werden, ebenso durch einen Waffenhändler im Zuge der Überlassung zum Zwecke der Vorführung des Ein- und Ausbaus.

Handelt es sich um lediglich geringfügige Änderungen, beispielsweise am Schaft oder an der Visierung, wird nicht von einer Bearbeitung ausgegangen, so dass diese Arbeiten an einer Waffe ohne besondere Erlaubnis durchgeführt werden dürfen. Auch das Brünieren (Behandlung einer metallischen Oberfläche mit einer Salzlösung, sauer oder basisch, um einen Rostschutz zu erzeugen) einer schadhaften Stelle an der Oberfläche gilt als „geringfügig“. Die vorgenannten Tätigkeiten, die insbesondere die Verschönerung, optische Aufarbeitung oder Anpassung einer Waffe (hier ist insbesondere an die Anpassung eines Langwaffenschafts zu denken, da gilt: „Der Lauf schießt, der Schaft trifft!“) dienen und keine Arbeiten an der Waffe darstellen, die sie einer Pflicht zum Beschuss unterwerfen, dürfen nicht nur durch Inhaber einer Erlaubnis zur Waffenherstellung oder durch den Waffenbesitzer durchgeführt werden – die Freistellung von der Erlaubnispflicht nach § 12 Abs. 1 Nr. 2 WaffG erstreckt sich auch auf andere Gewerbetreibende wie Graveure oder Schäfter, wobei andere Vorschriften des WaffG, insbesondere zur sicheren Aufbewahrung, auch von diesen einzuhalten sind.

## 15.2.12. Unbrauchbarmachen (Anlage 1 A2 Nr. 8.3)

Bei der durch das WaffG 2020 eingeführten Umgangsart des Unbrauchbarmachens handelt es sich nicht um eine eigenständige Umgangsart. Vor Schaffung dieser Art des Umgangs war das Ansetzen eines Werkzeugs stets eine Bearbeitung und erforderte eine Erlaubnis zur Waffenherstellung.

Als Unbrauchbarmachung gilt die Durchführung von Maßnahmen des Anhangs I Tabelle II bis III der Durchführungsverordnung (EU) 2015/2403 („EU-Deaktivierungsrichtlinie"). Erfolgen Arbeiten an einer Waffe ausschließlich zu diesem Zweck, ist nicht von einem Bearbeiten im Sinne von Anlage 1 A2 Nr. 8.2 auszugehen, sondern aufgrund der spezielleren Regelung nur von einer Unbrauchbarmachung nach Nr. 8.3. Durch die Freistellung der Unbrauchbarmachung von der Erlaubnispflicht (Anlage 2 A2 UA2 Nr. 10) bedarf es keiner Erlaubnis zur Herstellung nach §§ 21, 26 WaffG.[169]

## 15.2.13. Handeln (Anlage 1 A2 Nr. 9)

**Waffenhandel** treibt, wer gewerbsmäßig oder selbstständig im Rahmen einer wirtschaftlichen Unternehmung Schusswaffen oder Munition ankauft, feilhält, Bestellungen entgegennimmt oder aufsucht, anderen überlässt oder den Erwerb, den Vertrieb oder das Überlassen vermittelt. Das **gewerbliche Verleihen** von Schusswaffen im Rahmen des Betreibens einer **Paintball-Arena** oder eines **Event-Services** (etwa Organisation von Veranstaltungen, in deren Verlauf zur Belustigung mit Schusswaffen geschossen wird) ist eine Form des Waffenhandels und bedarf der Erlaubnis nach § 21 WaffG.

Beim „**Handel**" stellt der Gesetzgeber auf eine wirtschaftliche (gewerbsmäßige oder selbständige) Unternehmung ab. Eine Abgrenzung zwischen Privatverkauf und „Handel" ist fließend.[170] So können auch Jäger oder Sammler, die Schusswaffen regelmäßig in kurzen Zeitabständen erwerben und überlassen (etwa durch Ankauf von Nachlässen), rasch den **Tatbestand des unerlaubten Handelns** mit Schusswaffen erfüllen. Im Falle des Kaufens und Verkaufens unter Sammlern, die eine Erlaubnis nach § 17 WaffG besitzen, ist dies allerdings bedürfnistypisch, da zum Optimieren einer Sammlung regelmäßig Stücke erworben und überlassen werden müssen, weshalb beim Sammler nur ein regelmäßiges Überlassen an Inhaber anderer Bedürfnisarten problematisch zu sehen ist.

## 15.3. Voraussetzungen für den Umgang (§ 4)

### 15.3.1. Übersicht

Der **Umgang mit Waffen oder Munition**, die der Erlaubnispflicht unterliegen, bedarf der **Erlaubnis der zuständigen Behörde**. Das ist nach § 3 VwVfG jene Behörde, in deren Bezirk der Antragsteller seinen **gewöhnlichen Aufenthalt**[171] hat - in der Regel der Erstwohnsitz, in begründeten Fällen aber auch der Zweitwohnsitz, etwa bei Studierenden. Die Vorschrift ist neben der WBK auch auf Waffenschein und Kleinen Waffenschein anzuwenden, insbesondere im Rahmen der Regelüberprüfung.

Die deutsche Staatsangehörigkeit ist nicht Voraussetzung für eine waffenrechtliche Erlaubnis, womit neben **deutschen Staatsangehörigen** und anderen Personen, die ihren gewöhnlichen Aufenthalt im Bundesgebiet haben, auch Menschen aus anderen **Mitgliedsstaaten**[172] und **Drittstaaten** eine Erlaubnis in Form einer WBK oder eines Waffenscheins erteilt werden kann, wobei der Versagungsgrund nach § 4 Abs. 2 WaffG insbesondere im Falle ausländischer Antragsteller in der Praxis zu einem erhöhten Prüfaufwand führt, da die prüfende Stelle unter Umständen auch im Heimatland Erkundigungen zur Person des Antragsteller einholen kann, was aber zur sicheren Klärung der Zuverlässigkeit unerlässlich ist.[173]

Grundsätzlich gelten nachfolgende Voraussetzung für die Erteilung einer waffenrechtlichen Erlaubnis, wenn nicht durch Gesetz anderes bestimmt wird, etwa der Verzicht auf den Nachweis des Bedürfnisses bei Erben, **Mindestalter** (Seite 316), **Zuverlässigkeit** (Seite 316), **persönliche Eignung** (Seite 326), Nachweis der **Sachkunde** (Seite 328) und **Bedürfnis** (Seite 330).

Bei Beantragung von **Waffenschein** oder **Schießerlaubnis** wird der Nachweis einer bestehenden **Haftpflichtversicherung** für Personen- und Sachschäden in Höhe von einer Million Euro gefordert, die den beabsichtigten Umgang mit Schusswaffen und Munition abdeckt. Der Erlaubnisinhaber ist verpflichtet, Kündigungen dieser Versicherung unverzüglich der erteilenden Behörde mitzuteilen. Zudem ist vor Erteilung einer Erlaubnis die Möglichkeit der **sicheren Aufbewahrung** nachzuweisen. Die gesetzlichen Anforderungen nach §§ 36 WaffG, 13 AWaffV sind zu erfüllen.

Die **Prüfung der Zuverlässigkeit und der persönlichen Eignung** soll in regelmäßigen Abständen **(Regelüberprüfung)**, jeweils **mindestens** aber **nach** Ablauf von **drei Jahren** wiederholt werden. Dies umfasst für Inhaber eines Waffenscheines oder einer Schießerlaubnis das Bestehen der Haftpflichtversicherung. Die zuständige Behörde kann den Erlaubnisinhaber mit den

**Kosten** der Regelüberprüfung belasten.[174] Zur Erforschung des Sachverhalts kann sie nach § 4 Abs. 5 WaffG in begründeten Einzelfällen das **persönliche Erscheinen** des Antragstellers oder des Erlaubnisinhabers verlangen.[175]

Ist der Nachweis eines Bedürfnisses Voraussetzung für eine Erlaubnis, erfolgt die **Prüfung des Fortbestehens dieses Bedürfnisses regelmäßig jeweils nach Ablauf von fünf Jahren**. Dabei sind stets die Maßstäbe für die erstmalige Erteilung der jeweiligen Erlaubnis anzulegen. Der Zeitraum, auf den sich die Prüfung des Bedürfnisses bezieht, orientiert sich in der Praxis an der Art des Bedürfnisses. So wird zur Prüfung des Fortbestehens eines Bedürfnisses im Falle eines Waffensammlers in der Regel der gesetzlich vorgesehene Zeitraum ausreichend sein, während im Falle einer gefährdeten Person in begründeten Fällen auch vorzeitig geprüft werden sollte, ob die Gefährdung noch besteht. Sportschützen unterliegen bezüglich der Bedürfnisprüfung und der diesbezüglichen Zeiträume besonderen Regelungen.

Für die Prüfung des **Bedürfnisses** zum Erwerb und Besitz sowie das Führen von Schusswaffen ist § 8 WaffG die zentrale Vorschrift, auch für die Regelung spezieller Bedürfnisse. Er enthält eine **Aufzählung bestimmter Bedürfnisgruppen**, die aber **nicht abschließend** und **nur beispielhaft** ist. Regelt das Waffengesetz das Bedürfnis nicht ausdrücklich durch Schaffung einer Bedürfnisgruppe wie etwa bei Jägern (§ 13 WaffG) oder Sportschützen (§ 14 WaffG), die in § 8 WaffG ausdrücklich genannt werden, muss bei der Bewertung eines angegebenen Bedürfnisses erforscht werden, ob ein Bedürfnis im Sinne von § 8 WaffG nachgewiesen wird, und zwar durch Prüfung im Sinne des Normzwecks (zB Tierarzt, Schießstandbetreiber).

Zentrale Forderung des Gesetzes und Maßstab der Entscheidung ist, dass die Belange der öffentlichen Sicherheit und Ordnung bei Erteilung einer waffenrechtlichen Erlaubnis berücksichtigt werden. Es erfolgt eine Abwägung zwischen dem Interesse des Einzelnen an der Erlaubnis zum Umgang mit Waffen und dem Bedürfnis der Allgemeinheit nach Schutz vor Gewalt.

Eine **Erlaubnis zum Erwerb und Besitz** von **Waffen** wird durch eine **Waffenbesitzkarte (WBK)** oder durch Eintragung in eine bereits vorhandene WBK erteilt. **Die Erlaubnis zum Erwerb und Besitz** von **Munition** ergibt sich entweder aus der **WBK** oder wird durch Ausstellung des **Munitionserwerbsscheins** erteilt. Die **Erlaubnis zum Führen** einer **Waffe** wird durch den **Waffenschein** erteilt. **Eintragungen** in diese Dokumente dürfen nur durch die zuständige Behörde vorgenommen werden.[176] Eine Eintragung durch andere Personen, auch durch den Inhaber der Erlaubnis, ist ohne Datenveränderung keine Urkundenfälschung, aber gesetzlich nicht zulässig.

Waffenbesitzkarten sind binnen zwei Wochen nach Erwerb[177] oder Überlassung einer Waffe der zuständigen Behörde zur **Berichtigung** vorzulegen. Die Siegelung durch die Behörde bei der Anzeige stellt keine Erlaubnis dar, sondern dient lediglich der Nachverfolgung von Überlassungen – insofern ist ein unerlaubter Besitz mangels rechtzeitiger Anzeige nicht gegeben.[178]

## 15.3.2. Alterserfordernis (§§ 2, 3, 13, 14, 27)

Grundsätzlich darf eine Person erst mit Vollendung des 18. Lebensjahres Umgang mit Waffen oder Munition haben.[179] In bestimmten Fällen werden weitere Altersgrenzen durch das Waffengesetz festgelegt. **Sportschützen** dürfen erst mit **21 Jahren** Schusswaffen oder Munition erwerben und besitzen, es sei denn, es handelt sich um Waffen oder Munition im Kaliber .22 lfB. mit Randfeuerzündung (Kleinkaliber) und einer Mündungsenergie bis zu 200 Joule oder um Einzellader-Flinten cal. 12 oder kleiner (zB 16).[180]

Bei Erteilung der **ersten waffenrechtlichen Erlaubnis** ist grundsätzlich die **persönliche Eignung**[181] zum Umgang mit Schusswaffen durch eine medizinisch-psychologische Untersuchung nachzuweisen, wenn der Antragsteller noch nicht **25 Jahre** alt ist. Ausgenommen von dieser Regel sind Jäger und Dienstwaffenträger; ebenfalls ausgenommen sind Sportschützen, wenn Waffen oder Munition in den Kalibern .22 lfB. mit Randfeuerzündung (Kleinkaliber) und einer Mündungsenergie bis zu 200 Joule oder um Einzellader-Flinten cal. 12 oder kleiner (zB 16) erworben werden sollen.

**Jugendliche**[182] dürfen mit Waffen oder Munition im Rahmen eines beruflichen **Ausbildungs- oder Arbeitsverhältnisses** umgehen, wenn ein weisungsbefugter Berechtigter sie beaufsichtigt. Für Erwerb, Besitz und Führen gilt gleiches im Rahmen der **Ausbildung zum Jäger**, wenn der Sorgeberechtigte und der Leiter der Ausbildung zustimmen.[183] Zudem dürfen Jugendliche **Umgang mit geprüften Reizstoffsprühgeräten** haben.[184]

Für das Schießen auf einer Schießstätte durch **Kinder**[185] ab 12 Jahren und Jugendliche beachten Sie die Vorschriften des § 27 WaffG.

## 15.3.3. Zuverlässigkeit (§ 5)

### 15.3.3.1. Einführung

Ob ein Erlaubnisinhaber zuverlässig ist in dem Sinne, dass ihm der Umgang mit Waffen oder Munition erlaubt ist, ohne die öffentliche Sicherheit und Ordnung zu gefährden, entscheiden insbesondere sein juristisch bewertbares Verhalten in der Vergangenheit oder eine auf Tatsachen gestützte

Prognose. Der **Maßstab der Bewertung** ist nach ständiger Rechtsprechung streng anzulegen. Dem individuellen Interesse eines Antragstellers oder Erlaubnisinhabers, den Besitz über Waffen auszuüben, steht das öffentliche Interesse gegenüber, das mit jedem Waffenbesitz verbundene Sicherheitsrisiko möglichst gering zu halten.[186] Die bei Prüfung der waffenrechtlichen Zuverlässigkeit in bestimmten Fällen vorzunehmende Prognose hat sich an dem Zweck zu orientieren, die Risiken, die mit jedem Waffenbesitz ohnehin verbunden sind, nur bei solchen Personen hinzunehmen, die nach ihrem Verhalten Vertrauen darin verdienen, dass sie mit Waffen und Munition jederzeit und in jeder Hinsicht ordnungsgemäß umgehen.[187]

§ 5 **Abs. 1** WaffG nennt Gründe, die **in jedem Falle** („absolute Unzuverlässigkeit") der Erteilung einer Erlaubnis entgegenstehen oder zu einem Widerruf erteilter Erlaubnisse führen. Dazu zählen rechtskräftige **Verurteilungen** (Nr. 1) und *„Tatsachen, die die Annahme rechtfertigen"* (**Prognose**), dass die erforderliche Zuverlässigkeit nicht vorliegt (Nr. 2).

Die in Abs. 1 Nr. 2 genannten möglichen Auswirkungen eines Umgangs mit Waffen und Munition sind jeweils Szenario einer Prognose auf Grundlage feststehender Tatsachen, die ihrerseits keinen Bezug zum WaffG aufweisen müssen. Gleichwohl wäre eine Verwirklichung waffenrechtlich so bedenklich und in hohem Maße gefährlich für die Allgemeinheit, dass, anders als in den Fällen des Abs. 2, eine Widerlegung im Einzelfall nicht zugelassen wird.[188] So kann bereits ein erstmaliger Verstoß gegen Vorschriften des WaffG als Tatsache ausreichend sein für eine negative Prognose, sofern diese darauf hindeutet, dass sich der Waffenbesitzer mit einer gewissen Wahrscheinlichkeit erneut nicht ordnungsgemäß verhalten wird; eine an Sicherheit grenzende Wahrscheinlichkeit ist insoweit nicht erforderlich.[189]

§ 5 **Abs. 2** WaffG stellt auf eine Regelvermutung ab – hier ist zu prüfen, ob eine **Ausnahme von der Regel** vorliegt („fakultative Unzuverlässigkeit"), dass bei Vorliegen der in Abs. 2 genannten Tatbestände der Betroffene unzuverlässig im Sinne der WaffG ist. Es ist regelmäßig von der **Unzuverlässigkeit** auszugehen (**Regelunzuverlässigkeit**), solange keine entlastenden Momente festgestellt werden, die den vorhaltbaren Tatbestand ausnahmsweise derart in einem milden Licht erscheinen lassen, dass die nach der Wertung des Gesetzgebers in der Regel durch eine solche Straftat begründeten Zweifel an der Vertrauenswürdigkeit des Betroffenen bezüglich des Umgangs mit Waffen und Munition nicht gerechtfertigt sind.[190]

Das Waffenrecht ist **Gefahrenabwehrrecht**. Das rechtsstaatliche Grundprinzip der **Unschuldsvermutung**, im Strafprozessrecht bekannt als Grundsatz „in dubio pro reo", ist damit auf § 5 WaffG **nicht anzuwenden**.[191]

Bei der Einbeziehung von **Eintragungen im Bundeszentralregister** (BZR) hebt § 52 Abs. 1 Nr. 4 BZRG das Verwertungsverbot nach § 51 Abs. 1 BZRG im Falle der Beantragung von WBK, Jagdschein oder Waffenschein auf.

### 15.3.3.2. Absolute Unzuverlässigkeit wegen Verurteilung (Abs. 1 Nr. 1)

Zu prüfen sind Deliktart und Strafmaß. Der Betroffene ist absolut unzuverlässig, wenn es sich bei der verurteilten Tat um ein **Verbrechen**[192] handelte. Bei einer Verurteilung wegen eines **Vergehens**[193] ist die absolute Unzuverlässigkeit gegeben, wenn die Tat **vorsätzlich** begangen wurde und eine **Freiheitsstrafe von mindestens einem Jahr** verhängt wurde. In beiden Varianten dürfen seit Rechtskraft des Urteils nicht mehr als zehn Jahre vergangen sein. Ein **Bezug der Tat** zum **Waffenrecht** muss **nicht vorliegen**.

### 15.3.3.3. Absolute Unzuverlässigkeit wegen negativer Prognose (Abs. 1 Nr. 2)

Nach Abs. 1 Nr. 2 können Tatsachen, in der Regel aktenkundige Vorkommnisse, geeignet sein, die Vermutung der absoluten Unzuverlässigkeit zu rechtfertigen. **Tatsachen** sind strafrechtlich betrachtet zB Geschehnisse, Zustände und Verhältnisse, nach verbreiteter Definition alles, was wahr oder falsch sein kann und der Nachprüfbarkeit grundsätzlich zugänglich ist.[194] Bei der Beurteilung handelt es sich um eine in die Zukunft gerichtete **Prognose**, die die Vorgaben für Beurteilungen nach VwVfG erfüllen muss. Während die zugrundeliegende **Tatsache** selbst **keinen waffenrechtlichen Verstoß** darstellen muss, muss sich die **Prognose zwingend** auf ein zu erwartendes **waffenrechtliches Fehlverhalten** beziehen.

Die Prüfung der Zuverlässigkeit ist unter Einbeziehung und Bewertung aller der Behörde bekannten Tatsachen vorzunehmen, die für die zu treffende zukunftsbezogene Beurteilung bedeutsam sein können. Die **Prognose** hat sich am Zweck des Gesetzes zu orientieren, die Risiken, die mit jedem Waffenbesitz verbunden sind, nur bei solchen Personen hinzunehmen, die nach ihrem Verhalten Vertrauen darin verdienen, dass sie mit Waffen und Munition **jederzeit und in jeder Hinsicht ordnungsgemäß** umgehen.[195] Zentrale Frage bei der Stellung der Prognose ist, ob sich aus dem bisherigen Verhalten des Antragstellers oder anderer Personen Anhaltspunkte dafür ergeben, dass mit hoher Wahrscheinlichkeit in der Zukunft Schäden für hohe Rechtsgüter eintreten werden, wenn der Antragsteller eine waffenrechtliche Erlaubnis erhält oder besitzt. Das in der Vergangenheit gezeigte regelwidrige Verhalten muss die Annahme rechtfertigen, dass der Betroffene den konkret vorgeworfenen Verstoß, einen gleichartigen oder auch nur einen anderen Verstoß gegen Vorschriften des WaffG oder anderer Schutzgesetze begehen wird. Dabei genügt es, dass bei verständiger Würdigung aller Umstände eine gewisse Wahrscheinlichkeit für eine nicht ordnungsgemäße Ausübung des erlaubnispflichtigen Umgangs mit Waffen verbleibt, ein **Restrisiko muss nicht hingenommen werden**.[196] Eine zeitliche Begrenzung der Verwertbarkeit der Erkenntnisse ist nicht vorgesehen.[197]

Ist zu erwarten, dass der Betroffene zukünftig Waffen oder Munition

- missbräuchlich oder leichtfertig verwenden,
- Unberechtigten überlassen oder
- mit diesen nicht vorsichtig oder sachgemäß umgehen,
- insbesondere diese aber nicht sorgfältig verwahren wird,

ist der Betroffene unzuverlässig. Eine an Sicherheit grenzende Wahrscheinlichkeit ist für eine negative Prognose nicht erforderlich.[198]

**Missbräuchlich** ist die Verwendung von Waffen oder Munition, wenn damit die Grenzen des rechtlichen Dürfens überschritten werden.

**Leichtfertig** verwendet Waffen oder Munition, wer sich in krasser Weise über die gebotene Sicherheit hinwegsetzt und damit einen besonders schweren Pflichtverstoß begeht. Es handelt sich um eine besondere Sorglosigkeit und einen erhöhten Grad der **Fahrlässigkeit**.

**Vorsichtig** ist der Umgang mit Waffen oder Munition, wenn durch geeignete Verhaltensweisen gefahrenträchtige Situationen vermieden werden. Entsprechende Verhaltensweisen geben im waffenrechtlichen Kontext insbesondere Unfallverhütungsvorschriften der Berufsgenossenschaften vor, etwa für Jäger oder Unternehmer und Mitarbeiter im Bewachungsgewerbe.

**Sachgemäß** geht mit Waffen oder Munition um, wer grundlegende Vorsichtsmaßregeln beachtet, insbesondere Unfallverhütungsvorschriften.

**Sorgfältig verwahrt** werden Waffen oder Munition, wenn Dritten die einfache Wegnahme von Waffen zum schnellen, sofortigen Gebrauch erschwert wird. Neben der Pflicht zur **sicheren Aufbewahrung** in Behältnissen ist insbesondere an Fälle vorübergehender Aufbewahrung außerhalb der Wohnung nach § 13 Abs. 9 AWaffV zu denken, zB auf Reisen.

Auch wenn § 5 Abs. 1 Nr. 2 Buchst. b WaffG bei einem Verstoß gegen Aufbewahrungsvorschriften die Möglichkeit eröffnet, aufgrund der zentralen Bedeutung der sicheren Aufbewahrung von Waffen und Munition bereits bei einer einzigen und auch erstmaligen Verfehlung des Verpflichteten eine negative Prognose zu stellen, ist bei Beachtung des

Verhältnismäßigkeitsgrundsatzes fraglich, ob jeglicher Aufbewahrungsverstoß zur absoluten Unzuverlässigkeit führen soll. Vielmehr ist stets zu prüfen, ob der Schweregrad des Verstoßes in diesem Falle die Annahme der absoluten Unzuverlässigkeit rechtfertigt. Wird dies verneint, kann es sich um einen Fall der Regelunzuverlässigkeit nach § 5 **Abs. 2** Nr. 5 WaffG handeln.

### 15.3.3.4. Fakultative Unzuverlässigkeit (Abs. 2 Nrn. 1, 2)

Betrachtet werden bezüglich der Regelunzuverlässigkeit nach den Nrn. 1 und 2 konkrete singuläre Vorgänge der Vergangenheit. Die Behörde hat die Pflicht, Verurteilungen oder ihr bekannt gewordene Erkenntnisse in ihre Prüfung einfließen zu lassen, ob im konkreten Falle eine Ausnahme von der Regelvermutung der Unzuverlässigkeit vorliegt. Die im Gesetz aufgeführten Tatbestände belegen in der Regel die Unzuverlässigkeit des Betroffenen, sind aber widerlegbar. Somit ist, wenn keine Fakten das Vorliegen einer Ausnahme von der Regelvermutung begründen, von der Unzuverlässigkeit des Betroffenen auszugehen. Ein **Ausnahmefall** kommt nach der Rechtsprechung des Bundesverwaltungsgerichts dann in Betracht, wenn die Umstände des Verstoßes gegen das WaffG die Verfehlung des Betroffenen ausnahmsweise derart in einem milderen Licht erscheinen lassen, dass die nach der Wertung des Gesetzgebers in der Regel durch eine solche Tat begründeten Zweifel an der für die waffenrechtliche Erlaubnis vorausgesetzten Vertrauenswürdigkeit des Betroffenen bezüglich des Umgangs mit Waffen und Munition nicht gerechtfertigt sind.[199] Dabei sind nur die jeweils betrachtete Verfehlung und das Verhalten sowie die Einstellung des Betroffenen im Moment des Verfehlens zu bewerten, nicht aber vor- und nachtatbezogenes Verhalten, womit eine zur Entlastung angeführte „ansonsten tadellose Lebensführung“ oder ein „einwandfreies Verhalten im Umgang mit Waffen oder Munition“ unbeachtet bleibt.[200] Erforderlich ist vielmehr eine tatbezogene Prüfung in Gestalt einer Würdigung der Schwere der konkreten Verfehlung und der Persönlichkeit des Betroffenen, wie sie in seinem konkreten Verhalten zum Ausdruck gekommen ist.[201]

Die durch die Behörde vorzunehmende umfassende Prüfung muss den Anforderungen an die Beurteilung im Falle unbestimmter Rechtsbegriffe nach den Vorschriften des VwVfG genügen, insbesondere sind sachfremde Erwägungen nicht in die Entscheidung einzubeziehen und allgemeine Bewertungsmaßstäbe wie etwa die verfassungsrechtlich geforderte Verhältnismäßigkeit für das Handeln der Behörde zu beachten. Die Entscheidung, ob eine Ausnahme von der Vermutung der Regelunzuverlässigkeit vorliegt oder nicht, ist durch die Behörde in angemessenem Umfang zu begründen.

Drei Tat-Kategorien sind bei § 5 Abs. 2 **Nr. 1** WaffG zu unterscheiden:

- Vorsätzliche Straftaten (Deliktart unerheblich)
- Fahrlässige Straftaten (mit Waffen, Munition oder explosionsgefährlichen Stoffen, gemeingefährliche Delikte), die aber nicht zwingend eine Straftat nach dem WaffG sein müssen
- Vorsätzliche oder fahrlässige Straftaten nach dem WaffG, Kriegswaffenkontrollgesetz, Sprengstoffgesetz oder Bundesjagdgesetz

Entscheidend ist die rechtskräftige **Verurteilung** in Form von

- Geldstrafe in Höhe von mindestens 60 Tagessätzen oder
- mindestens zweimal einer geringeren Geldstrafe,
- Freiheitsstrafe[202] oder Jugendstrafe[203] und

dass seit dem **Eintritt der Rechtskraft** der letzten Verurteilung **fünf Jahre** noch nicht verstrichen sind. Wird eine **Freiheitsstrafe zur Bewährung**[204] ausgesetzt, ist das Strafmaß gleichwohl in voller Höhe zu berücksichtigen.

Die **Mitgliedschaft** (**Nr. 2**) in einem **Verein**, der als Organisation unanfechtbar **verboten** wurde oder einem unanfechtbaren **Betätigungsverbot** nach dem **Vereinsgesetz** unterliegt, belegt in der Regel die Unzuverlässigkeit, wenn seit Beendigung der Mitgliedschaft **zehn Jahre** noch nicht verstrichen sind. Gleiches gilt für die Mitgliedschaft in einer **Partei**, deren **Verfassungswidrigkeit** das Bundesverfassungsgericht festgestellt hat.

### 15.3.3.5. Fakultative Unzuverlässigkeit (Abs. 2 Nrn. 3 – 5)

Es sind auch solche Handlungen zu betrachten, die nicht durch ein Strafurteil bewertet wurden oder durch eine Mitgliedschaft in einer verbotenen Gruppe (Verein) oder Partei eine bestimmte Qualität erreichen. So ist gemäß **Nr. 3** in der Regel unzuverlässig, wer **in den letzten fünf Jahren**

a) Bestrebungen **einzeln** verfolgt hat, die

aa) gegen die **verfassungsmäßige Ordnung** gerichtet sind,

bb) gegen den Gedanken der **Völkerverständigung**, insbesondere gegen das **friedliche Zusammenleben der Völker**, gerichtet sind oder

cc) durch Anwendung von **Gewalt** oder darauf gerichtete Vorbereitungshandlungen auswärtige Belange der Bundesrepublik gefährden,

b) **Mitglied** in einer Vereinigung war, die solche Bestrebungen verfolgt oder verfolgt hat, oder

c) eine solche **Vereinigung unterstützt** hat.

Erfasst werden **Reichsbürger**, **Selbstverwalter**[205] und andere Personen, die die unter aa bis cc aufgezählten Ziele in den letzten fünf Jahren verfolgt oder unterstützt haben oder haben sollen. Ausreichend für eine Berücksichtigung bei der Prüfung der Zuverlässigkeit ist, dass Tatsachen die Annahme rechtfertigen, dass der Betroffene den Tatbestand verwirklicht hat.

Der Gesetzgeber nennt die Widerlegbarkeit der Vermutung der Unzuverlässigkeit einen risiko<u>intoleranten</u>[206] Ansatz, um den Schutz der Allgemeinheit zu erhöhen. Zur Prüfung herangezogene Tatsachen[207] müssen die Unzuverlässigkeitsvermutung schlüssig belegen. Vage Anhaltspunkte, die nicht auf <u>nachprüfbaren</u> Tatsachen beruhen, reichen in der Regel nicht aus.

Nach **Nr. 4** ist in der Regel unzuverlässig, wer **innerhalb der letzten fünf Jahre <u>mehr als einmal</u> wegen Gewalttätigkeit** mit richterlicher Genehmigung **in polizeilichem Präventivgewahrsam** gewesen ist.

Das Tatbestandsmerkmal „**wiederholt**" (Nr. 5, **1. Alt.**) erfüllt, wer **mehr als einmal** gegen Vorschriften <u>eines</u> der in Abs. 2 Nr. 1 Buchst. c genannten Gesetze (WaffG, BJagdG[208], KrWaffKontrG, SprengG) verstößt. **Weder** ein wiederholtes Verstoßen gegen **<u>dieselbe Bestimmung</u>** oder **<u>dasselbe</u> Gesetz noch** eine **zeitliche Nähe** der Verstöße zueinander ist erforderlich, ebenso wenig die **Strafbarkeit** des Verstoßes (**Straftat**) oder eine **rechtliche Würdigung** durch Staatsanwaltschaft oder Gericht. **Ausreichend** ist der in dem <u>wiederholten</u> Verstoßen erkennbare ***Hang zur Missachtung der Rechtsordnung***, speziell gegen die genannten Gesetze, die dem Schutz der Allgemeinheit dienen – das Verstoßen durch eine Straftat, wie es Abs. 2 <u>Nr. 1</u> zwingend voraussetzt, ist im Falle des Abs. 2 <u>Nr. 5</u> nicht erforderlich.

Ein **gröblicher Verstoß** (Nr. 5, **2. Alt.**) liegt vor, wenn er nach seinem objektiven Gewicht und dem Grad der Vorwerfbarkeit eine schwerwiegende Zuwiderhandlung gegen eines der in Abs. 2 Nr. 1 Buchst. c genannten Gesetze darstellt. Ausgangspunkt der Bewertung, ob eine Verletzung von Vorgaben gröblich ist, ist der ordnungsrechtliche Zweck; der Gesetzgeber will das mit jedem Waffenbesitz verbundene Sicherheitsrisiko möglichst gering halten. Es soll nur bei Personen hingenommen werden, die nach ihrem Verhalten Vertrauen darin verdienen, dass sie mit der Waffe stets und in jeder Hinsicht ordnungsgemäß umgehen. Entscheidend ist, ob die Rechtsverletzung gemessen an den genannten Zielsetzungen objektiv schwer wiegt und in subjektiver Hinsicht dem Betreffenden als grobe Pflichtverletzung zuzurechnen ist, sei es, weil er vorsätzlich gehandelt hat oder sich als besonders leichtsinnig, nachlässig oder gleichgültig gezeigt hat. Verstöße gegen das WaffG, die vorsätzliche Straftaten darstellen, sind regelmäßig gröbliche Verstöße.[209] So ist der Besitz eines Butterflymessers ein gröblicher Verstoß gegen das Waffengesetz.[210] Verstöße gegen Aufbewahrungsvorschriften sind regelmäßig gröbliche Verstöße.[211] Gleiches gilt für Anzeigepflichten.[212]

Für **Verstöße nach Nr. 5** gilt die **Fünf-Jahres-Frist** nach Nr. 1 **nicht**.[213]

### 15.3.3.6. Verwahrung in einer Anstalt (Abs. 3)

Nach § 5 Abs. 3 WaffG darf die Zeit, in welcher der Betroffene auf behördliche oder richterliche Anordnung in einer Anstalt verwahrt worden ist, nicht auf die Fristen nach Absatz 1 und 2 angerechnet werden.

### 15.3.3.7. Aussetzung im Falle von Straftaten (Abs. 4)

Hinsichtlich der Straftaten nach Abs. 1 Nr. 1 und Abs. 2 Nr. 1 kann die zuständige Behörde die Entscheidung über den Antrag auf Erteilung einer waffenrechtlichen Erlaubnis bis zum rechtskräftigen Abschluss des Verfahrens aussetzen, wenn ein Verfahren noch nicht abgeschlossen worden ist.

### 15.3.3.8. Einholung von Auskünften (Abs. 5)

Neben der Einholung einer **unbeschränkten Auskunft aus dem Bundeszentralregister** (BZR)[214], einer Auskunft aus dem **zentralen staatsanwaltschaftlichen Verfahrensregister**[215] (ZStV) und einer Stellungnahme der für die Meldeadresse **zuständigen**[216] **Polizeidienststelle** ist das örtlich zuständige **Landesamt**[217] **für Verfassungsschutz** (LfV) einzubinden, das Tatsachen, die dort über den Betroffenen bekannt sind, daraufhin zu überprüfen hat, ob diese Tatsachen Bedenken gegen dessen Zuverlässigkeit gemäß Absatz 2 Nr. 2 und 3 aufgrund von geheimdienstlichen Erkenntnissen begründen.

Eine Besonderheit stellt eine weitere am 20. Februar 2020 in das Waffengesetz eingeführte Regelung dar. § 5 Abs. 5 Satz 3 WaffG verpflichtet den Verfassungsschutz zu einer Mitteilung an die Waffenbehörde, wenn nach Abschluss der Überprüfung bedeutsame Erkenntnisse entstehen, die zu einer anderen Beurteilung der Zuverlässigkeit führen. Um diesen **Nachbericht** erstellen und der zuständige Waffenbehörde übermitteln zu können, erfolgt eine Speicherung bestimmter Daten in den sogenannten „gemeinsamen Dateien" nach § 6 Bundesverfassungsschutzgesetz. Lehnt die Behörde einen Antrag ab, widerruft eine Erlaubnis oder nimmt sie zurück, muss sie dies der zum Nachbericht verpflichteten Verfassungsschutzbehörde mitteilen, die gespeicherte Daten dazu löschen muss.

Neben der Aktenlage können **Zeugenaussagen** eingeholt werden, die dazu beitragen, den Sachverhalt oder offene Fragen aufzuklären.

### 15.3.3.9. Beispiele

Ein Verstoß gegen die **Pflicht zur sicheren Aufbewahrung** kann die Feststellung der waffenrechtlichen Unzuverlässigkeit rechtfertigen[218], wobei selbst ein **einmaliger Verstoß ohne** die **konkrete Gefährdung** Dritter die Unzuverlässigkeit belegen kann.[219] Der **Verlust einer Schusswaffe**[220] kann ausreichend für die Annahme der Unzuverlässigkeit sein – bereits ein einmaliges Fehlverhalten dieser Art führt zu einer negativen Prognose und rechtfertigt den Widerruf einer Erlaubnis, da von Waffen und Munition eine große Gefahr für Leib und Leben Dritter und damit für höherrangige Rechtsgüter ausgeht, wenn diese in die Hände Unbefugter kommen.[221] Eine Unzuverlässigkeit nach § 5 Abs. 1 Nr. 2 WaffG kann anzunehmen sein, wenn die im Verhalten des Betroffenen zum Ausdruck gekommene **aggressive Gesinnung** erkennen lässt, dass er in Konflikt- oder Stresssituationen nicht so besonnen reagiert, wie es von einem Waffenbesitzer zu jeder Zeit und in jeder Situation erwartet werden muss.[222] Äußerungen in **sozialen Netzwerken** wie **facebook** dürfen als Tatsachen herangezogen werden, dass eine Person Waffen leichtfertig oder missbräuchlich verwenden wird.[223] Zur Unzuverlässigkeit führt der **missbräuchliche oder leichtfertige Umgang mit Schusswaffen** oder Munition, etwa durch einen Schuss in die Luft, um damit auf den Lärm einer Party in der Nachbarschaft „einzuwirken“,[224] oder durch **Befestigen einer Lampe** an einer Jagdwaffe,[225] etwa als Zielhilfe. Verstöße gegen **Unfallverhütungsvorschriften**, zB das Überwinden von Hindernissen mit Munition im Patronenlager der Waffe,[226] belegen die absolute Unzuverlässigkeit. Die Mitgliedschaft in einer Rockergruppierung rechtfertigt die Vermutung der Unzuverlässigkeit.[227] Das **Laden einer Waffe**, ohne dass es zu einem vom Bedürfnis umfassten Zweck erfolgt und erforderlich ist, zB durch einen Jäger außerhalb der Jagd oder durch einen Sportschützen außerhalb der Schießstätte, kann zur Unzuverlässigkeitsvermutung führen.[228] Waffenbesitzern ist ein **Mäßigungsgebot** auferlegt. Die **Mitgliedschaft** in einer **nicht verbotenen politischen Partei** führt idR zur Unzuverlässigkeit, wenn der Betroffene selbst **verfassungsfeindliche Bestrebungen** verfolgt.[229] Insbesondere Handlungen, die Dritte gefährden, sind bei einer Prüfung zu beachten – eine Verurteilung wegen **Trunkenheit im Straßenverkehr** kann Anhaltspunkt für eine Regelunzuverlässigkeit sein. Erhält die Behörde im Zuge der Regelüberprüfung Kenntnis von einer Verurteilung wegen Trunkenheit („typische Trunkenheitsfahrt“, Vermutung einer „hohen Alkoholtoleranz“), kann sie auf eine mangelnde Zuverlässigkeit schließen und Erlaubnisse widerrufen.[230] Es können auch Erkenntnisse über Personen im Umfeld des Antragstellers berücksichtigt werden (idR Lebens- oder Ehepartner), die auf den Antragsteller besonderen (negativen) Einfluss nehmen oder ungehinderten Zugriff auf Waffen erlangen könnten, die aber selbst durch Vorstrafen nicht mehr zuverlässig sind.[231] Auch eine strafgerichtliche Verurteilung wegen eines **Vermögensdelikts** (Steuervergehen) lässt einen Rückschluss auf charakterliche Unzulänglichkeiten und damit für die Unzuverlässigkeit zu. Dabei ist es unerheblich, ob die Verurteilung aufgrund mündlicher Verhandlung oder durch **Strafbefehl** erfolgte.[232]

Ob im Falle eines Widerrufs nach § 45 WaffG nachträglich eingetretene Tatsachen zur Versagung einer Erlaubnis „hätten führen müssen", ist stets nach der Rechtslage im Zeitpunkt der behördlichen Entscheidung zu beurteilen. Dies gilt auch in Fällen, in denen die die Vermutung der Unzuverlässigkeit rechtfertigenden Tatsachen bereits vor dem Inkrafttreten der Neuregelung des Waffengesetzes erfolgt waren, als der entsprechende Tatbestand nicht zur Vermutung der Unzuverlässigkeit geführt hätte.[233]

Ein Verhalten, das die Negativprognose für zukünftiges missbräuchliches Verwenden von Waffen begründet, erlaubt auch ohne vorherige Begutachtung nach § 6 WaffG die Vermutung der absoluten Unzuverlässigkeit.[234]

#### 15.3.3.10. Umgang mit Waffen unter Alkoholeinfluss

Der **Gebrauch einer Schusswaffe unter Alkoholeinfluss** führt zum Verlust der Zuverlässigkeit.[235] Das **Mitführen einer Waffe** in einem abgeschlossenen Behältnis ist **kein Gebrauch machen** im Sinne dieser Entscheidung, **kann** aber gleichwohl die **Unzuverlässigkeit begründen**, da es die Prognose nach § 5 Abs. 1 Nr. 2 Buchst. b WaffG rechtfertigt.[236] Dies gilt auch für ein Hantieren mit der Waffe, ohne von der Waffe Gebrauch zu machen.[237]

Was unter „Alkoholeinfluss" konkret zu verstehen ist, etwa in Form verlässlicher und durch eine Blutprobe ermittelbare Promillewerte, ist weder gesetzlich noch durch die Rechtsprechung vorgegeben oder geklärt. Vielmehr ist darauf abzustellen, dass sicher ausgeschlossen werden kann, dass der im Körper des Betroffenen befindliche und wirksame Alkohol zu alkoholbedingten Ausfallerscheinungen führt.[238] Dabei ist allerdings nicht auf die spezifischen körperlichen Voraussetzungen abzustellen oder auf die vor dem Alkoholgenuss eingenommene Mahlzeit, sondern vielmehr die Lebenserfahrung zugrundezulegen, ob die genossene Menge an Alkohol zu Ausfallerscheinungen führen könnte. Unmittelbar vor und bei einem Schusswaffengebrauch besteht ein vollständiges Alkoholkonsumverbot.[239]

Anders als die im folgenden Kapitel dargestellte, die persönliche Eignung nach § 6 WaffG ausschließende Alkoholabhängigkeit, die durch einen Gutachter festzustellen oder auszuschließen ist, kann der Umgang unter

Alkoholeinfluss Tatsache sein, die der behördlichen Prognose nach § 5 Abs. 1 Nr. 2 Buchst b. WaffG zugrundezulegen ist. Entscheidend ist, ob der jeweilige Umgang, selbst mit geringer Wahrscheinlichkeit, durch den Grad der Alkoholisierung des Waffenbesitzers und seinen tatsächlichen Zustand im Moment des Umgangs eine Gefahr für die Belange der öffentlichen Sicherheit und Ordnung darstellte. Ob und in welchem Umfang alkoholbedingte Ausfallerscheinungen eintreten, ist unerheblich.

Insbesondere das **Schießen** mit Schusswaffen darf nur unter der Bedingung erfolgen, dass vom Gebrauch der Waffe kein Risiko für Dritte ausgeht. Wird die Waffe **schussbereit geführt**, etwa bei der Jagd oder im Zusammenhang damit, zur Selbstverteidigung oder bei einer Bewachungstätigkeit, muss der Waffenträger nüchtern sein, da die Waffe zum Zwecke einer möglichen Schussabgabe geführt wird. Hier ist analog zum Dienst im Bewachungsgewerbe nach der DGUV Vorschrift 23 die Nüchternheit des Waffenführenden zu fordern, um Unglücksfällen effektiv vorzubeugen.

### 15.3.4. Persönliche Eignung (§ 6)

Die erforderliche **persönliche Eignung** besitzen nach § 6 WaffG Personen nicht, die geschäftsunfähig sind oder abhängig von Alkohol oder anderen Rauschmitteln, die psychisch krank oder debil sind. Auch Zweifel an der Fähigkeit, sorgfältig mit Waffen und Munition umzugehen, stehen der Erteilung einer Erlaubnis entgegen bzw. begründen den Widerruf der Erlaubnis und auch die Sicherstellung von Waffen.[240] Um diesbezüglich den Antragsteller zu überprüfen, kann die zuständige Behörde die örtlich zuständige **Polizei** über Erkenntnisse zum Antragsteller befragen – auch der subjektive Eindruck beim Kontakt mit dem Antragsteller kann Zweifel an dessen persönlicher Eignung aufkommen lassen oder im Falle der Anordnung des persönlichen Erscheinens gemäß § 4 Abs. 5 WaffG zur Klärung beitragen. So kann etwa festgestellt werden, ob erforderliche Kenntnisse der deutschen Sprache in Wort und Schrift, die für den sicheren Umgang mit Waffen oder Munition unverzichtbar sind, vorhanden sind.[241]

Der persönlichen Eignung können auch im **Erziehungsregister** eingetragene Entscheidungen oder Anordnungen[242] entgegenstehen. Es ist darum im Zuge der behördlichen Prüfung ebenfalls zu berücksichtigen.

Die persönliche Eignung bezieht sich nicht nur auf geistige, sondern auch auf körperliche Eigenschaften. Somit kann bei einer Überprüfung der körperlichen Eignung, etwa der Seh- oder Hörleistung, ein Facharzt der entsprechenden Richtung das erforderliche Gutachten erstellen. Die körperliche Gesundheit bezieht sich auf die Fähigkeit, eine Waffe sicher zu beherrschen. Im Falle einer chronischen Erkrankung, die diese Fähigkeit vorübergehend einschränken kann (zB Epilepsie, Diabetes Mellitus), ist sicherzustellen, dass Symptomatiken wie etwa Ausfallerscheinungen, Bewusstlosigkeit, Krämpfe o. ä. durch Einnahme geeigneter Medikamente unterdrückt werden können. Es ist in diesem Falle durch ein amts- oder fachärztliches Gutachten (§ 4 AWaffV) nachzuweisen, dass sich der Antragsteller in ärztlicher Behandlung befindet und aus fachkundiger Sicht keine Bedenken bestehen, die gegen einen Umgang mit Waffen sprechen, bei dem jederzeit eine absolute Kontrolle des Körpers gewährleistet sein muss.

Die Versagungsgründe nach § 6 Abs. 1 WaffG, speziell die „**Abhängigkeit**", müssen nicht durch rechtskräftiges Urteil festgestellt worden sein. Für einen Widerruf von Erlaubnissen genügt der tatsachengestützte begründete Verdacht, dass der Inhaber der waffenrechtlichen Erlaubnis alkoholabhängig ist. Ein Nachweis der Alkoholabhängigkeit ist nicht erforderlich.[243]

Wenn Tatsachen die Annahme rechtfertigen, dass der Antragsteller **alkoholabhängig** ist, hat die Behörde die Möglichkeit, den Antragsteller zur Vorlage eines amts- oder fachärztlichen oder fachpsychologischen Gutachtens nach § 4 AWaffV zu verpflichten. Diese Forderung kann nicht angefochten werden und ist durch den Antragsteller zu erfüllen. Verweigert der Antragsteller die Mitwirkung, darf die Behörde auf **Nichteignung** schließen.[244]

Der Antragsteller hat die **Kosten** des Gutachtens zu tragen.[245] Er hat die Behörde darüber zu **informieren**, wen er mit der Erstellung des Gutachtens beauftragt hat[246] – so soll verhindert werden, dass im Falle eines negativen Gutachtens ein weiterer Gutachter beauftragt wird („Gutachter-Hopping"). Ein im Rahmen eines fahrerlaubnisrechtlichen Verfahrens gegen den Betroffenen eingeholtes medizinisch-psychologisches Gutachten kann geeignet sein, den aufgrund erheblichen Alkoholkonsums bestehenden Verdacht der Abhängigkeit auch im waffenrechtlichen Verfahren auszuräumen.[247]

**Antragsteller unter 25 Jahren** haben vor Erteilung der ersten waffenrechtlichen Erlaubnis ein Gutachten („**MPU**") über ihre geistige Eignung vorzulegen. Ausgenommen sind Anträge für den Erwerb und Besitz von Kleinkaliberwaffen bis 200 Joule oder Einzellader-Flinten Kaliber 12 oder kleiner.[248] **Jäger** sind nach § 13 Abs. 2 WaffG von der Pflicht zur Begutachtung für Antragsteller unter 25 Jahren **ausgenommen**. Hier geht der Gesetzgeber davon aus, dass die lange Zeit[249] der Ausbildung zum Jäger Ausbildern und Prüfern ausreichend Gelegenheit gibt, ungeeignete Personen zu erkennen und durch Ausschluss aus der Ausbildung zu verhindern, dass diese Personen als Jäger Waffen erwerben können. Auf einen Jäger, für den § 6 Absatz 3 gemäß § 13 Absatz 2 Satz 1 nicht gilt, ist § 6 Absatz 3 auch dann nicht anzuwenden, wenn er eine entsprechende Schusswaffe in anderer Eigenschaft erwerben will, etwa als Sportschütze, da die persönliche Eignung einer Person insoweit nur einheitlich beurteilt werden kann.[250]

Ist der Antragsteller **Dienstwaffenträger** („Amtsbonus"), etwa Polizeivollzugs- oder Zollbeamter,[251] **entfällt** bei Personen unter 25 Jahren die **Begutachtung**. Voraussetzung dafür ist eine Bescheinigung des Dienstherrn des Antragstellers, dass eine Begutachtung der geistigen Eignung bereits stattgefunden hat, etwa in der Ausbildung, und dass der Antragsteller ohne Einschränkung zum Umgang mit Dienstwaffen berechtigt ist.

Als **Gutachter** kommen nach § 4 Abs. 2 AWaffV in Betracht Amtsärzte, Psychiater, approbierte Psychotherapeuten, Fachärzte für psychotherapeutische Medizin und Fachpsychologen. **Zwischen Gutachter** und **Antragsteller** darf in den fünf Jahren vor Begutachtung **kein Behandlungsverhältnis** bestanden haben. Dies hat der Gutachter zu bestätigen. Er darf Kontakt mit dem behandelnden Arzt (also Hausarzt oder Facharzt) des Antragstellers aufnehmen, um sich ein umfassendes Bild zu verschaffen. Zentrale Frage des Gutachtens ist, ob der Antragsteller die **nötige geistige und emotionale Reife** besitzt, um **verantwortungsvoll** mit Schusswaffen umzugehen.

## 15.3.5. Sachkunde (§ 7)

Umfang und Inhalt der **Sachkundeprüfung** sind in § 1 der Allgemeinen Waffengesetz-Verordnung (AWaffV) geregelt. Die durch eine Prüfung, die auf Grundlage des aktuellen **Fragenkatalogs des BVA** abzulegen ist, nachzuweisende Sachkunde umfasst danach **ausreichende Kenntnisse**

- **über Rechtsvorschriften** für Umgang mit Waffen und Munition des Waffenrechts, des Beschussrechts sowie zu Notwehr und Notstand,
- **auf waffentechnischem Gebiet** über Schusswaffen (Langwaffen, Kurzwaffen und Munition) hinsichtlich Funktionsweise sowie Innen- und Außenballistik, Reichweite und Wirkungsweise des Geschosses, bei verbotenen Waffen, die keine Schusswaffen sind, auch über die Funktions- und Wirkungsweise sowie die Reichweite, sowie
- über die **sichere Handhabung** von Waffen oder Munition einschließlich ausreichender Fertigkeiten im Schießen mit Schusswaffen.

Die bestandene **Jägerprüfung** oder eine ihr gleichgestellte bestandene Prüfung gelten als Nachweis der Sachkunde.[252] Durch die Bescheinigung eines Ausbildungsleiters für das Schießwesen kann noch vor Ablegen der Jägerprüfung ein Nachweis der erforderlichen Sachkunde geführt werden, die zur Erteilung einer befristet gültigen Erwerbs- und Besitzerlaubnis während der Ausbildung erforderlich ist. Diese Bescheinigung muss die Bestätigung enthalten, dass „die erforderlichen Kenntnisse durch Teilnahme an einem Lehrgang für die Ablegung der Jägerprüfung erworben" wurden.[253]

**Anstelle** einer **Sachkundeprüfung** kann der Nachweis der Sachkunde auch durch **Ausbildung** oder **Tätigkeit** geführt werden, etwa als Ingenieur oder Büchsenmacher. Die Tätigkeit als **Polizeivollzugsbeamter** mit erfolgreich abgelegter Laufbahnprüfung ersetzt die Sachkundeprüfung nur, wenn seitens der zuständigen Dienststelle bestätigt wird, dass eine Ausbildung stattgefunden hat, die eine Sachkunde vermittelt hat, die insbesondere im Bereich der waffenrechtlichen Lehrgangs- und Prüfungsinhalte der anzustrebenden Sachkunde für das nachzuweisende Bedürfnis entspricht, oder die Befähigung für die Behörde offensichtlich ist.

Die 2008 für den Nachweis der Fachkunde abgeschaffte „**Ersitzung**" ist für die Sachkunde weiterhin möglich.[254] Personen, die mindestens drei Jahre als Vollzeitkraft im **Handel mit Schusswaffen und Munition** tätig gewesen sind, sind sachkundig, wenn diese Tätigkeit aufgrund ihrer Art geeignet war, die für den Umgang mit der jeweils beantragten Waffenart oder Munition erforderlichen Sachkunde zu vermitteln. Bei überwiegend in der Buchhaltung oder mit Lagerarbeiten befassten Personen ist davon nicht auszugehen.

Der Nachweis der Sachkunde muss sich auf den **aktuellen Stand** des Umfanges und Inhalts einer Sachkundeprüfung beziehen. Insofern kann bei Antragstellern, deren Prüfung der Sachkunde vor Inkrafttreten des geltenden Waffengesetzes erfolgte, durch den Sachbearbeiter eine Überprüfung der Sachkunde verlangt oder auch selbst durchgeführt werden.

Sachkundenachweise werden in der Regel **für bestimmte Waffen- oder Munitionsarten** ausgestellt werden. Insofern ist zu prüfen, ob die Sachkunde für die beantragte Waffen- bzw. Munitionsart nachgewiesen wird.

**Anforderungen an die Sachkunde** unterscheiden sich nach dem Profil des Antragstellers. So ist eine von einem Sportschützen erworbene Sachkunde nicht ausreichend, um als Nachweis der Sachkunde für Mitarbeiter im Bewachungsgewerbe oder für gefährdete Personen durch die zuständige Behörde anerkannt zu werden. Entsprechende Auflagen werden schon mit der Erteilung der Erlaubnis für Ausbildungsträger erteilt, um etwa eine Mindeststundenzahl für die Ausbildung festzulegen. Gleiches gilt für die Prüfungsanforderungen: Während bei einem Sportschützen das sichere Beherrschen der Schusswaffe, nicht aber eine Trefferleistung zu prüfen ist, muss ein Berufswaffenträger wie auch eine gefährdete Person, die Schusswaffen in der Öffentlichkeit schussbereit führen wollen, gute Schießleistungen erbringen, da beim Einsatz der Schusswaffe in der Öffentlichkeit für Unbeteiligte eine große Gefahr besteht, wenn das Ziel verfehlt wird.

Die **Lehrgangsteilnahme** setzt kein **Mindestalter** voraus. Zu beachten ist aber das Alterserfordernis nach § 2 WaffG, das in der Praxis nur volljährigen Personen eine Teilnahme ermöglicht. Besteht ein **Waffenverbot** nach § 41 Abs. 2 WaffG, darf dem Betroffenen keine Waffe überlassen werden, was dessen Teilnahme an einem Sachkundelehrgang ausschließt.

## 15.3.6. Bedürfnis (§ 8)

Das Bedürfnis ist das Motiv, mit Waffen oder Munition umzugehen. Es gilt als glaubhaft gemacht, wenn dieses persönliche oder wirtschaftliche Interesse besonders anzuerkennen ist und Waffe oder Munition geeignet und erforderlich ist, um das Interesse zu verwirklichen. Die **Verwendung der Waffe** ist **an das Bedürfnis gebunden**, das der Erlaubnis zugrunde liegt.

§ 8 WaffG stellt Gruppen heraus, deren Bedürfnis besonders anzuerkennen ist. Es handelt sich um eine nicht abschließende Aufzählung, die lediglich die in den §§ 13 ff., 28, 28a WaffG speziell geregelten Bedürfnisarten aufzählt. Sieht das WaffG in diesen Paragraphen keine spezielle Regelung vor, sind die in § 8 WaffG festgelegten Anforderungen zu erfüllen.

Die Erlaubnisbehörde muss **abwägen**, ob dem Interesse des Antragstellers das Interesse der Bevölkerung entgegensteht, die Zahl der Waffen in privater Hand gering zu halten. So muss etwa eine gefährdete Person eine **konkrete und erhebliche Gefahr** benennen, die durch eine waffenrechtliche Erlaubnis **verringert** werden kann. Ein Sportschütze muss eine Bescheinigung beibringen, dass er die Waffe zur Ausübung seines Sports benötigt. Zudem muss die beantragte Waffe oder Munition **geeignet** und **erforderlich** sein, den **Zweck** des Bedürfnisses zu **erfüllen**. Geeignet bedeutet, dass der damit verfolgte Zweck überhaupt erreicht oder zumindest gefördert werden kann. Erforderlich sind Waffe oder Munition, wenn es keine mildere Maßnahme gibt, die denselben Erfolg mit gleicher Sicherheit erzielt.

Entfällt das Bedürfnis, ist die erteilte Erlaubnis zu widerrufen. So kann ein **Sportschütze**, der den Schießsport nicht mehr regelmäßig betreibt, kein Bedürfnis mehr geltend machen.[255] Die bloße Mitgliedschaft in einem Schützenverein ist kein Bedürfnis.[256] Wie bei Erteilung der waffenrechtlichen Erlaubnis ist der Nachweis der regelmäßigen Ausübung des Schießsports auch danach der zuständigen Behörde auf Verlangen nachzuweisen. Gleiches gilt für den **Jäger**, dessen Bedürfnis bei Aufgabe der Jagd entfällt.

Die Bedürfnisprüfung wird insbesondere bei Beantragung eines Waffenscheines sehr restriktiv zu führen sein. Das Bedürfnis wurde zB bei einem Arzt angenommen, der bei nächtlichen Krankenbesuchen mehrfach mit Waffen bedroht worden war,[257] nicht aber bei einem Waffenhändler, der sich auf eine besondere Gefahr beim Transport von Waffen in großer Stückzahl berief.[258] Auch die Klage eines Gerichtsvollziehers auf Ausstellung eines Waffenscheines wurde abgewiesen.[259]

## 15.3.7. Versicherungsnachweis (§ 4 Abs. 1 Nr. 5)

Bei Beantragung von **Waffenschein** oder **Schießerlaubnis** ist nachzuweisen, dass für den Antragsteller eine **Haftpflichtversicherung** für Personen- und Sachschäden in Höhe von einer Million Euro abgeschlossen wurde und besteht. Zu beachten ist, dass die Bestätigung des Versicherungsunternehmens bei Beantragung der Erlaubnis nicht älter sein sollte als drei Monate. Das Versicherungsunternehmen ist nach § 117 Abs. 2 VVG verpflichtet, die für die Erlaubniserteilung zuständige Behörde zu informieren bei

- Beendigung des Vertrags, insbesondere infolge einer Kündigung durch den Versicherten, aber auch durch die Gesellschaft,
- Ausscheiden aus einer Gruppenversicherung oder
- Änderungen des Versicherungsvertrages, die dazu führen, dass die geforderten Versicherungsleistungen nicht mehr in Anspruch genommen werden könnten durch einen Geschädigten.

Da die Nachhaftung des Versicherers auf einen Monat begrenzt ist, sollte im Falle einer Mitteilung der Gesellschaft unverzüglich der Erlaubnisinhaber kontaktiert werden. Besteht kein Versicherungsschutz, ist die Erlaubnis unverzüglich zu widerrufen und der Erlaubnisinhaber auf seine Verpflichtung[260] zur unverzüglichen Rückgabe des Erlaubnisdokuments sowie aller damit zusammenhängenden Dokumente hinzuweisen.[261]

## 15.3.8. Inhaltliche Beschränkungen, Nebenbestimmungen und Anordnungen (§ 9)

Erlaubnisse, die durch die zuständige Behörde erteilt werden, können durch Befristungen und Auflagen inhaltlich beschränkt werden. Die Beschränkung muss der Abwehr von Gefahren für die öffentliche Sicherheit und Ordnung dienen. Das ist idR der Fall, wenn ohne Beschränkung ein Umgang mit Waffen oder Munition durch den Inhaber der Erlaubnis eine Gefahr oder nachteilig für Leben oder Gesundheit von Menschen wäre.

**Auflagen** müssen geeignet sein, den jeweils verfolgten Zweck zu erreichen und müssen an eine konkrete Gefahr für die öffentliche Sicherheit und Ordnung anknüpfen. Zudem müssen sie angemessen und inhaltlich ausreichend bestimmt sein.[262] Die Erteilung der Auflage ist zu begründen.

Ein Beispiel ist ein **Kleiner Waffenschein (KWS)**, dessen Erteilung mit der Auflage verbunden wird, eine **SRS-Waffe nur verdeckt führen** zu dürfen.[263] In diesem Falle beauflagt die Behörde den Inhaber der Erlaubnis, ohne dass das Gesetz dieses verdeckte Führen ausdrücklich fordert. Dies kann etwa damit begründet werden, dass das offene Führen einer SRS-Waffe, die in der Regel optisch nicht von einer Feuerwaffe zu unterscheiden ist, Passanten beunruhigen, Notrufe auslösen und Polizeieinsätze bewirken könnte, die zu einer unnötigen Bindung von Einsatzmitteln führen.

Zu beachten ist, dass neben den Regelungen in § 9 WaffG auch andere Vorschriften des WaffG den Inhaber einer Erlaubnis beschränken können, beispielsweise § 36 Abs. 6 WaffG, auch in Verbindung mit § 9 WaffG.[264]

Zuwiderhandlungen gegen Auflagen und Anordnungen sind, abgesehen von wenigen Ausnahmen, Ordnungswidrigkeiten.[265]

## 15.4. Erteilung waffenrechtlicher Erlaubnisse (§ 10)

Erlaubnisse sind bei den nach § 48 Abs. 1, 3 WaffG zuständigen Behörden zu beantragen. Die eigentliche Erlaubniserteilung, ob zum Erwerb und Besitz, zum Führen oder zum Schießen, ist lediglich ein Verwaltungsakt. Die jeweilige **Urkunde**, ob Waffenbesitzkarte, Waffenschein oder Schießerlaubnisschein, **verkörpert** diese **Erlaubniserteilung**. Unter diesem Gesichtspunkt ist auch die Vorlagepflicht der Waffenbesitzkarte zur Korrektur der darin erfolgten Einträge nach einem Erwerb oder einer Überlassung zu betrachten – so werden die Erlaubnis (Verwaltungsakt) und die Urkunde (Verkörperung des Verwaltungsaktes) in Übereinstimmung gebracht.

## 15.5. Erteilung von waffenrechtlichen Erlaubnissen mit Bezug zu anderen Mitgliedsstaaten (§ 11)

Nach den EU-Richtlinien zum Umgang mit Waffen bedarf eine Person, die ihren gewöhnlichen Aufenthalt in einem anderen Mitgliedstaat hat, zum Erwerb einer erlaubnispflichtigen Schusswaffe oder der für diese bestimmten Munition neben der waffenrechtlichen Erlaubnis des Mitgliedstaates, in dem der Erwerb stattfinden soll, auch der vorherigen Zustimmung ihres Heimatstaates. Der Erwerb der Schusswaffe unterliegt in diesem Fall somit der Erlaubnispflicht sowohl des Wohnsitzstaates als auch des Staates, in dem die Waffe erworben werden soll. Die vorgenannten Regelungen sind durch § 11 WaffG in nationales Recht überführt worden und ergänzen bzw. beschränken §§ 4 ff. WaffG.[266] Die Erforderlichkeit einer Zustimmung nach § 29 WaffG ist jeweils zusätzlich zu prüfen.

### 15.5.1. Erwerb in Deutschland (Absatz 1)

So darf gemäß Absatz 1 einer **Person**, ihren **gewöhnlichen Aufenthalt in anderen Mitgliedsstaaten** im Sinne der Anlage 1 A2 Nr. 14 WaffG hat (Absatz 1), nur dann eine Erlaubnis zum Erwerb und Besitz von Schusswaffen der Kategorie A bis C nach Anlage 1 A3 Nr. 1 bis 3 WaffG oder der für diese bestimmten Munition erteilt werden, wenn sie die Anforderungen nach § 4 WaffG erfüllt und mit dieser Erlaubnis

- Waffe oder Munition vom Ort des Erwerbs durch das Bundesgebiet eigenhändig bis zur Bundesgrenze befördert werden soll mit dem Ziel der Verbringung in einen anderen Mitgliedsstaat (Selbstvornahme, die auch als Bedürfnis im Sinne von § 8 WaffG bei einer sofortigen Verbringung anzusehen ist; auch die sonstige Anforderungen an Zuverlässigkeit etc. sind vor dem Hintergrund der nur kurzfristigen Ausübung der tatsächlichen Gewalt im Bundesgebiet von der Behörde nach den Erfordernissen des Einzelfalls im erforderlichen Umfang zu prüfen), wobei dieser andere Staat seine Zustimmung zur Verbringung im Vorwege erteilt haben muss, wenn es sich um eine Waffe der Kategorie B oder für diese bestimmte Munition handelt, oder

- der Erwerb von Waffe oder Munition beabsichtigt sind, ohne diese aus dem Bundesgebiet verbringen zu wollen, der Antragsteller also die tatsächliche Gewalt über diese im Geltungsbereich des Waffengesetzes ausüben will, was bei Antragstellung zu erklären und auch nachvollziehbar zu begründen ist, etwa im Falle eines Jägers mit Ausländer-Jahresjagdschein und eigener Jagd in Deutschland; zu beachten ist, dass der Mitgliedsstaat, in dem der Antragsteller seinen gewöhnlichen Aufenthalt hat, diesem Erwerb und Besitz in Deutschland zuvor zugestimmt hat.

### 15.5.2. Erwerb in anderem Mitgliedsstaat (Absatz 2)

Hat die betroffene **Person** ihren **gewöhnlichen Aufenthalt in Deutschland** und will in einem anderen Mitgliedsstaat eine Waffe der Kategorie B oder für diese bestimmte Munition erwerben und sich zu diesem Zweck von diesem anderen Mitgliedsstaat eine entsprechende Erlaubnis nach dortigem Recht erteilen lassen, ist nach Absatz 2 seitens der deutschen Waffenbehörde eine Erlaubnis in Form einer Zustimmung erforderlich, die zu erteilen ist, wenn, abweichend von in Absatz 1 festgelegten Erforderlichkeit, dass alle Voraussetzungen des § 4 WaffG erfüllt sein müssen, der Antragsteller zuverlässig und persönlich geeignet ist. Die Zustimmung ist gemäß § 28 AWaffV zu beantragen und wird mit einem Formular nach Anlage 11 (Waffe) oder 12 (Munition) der WaffVordruckVwV erteilt.

## 15.6. Regelungen für das Schießen (§ 27)

### 15.6.1. Schießstätte; Prüfung der Schießstätte (§§ 27, 27a)

Ein Schießstand bedarf in der Regel[267] einer behördlichen Erlaubnis. Die Erteilung der Erlaubnis setzt die Prüfung gemäß § 27a WaffG durch die zuständige Behörde unter Hinzuziehung eines anerkannten Schießstandsachverständigen voraus. Die behördliche Zuständigkeit kann ebenso wie die Anforderungen an die Qualifikation des Schießstandsachverständigen nach Landesrecht unterschiedlich geregelt sein. So kann beispielsweise anstelle der Waffenbehörde die örtlich zuständige Bauaufsichtsbehörde für die Genehmigung und Überprüfung der Schießstätten zuständig sein.

Der Betreiber der Schießstätte als Erlaubnisinhaber ist für die Einhaltung der Regelungen in §§ 9 bis 11 AWaffV verantwortlich und hat die Einhaltung der in § Abs. 1 Satz 1 und 2 AWaffV genannten Voraussetzungen für Teilnahme an einem zulässigen Schießbetrieb zu *überwachen*[268]. So hat er sowohl Erlaubnisse der Schützen stichprobenartig[269] zu kontrollieren wie auch beispielsweise die Zulässigkeit des sportlichen Schießens mit den Waffen, die ein Schütze auf der Schießstätte verwenden will.

Aus der Genehmigung geht hervor, bis zu welcher Bewegungsenergie des Geschosses auf der Schießstätte geschossen werden darf. Für Sportschützen hängt der **Nachweis des waffenrechtlichen Bedürfnisses** davon ab, ob die vom Verein des Schützen benutzte Schießstätte für die Durchführung der angegebenen Schießübungen zugelassen ist. So wird etwa ein Bedürfnis für einen Revolver im Kaliber .44 Magnum (Bewegungsenergie des Geschosses über 1.000 Joule) versagt werden, wenn die nutzbare Schießstätte nur für Geschosse mit einer Bewegungsenergie bis zu 200 Joule zugelassen ist.

Übliche Grenzwerte für Schießstätten sind beispielsweise:

- Schießstätte für Druckluft-Waffen: 7,5 Joule

- Schießstätte für Kleinkaliber-Waffen: 200 Joule
- Schießstätte für Großkaliber-Kurzwaffen: bis 1.500 Joule (idR)
- Schießstätte für Großkaliber-Langwaffen: bis 7.000 Joule (idR)

Für das Schießen auf der genehmigten Schießstätte bedarf es für den einzelnen Schützen keiner Erlaubnis, wenn unter den § 9 Abs. 1 AWaffV genannten Voraussetzungen auf der Schießstätte geschossen wird. Die allgemeinen waffengesetzlichen Anforderungen an den Umgang mit Schusswaffen, etwa das Alterserfordernis, sind allerdings grundsätzlich zu beachten, wenn keine **Ausnahmen** wie beispielsweise für das Schießen durch **Kinder und Jugendliche** nach § 27 Abs. 3 WaffG bestehen.[270]

Einer **Schießerlaubnis** nach § 10 Abs. 5 WaffG bedarf es grundsätzlich, wenn **außerhalb einer genehmigten Schießstätte** geschossen werden soll. **Ausnahmen** gelten zum Beispiel für **Sportwettkämpfe** und Signalschüsse,[271] insbesondere aber für Vereinigungen von **Brauchtumsschützen** für das Schießen mit Kartuschenmunition bei Veranstaltungen.[272] Die erteilende Behörde hat insbesondere die Belange der Allgemeinheit zu beachten, die durch die erteilte Schießerlaubnis nicht beeinträchtigt werden dürfen; das Interesse des Antragstellers steht dabei regelmäßig hinter dem Anspruch der Gemeinschaft auf Nicht-Gefährdung durch Schusswaffengebrauch zurück.

Eine **Schießstätte** ist eine ortsfeste oder ortsveränderliche Anlage, die ausschließlich oder neben anderen Zwecken dem Schießsport oder sonstigen Schießübungen mit Schusswaffen, der Erprobung von Schusswaffen oder dem Schießen mit Schusswaffen zur Belustigung dient.[273] Der Begriff der Schießstätte umfasst nicht allein die Schießstände, sondern auch Aufenthaltsbereiche sowie Nebenräume des Gebäudes oder Geländes, die zumindest einen funktionalen Bezug zum Schießen aufweisen.[274]

Das Spiel mit Laser-Waffen in sogenannten „Laser-Domen" oder „Laser-Tags" ist Kindern und Jugendlichen unter 16 Jahren verboten.[275]

## 15.6.2. Aufsicht auf Schießstätten (§§ 10, 11 AWaffV)

Grundsätzlich darf kein Schießen ohne Aufsicht erfolgen. Nur das Schießen einer zur Aufsicht befähigten Person, die sich allein auf dem Schießstand aufhält, darf ohne weitere Aufsicht erfolgen. Aufsicht beim Schießen auf einer Schießstätte kann der Betreiber einer Schießstätte, eine vom Betreiber bestellte Aufsichtsperson oder die Aufsicht einer schießsportlichen Vereinigung sein. Die Aufsichtsperson muss volljährig, zuverlässig und persönlich geeignet sein. Sie muss darüber hinaus die erforderliche **Sachkunde** und im Bedarfsfall die **Eignung zur Kinder- und Jugendarbeit** besitzen.

Der Begriff der Sachkunde in § 10 AWaffV ist **nicht gleichbedeutend** mit der Sachkunde nach § 7 WaffG, womit auch eine erfolgreich abgelegte Jägerprüfung nicht zur Aufsichtsführung befähigt. Gleichwohl fehlt es in Gesetz und Verordnung an einer verbindlichen Definition dieser „erforderlichen Sachkunde". Die Aufsichtsperson muss die Benutzungsordnung der Schießanlage, die allgemeinen und besonderen Sicherheitsbestimmungen für den Umgang mit Waffen und Munition sowie die Einhaltung der Sport- oder Schießordnung durchsetzen können. Dies setzt den Erwerb dieser Kenntnisse im Rahmen einer geeigneten Aus- und Fortbildung voraus.

Der Erlaubnisinhaber hat die Personalien der Aufsicht zwei Wochen vor dem Beginn der Tätigkeit der Behörde schriftlich anzuzeigen. Das Ausscheiden einer Aufsichtsperson und die Bestellung einer neuen Aufsichtsperson hat er unverzüglich anzuzeigen. Wird die Aufsichtsperson durch eine schießsportliche oder jagdliche Vereinigung beauftragt, muss die Person selbst diese Anzeige vornehmen. Dabei reicht es anstelle der Anzeige aus, dass die Vereinigung die Aufsichtsperson registriert und die Unterlage, der Behörde auf Verlangen vorlegen kann. Bei der Registrierung sind das Vorliegen der erforderlichen Sachkunde und ggf. die Eignung zur Jugendarbeit zu prüfen. Es ist ein Nachweisdokument auszustellen, das die Aufsichtsperson während des Schießens mitführen muss. Im Falle des Jägers muss dieser als Aufsicht seinen gültigen Jagdschein mitführen.

Die Aufsicht mit der Befähigung zur Kinder- und Jugendarbeit beinhaltet eine besondere Obhutspflicht, die auch besondere Rechten und Pflichten mit sich bringt. Dazu gehört beispielsweise, dass diese Aufsicht gegenüber anderen Aufsichten weisungsberechtigt ist, wenn die besonderen Belange der Kinder und Jugendlichen berührt werden. Der Verein hat der Aufsichtsperson ein Nachweisdokument auszustellen, dass diese während der Wahrnehmung der Aufsicht mitzuführen und zur Kontrolle befugten Personen auf Verlangen zur Prüfung auszuhändigen hat.

An ortsveränderlichen Schießstätten, die dem Schießen zur Belustigung dienen, darf von einer verantwortlichen Aufsichtsperson Minderjährigen das Schießen mit Druckluft-, Federdruckwaffen und Waffen, bei denen zum Antrieb der Geschosse kalte Gase verwendet werden, gestattet werden.[276] Bei Kindern hat der Betreiber sicherzustellen, dass die verantwortliche Aufsichtsperson in jedem Fall nur einen Schützen bedient.[277]

**Kinder**[278] sind Personen, die noch nicht 14 Jahre alt sind, **Jugendliche** Personen, die mindestens 14, aber noch nicht 18 Jahre alt sind.

Die verantwortliche Aufsichtsperson hat vermeidbare Gefahren, die von Anwesenden ausgehen, zu unterbinden und das Schießen ständig zu beaufsichtigen. Anordnungen der Aufsicht sind zwingend zu befolgen, wenn die Anordnung aus Gründen der Sicherheit auf der Schießstätte erfolgt.

Die Aufsichtsperson muss Verstöße unterbinden. Dazu ist es erforderlich, dass sie das Hausrecht hat, um Schießstandbesucher oder auch -nutzer der Schießstätte zu verweisen, was auch das Aussprechen eines Hausverbots mit einer Folge für die Zuverlässigkeit des Betroffenen einschließt, wenn dieser dem Hausverbot zuwiderhandelnd gegen § 123 StGB verstößt.

## 15.6.3. Zulässige Schießübungen (§ 9 AWaffV)

Es dürfen nur Waffen und Munition verwendet werden, für deren Benutzung die **Schießstätte** nach § 27 Abs. 1 Satz 1 WaffG **behördlich zugelassen** ist. Kampfmäßiges Schießen ist gemäß § 27 Abs. 7 Satz 1 WaffG verboten. Zu beachten ist, dass auch ohne Erlaubnispflicht das Schießen auf einer Schießstätte nur unter bestimmten Voraussetzungen erfolgen darf.

Zulässig ist das Schießen für Personen, die zur **Waffensachkundeausbildung**, zur **Jagdausbildung** oder zur Ausbildung oder Übung im **Verteidigungsschießen**[279] Schießübungen absolvieren. Gleiches gilt für Personen, die nach den Regeln einer genehmigten Schießsportordnung gemäß § 15a WaffG schießen. Inhaber einer Berechtigung zum Erwerb und Besitz von Schusswaffen dürfen im Rahmen ihres Bedürfnisses schießen.

Handelt es sich um einen Nutzer, der ohne eigenes waffenrechtliches Bedürfnis an einem Schießen teilnimmt, etwa als Gastschütze oder bei einem Schießen zur Belustigung, gelten für diesen die Einschränkungen zu Waffen und Schießübungen nach §§ 6, 7 AWaffV.

## 15.6.4. Vom Schießsport ausgeschlossene Waffen (§ 6 AWaffV)

Bestimmte Schusswaffen sind vom Schießsport[280] ausgeschlossen und damit für Sportschützen in der Regel nicht erlaubnisfähig. Darunter fallen **Kurzwaffen** mit einer Lauflänge unter 7,62 cm (drei Zoll) Länge und **halbautomatische Langwaffen** mit einem Magazin, das eine Kapazität von **mehr als zehn Patronen** hat. Blockierte[281] Magazine sind zulässig.

Vom Schießsport ausgeschlossen sind auch **halbautomatische Schusswaffen**, die ihrer äußeren Form nach den **Anschein** einer **vollautomatischen Kriegswaffe** hervorrufen, die Kriegswaffe im Sinne des KrWaffKontrG ist, wenn die **Lauflänge**[282] **weniger als 40 cm** beträgt, das **Magazin** sich **hinter der Abzugseinheit** befindet („Bullpup-Waffen", wobei im Verordnungstext die **falsche Schreibweise** „Bul-Pup" verwendet wird) **oder** die **Hülsenlänge** der verwendeten Munition **bei Langwaffen** **weniger als 40 mm** beträgt. Ist mindestens eine dieser drei Bedingungen erfüllt, ist die Schusswaffe nicht zur Ausübung des Schießsports zugelassen, ihr Erwerb somit nicht von dem Bedürfnis eines Sportschützen umfasst.[283]

Der Lauf einer Waffe darf nicht gekürzt werden, wenn die Waffe nach dem Umbau nach § 6 AWaffV nicht mehr zum Schießsport zugelassen wäre – sie würde dann nicht mehr geeignet sein, den Bedürfniszweck zu erfüllen.

Was den **Anschein einer vollautomatischen Kriegswaffe** erweckt, ist durch das geltende WaffG nicht definiert. Hilfsweise kann[284] die WaffVwV[285] zum WaffG 1976 herangezogen werden. Danach kann der Anschein einer vollautomatischen Kriegswaffe erweckt werden durch

- herausstehendes langes Magazin oder Trommelmagazin,
- Feuerdämpfer, Mündungsbremse oder Stabilisator,
- Kühlrippen oder andere der Kühlung dienende Vorrichtungen,
- pistolenartiger, mit Abzug u./o. Vorderschaft kombinierter Griff,
- Aufstützvorrichtung, Schulterstütze, tw. kipp- oder schiebbar.

Dies ist auch bei Verwendung eines **Anschlagschafts** („conversion kit") zu beachten. Unerheblich ist, ob die Vorrichtungen nur als Attrappe an der Waffe angebracht sind. Auch wesentliche Teile einer Schusswaffe, zB **Wechselsysteme**, unterliegen dieser Regelung vollumfänglich.

### 15.6.5. Verbotene und unzulässige Schießübungen (§ 7 AWaffV, § 27 WaffG)

Ausschließlich die Teilnehmer eines Lehrgangs im **Verteidigungsschießen** (siehe Kapitel 15.6.6) dürfen auf menschenähnliche Ziele schießen – die Verwendung von **„Mannscheiben"** **außerhalb einer genehmigten Ausbildung** ist somit **verboten**. Das gilt für jegliche Schießübung, auch solche von Jägern oder Inhabern eines Waffenscheines, durch das **Verbot des kampfmäßigen Schießens** auf Schießstätten nach § 27 Abs. 7 WaffG.

Zu beachten ist § 7 AWaffV, der im Rahmen des Schießsports die **Durchführung bestimmter Übungen** als unzulässig einstuft. Dazu zählen unter anderem **Deutschüsse**, also Schüsse ohne genaues Anvisieren des Zieles, es sei denn, es handelt sich um das Schießen auf Wurfscheiben. Übungen, die über die zielsichere Schussabgabe oder das Treffen eines vorbestimmten Ziels hinausgehen, sind kein Schießsport im Sinne des WaffG.[286]

Soll eine Schießstätte zum **Verteidigungsschießen** verwendet werden, ist es erforderlich, dass diese Schießstätte zu diesem Zweck zugelassen ist.

### 15.6.6. Ausbildung im Verteidigungsschießen (§§ 22 ff. AWaffV)

Die Teilnahme an Übungen im Verteidigungsschießen ist nach § 23 Abs. 1 AWaffV in der Regel nur **Inhabern eines Waffenscheines** gestattet (ebenfalls zugelassen: Berechtigte nach § 55 Abs. 1 und 2 WaffG). Auf Antrag kann die zuständige Behörde auch Inhabern einer WBK, in die Kurzwaffen eingetragen sind, und Inhabern eines Jagdscheins die Teilnahme gestatten; Voraussetzung dafür ist allerdings, dass es sich um gefährdete Personen im Sinne von § 19 WaffG handelt. Dafür müssen konkrete Anhaltspunkte vorliegen, eine abstrakte Gefährdung, etwa durch Wilderer, reicht nicht aus.[287]

Der Veranstalter einer solchen Ausbildung muss der zuständigen Behörde nach § 22 Abs. 2 bis 4 AWaffV die Durchführung spätestens zwei Wochen vor Beginn anzeigen – einer Genehmigung bedarf es nicht. Dabei ist neben der Qualifikation der durchführenden Ausbilder und Aufsichten eine Liste der Teilnehmer einzureichen. Die verantwortliche Aufsichtsperson ist verpflichtet, sich vor Beginn des Schießens zu überzeugen, dass die Teilnehmer im Sinne von § 23 Abs. 1 AWaffV zur Teilnahme berechtigt sind.

Auch in Lehrgängen zur Ausbildung in der Verteidigung mit Schusswaffen oder bei Schießübungen dieser Art sind unter Beachtung des **Verbots des kampfmäßigen Schießens** Schießübungen und insbesondere die Verwendung solcher Hindernisse und Übungseinbauten **nicht zulässig**, die der Übung über den Zweck der Verteidigung der eigenen Person oder Dritter hinaus einen **polizeieinsatzmäßigen** oder **militärischen Charakter** verleihen. Die Verwendung von Zielen oder Scheiben, die Menschen darstellen oder symbolisieren, ist dagegen ausdrücklich gestattet. Die Veranstaltung der genannten Schießübungen und die Teilnahme als Schütze an diesen Schießübungen sind verboten.

## 15.7. Aufbewahrung (§ 36)

### 15.7.1. Einführung

Neben dem Bedürfnisprinzip ist die **sichere Aufbewahrung** von Waffen und Munition ein **Kernbereich des deutschen Waffenrechts** und eines der vordringlichsten und wichtigsten Ziele des Waffengesetzes. Ausgehend von der Überlegung, dass die Verfügbarkeit von Schusswaffen oder Munition die abstrakte Gefahr eines Missbrauchs zweifellos erhöht und durch eine mangelhafte Aufbewahrung diese Gegenstände in die Hände von solchen Personen gelangen könnten, die, anders als Legalwaffenbesitzer, nicht durch Zuverlässigkeit und persönliche Eignung sowie Sachkunde eine Gewähr dafür bieten, die Waffen nicht für Straftaten zu verwenden oder, etwa im Falle von Kindern, leichtfertig Leben oder Gesundheit Dritter in Gefahr zu bringen. Zwar ist nicht die Waffe allein verantwortlich, wenn Menschen durch ihre Verwendung zu Schaden kommen – schließlich braucht es immer einen Menschen, der sich (zumindest im Falle einer vorsätzlichen Tat) dazu entschließt, mit der Waffe auf einen Menschen zu schießen. Doch trägt eine sichere Aufbewahrung von Schusswaffen und Munition dazu bei, dass eine missbräuchliche Verwendung weniger wahrscheinlich wird.

Die Rechtsprechung zur sicheren Aufbewahrung unterstreicht sowohl die besondere Pflicht jedes Waffenbesitzers, die gesetzlichen Vorgaben nach bestem Wissen und Können zu erfüllen, als auch die Folge, die schon ein einmaliger Verstoß gegen die gesetzlichen Vorschriften für den Verpflichteten haben kann, nämlich die Vermutung der Unzuverlässigkeit[288] und damit den Entzug der waffenrechtlichen Erlaubnisse.

Der Gesetzgeber hat mit den Regelungen in § 36 WaffG und § 13 AWaffV **Mindeststandards** festgelegt, wann Waffen oder Munition als sicher aufbewahrt anzusehen sind. Dabei ist die Pflicht zur **Aufstellung** des Behältnisses **in einer Wohnung** aus dem Gesetz nur indirekt abzuleiten, es muss aber nicht die eigene Wohnung des Berechtigten sein.[289]

Gleichwohl fordert § 36 Abs. 1 Satz 1 WaffG als Generalklausel von dem Verpflichteten, die erforderlichen Vorkehrungen zu treffen, um Abhandenkommen oder Wegnahme zu verhindern. Zwar hat die Waffenbehörde die Möglichkeit, bei erkannten besonderen Gefahren, die insbesondere vom Ort der Aufbewahrung ausgehen, höhere Anforderungen festzusetzen. Auch wird der Verpflichtete bei Erfüllung der gesetzlichen Regeln nicht belangt werden. Grundsätzlich ist jeder Verpflichtete aufgefordert, dem in der besonderen Gefahr einer aufbewahrten Waffe liegenden Risiko dadurch zu begegnen, dass stets die zeitlich und örtlich objektiv sicherste Form der Aufbewahrung gewählt wird.[290] Dazu zählt insbesondere, bei der Verfügbarkeit mehrerer Aufbewahrungsbehälter stets das innerhalb eines dauernd bewohnten Gebäudes befindliche Behältnis zu wählen.[291]

Die Aufgabe, Waffen und Munition vor dem unbefugten Zugriff Dritter zu schützen, obliegt dem befugten Besitzer. Im Falle einer Personenmehrheit, also mehrere Personen, die gemeinschaftlich eine Erlaubnis zum Umgang mit dieser Waffe besitzen, obliegt auch die sichere Aufbewahrung allen Berechtigten, so dass im Falle eines Verstoßes gegen Aufbewahrungspflichten grundsätzlich auch alle Berechtigten haften. Das Waffengesetz formuliert **Mindestanforderungen**, so dass die Aufwendungen des Betroffenen als ausreichend anzusehen sind, wenn er die gesetzlichen Forderungen erfüllt.

Die Überwachung der Aufbewahrung obliegt der zuständigen Behörde. Der Erlaubnisinhaber ist gemäß § 36 Abs. 3 WaffG verpflichtet, sowohl bei Beantragung einer Erwerbserlaubnis als auch im Falle einer Änderung der Art oder des Ortes[292] der Aufbewahrung seine Maßnahmen der zuständigen Waffenbehörde mitzuteilen. Dies gilt insbesondere bei Aufstellung eines weiteren Waffenschranks in Geschäftsräumen[293] oder am Zweitwohnsitz.

Die zuständige Behörde hat das Recht, die sichere Aufbewahrung von Waffen und Munition vor Ort zu **kontrollieren**, auch gegen den Willen des Hausrechtsinhabers, soweit eine dringende Gefahr für die öffentliche Sicherheit vorliegt – der Schutz der Wohnung nach Artikel 13 des Grundgesetzes wird durch § 36 WaffG verfassungskonform eingeschränkt.[294]

Für **verdachtsunabhängige Kontrollen** sollen grundsätzlich **keine Gebühren** erhoben werden, da diese im öffentlichen Interesse liegen.[295]

2009 wurde die bis dahin im Gesetz vorgesehene Möglichkeit, dass die Erlaubnisbehörde das Recht hat, einen Nachweis über die sichere Aufbewahrung von erlaubnispflichtigen Waffen und Munition zu verlangen, zu einem verpflichtenden Element für das Handeln der Waffenbehörde. Eine **Kontrolle der Aufbewahrung** ist auch **verdachtsunabhängig** möglich.

Das **erlaubnisfreie Führen von Schusswaffen in einem verschlossenen Behältnis** sowie der **Transport von Munition gelten nicht als Aufbewahrung**, da sich hier die Sache im direkten Zugriff des Besitzers befindet. Die nach §§ 36 WaffG, 13 AWaffV vorgeschriebenen Sicherheitsbehälter müssen darum in diesen Fällen nicht verwendet werden, ebenso ist eine räumliche Trennung von Schusswaffe und Munition nicht erforderlich. § 13 Abs. 9 AWaffV regelt lebensnah Ausnahmen im Falle einer Reise, da hier nicht ständig (etwa zur Essenszeit) der unmittelbare Zugriff auf die Schusswaffe oder Munition möglich ist und zugleich eine Aufbewahrung in einem Sicherheitsbehälter in diesen Momenten meist nicht erfolgen kann.

Durch die Schaffung des § 52a WaffG im Jahre 2009 betonte der Gesetzgeber die besondere Schwere von Verstößen gegen die Aufbewahrungsvorschriften. War ein solcher Verstoß bislang nur **bußgeldbewehrt**, handelte es sich nun um eine **Straftat**. Im Gegenzug war im Rahmen der Beratungen über die Änderungen des WaffG deutlich herausgestellt worden, dass sich die neue Strafregelung nur bezog auf **vorsätzliches Handeln**, also willentliches und wissentliches Verstoßen gegen die Vorschriften, und auf den Fall einer **konkreten Gefahr** des Abhandenkommens oder Missbrauchs von Waffen oder Munition. Dazu zählte auch die Möglichkeit, dass unbefugte Dritte Zugriff erlangen können. Im Jahre 2017 wurde im Zuge der erneuten Änderungen des WaffG der § 52a gestrichen und in § 52 Abs. 3 Nr. 7a WaffG bei gleichem Strafrahmen ein neuer Tatbestand geschaffen, der unter Strafe stellt, dass ein nach den Vorgaben des Gesetzes oder seiner Verordnung Verpflichteter eine Sicherungsmaßnahme nicht, nicht richtig oder nicht rechtzeitig trifft und dadurch die Gefahr verursacht, dass Waffen oder Munition abhanden kommen oder Dritte unbefugt auf sie zugreifen.

Nicht von den Verschärfungen erfasst sind Verstöße gegen Vorschriften zur vorübergehenden Aufbewahrung im Rahmen der Jagd oder des sportlichen Schießens. Versehentliche Verstöße sind als nicht vorsätzliches Handeln keine Straftat nach § 52 Abs. 3 Nr. 7a WaffG, der nur besonders gravierende Aufbewahrungsverstöße erfasst. Hier ist eine Ahndung aufgrund von § 53 WaffG oder § 34 AWaffV als Ordnungswidrigkeit möglich.

Ist eine Mietwohnung Ort der Aufbewahrung, kann der Vermieter dem Mieter den Umgang mit Waffen in dieser Wohnung nicht untersagen.[296] Bezüglich des Umgangs im befriedeten Besitztum kommt es nicht darauf an, wer Eigentümer des Grundstücks ist, sondern wer zur Nutzung berechtigt ist.[297] Ein zur Straße hin offener Vorplatz einer zu einem Wohnhaus gehörenden Garage ist weder der Wohnung zuzurechnen noch steht er einem befriedeten Besitztum gleich.[298] Ein Hotelzimmer gilt hinsichtlich der Begrifflichkeit der Regeln des WaffG als eigene Wohnung des Hotelgastes.[299]

## 15.7.2. Definitionen

**Aufbewahrung** ist das Aufheben einer beweglichen Sache an einem Ort, ohne dass der Besitzer unmittelbaren Zugriff auf die Sache hat und somit durch sein persönliches Eingreifen den Zugriff Dritter nicht verhindern kann. Somit handelt es sich immer dann um eine Aufbewahrung, wenn der Besitzer seine unmittelbare Sachherrschaft aufgibt und eine Einwirkung

Dritter weder bemerken noch unmittelbar verhindern kann. Das kann durch örtliche Abwesenheit gegeben sein, aber auch durch einen Zustand, in dem der Besitzer die Kontrolle über den Gegenstand nicht bewusst ausüben kann, etwa im Schlaf.[300] Insofern wären der Nachttisch oder „unter dem Kopfkissen" zwar Orte der Aufbewahrung, aber keine sichere Art der Aufbewahrung, wie sie das Waffengesetz grundsätzlich vorschreibt.

**Sichere Aufbewahrung** ist der *Schutz vor unbefugter Wegnahme oder Abhandenkommen* eines Gegenstandes in einem Behältnis, Raum oder unter Nutzung einer alternativen Sicherungseinrichtung im Sinne von § 13 Abs. 1 AWaffV, wobei es sich idR um eine geeignete, durch gesetzliche Vorschriften als ausreichend eingestufte mechanische Maßnahme handeln muss, die eine unbefugte Wegnahme vom Ort der Aufbewahrung verhindert. Alle im Moment am Ort verfügbaren Sicherungsmöglichkeiten sind zu nutzen, sonst liegt keine sorgfältige Verwahrung im Sinne von § 5 Abs. 1 Nr. 2 Buchst. b WaffG vor und die Unzuverlässigkeit ist anzunehmen.[301]

Die sichere Aufbewahrung von Waffen oder Munition kann in einem verschlossenen Behältnis oder Raum erfolgen. Die Rechtsprechung definiert das „**verschlossene Behältnis**" im Zusammenhang mit Delikten nach §§ 202, 243 StGB[302] als ein verschließbares Behältnis, das über eine **besondere Vorrichtung** verfügt, die **geeignet und bestimmt** ist, die **Wegnahme** einer Sache zu **erschweren**, in der Regel eine **verschließbare Tür**. Bedingung ist die Sicherung durch ein **Schloss**, eine sonstige **technische Schließeinrichtung** oder auf andere Weise. Als technische Schließeinrichtung sind insbesondere mechanische und elektronische **Zahlenschlösser** anzusehen sowie **biometrische Schlösser**. Dies gilt auch für Räume.

Ein **Behältnis** ist ein zur Aufnahme von Sachen dienendes und sie umschließendes Raumgebilde, das **nicht dazu bestimmt ist, von Menschen betreten zu werden**. Verschlossene Räume sind keine Behältnisse.[303] Behältnisse verfügen in der Regel über mindestens eine verschließbare Öffnung, durch die in das Raumgebilde hineingegriffen werden kann.

**Räume** sind **zum Betreten durch Menschen bestimmte Raumgebilde**, die über mindestens einen Zugang verfügen. Dieser Zugang kann meist durch ein bewegliches Element geschlossen werden.

Die **verschlossene** Tür des Behältnisses oder Raumes darf nur durch Einsatz des dafür vorgesehenen **Schlüssels**, Eingabe oder Einstellung des dafür erforderlichen Geheimnisses (alphanumerischer Code) oder Erbringens des Berechtigungsnachweises in Form einer Übereinstimmung biometrischer Merkmale des Bedieners mit den in der Freigabevorrichtung gespeicherten

Merkmalen geöffnet werden können. Ist die Tür geschlossen und das Riegelwerk ausgefahren, ist die Tür zwar gegen ein Öffnen im Sinne eines Ausschwenkens, Aufschiebens o.ä. scheinbar gesichert. Um wirklich verschlossen zu sein, muss aber die schützende Verriegelungsblockierung aktiviert sein, sonst könnte durch Bedienung des Verriegelungsmechanismus, etwa durch Betätigung des Drehhebels oder Klappgriffs, die Verriegelung freigegeben werden. In diesem Falle wäre die Tür lediglich geschlossen, was nicht ausreichend ist, um den nach Sinn und Zweck der Norm geforderten Schutzzweck zu erreichen, der immer einen verschlossenen Zustand erfordert. Das ist nur durch ein Verschließen mit Sicherung der Tür gegen unbefugtes Öffnen mittels der Verschlusseinrichtung zu erreichen.

Eine nur geschlossene Tür, bei der die Riegelbolzen in die dafür vorgesehenen Aufnahmen des Behälters greifen, aber ohne Einsatz eines Schlüssels oä. wieder eingefahren werden können, ist nicht verschlossen im Sinne des WaffG. In diesem Zustand handelt es sich nicht um ein verschlossenes Behältnis. Gleiches gilt für eine Tür, die durch bloße Drückerbetätigung, Ziehen oder Schieben den Zugriff auf das Behälterinnere freigibt.

## 15.7.3. Behältnisse und Sicherungsmaßnahmen

**Erlaubnisfreie Waffen**, etwa Kampfmesser, Schlagstöcke oder Reizstoffsprühgeräte, müssen gegen unbefugte Wegnahme gesichert werden.

**Waffen, die von der Erlaubnispflicht freigestellt sind**, etwa SRS-Waffen mit Kennzeichnung „PTB im Kreis" oder Druckluftwaffen mit „F im Fünfeck", sind in einem verschlossenen Behältnis aufzubewahren. Gleiches gilt für **Salutwaffen**. Eine qualifizierte Sicherheitsstufe ist nicht vorgeschrieben.

Für **erlaubnispflichtige** und **verbotene Waffen** (sieht § 36 WaffG in Verbindung mit § 13 AWaffV die Aufbewahrung in besonders klassifizierten Behältnissen, sogenannten **Waffenschränken**, oder in **Waffenräumen** vor.

**Waffen**, die nach Anlage 2 A3 WaffG **von den Vorschriften des WaffG und damit Regeln** zur **Aufbewahrung freigestellt** sind, zB zum Spiel bestimmte Schusswaffen, **Spielzeug**-Waffen sowie Gegenstände, die keine Waffen im Sinne des WaffG sind, sondern nur einzelnen Regeln unterliegen wie **Küchen- oder Einhandmesser**, bedürfen **keiner Sicherung gegen Wegnahme**.

Vier Qualitäten von Sicherheitsbehältnissen werden als Mindestvoraussetzung für die Aufbewahrung erlaubnispflichtiger Waffen oder Munition genannt. Dabei wird im Falle des Widerstandsgrades 0 nach DIN/EN 1143-1 zwischen zwei Gewichtsklassen, nämlich unter 200 kg und ab 200 kg Eigengewicht ohne Anrechnungen von Abrisslasten durch Verankerungen oder Einbringung von Waffen, Munition oder Material (zB eingelegte Bleiplatten im Innenraum) unterschieden. Anerkannt werden Behältnisse, die nach **DIN/EN 1143-1 Stand Mai 1997 oder aktueller** zertifiziert sind.

Zur **sicheren Aufbewahrung von erlaubnispflichtigen und verbotenen Waffen** dürfen grundsätzlich verwendet werden Behälter nach

- DIN/EN 1143-1 **Widerstandsgrad 0 (Null)**, mit einem Eigengewicht[304] **von mindestens 200 kg**: Bis zu zehn[305] Kurzwaffen und verbotene Waffen, Langwaffen ohne zahlenmäßige Begrenzung und Munition

- DIN/EN 1143-1 **Widerstandsgrad I (römisch 1)**, Eigengewicht gesetzlich nicht festgelegt: Aufbewahrung einer unbegrenzten Zahl von Lang- und Kurzwaffen sowie verbotener Waffen und Munition

Für die **sichere Aufbewahrung von Munition** ist keine Sicherheitsstufe vorgeschrieben. Sie muss in der Wohnung gegen unbefugten Zugriff qualifiziert aufbewahrt werden, mindestens in einem **Stahlblechbehältnis** mit **Schwenkriegelschloss**[306] **oder einer gleichwertigen Verschlussvorrichtung** oder[307] in einem **festen verschlossenen Behältnis**.

Inhaber einer waffenrechtlichen Erlaubnis, die vor Inkrafttreten der Waffengesetzänderung 2017 erteilt wurde, dürfen Waffenschränke älterer Bauart auch weiterhin nutzen, wenn diese bei Inkrafttreten des Gesetzes am 6. Juli 2017 von ihnen genutzt wurden.[308] Fortsetzung oder Beginn einer **gemeinschaftlichen Aufbewahrung** von Waffen mit Erlaubnisinhabern, die einen solchen Behälter nicht verwenden dürften, **ist zulässig**.[309]

Eine **Aufbewahrung** von erlaubnispflichtigen Waffen oder Munition darf **nur in dauernd bewohnten Gebäuden** erfolgen. In „**nicht dauernd bewohnten Gebäuden**“ , unter diesen Begriff fallen zB **Jagdhütten und Wochenendhäuser**, dürfen in diesem Gebäude insgesamt **höchstens drei Langwaffen** in Behältnissen des Widerstandsgrades I nach DIN/EN 1143-1 aufbewahrt werden,[310] aber **keine Kurzwaffen, Schalldämpfer oder Munition**. **Kellerräume von Mehrfamilienhäusern** unterfallen nicht in jedem Falle dem Begriff des „nicht dauernd bewohnten Gebäudes“.[311]

Die Pflicht zur Aufbewahrung in einem Behältnis in den eigenen Räumlichkeiten ist aus WaffG und AWaffV nicht abzuleiten,[312] auch ein geeignetes Bankschließfach kann genutzt werden. Ein Mietvertrag ist bei Erteilung einer Erlaubnis als Nachweis der sicheren Aufbewahrung ausreichend, sofern die Schließfachanlage die gesetzlich geforderte Schutzwirkung entfaltet.

In einem Waffenschrank dürfen die Schlüssel anderer Behältnisse aufbewahrt werden. Das ist zulässig, solange die Zahl der Waffen in jenen Behältnissen zusammen nicht größer ist als die Zahl von Waffen, die in diesem einzelnen Behältnis aufbewahrt werden dürfen. Codeschlösser sind Schlüsselschlössern aufgrund der Schlüsselverwahrung vorzuziehen.[313]

Die **Aufbewahrung geladener Schusswaffen** ist unzulässig. Das gilt auch für die Aufbewahrung von **SRS-Waffen** und **Druckluftwaffen**.

Die **gemeinsame Aufbewahrung von erlaubnispflichtigen Schusswaffen und Munition in einem A- oder B-Schrank** ist **unzulässig**.

**Waffen**, die gemäß Anlage 2 A3 WaffG **von den Vorschriften des Waffengesetzes** zur Aufbewahrung **freigestellt** sind, etwa zum Spiel bestimmte Schusswaffen, Spielzeug-Waffen oder Gegenstände, die keine Waffen im Sinne des WaffG sind, sondern nur einzelnen Vorschriften unterliegen wie Küchenmesser und Einhandmesser, bedürfen keiner besonderen Sicherung.

**Wesentliche Teile** von Schusswaffen und **Schalldämpfer** sind aufzubewahren wie die Schusswaffen, für die sie bestimmt sind. Sie werden nicht angerechnet auf die Anzahl der in Raum oder Behälter aufbewahrten Waffen, es sei denn, dass aus ihnen eine vollständige Waffe entstehen kann.

**Verbotene Waffen**, etwa ein Faustmesser im befugten Besitz eines Jägers, sind wie Kurzwaffen zu lagern und werden wie Kurzwaffen gezählt.

Im **Bewachungsgewerbe** ist nach § 22 der DGUV Vorschrift 23 die getrennte Aufbewahrung von Waffe und Munition zu beachten. Strengere Vorschriften des **WaffG** haben stets **Vorrang** vor weiteren Regeln der UVV.

Eine **Pflicht zur Verankerung** eines Behälters zur Aufbewahrung von Waffen oder Munition ergibt sich nicht aus den Vorschriften des § 13 AWaffV. Auch enthält die Norm DIN/EN 1143-1 keine ausdrückliche Pflicht zur Verankerung des zertifizierten Behältnisses, wonach die Zertifizierung des Behälters erst nach Verankerung gültig wäre – lediglich eine Verankerungsmöglichkeit, etwa eine Bohrung zur Aufnahme eines Schwerlastankers, muss konstruktiv vorgesehen und am Behälter vorhanden sein, die mit einer Zuglast von bis zu fünf Tonnen belastet werden kann. Allerdings ist die Generalklausel in § 36 Abs. 1 WaffG zu beachten, wonach die **erforderlichen Vorkehrungen** zu treffen sind, um **zu verhindern**, dass diese Gegenstände **abhanden**kommen oder Dritte sie **unbefugt an sich nehmen**.

Ein Behälter, dessen Gewicht unter 30 kg liegt, kann problemlos von einer Person fortgetragen werden. Darum ist bei der **Überprüfung der sicheren Aufbewahrung** zu beachten, dass Behältnisse, deren Gesamtgewicht

(Behältnis plus Inhalt) unter 100 kg (Richtwert) liegt, zum Schutz gegen Wegnahme zu sichern sind, etwa durch Verankerung in Wand oder Boden. Im Einzelfall ist eine **Anordnung nach § 36 Abs. 6 WaffG** zu prüfen, die eine effektive Verankerung verpflichtend vorschreibt. **Anordnungen** zur Abwehr konkreter Gefahren sind zulässig, siehe dazu auch Kapitel 15.3.8.

**Möbeltresore**, in der Norm VDMA 24992 Stand Mai 1995 bezeichnet als „**Einsatzschrank**, nicht zur freien Aufstellung", sind **in Möbel oder hinter Wandverkleidungen einzubauen**, ansonsten gelten sie nicht als A- oder B-Behältnis. Die Vorgaben des Herstellers zur Verankerung, die in den meisten Fällen dem gelieferten Behältnis beiliegen, sind einzuhalten.

**Einmauertresore** sind nach den Vorgaben des Herstellers und den einschlägigen Richtlinien der VdS in ein Mauerwerk oder eine Betonwand einzulassen und mit Beton von mindestens 100 mm Stärke zu umgeben.

Grundsätzlich wird nur das **Eigengewicht** des Schrankes ohne Inhalt gewertet. Eine Ausnahme gilt nur für A- und B-Schränke, die aufgrund der Altbesitzregelung verwendet werden, hier kann eine Abrisslast das Eigengewicht ersetzen. Ein Waffenschrank stellt eine Punktlast dar – moderne Wohngebäude sind statisch auf eine Regelbelastung von 150 kg, bezogen auf eine gleichmäßige Verteilung über einen Quadratmeter, ausgelegt.

**Waffenhändlern, Herstellern**, **Museen** oder **Sammlern** können auf Antrag Ausnahmen für die Aufbewahrung und Ausstellung genehmigt werden; hier kann etwa bei besonderer Sicherung des Lagerortes (beispielsweise Sicherheitstür als einziger Zugang zu einem unterflurig belegenen Kellerraum) von der Aufbewahrungspflicht in einem Schrank abgesehen werden.

Werden im **Waffenhandel** Waffen im Zuge eines Kundengesprächs vorgeführt, dürfen die Waffen nicht unbeaufsichtigt abgelegt werden. Werden Waffen in Betriebspausen außerhalb eines Behälters oder Waffenraumes aufbewahrt, ist das ein Sorgfaltsverstoß im Sinne von § 5 Abs. 1 Nr. 2 Buchst. b WaffG, auch wenn das Gebäude alarmtechnisch gesichert ist.[314]

## 15.7.4. Aufbewahrung von Schlüsseln, Zahlencodes

Die Aufbewahrung des Schlüssels eines Waffenschrankes ist gesetzlich nicht ausdrücklich geregelt. Nach § 36 Abs. 1 WaffG muss der Waffenbesitzer die erforderlichen Vorkehrungen treffen, um Abhandenkommen oder Wegnahme von Waffen und Munition zu verhindern, wozu auch gehört, Schlüssel so aufzubewahren, dass sie unberechtigten Dritten, wozu auch enge Familienangehörige[315] zu rechnen sind, nicht zugänglich sind. Ein Verbergen des Schlüssels außerhalb der Sicht- und Griffweite[316] einer vor dem Behältnis stehenden Person stellt keinen Verstoß dar, wenn der Schlüssel für Dritte nicht offen sichtbar abgelegt wird und die abstrakte Gefahr einer zufälligen Entdeckung als gering einzuschätzen ist. Die immer gleiche Aufbewahrung eines Schlüssels an einem für unbefugte Dritte zugänglichen Ort über mehrere Jahre erfüllt die gesetzgeberische Forderung nach einer sorgfältigen Verwahrung dagegen nicht und führt zur Unzuverlässigkeit.[317]

Die Verwahrung der Schlüssel eines qualifizierten Waffenschranks in einem nicht qualifizierten Behältnis unmittelbar neben diesem Waffenschrank ist nicht sorgfältig und kann zum Verlust der Zuverlässigkeit führen.[318] Mit der Inbesitznahme des Schlüssels ist die Inbesitznahme der damit verfügbaren Waffen oder Munition möglich. Werden Schlüssel von Behältnissen, insbesondere unmittelbar bei diesen Sicherheitsbehältnissen oder für Dritte leicht auffindbar verwahrt, sind sie in einem qualifizierten Behältnis aufzubewahren, in dem alle Waffen, die mit diesem Schlüssel in Besitz genommen werden könnten, aufbewahrt werden dürften.[319]

Wenn der Waffenschank zusätzlich zu einem Schlüsselschloss durch eine zertifizierte Vorrichtung wie Zahlenkombinationsschloss, biometrischem Schloss oder Codekarte gesichert ist, kann von einer sicheren Aufbewahrung der Schlüssel abgesehen werden, wenn die zusätzliche Vorrichtung allein die normierte Anforderung an die Verschlussvorrichtung erfüllt.

Das Überlassen eines Schlüssels ist gleichbedeutend mit dem Einräumen der tatsächlichen Gewalt über jene Schusswaffen, die in dem Behältnis aufbewahrt werden, das sich mit diesem Schlüssel öffnen lässt.[320] Darum ist stets sicherzustellen, dass sich Unberechtigte nicht in den Besitz des Schlüssels bringen können, etwa weil dieser offen am Schlüsselbrett der Wohnung hängt oder am Schlüsselbund in der Wohnungstür steckt, so dass ein unberechtigter Dritter sich des Schlüssels bemächtigen könnte.[321]

Gleiches gilt für den zur Öffnung erforderlichen Zahlencode, in der Schließtechnik „Geheimnis" genannt - ein Notizzettel mit diesem Code in der Nähe des Behälters lässt einen unmittelbaren Rückschluss auf den erforderlichen Code zu, das gilt auch für das Umkehren einer Zahlenfolge. Die Verwendung eines für Dritte leicht nachvollziehbaren Codes (etwa das Geburtsdatum des Erlaubnisinhabers, das Familienmitgliedern und Freunde sowie Geschäftspartner bekannt sein kann) ist ein Verstoß gegen Sorgfaltspflichten im Zusammenhang mit der Aufbewahrung und führt zur absoluten Unzuverlässigkeit nach § 5 Abs. 1 WaffG.[322]

Schlüssel für das Munitionsinnenfach in einem A- oder B-Schrank dürfen nicht in dem Waffenlagerraum dieses Behälters aufbewahrt werden oder in dem Schloss stecken, wenn die im Innenfach aufbewahrte Munition aus den in diesem Waffenlagerraum befindlichen Waffen verschossen werden kann. Ist eine getrennte Aufbewahrung von Waffe und Munition in diesem Schrank gesetzlich vorgeschrieben, ist auch die Aufbewahrung der Schlüssel von Schrank und Munitionsinnenfach an einem gemeinsamen Schlüsselring oder in einem gemeinsamen Versteck ein Sorgfaltsverstoß.

### 15.7.5. Gemeinschaftliche Aufbewahrung

Unproblematisch ist die gemeinschaftliche Aufbewahrung von Waffen und Munition durch Inhaber einer waffenrechtlichen Erlaubnis, die in **häuslicher Gemeinschaft** leben. Das WaffG sieht diese Erleichterung ausdrücklich vor.[323] Eine Gleichartigkeit der Erlaubnisse, etwa nur Sportschützen untereinander oder nur Jäger, ist nicht erforderlich, aber ein **gleiches Erlaubnisniveau**[324] bei allen Beteiligten. In der Regel ist mindestens der Besitz einer Erlaubnis nach § 10 Abs. 1 WaffG oder einer gleichgestellten Erlaubnis (Jagdschein etc.) zu fordern, um sicherzustellen, dass die Personen mit Zugriffsmöglichkeit auf die im Behältnis aufbewahrten Waffen und Munition zuverlässig, persönlich geeignet und sachkundig sind. Die gemeinschaftliche Aufbewahrung kommt etwa durch einen Jäger und einen Erben nicht in Betracht, da ein Erbe keinen Zugriff auf Munition haben darf. Die „häusliche Gemeinschaft" ist auch dann noch gegeben, wenn „ein naher Angehöriger,[325] wenn auch in gewissen Abständen, regelmäßig das Familienheim aufsucht" und jederzeit Zutritt zu dem Raum hat, in dem das Behältnis steht, etwa durch einen Schlüssel zu Haus oder Wohnung.[326]

### 15.7.6. Nicht dauernd bewohnte Gebäude

Als „nicht dauernd bewohnte Gebäude" nach § 13 Abs. 4 AWaffV sind Bauwerke anzusehen, in denen sich Nutzungsberechtigte nur vorübergehend und auch nur in sehr eingeschränktem Umfang aufhalten. Der Gesetzgeber umschreibt damit in erster Linie Jagdhütten oder Wochenendhäuser. Der Versuch einer Wegnahme unterliegt einer geringeren Wahrscheinlichkeit der Entdeckung, als dies in einer dauernd bewohnten Wohnung oder in einem Wohnhaus der Fall wäre. Nicht unter Begriff und damit die einschränkende Sonderbestimmung fallen Häuser und Wohnungen während der Urlaubsabwesenheit ihrer Bewohner oder Heime von Pendlern, die unter der Woche abwesend sind. Als „nicht dauernd bewohntes Gebäude" anzusehen sind Kellerräume eines Mehrfamilienhauses.[327]

In „**nicht dauernd bewohnten Gebäuden**" dürfen **höchstens drei Langwaffen** aufbewahrt werden, aber **keine Kurzwaffen**. Dabei ist ein Behältnis des

Widerstandsgrades I nach DIN EN 1143-1 zu verwenden. Die Höchstzahl von drei Langwaffen bezieht sich dabei auf das gesamte Bauwerk.

Durch die ausdrückliche Beschränkung auf Langwaffen ist eine Aufbewahrung von **Schalldämpfern** in einem nicht dauernd bewohnten Gebäude ebenfalls nicht gestattet. Das gilt auch bei Nutzung eines Behälters des Widerstandsgrades I nach DIN EN 1143-1. **Munition** darf in nicht dauernd bewohnten Gebäuden nicht aufbewahrt werden.[328]

Während des Aufenthalts, also im **Zeitraum zwischen An- und Abreise** des Hüttennutzers, ist eine **Jagdhütte** für diesen Zeitraum als **dauernd bewohntes Gebäude** anzusehen. Damit würden während der Dauer des gesamten Aufenthalts die allgemeinen Vorschriften zur Aufbewahrung von Schusswaffen und Munition gelten, selbst wenn der Jäger die Hütte zur Jagdausübung oder zu einer Besorgung verlässt. Insbesondere für **Jagdgäste** sollte immer die durch § 13 Abs. 9 AWaffV eröffnete Ausnahmemöglichkeit[329] berücksichtigt werden; ob sie auch auf den Eigentümer bzw. langfristigen Mieter der Jagdhütte anwendbar ist, ist umstritten.

Der Hinweis des Gesetzgebers, dem Publikumsverkehr zugängliche Museen seien keine „nicht dauernd bewohnten Gebäude", unterstreicht das Abstellen auf das geringe Entdeckungsrisiko aufgrund des Faktors Zeit.[330] Diese Einschränkung ist allerdings nicht auf Schützenhäuser übertragbar, ebenso wenig auf Schießstätten und den gewerblichen Bereich (Waffenherstellung und Waffenhandel), zudem werden in Museen überwiegend historische, nur wenig deliktrelevante Schusswaffen aufbewahrt.

## 15.7.7. Vorübergehende Aufbewahrung

### 15.7.7.1. Übersicht

§ 13 Abs. 9 AWaffV erlaubt dem Besitzer einer Waffe oder von Munition, von den gesetzlichen Vorgaben zur sicheren Aufbewahrung abzuweichen. Dies ist erforderlich, da etwa im Falle des in der Norm beispielhaft genannten Aufenthaltes außerhalb der Wohnung im Zuge einer Jagdreise oder einer Wettkampfteilnahme ein gesetzlich vorgeschriebenes Behältnis in der Regel nicht zur Verfügung steht, etwa im Hotel oder in der Wohnung eines Gastgebers. Gleiches gilt für die Teilnahme an Treib- oder Drückjagden.

Gleichwohl ist die grundsätzliche Regelung des § 36 Abs. 1 WaffG zu beachten, wonach der Verantwortliche die erforderlichen Vorkehrungen zu treffen hat, um ein Abhandenkommen oder eine Wegnahme von Waffen oder Munition zu unterbinden. Hier ist stets ein hohes Maß an Sorgfalt erforderlich, um es einem Täter nicht zu leicht zu machen. So wird es in der Regel nicht ausreichend sein, die Schusswaffe im verschlossenen Waffenkoffer freistehend im ebenfalls verschlossenen Hotelzimmer zurückzulassen, was bereits dadurch zum Ausdruck kommt, dass der Gesetzgeber durch § 12 Abs. 3 Nr. 6 WaffG das Führen eines wesentlichen Teils einer Schusswaffe ausdrücklich von der Erlaubnispflicht freistellt, wenn bei der vorübergehenden Aufbewahrung außerhalb der Wohnung dieses wesentliche Teil entnommen wird, damit die Rest-Waffe im Moment der Wegnahme durch einen Unbefugten vorübergehend funktionsunfähig ist.

Waffenbesitzer sind verpflichtet, in der jeweiligen Situation Waffen oder Munition so aufzubewahren, dass Art oder Ort der Aufbewahrung die Gefahr einer unbefugten Wegnahme möglichst gering halten. Immer dann, wenn die Aufbewahrung von Waffen und Munition in einem waffenrechtlich normierten Sicherheitsbehältnis möglich ist, ist kein Raum für eine Freistellung von den regulären Aufbewahrungsvorschriften und daher auch kein Raum für die Geltung der Sonderregelungen.[331]

Dabei kann eine Wegnahme nie gänzlich ausgeschlossen werden, was aber auch bei Aufbewahrung in einem gesetzlich zugelassenen Wertbehältnis der Fall ist, das mit Einsatz geeigneter Werkzeuge ebenfalls innerhalb eines überschaubaren Zeitraums den Zugriff auf die darin aufbewahrten Waffen erlaubt. Bei der gerichtlichen oder behördlichen Bewertung, insbesondere im Falle eines erfolgreichen Diebstahls aus einem Fahrzeug oder Hotelzimmer, ist darum immer auf die Gesamtsituation abzustellen und die tatsächlich gegebenen Möglichkeiten zu Beginn der Aufbewahrung. Zudem ist bei nachträglicher Bewertung der ergriffenen Maßnahmen unter den möglichen Arten des Schutzes gegen Wegnahme nur auf solche Varianten abzustellen, deren Umsetzung realistisch ist und in einem vertretbaren Verhältnis von Aufwand und erforderlichem Maß steht – so wäre die Forderung der Verwendung eines mobilen Behältnisses, das eine Zertifizierung nach der EN 1143-1 besitzt, regelmäßig unverhältnismäßig.

### 15.7.7.2. Vorübergehende Aufbewahrung in einem Fahrzeug

Wie bereits in der Einleitung zu diesem Kapitel dargestellt, obliegt es dem Waffenbesitzer, in der jeweiligen Situation die sicherste, angemessene Art der Aufbewahrung zu wählen. Die Erläuterungen des Gesetzgebers zur Auslegung des WaffG[332] sehen bezüglich der Aufbewahrung von Waffen und Munition in einem Fahrzeug, das nicht in Sichtweite des Waffenbesitzers abgestellt ist, die notwendigen Sicherungsmaßnahmen erfüllt, wenn Waffen oder Munition in dem verschlossenen Fahrzeug so aufbewahrt werden, dass keine unmittelbaren Rückschlüsse auf die Art des Inhaltes erkennbar sind; dies gilt sowohl für die Teilnahme am **Schüsseltreiben** als auch für die Zeit der **Einnahme des Mittagessens**, einen **Tankstopp** oder einen **Einkauf**. Diese Einordnung bezieht sich ausdrücklich nur auf die kurzfristige Abwesenheit vom Fahrzeug, nicht aber für Fälle des mehrständigen, unbeaufsichtigten Aufbewahrens im Kofferraum des PKW, etwa um „nach Feierabend" direkt vom Büro zum Schießstand zu fahren.[333] Schläft der Waffenbesitzer im Fahrzeug, ist aufgrund der Unmöglichkeit, die tatsächliche Gewalt auszuüben, von einer Aufbewahrung auszugehen, womit die vorgenannten Voraussetzungen erfüllt werden müssen, insbesondere das von außen nicht erkennbare Unterbringen von Waffen und Munition.[334]

#### 15.7.7.3. Vorübergehende Aufbewahrung auf Reisen

§ 13 Abs. 9 AWaffV eröffnet insbesondere für die Dauer eines Aufenthalts in einem Hotel, aber auch in den Räumlichkeiten eines Dritten, die Möglichkeit, von den gesetzlichen Pflichten zur Nutzung zertifizierter Behälter abzuweichen. So ist die Aufbewahrung im Hotelzimmer dann möglich, wenn die Waffen und die Munition in einem Transportbehältnis oder in einem verschlossenen (Holz-)Schrank oder einem sonstigen verschlossenen Behältnis aufbewahrt werden.[335] Das Entfernen eines wesentlichen Teils oder die Anbringung einer Abzugssperrvorrichtung sind mögliche ergänzende Vorsichtsmaßnahmen. Dem Verbergen von Waffen oder Munition im Zimmer kommt dabei eine besondere Bedeutung zu.

Das entnommene wesentliche Teil darf in diesem Zusammenhang gemäß § 12 Abs. 3 Nr. 6 WaffG auch ohne Waffenschein geführt werden. Zu beachten ist aber das Verbot des Führens von Waffen bei öffentlichen Veranstaltungen wie etwa Konzerten oder Kinovorführungen nach § 42 WaffG.

### 15.7.8. Überprüfung der sicheren Aufbewahrung

Die **Überprüfung der sicheren Aufbewahrung** von Waffen und Munition durch die Behörde kann **nur vor Ort** durch eine Nachschau durch **qualifiziertes**[336] **Personal oder in Begleitung einer qualifizierten Person effektiv** erfolgen. Verdachtsunabhängige Kontrollen der sicheren Aufbewahrung sollen nicht gebührenpflichtig sein, da sie im öffentlichen Interesse liegt.[337]

Dabei sind neben den **Typenschildern** die in dem Behältnis aufbewahrten Waffen zu überprüfen.[338] Die Berechtigung zur Nachschau der einzelnen Waffen im Behältnis ergibt sich auch aus dem Wortlaut des § 36 Abs. 1 WaffG, wonach „diese Gegenstände" vor Wegnahme oder Abhandenkommen geschützt werden müssen. Um dies festzustellen, ist eine Überprüfung der einzelnen Waffen unerlässlich, auch um festzustellen, wo eine bestimmte Waffe zum Zeitpunkt der Kontrolle verwahrt wird (Leihe, Verwahrung, Reparatur etc.), wenn sie nicht vor Ort aufbewahrt wird.

**Verweigert** der Inhaber einer waffenrechtlichen Erlaubnis den Mitarbeitern der zuständigen Behörde den **Zutritt** zu den Räumlichkeiten, in denen er Waffen oder Munition aufbewahrt, verstößt er damit gegen seine **Mitwirkungspflicht**, soweit die Weigerung **nicht nachvollziehbar** begründet wurde. Sind zum Erreichen des Aufstellortes der Waffen andere Räumlichkeiten zu durchqueren, muss der Waffenbesitzer den kontrollierenden Personen dies ermöglichen.

Geschieht die Weigerung **wiederholt** oder **vorsätzlich**, gilt der Erlaubnisinhaber als **nicht zuverlässig** im Sinne des § 5 Abs. 2 WaffG und muss mit dem **Widerruf** seiner Erlaubnisse gemäß § 45 Abs. 2 WaffG rechnen. Auch eine einmalige rechtswidrige Verweigerung der Zutrittsgestattung nach § 36 Abs. 3 Satz 2 WaffG kann als gröblicher Verstoß im Sinne von § 5 Abs. 2 Nr. 5 WaffG zu werten sein.[339] Das Grundrecht auf Unverletzlichkeit der Wohnung nach Art. 13 Grundgesetz wird dadurch nicht verletzt.[340] Die sofortige Sicherstellung der Waffen ist in diesem Falle aber nicht zulässig.[341]

Ist das Behältnis nicht durch ein fest angebrachtes Typenschild einer der gesetzlich geforderten Normen zuzuordnen, kann die zuständige Behörde die Aufbewahrung als gleichwertig anerkennen, wenn die Eignung des Behältnisses durch ein **Sachverständigengutachten** nachgewiesen werden. Dabei sind an die Qualifikation des Sachverständigen besondere Anforderungen zu stellen, etwa die „Öffentliche Bestellung und Vereidigung" (öbuv Sachverständiger) für dieses Fachgebiet oder eine mit den Voraussetzungen für die öffentliche Bestellung gleichwertige Qualifikation. Grundsätzlich sollen sich Behörden an den Regeln für die Auswahl von Sachverständigen im Gerichtsverfahren orientieren.[342]

Die Anerkennung der **Gleichwertigkeit** von Behältnissen, die nicht über ein fest angebrachtes Typenschild zum Nachweis der Erfüllung von Anforderungen einer geeigneten Prüfnorm verfügen, kann nach § 13 Abs. 1 Satz 3 AWaffV auf Antrag des Betroffenen erfolgen. Das von dem Sachverständigen angefertigte Gutachten ist der Behörde vom Antragsteller vorzulegen.

Bei Behältnissen mit einem Eigengewicht unter 100 kg ist regelmäßig eine **Verankerung** gegen Wegnahme des gesamten Behältnisses zu fordern.[343] Die fachgerechte Verankerung ist durch den Betroffenen nachzuweisen.

Insbesondere die **Anerkennung von Waffenräumen** als Ersatz für die Aufbewahrung in zertifizierten Behältnissen nach § 13 Abs. 1 Satz 4 AWaffV setzt stets ein **Gutachten des qualifizierten Sachverständigen** voraus. Hier ist zu beachten, dass die Zulassung dieser Art der Aufbewahrung nur bei nachgewiesener Gleichwertigkeit der Schutzmaßnahmen gerechtfertigt ist. Gleiches gilt für Entscheidungen nach § 13 Abs. 5 und 6 AWaffV.

Die **Aufbewahrung** von Waffen und Munition **in Schützenhäusern** und im **Waffenhandel** ist durch die potentielle Bekanntheit oder zumindest naheliegende Vermutung des Umstandes, dass in dem betreffenden Gebäude Waffen und Munition aufbewahrt werden, besonders intensiv daraufhin zu prüfen, ob die ergriffenen Maßnahmen zum Schutz gegen eine unbefugte Wegnahme ausreichend sind. Insbesondere die oftmals einsame Belegenheit von Schützenhäusern („vom Dorf gesehen noch hinter dem Friedhof") sowie die Nutzung von PKW und schwerem Gerät durch Einbrecher zum Durchbrechen rein mechanischer Sicherungen machen es hier ausnahmslos nötig, seitens der Behörde ein **Aufbewahrungskonzept** nach § 14 A-WaffV zu fordern, das von einem qualifizierten Sachverständigen (siehe oben) anzufertigen ist. Hier wird durch ein Zusammenspiel von mechanischen und elektronischen sowie organisatorischen Sicherungsmaßnahmen ein tragfähiges Konzept zu erarbeiten sein. Wichtig ist neben der ersten Projektierung und Errichtung eine Überwachung der Aufbewahrung analog zur Überwachung der Schießstätten – nur eine dauerhaft funktionsfähige Einbruchmeldeanlage kann dafür sorgen, dass Hilfe durch die Polizei rechtzeitig vor Ort eintrifft, bevor mechanische Schutzmaßnahmen vom Täter überwunden werden können. Die waffenrechtlich Verantwortlichen werden im Falle eines Einbruchs und des Abhandenkommens von Waffen zur Rechenschaft gezogen – es sollte daher im Interesse des Vorstandes oder des Inhabers eines Unternehmens stehen, Sicherungsmaßnahmen nach dem Stand der Technik zu nutzen, um eine Bestrafung zu vermeiden.

## 15.7.9. Verstöße gegen Aufbewahrungsvorschriften

Verstöße gegen die Aufbewahrungsvorschriften[344] wurden nach WaffG 2002 zunächst mit Geldbuße bis zu 10.000 EURO geahndet. Nach dem Amoklauf von Winnenden bestand eine der Reaktionen des Gesetzgebers darin, den Strafvorschriften einen neuen Paragraphen hinzuzufügen. Nach § 52 Abs. 3 Nr. 7a WaffG[345] kann bei vorsätzlichem[346] Verstoß gegen die Aufbewahrungsvorschriften[347] nach § 36 WaffG iVm § 13 AWaffV eine Freiheitsstrafe von bis zu drei Jahren oder eine Geldstrafe verhängt werden, wenn durch den Verstoß die Gefahr eines Zugriffs durch Unbefugte oder eines Abhandenkommens verursacht wurde. Eine nach Heimkehr von der Jagd an den Kleiderhaken gehängte, unbeaufsichtigte Flinte erfüllt diesen

Tatbestand. Gravierender ist für den Betroffenen die **Vermutung der Unzuverlässigkeit**, die schon aus einem einmaligen Verstoß begründbar ist.[348]

## 15.8. Jagdschein

### 15.8.1. Begriffsbestimmungen

**Jäger** ist, wer Inhaber eines gültigen Jagdscheines im Sinne von § 15 Abs. 1 Satz 1 BJagdG ist,[349] also eines Tagesjagdscheins oder Jahresjagdscheins.

Der **Jagdschein** gilt im gesamten Bundesgebiet. Er ist keine waffenrechtliche, sondern eine jagdrechtliche Erlaubnis. Für die erstmalige Erteilung muss die Prüfung zur Erlangung des ersten Jagdscheines erfolgreich abgelegt worden sein. Der Jagdschein wird für ein, zwei oder drei Jahre (**Jahresjagdschein**) oder als **Tagesjagdschein** für einen 14tägigen ununterbrochenen Zeitraum ausgestellt. Zu beachten ist, dass der Jahresjagdschein nicht für Kalenderjahre, sondern für das sogenannten Jagdjahr ausgestellt wird.[350] Tagesjagdscheine können auf Landesebene reglementiert werden, so dass die mehrfache Erteilung innerhalb eines Jahres begrenzt sein kann.

Ein Jagdschein ist stets im Original vorzulegen, da nur so ein Nachweis der bestehenden Erlaubnis geführt werden kann.[351] Prüft zB ein Jagdleiter vor Beginn einer Treibjagd nicht die Jagdscheine der Teilnehmer, kann diese Sorgfaltsverletzung zur Vermutung der Unzuverlässigkeit führen.

Die Prüfungsurkunde, regional auch **Jägerbrief** genannt, die die erfolgreich abgelegte Jägerprüfung bestätigt, reicht nicht aus, um eine Person als Jäger im Sinne des WaffG anzusehen. Gleiches gilt für Inhaber eines **Jugendjagdscheins** nach § 16 BJagdG oder **Falknerjagdscheins**[352], auch diese Personen unterfallen nicht dem waffenrechtlichen Begriff des Jägers, womit die besonderen Regelungen für Jäger in § 13 WaffG, insbesondere zum erleichterten Erwerb von Langwaffen und Langwaffen-Munition, nicht auf diese Personen anzuwenden sind. Auf Inhaber eines **Jugendjagdscheins** sind abweichend die Regeln in § 13 Abs. 7 WaffG anzuwenden, da auch sie nicht dem waffenrechtlichen Begriff des Jägers unterfallen.[353]

Zu beachten ist, dass aufgrund des jeweiligen Gültigkeitszeitraums auch **volljährige Personen** für einen bestimmten Zeitraum noch Inhaber eines **Jugendjagdscheins** sein können, die Volljährigkeit aber nicht automatisch aus dem Jugendjagdschein einen vollwertigen Tages- oder Jahresjagdschein macht. Die Erlaubnis ist gesondert durch die Jagdbehörde zu erteilen.

**Jagdwaffe** im Sinne von § 13 Abs. 1 Nr. 2 WaffG ist jegliche Waffe, deren Verwendung bei der Jagd nicht nach § 19 BJagdG oder landesrechtlichen Regelungen[354] verboten ist. Eine Geeignetheit zur Jagd ist für den Status der Jagdwaffe nicht erforderlich, da es sich bei der in § 13 Abs. 1 Nr. 2 WaffG verwendeten Definition um eine negative Abgrenzung handelt, die bestimmte Waffen vom Begriff der Jagdwaffe ausschließt, ohne aber durch positive Benennung den Begriff der Jagdwaffe eingrenzend zu formulieren. Somit zählen auch SRS-Waffen zu Jagdwaffen im Sinne des WaffG.[355]

### 15.8.2. Jagdscheinarten

Der **Jagdschein** (**Tages-** oder **Jahresjagdschein**, nicht **Jugendjagdschein**)

- erlaubt den Erwerb und vorübergehenden Besitz nach § 12 Abs. 1 Nr. 1 Buchst. a WaffG (im Sinne der **Leihe oder Verwahrung**) in Verbindung mit § 13 Abs. 4 WaffG von **Langwaffen** im Sinne von § 13 Abs. 1 Nr. 2 WaffG und **Schalldämpfern**, die für Langwaffen mit Zentralfeuerkaliber bestimmt sind, für den Gültigkeitszeitraum des Jagdscheins, aber nicht länger als einen Monat,[356]
- erlaubt den Erwerb und Besitz von **Munition,** die geeignet ist für **Langwaffen**, sofern sie nach dem Bundesjagdgesetz nicht verboten ist (beachten Sie dazu die Hinweise in Kapitel 5.2.3.2), unabhängig davon, ob der Betroffene eine Waffe dieses Kalibers besitzt,
- erlaubt das **Führen von und Schießen mit Jagdwaffen** nach § 13 Abs. 6 WaffG und
- ist **Nachweis für das Bedürfnis** im Sinne von § 4 Abs. 1 Nr. 4 und § 8 WaffG, wenn
  - glaubhaft gemacht wird, dass Schusswaffen und Munition zur Jagdausübung oder zum Training im jagdlichen Schießen einschließlich jagdlicher Schießwettkämpfe benötigt werden und
  - Schusswaffe oder Munition nach § 19 BJagdG nicht verboten sind.

Der **Jahresjagdschein** lässt gemäß § 13 Abs. 2 Satz 2 WaffG die Glaubhaftmachung eines **Benötigens** (§ 13 Abs. 1 Nr. 1 WaffG) und die Prüfung des **Bedürfnisses** (§ 4 Abs. 1 Nr. 4 WaffG) **entfallen** für Erwerb und Besitz

- von Langwaffen im Sinne von § 13 Abs. 1 Nr. 2 WaffG,
- Schalldämpfer für Langwaffen mit Zentralfeuerkaliber und
- der ersten oder zweiten Kurzwaffe für die Jagd

und erlaubt über die mit dem Tagesjagdschein möglichen Erwerbsvorgänge hinaus den **Erwerb von**

- **Langwaffen**[357] im Sinne von § 13 Abs. 1 Nr. 2 WaffG und den für diese bestimmten **wesentlichen Teilen** und

- **Schalldämpfern**, die für Langwaffen mit Zentralfeuerkaliber bestimmt sind.

Der Erwerb ist der Waffenbehörde anzuzeigen und der befugte dauerhafte **Besitz durch Eintragung in eine WBK** zu dokumentieren.[358]

Für den **Erwerb und dauerhaften Besitz von Kurzwaffen**[359] oder sonstigen[360] **Schalldämpfern** sowie von für Schusswaffen bestimmten Single-Use-**Nachtsichtvorsatz- und -aufsatzgeräten** ist ein Voreintrag in einer WBK erforderlich, die Vorlage eines Jahresjagdscheins ist nicht ausreichend. Ebenfalls ist die WBK erforderlich, um die Freistellung von der Erlaubnispflicht für Erwerb und vorübergehenden Besitz nach § 12 Abs. 1 Nr. 1 WaffG (**Leihe und Verwahrung**) für die vorgenannten Gegenstände in Anspruch nehmen zu können, da § 13 Abs. 5 WaffG nicht anwendbar ist und somit ein Tages- oder Jahresjagdschein allein nicht ausreicht.

Für den Erwerb und Besitz von **Kurzwaffenmunition** ist ein Jagdschein nicht ausreichend. In diesem Fall muss das entsprechende Feld der WBK in der Zeile der betreffenden Kurzwaffe gesiegelt sein oder ein Munitionserwerbsschein vorliegen.

Der **Ausländerjagdschein**[361] wird in der Regel **als Ausländer-Tagesjagdschein** ausgestellt; die Erteilung eines Ausländer-Jahresjagdscheins ist ebenfalls möglich. Voraussetzung ist, dass der Antragsteller in seinem Heimatland einen Jagdschein besitzt und dort eine Jägerprüfung abgelegt hat, die mit den Anforderungen der deutschen Jägerprüfung vergleichbar ist.[362] Die jagdgesetzlich geforderte **Haftpflichtversicherung** ist Voraussetzung für die Erteilung des Ausländerjagdscheins, das Bestehen dieser Versicherung für den Zeitraum der Gültigkeit der beantragten Erlaubnis ist bei deren Beantragung nachzuweisen. Der Ausländerjagdschein ist ein **Unterfall des Tages- oder Jahresjagdscheins**[363] und damit diesen Erlaubnissen auch im waffenrechtlichen Kontext **vollumfänglich gleichgestellt**.

Die von den vorgenannten Erwerbsregelungen abweichenden Vorschriften zum vorübergehenden berechtigten Umgang mit Waffen oder Munition für Inhaber eines **Jugendjagdscheins** erläutert Kapitel 15.8.9.

## 15.8.3. Befreiungen von Verboten

Inhaber einer *jagdrechtlichen Erlaubnis*, mithin neben dem Jahres- oder Tagesjagdschein auch **Falknerjagdschein** und **Jugendjagdschein**, sind gemäß § 40 Abs. 3 **Satz 1** WaffG vom Verbot des Umgangs mit **Faustmessern** befreit. Die Vorschriften für die **Aufbewahrung** verbotener Waffen gelten aber auch in diesen Fällen vollumfänglich.[364]

Anders die Befreiung vom Verbot des Umgangs mit **Nachtsichtvorsatz**- und -**aufsatzgeräten** in § 40 Abs. 3 **Satz 4** WaffG, die sich nur auf Inhaber eines *gültigen Jagdscheines* im Sinne von § 15 Abs. 1 Satz 1[365] BJagdG bezieht, womit der Jugendjagdscheininhaber von der Freistellung nicht erfasst wird, wohl aber der Inhaber von gültigem Jahres- oder Tagesjagdschein.

## 15.8.4. Gültigkeit

**Mit Ablauf des Zeitraums**, für den der Jahres- oder Tagesjagdschein erteilt wurde, **verliert der Jagdschein seine Gültigkeit**. Somit handelt es sich ab diesem Moment bei einer Person, die zuvor Jäger im Sinne des Waffengesetzes gewesen ist, **nicht mehr um einen Jäger im Sinne des WaffG**, womit die diesbezüglichen Regelungen in § 13 WaffG nicht mehr anwendbar sind, insbesondere die Erlaubnis zum Erwerb und Besitz von Munition für Langwaffen. Gleichwohl können Waffen oder Munition, die zu diesem Zeitpunkt im Besitz einer betroffenen Person sind, aufgrund einer erteilten waffenrechtlichen Erlaubnis weiterhin befugt besessen werden, etwa durch eine WBK, im Falle der Munition mit gesondertem Eintrag oder durch einen Munitionserwerbsschein. Zu beachten ist, dass bei Erteilung dieser Erlaubnisse in der Regel ein gültiger Jahresjagdschein Voraussetzung dafür war, dass die waffenrechtliche Erlaubnis erteilt wurde.

**Ohne gültigen Jahresjagdschein entfällt das Bedürfnis** und damit die Voraussetzung **für den befugten dauerhaften Besitz** von Schusswaffen und Munition. Die Möglichkeit für Inhaber eines gültigen Jahresjagdscheins, nach § 13 Abs. 2 Satz 2 WaffG ohne Nachweis eines **Bedürfnisses** Langwaffen und bis zu zwei Kurzwaffen zu erwerben und auch zu besitzen, fällt weg, womit es sich um einen Fall des § 45 Abs. 2 Satz 1 WaffG handelt, die erteilte waffenrechtliche Erlaubnis also zu widerrufen wäre. Die zuständige Behörde kann aber in bestimmten Fällen von einem Widerruf der Erlaubnis und von einer Anordnung der Abgabe der Waffen oder Munition.

Um nach **Nicht-Lösen und Ablauf des Jagdscheins** nicht unbefugt Munition zu besitzen, wird das Siegeln des Feldes zum Munitionserwerb und –besitz in der WBK auch für die darin eingetragenen Langwaffen empfohlen. Durch diese in der WaffVwV gegebene Empfehlung wird deutlich, dass der Gesetzgeber bei einem vorübergehenden Wegfall des Bedürfnisses einen unmittelbaren Widerruf waffenrechtlicher Erlaubnisse wie WBK oder MES nicht als den Regelfall oder zwingend ansieht.

### 15.8.5. Führen von Waffen und Schießen (§ 13 Abs. 6 WaffG)

**Ausübung der Jagd** ist jagdrechtlich gemäß § 1 Abs. 4 BJagdG das Aufsuchen, Nachstellen, Erlegen und Fangen von Wild.[366] Zusätzlich, was **nicht zur eigentlichen Jagdausübung** zählt, dürfen Jäger gemäß § 13 Abs. 6 WaffG auch zum **Ein- und Anschießen im Revier**[367], zur **Ausbildung von Jagdhunden im Revier** sowie zum **Jagd-**[368] **oder Forstschutz** Jagdwaffen führen und mit ihnen schießen. Eine Tätigkeit, die „**im Zusammenhang mit diesen Tätigkeiten**" erfolgt, wäre zB die Fahrt ins Revier und zurück – hier darf die Waffe **zugriffsbereit, aber nicht schussbereit** (geladen) sein.

Der **befugten Jagdausübung gleichgestellt** ist der Abschuss von Tieren, die dem Naturschutzrecht unterliegen, wenn durch behördliche oder gesetzliche Ausnahme oder Befreiung die Tötung der Kreatur durch einen Jagdscheininhaber vorgesehen ist.

Die **Waffe** darf **nur geladen** sein, wenn der **bestimmungsgemäße Gebrauch** nach § 13 Abs. 6 WaffG **begonnen hat und noch andauert**. Ist dieser bestimmungsgemäße Gebrauch **beendet**, ist die **Waffe sofort zu entladen**. Das Führen einer **geladenen Schusswaffe** im Zusammenhang mit der Jagdausübung auf dem Weg in das oder aus dem Revier, also **außerhalb des Reviers**, ist eine **Straftat** nach § 52 Abs. 3 Nr. 2 Buchst. a WaffG, da in diesem Falle nur das Führen einer ungeladenen Waffe von der Waffenscheinpflicht befreit ist. Gleiches gilt für das **Besteigen eines KFZ im Revier** mit geladener Waffe, da ab diesem Moment keine Jagdausübung mehr erfolgt. [369] So ist auch das **Mitführen einer geladenen Jagdwaffe** in einem **Kraftfahrzeug** im Revier auf der Fahrt zu einem Wildfütterungsplatz **nicht von der Ausnahmeregelung** des § 13 Abs. 6 WaffG **erfasst**.

Vorschriften zur Unfallverhütung[370] untersagen das Besteigen von Fahrzeugen mit geladenen Waffen ausdrücklich, womit diese Handlungen keine Jagdausübung im Sinne des WaffG sind. Ein solches Verhalten ist ein **nicht sachgemäßer Umgang mit Schusswaffen**, was die Annahme der **Unzuverlässigkeit** nach § 5 Abs. 1 Nr. 2 Buchst. b WaffG rechtfertigt und in der Regel zum Entzug der jagd- und waffenrechtlichen Erlaubnisse führt. Das Laden einer Schusswaffe außerhalb des Reviers, etwa in der eigenen

Wohnung oder auf dem eigenen befriedeten Besitztum, wäre ebenfalls pflichtwidrig und würde zur Vermutung der Unzuverlässigkeit führen.[371]

Das **Führen** einer **zugriffsbereiten und schussbereiten Jagdwaffe** durch Jäger ist **ohne Waffenschein** erlaubt, wenn die Waffe

- zur befugten **Jagdausübung** einschließlich
- des **Ein- und Anschießens** im Revier,
- der **Ausbildung von Jagdhunden** im Revier oder
- des **Jagdschutzes** oder
- des **Forstschutzes**

geführt wird. Ebenso bedarf in den vorgenannten Fällen das **Schießen**[372] mit einer Jagdwaffe **keiner Schießerlaubnis**.

Wird die Waffe **nur im Zusammenhang** mit den vorgenannten Tätigkeiten geführt, darf sie zwar **zugriffsbereit, aber nicht schussbereit** sein. Aus dieser besonderen Regelung des § 13 Abs. 6 Satz 1 2. Halbsatz WaffG ergibt sich im Umkehrschluss, dass die Waffe in den Fällen des 1. Halbsatzes schussbereit, also geladen sein darf. Vorschriften der UVV (Unfallverhütungsvorschrift) Jagd (VSG 4.4) sind in diesem Falle zu beachten. Verbote nach der berufsgenossenschaftlichen Vorschrift haben dabei Vorrang vor bestehenden jagd- oder waffengesetzlichen Regelungen.[373]

Beim **Schuss aufs Wild** ist insbesondere das Verbot nach § 19 Abs. 1 Nr. 2 Buchst. c BJagdG zu beachten, wonach bei Verwendung eines **Halbautomaten** die Waffe **nicht mit mehr als drei Patronen** geladen sein darf.

**Einschießen** ist das Überprüfen und Korrigieren der Treffpunktlage nach Veränderungen an der Waffe, während es sich bei einem **Anschießen** lediglich um zwei bis drei Kontrollschüsse handelt, die der Jäger quasi vor Beginn der Jagd abgibt, um sich von der Zielgenauigkeit seiner Waffe, genauer von der korrekten Justierung der Visiereinrichtung, zu überzeugen.[374] Das Einschießen erfolgt in der Praxis nach einem Anschießen, bei dem festgestellt wurde, dass die Visiereinstellung verändert werden muss. Die Freistellung ist nicht auf Langwaffen beschränkt, auch Kurzwaffen dürfen im Revier an- und eingeschossen werden. Sonstige **Schießübungen** sind dagegen kein An- oder Einschießen im Sinne von § 13 Abs. 6 WaffG.

**Jagdschutz** umfasst nach § 23 BJagdG den Schutz des Wildes insbesondere vor Wilderern, Futternot und Wildseuchen sowie vor wildernden Hunden und Katzen. Außerdem sorgt die für den Jagdschutz zuständige Person für die Einhaltung der zum Schutz des Wildes und der Jagd erlassenen

Vorschriften in seinem Zuständigkeitsbezirk.[375] Der in § 25 BJagdG geregelte Jagdschutz obliegt insbesondere dem örtlichen Jagdausübungsberechtigten und behördlich bestätigten **Jagdaufsehern**[376]. Zu beachten sind besondere landesgesetzliche Regelungen. Der Jagdschutz endet auch im Falle der **Nacheile** (Verfolgung eines Flüchtigen) an der Reviergrenze.[377]

**Forstschutz** ist eine dem Jagdschutz verwandte Aufgabe mit anderem Schutzzweck. Der Forstschutz dient insbesondere der Abwehr von drohenden Gefahren für den Wald, seine Funktionen und seine Einrichtungen. Eine weitere Aufgabe ist die Beseitigung von Störungen der öffentlichen Sicherheit und Ordnung im Wald.

### 15.8.6. Regelungen zum Umgang durch die UVV Jagd (VSG 4.4)

Unfallverhütungsvorschriften (UVV) der gesetzlichen Unfallversicherungen entstehen aus den Erkenntnissen, die bei der Ursachenforschung gewonnen werden – sie sind sozusagen „mit Blut geschrieben", indem nach der Analyse der jeweiligen Unfallursache verbindliche Verhaltensregeln für Versicherte und Unternehmer festgelegt werden. Für den Bereich „Jagd" zuständig ist die „Sozialversicherung für Landwirtschaft, Forsten und Gartenbau" (SVLFG) als Berufsgenossenschaft, die die VSG (Vorschriften für Sicherheit und Gesundheitsschutz) 4.4 herausgibt bzw. fortschreibt.[378] Vorgaben der VSG 4.4 einschließlich der erläuternden Hinweise[379] sind für Jäger nicht nur hinsichtlich des Versicherungsschutzes, zB für Rehabilitationskosten, von Bedeutung – ein **Verstoß gegen berufsgenossenschaftliche Unfallverhütungsgenossenschaften** kann als „nicht vorsichtiger Umgang" gemäß § 5 Abs. 1 Nr. 2 lit. b WaffG die **Zuverlässigkeit entfallen** lassen.[380]

Die Regelungen der VSG 4.4 zu Schusswaffen sind hinsichtlich der Begrifflichkeiten gemäß den Begriffsbestimmungen der Anlage 1 WaffG auszulegen. Somit beschreibt der Begriff „**entladen**", bezogen auf eine Schusswaffe, das Gegenteil des waffenrechtlichen Begriffs „geladen" nach Anlage 1 A2 Nr. 12 WaffG – es darf **keine Munition in der Trommel**, im in die Waffe eingefügten **Magazin** oder im **Patronen- oder Geschosslager** sein.

§ 2 der VSG 4.4 stellt auf Vorschriften des Beschussgesetzes ab. Zudem wird festgelegt, dass **wiedergeladene Munition** den Bestimmungen des WaffG und des SprengG entsprechen muss. Zudem müssen **Patronen mit Flintenlaufgeschossen** so mitgeführt werden, dass sie nicht mit Schrotpatronen verwechselt werden können, zB durch **getrennte Patronentaschen**.

§ 3 der VSG 4.4 untersagt das Laden einer Waffe außerhalb der tatsächlichen Jagdausübung und gebietet ein **Sichern der Waffe unmittelbar nach dem Laden**. Ist eine Waffe gestochen, muss, falls der Schuss nicht abgegeben wurde, die Waffe sofort gesichert und entstochen werden – das **Einstechen** darf nur erfolgen, wenn die **Schussabgabe unmittelbar bevorsteht**.

Der Ladezustand ist in § 3 Abs. 3 WaffG einerseits für die Waffe, andererseits für die Läufe bzw. die Patronenläger unterschiedlich geregelt.

So gilt zunächst für den **Ladezustand der Waffe**, dass die Waffe beim Besteigen von Fahrzeugen und während der Fahrt entladen sein muss, also **nicht geladen** sein darf, somit auch nicht unterladen. Somit darf sich im Falle einer Schusswaffe zum Verschießen von Patronenmunition weder im Patronenlager noch in der Trommel (Revolver) befinden, auch nicht in einem Magazin, das sich in der Waffe befindet oder in diese Waffe eingeschoben worden ist, wenn der Jäger ein Fahrzeug besteigt oder sich in oder auf diesem Fahrzeug bewegt. Dies umfasst auch Mitfahren, etwa als Beifahrer in einem PKW oder auf einem gezogenen Anhänger.

Außerhalb der vorgenannten Situationen sieht § 3 Abs. 3 für besonders gefahrgeneigte Situationen besondere Regelungen hinsichtlich des **Ladezustands** vor, die ausschließlich die **Läufe** oder **Patronenläger**, somit auch die **Trommel** eines Revolvers, betreffen - beim **Besteigen oder Verlassen eines Hochsitzes**, beim **Überwinden von Hindernissen** oder in ähnlichen Gefahrenlagen müssen **Läufe bzw. Patronenlager entladen** sein. Das bedeutet, dass zwar Munition in einem Magazin in der Waffe sein darf, aber das Patronenlager frei sein muss.[381]

Die **Schussabgabe** darf erst dann erfolgen, wenn sich der Schütze **vergewissert** hat, dass **niemand gefährdet** wird. In der Praxis kommt der erhöhten Position bei der Schussabgabe in diesem Zusammenhang besondere Bedeutung zu, da der Kugelfang im sogenannten „gewachsenen Boden" einen größeren Eintauchwinkel des Geschosses voraussetzt, als er bei Schussabgabe auf gleichem Bodenniveau möglich ist – hier ist immer auf den sicheren Kugelfang durch deutlich ansteigendes Gelände bzw. künstliche Hindernisse, zB größere Holzaufschichtungen ausreichender Aufhaltefähigkeit zu achten. Grundsätzlich gilt hier: Kann eine **Gefährdung** des Hinterlands **nicht sicher ausgeschlossen** werden, darf **keine Schussabgabe** erfolgen.

Neben den allgemeinen Regelungen für den Umgang mit Schusswaffen bei der Jagdausübung sind **besondere Regelungen in § 4 der VSG 4.4** für die **Durchführung von Gesellschaftsjagden**[382] zu beachten, die nicht nur den Jäger, sondern auch den Veranstalter und den bei Bedarf von ihm bestimmten Jagdleiter besonderen Pflichten unterwerfen. Prüft zB ein Jagdleiter vor Beginn einer Treibjagd nicht die Jagdscheine der Teilnehmer, kann diese Sorgfaltsverletzung zur Vermutung der Unzuverlässigkeit führen.

§ 4 VSG 4.4 bestimmt, dass Waffen **außerhalb des Treibens stets ungeladen** und grundsätzlich **mit geöffnetem Verschluss** und mit der **Mündung nach oben oder abgeknickt**, zu tragen sind. Durchgeh- oder Treiberschützen dürfen während des Treibens nur entladene Schusswaffen mitführen. Dies gilt nicht für Feldstreifen und Kesseltreiben. Darüber hinaus ist es ausnahmsweise zulässig, dass Durchgeh- und Treiberschützen eine Schusswaffe mit entladenen Läufen bzw. freiem Patronenlager für Eigenschutz oder Fangschuss sowie für den Schuss auf vom Hund gestelltes Wild führen.

Das **Übungsschießen** ist nur auf behördlich genehmigten Schießständen und nur mit geeignetem Gehörschutz erlaubt. Dies widerspricht nicht den Regelungen in § 13 Abs. 6 WaffG – denn diese Vorschrift erlaubt im Revier zwar das Ein- und Anschießen der Waffe, nicht aber ein Übungsschießen.

## 15.8.7. Rechte und Pflichten im Jagdschutz

**Zum Jagdschutz berechtigt** in einem Jagdbezirk ist der dort **Jagdausübungsberechtigte** mit gültigem Jagdschein und der für diesen Bezirk **behördlich bestätigte Jagdaufseher**.

**Jagdschutz** ist nach § 23 BJagdG der Schutz des Wildes insbesondere vor Wilderern, Futternot und Wildseuchen sowie vor wildernden Hunden und Katzen. Die für den Jagdschutz zuständige Person sorgt für die Einhaltung der zum Schutz des Wildes und der Jagd erlassenen Vorschriften.

Die Voraussetzungen für die **Bestellung der Jagdaufseher** sind in den Jagdgesetzen der Länder ergänzend und unterschiedlich geregelt, zB durch verpflichtende Lehrgänge oder Prüfungen. Die Bestellung erfolgt durch den örtlich Jagdausübungsberechtigten für sein Revier. Erst durch behördliche **Bestätigung** wird ein Jagdaufseher Jagdschutzberechtigter im Sinne des § 25 BJagdG und erhält damit die besonderen Befugnisse, die wiederum landesrechtlich geregelt werden („hoheitliche Rechte").

**Wilderer** sind Personen, die eine **Straftat** nach § 292 StGB begehen. Da nach § 127 Abs. 1 StPO jedermann bei einer Straftat das Recht zur **vorläufigen Festnahme** hat, wenn der Täter auf frischer Tat angetroffen wird und seine Identität nicht zweifelsfrei festgestellt werden kann oder Fluchtverdacht besteht, und diese Maßnahme auch mit einfacher körperlicher Gewalt (ohne Einsatz der Schusswaffe gegen den Verdächtigen außer bei

Notwehr in höchster Gefahr für Leib und Leben) durchsetzen darf, bedarf es zum Einschreiten nicht der behördlichen Bestätigung als Jagdaufseher.

Das Einschreiten bei Antreffen des Täters auf frischer Tat und die Festnahme sind **jedermann** und damit **auch außerhalb des Zuständigkeitsbereichs** des Jagdaufsehers zulässig. Das Festnahmerecht gilt nur im Falle von Straftaten.

**Befugnisse der Jagdschutzberechtigten** sind **nach Landesrecht** geregelt. Dazu können zählen das Anhalten von Personen, wenn diese unberechtigt jagen oder gegen jagdrechtliche Vorschriften verstoßen, das Abnehmen von zur unbefugten Jagd mitgeführten Waffen und Gegenständen sowie gefangenen oder erlegten Wildes und die Feststellung der Identität.

Verfügt der behördlich bestätigte Jagdaufseher zusätzlich über eine **forstliche Ausbildung** oder ist er **Berufsjäger**, hat er über die allgemeinen Befugnisse des Jagdschutzberechtigten hinaus **besondere Befugnisse**, die denen eines Polizeivollzugsbeamten oder Försters in Belangen des Jagdschutzes entsprechen. Auch hinsichtlich der Intensität der ergreifbaren Maßnahmen hat dieser Jagdaufseher erweiterte Möglichkeiten. So hat er nach § 25 Abs. 2 BJagdG die Rechte und Pflichten von Polizeibeamten, darunter das **Recht zur Anwendung unmittelbaren Zwangs** (zB im Zuge strafprozessualer Maßnahmen wie der **Festnahme** nach § 127 Abs. 2 StPO oder die **Identitätsfeststellung** nach § 163b StPO). Er ist **Ermittlungsperson der Staatsanwaltschaft** und bereits beim Verdacht einer Ordnungswidrigkeit oder Straftat befugt, Maßnahmen gegen den Tatverdächtigen zu ergreifen. Seine Zuständigkeit bezüglich des Jagdschutzes und damit auch seine Tätigkeit ist dabei auf den amtlich zugewiesenen Dienstbezirk bzw. Revierbezirk begrenzt. Er unterliegt dem Legalitätsprinzip und hat somit die **Pflicht zum Einschreiten**, wenn ihm dienstlich eine **Straftat** bekannt wird.

**Jagdgästen** stehen keine besonderen Befugnisse mit Ausnahme der Jedermannrechte zu. Das gilt auch für Jagdaufseher, die in einem anderen Bezirk behördlich bestätigt sind, in dieser Situation und an diesem Ort aber lediglich Jagdgast sind. Jagdgäste können sich auf **Nothilfe** berufen, wenn der Täter die Rechte des Jagdausübungsberechtigten verletzt.

## 15.8.8. Umgang mit SRS-Waffen

Die Freistellung von den Erlaubnispflichten für das **Führen**[383] **von und Schießen**[384] **mit SRS-Waffen** durch Jäger nach § 13 Abs. 6 WaffG ist durch die Eigenschaft der SRS-Waffe, Jagdwaffe im Sinne des WaffG zu sein, zu begründen.[385] Somit bedarf der Jäger in den Fällen des § 13 Abs. 6 WaffG weder eines Kleinen Waffenscheins noch einer Schießerlaubnis, wenn es sich um eine in dieser Norm genannte Verwendung, nämlich der Ausübung der Jagd einschließlich des Ein- und Anschießens im Revier, zur Ausbildung von Jagdhunden im Revier, zum Jagdschutz oder zum Forstschutz, handelt.[386] Im Zusammenhang mit diesen Tätigkeiten, zB bei Fahrt oder Gang ins Revier oder zurück, darf die SRS-Waffe außerhalb des Reviers lediglich zugriffsbereit geführt werden, nicht aber schussbereit (nicht geladen). Gleiches gilt für die Benutzung von Fahrzeugen, da eine Gefahr durch das Mitführen einer geladenen Waffe entsteht, ohne dass dies durch die Erforderlichkeit zur unmittelbaren Schussabgabe begründet werden könnte.

Will ein Jäger außerhalb der in § 13 Abs. 6 WaffG benannten Tätigkeiten oder Örtlichkeiten eine SRS-Waffe führen, bedarf er eines **Kleinen Waffenscheins**. Gleiches gilt für das Schießen mit der SRS-Waffe bei der Ausbildung von Jagdhunden, die nicht im Revier erfolgt, dafür ist grundsätzlich eine **Schießerlaubnis** erforderlich. Zu beachten sind aber die **Ausnahmen** für das **Führen** der SRS-Waffe auf dem befriedeten Besitztum eines Dritten mit dessen Zustimmung nach § 12 Abs. 3 Nr. 1 WaffG und für das **Schießen** mit einer SRS-Waffe, mir der nur Kartuschenmunition abgeschossen werden kann, nach § 12 Abs. 4 Satz 2 Nr. 1 Buchst. b WaffG, die außerhalb des öffentlichen Raumes unter Beachtung der dort genannten Bedingungen den Umgang mit der SRS-Waffe von der Erlaubnispflicht freistellen.

## 15.8.9. Jugendjagdschein

Nach § 13 Abs. 7 WaffG dürfen Inhaber eines **Jugendjagdscheins** im Sinne von § 16 BJagdG ohne Erlaubnis bei der Ausübung der Jagd, zum Training oder zum jagdlichen Schießwettkampf Schusswaffen und für diese bestimmte Munition erwerben und besitzen sowie Schusswaffen führen und mit ihnen schießen, wobei nicht zwischen Lang- und Kurzwaffen unterschieden wird. Allerdings muss es sich nach Sinn und Zweck der Norm um Jagdwaffen im Sinne des WaffG handeln, da der Betroffene mit diesen Waffen zum Zwecke der Jagd umgehen soll. Gleiches gilt für den Umgang mit Munition. Inhaber eines Jugendjagdscheins sind durch die Regelung in § 13 Abs. 7 WaffG von der Regelung zum Mindestalter nach § 2 Abs. 1 WaffG ausgenommen. Eine WBK wird ihnen nicht erteilt. Nicht schussbereite Schusswaffen dürfen von Inhabern eines Jugendjagdscheins auch im Zusammenhang mit der Jagd, etwa auf der Fahrt in das Revier, erlaubnisfrei geführt werden. Zu beachten ist das Erfordernis einer **jagdlich erfahrenen Begleitperson** nach § 16 Abs. 2 BJagdG, allerdings nur, da die Norm des BJagdG dies fordert, bei der tatsächlichen Jagdausübung. Der Umgang mit Jagdwaffen im Zusammenhang mit der Jagdausübung, etwa das Führen der Waffen auf dem Weg in das Revier und zurück, wie auch der Erwerb von einem Berechtigten, um mit dieser Waffe im Rahmen des Schießtrainings vorübergehend umzugehen, darf auch ohne diese Begleitperson stattfinden. So kann beispielsweise der Sohn, der Inhaber eines Jugendjagdscheins ist, sich eine Büchse von seinem Vater, der Jäger ist und der diese Waffe in seiner WBK eingetragen hat, sich im Wohnhaus der Familie von diesem aushändigen[387] lassen und die Waffe unbegleitet unter Beachtung sonstiger Vorschriften zum Schießstand oder ins Revier transportieren.

## 15.8.10. Zur Verwendung des Schalldämpfers

Die maximale Effektivität im Sinne der größtmöglichen Dämpfung der gesamten Geräuschentwicklung bei Schussabgabe erreicht ein Schalldämpfer nur mit Verwendung von Unterschall-Geschwindigkeits-Munition („Subsonic“). Bei der **Jagdausübung** auf Schalenwild und Seehunde ist das aber kaum umsetzbar, da für den Schuss auf diese Kreaturen durch das derzeit gültige BJagdG bestimmte **Mindestenergiemengen** verbindlich festgelegt sind, die mit Subsonic-Munition in der Regel nicht zu erreichen sind.[388]

Die Zulässigkeit der Verwendung von Subsonic-Munition im Rahmen der Jagd, etwa zum Fangschuss oder bei der Schussabgabe auf Raubwild oder Raubzeug, ist allerdings fraglich, da im Rahmen der Diskussion zur Freigabe von Schalldämpfern für Jäger im Vorfeld der WaffG-Novelle 2020 die Verwendung von Subsonic-Munition ausdrücklich abgelehnt wurde,[389] um Menschen, die sich im weiteren Umfeld des Schützen aufhalten (beispielsweise Spaziergänger) frühzeitig durch den Geschossknall auf die stattfindende Jagd aufmerksam zu machen; die aus diesem Grunde in das Gesetz eingeführte Beschränkung auf Zentralfeuerpatronen ist ein Hinweis auf diesen Willen des Gesetzgebers, gleichwohl fehlt es an einem ausdrücklichen Verbot der Verwendung von Subsonic-Munition durch Jäger bei der Verwendung von Schalldämpfern, die aus dem Gesetzestext direkt ableitbar ist. Bei Bejagung von Raubzeug und Raubwild, etwa als **Stadtjäger** oder **Friedhofsjäger**, ist die optimale Schalldämpfung durch Verwendung von Unterschall-Munition durchaus sinnvoll, da es sich hier um einen Waffengebrauch in Wohngebieten oder solchen Bereichen handelt, in denen die Jagd mit nur geringer Geräuschbelästigung verbunden sein soll.

## 15.8.11. Personen in der Ausbildung zum Jäger

### 15.8.11.1. Übersicht

Nach § 13 Abs. 8 WaffG dürfen Personen in der Ausbildung zum Jäger **ohne Erlaubnis** nicht schussbereite Waffen erwerben, besitzen und führen.

Voraussetzung ist, dass Erwerb, Besitz und Führen der Waffe **nur unter Aufsicht eines Ausbilders** erfolgen.[390] Die Regelung ermöglicht ausdrücklich auch Jugendlichen den Umgang mit Schusswaffen, was durch eine Regelung zum Schießen durch Jugendliche auf Schießstätten ergänzt wird.[391] Zudem ist damit der Erwerb und Besitz von Schusswaffen zur **Ausbildung** auch außerhalb einer Schießstätte erlaubnisfrei gestellt, etwa im Lehrraum einer Jagdschule.

Neben der Anwesenheit des Ausbilders ist eine schriftliche oder elektronische Bestätigung des Einverständnisses des verantwortlichen Leiters der Ausbildung erforderlich, dass der Betroffene Schusswaffen unter Aufsicht eines Ausbilders erwerben, besitzen und führen darf. Ist der Betroffene nicht volljährig, muss das gleiche Einverständnis auch von einer sorgeberechtigten Person erklärt werden. Die jeweiligen Einverständniserklärungen sind in der Ausbildung von dem Betroffenen stets mitzuführen.

Der erlaubnisfreie Umgang umfasst gemäß § 13 Abs. 9 WaffG in Verbindung mit § 13 Abs. 8 WaffG auch Erwerb, Besitz und Führen von Schalldämpfern für Langwaffen mit Zentralfeuerkaliber.

Der Umgang mit Waffen durch Ausbilder und Prüfer gilt als Tätigkeit im Zusammenhang mit der Jagd und fällt damit unter das Bedürfnis des Jägers sowie die Freistellung nach § 13 Abs. 6 WaffG, die das Führen ungeladener Jagdwaffen von der Erlaubnispflicht freistellt.[392]

Volljährigen Auszubildenden, die die entsprechenden Voraussetzungen zur Erteilung einer Waffenbesitzkarte erfüllen, kann unter Umständen diese Erwerbs- und Besitzerlaubnis für eine Einzellader-Flinte erteilt werden.[393]

### 15.8.11.2. Befristet erteilte Waffenbesitzkarte

Personen, die sich in der Ausbildung zum Jäger befinden, kann nach Nachweis grundlegender waffenrechtlicher Kenntnisse und Fertigkeiten im sicheren Umgang mit Schusswaffen eine Erlaubnis zum Erwerb und Besitz einer Einzellader-Langwaffe mit glattem Lauf oder mit glatten Läufen im Kaliber 12 oder kleiner erteilt werden. Somit ist es möglich, dass dieser Personenkreis noch vor Bestehen der Jägerprüfung eine Waffenbesitzkarte erhalten kann und dadurch berechtigt ist, eine Waffe der vorgenannten Art zu erwerben und zu besitzen. Kurzwaffen oder Langwaffen, die über einen gezogenen Lauf verfügen, dürfen nicht erworben werden.

Die WBK ist dabei über die allgemeine Regelung in § 8 WaffG zu erteilen, wobei als **Nachweis des Bedürfnisses** eine Darlegung der Erforderlichkeit durch die verantwortliche Ausbildungsstelle oder die zuständige

Kreisgruppe des Landesjagdverbandes vorzulegen ist. Zudem ist durch den Ausbildungsleiter zu bestätigen, dass er eine für den Betroffenen geeignete Ausbildungswaffe nicht zur Verfügung stellen kann. Die Voraussetzungen zur Erteilung einer Waffenbesitzkarte gemäß § 4 WaffG müssen erfüllt sein, somit muss der Antragsteller **volljährig**, **zuverlässig** und **persönlich geeignet** sein, ebenso ist der **Nachweis der sicheren Aufbewahrung dieser Langwaffe** zu erbringen. Als **Nachweis der Sachkunde** ist gemäß § 3 Abs. 1 Nr. 1 Buchst. a, 3. Alt. AWaffV eine Bescheinigung des Ausbildungsleiters für das Schießwesen nachzuweisen, dass der Betroffene die erforderlichen waffenrechtlichen Kenntnisse und Fertigkeiten im sicheren Umgang mit Schusswaffen durch Teilnahme an einem Lehrgang für die Ablegung der Jägerprüfung erworben hat.

Diese WBK ist stets zu befristen, in der Regel auf zwei Jahre. Damit wird von vornherein verhindert, dass ein Waffenbesitz über die Dauer der Jagdausbildung und eine eventuelle Zeit zum Ablegen einer Wiederholungsprüfung hinaus wirksam unterbunden wird. Eine **Erlaubnis zum Erwerb und Besitz von Munition** wird in diesem Sonderfall **nicht erteilt**.

Die Leihe einer Kurzwaffe, die § 12 Abs. 1 WaffG Inhabern einer WBK erlaubt, ist hier nicht möglich. Ein Bedürfnis zum Erwerb und Besitz von Kurzwaffen im Zusammenhang mit der Ausbildung zum Jäger nicht zwingend gegeben, wobei auch zu beachten ist, dass der Gesetzgeber die Sonderregelung zum Erwerb von Waffen auf Einzellader-Flinten beschränkt hat und auch nur auf Fälle, in denen eine Ausbildungswaffe nicht zur Verfügung steht; durch die Leihe würde eine gesetzliche Beschränkung umgangen.

### 15.8.11.3. Umgang mit Waffen in der Ausbildung

In der Praxis ist zu beachten, dass der Umgang mit Jagdwaffen, somit Lang- und Kurzwaffen, durch Personen, die sich in der Ausbildung zum Jäger befinden, immer nur unter der Aufsicht des Ausbilders erfolgen darf. Dabei dürfen die Waffen nicht schussbereit sein.

Die für Jäger oder Inhaber eines Jugendjagdscheins nach § 13 Abs. 6 WaffG eröffnete Möglichkeit, eine Waffe zugriffsbereit im Zusammenhang mit der Jagd zu führen, etwa auf dem Weg ins Revier, ist hier nicht gegeben. Erwerb, Besitz und Führen von Waffen sind grundsätzlich nur erlaubt, wenn sich der Betroffene unter Aufsicht des Ausbilders befindet, somit darf der Auszubildende nicht unbegleitet Umgang mit der Waffe haben.

Handelt es sich um einen Auszubildenden, der eine WBK besitzt, ist zu beachten, dass durch die WBK die Erforderlichkeit der Aufsicht durch den

Ausbilder für das Erlangen (Erwerb) und die Ausübung der tatsächlichen Gewalt (Besitz) entfällt, ebenso für das Führen der in der WBK eingetragenen Waffe. Bezüglich des Führens der Jagdwaffe in Abwesenheit des Ausbilders muss aber beachtet werden, dass auch hier nicht die Sonderregelungen für das Führen von Waffen durch Jäger oder Inhaber eines Jugendjagdscheins gelten, sondern allein die Ausnahmeregelung des § 12 Abs. 3 Nr. 2 WaffG anwendbar ist, die Waffe somit weder schussbereit (keine Munition in der Waffe) noch zugriffsbereit (in der Praxis empfohlen: in einem verschlossenen Futteral oder Gewehrkoffer) sein darf und nur geführt werden darf im Zusammenhang mit dem Bedürfnis, das dem Besitz zugrunde liegt, also nur im Zusammenhang mit dem Übungsschießen.

### 15.8.11.4. Schießen durch Minderjährige auf Schießstätten

Nach § 27 Abs. 5 WaffG dürfen Personen in der Ausbildung zum Jäger in der Ausbildung auf Schießstätten ohne Erlaubnis mit Jagdwaffen schießen, wenn sie das 14. Lebensjahr vollendet haben (Jugendliche) und der Sorgeberechtigte und der Ausbildungsleiter ihr Einverständnis in einer schriftlichen oder elektronischen Berechtigungsbescheinigung erklärt haben. Der Jugendliche hat in der Ausbildung diese Bescheinigung mit sich zu führen.

# 16. Gesetzestexte

## 16.1. Das Waffengesetz (WaffG)

Ausfertigungsdatum: 11.10.2002

Inkrafttreten der letzten Änderungen: 01.09.2020

### § 1 Gegenstand und Zweck des Gesetzes, Begriffsbestimmungen

(1) Dieses Gesetz regelt den **Umgang** mit Waffen oder Munition unter Berücksichtigung der Belange der öffentlichen Sicherheit und Ordnung.

(2) **Waffen** sind

1. Schusswaffen oder ihnen gleichgestellte Gegenstände und

2. tragbare Gegenstände,

a) die **ihrem Wesen nach dazu bestimmt** sind, die **Angriffs- oder Abwehrfähigkeit** von **Menschen** zu beseitigen oder herabzusetzen, insbesondere Hieb- und Stoßwaffen;

b) die, **ohne dazu bestimmt** zu sein, insbesondere **wegen ihrer Beschaffenheit, Handhabung oder Wirkungsweise geeignet** sind, die Angriffs- oder Abwehrfähigkeit von Menschen zu beseitigen oder herabzusetzen, und die **in diesem Gesetz genannt** sind.

(3) **Umgang** mit einer Waffe oder Munition hat, wer diese erwirbt, besitzt, überlässt, führt, verbringt, mitnimmt, damit schießt, herstellt, bearbeitet, instand setzt oder damit Handel treibt. Umgang mit einer Waffe hat auch, wer diese unbrauchbar macht.

(4) Die **Begriffe** der Waffen und Munition sowie die **Einstufung** von Gegenständen nach Absatz 2 Nr. 2 Buchstabe b als Waffen, die Begriffe der Arten des Umgangs und sonstige waffenrechtliche Begriffe sind in der **Anlage 1** (Begriffsbestimmungen) zu diesem Gesetz näher geregelt.

### § 2 Grundsätze des Umgangs mit Waffen oder Munition, Waffenliste

(1) Der **Umgang** mit Waffen oder Munition ist nur Personen gestattet, die das **18. Lebensjahr** vollendet haben.

(2) Der Umgang mit Waffen oder Munition, die in der Anlage 2 (Waffenliste) Abschnitt 2 zu diesem Gesetz genannt sind, bedarf der Erlaubnis.

(3) Der Umgang mit Waffen oder Munition, die in der Anlage 2 Abschnitt 1 zu diesem Gesetz genannt sind, ist verboten.

(4) Waffen oder Munition, mit denen der Umgang ganz oder teilweise von der Erlaubnispflicht oder von einem Verbot ausgenommen ist, sind in der Anlage 2 Abschnitt 1 und 2 genannt. Ferner sind in der Anlage 2 Abschnitt 3 die Waffen und Munition genannt, auf die dieses Gesetz ganz oder teilweise nicht anzuwenden ist.

(5) Bestehen Zweifel darüber, ob ein Gegenstand von diesem Gesetz erfasst wird oder wie er nach Maßgabe der Begriffsbestimmungen in Anlage 1 Abschnitt 1 und 3 und der Anlage 2 einzustufen ist, so entscheidet auf Antrag die zuständige Behörde. Antragsberechtigt sind

1. Hersteller, Importeure, Erwerber oder Besitzer des Gegenstandes, soweit sie ein berechtigtes Interesse an der Entscheidung nach Satz 1 glaubhaft machen können,

2. die zuständigen Behörden des Bundes und der Länder.

Die nach Landesrecht zuständigen Behörden sind vor der Entscheidung zu hören. Die Entscheidung ist für den Geltungsbereich dieses Gesetzes allgemein verbindlich. Sie ist im Bundesanzeiger bekannt zu machen.

### § 3 Umgang mit Waffen oder Munition durch Kinder und Jugendliche

(1) **Jugendliche** dürfen im Rahmen eines Ausbildungs- oder Arbeitsverhältnisses abweichend von § 2 Abs. 1 **unter Aufsicht eines weisungsbefugten Waffenberechtigten** mit Waffen oder Munition umgehen.

(2) **Jugendliche** dürfen abweichend von § 2 Abs. 1 Umgang mit **geprüften Reizstoffsprühgeräten** haben.

(3) Die zuständige Behörde kann für Kinder und Jugendliche allgemein oder für den Einzelfall **Ausnahmen** von Alterserfordernissen zulassen, wenn **besondere Gründe** vorliegen **und öffentliche Interessen** nicht entgegenstehen.

### § 4 Voraussetzungen für eine Erlaubnis

(1) Eine Erlaubnis setzt voraus, dass der Antragsteller

1. das **18. Lebensjahr** vollendet hat (§ 2 Abs. 1),

2. die erforderliche **Zuverlässigkeit** (§ 5) und **persönliche Eignung** (§ 6) besitzt,

3. die erforderliche **Sachkunde** nachgewiesen hat (§ 7),

4. ein **Bedürfnis** nachgewiesen hat (§ 8) und

5. bei der Beantragung eines **Waffenscheins** oder einer **Schießerlaubnis** eine **Versicherung gegen Haftpflicht** in Höhe von 1 Million Euro - pauschal für Personen- und Sachschäden - nachweist.

(2) Die Erlaubnis zum Erwerb, Besitz, Führen oder Schießen kann versagt werden, wenn der Antragsteller seinen gewöhnlichen Aufenthalt nicht seit mindestens **fünf Jahren** im Geltungsbereich dieses Gesetzes hat.

(3) Die zuständige Behörde hat die Inhaber von waffenrechtlichen Erlaubnissen in **regelmäßig**en Abständen, mindestens jedoch nach Ablauf von drei Jahren, erneut auf ihre **Zuverlässigkeit** und ihre **persönliche Eignung** zu prüfen sowie in den Fällen des Absatzes 1 Nr. 5 sich das Vorliegen einer Versicherung gegen Haftpflicht nachweisen zu lassen.

(4) Die zuständige Behörde hat das **Fortbestehen des Bedürfnisses** bei Inhabern einer waffenrechtlichen Erlaubnis **alle fünf Jahre** erneut zu überprüfen.

(5) Zur Erforschung des Sachverhalts kann die zuständige Behörde in begründeten Einzelfällen das persönliche Erscheinen des Antragstellers oder des Erlaubnisinhabers verlangen.

### § 5 Zuverlässigkeit

(1) Die erforderliche Zuverlässigkeit besitzen Personen nicht,

1. die **rechtskräftig** verurteilt worden sind

a) wegen eines **Verbrechens** oder

b) wegen sonstiger vorsätzlicher Straftaten zu einer **Freiheitsstrafe von mindestens einem Jahr**,

wenn seit dem Eintritt der Rechtskraft der letzten Verurteilung zehn Jahre noch nicht verstrichen sind,

2. bei denen **Tatsachen** die Annahme rechtfertigen, dass sie

a) Waffen oder Munition missbräuchlich oder leichtfertig verwenden werden,

b) mit Waffen oder Munition nicht vorsichtig oder sachgemäß umgehen oder diese Gegenstände nicht sorgfältig verwahren werden,

c) Waffen oder Munition Personen überlassen werden, die zur Ausübung der tatsächlichen Gewalt über diese Gegenstände nicht berechtigt sind.

(2) Die erforderliche Zuverlässigkeit besitzen **in der Regel** Personen nicht,

1.

a) die wegen einer **vorsätzlichen** Straftat,

b) die wegen einer **fahrlässigen** Straftat im Zusammenhang mit dem Umgang mit Waffen, Munition oder explosionsgefährlichen Stoffen oder wegen einer fahrlässigen gemeingefährlichen Straftat,

c) die wegen einer Straftat nach dem Waffengesetz, dem Gesetz über die Kontrolle von Kriegswaffen, dem Sprengstoffgesetz oder dem Bundesjagdgesetz

zu einer Freiheitsstrafe, Jugendstrafe, Geldstrafe von **mindestens 60 Tagessätzen** oder mindestens zweimal zu einer geringeren Geldstrafe rechtskräftig verurteilt worden sind oder bei denen die Verhängung von Jugendstrafe ausgesetzt worden ist, wenn seit dem Eintritt der Rechtskraft der letzten Verurteilung fünf Jahre noch nicht verstrichen sind,

2. die Mitglied

a) in einem **Verein**, der nach dem Vereinsgesetz als Organisation **unanfechtbar verboten** wurde oder der einem **unanfechtbaren Betätigungsverbot nach dem Vereinsgesetz** unterliegt, oder

b) in einer **Partei**, deren **Verfassungswidrigkeit das Bundesverfassungsgericht** nach § 46 des Bundesverfassungsgerichtsgesetzes **festgestellt** hat,

waren, wenn seit der Beendigung der Mitgliedschaft zehn Jahre noch nicht verstrichen sind,

3. bei denen Tatsachen die Annahme rechtfertigen, dass sie in den letzten fünf Jahren

a) Bestrebungen einzeln verfolgt haben, die

aa) **gegen die verfassungsmäßige Ordnung** gerichtet sind,

bb) **gegen den Gedanken der Völkerverständigung**, insbesondere gegen das friedliche Zusammenleben der Völker, gerichtet sind oder

cc) durch Anwendung von Gewalt oder darauf gerichtete Vorbereitungshandlungen **auswärtige Belange der Bundesrepublik Deutschland gefährden**,

b) **Mitglied in einer Vereinigung** waren, die solche Bestrebungen verfolgt oder verfolgt hat, oder

c) eine **solche Vereinigung unterstützt** haben,

4. die innerhalb der letzten fünf Jahre mehr als einmal wegen Gewalttätigkeit mit richterlicher Genehmigung in polizeilichem Präventivgewahrsam waren,

5. die wiederholt oder gröblich gegen die Vorschriften eines der in Nummer 1 Buchstabe c genannten Gesetze verstoßen haben.

(3) In die Frist nach Absatz 1 Nr. 1 oder Absatz 2 Nr. 1 nicht eingerechnet wird die Zeit, in welcher die betroffene Person auf behördliche oder richterliche Anordnung in einer Anstalt verwahrt worden ist.

(4) Ist ein Verfahren wegen Straftaten im Sinne des Absatzes 1 Nr. 1 oder des Absatzes 2 Nr. 1 noch nicht abgeschlossen, so kann die zuständige Behörde

die Entscheidung über den **Antrag auf Erteilung** einer waffenrechtlichen Erlaubnis bis zum rechtskräftigen Abschluss des Verfahrens **aussetzen**.

(5) Die zuständige Behörde hat im Rahmen der Zuverlässigkeitsprüfung folgende Erkundigungen einzuholen:

1. die unbeschränkte Auskunft aus dem **Bundeszentralregister**;

2. die Auskunft aus dem **zentralen staatsanwaltschaftlichen Verfahrensregister** hinsichtlich der in Absatz 2 Nummer 1 genannten Straftaten;

3. die Stellungnahme der örtlichen **Polizeidienststelle**, ob Tatsachen bekannt sind, die Bedenken gegen die Zuverlässigkeit begründen; die örtliche Polizeidienststelle schließt in ihre Stellungnahme das Ergebnis der von ihr vorzunehmenden Prüfung nach Absatz 2 Nummer 4 ein;

4. die Auskunft der für den Wohnsitz der betroffenen Person zuständigen **Verfassungsschutzbehörde**, ob Tatsachen bekannt sind, die Bedenken gegen die Zuverlässigkeit nach Absatz 2 Nummer 2 und 3 begründen; liegt der Wohnsitz der betroffenen Person außerhalb des Geltungsbereichs dieses Gesetzes, ist das Bundesamt für Verfassungsschutz für die Erteilung der Auskunft zuständig.

Die nach Satz 1 Nummer 2 erhobenen personenbezogenen Daten dürfen nur für den Zweck der waffenrechtlichen Zuverlässigkeitsprüfung verwendet werden. Erlangt die für die Auskunft nach Satz 1 Nummer 4 zuständige Verfassungsschutzbehörde im Nachhinein für die Beurteilung der Zuverlässigkeit nach Absatz 2 Nummer 2 und 3 bedeutsame Erkenntnisse, teilt sie dies der zuständigen Behörde unverzüglich mit (Nachbericht). Zu diesem Zweck speichert sie Name, Vorname, Geburtsdatum, Geburtsname, Geburtsort, Wohnort und Staatsangehörigkeit der betroffenen Person sowie Aktenfundstelle in den gemeinsamen Dateien nach § 6 des Bundesverfassungsschutzgesetzes. Lehnt die zuständige Behörde einen Antrag ab oder nimmt sie eine erteilte Erlaubnis zurück oder widerruft diese, so hat sie die zum Nachbericht verpflichtete Verfassungsschutzbehörde hiervon unverzüglich in Kenntnis zu setzen. Die zum Nachbericht verpflichtete Verfassungsschutzbehörde hat in den Fällen des Satzes 5 die nach Satz 4 gespeicherten Daten unverzüglich zu löschen.

### § 6 Persönliche Eignung

(1) Die erforderliche persönliche Eignung besitzen Personen nicht, wenn **Tatsachen** die **Annahme rechtfertigen**, dass sie

1. geschäftsunfähig sind,

2. **abhängig** von Alkohol oder anderen berauschenden Mitteln, **psychisch krank** oder **debil** sind oder

3. auf Grund in der Person liegender Umstände mit Waffen oder Munition **nicht vorsichtig oder sachgemäß** umgehen oder diese Gegenstände **nicht sorgfältig verwahren** können oder dass die **konkrete Gefahr einer Fremd- oder Selbstgefährdung** besteht.

Die erforderliche persönliche Eignung besitzen **in der Regel** Personen nicht, wenn Tatsachen die Annahme rechtfertigen, dass sie in ihrer Geschäftsfähigkeit beschränkt sind. Die zuständige Behörde soll die Stellungnahme der örtlichen Polizeidienststelle einholen. Der persönlichen Eignung können auch im **Erziehungsregister** eingetragene Entscheidungen oder Anordnungen nach § 60 Abs. 1 Nr. 1 bis 7 des Bundeszentralregistergesetzes entgegenstehen.

(2) Sind **Tatsachen** bekannt, die Bedenken gegen die persönliche Eignung nach Absatz 1 begründen, oder bestehen **begründete Zweifel** an vom Antragsteller beigebrachten Bescheinigungen, so hat die zuständige Behörde der betroffenen Person **auf Kosten der betroffenen Person** die Vorlage eines amts- oder fachärztlichen oder fachpsychologischen Zeugnisses über die geistige oder körperliche Eignung aufzugeben.

(3) Personen, die **noch nicht das 25. Lebensjahr** vollendet haben, haben für die **erstmalige** Erteilung einer Erlaubnis zum Erwerb und Besitz einer Schusswaffe auf eigene Kosten ein amts- oder fachärztliches oder fachpsychologisches Zeugnis über die geistige Eignung vorzulegen. **Satz 1 gilt nicht für den Erwerb und Besitz von Schusswaffen im Sinne von § 14 Abs. 1 Satz 2.**

(4) Das Bundesministerium des Innern wird ermächtigt, durch Rechtsverordnung mit Zustimmung des Bundesrates Vorschriften über das Verfahren zur Erstellung, über die Vorlage und die Anerkennung der in den Absätzen 2 und 3 genannten Gutachten bei den zuständigen Behörden zu erlassen.

### § 7 Sachkunde

(1) Den **Nachweis der Sachkunde** hat erbracht, wer eine **Prüfung** vor der dafür bestimmten Stelle bestanden hat oder seine Sachkunde durch eine **Tätigkeit oder Ausbildung** nachweist.

(2) Das Bundesministerium des Innern wird ermächtigt, durch Rechtsverordnung mit Zustimmung des Bundesrates Vorschriften über die Anforderungen an die waffentechnischen und waffenrechtlichen Kenntnisse, über die Prüfung und das Prüfungsverfahren einschließlich der Errichtung von Prüfungsausschüssen sowie über den anderweitigen Nachweis der Sachkunde zu erlassen.

### § 8 Bedürfnis, allgemeine Grundsätze

Der **Nachweis** eines Bedürfnisses ist erbracht, wenn gegenüber den Belangen der öffentlichen Sicherheit oder Ordnung

1. **besonders anzuerkennende persönliche oder wirtschaftliche Interessen**, vor allem als Jäger, Sportschütze, Brauchtumsschütze, Waffen- oder Munitionssammler, Waffen- oder Munitionssachverständiger, gefährdete Person, als Waffenhersteller oder –händler oder als Bewachungsunternehmer, und

2. die **Geeignetheit und Erforderlichkeit** der Waffen oder Munition für den beantragten Zweck

**glaubhaft** gemacht sind.

### § 9 Inhaltliche Beschränkungen, Nebenbestimmungen und Anordnungen

(1) Eine Erlaubnis nach diesem Gesetz kann zur Abwehr von Gefahren für die öffentliche Sicherheit oder Ordnung inhaltlich beschränkt werden, insbesondere um Leben und Gesundheit von Menschen gegen die aus dem Umgang mit Schusswaffen oder Munition entstehenden Gefahren und erheblichen Nachteile zu schützen.

(2) Zu den in Absatz 1 genannten Zwecken können Erlaubnisse befristet oder mit Auflagen verbunden werden. Auflagen können nachträglich aufgenommen, geändert und ergänzt werden.

(3) Gegenüber Personen, die die Waffenherstellung oder den Waffenhandel nach Anlage 2 Abschnitt 2 Unterabschnitt 2 Nr. 4 bis 6 oder eine Schießstätte nach § 27 Abs. 2 ohne Erlaubnis betreiben dürfen, können Anordnungen zu den in Absatz 1 genannten Zwecken getroffen werden.

### § 10 Erteilung von Erlaubnissen zum Erwerb, Besitz, Führen und Schießen

(1) Die **Erlaubnis zum Erwerb und Besitz** von **Waffen** wird durch eine **Waffenbesitzkarte oder** durch **Eintragung** in eine bereits vorhandene Waffenbesitzkarte erteilt. Für die Erteilung einer Erlaubnis für Schusswaffen sind **Art, Anzahl und Kaliber** der Schusswaffen anzugeben. Die Erlaubnis zum Erwerb einer Waffe gilt für die Dauer eines Jahres, die Erlaubnis zum Besitz wird in der Regel unbefristet erteilt.

(2) Eine Waffenbesitzkarte über Schusswaffen, die **mehrere Personen** besitzen, kann auf diese Personen ausgestellt werden. Eine Waffenbesitzkarte kann auch einem **schießsportlichen Verein** oder **einer jagdlichen Vereinigung als juristischer Person** erteilt werden. Sie ist mit der Auflage zu verbinden, dass der Verein der Behörde vor Inbesitznahme von Vereinswaffen unbeschadet des Vorliegens der Voraussetzung des § 4 Abs. 1 Nr. 5 **eine verantwortliche Person** zu **benennen** hat, für die die Voraussetzungen nach § 4 Abs. 1 Nr. 1 bis 3 nachgewiesen sind; diese benannte Person muss nicht vertretungsberechtigtes Organ des Vereins sein. Scheidet die benannte verantwortliche Person aus dem Verein aus oder liegen in ihrer Person nicht mehr alle Voraussetzungen nach § 4 Abs.

1 Nr. 1 bis 3 vor, so ist der Verein verpflichtet, dies unverzüglich der zuständigen Behörde mitzuteilen. Benennt der Verein nicht innerhalb von zwei Wochen eine neue verantwortliche Person, für die die Voraussetzungen nach § 4 Abs. 1 Nr. 1 bis 3 nachgewiesen werden, so ist die dem Verein erteilte Waffenbesitzerlaubnis zu widerrufen und die Waffenbesitzkarte zurückzugeben.

(3) Die **Erlaubnis zum Erwerb und Besitz** von **Munition** wird durch Eintragung in eine **Waffenbesitzkarte** für die darin **eingetragenen Schusswaffen** erteilt. In den **übrigen Fällen** wird die Erlaubnis durch einen **Munitionserwerbsschein** für eine bestimmte Munitionsart erteilt; sie ist für den Erwerb der Munition auf die Dauer von sechs Jahren zu befristen und gilt für den Besitz der Munition unbefristet. Die Erlaubnis zum nicht gewerblichen Laden von Munition im Sinne des Sprengstoffgesetzes gilt auch als Erlaubnis zum Erwerb und Besitz dieser Munition. Nach Ablauf der Gültigkeit des Erlaubnisdokuments gilt die Erlaubnis für den Besitz dieser Munition für die Dauer von sechs Monaten fort.

(4) Die **Erlaubnis zum Führen** einer Waffe wird durch einen **Waffenschein** erteilt. Eine Erlaubnis nach Satz 1 zum Führen von Schusswaffen wird für bestimmte Schusswaffen auf höchstens drei Jahre erteilt; die Geltungsdauer kann zweimal um höchstens je drei Jahre verlängert werden, sie ist kürzer zu bemessen, wenn nur ein vorübergehendes Bedürfnis nachgewiesen wird. Der Geltungsbereich des Waffenscheins ist auf bestimmte Anlässe oder Gebiete zu beschränken, wenn ein darüber hinausgehendes Bedürfnis nicht nachgewiesen wird. Die Voraussetzungen für die Erteilung einer Erlaubnis zum Führen von Schreckschuss-, Reizstoff- und Signalwaffen sind in der Anlage 2 Abschnitt 2 Unterabschnitt 3 Nr. 2 und 2.1 genannt (Kleiner Waffenschein).

(5) Die Erlaubnis zum Schießen mit einer Schusswaffe wird durch einen Erlaubnisschein erteilt.

### § 11 Erwerb und Besitz von Schusswaffen oder Munition mit Bezug zu einem anderen Mitgliedstaat der Europäischen Union

(1) Eine Erlaubnis zum Erwerb und Besitz einer Schusswaffe nach Anlage 1 Abschnitt 3 Nr. 1 bis 3 (Kategorien A bis C) oder von Munition für eine solche darf einer Person, die ihren gewöhnlichen Aufenthalt in einem anderen Mitgliedstaat hat, nur erteilt werden, wenn sie

1. die Schusswaffen oder die Munition in den Mitgliedstaat im Wege der Selbstvornahme verbringen wird oder

2. eine schriftliche oder elektronische Erklärung vorlegt, dass und aus welchen Gründen sie die Schusswaffen oder die Munition nur im Geltungsbereich dieses Gesetzes zu besitzen beabsichtigt.

Die Erlaubnis zum Erwerb oder Besitz einer Schusswaffe nach Anlage 1 Abschnitt 3 Nr. 2 (Kategorie B) oder Munition für eine solche darf nur erteilt werden, wenn über die Voraussetzungen des Satzes 1 hinaus eine vorherige Zustimmung dieses Mitgliedstaates hierzu vorgelegt wird.

(2) Für eine Person mit gewöhnlichem Aufenthalt im Geltungsbereich dieses Gesetzes, die eine Schusswaffe nach Anlage 1 Abschnitt 3 Nr. 2 (Kategorie B) oder Munition für eine solche in einem anderen Mitgliedstaat mit einer Erlaubnis dieses Staates erwerben will, wird eine Erlaubnis erteilt, wenn die Voraussetzungen nach § 4 Abs. 1 Nr. 2 vorliegen.

**§ 12 Ausnahmen von den Erlaubnispflichten**

(1) Einer Erlaubnis zum Erwerb und Besitz einer Waffe bedarf nicht, wer diese

1. als Inhaber einer Waffenbesitzkarte von einem Berechtigten

a) lediglich vorübergehend, höchstens aber für einen Monat für einen von seinem Bedürfnis umfassten Zweck oder im Zusammenhang damit, oder

b) vorübergehend zum Zweck der sicheren Verwahrung oder der Beförderung

erwirbt;

2. vorübergehend von einem Berechtigten zur **gewerbsmäßigen** Beförderung, zur **gewerbsmäßigen** Lagerung oder zur **gewerbsmäßigen** Ausführung von Verschönerungen oder ähnlicher Arbeiten an der Waffe erwirbt;

3. von einem oder für einen Berechtigten erwirbt, wenn und solange er

a) auf Grund eines Arbeits- oder Ausbildungsverhältnisses,

b) als **Beauftragter oder Mitglied einer jagdlichen oder schießsportlichen Vereinigung**, einer anderen sportlichen Vereinigung zur Abgabe von Startschüssen oder einer zur Brauchtumspflege Waffen tragenden Vereinigung,

c) als Beauftragter einer in § 55 Abs. 1 Satz 1 bezeichneten Stelle,

d) als Charterer von seegehenden Schiffen zur Abgabe von Seenotsignalen

den Besitz über die Waffe **nur nach den Weisungen des Berechtigten** ausüben darf;

4. von einem anderen,

a) dem er die Waffe vorübergehend überlassen hat, ohne dass es hierfür der Eintragung in die Erlaubnisurkunde bedurfte, oder

b) nach dem Abhandenkommen

wieder erwirbt;

5. auf einer **Schießstätte** (§ 27) **lediglich vorübergehend** zum Schießen auf dieser Schießstätte erwirbt;

6. auf einer Reise in den oder durch den Geltungsbereich des Gesetzes nach § 32 berechtigt mitnimmt.

(2) Einer Erlaubnis zum Erwerb und Besitz von Munition bedarf nicht, wer diese

1. unter den Voraussetzungen des Absatzes 1 Nr. 1 bis 4 erwirbt;

2. unter den Voraussetzungen des Absatzes 1 Nr. 5 zum sofortigen Verbrauch lediglich auf dieser Schießstätte (§ 27) erwirbt;

3. auf einer Reise in den oder durch den Geltungsbereich des Gesetzes nach § 32 berechtigt mitnimmt.

(3) Einer Erlaubnis zum Führen von Waffen bedarf nicht, wer

1. diese mit Zustimmung eines anderen in dessen Wohnung, Geschäftsräumen oder befriedetem Besitztum oder dessen Schießstätte **zu einem von seinem Bedürfnis umfassten Zweck** oder im Zusammenhang damit führt;

2. diese **nicht schussbereit** und **nicht zugriffsbereit** von einem Ort zu einem anderen Ort befördert, sofern der Transport der Waffe **zu einem von seinem Bedürfnis umfassten Zweck** oder im Zusammenhang damit erfolgt;

3. eine Langwaffe nicht schussbereit den Regeln entsprechend als Teilnehmer an genehmigten Sportwettkämpfen auf festgelegten Wegstrecken führt;

4. eine Signalwaffe beim Bergsteigen, als verantwortlicher Führer eines Wasserfahrzeugs auf diesem Fahrzeug oder bei Not- und Rettungsübungen führt;

5. eine Schreckschuss- oder eine Signalwaffe zur Abgabe von Start- oder Beendigungszeichen bei Sportveranstaltungen führt, wenn optische oder akustische Signalgebung erforderlich ist,

6. in Fällen der vorübergehenden Aufbewahrung von Waffen außerhalb der Wohnung diesen ein wesentliches Teil entnimmt und mit sich führt; mehrere mitgeführte wesentliche Teile dürfen nicht zu einer schussfähigen Waffe zusammengefügt werden können.

(4) Einer Erlaubnis zum Schießen mit einer Schusswaffe bedarf nicht, wer auf einer Schießstätte (§ 27) schießt. Das Schießen außerhalb von Schießstätten ist darüber hinaus ohne Schießerlaubnis nur zulässig

1. durch den Inhaber des Hausrechts oder mit dessen Zustimmung im befriedeten Besitztum

a) mit Schusswaffen, deren Geschossen eine Bewegungsenergie von nicht mehr als 7,5 Joule (J) erteilt wird oder deren Bauart nach § 7 des Beschussgesetzes zugelassen ist, sofern die Geschosse das Besitztum nicht verlassen können,

b) mit Schusswaffen, aus denen nur Kartuschenmunition verschossen werden kann,

2. durch Personen, die den Regeln entsprechend als Teilnehmer an genehmigten Sportwettkämpfen nach Absatz 3 Nr. 3 mit einer Langwaffe an Schießständen schießen,

3. mit Schusswaffen, aus denen nur Kartuschenmunition verschossen werden kann,

a) durch Mitwirkende an Theateraufführungen und diesen gleich zu achtenden Vorführungen,

b) zum Vertreiben von Vögeln in landwirtschaftlichen Betrieben,

4. mit Signalwaffen bei Not- und Rettungsübungen,

5. mit Schreckschuss- oder mit Signalwaffen zur Abgabe von Start- oder Beendigungszeichen **im Auftrag der Veranstalter** bei Sportveranstaltungen, wenn optische oder akustische Signalgebung erforderlich ist.

(5) Die zuständige Behörde kann im Einzelfall weitere Ausnahmen von den Erlaubnispflichten zulassen, wenn besondere Gründe vorliegen und Belange der öffentlichen Sicherheit und Ordnung nicht entgegenstehen.

### § 13 Erwerb und Besitz von Schusswaffen und Munition durch Jäger, Führen und Schießen zu Jagdzwecken

(1) Ein Bedürfnis für den Erwerb und Besitz von Schusswaffen und der dafür bestimmten Munition wird bei Personen anerkannt, die Inhaber eines gültigen Jagdscheines im Sinne von § 15 Abs. 1 Satz 1 des Bundesjagdgesetzes sind (Jäger), wenn

1. **glaubhaft gemacht wird**, dass sie die Schusswaffen und die Munition zur Jagdausübung oder zum Training im jagdlichen Schießen einschließlich jagdlicher Schießwettkämpfe **benötigen**, und

2. die zu erwerbende Schusswaffe und Munition nach dem Bundesjagdgesetz in der zum Zeitpunkt des Erwerbs geltenden Fassung **nicht verboten** ist (Jagdwaffen und -munition).

(2) **Für Jäger gilt § 6 Abs. 3 Satz 1 nicht**. Bei Jägern, die Inhaber eines Jahresjagdscheines im Sinne von § 15 Abs. 2 in Verbindung mit Abs. 1 Satz 1 des Bundesjagdgesetzes sind, erfolgt keine Prüfung der Voraussetzungen des Absatzes 1 Nr. 1 sowie des § 4 Abs. 1 Nr. 4 für den Erwerb und Besitz von

Langwaffen und zwei Kurzwaffen, sofern die Voraussetzungen des Absatzes 1 Nr. 2 vorliegen.

(3) Inhaber eines gültigen Jahresjagdscheines im Sinne des § 15 Abs. 2 in Verbindung mit Abs. 1 Satz 1 des Bundesjagdgesetzes bedürfen zum Erwerb von Langwaffen nach Absatz 1 Nr. 2 keiner Erlaubnis. Der Jagdscheininhaber nach Satz 1 hat binnen zwei Wochen nach Erwerb einer Langwaffe bei der zuständigen Behörde die Ausstellung einer Waffenbesitzkarte zu beantragen.

(4) Für den Erwerb und vorübergehenden Besitz gemäß § 12 Abs. 1 Nr. 1 von Langwaffen nach Absatz 1 Nr. 2 steht ein Jagdschein im Sinne von § 15 Abs. 1 Satz 1 des Bundesjagdgesetzes einer Waffenbesitzkarte gleich.

(5) **Jäger bedürfen** für den **Erwerb und Besitz von Munition für Langwaffen** nach Absatz 1 Nr. 2 **keiner Erlaubnis**, sofern sie nicht nach dem Bundesjagdgesetz in der jeweiligen Fassung verboten ist.

(6) Ein **Jäger darf Jagdwaffen** zur befugten Jagdausübung einschließlich des Ein- und Anschießens im Revier, zur Ausbildung von Jagdhunden im Revier, zum Jagdschutz oder zum Forstschutz **ohne Erlaubnis führen** und mit ihnen schießen; er darf **auch im Zusammenhang mit diesen Tätigkeiten** die Jagdwaffen **<u>nicht schussbereit</u> ohne Erlaubnis führen**. Der befugten Jagdausübung gleichgestellt ist der Abschuss von Tieren, die dem Naturschutzrecht unterliegen, wenn die naturschutzrechtliche Ausnahme oder Befreiung die Tötung durch einen Jagdscheininhaber vorsieht.

(7) Inhabern eines Jugendjagdscheines im Sinne von § 16 des Bundesjagdgesetzes wird eine Erlaubnis zum Erwerb und Besitz von Schusswaffen und der dafür bestimmten Munition nicht erteilt. Sie dürfen Schusswaffen und die dafür bestimmte Munition nur für die Dauer der Ausübung der Jagd oder des Trainings im jagdlichen Schießen einschließlich jagdlicher Schießwettkämpfe ohne Erlaubnis erwerben, besitzen, die Schusswaffen führen und damit schießen; sie dürfen auch im Zusammenhang mit diesen Tätigkeiten die Jagdwaffen nicht schussbereit ohne Erlaubnis führen.

(8) **Personen in der Ausbildung zum Jäger** dürfen nicht schussbereite Jagdwaffen in der Ausbildung ohne Erlaubnis unter Aufsicht eines Ausbilders erwerben, besitzen und führen, wenn sie **das 14. Lebensjahr vollendet** haben und der Sorgeberechtigte und der Ausbildungsleiter ihr Einverständnis in einer schriftlichen oder elektronischen Berechtigungsbescheinigung erklärt haben. Die Person hat in der Ausbildung die Berechtigungsbescheinigung mit sich zu führen.

(9) Auf **Schalldämpfer** finden die Absätze 1 bis 4 und 6 bis 8 entsprechende Anwendung. Die Schalldämpfer gemäß Satz 1 dürfen ausschließlich mit für die Jagd zugelassenen **Langwaffen für Munition mit Zentralfeuerzündung** im Rahmen der Jagd und des jagdlichen Übungsschießens verwendet werden.

## § 14 Erwerb und Besitz von Schusswaffen und Munition durch Sportschützen

(1) Die **Erlaubnis zum Erwerb und Besitz von Schusswaffen und Munition** zum Zweck des sportlichen Schießens wird abweichend von § 4 Abs. 1 Nr. 1 **nur erteilt**, wenn der Antragsteller das **21. Lebensjahr** vollendet hat. Satz 1 **gilt nicht** für den Erwerb und Besitz von Schusswaffen bis zu einem Kaliber von 5,6 mm lfB (.22 l.r.) für Munition mit Randfeuerzündung, wenn die Mündungsenergie der Geschosse höchstens 200 Joule (J) beträgt, und Einzellader-Langwaffen mit glatten Läufen mit Kaliber 12 oder kleiner, sofern das sportliche Schießen mit solchen Waffen durch die genehmigte Sportordnung eines Schießsportverbandes zugelassen ist.

(2) Ein **Bedürfnis** für den Erwerb und Besitz von Schusswaffen und der dafür bestimmten Munition wird bei **Mitgliedern eines Schießsportvereins** anerkannt, der einem nach § 15 Abs. 1 **anerkannten Schießsportverband** angehört.

(3) Für das **Bedürfnis zum Erwerb** von Schusswaffen und der dafür bestimmten Munition ist durch eine Bescheinigung des Schießsportverbandes oder eines ihm angegliederten Teilverbandes glaubhaft zu machen, dass

1. das Mitglied **seit mindestens zwölf Monaten** den Schießsport **in einem Verein** mit **erlaubnispflichtigen Schusswaffen** betreibt,

2. das Mitglied den Schießsport in einem Verein **innerhalb der vergangenen zwölf Monate** mindestens

a) **einmal in jedem ganzen Monat** dieses Zeitraums ausgeübt hat, oder

b) **18 Mal insgesamt innerhalb dieses Zeitraums** ausgeübt hat, und

3. die zu erwerbende Waffe für eine **Sportdisziplin** nach der Sportordnung des Schießsportverbandes **zugelassen** und **erforderlich** ist. **Innerhalb von sechs Monaten** dürfen in der Regel **nicht mehr als zwei Schusswaffen** erworben werden.

(4) Für das **Bedürfnis zum Besitz** von Schusswaffen und der dafür bestimmten Munition ist durch eine Bescheinigung des Schießsportverbandes oder eines ihm angegliederten Teilverbandes glaubhaft zu machen, dass das Mitglied **in den letzten 24 Monaten vor Prüfung des Bedürfnisses** den Schießsport in einem Verein **mit einer eigenen erlaubnispflichtigen Waffe**

1. mindestens **einmal alle drei Monate** in diesem Zeitraum betrieben hat oder

2. mindestens **sechsmal innerhalb eines abgeschlossenen Zeitraums von jeweils zwölf Monaten** betrieben hat.

Besitzt das Mitglied sowohl Lang- als auch Kurzwaffen, so ist der Nachweis nach Satz 1 für **Waffen beider Kategorien** zu erbringen. Sind **seit der ersten Eintragung** einer Schusswaffe in die Waffenbesitzkarte oder der erstmaligen Ausstellung einer Munitionserwerbserlaubnis **zehn Jahre** vergangen, genügt für das Fortbestehen des Bedürfnisses des Sportschützen die **Mitgliedschaft in einem Schießsportverein** nach Absatz 2; die Mitgliedschaft ist im Rahmen der Folgeprüfungen nach § 4 Absatz 4 durch eine Bescheinigung des Schießsportvereins nachzuweisen.

(5) Ein Bedürfnis von Sportschützen nach Absatz 2 für den Erwerb und Besitz von mehr als **drei halbautomatischen Langwaffen** und mehr als **zwei mehrschüssigen Kurzwaffen für Patronenmunition** sowie der hierfür erforderlichen Munition wird unter Beachtung des Absatzes 2 durch Vorlage einer Bescheinigung des Schießsportverbandes des Antragstellers glaubhaft gemacht, wonach die weitere Waffe

1. von ihm zur Ausübung weiterer Sportdisziplinen benötigt wird oder

2. zur Ausübung des Wettkampfsports erforderlich ist

und der Antragsteller **regelmäßig** an Schießsportwettkämpfen teilgenommen hat.

(6) Sportschützen, die dem Schießsport in einem Schießsportverband nach § 15 Abs. 1 als gemeldetes Mitglied nachgehen, wird abweichend von § 10 Abs. 1 Satz 3 unter Beachtung des Absatzes 3 Satz 1 Nr. 1 und 2 und Satz 2 eine unbefristete Erlaubnis erteilt, die zum **Erwerb von insgesamt bis zu zehn** Einzellader-Langwaffen mit glatten und gezogenen Läufen, Repetier-Langwaffen mit gezogenen Läufen sowie von einläufigen Einzellader-Kurzwaffen für Patronenmunition und von mehrschüssigen Kurz- und Langwaffen mit Zündhütchenzündung (Perkussionswaffen) berechtigt.

## § 15 Schießsportverbände, schießsportliche Vereine

(1) Als Schießsportverband im Sinne dieses Gesetzes wird ein überörtlicher Zusammenschluss schießsportlicher Vereine anerkannt, der

1. wenigstens in jedem Land, in dem seine Sportschützen ansässig sind, in schießsportlichen Vereinen organisiert ist,

2. mindestens 10.000 Sportschützen, die mit Schusswaffen schießen, als Mitglieder insgesamt in seinen Vereinen hat,

3. den Schießsport als Breitensport und Leistungssport betreibt,

4.

a) auf eine sachgerechte Ausbildung in den schießsportlichen Vereinen und

b) zur Förderung des Nachwuchses auf die Durchführung eines altersgerechten Schießsports für Kinder oder Jugendliche in diesen Vereinen

hinwirkt,

5. regelmäßig überregionale Wettbewerbe organisiert oder daran teilnimmt,

6. den sportlichen Betrieb in den Vereinen auf der Grundlage einer genehmigten Schießsportordnung organisiert und

7. im Rahmen eines festgelegten Verfahrens die ihm angehörenden schießsportlichen Vereine verpflichtet und regelmäßig darauf überprüft, dass diese

a) die ihnen nach diesem Gesetz oder auf Grund dieses Gesetzes obliegenden Pflichten erfüllen,

b) einen Nachweis über die Häufigkeit der schießsportlichen Aktivitäten jedes ihrer Mitglieder während der ersten drei Jahre, nachdem diesem erstmalig eine Waffenbesitzkarte als Sportschütze erteilt wurde, führen

und

c) über eigene Schießstätten für die nach der Schießsportordnung betriebenen Disziplinen verfügen oder geregelte Nutzungsmöglichkeiten für derartige Schießstätten nachweisen.

(2) Von den Voraussetzungen des Absatzes 1 Nr. 1, 2 oder 4 Buchstabe b kann abgewichen werden, wenn die besondere Eigenart des Verbandes dies erfordert, öffentliche Interessen nicht entgegenstehen und der Verband die Gewähr dafür bietet, die sonstigen Anforderungen nach Absatz 1 an die geordnete Ausübung des Schießsports zu erfüllen. Ein Abweichen von dem Erfordernis nach Absatz 1 Nr. 2 ist unter Beachtung des Satzes 1 nur bei Verbänden zulässig, die mindestens 2.000 Sportschützen, die mit Schusswaffen schießen, als Mitglieder in ihren Vereinen haben.

(3) Die Anerkennung nach Absatz 1 erfolgt durch das Bundesverwaltungsamt im Benehmen mit den nach § 48 Abs. 1 zuständigen Behörden des Landes, in dem der Schießsportverband seinen Sitz hat, und, soweit nicht der Schießsportverband nur auf dem Gebiet dieses Landes tätig ist, im Benehmen mit den nach § 48 Abs. 1 zuständigen Behörden der übrigen Länder.

(4) Die zuständige Behörde hat das Recht, jederzeit den Nachweis über das Vorliegen der Voraussetzungen für die Anerkennung zu verlangen. Die Anerkennung kann zurückgenommen werden, wenn die Voraussetzungen nach Absatz 1 für ihre Erteilung nicht vorgelegen haben; sie ist zurückzunehmen, wenn die Voraussetzungen weiterhin nicht vorliegen. Die Anerkennung ist zu widerrufen, wenn eine der Voraussetzungen für ihre Erteilung nachträglich entfallen

ist. Anerkennung, Rücknahme und Widerruf sind im Bundesanzeiger zu veröffentlichen. Vom Zeitpunkt der Unanfechtbarkeit der Aufhebung der Anerkennung an sind die Bescheinigungen des betreffenden Verbandes nach § 14 Abs. 3, 4 und 5 nicht mehr als geeignete Mittel zur Glaubhaftmachung anzuerkennen. Sofern der Grund für die Aufhebung der Anerkennung Zweifel an der inhaltlichen Richtigkeit von Bescheinigungen aufkommen lässt, können die Behörden bereits ab der Einleitung der Anhörung von der Anerkennung der Bescheinigungen absehen. Die Anerkennungsbehörde unterrichtet die nach Absatz 3 an der Anerkennung beteiligten Stellen von der Einleitung und dem Abschluss des Verfahrens zur Aufhebung der Anerkennung.

(5) Der schießsportliche Verein ist verpflichtet, der zuständigen Behörde Sportschützen, die Inhaber einer Waffenbesitzkarte sind und die aus ihrem Verein ausgeschieden sind, unverzüglich zu benennen.

## § 15a Sportordnungen

(1) Sportliches Schießen liegt dann vor, wenn nach festen Regeln einer genehmigten Sportordnung geschossen wird. Schießübungen des kampfmäßigen Schießens, insbesondere die Verwendung von Zielen oder Scheiben, die Menschen darstellen oder symbolisieren, sind im Schießsport nicht zulässig.

(2) Das Bundesverwaltungsamt entscheidet über die erstmalige Genehmigung und die Änderung der Teile der Sportordnungen von Verbänden und Vereinen, die für die Ausführung dieses Gesetzes und der auf seiner Grundlage erlassenen Rechtsverordnungen erheblich sind. Die erstmalige Genehmigung oder die Genehmigung von Änderungen erfolgt, wenn die zu prüfenden Teile der Sportordnungen den Anforderungen dieses Gesetzes und der auf Grundlage von Absatz 4 erlassenen Rechtsverordnung genügen. Eine Änderung gilt als genehmigt, wenn das Bundesverwaltungsamt nicht binnen drei Monaten nach Zugang aller erforderlichen Prüfunterlagen Änderungen verlangt oder dem Betroffenen mitteilt, dass die Prüfung aus anderen wichtigen Gründen nicht abgeschlossen werden kann.

(3) Die Genehmigung von Sportordnungen ohne gleichzeitige Anerkennung als Verband nach § 15 Absatz 1 erfolgt, wenn die Vorgaben des § 15 Absatz 1 Nummer 4 Buchstabe a und Nummer 7 sowie die Vorgaben des Absatzes 2 Satz 2 erfüllt sind.

(4) Das Bundesministerium des Innern wird ermächtigt, durch Rechtsverordnung mit Zustimmung des Bundesrates zur Abwehr von Gefahren für die öffentliche Sicherheit oder Ordnung unter Berücksichtigung der berechtigten Interessen des Schießsports Vorschriften über die Anforderungen und die Inhalte der Sportordnungen zum sportlichen Schießen zu erlassen und insbesondere zu bestimmen, dass vom Schießsport bestimmte Schusswaffen wegen ihrer

Konstruktion, ihrer Handhabung oder Wirkungsweise ganz oder teilweise ausgeschlossen sind.

### § 15b Fachbeirat Schießsport

Das Bundesministerium des Innern wird ermächtigt, durch Rechtsverordnung mit Zustimmung des Bundesrates einen Ausschuss zu bilden, in den neben Vertretern der beteiligten Bundes- und Landesbehörden auch Vertreter des Sports zu berufen sind und der das Bundesverwaltungsamt in Fragen der Anerkennung eines Schießsportverbandes und der Genehmigung von Schießsportordnungen nach § 15a Abs. 2 und 3 unter Berücksichtigung waffentechnischer Fragen berät.

### § 16 Erwerb und Besitz von Schusswaffen und Munition durch Brauchtumsschützen, Führen von Waffen und Schießen zur Brauchtumspflege

(1) Ein Bedürfnis für den Erwerb und Besitz von **Einzellader-Langwaffen** und **bis zu drei Repetier-Langwaffen** sowie der dafür bestimmten Munition wird bei Mitgliedern einer zur Brauchtumspflege Waffen tragenden Vereinigung (Brauchtumsschützen) anerkannt, wenn sie durch eine Bescheinigung der Brauchtumsschützenvereinigung glaubhaft machen, dass sie diese Waffen zur Pflege des Brauchtums benötigen.

(2) Für Veranstaltungen, bei denen es Brauch ist, aus besonderem Anlass Waffen zu tragen, kann für die Dauer von fünf Jahren die **Ausnahmebewilligung zum Führen** von in Absatz 1 Satz 1 genannten Schusswaffen sowie von sonstigen zur Brauchtumspflege benötigten Waffen im Sinne des § 1 Abs. 2 Nr. 2 einem **verantwortlichen Leiter der Brauchtumsschützenvereinigung** unter den Voraussetzungen des § 42 Abs. 2 erteilt werden, wenn gewährleistet ist, dass die erforderliche Sorgfalt beachtet wird.

(3) Die **Erlaubnis zum Schießen** mit den in Absatz 1 Satz 1 genannten Schusswaffen außerhalb von Schießstätten mit Kartuschenmunition bei Veranstaltungen nach Absatz 2 kann für die Dauer von fünf Jahren einem **verantwortlichen Leiter der Brauchtumsschützenvereinigung** erteilt werden. Sie ist zu versagen, wenn

1. in dessen Person eine Voraussetzung nach § 4 Abs. 1 Nr. 1 bis 4 nicht vorliegt,

2. die Beachtung der erforderlichen Sorgfalt nicht gewährleistet ist,

3. Gefahren oder erhebliche Nachteile für Einzelne oder die Allgemeinheit zu befürchten sind und nicht durch Auflagen verhindert werden können oder

4. kein **Haftpflichtversicherungsschutz** gemäß § 4 Abs. 1 Nr. 5 nachgewiesen ist.

Die Erlaubnis nach Satz 1 kann mit der Ausnahmebewilligung nach Absatz 2 verbunden werden.

(4) Brauchtumsschützen dürfen in den Fällen der Absätze 2 und 3 oder bei Vorliegen einer Ausnahmebewilligung nach § 42 Abs. 2 die **Schusswaffen ohne Erlaubnis führen und damit schießen**. Sie dürfen die zur Pflege des Brauchtums benötigten Schusswaffen auch **im Zusammenhang mit Veranstaltungen**, bei denen es **Brauch** ist, aus besonderem Anlass Waffen zu tragen, für die eine **Erlaubnis nach Absatz 2 oder nach § 42 Abs. 2** erteilt wurde, **ohne Erlaubnis führen**.

### § 17 Erwerb und Besitz von Schusswaffen oder Munition durch Waffen- oder Munitionssammler

(1) Ein Bedürfnis zum Erwerb und Besitz von Schusswaffen oder Munition wird bei Personen anerkannt, die glaubhaft machen, dass sie Schusswaffen oder Munition für eine **kulturhistorisch bedeutsame** Sammlung (Waffensammler, Munitionssammler) benötigen; kulturhistorisch bedeutsam ist auch eine wissenschaftlich-technische Sammlung.

(2) Die **Erlaubnis zum Erwerb** von Schusswaffen oder Munition wird in der Regel **unbefristet** erteilt. Sie kann mit der Auflage verbunden werden, der Behörde in bestimmten Zeitabständen eine Aufstellung über den Bestand an Schusswaffen vorzulegen.

(3) Die Erlaubnis zum Erwerb und Besitz von Schusswaffen oder Munition wird **auch einem Erben, Vermächtnisnehmer oder durch Auflage Begünstigten** (Erwerber infolge eines Erbfalls) erteilt, der eine **vorhandene Sammlung** des Erblassers im Sinne des Absatzes 1 **fortführt**.

### § 18 Erwerb und Besitz von Schusswaffen oder Munition durch Waffen- oder Munitionssachverständige

(1) Ein Bedürfnis zum Erwerb und Besitz von Schusswaffen oder Munition wird bei Personen anerkannt, die glaubhaft machen, dass sie Schusswaffen oder Munition für wissenschaftliche oder technische Zwecke, zur Erprobung, Begutachtung, Untersuchung oder zu einem ähnlichen Zweck (Waffen-, Munitionssachverständige) benötigen.

(2) Die **Erlaubnis zum Erwerb** von Schusswaffen oder Munition wird in der Regel

1. **für Schusswaffen oder Munition jeder Art** und

2. unbefristet

erteilt. Sie kann mit der Auflage verbunden werden, der Behörde in bestimmten Zeitabständen eine Aufstellung über den Bestand an Schusswaffen vorzulegen.

### § 19 Erwerb und Besitz von Schusswaffen und Munition, Führen von Schusswaffen durch gefährdete Personen

(1) Ein Bedürfnis zum Erwerb und Besitz einer Schusswaffe und der dafür bestimmten Munition wird bei einer Person anerkannt, die glaubhaft macht,

1. **wesentlich mehr als die Allgemeinheit** durch Angriffe auf Leib oder Leben **gefährdet** zu sein und

2. dass der Erwerb der Schusswaffe und der Munition **geeignet und erforderlich** ist, diese Gefährdung zu mindern.

(2) Ein Bedürfnis zum Führen einer Schusswaffe wird anerkannt, wenn glaubhaft gemacht ist, dass die Voraussetzungen nach Absatz 1 auch außerhalb der eigenen Wohnung, Geschäftsräume oder des eigenen befriedeten Besitztums vorliegen.

### § 20 Erwerb und Besitz von Schusswaffen durch Erwerber infolge Erbfalls

(1) Der Erbe hat binnen eines Monats nach der Annahme der Erbschaft oder dem Ablauf der für die Ausschlagung der Erbschaft vorgeschriebenen Frist die Ausstellung einer Waffenbesitzkarte für die zum Nachlass gehörenden erlaubnispflichtigen Schusswaffen oder ihre Eintragung in eine bereits ausgestellte Waffenbesitzkarte zu beantragen; für den Vermächtnisnehmer oder durch Auflage Begünstigten beginnt diese Frist mit dem Erwerb der Schusswaffen.

(2) Dem Erwerber infolge eines Erbfalls ist die gemäß Absatz 1 beantragte Erlaubnis abweichend von § 4 Abs. 1 zu erteilen, wenn der **Erblasser berechtigter Besitzer** war und der Antragsteller **zuverlässig** und **persönlich geeignet** ist.

(3) Für erlaubnispflichtige Schusswaffen und erlaubnispflichtige Munition, für die der Erwerber infolge eines Erbfalles ein Bedürfnis nach § 8 oder §§ 13 ff. geltend machen kann, sind die Vorschriften des § 4 Abs. 1 Nr. 1 bis 3 und des § 8 und der §§ 13 bis 18 anzuwenden. **Kann kein Bedürfnis geltend gemacht werden, sind Schusswaffen durch ein dem Stand der Technik entsprechendes Blockiersystem zu sichern und ist erlaubnispflichtige Munition binnen angemessener Frist unbrauchbar zu machen oder einem Berechtigten zu überlassen.** Einer Sicherung durch ein Blockiersystem bedarf es nicht, wenn der Erwerber der Erbwaffe bereits auf Grund eines Bedürfnisses nach § 8 oder §§ 13 ff. berechtigter Besitzer einer erlaubnispflichtigen Schusswaffe ist. Für den Transport der Schusswaffe im Zusammenhang mit dem Einbau des Blockiersystems gilt § 12 Abs. 3 Nr. 2 entsprechend.

(4) Das Bundesministerium des Innern erstellt nach Anhörung eines Kreises von Vertretern der Wissenschaft, der betroffenen Personen, der beteiligten Wirtschaft und der für das Waffenrecht zuständigen obersten Landesbehörden dem Stand der Sicherheitstechnik entsprechende Regeln (Technische Richtlinie – Blockiersysteme für Erbwaffen) für ein Blockiersystem nach Absatz 3 Satz 2 sowie für dessen Zulassungsverfahren und veröffentlicht diese im Bundesanzeiger. Die Prüfung der Konformität und die Zulassung neu entwickelter Blockiersysteme gemäß der Technischen Richtlinie erfolgt durch die Physikalisch-Technische Bundesanstalt.

(5) Der Einbau und die Entsperrung von Blockiersystemen dürfen nur durch hierin eingewiesene Inhaber einer Waffenherstellungserlaubnis oder einer Waffenhandelserlaubnis nach § 21 Abs. 1 oder durch deren hierzu bevollmächtigten Mitarbeiter erfolgen. Die vorübergehende Entsperrung aus besonderem Anlass ist möglich.

(6) Die Waffenbehörde hat auf Antrag Ausnahmen von der Verpflichtung, alle Erbwaffen mit einem dem Stand der Sicherheitstechnik entsprechenden Blockiersystem zu sichern, zuzulassen, wenn oder so lange für eine oder mehrere Erbwaffen ein entsprechendes Blockiersystem noch nicht vorhanden ist. Eine Ausnahme kann auch für Erbwaffen erteilt werden, die Bestandteil einer kulturhistorisch bedeutsamen Sammlung gemäß § 17 sind oder werden sollen.

### § 21 Gewerbsmäßige Waffenherstellung, Waffenhandel

(1) Die Erlaubnis zur gewerbsmäßig oder selbstständig im Rahmen einer wirtschaftlichen Unternehmung betriebenen Herstellung, Bearbeitung oder Instandsetzung von Schusswaffen oder Munition wird durch eine Waffenherstellungserlaubnis, die Erlaubnis zum entsprechend betriebenen Handel mit Schusswaffen oder Munition durch eine Waffenhandelserlaubnis erteilt. Sie kann auf bestimmte Schusswaffen- und Munitionsarten beschränkt werden.

(2) Die Waffenherstellungserlaubnis nach Absatz 1 Satz 1 schließt für Schusswaffen oder Munition, auf die sich die Erlaubnis erstreckt, die Erlaubnis zum vorläufigen oder endgültigen Überlassen an Inhaber einer Waffenherstellungs- oder Waffenhandelserlaubnis sowie zum Erwerb für Zwecke der Waffenherstellung ein. Bei in die Handwerksrolle eingetragenen Büchsenmachern schließt die Waffenherstellungserlaubnis die Erlaubnis zum Waffenhandel ein.

(3) Die Erlaubnis ist zu versagen, wenn

1. der Antragsteller die erforderliche Zuverlässigkeit (§ 5) oder persönliche Eignung (§ 6) nicht besitzt,

2. der Antragsteller die für die erlaubnispflichtige Tätigkeit bei handwerksmäßiger Betriebsweise erforderlichen Voraussetzungen nach der

Handwerksordnung nicht erfüllt, soweit eine Erlaubnis zu einer entsprechenden Waffenherstellung beantragt wird,

3. der Antragsteller nicht die erforderliche Fachkunde nachweist, soweit eine Erlaubnis zum Waffenhandel beantragt wird; dies gilt nicht, wenn der Antragsteller weder den Betrieb, eine Zweigniederlassung noch eine unselbstständige Zweigstelle selbst leitet.

(4) Die Erlaubnis kann versagt werden, wenn der Antragsteller

1. nicht Deutscher im Sinne des Artikels 116 des Grundgesetzes ist oder

2. weder seinen gewöhnlichen Aufenthalt noch eine gewerbliche Niederlassung im Geltungsbereich dieses Gesetzes hat.

(5) Die Erlaubnis erlischt, wenn der Erlaubnisinhaber die Tätigkeit nicht innerhalb eines Jahres nach Erteilung der Erlaubnis begonnen oder ein Jahr lang nicht ausgeübt hat. Die Fristen können aus besonderen Gründen verlängert werden.

(6) Der Inhaber einer Erlaubnis nach Absatz 1 hat die Aufnahme und Einstellung des Betriebs sowie die Eröffnung und Schließung einer Zweigniederlassung oder einer unselbstständigen Zweigstelle innerhalb von zwei Wochen der zuständigen Behörde anzuzeigen.

(7) Die zuständige Behörde unterrichtet das Bundesverwaltungsamt und das Bundesamt für Wirtschaft und Ausfuhrkontrolle über das Erlöschen einer Erlaubnis nach Absatz 5 Satz 1 und über die Rücknahme oder den Widerruf einer Erlaubnis nach Absatz 1.

## § 21a Stellvertretungserlaubnis

Wer ein erlaubnisbedürftiges Waffengewerbe durch einen Stellvertreter betreiben will, bedarf einer Stellvertretererlaubnis; sie wird dem Erlaubnisinhaber für einen bestimmten Stellvertreter erteilt und kann befristet werden. Dies gilt auch für die Beauftragung einer Person mit der Leitung einer Zweigniederlassung oder einer unselbstständigen Zweigstelle. Die Vorschriften des § 21 gelten entsprechend.

## § 22 Fachkunde

(1) Die Fachkunde ist durch eine Prüfung vor der zuständigen Behörde nachzuweisen. Die Fachkunde braucht nicht nachzuweisen, wer die Voraussetzungen für die Eintragung eines Büchsenmacherbetriebes in die Handwerksrolle erfüllt.

(2) Das Bundesministerium des Innern wird ermächtigt, durch Rechtsverordnung mit Zustimmung des Bundesrates Vorschriften über

1. die notwendigen Anforderungen an die waffentechnischen und waffenrechtlichen Kenntnisse, auch beschränkt auf bestimmte Waffen- und Munitionsarten (Fachkunde),

2. die Prüfung und das Prüfungsverfahren einschließlich der Errichtung von Prüfungsausschüssen,

3. die Anforderungen an Art, Umfang und Nachweis der beruflichen Tätigkeit nach Absatz 1 Satz 2

zu erlassen.

**§ 23 (aufgehoben)**

**§ 24 Kennzeichnungspflicht, Markenanzeigepflicht**

(1) Wer Schusswaffen im Geltungsbereich dieses Gesetzes herstellt oder in diesen verbringt, hat unverzüglich auf den in einer Rechtsverordnung nach § 25 Nummer 2 festgelegten wesentlichen Teilen der Schusswaffe deutlich sichtbar und dauerhaft folgende Angaben anzubringen:

1. den Namen, die Firma oder eine eingetragene Marke des Herstellers der Schusswaffe,

2. für das Herstellungsland das zweistellige Landeskürzel nach ISO-Norm 3166-1,

3. die Bezeichnung der Munition oder, wenn keine Munition verwendet wird, die Bezeichnung des Laufkalibers,

4. bei Schusswaffen, die aus einem Staat, der nicht Mitgliedstaat ist (Drittstaat) in den Geltungsbereich dieses Gesetzes verbracht werden, zusätzlich das Landeskürzel nach ISO-Norm 3166-1[1] für den Drittstaat und das Jahr des Verbringens und

5. eine fortlaufende Nummer (Seriennummer).

Die in Satz 1 Nummer 2, 4 und 5 genannten Angaben sind nicht anzubringen auf

1. Schusswaffen,

a) deren Bauart nach den §§ 7 und 8 des Beschussgesetzes zugelassen ist oder

b) die der Anzeigepflicht nach § 9 des Beschussgesetzes unterliegen,

sowie

2. wesentlichen Teilen von erlaubnisfreien Schusswaffen.

Satz 1 gilt nicht

1. für Schusswaffen, die Bestandteil einer kulturhistorisch bedeutsamen Sammlung im Sinne des § 17 sind oder werden sollen;

2. beim Verbringen unbrauchbar gemachter Schusswaffen in den Geltungsbereich dieses Gesetzes.

(2) Schusswaffen, deren Geschossen eine Bewegungsenergie von nicht mehr als 7,5 Joule erteilt wird, müssen eine Typenbezeichnung sowie das Kennzeichen nach Anlage 1 Abbildung 1 zur Ersten Verordnung zum Waffengesetz vom 24. Mai 1976 (BGBl. I S. 1285) in der zum Zeitpunkt des Inkrafttretens dieses Gesetzes geltenden Fassung oder ein durch Rechtsverordnung nach § 25 Nummer 1 bestimmtes Zeichen tragen.

(3) Auf Schusswaffen, die für die in § 55 Absatz 1 Satz 1 bezeichneten Stellen in den Geltungsbereich dieses Gesetzes verbracht werden oder im Geltungsbereich dieses Gesetzes hergestellt und den in § 55 Absatz 1 Satz 1 bezeichneten Stellen überlassen werden, sind neben den in Absatz 1 genannten Angaben zusätzlich Angaben anzubringen, aus denen die verfügungsberechtigte Stelle ersichtlich ist.

(4) Wer gewerbsmäßig Munition im Geltungsbereich dieses Gesetzes herstellt oder in diesen verbringt, hat unverzüglich auf der kleinsten Verpackungseinheit Zeichen anzubringen, die den Hersteller, die Fertigungsserie (Fertigungszeichen), die Zulassung und die Bezeichnung der Munition erkennen lassen; das Herstellerzeichen und die Bezeichnung der Munition sind auch auf der Hülse anzubringen. Munition, die wiedergeladen wird, ist außerdem mit einem besonderen Kennzeichen zu versehen. Als Hersteller gilt, sofern er Inhaber der Zulassung nach § 11 des Beschussgesetzes ist, auch derjenige, unter dessen Namen, Firma oder Marke die Munition vertrieben oder anderen überlassen wird und der die Verantwortung dafür übernimmt, dass die Munition den Vorschriften dieses Gesetzes entspricht.

(5) Wer Waffenhandel betreibt, darf Schusswaffen oder Munition anderen gewerbsmäßig nur überlassen, wenn er festgestellt hat, dass die Schusswaffen gemäß Absatz 1 gekennzeichnet sind, oder wenn er auf Grund von Stichproben überzeugt ist, dass die Munition nach Absatz 4 mit dem Herstellerzeichen gekennzeichnet ist.

(6) Wer gewerbsmäßig Schusswaffen, Munition oder Geschosse für Schussapparate herstellt, Munition wiederlädt oder im Geltungsbereich dieses Gesetzes mit diesen Gegenständen Handel treibt und eine Marke für diese Gegenstände benutzen will, hat dies der Physikalisch-Technischen Bundesanstalt unter Vorlage der Marke vorher schriftlich oder elektronisch anzuzeigen. Verbringer, die die Marke eines Herstellers aus einem anderen Staat benutzen wollen, haben diese Marke anzuzeigen.

(7) Die Absätze 4 und 5 gelten nicht, sofern es sich um Munition handelt, die Teil einer Sammlung (§ 17 Abs. 1) oder für eine solche bestimmt ist.

### § 25 Verordnungsermächtigungen

Das Bundesministerium des Innern, für Bau und Heimat wird ermächtigt, durch Rechtsverordnung mit Zustimmung des Bundesrates zur Durchführung des § 24

1. Vorschriften zu erlassen über eine besondere Kennzeichnung bestimmter Waffen- und Munitionsarten sowie über die Art, Form und Aufbringung dieser Kennzeichnung,

2. zu bestimmen,

a) auf welchen wesentlichen Teilen der Schusswaffe die Kennzeichen anzubringen sind und wie die Schusswaffen nach einem Austausch, einer Veränderung oder einer Umarbeitung wesentlicher Teile zu kennzeichnen sind,

b) dass bestimmte Waffen- und Munitionsarten von der in § 24 vorgeschriebenen Kennzeichnung ganz oder teilweise befreit sind.

### § 25a Anordnungen zur Kennzeichnung

Sofern eine kennzeichnungspflichtige Schusswaffe nicht mit einer fortlaufenden Nummer (§ 24 Absatz 1 Satz 1 Nummer 5) gekennzeichnet ist, kann die zuständige Behörde auch nachträglich anordnen, dass der Besitzer an ihr ein bestimmtes Kennzeichen anbringen lässt.

### § 26 Nichtgewerbsmäßige Waffenherstellung

(1) Die Erlaubnis zur nichtgewerbsmäßigen Herstellung, Bearbeitung oder Instandsetzung von Schusswaffen wird durch einen **Erlaubnisschein** erteilt. Sie schließt den **Erwerb** von zu diesen Tätigkeiten **benötigten wesentlichen Teilen** von Schusswaffen sowie den Besitz dieser Gegenstände ein.

(2) Die Erlaubnis ist auf **höchstens drei Jahre** zu **befristen** und auf eine **bestimmte Zahl und Art** von Schusswaffen und wesentlichen Teilen zu **beschränken**. Personen, denen Schusswaffen zur Erprobung, Begutachtung, Untersuchung oder für ähnliche Zwecke, die insbesondere eine Bearbeitung oder Instandsetzung erforderlich machen können, überlassen werden, kann die Erlaubnis nach Absatz 1 ohne Beschränkung auf eine bestimmte Zahl und Art von Schusswaffen und wesentlichen Teilen erteilt werden.

### § 27 Schießstätten, Schießen durch Minderjährige auf Schießstätten

(1) Wer

1. eine ortsfeste Anlage oder

2. eine ortsveränderliche Anlage,

die ausschließlich oder neben anderen Zwecken dem Schießsport oder sonstigen Schießsportübungen mit Schusswaffen, der Erprobung von Schusswaffen oder dem Schießen mit Schusswaffen zur Belustigung dient (Schießstätte), betreiben oder in ihrer Beschaffenheit oder in der Art ihrer Benutzung wesentlich ändern will, bedarf der Erlaubnis der zuständigen Behörde. Die Erlaubnis darf nur erteilt werden, wenn der Antragsteller die erforderliche Zuverlässigkeit (§ 5) und persönliche Eignung (§ 6) besitzt und eine Versicherung gegen Haftpflicht für aus dem Betrieb der Schießstätte resultierende Schädigungen in Höhe von mindestens 1 Million Euro – pauschal für Personen- und Sachschäden – sowie gegen Unfall für aus dem Betrieb der Schießstätte resultierende Schädigungen von bei der Organisation des Schießbetriebs mitwirkenden Personen in Höhe von mindestens 10.000 Euro für den Todesfall und 100.000 Euro für den Invaliditätsfall bei einem im Geltungsbereich dieses Gesetzes zum Geschäftsbetrieb befugten Versicherungsunternehmen nachweist. § 10 Abs. 2 Satz 2 bis 5 gilt entsprechend. Abweichend von Satz 2 richtet sich die Haftpflichtversicherung für Schießgeschäfte, die der Schaustellerhaftpflichtverordnung unterliegen, nach § 1 Abs. 2 Nr. 2 dieser Verordnung. Bei ortsveränderlichen Schießstätten ist eine einmalige Erlaubnis vor der erstmaligen Aufstellung ausreichend. Der Inhaber einer Erlaubnis nach Satz 5 hat Aufnahme und Beendigung des Betriebs der Schießstätte der örtlich zuständigen Behörde zwei Wochen vorher schriftlich oder elektronisch anzuzeigen.

(2) Absatz 1 Satz 1 ist nicht anzuwenden auf Schießstätten, bei denen in geschlossenen Räumen ausschließlich zur Erprobung von Schusswaffen oder Munition durch Waffen oder Munitionshersteller, durch Waffen- oder Munitionssachverständige oder durch wissenschaftliche Einrichtungen geschossen wird. Der Betreiber hat die Aufnahme und Beendigung des Betriebs der Schießstätte der zuständigen Behörde zwei Wochen vorher schriftlich oder elektronisch anzuzeigen.

(3) Unter Obhut des zur Aufsichtsführung berechtigten Sorgeberechtigten oder verantwortlicher und zur Kinder- und Jugendarbeit für das Schießen geeigneter Aufsichtspersonen darf

1. **Kindern**, die das zwölfte Lebensjahr vollendet haben und noch nicht 14 Jahre alt sind, das Schießen in Schießstätten mit Druckluft-, Federdruckwaffen und Waffen, bei denen zum Antrieb der Geschosse kalte Treibgase verwendet werden (Anlage 2 Abschnitt 2 Unterabschnitt 2 Nr. 1.1 und 1.2),

2. **Jugendlichen**, die das 14. Lebensjahr vollendet haben und noch nicht **18** Jahre alt sind, auch das Schießen mit sonstigen Schusswaffen bis zu einem Kaliber von 5,6 mm lfB (.22 l.r.) für Munition mit Randfeuerzündung, wenn die

Mündungsenergie höchstens 200 Joule (J) beträgt und Einzellader-Langwaffen mit glatten Läufen mit Kaliber 12 oder kleiner

gestattet werden, wenn der **Sorgeberechtigte schriftlich oder elektronisch sein Einverständnis erklärt** hat oder beim Schießen **anwesend** ist. Die verantwortlichen Aufsichtspersonen haben die schriftlichen Einverständniserklärungen der Sorgeberechtigten vor der Aufnahme des Schießens entgegenzunehmen und während des Schießens aufzubewahren. Sie sind der zuständigen Behörde oder deren Beauftragten auf Verlangen zur Prüfung auszuhändigen. Die verantwortliche Aufsichtsperson hat die Geeignetheit zur Kinder- und Jugendarbeit glaubhaft zu machen. Der in Satz 1 genannten besonderen Obhut bedarf es nicht beim Schießen durch Jugendliche mit Waffen nach Anlage 2 Abschnitt 2 Unterabschnitt 2 Nr. 1.1 und 1.2 und nicht beim Schießen mit sonstigen Schusswaffen durch Jugendliche, die das 16. Lebensjahr vollendet haben.

(4) Die zuständige Behörde kann einem Kind zur Förderung des Leistungssports eine Ausnahme von dem Mindestalter des Absatzes 3 Satz 1 bewilligen. Diese soll bewilligt werden, wenn durch eine ärztliche Bescheinigung die geistige und körperliche Eignung und durch eine Bescheinigung des Vereins die schießsportliche Begabung glaubhaft gemacht sind.

(5) Personen in der **Ausbildung zum Jäger** dürfen in der Ausbildung **ohne Erlaubnis** mit Jagdwaffen **schießen**, wenn sie das 14. Lebensjahr vollendet haben und der Sorgeberechtigte und der Ausbildungsleiter ihr Einverständnis in einer schriftlichen oder elektronischen Berechtigungsbescheinigung erklärt haben. Die Person hat in der Ausbildung die Berechtigungsbescheinigung mit sich zu führen.

(6) An ortsveränderlichen Schießstätten, die dem Schießen zur Belustigung dienen, darf von einer verantwortlichen Aufsichtsperson Minderjährigen das Schießen mit Druckluft-, Federdruckwaffen und Waffen, bei denen zum Antrieb der Geschosse kalte Treibgase verwendet werden (Anlage 2 Abschnitt 2 Unterabschnitt 2 Nr. 1.1 und 1.2), gestattet werden. Bei Kindern hat der Betreiber sicherzustellen, dass die verantwortliche Aufsichtsperson in jedem Fall nur einen Schützen bedient.

(7) **Das kampfmäßige Schießen auf Schießstätten ist nicht zulässig.** Das Bundesministerium des Innern wird ermächtigt, durch Rechtsverordnung mit Zustimmung des Bundesrates zur Abwehr von Gefahren für die öffentliche Sicherheit oder Ordnung sowie von sonstigen Gefahren oder erheblichen Nachteilen für die Benutzer einer Schießstätte, die Bewohner des Grundstücks, die Nachbarschaft oder die Allgemeinheit

1. die Benutzung von Schießstätten einschließlich der Aufsicht über das Schießen und der Anforderungen an das Aufsichtspersonal und dessen besondere Ausbildung für die Kinder- und Jugendarbeit zu regeln,

2. Vorschriften über den Umfang der Verpflichtungen zu erlassen, die bei Lehrgängen zur Ausbildung in der Verteidigung mit Schusswaffen und bei Schießübungen dieser Art einzuhalten sind; darin kann bestimmt werden,

a) dass die Durchführung dieser Veranstaltungen einer Anzeige bedarf,

b) dass und in welcher Weise der Veranstalter die Einstellung und das Ausscheiden der verantwortlichen Aufsichtsperson und der Ausbilder anzuzeigen hat,

c) dass nur Personen an den Veranstaltungen teilnehmen dürfen, die aus Gründen persönlicher Gefährdung, aus dienstlichen oder beruflichen Gründen zum Besitz oder zum Führen von Schusswaffen einer Erlaubnis bedürfen,

d) dass und in welcher Weise der Veranstalter Aufzeichnungen zu führen, aufzubewahren und der zuständigen Behörde vorzulegen hat,

e) dass die zuständige Behörde die Veranstaltungen untersagen darf, wenn der Veranstalter, die verantwortliche Aufsichtsperson oder ein Ausbilder die erforderliche Zuverlässigkeit, die persönliche Eignung oder Sachkunde nicht oder nicht mehr besitzt,

3. Vorschriften über die sicherheitstechnische Prüfung von Schießstätten zu erlassen.

### § 27a Sicherheitstechnische Prüfung von Schießstätten; Verordnungsermächtigung

(1) Schießstätten sind vor ihrer ersten Inbetriebnahme und bei wesentlichen Änderungen in der Beschaffenheit hinsichtlich der sicherheitstechnischen Anforderungen durch die zuständige Behörde unter Hinzuziehung eines anerkannten Schießstandsachverständigen zu überprüfen. Schießstätten, auf denen mit erlaubnispflichtigen Schusswaffen geschossen wird, sind zusätzlich alle vier Jahre nach Satz 1 durch die zuständige Behörde zu überprüfen. Ist das Schießen auf einer Schießstätte nur mit erlaubnisfreien Schusswaffen zulässig, so beträgt der Abstand zwischen den Überprüfungen nach Satz 2 höchstens sechs Jahre. Falls Zweifel an dem ordnungsgemäßen Zustand oder den erforderlichen schießtechnischen Einrichtungen bestehen, kann die zuständige Behörde die Schießstätte in sicherheitstechnischer Hinsicht unter Hinzuziehung eines anerkannten Schießstandsachverständigen überprüfen oder von dem Erlaubnisinhaber die Vorlage eines Gutachtens eines anerkannten Schießstandsachverständigen verlangen. Die Kosten für die Hinzuziehung eines anerkannten Schießstandsachverständigen bei den Überprüfungen nach den Sätzen 1 bis 4 hat der Betreiber der Schießstätte zu tragen.

(2) Werden bei der Überprüfung Mängel festgestellt, die eine Gefährdung der Benutzer der Schießstätte oder Dritter befürchten lassen, kann die zuständige Behörde die weitere Benutzung der Schießstätte bis zur Beseitigung der Mängel

untersagen. Der weitere Betrieb oder die Benutzung der Schießstätte ist im Fall der Untersagung nach Satz 1 verboten.

(3) Die sicherheitstechnischen Anforderungen, die an Schießstätten zu stellen sind, ergeben sich aus den „Richtlinien für die Errichtung, die Abnahme und das Betreiben von Schießständen" (Schießstandrichtlinien). Das Bundesministerium des Innern, für Bau und Heimat erstellt die Schießstandrichtlinien nach Anhörung von Vertretern der Wissenschaft, der Betroffenen und der für das Waffenrecht zuständigen obersten Landesbehörden als dem Stand der Sicherheitstechnik entsprechende Regeln. Das Bundesministerium des Innern, für Bau und Heimat macht die Schießstandrichtlinien im Bundesanzeiger bekannt; anzugeben ist, ab wann die Schießstandrichtlinien zu nutzen sind. Die Sätze 2 und 3 gelten entsprechend für Änderungen der Schießstandrichtlinien. Die Schießstandrichtlinien sind in der jeweils aktuell geltenden Fassung anzuwenden.

(4) Die Landesregierungen werden ermächtigt, durch Rechtsverordnung die Qualifikationsanforderungen für die Anerkennung als Schießstandsachverständiger nach Absatz 1 sowie das Verfahren der Anerkennung zu regeln. Wird eine Rechtsverordnung nach Satz 1 erlassen, ist in ihr insbesondere vorzusehen, dass eine Anerkennung als Schießstandsachverständiger nur erfolgen darf, wenn der Betreffende durch eine Prüfung hinreichende Kenntnisse der in Absatz 3 genannten Schießstandrichtlinien nachgewiesen hat.

### § 28 Erwerb, Besitz und Führen von Schusswaffen und Munition durch Bewachungsunternehmer und ihr Bewachungspersonal

(1) Ein Bedürfnis zum Erwerb, Besitz und Führen von Schusswaffen wird bei einem Bewachungsunternehmer (§ 34a der Gewerbeordnung) anerkannt, wenn er **glaubhaft** macht, dass **Bewachungsaufträge wahrgenommen werden** oder werden sollen, die aus Gründen der Sicherung einer gefährdeten Person im Sinne des § 19 oder eines gefährdeten Objektes **Schusswaffen erfordern**. Satz 1 gilt entsprechend für Wachdienste als Teil wirtschaftlicher Unternehmungen. Ein nach den Sätzen 1 und 2 glaubhaft gemachtes Bedürfnis umfasst auch den Erwerb und Besitz der für die dort genannten Schusswaffen bestimmten Munition.

(2) Die Schusswaffe darf nur bei der tatsächlichen Durchführung eines konkreten Auftrages nach Absatz 1 geführt werden. Der Unternehmer hat dies auch bei seinem Bewachungspersonal in geeigneter Weise sicherzustellen.

(3) Wachpersonen, die auf Grund eines Arbeitsverhältnisses Schusswaffen des Erlaubnisinhabers nach dessen Weisung besitzen oder führen sollen, sind der zuständigen Behörde zur Prüfung zu benennen; der Unternehmer soll die betreffende Wachperson in geeigneter Weise vorher über die Benennung unter

Hinweis auf die Erforderlichkeit der Verarbeitung personenbezogener Daten bei der Behörde unterrichten. Die Überlassung von Schusswaffen oder Munition darf erst erfolgen, wenn die zuständige Behörde zugestimmt hat. Die Zustimmung ist zu versagen, wenn die Wachperson nicht die Voraussetzungen des § 4 Abs. 1 Nr. 1 bis 3 erfüllt oder die Haftpflichtversicherung des Bewachungsunternehmers das Risiko des Umgangs mit Schusswaffen durch die Wachpersonen nicht umfasst.

(4) In einen Waffenschein nach § 10 Abs. 4 kann auch der Zusatz aufgenommen werden, dass die in Absatz 3 bezeichneten Personen die ihnen überlassenen Waffen nach Weisung des Erlaubnisinhabers führen dürfen.

### § 28a Erwerb, Besitz und Führen von Schusswaffen und Munition durch Bewachungsunternehmen und ihr Bewachungspersonal für Bewachungsaufgaben nach § 31 Absatz 1 der Gewerbeordnung

(1) Für den Erwerb, Besitz und das Führen von Schusswaffen und Munition durch Bewachungsunternehmen und ihr Bewachungspersonal für Bewachungsaufgaben nach § 31 Absatz 1 der Gewerbeordnung auf Seeschiffen, die die Bundesflagge führen, ist § 28 entsprechend anzuwenden. Abweichend von § 28 Absatz 1 wird ein Bedürfnis für derartige Bewachungsaufgaben bei Bewachungsunternehmen anerkannt, die eine Zulassung nach § 31 Absatz 1 der Gewerbeordnung besitzen. Abweichend von § 28 Absatz 3 wird die Erlaubnis mit Auflagen erteilt, die die Unternehmer verpflichten,

1. als Bewachungspersonal nur Personen zu beschäftigen, welche die Voraussetzungen nach § 4 Absatz 1 Nummer 1 bis 3 erfüllen,

2. der zuständigen Behörde die eingesetzten Personen in einem von der Behörde bestimmten Zeitraum zu benennen und

3. auf Verlangen der zuständigen Behörde Nachweise vorzulegen, die belegen, dass die eingesetzten Personen die Anforderungen nach § 4 Absatz 1 Nummer 1 bis 3 erfüllen.

(2) Die Erlaubnis ist auf die Dauer der Zulassung nach § 31 der Gewerbeordnung zu befristen. Sie kann verlängert werden. Die Verlängerung der Erlaubnis ist insbesondere zu versagen, wenn die Auflagen nach Absatz 1 Satz 3 nicht eingehalten wurden. Im Übrigen gelten die allgemeinen Bestimmungen dieses Gesetzes. Die Erlaubnis schließt die Erlaubnis zum Verbringen in den Geltungsbereich dieses Gesetzes an Bord des Seeschiffs nach § 29 Absatz 1 ein.

(3) Die zuständige Behörde kann zur Prüfung der Zuverlässigkeit, Eignung und Sachkunde der im Bewachungsunternehmen verantwortlichen Geschäftsleitung sowie der mit der Leitung des Betriebes oder einer Zweigniederlassung beauftragten Personen und der im Zusammenhang mit der Bewachungsaufgabe

tätigen Personen auf die Erkenntnisse und Bewertungen der für die Zulassung nach § 31 Absatz 2 Satz 1 der Gewerbeordnung zuständigen Behörde zurückgreifen. Abweichend von § 7 Absatz 2 orientieren sich die Anforderungen an die Sachkunde an den auf der Grundlage von § 31 Absatz 4 Satz 1 Nummer 3 Buchstabe a der Gewerbeordnung in einer Rechtsverordnung festgelegten besonderen Anforderungen für den Einsatz auf Seeschiffen. Die für das gewerberechtliche Verfahren zuständige Behörde sowie die Bundespolizei dürfen der zuständigen Behörde auch ohne Ersuchen Informationen einschließlich personenbezogener Daten übermitteln, soweit dies zur Erfüllung der waffenbehördlichen Aufgaben erforderlich ist. Die Bundespolizei ist im Rahmen der Prüfung nach § 8 Nummer 2 zu beteiligen.

(4) Absatz 3 Satz 3 ist entsprechend anzuwenden auf die Übermittlung von Informationen einschließlich personenbezogener Daten durch die zuständige Behörde, soweit dies zur Erfüllung der Aufgaben nach § 31 Absatz 2 der Gewerbeordnung erforderlich ist.

(5) Hat das Bewachungsunternehmen seinen Sitz im Inland, so erfolgt die Erteilung der Erlaubnis durch die nach § 48 Absatz 1 Satz 2 bestimmte Behörde im Benehmen mit der für die gewerbliche Hauptniederlassung zuständigen Behörde.

(6) Eine auf der Grundlage des § 28 erteilte Erlaubnis gilt befristet bis zum 31. Dezember 2013 für Aufträge nach § 31 der Gewerbeordnung mit der Maßgabe fort, dass der Inhaber der Erlaubnis der zuständigen Behörde unverzüglich anzuzeigen hat, dass er Aufträge im Sinne des § 31 der Gewerbeordnung wahrnimmt oder wahrnehmen möchte. Die nach § 48 Absatz 1 Satz 1 zuständige Behörde übermittelt der nach § 48 Absatz 1 Satz 2 zuständigen Behörde die Anzeige einschließlich der für die Entscheidung erforderlichen Unterlagen. Weist der in Satz 1 genannte Inhaber der Erlaubnis der nach § 48 Absatz 1 Satz 2 zuständigen Behörde bis zum 31. Dezember 2013 die Zulassung nach § 31 Absatz 1 der Gewerbeordnung und das Vorliegen der Voraussetzungen nach Absatz 1 nach, erteilt diese eine auf die Durchführung von Bewachungsaufgaben nach § 31 Absatz 1 der Gewerbeordnung beschränkte Erlaubnis. Absatz 1 Satz 3, Absatz 2 Satz 1, 4 und 5 sowie Absatz 5 gelten für diese Erlaubnis entsprechend.

### § 29 Verbringen von Waffen oder Munition in den, durch den oder aus dem Geltungsbereich dieses Gesetzes

(1) Eine Erlaubnis zum Verbringen von Waffen oder Munition in den, durch den oder aus dem Geltungsbereich dieses Gesetzes kann erteilt werden, wenn der Antragsteller den sicheren Transport durch einen zum Erwerb oder Besitz dieser Waffen oder Munition Berechtigten gewährleistet. Für eine Erlaubnis zum Verbringen von Waffen oder Munition in den Geltungsbereich dieses Gesetzes ist

zusätzlich erforderlich, dass der Empfänger zum Erwerb und Besitz dieser Waffen oder Munition berechtigt ist.

(2) Sollen Waffen oder Munition nach Anlage 1 Abschnitt 3 (Kategorien A 1.2 bis C) aus dem Geltungsbereich dieses Gesetzes in einen anderen Mitgliedstaat verbracht werden, wird die Erlaubnis nur erteilt, wenn der andere Mitgliedstaat das Verbringen erlaubt hat oder der Antragsteller glaubhaft gemacht hat, dass nach dem Recht des anderen Mitgliedstaates keine solche Erlaubnis erforderlich ist. Satz 1 gilt entsprechend für das Verbringen aus einem Drittstaat durch den Geltungsbereich dieses Gesetzes in einen anderen Mitgliedstaat.

### § 30 Allgemeine Erlaubnis zum Verbringen von Waffen oder Munition aus dem Geltungsbereich dieses Gesetzes in andere Mitgliedstaaten

Gewerbsmäßigen Waffenherstellern oder Waffenhändlern nach § 21 kann abweichend von § 29 allgemein die Erlaubnis zum Verbringen von Waffen oder Munition nach Anlage 1 Abschnitt 3 (Kategorien A 1.2 bis C) aus dem Geltungsbereich dieses Gesetzes zu Waffenhändlern in anderen Mitgliedstaaten für die Dauer von bis zu drei Jahren erteilt werden. Die Erlaubnis kann auf bestimmte Arten von Waffen oder Munition und auf bestimmte Mitgliedstaaten beschränkt werden. Der Inhaber einer Erlaubnis nach Satz 1 hat ein Verbringen auf Grund dieser Erlaubnis dem Bundesverwaltungsamt vorher schriftlich oder elektronisch anzuzeigen.

### § 31 (weggefallen)

### § 32 Mitnahme von Waffen oder Munition in den, durch den oder aus dem Geltungsbereich des Gesetzes, Europäischer Feuerwaffenpass

(1) Die Erlaubnis zur Mitnahme von Waffen oder Munition in den oder durch den Geltungsbereich des Gesetzes kann erteilt werden, wenn die Voraussetzungen des § 4 Abs. 1 Nr. 1 bis 4 vorliegen. Die Erlaubnis kann für die Dauer von bis zu einem Jahr für einen oder für mehrere Mitnahmevorgänge erteilt werden und kann mehrfach um jeweils ein Jahr verlängert werden. Für Personen aus einem Drittstaat wird die Erlaubnis zur Mitnahme von Schusswaffen oder Munition nach Anlage 1 Abschnitt 3 (Kategorien A 1.2 bis C) durch den Geltungsbereich des Gesetzes in einen anderen Mitgliedstaat nur erteilt, wenn der andere Mitgliedstaat die Mitnahme erlaubt hat.

(1a) Die Erlaubnis zur Mitnahme von Waffen oder Munition in einen anderen Mitgliedstaat kann erteilt werden, wenn der Antragsteller

1. zum Erwerb und Besitz der Waffen nach Maßgabe dieses Gesetzes berechtigt ist,

2. die nach dem Recht des anderen Mitgliedstaates erforderliche vorherige Zustimmung vorliegt und

3. der sichere Transport durch den Antragsteller gewährleistet ist.

Absatz 1 Satz 2 gilt entsprechend.

(2) Eine Erlaubnis nach Absatz 1 darf Personen, die ihren gewöhnlichen Aufenthalt in einem anderen Mitgliedstaat haben und Schusswaffen nach Anlage 1 Abschnitt 3 (Kategorien A 1.2 bis C) und die dafür bestimmte Munition nach Absatz 1 mitnehmen wollen, nur erteilt werden, wenn sie Inhaber eines durch diesen Mitgliedstaat ausgestellten Europäischen Feuerwaffenpasses sind und die Waffen in den Europäischen Feuerwaffenpass eingetragen sind.

(3) Sofern sie den Grund der Mitnahme nachweisen können, Inhaber eines Europäischen Feuerwaffenpasses sind und die Waffen in den Europäischen Feuerwaffenpass eingetragen sind, bedarf es einer Erlaubnis nach Absatz 1 oder Absatz 1a nicht für

1. Jäger, die bis zu drei Langwaffen nach Anlage 1 Abschnitt 3 der Kategorie C und die dafür bestimmte Munition im Sinne des § 13 Absatz 1 Nummer 2, Absatz 5 zum Zweck der Jagd mitnehmen,

2. Sportschützen, die bis zu sechs Schusswaffen nach Anlage 1 Abschnitt 3 der Kategorien B oder C und die dafür bestimmte Munition zum Zweck des Schießsports mitnehmen,

3. Brauchtumsschützen, die bis zu drei Einzellader- oder Repetier-Langwaffen nach Anlage 1 Abschnitt 3 der Kategorie C und die dafür bestimmte Munition zur Teilnahme an einer Brauchtumsveranstaltung mitnehmen.

(4) Zu den in Absatz 3 Nr. 1 bis 3 beschriebenen Zwecken kann für die dort jeweils genannten Waffen und Munition Personen, die ihren gewöhnlichen Aufenthalt in einem Drittstaat haben, abweichend von Absatz 1 eine Erlaubnis erteilt werden, es sei denn, dass Tatsachen die Annahme rechtfertigen, dass die Voraussetzungen des § 4 Abs. 1 Nr. 2 nicht vorliegen.

(5) Einer Erlaubnis zur Mitnahme von Waffen oder Munition in den oder durch den Geltungsbereich des Gesetzes bedarf es nicht

1. für Waffen oder Munition, die durch Inhaber einer Erlaubnis zum Erwerb oder Besitz für diese Waffen oder Munition mitgenommen werden,

2. für Signalwaffen und die dafür bestimmte Munition, die aus Gründen der Sicherheit an Bord von Schiffen mitgeführt werden, oder

3. für Waffen und Munition, die an Bord von Schiffen oder Luftfahrzeugen mitgeführt, während des Aufenthalts im Geltungsbereich dieses Gesetzes unter Verschluss gehalten, der zuständigen Überwachungsbehörde unter Angabe des

Hersteller- oder Warenzeichens, der Modellbezeichnung und, wenn die Waffen eine Herstellungsnummer haben, auch dieser, unverzüglich gemeldet und spätestens innerhalb eines Monats wieder aus dem Geltungsbereich des Gesetzes befördert werden.

Ein Jagdschein im Sinne von § 15 Absatz 1 Satz 1 des Bundesjagdgesetzes stellt keine Erlaubnis im Sinne des Satzes 1 Nummer 1 dar.

(6) Personen, die nach diesem Gesetz zum Besitz von Schusswaffen oder Munition nach Anlage 1 Abschnitt 3 (Kategorien A 1.2 bis C) berechtigt sind und diese Schusswaffen oder diese Munition in einen anderen Mitgliedstaat mitnehmen wollen, wird auf Antrag ein Europäischer Feuerwaffenpass ausgestellt.

**§ 33 Anmelde- und Nachweispflichten, Befugnisse der Überwachungsbehörden beim Verbringen oder der Mitnahme von Waffen oder Munition in den, durch den oder aus dem Geltungsbereich dieses Gesetzes**

(1) Wer beabsichtigt, Waffen oder Munition, deren Verbringen oder Mitnahme einer Erlaubnis bedarf, aus einem Drittstaat in den oder durch den Geltungsbereich dieses Gesetzes zu verbringen oder mitzunehmen, ist verpflichtet,

1. diese Waffen oder diese Munition bei der nach Absatz 3 zuständigen Überwachungsbehörde beim Verbringen oder bei der Mitnahme anzumelden,

2. auf Verlangen dieser nach Absatz 3 zuständigen Überwachungsbehörde ihr diese Waffen oder diese Munition vorzuführen und

3. die Berechtigung zum Verbringen oder zur Mitnahme nachzuweisen.

Auf Verlangen sind diese Nachweise den Überwachungsbehörden zur Prüfung auszuhändigen.

(2) Die nach Absatz 3 zuständigen Überwachungsbehörden können Beförderungsmittel und -behälter sowie deren Lade- und Verpackungsmittel anhalten, um zu prüfen, ob die für das Verbringen oder die Mitnahme in den, durch den oder aus dem Geltungsbereich dieses Gesetzes geltenden Bestimmungen eingehalten sind. Werden Verstöße gegen die in Satz 1 genannten Bestimmungen festgestellt, so können die zuständigen Überwachungsbehörden, soweit erforderlich, Vor-, Familien- und gegebenenfalls Geburtsname, Geburtsdatum und -ort, Wohnort und Staatsangehörigkeit der betroffenen Personen erheben und diese Daten sowie Feststellungen zum Sachverhalt den zuständigen Behörden zum Zweck der Ahndung übermitteln. Für Postsendungen gilt dies nur, wenn zureichende tatsächliche Anhaltspunkte für eine Straftat vorliegen. Das Brief- und Postgeheimnis nach Artikel 10 des Grundgesetzes wird nach Maßgabe der Sätze 2 und 3 eingeschränkt.

(3) Das Bundesministerium der Finanzen bestimmt die Zolldienststellen, das Bundesministerium des Innern, für Bau und Heimat bestimmt die Behörden der Bundespolizei, die bei der Überwachung des Verbringens und der Mitnahme von Waffen oder Munition mitwirken. Soweit der grenzpolizeiliche Einzeldienst von Kräften der Länder wahrgenommen wird (§ 2 Abs. 1 und 3 des Bundespolizeigesetzes), wirken diese bei der Überwachung mit.

### § 34 Überlassen von Waffen oder Munition, Prüfung der Erwerbsberechtigung, Anzeigepflicht

(1) Waffen oder Munition dürfen nur berechtigten Personen überlassen werden. Die Berechtigung muss offensichtlich sein oder nachgewiesen werden. Der Inhaber einer Erlaubnis nach § 21 Absatz 1 Satz 1 kann vor einer Überlassung zum Zweck der Prüfung der Erwerbsberechtigung des Erwerbers die Absicht zur Überlassung der zuständigen Behörde elektronisch anzeigen. Die zuständige Behörde prüft die Gültigkeit des Erlaubnisdokuments und teilt dem Anzeigenden nach Satz 3 elektronisch mit, wenn das Erlaubnisdokument im Nationalen Waffenregister nicht oder als nicht gültig registriert ist; Satz 2 bleibt unberührt. Für die Sätze 3 und 4 gilt § 9 des Waffenregistergesetzes.

(2) Werden Waffen oder Munition zur gewerbsmäßigen Beförderung überlassen, so muss die ordnungsgemäße Beförderung sichergestellt sein und es müssen Vorkehrungen gegen ein Abhandenkommen getroffen sein. Munition darf gewerbsmäßig nur in verschlossenen Packungen überlassen werden; dies gilt nicht beim Überlassen auf Schießstätten gemäß § 12 Absatz 2 Nummer 2 oder soweit einzelne Stücke von Munitionssammlern erworben werden. Wer Waffen oder Munition einem anderen lediglich zur gewerbsmäßigen Beförderung gemäß § 12 Absatz 1 Nummer 2 oder Absatz 2 Nummer 1 an einen Dritten übergibt, überlässt sie dem Dritten.

(3) Die Absätze 1 und 2 gelten nicht für denjenigen, der Schusswaffen oder Munition einem anderen, der sie außerhalb des Geltungsbereichs des Gesetzes erwirbt, insbesondere im Versandwege unter eigenem Namen überlässt. Die Vorschriften der §§ 29 und 30 bleiben unberührt.

(4) Wer Personen, die ihren gewöhnlichen Aufenthalt in einem anderen Mitgliedstaat haben, eine Schusswaffe nach Anlage 1 Abschnitt 3 (Kategorien B und C) oder Munition für eine solche überlässt, hat dies unverzüglich dem Bundesverwaltungsamt schriftlich anzuzeigen; dies gilt nicht in den Fällen des § 12 Abs. 1 Nr. 1 und 5.

(5) Wer erlaubnispflichtige Feuerwaffen nach Anlage 1 Abschnitt 1 Unterabschnitt 1 Nr. 2, ausgenommen Einzellader-Langwaffen mit nur glattem Lauf oder glatten Läufen, und deren wesentliche Teile, Schalldämpfer und tragbare Gegenstände nach Anlage 1 Abschnitt 1 Unterabschnitt 1 Nr. 1.2.1 einem

anderen, der seinen gewöhnlichen Aufenthalt in einem Mitgliedstaat des Übereinkommens vom 28. Juni 1978 über die Kontrolle des Erwerbs und Besitzes von Schusswaffen durch Einzelpersonen (BGBl. 1980 II S. 953) hat, überlässt, dorthin versendet oder ohne Wechsel des Besitzers endgültig dorthin verbringt, hat dies unverzüglich dem Bundesverwaltungsamt schriftlich anzuzeigen. Dies gilt nicht

1. für das Überlassen und Versenden der in Satz 1 bezeichneten Gegenstände an staatliche Stellen in einem dieser Staaten und in den Fällen, in denen Unternehmen Schusswaffen zur Durchführung von Kooperationsvereinbarungen zwischen Staaten oder staatlichen Stellen überlassen werden, sofern durch Vorlage einer Bescheinigung von Behörden des Empfangsstaates nachgewiesen wird, dass diesen Behörden der Erwerb bekannt ist, oder

2. soweit Anzeigepflichten nach Absatz 4 oder nach § 30 Satz 3 bestehen.

(6) Das Bundesministerium des Innern wird ermächtigt, durch Rechtsverordnung mit Zustimmung des Bundesrates zur Abwehr von Gefahren für Leben und Gesundheit von Menschen zu bestimmen, dass in den in den Absätzen 2, 4 und 5 bezeichneten Anzeigen weitere Angaben zu machen oder den Anzeigen weitere Unterlagen beizufügen sind.

### § 35 Werbung, Hinweispflichten, Handelsverbote

(1) Wer Waffen oder Munition zum Kauf oder Tausch in Anzeigen oder Werbeschriften anbietet, hat bei den nachstehenden Waffenarten auf das Erfordernis der Erwerbsberechtigung jeweils wie folgt hinzuweisen:

1. bei erlaubnispflichtigen Schusswaffen und erlaubnispflichtiger Munition: Abgabe nur an Inhaber einer Erwerbserlaubnis,

2. bei nicht erlaubnispflichtigen Schusswaffen und nicht erlaubnispflichtiger Munition sowie sonstigen Waffen: Abgabe nur an Personen mit vollendetem 18. Lebensjahr,

3. bei verbotenen Waffen: Abgabe nur an Inhaber einer Ausnahmegenehmigung,

sowie seinen Namen, seine Anschrift und gegebenenfalls seine eingetragene Marke bekannt zu geben. Anzeigen und Werbeschriften nach Satz 1 dürfen nur veröffentlicht werden, wenn sie den Namen und die Anschrift des Anbieters sowie die von ihm je nach Waffenart mitzuteilenden Hinweise enthalten. Satz 2 gilt nicht für die Bekanntgabe der Personalien des nicht gewerblichen Anbieters, wenn dieser der Bekanntgabe widerspricht. Derjenige, der die Anzeige oder Werbeschrift veröffentlicht, ist im Fall des Satzes 3 gegenüber der zuständigen Behörde verpflichtet, die Urkunden über den Geschäftsvorgang ein Jahr lang aufzubewahren und dieser auf Verlangen Einsicht zu gewähren.

(2) Dürfen Schusswaffen nur mit Erlaubnis geführt oder darf mit ihnen nur mit Erlaubnis geschossen werden, so hat der Inhaber einer Erlaubnis nach § 21 Abs. 1 bei ihrem Überlassen im Einzelhandel den Erwerber auf das Erfordernis des Waffenscheins oder der Schießerlaubnis hinzuweisen. Beim Überlassen von Schreckschuss-, Reizstoff oder Signalwaffen im Sinne des § 10 Abs. 4 Satz 4 hat der Inhaber einer Erlaubnis nach § 21 Abs. 1 überdies auf die Strafbarkeit des Führens ohne Erlaubnis (Kleiner Waffenschein) hinzuweisen und die Erfüllung dieser sowie der Hinweispflicht nach Satz 1 zu protokollieren.

(3) Der Vertrieb und das Überlassen von Schusswaffen, Munition, Hieb- oder Stoßwaffen ist verboten:

1. im Reisegewerbe, ausgenommen in den Fällen des § 55b Abs. 1 der Gewerbeordnung,

2. auf festgesetzten Veranstaltungen im Sinne des Titels IV der Gewerbeordnung (Messen, Ausstellungen, Märkte), ausgenommen die Entgegennahme von Bestellungen auf Messen und Ausstellungen,

3. auf Volksfesten, Schützenfesten, Märkten, Sammlertreffen oder ähnlichen öffentlichen Veranstaltungen, ausgenommen das Überlassen der benötigten Schusswaffen oder Munition in einer Schießstätte sowie von Munition, die Teil einer Sammlung (§ 17 Abs. 1) oder für eine solche bestimmt ist.

Die zuständige Behörde kann Ausnahmen von den Verboten für ihren Bezirk zulassen, wenn öffentliche Interessen nicht entgegenstehen.

### § 36 Aufbewahrung von Waffen oder Munition

(1) Wer Waffen oder Munition besitzt, hat die erforderlichen Vorkehrungen zu treffen, um zu verhindern, dass diese Gegenstände abhandenkommen oder Dritte sie unbefugt an sich nehmen.

(2) (aufgehoben)

(3) Wer erlaubnispflichtige Schusswaffen, Munition oder verbotene Waffen besitzt oder die Erteilung einer Erlaubnis zum Besitz beantragt hat, hat der zuständigen Behörde die zur sicheren Aufbewahrung getroffenen oder vorgesehenen Maßnahmen nachzuweisen. Besitzer von erlaubnispflichtigen Schusswaffen, Munition oder verbotenen Waffen haben außerdem der Behörde zur Überprüfung der Pflichten aus Absatz 1 in Verbindung mit einer Rechtsverordnung nach Absatz 5 Zutritt zu den Räumen zu gestatten, in denen die Waffen und die Munition aufbewahrt werden. Wohnräume dürfen gegen den Willen des Inhabers nur zur Verhütung dringender Gefahren für die öffentliche Sicherheit betreten werden; das Grundrecht der Unverletzlichkeit der Wohnung (Artikel 13 des Grundgesetzes) wird insoweit eingeschränkt.

(4) Die in einer Rechtsverordnung nach Absatz 5 festgelegten Anforderungen an die Aufbewahrung von Schusswaffen und Munition gelten nicht bei Aufrechterhaltung der bis zum 6. Juli 2017 erfolgten Nutzung von Sicherheitsbehältnissen, die den Anforderungen des § 36 Absatz 2 Satz 1 zweiter Halbsatz und Satz 2 in der Fassung des Gesetzes vom 11. Oktober 2002 (BGBl. I S. 3970, 4592; 2003 I S. 1957), das zuletzt durch Artikel 6 Absatz 34 des Gesetzes vom 13. April 2017 (BGBl. I S. 872) geändert worden ist, entsprechen oder die von der zuständigen Behörde als gleichwertig anerkannt wurden. Diese Sicherheitsbehältnisse können nach Maßgabe des § 36 Absatz 1 und 2 in der Fassung des Gesetzes vom 11. Oktober 2002 (BGBl. I S. 3970, 4592; 2003 I S. 1957), das zuletzt durch Artikel 6 Absatz 34 des Gesetzes vom 13. April 2017 (BGBl. I S. 872) geändert worden ist, sowie des § 13 der Allgemeinen Waffengesetz-Verordnung vom 27. Oktober 2003 (BGBl. I S. 2123), die zuletzt durch Artikel 108 des Gesetzes vom 29. März 2017 (BGBl. I S. 626) geändert worden ist,

1. vom bisherigen Besitzer weitergenutzt werden sowie

2. für die Dauer der gemeinschaftlichen Aufbewahrung auch von berechtigten Personen mitgenutzt werden, die mit dem bisherigen Besitzer nach Nummer 1 in häuslicher Gemeinschaft leben.

Die Berechtigung zur Nutzung nach Satz 2 Nummer 2 bleibt über den Tod des bisherigen Besitzers hinaus für eine berechtigte Person nach Satz 2 Nummer 2 bestehen, wenn sie infolge des Erbfalls Eigentümer des Sicherheitsbehältnisses wird; die berechtigte Person wird in diesem Fall nicht bisheriger Besitzer im Sinne des Satzes 2 Nummer 1. In den Fällen der Sätze 1 bis 3 finden § 53 Absatz 1 Nummer 19 und § 52a in der Fassung des Gesetzes vom 11. Oktober 2002 (BGBl. I S. 3970, 4592; 2003 I S. 1957), das zuletzt durch Artikel 6 Absatz 34 des Gesetzes vom 13. April 2017 (BGBl. I S. 872) geändert worden ist, und § 34 Nummer 12 der Allgemeinen Waffengesetz-Verordnung vom 27. Oktober 2003 (BGBl. I S. 2123), die zuletzt durch Artikel 108 des Gesetzes vom 29. März 2017 (BGBl. I S. 626) geändert worden ist, weiterhin Anwendung.

(5) Das Bundesministerium des Innern wird ermächtigt, nach Anhörung der beteiligten Kreise durch Rechtsverordnung mit Zustimmung des Bundesrates unter Berücksichtigung des Standes der Technik, der Art und Zahl der Waffen, der Munition oder der Örtlichkeit die Anforderungen an die Aufbewahrung oder an die Sicherung der Waffe festzulegen. Dabei können

1. Anforderungen an technische Sicherungssysteme zur Verhinderung einer unberechtigten Wegnahme oder Nutzung von Schusswaffen,

2. die Nachrüstung oder der Austausch vorhandener Sicherungssysteme,

3. die Ausstattung der Schusswaffe mit mechanischen, elektronischen oder biometrischen Sicherungssystemen

festgelegt werden.

(6) Ist im Einzelfall, insbesondere wegen der Art und Zahl der aufzubewahrenden Waffen oder Munition oder wegen des Ortes der Aufbewahrung, ein höherer Sicherheitsstandard erforderlich, hat die zuständige Behörde die notwendigen Ergänzungen anzuordnen und zu deren Umsetzung eine angemessene Frist zu setzen.

### § 37 Anzeigepflichten der gewerblichen Waffenhersteller und Waffenhändler

(1) Der Inhaber einer Waffenherstellungserlaubnis oder Waffenhandelserlaubnis nach § 21 Absatz 1 Satz 1 hat der zuständigen Behörde den folgenden Umgang mit fertiggestellten Schusswaffen, deren Erwerb oder Besitz der Erlaubnis bedarf, unverzüglich elektronisch anzuzeigen:

1. die Herstellung, jedoch erst nach Fertigstellung,

2. die Überlassung,

3. den Erwerb,

4. die Bearbeitung durch

a) Umbau oder

b) Austausch eines wesentlichen Teils.

Die Pflicht zur Anzeige besteht auch dann, wenn ein Blockiersystem eingebaut oder entsperrt wird.

(2) Für die elektronischen Anzeigen gilt § 9 des Waffenregistergesetzes.

### § 37a Anzeigepflichten der Inhaber einer Waffenbesitzkarte oder einer gleichgestellten anderen Erlaubnis zum Erwerb und Besitz und der Inhaber einer nichtgewerbsmäßigen Waffenherstellungserlaubnis

Der Inhaber einer Erlaubnis zum Erwerb und Besitz von Waffen nach § 10 Absatz 1 Satz 1 oder einer gleichgestellten anderen Erlaubnis zum Erwerb und Besitz sowie der Inhaber einer Erlaubnis zur nichtgewerbsmäßigen Herstellung, Bearbeitung oder Instandsetzung von Schusswaffen nach § 26 Absatz 1 Satz 1 hat der zuständigen Behörde den folgenden Umgang mit fertiggestellten Schusswaffen, deren Erwerb oder Besitz der Erlaubnis bedarf, binnen zwei Wochen schriftlich oder elektronisch anzuzeigen:

1. die Überlassung,

2. den Erwerb,

3. die Bearbeitung durch

a) Umbau oder

b) Austausch eines wesentlichen Teils.

Der Inhaber einer Erlaubnis zur nichtgewerbsmäßigen Herstellung, Bearbeitung oder Instandsetzung von Schusswaffen nach § 26 Absatz 1 Satz 1 hat auch die Herstellung, jedoch erst nach Fertigstellung, gemäß Satz 1 anzuzeigen. Die Pflicht zur Anzeige nach Satz 1 besteht auch dann, wenn ein Blockiersystem eingebaut oder entsperrt wird.

### § 37b Anzeige der Vernichtung,der Unbrauchbarmachung und des Abhandenkommens

(1) Der Besitzer einer Schusswaffe, deren Erwerb oder Besitz einer Erlaubnis bedarf, hat der zuständigen Behörde nach Satz 2 oder Satz 3 anzuzeigen, wenn die Schusswaffe vernichtet wird. Inhaber einer Erlaubnis nach § 21 Absatz 1 Satz 1 haben die Anzeige unverzüglich vorzunehmen. Im Übrigen hat die Anzeige innerhalb von zwei Wochen zu erfolgen. Die zuständige Behörde kann einen Nachweis darüber verlangen, dass die Schusswaffe vernichtet wurde.

(2) Der Besitzer einer Schusswaffe, deren Erwerb oder Besitz einer Erlaubnis bedarf, hat der zuständigen Behörde nach Satz 2 oder Satz 3 anzuzeigen, wenn die Schusswaffe unbrauchbar gemacht wird. Inhaber einer Erlaubnis nach § 21 Absatz 1 Satz 1 haben die Anzeige unverzüglich vorzunehmen. Im Übrigen hat die Anzeige innerhalb von zwei Wochen zu erfolgen. Die zuständige Behörde kann einen Nachweis darüber verlangen, dass die Schusswaffe unbrauchbar gemacht wurde.

(3) Sind einer Person Waffen oder Munition, deren Erwerb oder Besitz der Erlaubnis bedarf, oder Erlaubnisurkunden abhandengekommen, so hat sie dies der zuständigen Behörde unverzüglich nach Feststellung des Abhandenkommens anzuzeigen.

(4) Hat der Besitzer einer Schusswaffe keine Waffenherstellungserlaubnis oder Waffenhandelserlaubnis nach § 21 Absatz 1 Satz 1, so hat die Anzeige nach den Absätzen 1 und 2 schriftlich oder elektronisch zu erfolgen. Hat der Besitzer eine Waffenherstellungserlaubnis oder Waffenhandelserlaubnis nach § 21 Absatz 1 Satz 1, so hat die Anzeige nach den Absätzen 1 bis 3 elektronisch zu erfolgen und es gilt hierfür § 9 des Waffenregistergesetzes.

(5) Ist bei der zuständigen Behörde eine Anzeige zum Abhandenkommen von Schusswaffen, von Munition oder Erlaubnisurkunden eingegangen, so unterrichtet sie die örtliche Polizeidienststelle über das Abhandenkommen.

### § 37c Anzeigepflichten bei Inbesitznahme

(1) Wer Waffen oder Munition, deren Erwerb der Erlaubnis bedarf, in Besitz nimmt

1. beim Tod eines Waffenbesitzers, als Finder oder in ähnlicher Weise,

2. als Insolvenzverwalter, Zwangsverwalter, Gerichtsvollzieher oder in ähnlicher Weise,

hat dies der zuständigen Behörde unverzüglich anzuzeigen.

(2) Die zuständige Behörde kann

1. die Waffen oder Munition sicherstellen oder

2. anordnen, dass die Waffen oder Munition innerhalb angemessener Frist

a) unbrauchbar gemacht werden oder

b) einem Berechtigten überlassen werden,

c) und dies der zuständigen Behörde nachgewiesen wird.

(3) Nach fruchtlosem Ablauf der Frist kann die zuständige Behörde die Waffen oder Munition einziehen. Ein Erlös aus der Verwertung steht dem nach bürgerlichem Recht bisher Berechtigten zu.

### § 37d Anzeige von unbrauchbar gemachten Schusswaffen

(1) Wer eine nach Anlage 1 Abschnitt 1 Unterabschnitt 1 Nummer 1.4 unbrauchbar gemachte Schusswaffe

1. überlässt,

2. erwirbt oder

3. vernichtet,

hat dies der zuständigen Behörde anzuzeigen.

(2) Der Besitzer einer unbrauchbar gemachten Schusswaffe hat der zuständigen Behörde unverzüglich nach Feststellung des Abhandenkommens anzuzeigen, wenn die Waffe abhandengekommen ist.

(3) Hat der Besitzer der unbrauchbar gemachten Schusswaffe keine Waffenherstellungserlaubnis oder Waffenhandelserlaubnis nach § 21 Absatz 1 Satz 1, hat die Anzeige nach Absatz 1 binnen zwei Wochen schriftlich oder elektronisch zu erfolgen. Hat der Besitzer eine Waffenherstellungserlaubnis oder Waffenhandelserlaubnis nach § 21 Absatz 1 Satz 1, so hat die Anzeige nach Absatz 1 unverzüglich elektronisch zu erfolgen und es gilt hierfür § 9 des Waffenregistergesetzes.

(4) Hat der Besitzer eine Waffenherstellungserlaubnis oder Waffenhandelserlaubnis nach § 21 Absatz 1 Satz 1, so hat die Anzeige nach Absatz 2 elektronisch zu erfolgen und es gilt hierfür § 9 des Waffenregistergesetzes.

(5) Ist bei der zuständigen Behörde eine Anzeige zum Abhandenkommen von unbrauchbar gemachten Schusswaffen eingegangen, so unterrichtet sie die örtliche Polizeidienststelle über das Abhandenkommen.

**§ 37e Ausnahmen von der Anzeigepflicht**

(1) Die Pflicht zur Anzeige einer Überlassung oder eines Erwerbs nach § 37 Absatz 1 Satz 1 Nummer 2 und 3 besteht nicht bei

1. Überlassung einzelner wesentlicher Teile zum Zweck der gewerbsmäßigen Ausführung von Verschönerungen oder ähnlichen Arbeiten an der Waffe, sofern eine Rücküberlassung an den Überlassenden erfolgen soll,

2. Überlassung im Rahmen eines Arbeits- oder Ausbildungsverhältnisses nach § 12 Absatz 1 Nummer 3 Buchstabe a,

3. vorübergehendem Überlassen zum Schießen auf einer Schießstätte nach § 12 Absatz 1 Nummer 5.

Satz 1 gilt im Fall der Überlassung und des Erwerbs einer unbrauchbar gemachten Schusswaffe im Sinne von § 37d Absatz 1 Satz 1 Nummer 1 und 2 durch den Inhaber einer Erlaubnis nach § 21 Absatz 1 Satz 1 entsprechend.

(2) Der Inhaber der Erlaubnis nach § 21 Absatz 1 Satz 1 kann von einer Anzeige des Erwerbs nach § 37 Absatz 1 Satz 1 Nummer 3 oder § 37d Absatz 1 Nummer 2 und bei der anschließenden Rücküberlassung an den Überlassenden von der Anzeige der Überlassung nach § 37 Absatz 1 Satz 1 Nummer 2 oder § 37d Absatz 1 Nummer 1 absehen, wenn der Inhaber der Erlaubnis nach § 21 Absatz 1 Satz 1 von einem Überlassenden erwirbt, der nicht Inhaber einer Erlaubnis nach § 21 Absatz 1 Satz 1 ist, und die Rücküberlassung innerhalb eines Monats nach dem Erwerb erfolgt. Erfolgt die Rücküberlassung im Fall des Satzes 1 nicht innerhalb eines Monats nach dem Erwerb, hat der Inhaber der Erlaubnis nach § 21 Absatz 1 Satz 1 die Anzeige des Erwerbs gemäß § 37 Absatz 1 Satz 1 Nummer 3 oder § 37d Absatz 1 Nummer 2 unverzüglich nachzuholen sowie die Rücküberlassung gemäß § 37 Absatz 1 Satz 1 Nummer 2 oder § 37d Absatz 1 Nummer 1 unverzüglich anzuzeigen. Im Fall des Satzes 1 sind Erwerb und Überlassung durch den Inhaber der Erlaubnis nach § 21 Absatz 1 Satz 1 schriftlich oder elektronisch zu dokumentieren (Ersatzdokumentation).

(2a) Von der Anzeige einer Überlassung oder eines Erwerbs nach § 37 Absatz 1 Satz 1 Nummer 2 und 3 kann abgesehen werden, wenn

1. sowohl der Überlassende als auch der Erwerbende Inhaber der Erlaubnis nach § 21 Absatz 1 Satz 1 ist, und

2. die Rücküberlassung und der Rückerwerb zwischen diesen beiden innerhalb von 14 Tagen nach dem Erwerb erfolgt.

Erfolgt die Rücküberlassung im Fall des Satzes 1 nicht innerhalb von 14 Tagen nach dem Erwerb, hat

1. der Erwerbende

a) die Anzeige des Erwerbs gemäß § 37 Absatz 1 Satz 1 Nummer 3 und

b) die Anzeige der Rücküberlassung gemäß § 37 Absatz 1 Satz 1 Nummer 2

sowie

2. der Überlassende

a) die Anzeige der Überlassung gemäß § 37 Absatz 1 Satz 1 Nummer 2 und

b) die Anzeige des Rückerwerbs gemäß § 37 Absatz 1 Satz 1 Nummer 3

jeweils unverzüglich nachzuholen. Im Fall des Satzes 1 sind Erwerb und Überlassung durch die Inhaber der Erlaubnis nach § 21 Absatz 1 Satz 1 in der Ersatzdokumentation festzuhalten. Über die Nutzung der Ersatzdokumentation muss zwischen überlassendem und erwerbendem Inhaber der Erlaubnis nach § 21 Absatz 1 Satz 1 im Vorwege Einigung erzielt werden.

(3) Die Pflicht zur Anzeige einer Überlassung gemäß § 37a Satz 1 Nummer 1 besteht nicht in den Fällen des § 12 Absatz 1 sowie beim Überlassen an einen Erlaubnisinhaber nach § 21 Absatz 1 Satz 1 zum Zweck

1. der Verwahrung,

2. der Instandsetzung oder Vornahme geringfügiger Änderungen oder

3. des Kommissionsverkaufs.

(4) Die Pflicht zur Anzeige eines Erwerbs gemäß § 37a Satz 1 Nummer 2 besteht nicht

1. in den Fällen des § 12 Absatz 1 Nummer 1 bis 3, 4 Buchstabe a oder Nummer 5, außer es handelt sich um den Wiedererwerb nach einer Instandsetzung, die zum Umbau oder Austausch eines wesentlichen Teils geführt hat, oder

2. für einen Waffensachverständigen, der die Waffe auf Grund eines Bedürfnisses nach § 18 Absatz 1 erwirbt und sie höchstens drei Monate lang besitzt.

(5) Die Absätze 3 und 4 gelten im Fall der Überlassung und des Erwerbs einer unbrauchbar gemachten Schusswaffe im Sinne von § 37d Absatz 1 Satz 1

Nummer 1 und 2 durch Personen, die nicht Inhaber einer Erlaubnis nach § 21 Absatz 1 Satz 1 sind, entsprechend.

**§ 37f Inhalt der Anzeigen**

(1) Für die Anzeige nach den §§ 37 bis 37d hat der Anzeigende folgende Daten anzugeben:

1. die Art des in den §§ 37 bis 37d bezeichneten Sachverhalts, der der Anzeigepflicht zugrunde liegt;

2. das Datum, an dem der Sachverhalt eingetreten ist, bei Abhandenkommen das Datum der Feststellung des Abhandenkommens;

3. die folgenden Daten des Anzeigenden:

a) Familienname,

b) früherer Name,

c) Geburtsname,

d) Vorname,

e) Doktorgrad,

f) Geburtstag,

g) Geburtsort,

h) Geschlecht,

i) jede Staatsangehörigkeit sowie

j) Straße, Hausnummer, Postleitzahl und Ort, bei einer ausländischen Adresse auch den betreffenden Staat (Anschrift);

4. die folgenden Daten zu einem Kaufmann, einer juristischen Person oder einer Personenvereinigung:

a) Namen oder Firma,

b) frühere Namen,

c) Anschrift und

d) bei Handelsgesellschaften und Vereinen den Gegenstand des Unternehmens oder des Vereins;

5. die folgenden Daten der Waffe, die Gegenstand der Anzeige ist:

a) Hersteller,

b) Modellbezeichnung,

c) Kaliber- oder Munitionsbezeichnung,

d) Seriennummer,

e) Jahr der Fertigstellung,

f) Verbringen in den Geltungsbereich dieses Gesetzes,

g) Kategorie nach Anlage 1 Abschnitt 3,

h) Art der Waffe;

6. die folgenden Daten des Magazins, das Gegenstand der Anzeige ist:

a) Kapazität des Magazins,

b) kleinste verwendbare Munition und

c) dauerhafte Beschriftung des Magazins, sofern vorhanden;

7. Art und Gültigkeit der Erlaubnis, die zur Art des anzuzeigenden Sachverhalts berechtigt oder verpflichtet;

8. die Nummer der Erlaubnisurkunde und

9. die zuständige Behörde, die die Erlaubnisurkunde ausgestellt hat.

(2) Bei Überlassung und Erwerb sind zusätzlich anzuzeigen

1. folgende Daten des Erwerbers:

a) Familienname,

b) Vorname,

c) Geburtsdatum,

d) Geburtsort,

e) Anschrift;

2. bei Nachweis der Erwerbs- und Besitzberechtigung durch eine Waffenbesitzkarte:

a) die Nummer der Waffenbesitzkarte und

b) die ausstellende Behörde;

3. folgende Daten des Überlassenden:

a) Familienname,

b) früherer Name,

c) Geburtsname,

d) Vorname,

e) Doktorgrad,

f) Geburtsdatum,

g) Geburtsort,

h) Geschlecht,

i) jede Staatsangehörigkeit sowie

j) Anschrift.

(3) Ist der Erwerber oder der Überlassende vom Anwendungsbereich dieses Gesetzes nicht erfasst, so sind ausschließlich sein Name und seine Anschrift anzuzeigen.

(4) Anzuzeigen sind Änderungen der Daten der Waffe, die sich auf Grund einer der in § 37 Absatz 1 bezeichneten Umgangshandlungen ergeben.

**§ 37g Eintragungen in die Waffenbesitzkarte**

(1) Der Inhaber einer Erlaubnis zum Erwerb und Besitz von Waffen nach § 10 Absatz 1 Satz 1 oder einer gleichgestellten anderen Erlaubnis zum Erwerb und Besitz hat gleichzeitig mit der Anzeige nach § 37a oder § 37b Absatz 1 die Waffenbesitzkarte und, sofern die betreffende Waffe in den Europäischen Feuerwaffenpass des Erlaubnisinhabers eingetragen ist, auch diesen zur Eintragung oder Berichtigung bei der zuständigen Behörde vorzulegen.

(2) Bei Austausch eines wesentlichen Teils entfällt die Vorlagepflicht nach Absatz 1.

(3) Die zuständige Behörde trägt Anlass und Inhalt der Anzeige in die Waffenbesitzkarte oder den Europäischen Feuerwaffenpass ein.

**§ 37h Ausstellung einer Anzeigebescheinigung**

(1) Über die Anzeige

1. der Unbrauchbarmachung nach § 37b Absatz 2 Satz 1,

2. des Umgangs mit einer unbrauchbar gemachten Schusswaffe nach § 37d Absatz 1 Nummer 1 und 2 sowie

3. des Besitzes eines Magazins oder Magazingehäuses nach § 58 Absatz 17 Satz 1

hat die zuständige Behörde dem Anzeigenden eine Anzeigebescheinigung auszustellen. Satz 1 gilt nicht, wenn der Anzeigende Inhaber einer Erlaubnis nach § 21 Absatz 1 Satz 1 ist.

(2) Die Anzeigebescheinigung enthält

1. vom Anzeigenden die Daten nach § 37f Absatz 1 Nummer 3,

2. den Anlass der Anzeige nach § 37b Absatz 2 Satz 1, § 37d Absatz 1 Nummer 1 oder 2 oder § 58 Absatz 17 Satz 1,

3. den Zeitpunkt, an dem der zuständigen Behörde die Anzeige zugegangen ist, sowie

4. die Angaben nach § 37f Absatz 1 Nummer 5 und 6.

### § 37i Mitteilungspflicht bei Umzug ins Ausland und bei Umzug im Ausland

Zieht der Inhaber einer waffenrechtlichen Erlaubnis oder Bescheinigung ins Ausland, so ist er verpflichtet, seine Anschrift im Ausland der Waffenbehörde mitzuteilen, die zuletzt für ihn zuständig gewesen ist. Zieht der im Ausland lebende Inhaber einer waffenrechtlichen Erlaubnis oder Bescheinigung im Ausland um, so ist er verpflichtet, dem Bundesverwaltungsamt seine neue Anschrift im Ausland mitzuteilen.

### § 38 Ausweispflichten

(1) Wer eine Waffe führt, muss folgende Dokumente mit sich führen:

1. seinen Personalausweis oder Pass und

a) wenn es einer Erlaubnis zum Erwerb bedarf, die Waffenbesitzkarte oder, wenn es einer Erlaubnis zum Führen bedarf, den Waffenschein,

b) im Fall des Verbringens einer Waffe oder von Munition im Sinne von § 29 Absatz 1 aus einem Drittstaat gemäß § 29 Absatz 1 oder § 30 Absatz 1 den Erlaubnisschein,

c) im Fall der Mitnahme einer Waffe oder von Munition im Sinne von § 29 Absatz 1 aus einem Drittstaat gemäß § 32 Absatz 1 den Erlaubnisschein, im Fall der Mitnahme auf Grund einer Erlaubnis nach § 32 Absatz 4 auch den Beleg für den Grund der Mitnahme,

d) im Fall des Verbringens einer Schusswaffe oder von Munition nach Anlage 1 Abschnitt 3 (Kategorien A 1.2 bis D) gemäß § 29 Absatz 2 oder § 30 Absatz 1 aus einem anderen Mitgliedstaat den Erlaubnisschein oder eine Bescheinigung, die auf diesen Erlaubnisschein Bezug nimmt,

e) im Fall des Verbringens einer Schusswaffe oder von Munition nach Anlage 1 Abschnitt 3 (Kategorien A 1.2 bis D) aus dem Geltungsbereich dieses Gesetzes in einen anderen Mitgliedstaat gemäß § 31 den Erlaubnisschein oder eine Bescheinigung, die auf diesen Erlaubnisschein Bezug nimmt,

f) im Fall der Mitnahme einer Schusswaffe oder von Munition nach Anlage 1 Abschnitt 3 (Kategorien A 1.2 bis D)

aa) aus einem anderen Mitgliedstaat gemäß § 32 Absatz 1 und 2 den Erlaubnisschein und den Europäischen Feuerwaffenpass,

bb) aus dem Geltungsbereich dieses Gesetzes gemäß § 32 Absatz 1a den Erlaubnisschein,

cc) aus einem anderen Mitgliedstaat oder aus dem Geltungsbereich dieses Gesetzes gemäß § 32 Absatz 3 den Europäischen Feuerwaffenpass und einen Beleg für den Grund der Mitnahme,

g) im Fall der vorübergehenden Berechtigung zum Erwerb oder zum Führen auf Grund des § 12 Absatz 1 Nummer 1 und 2 oder § 28 Absatz 4 einen Beleg, aus dem der Name des Überlassers und des Besitzberechtigten sowie das Datum der Überlassung hervorgeht, oder

h) im Fall des Schießens mit einer Schießerlaubnis nach § 10 Absatz 5 diese und

2. in den Fällen des § 13 Absatz 6 den Jagdschein.

In den Fällen des § 13 Absatz 3 und § 14 Absatz 4 Satz 2 genügt an Stelle der Waffenbesitzkarte ein schriftlicher Nachweis darüber, dass die Antragsfrist noch nicht verstrichen oder ein Antrag gestellt worden ist.

Satz 1 gilt nicht in Fällen des § 12 Absatz 3 Nummer 1.

(2) Die nach Absatz 1 Satz 1 und 2 mitzuführenden Dokumente sind Polizeibeamten oder sonst zur Personenkontrolle Befugten auf Verlangen zur Prüfung auszuhändigen.

**§ 39 Auskunfts- und Vorzeigepflicht, Nachschau**

(1) Wer Waffenherstellung, Waffenhandel oder eine Schießstätte betreibt, eine Schießstätte benutzt oder in ihr die Aufsicht führt, ein Bewachungsunternehmen betreibt, Veranstaltungen zur Ausbildung im Verteidigungsschießen durchführt oder sonst den Besitz über Waffen oder Munition ausübt, hat der zuständigen Behörde auf Verlangen oder, sofern dieses Gesetz einen Zeitpunkt vorschreibt, zu diesem Zeitpunkt die für die Durchführung dieses Gesetzes erforderlichen Auskünfte zu erteilen; eine entsprechende Pflicht gilt ferner für Personen, gegenüber denen ein Verbot nach § 41 Abs. 1 oder 2 ausgesprochen wurde. Sie können die Auskunft auf solche Fragen verweigern, deren Beantwortung sie selbst oder einen der in § 383 Abs. 1 Nr. 1 bis 3 der Zivilprozessordnung bezeichneten Angehörigen der Gefahr strafrechtlicher Verfolgung oder eines Verfahrens nach dem Gesetz über Ordnungswidrigkeiten aussetzen

würde. Darüber hinaus hat der Inhaber der Erlaubnis die Einhaltung von Auflagen nachzuweisen.

(2) Betreibt der Auskunftspflichtige Waffenherstellung, Waffenhandel, eine Schießstätte oder ein Bewachungsunternehmen, so sind die von der zuständigen Behörde mit der Überwachung des Betriebs beauftragten Personen berechtigt, Betriebsgrundstücke und Geschäftsräume während der Betriebs- und Arbeitszeit zu betreten, um dort Prüfungen und Besichtigungen vorzunehmen, Proben zu entnehmen und Einsicht in die geschäftlichen Unterlagen zu nehmen; zur Abwehr dringender Gefahren für die öffentliche Sicherheit oder Ordnung dürfen diese Arbeitsstätten auch außerhalb dieser Zeit sowie die Wohnräume des Auskunftspflichtigen gegen dessen Willen besichtigt werden. Das Grundrecht der Unverletzlichkeit der Wohnung (Artikel 13 des Grundgesetzes) wird insoweit eingeschränkt.

(3) Aus begründetem Anlass kann die zuständige Behörde anordnen, dass der Besitzer von

1. Waffen oder Munition, deren Erwerb der Erlaubnis bedarf, oder

2. in Anlage 2 Abschnitt 1 bezeichneten verbotenen Waffen

ihr diese sowie Erlaubnisscheine oder Ausnahmebescheinigungen binnen angemessener, von ihr zu bestimmender Frist zur Prüfung vorlegt.

### § 39a Verordnungsermächtigung für die Ersatzdokumentation

Das Bundesministerium des Innern, für Bau und Heimat wird ermächtigt, durch Rechtsverordnung mit Zustimmung des Bundesrates zur Durchführung des § 37e Absatz 2 Satz 3 und Absatz 2a Satz 3 Vorschriften über Inhalt, Führung, Aufbewahrung und Vorlage der Ersatzdokumentation zu erlassen.

### § 39b Erwerb, Besitz und Aufbewahrung von Salutwaffen

(1) Ein Bedürfnis für den Erwerb und Besitz von Salutwaffen nach Anlage 1 Abschnitt 1 Unterabschnitt 1 Nummer 1.5 ist insbesondere anzuerkennen, wenn der Antragsteller die Salutwaffen für

1. Theateraufführungen,

2. Foto-, Film- oder Fernsehaufnahmen oder

3. für die Teilnahme an kulturellen Veranstaltungen oder Veranstaltungen der Brauchtumspflege

benötigt.

(2) Ein **Nachweis der Sachkunde** nach § 7 ist für die Erteilung der Erlaubnis **nicht erforderlich**.

(3) **§ 36** Absatz 3, 4 und 6 ist auf Salutwaffen nicht anzuwenden. Sind Regelungen einer auf Grund von § 36 Absatz 5 erlassenen Rechtsverordnung anwendbar, sind **Salutwaffen wie von der Erlaubnispflicht freigestellte Waffen** zu behandeln.

### § 39c Unbrauchbarmachung von Schusswaffen und Umgang mit unbrauchbar gemachten Schusswaffen; Verordnungsermächtigung

(1) Das Bundesministerium des Innern, für Bau und Heimat wird ermächtigt, durch Rechtsverordnung, die nicht der Zustimmung des Bundesrates bedarf, nähere Regelungen zur Unbrauchbarmachung von Schusswaffen zu treffen; insbesondere kann es

1. auf die Unbrauchbarmachung bezogene Dokumentationen und Mitteilungen verlangen und

2. Regelungen in Bezug auf vor Inkrafttreten dieser Bestimmung unbrauchbar gemachte Schusswaffen treffen.

(2) Das Bundesministerium des Innern, für Bau und Heimat wird ermächtigt, durch Rechtsverordnung, die nicht der Zustimmung des Bundesrates bedarf, die Anwendbarkeit von Vorschriften des Waffengesetzes auf unbrauchbar gemachte Schusswaffen zu regeln sowie den Umgang mit unbrauchbar gemachten Schusswaffen (Anlage 1 Abschnitt 1 Unterabschnitt 1 Nummer 1.4) zu verbieten oder zu beschränken oder mit bestimmten Verpflichtungen zu verbinden; insbesondere kann es

1. bestimmte Arten des Umgangs mit unbrauchbar gemachten Schusswaffen verbieten oder unter Genehmigungsvorbehalt stellen und

2. Anzeigen oder Begleitdokumente vorschreiben.

Durch die Verordnung können diejenigen Teile der Anlage 2 zu diesem Gesetz, die unbrauchbar gemachte Schusswaffen betreffen, aufgehoben werden.

### § 40 Verbotene Waffen

(1) Das Verbot des Umgangs umfasst auch das Verbot, zur Herstellung der in Anlage 2 Abschnitt 1 Nr. 1.3.4 bezeichneten Gegenstände anzuleiten oder aufzufordern.

(2) Das Verbot des Umgangs mit Waffen oder Munition ist nicht anzuwenden, soweit jemand auf Grund eines gerichtlichen oder behördlichen Auftrags tätig wird.

(3) **Inhaber einer jagdrechtlichen Erlaubnis** und **Angehörige von Leder oder Pelz verarbeitenden Berufen** dürfen abweichend von § 2 Abs. 3 **Umgang mit Faustmessern** nach Anlage 2 Abschnitt 1 Nr. 1.4.2 haben, sofern sie diese

Messer zur Ausübung ihrer Tätigkeit benötigen. Inhaber sprengstoffrechtlicher Erlaubnisse (§§ 7 und 27 des Sprengstoffgesetzes) und Befähigungsscheine (§ 20 des Sprengstoffgesetzes) sowie Teilnehmer staatlicher oder staatlich anerkannter Lehrgänge dürfen abweichend von § 2 Absatz 3 Umgang mit explosionsgefährlichen Stoffen oder Gegenständen nach Anlage 2 Abschnitt 1 Nummer 1.3.4 haben, soweit die durch die Erlaubnis oder den Befähigungsschein gestattete Tätigkeit oder die Ausbildung hierfür dies erfordern. Dies gilt insbesondere für Sprengarbeiten sowie Tätigkeiten im Katastrophenschutz oder im Rahmen von Theatern, vergleichbaren Einrichtungen, Film- und Fernsehproduktionsstätten sowie die Ausbildung für derartige Tätigkeiten. **Inhaber eines gültigen Jagdscheins** im Sinne von § 15 Absatz 2 Satz 1 des Bundesjagdgesetzes dürfen abweichend von § 2 Absatz 3 für jagdliche Zwecke **Umgang mit Nachtsichtvorsätzen und Nachtsichtaufsätzen** nach Anlage 2 Abschnitt 1 Nummer 1.2.4.2 haben. Jagdrechtliche Verbote oder Beschränkungen der Nutzung von Nachtsichtvorsatzgeräten und Nachtsichtaufsätzen bleiben unberührt. Satz 4 **gilt entsprechend für Inhaber einer gültigen Erlaubnis nach § 21** Absatz 1 und 2.

(4) Das Bundeskriminalamt kann auf Antrag von den Verboten der Anlage 2 Abschnitt 1 allgemein oder für den Einzelfall Ausnahmen zulassen, wenn die Interessen des Antragstellers auf Grund besonderer Umstände das öffentliche Interesse an der Durchsetzung des Verbots überwiegen. Dies kann insbesondere angenommen werden, wenn die in der Anlage 2 Abschnitt 1 bezeichneten Waffen oder Munition zum Verbringen aus dem Geltungsbereich dieses Gesetzes, für wissenschaftliche oder Forschungszwecke oder zur Erweiterung einer kulturhistorisch bedeutsamen Sammlung bestimmt sind und eine erhebliche Gefahr für die öffentliche Sicherheit nicht zu befürchten ist.

(5) Wer eine in Anlage 2 Abschnitt 1 bezeichnete Waffe als Erbe, Finder oder in ähnlicher Weise in Besitz nimmt, hat dies der zuständigen Behörde unverzüglich anzuzeigen. Die zuständige Behörde kann die Waffen oder Munition sicherstellen oder anordnen, dass innerhalb einer angemessenen Frist die Waffen oder Munition unbrauchbar gemacht, von Verbotsmerkmalen befreit oder einem nach diesem Gesetz Berechtigten überlassen werden, oder dass der Erwerber einen Antrag nach Absatz 4 stellt. Das Verbot des Umgangs mit Waffen oder Munition wird nicht wirksam, solange die Frist läuft oder eine ablehnende Entscheidung nach Absatz 4 dem Antragsteller noch nicht bekannt gegeben worden ist.

### § 41 Waffenverbote für den Einzelfall

(1) Die zuständige Behörde kann jemandem den Besitz von Waffen oder Munition, deren Erwerb nicht der Erlaubnis bedarf, und den Erwerb solcher Waffen oder Munition untersagen,

1. soweit es zur Verhütung von Gefahren für die Sicherheit oder zur Kontrolle des Umgangs mit diesen Gegenständen geboten ist oder

2. wenn Tatsachen bekannt werden, die die Annahme rechtfertigen, dass der rechtmäßige Besitzer oder Erwerbswillige abhängig von Alkohol oder anderen berauschenden Mitteln, psychisch krank oder debil ist oder sonst die erforderliche persönliche Eignung nicht besitzt oder ihm die für den Erwerb oder Besitz solcher Waffen oder Munition erforderliche Zuverlässigkeit fehlt.

Im Fall des Satzes 1 Nr. 2 ist die betroffene Person darauf hinzuweisen, dass sie die Annahme mangelnder persönlicher Eignung im Wege der Beibringung eines amts- oder fachärztlichen oder fachpsychologischen Zeugnisses über die geistige oder körperliche Eignung ausräumen kann; § 6 Abs. 2 findet entsprechende Anwendung.

(2) Die zuständige Behörde kann jemandem den Besitz von Waffen oder Munition, deren Erwerb der Erlaubnis bedarf, untersagen, soweit es zur Verhütung von Gefahren für die Sicherheit oder Kontrolle des Umgangs mit diesen Gegenständen geboten ist.

(3) Die zuständige Behörde unterrichtet die örtliche Polizeidienststelle über den Erlass eines Waffenbesitzverbotes.

### § 42 Verbot des Führens von Waffen bei öffentlichen Veranstaltungen

(1) Wer an öffentlichen Vergnügungen, Volksfesten, Sportveranstaltungen, Messen, Ausstellungen, Märkten oder ähnlichen öffentlichen Veranstaltungen teilnimmt, darf keine Waffen im Sinne des § 1 Abs. 2 führen. Dies gilt auch, wenn für die Teilnahme ein Eintrittsgeld zu entrichten ist, sowie für Theater-, Kino- und Diskothekenbesuche und für Tanzveranstaltungen.

(2) Die zuständige Behörde kann allgemein oder für den Einzelfall Ausnahmen von Absatz 1 zulassen, wenn

1. der Antragsteller die erforderliche Zuverlässigkeit (§ 5) und persönliche Eignung (§ 6) besitzt,

2. der Antragsteller nachgewiesen hat, dass er auf Waffen bei der öffentlichen Veranstaltung nicht verzichten kann, und

3. eine Gefahr für die öffentliche Sicherheit oder Ordnung nicht zu besorgen ist.

(3) Unbeschadet des § 38 muss der nach Absatz 2 Berechtigte auch den Ausnahmebescheid mit sich führen und auf Verlangen zur Prüfung aushändigen.

(4) Die Absätze 1 bis 3 sind nicht anzuwenden

1. auf die Mitwirkenden an Theateraufführungen und diesen gleich zu achtenden Vorführungen, wenn zu diesem Zweck ungeladene oder mit Kartuschenmunition geladene Schusswaffen oder Waffen im Sinne des § 1 Abs. 2 Nr. 2 geführt werden,

2. auf das Schießen in Schießstätten (§ 27),

3. soweit eine Schießerlaubnis nach § 10 Abs. 5 vorliegt,

4. auf das gewerbliche Ausstellen der in Absatz 1 genannten Waffen auf Messen und Ausstellungen.

(5) Die Landesregierungen werden ermächtigt, durch Rechtsverordnung vorzusehen, dass das Führen von Waffen im Sinne des § 1 Abs. 2 auf bestimmten öffentlichen Straßen, Wegen oder Plätzen allgemein oder im Einzelfall verboten oder beschränkt werden kann, soweit an dem jeweiligen Ort wiederholt

1. Straftaten unter Einsatz von Waffen oder

2. Raubdelikte, Körperverletzungsdelikte, Bedrohungen, Nötigungen, Sexualdelikte, Freiheitsberaubungen oder Straftaten gegen das Leben

begangen worden sind und Tatsachen die Annahme rechtfertigen, dass auch künftig mit der Begehung solcher Straftaten zu rechnen ist. In der Rechtsverordnung nach Satz 1 soll bestimmt werden, dass die zuständige Behörde allgemein oder für den Einzelfall Ausnahmen insbesondere für Inhaber waffenrechtlicher Erlaubnisse, Anwohner und Gewerbetreibende zulassen kann, soweit eine Gefährdung der öffentlichen Sicherheit nicht zu besorgen ist. Im Falle des Satzes 2 gilt Absatz 3 entsprechend. Die Landesregierungen können ihre Befugnis nach Satz 1 in Verbindung mit Satz 2 durch Rechtsverordnung auf die zuständige oberste Landesbehörde übertragen; diese kann die Befugnis durch Rechtsverordnung weiter übertragen.

(6) Die Landesregierungen werden ermächtigt, durch Rechtsverordnung vorzusehen, dass das **Führen von Waffen** im Sinne des § 1 Absatz 2 **oder** von **Messern mit feststehender oder feststellbarer Klinge mit einer Klingenlänge über vier Zentimeter** an folgenden Orten verboten oder beschränkt werden kann, wenn Tatsachen die Annahme rechtfertigen, dass das Verbot oder die Beschränkung zur Abwehr von Gefahren für die öffentliche Sicherheit erforderlich ist:

1. auf bestimmten öffentlichen Straßen, Wegen oder Plätzen, auf denen Menschenansammlungen auftreten können,

2. in oder auf bestimmten Gebäuden oder Flächen mit öffentlichem Verkehr, in oder auf denen Menschenansammlungen auftreten können, und die einem Hausrecht unter- liegen, insbesondere in Einrichtungen des öffentlichen Personenverkehrs, in Einkaufszentren sowie in Veranstaltungsorten,

3.in bestimmten Jugend- und Bildungseinrichtungen sowie

4. auf bestimmten öffentlichen Straßen, Wegen oder Plätzen, die an die in den Nummern 2 und 3 genannten Orte oder Einrichtungen angrenzen.

In der Rechtsverordnung nach Satz 1 ist eine **Ausnahme** vom Verbot oder von der Beschränkung für Fälle vorzusehen, in denen für das Führen der Waffe oder des Messers ein berechtigtes Interesse vorliegt.

Ein **berechtigtes Interesse** liegt insbesondere vor bei

1. Inhabern waffenrechtlicher Erlaubnisse,

2. Anwohnern, Anliegern und dem Anlieferverkehr,

3. Gewerbetreibenden und bei ihren Beschäftigten oder bei von den Gewerbetreibenden Beauftragten, die Messer im Zusammenhang mit ihrer Berufsausübung führen,

4. Personen, die Messer im Zusammenhang mit der Brauchtumspflege oder der Ausübung des Sports führen,

5. Personen, die eine Waffe oder ein Messer nicht zugriffsbereit von einem Ort zum anderen befördern, und

6. Personen, die eine Waffe oder ein Messer mit Zustimmung eines anderen in dessen Hausrechtsbereich nach Satz 1 Nummer 2 führen, wenn das Führen dem Zweck des Aufenthalts in dem Hausrechtsbereich dient oder im Zusammenhang damit steht.

Die Landesregierungen können ihre Befugnis nach Satz 1 in Verbindung mit Satz 2 durch Rechtsverordnung auf die zuständige oberste Landesbehörde übertragen; diese kann die Befugnis durch Rechtsverordnung weiter übertragen.

### § 42a Verbot des Führens von Anscheinswaffen und bestimmten tragbaren Gegenständen

(1) Es ist verboten

1. **Anscheinswaffen**,

2. Hieb- und Stoßwaffen nach Anlage 1 Abschnitt 1 Unterabschnitt 2 Nr. 1.1 oder

3. Messer mit einhändig feststellbarer Klinge (**Einhandmesser**) oder **feststehende Messer mit einer Klingenlänge über 12 cm**

zu führen.

(2) Absatz 1 gilt nicht

1. für die Verwendung bei Foto-, Film- oder Fernsehaufnahmen oder Theateraufführungen,

2. für den Transport in einem **verschlossenen** Behältnis,

3. für das Führen der Gegenstände nach Absatz 1 Nr. 2 und 3, sofern ein **berechtigtes Interesse** vorliegt.

Weitergehende Regelungen bleiben unberührt.

(3) Ein **berechtigtes Interesse** nach Absatz 2 Satz 1 Nr. 3 liegt insbesondere vor, wenn das Führen der Gegenstände im Zusammenhang mit der **Berufsausübung** erfolgt, der Brauchtumspflege, dem Sport oder einem allgemein anerkannten Zweck dient.

### § 43 Erhebung und Übermittlung personenbezogener Daten

(1) Die für die Ausführung dieses Gesetzes zuständigen Behörden dürfen personenbezogene Daten auch ohne Mitwirkung der betroffenen Person in den Fällen des § 5 Abs. 5 und des § 6 Abs. 1 Satz 3 und 4 erheben. Sonstige Rechtsvorschriften des Bundes- oder Landesrechts, die eine Erhebung ohne Mitwirkung der betroffenen Person vorsehen oder zwingend voraussetzen, bleiben unberührt.

(2) Öffentliche Stellen im Geltungsbereich dieses Gesetzes sind auf Ersuchen der zuständigen Behörde verpflichtet, dieser im Rahmen datenschutzrechtlicher Übermittlungsbefugnisse personenbezogene Daten zu übermitteln, soweit die Daten nicht wegen überwiegender öffentlicher Interessen geheim gehalten werden müssen.

### § 43a (aufgehoben)

### § 44 Übermittlung an und von Meldebehörden

(1) Die zuständige Behörde teilt der Meldebehörde mit:

1. die erstmalige Erteilung einer waffenrechtlichen Erlaubnis,

2. den Verlust aller waffenrechtlichen Erlaubnisse einer Person,

3. den Erlass und den Wegfall eines Waffenbesitzverbotes.

(2) Die Meldebehörden teilen den Waffenerlaubnisbehörden Namensänderungen, Zuzug, Änderungen der derzeitigen Anschrift im Zuständigkeitsbereich der Meldebehörde, Wegzug und Tod des Einwohners mit, für den das Vorliegen einer waffenrechtlichen Erlaubnis oder eines Waffenbesitzverbotes gespeichert ist.

## § 44a Behördliche Aufbewahrungspflichten

Die für die Ausführung dieses Gesetzes zuständigen Behörden haben alle Unterlagen, die für die Feststellung der gegenwärtigen und früheren Besitzverhältnisse sowie die Rückverfolgung von Verkaufswegen erforderlich sind, einschließlich der Aufzeichnungen zu Verbringungen 30 Jahre aufzubewahren. Ferner haben die in Satz 1 genannten Behörden zehn Jahre alle Unterlagen aufzubewahren, aus denen sich die Versagung einer waffenrechtlichen Erlaubnis

1. wegen fehlender Zuverlässigkeit nach § 4 Absatz 1 Nummer 2 in Verbindung mit § 5 Absatz 1 Nummer 2 oder Absatz 2 Nummer 2, 3 oder Nummer 4 oder

2. wegen fehlender persönlicher Eignung nach § 4 Absatz 1 Nummer 2 in Verbindung mit § 6 Absatz 1 Satz 1 und 2,

einschließlich der Gründe hierfür, ergibt.

## § 45 Rücknahme und Widerruf

(1) Eine Erlaubnis nach diesem Gesetz ist zurückzunehmen, wenn nachträglich bekannt wird, dass die Erlaubnis hätte versagt werden müssen.

(2) Eine **Erlaubnis** nach diesem Gesetz **ist zu widerrufen**, wenn nachträglich Tatsachen eintreten, die zur Versagung hätten führen müssen. Eine Erlaubnis nach diesem Gesetz kann auch widerrufen werden, wenn inhaltliche Beschränkungen nicht beachtet werden.

(3) Bei einer **Erlaubnis kann** abweichend von Absatz 2 Satz 1 im Fall eines vorübergehenden Wegfalls des Bedürfnisses, aus besonderen Gründen auch in Fällen des endgültigen Wegfalls des Bedürfnisses, **von einem Widerruf abgesehen werden**. Satz 1 gilt nicht, sofern es sich um eine **Erlaubnis zum Führen** einer Waffe handelt.

(4) Verweigert eine betroffene Person im Fall der Überprüfung des weiteren Vorliegens von in diesem Gesetz oder in einer auf Grund dieses Gesetzes erlassenen Rechtsverordnung vorgeschriebenen Tatbestandsvoraussetzungen, bei deren Wegfall ein Grund zur Rücknahme oder zum Widerruf einer Erlaubnis oder Ausnahmebewilligung gegeben wäre, seine Mitwirkung, so kann die Behörde deren Wegfall vermuten. Die betroffene Person ist hierauf hinzuweisen.

(5) Widerspruch und Anfechtungsklage gegen Maßnahmen nach Absatz 1 und Absatz 2 Satz 1 haben keine aufschiebende Wirkung, sofern die Erlaubnis wegen des Nichtvorliegens oder Entfallens der Voraussetzungen nach § 4 Abs. 1 Nr. 2 zurückgenommen oder widerrufen wird.

**§ 46 Weitere Maßnahmen**

(1) Werden Erlaubnisse nach diesem Gesetz zurückgenommen oder widerrufen, so hat der Inhaber alle Ausfertigungen der Erlaubnisurkunde der zuständigen Behörde unverzüglich zurückzugeben. Das Gleiche gilt, wenn die Erlaubnis erloschen ist.

(2) Hat jemand auf Grund einer Erlaubnis, die zurückgenommen, widerrufen oder erloschen ist, Waffen oder Munition erworben oder befugt besessen, und besitzt er sie noch, so **kann** die zuständige Behörde **anordnen**, dass er binnen angemessener Frist die Waffen oder Munition dauerhaft unbrauchbar macht oder einem Berechtigten überlässt und den Nachweis darüber gegenüber der Behörde führt. Nach fruchtlosem Ablauf der Frist kann die zuständige Behörde die Waffen oder Munition sicherstellen.

(3) Besitzt jemand ohne die erforderliche Erlaubnis oder entgegen einem vollziehbaren Verbot nach § 41 Abs. 1 oder 2 eine Waffe oder Munition, so **kann** die zuständige Behörde **anordnen**, dass er binnen **angemessener** Frist

1. die Waffe oder Munition dauerhaft unbrauchbar macht oder einem Berechtigten überlässt oder

2. im Fall einer verbotenen Waffe oder Munition die Verbotsmerkmale beseitigt und

3. den Nachweis darüber gegenüber der Behörde führt.

Nach fruchtlosem Ablauf der Frist kann die zuständige Behörde die Waffe oder Munition sicherstellen.

(4) Die zuständige Behörde kann Erlaubnisurkunden sowie die in den Absätzen 2 und 3 bezeichneten Waffen oder Munition sofort sicherstellen

1. in Fällen eines vollziehbaren Verbots nach § 41 Abs. 1 oder 2 oder

2. soweit Tatsachen die Annahme rechtfertigen, dass die Waffen oder Munition missbräuchlich verwendet oder von einem Nichtberechtigten erworben werden sollen.

Zu diesem Zweck sind die Beauftragten der zuständigen Behörde berechtigt, die Wohnung der betroffenen Person zu betreten und diese Wohnung nach Urkunden, Waffen oder Munition zu durchsuchen; Durchsuchungen dürfen nur durch den Richter, bei Gefahr im Verzug auch durch die zuständige Behörde angeordnet werden; das **Grundrecht der Unverletzlichkeit der Wohnung** (Artikel 13 des Grundgesetzes) wird insoweit **eingeschränkt**. Widerspruch und Anfechtungsklage haben **keine aufschiebende Wirkung.**

(5) Sofern der bisherige Inhaber nicht innerhalb eines Monats nach Sicherstellung einen empfangsbereiten Berechtigten benennt oder im Fall der

Sicherstellung verbotener Waffen oder Munition nicht in dieser Frist eine Ausnahmezulassung nach § 40 Abs. 4 beantragt, kann die zuständige Behörde die sichergestellten Waffen oder Munition einziehen und verwerten oder vernichten. Dieselben Befugnisse besitzt die zuständige Behörde im Fall der unanfechtbaren Versagung einer für verbotene Waffen oder Munition vor oder rechtzeitig nach der Sicherstellung beantragten Ausnahmezulassung nach § 40 Abs. 4. Der Erlös aus einer Verwertung der Waffen oder Munition steht nach Abzug der Kosten der Sicherstellung, Verwahrung und Verwertung dem nach bürgerlichem Recht bisher Berechtigten zu.

### § 47 Verordnungen zur Erfüllung internationaler Vereinbarungen oder zur Angleichung an Gemeinschaftsrecht

Das Bundesministerium des Innern wird ermächtigt, mit Zustimmung des Bundesrates zur Erfüllung von Verpflichtungen aus internationalen Vereinbarungen oder zur Erfüllung bindender Beschlüsse der Europäischen Union, die Sachbereiche dieses Gesetzes betreffen, Rechtsverordnungen zu erlassen, die insbesondere

1. Anforderungen an das Überlassen und Verbringen von Waffen oder Munition an Personen, die ihren gewöhnlichen Aufenthalt außerhalb des Geltungsbereichs des Gesetzes haben, festlegen und

2. das Verbringen und die vorübergehende Mitnahme von Waffen oder Munition in den Geltungsbereich des Gesetzes sowie

3. die zu den Nummern 1 und 2 erforderlichen Bescheinigungen, Mitteilungspflichten und behördlichen Maßnahmen

regeln.

### § 48 Sachliche Zuständigkeit

(1) Die Landesregierungen oder die von ihnen durch Rechtsverordnung bestimmten Stellen können durch Rechtsverordnung die für die Ausführung dieses Gesetzes zuständigen Behörden bestimmen, soweit nicht Bundesbehörden zuständig sind. Abweichend von Satz 1 ist für die Erteilung von Erlaubnissen an Bewachungsunternehmen für Bewachungsaufgaben nach § 28a Absatz 1 Satz 1 die für das Gebiet der Freien und Hansestadt Hamburg bestimmte Waffenbehörde zuständig.

(1a) Die Landesregierungen oder die von ihnen durch Rechtsverordnung bestimmten Stellen bestimmen durch Rechtsverordnung die nach Artikel 6 Absatz 5 Satz 2 der Verordnung (EU) Nr. 1214/2011 des Europäischen Parlaments und des Rates vom 16. November 2011 über den gewerbsmäßigen grenzüberschreitenden Straßentransport von Euro-Bargeld zwischen den Mitgliedstaaten des Euroraums (ABl. L 316 vom 29.11.2011, S. 1) zuständige Kontaktstelle.

(2) Das Bundesverwaltungsamt ist die zuständige Behörde für

1. ausländische Diplomaten, Konsularbeamte und gleichgestellte sonstige bevorrechtigte ausländische Personen,

2. ausländische Angehörige der in der Bundesrepublik Deutschland stationierten ausländischen Streitkräfte sowie deren Ehegatten und unterhaltsberechtigte Kinder,

3. Personen, die zum Schutze ausländischer Luftfahrzeuge und Seeschiffe eingesetzt sind,

4. Deutsche im Sinne des Artikels 116 des Grundgesetzes, die ihren gewöhnlichen Aufenthalt außerhalb des Geltungsbereichs dieses Gesetzes haben; dies gilt nicht für die in den §§ 21 und 28 genannten Personen, wenn sich der Sitz des Unternehmens im Geltungsbereich dieses Gesetzes befindet,

5. natürliche und juristische Personen, die im Geltungsbereich dieses Gesetzes im Sinne des § 21 Handel treiben, hier aber keinen Unternehmenssitz haben.

(3) Zuständig für die Entscheidungen nach § 2 Abs. 5 ist das Bundeskriminalamt.

(3a) Das Bundesamt für Wirtschaft und Ausfuhrkontrolle ist die zuständige Behörde zur Erteilung von Genehmigungen nach Artikel 4 der Verordnung (EU) Nr. 258/2012 des Europäischen Parlaments und des Rates vom 14. März 2012 zur Umsetzung des Artikels 10 des Protokolls der Vereinten Nationen gegen die unerlaubte Herstellung von Schusswaffen, dazugehörigen Teilen und Komponenten und Munition und gegen den unerlaubten Handel damit, in Ergänzung des Übereinkommens der Vereinten Nationen gegen die grenzüberschreitende organisierte Kriminalität (VN-Feuerwaffenprotokoll) und zur Einführung von Ausfuhrgenehmigungen für Feuerwaffen, deren Teile, Komponenten und Munition sowie von Maßnahmen betreffend deren Einfuhr und Durchfuhr (ABl. L 94 vom 30.3.2012, S. 1).

(4) Verwaltungsverfahren nach diesem Gesetz oder auf Grund dieses Gesetzes können über eine einheitliche Stelle nach den Vorschriften der Verwaltungsverfahrensgesetze abgewickelt werden.

## § 49 Örtliche Zuständigkeit

(1) Die Vorschriften der Verwaltungsverfahrensgesetze über die örtliche Zuständigkeit gelten mit der Maßgabe, dass örtlich zuständig ist

1. für einen Antragsteller oder Erlaubnisinhaber, der keinen gewöhnlichen Aufenthalt im Geltungsbereich dieses Gesetzes hat,

a) die Behörde, in deren Bezirk er sich aufhält oder aufhalten will, oder,

b) soweit sich ein solcher Aufenthaltswille nicht ermitteln lässt, die Behörde, in deren Bezirk der Grenzübertritt erfolgt,

2. für Antragsteller oder Inhaber einer Erlaubnis nach § 21 Abs. 1 sowie Bewachungsunternehmer die Behörde, in deren Bezirk sich die gewerbliche Hauptniederlassung befindet oder errichtet werden soll.

(2) Abweichend von Absatz 1 ist örtlich zuständig für

1. Schießerlaubnisse nach § 10 Abs. 5 die Behörde, in deren Bezirk geschossen werden soll, soweit nicht die Länder nach § 48 Abs. 1 eine abweichende Regelung getroffen haben,

2. Erlaubnisse nach § 27 Abs. 1 sowie für Maßnahmen auf Grund einer Rechtsverordnung nach § 27 Abs. 7 bei ortsfesten Schießstätten die Behörde, in deren Bezirk die ortsfeste Schießstätte betrieben wird oder betrieben oder geändert werden soll,

3.

a) Erlaubnisse nach § 27 Abs. 1 sowie für Maßnahmen auf Grund einer Rechtsverordnung nach § 27 Abs. 7 bei ortsveränderlichen Schießstätten die Behörde, in deren Bezirk der Betreiber seinen gewöhnlichen Aufenthalt hat,

b) Auflagen bei den in Buchstabe a genannten Schießstätten die Behörde, in deren Bezirk die Schießstätte aufgestellt werden soll,

4. Ausnahmebewilligungen nach § 35 Abs. 3 Satz 2 die Behörde, in deren Bezirk die Tätigkeit ausgeübt werden soll,

5. Ausnahmebewilligungen nach § 42 Abs. 2 die Behörde, in deren Bezirk die Veranstaltung stattfinden soll oder, soweit Ausnahmebewilligungen für mehrere Veranstaltungen in verschiedenen Bezirken erteilt werden, die Behörde, in deren Bezirk die erste Veranstaltung stattfinden soll,

6. die Sicherstellung nach § 46 Abs. 2 Satz 2, Abs. 3 Satz 2 und Abs. 4 Satz 1 auch die Behörde, in deren Bezirk sich der Gegenstand befindet.

### § 50 (aufgehoben)

### § 51 Strafvorschriften

(1) Mit Freiheitsstrafe von einem Jahr bis zu fünf Jahren wird bestraft, wer entgegen § 2 Absatz 3 in Verbindung mit Anlage 2 Abschnitt 1 Nummer 1.2.1.1

oder 1.2.1.2, eine dort genannte Schusswaffe zum Verschießen von Patronenmunition nach Anlage 1 Abschnitt 1 Unterabschnitt 3 Nr. 1.1 erwirbt, besitzt, überlässt, führt, verbringt, mitnimmt, herstellt, bearbeitet, instand setzt oder damit Handel treibt.

(2) In besonders schweren Fällen ist die Strafe Freiheitsstrafe von einem Jahr bis zu zehn Jahren. Ein besonders schwerer Fall liegt in der Regel vor, wenn der Täter gewerbsmäßig oder als Mitglied einer Bande, die sich zur fortgesetzten Begehung solcher Straftaten verbunden hat, unter Mitwirkung eines anderen Bandenmitgliedes handelt.

(3) In minder schweren Fällen ist die Strafe Freiheitsstrafe bis zu drei Jahren oder Geldstrafe.

(4) Handelt der Täter fahrlässig, so ist die Strafe Freiheitsstrafe bis zu zwei Jahren oder Geldstrafe.

### § 52 Strafvorschriften

(1) Mit Freiheitsstrafe von sechs Monaten bis zu fünf Jahren wird bestraft, wer

1. entgegen § 2 Absatz 3 in Verbindung mit Anlage 2 Abschnitt 1 Nr. 1.1 oder 1.3.4 eine dort genannte Schusswaffe oder einen dort genannten Gegenstand erwirbt, besitzt, überlässt, führt, verbringt, mitnimmt, herstellt, bearbeitet, instand setzt oder damit Handel treibt,

2. ohne Erlaubnis nach

a) § 2 Abs. 2 in Verbindung mit Anlage 2 Abschnitt 2 Unterabschnitt 1 Satz 1, eine Schusswaffe oder Munition erwirbt, um sie entgegen § 34 Abs. 1 Satz 1 einem Nichtberechtigten zu überlassen,

b) § 2 Abs. 2 in Verbindung mit Anlage 2 Abschnitt 2 Unterabschnitt 1 Satz 1, eine halbautomatische Kurzwaffe zum Verschießen von Patronenmunition nach Anlage 1 Abschnitt 1 Unterabschnitt 3 Nr. 1.1 erwirbt, besitzt oder führt,

c) § 2 Abs. 2 in Verbindung mit Anlage 2 Abschnitt 2 Unterabschnitt 1 Satz 1 in Verbindung mit § 21 Abs. 1 Satz 1 oder § 21a eine Schusswaffe oder Munition herstellt, bearbeitet, instand setzt oder damit Handel treibt,

d) § 2 Abs. 2 in Verbindung mit Anlage 2 Abschnitt 2 Unterabschnitt 1 Satz 1 in Verbindung mit § 29 Absatz 1 Satz 1 oder § 32 Absatz 1 Satz 1 eine Schusswaffe oder Munition in den oder durch den Geltungsbereich dieses Gesetzes verbringt oder mitnimmt,

3. entgegen § 35 Abs. 3 Satz 1 eine Schusswaffe, Munition oder eine Hieb- oder Stoßwaffe im Reisegewerbe oder auf einer dort genannten Veranstaltung vertreibt oder anderen überlässt oder

4. entgegen § 40 Abs. 1 zur Herstellung eines dort genannten Gegenstandes anleitet oder auffordert.

(2) Der Versuch ist strafbar.

(3) Mit Freiheitsstrafe bis zu drei Jahren oder mit Geldstrafe wird bestraft, wer

1. entgegen § 2 Absatz 3 in Verbindung mit Anlage 2 Abschnitt 1 Nummer 1.2.2 bis 1.2.4.2, 1.2.5, 1.3.1 bis 1.3.3, 1.3.5 bis 1.3.8, 1.4.1 Satz 1, Nr. 1.4.2 bis 1.4.4 oder 1.5.3 bis 1.5.7 einen dort genannten Gegenstand erwirbt, besitzt, überlässt, führt, verbringt, mitnimmt, herstellt, bearbeitet, instand setzt oder damit Handel treibt,

2. ohne Erlaubnis nach § 2 Abs. 2 in Verbindung mit Anlage 2 Abschnitt 2 Unterabschnitt 1 Satz 1

a) eine Schusswaffe erwirbt, besitzt, führt oder

b) Munition erwirbt oder besitzt,

wenn die Tat nicht in Absatz 1 Nr. 2 Buchstabe a oder b mit Strafe bedroht ist,

3. ohne Erlaubnis nach § 2 Abs. 2 in Verbindung mit Anlage 2 Abschnitt 2 Unterabschnitt 1 Satz 1 in Verbindung mit § 26 Abs. 1 Satz 1 eine Schusswaffe herstellt, bearbeitet oder instand setzt,

4. ohne Erlaubnis nach § 2 Absatz 2 in Verbindung mit Anlage 2 Abschnitt 2 Unterabschnitt 1 Satz 1 in Verbindung mit

a) § 29 Absatz 1 Satz 1 eine dort genannte Schusswaffe oder Munition aus dem Geltungsbereich dieses Gesetzes in einen anderen Mitgliedstaat verbringt oder

b) § 32 Absatz 1a Satz 1 eine dort genannte Schusswaffe oder Munition in einen anderen Mitgliedstaat mitnimmt,

5. entgegen § 28 Abs. 2 Satz 1 eine Schusswaffe führt,

6. entgegen § 28 Abs. 3 Satz 2 eine Schusswaffe oder Munition überlässt,

7. entgegen § 34 Abs. 1 Satz 1 eine erlaubnispflichtige Schusswaffe oder erlaubnispflichtige Munition einem Nichtberechtigten überlässt,

7a. entgegen § 36 Absatz 1 Satz 1 in Verbindung mit einer Rechtsverordnung nach § 36 Absatz 5 Satz 1 eine dort genannte Vorkehrung für eine Schusswaffe nicht, nicht richtig oder nicht rechtzeitig trifft und dadurch die Gefahr verursacht, dass eine Schusswaffe oder Munition abhandenkommt oder darauf unbefugt zugegriffen wird,

8. einer vollziehbaren Anordnung nach § 41 Abs. 1 Satz 1 oder Abs. 2 zuwiderhandelt,

9. entgegen § 42 Abs. 1 eine Waffe führt oder

10. entgegen § 57 Abs. 5 Satz 1 den Besitz über eine Schusswaffe oder Munition ausübt.

(4) Handelt der Täter in den Fällen des Absatzes 1 Nr. 1, 2 Buchstabe b, c oder d oder Nr. 3 oder des Absatzes 3 Nummer 1 bis 7, 8, 9 oder 10 fahrlässig, so ist die Strafe bei den bezeichneten Taten nach Absatz 1 Freiheitsstrafe bis zu zwei Jahren oder Geldstrafe, bei Taten nach Absatz 3 Freiheitsstrafe bis zu einem Jahr oder Geldstrafe.

(5) In besonders schweren Fällen des Absatzes 1 Nr. 1 ist die Strafe Freiheitsstrafe von einem Jahr bis zu zehn Jahren. Ein besonders schwerer Fall liegt in der Regel vor, wenn der Täter gewerbsmäßig oder als Mitglied einer Bande, die sich zur fortgesetzten Begehung solcher Straftaten verbunden hat, unter Mitwirkung eines anderen Bandenmitgliedes handelt.

(6) In minder schweren Fällen des Absatzes 1 ist die Strafe Freiheitsstrafe bis zu drei Jahren oder Geldstrafe.

### § 52a (weggefallen)

### § 53 Bußgeldvorschriften

(1) Ordnungswidrig handelt, wer vorsätzlich oder fahrlässig

1. entgegen § 2 Abs. 1 eine nicht erlaubnispflichtige Waffe oder nicht erlaubnispflichtige Munition erwirbt oder besitzt,

2. (weggefallen)

3. ohne Erlaubnis nach § 2 Abs. 2 in Verbindung mit Abs. 4, dieser in Verbindung mit Anlage 2 Abschnitt 2 Unterabschnitt 1 Satz 1, mit einer Schusswaffe schießt,

4. einer vollziehbaren Auflage nach § 9 Abs. 2 Satz 1, § 10 Abs. 2 Satz 3, § 17 Abs. 2 Satz 2, § 18 Absatz 2 Satz 2 oder § 28a Absatz 1 Satz 3 oder einer vollziehbaren Anordnung nach § 9 Abs. 3, § 36 Abs. 3 Satz 1 oder Abs. 6, § 37c Absatz 2 Nummer 2, § 39 Abs. 3, § 40 Abs. 5 Satz 2 oder § 46 Abs. 2 Satz 1 oder Abs. 3 Satz 1 zuwiderhandelt,

5. (weggefallen)

6. entgegen § 10 Absatz 2 Satz 4 oder § 37i eine Mitteilung nicht, nicht richtig, nicht vollständig oder nicht rechtzeitig macht,

7. entgegen § 13 Absatz 3 Satz 2 oder § 20 Absatz 1 die Ausstellung einer Waffenbesitzkarte oder die Eintragung in eine Waffenbesitzkarte nicht oder nicht rechtzeitig beantragt,

8. entgegen § 21 Absatz 6, § 24 Absatz 6, § 27 Absatz 1 Satz 6 oder Absatz 2 Satz 2, § 30 Satz 3, § 34 Absatz 4 oder 5 Satz 1, § 37 Absatz 1 Satz 1, auch in Verbindung mit Satz 2, entgegen § 37a Satz 1, auch in Verbindung mit Satz 3, entgegen § 37a Satz 2, § 37b Absatz 1 Satz 1, Absatz 2 Satz 1 oder Absatz 3, § 37c Absatz 1, § 37d Absatz 1 oder 2, § 40 Absatz 5 Satz 1 oder § 58 Absatz 19 Satz 1 eine Anzeige nicht, nicht richtig, nicht vollständig, nicht in der vorgeschriebenen Weise oder nicht rechtzeitig erstattet,

9. entgegen § 24 Abs. 1, auch in Verbindung mit einer Rechtsverordnung nach § 25 Nummer 1 oder Nr. 2 Buchstabe a, oder § 24 Absatz 4 Satz 1 und 2, auch in Verbindung mit einer Rechtsverordnung nach § 25 Nummer 1, eine Angabe, ein Zeichen oder die Bezeichnung der Munition auf der Schusswaffe nicht, nicht richtig, nicht vollständig, nicht in der vorgeschriebenen Weise oder nicht rechtzeitig anbringt oder Munition nicht, nicht richtig, nicht vollständig, nicht in der vorgeschriebenen Weise oder nicht rechtzeitig mit einem besonderen Kennzeichen versieht,

10. entgegen § 24 Absatz 5 eine Schusswaffe oder Munition anderen gewerbsmäßig überlässt,

11. ohne Erlaubnis nach § 27 Abs. 1 Satz 1 eine Schießstätte betreibt oder ihre Beschaffenheit oder die Art ihrer Benutzung wesentlich ändert,

12. entgegen § 27 Abs. 3 Satz 1 Nr. 1 und 2 einem Kind oder Jugendlichen das Schießen gestattet oder entgegen § 27 Abs. 6 Satz 2 nicht sicherstellt, dass die Aufsichtsperson nur einen Schützen bedient,

13. entgegen § 27 Abs. 3 Satz 2 Unterlagen nicht aufbewahrt oder entgegen § 27 Abs. 3 Satz 3 diese nicht herausgibt,

14. entgegen § 27 Abs. 5 Satz 2 eine Bescheinigung nicht mitführt,

15. entgegen § 33 Abs. 1 Satz 1 eine Schusswaffe oder Munition nicht anmeldet oder nicht oder nicht rechtzeitig vorführt,

16. entgegen § 34 Abs. 1 Satz 1 eine nicht erlaubnispflichtige Waffe oder nicht erlaubnispflichtige Munition einem Nichtberechtigten überlässt,

17. entgegen § 35 Abs. 1 Satz 4 die Urkunden nicht aufbewahrt oder nicht, nicht vollständig oder nicht rechtzeitig Einsicht gewährt,

18. entgegen § 35 Abs. 2 einen Hinweis nicht, nicht richtig, nicht vollständig oder nicht rechtzeitig gibt oder die Erfüllung einer dort genannten Pflicht nicht, nicht richtig, nicht vollständig oder nicht rechtzeitig protokolliert,

19. entgegen § 37g Absatz 1 ein dort genanntes Dokument nicht oder nicht rechtzeitig vorlegt,

20. entgegen § 38 Absatz 1 Satz 1 oder Absatz 2 ein dort genanntes Dokument nicht mit sich führt oder nicht oder nicht rechtzeitig aushändigt,

21. entgegen § 39 Abs. 1 Satz 1 eine Auskunft nicht, nicht richtig, nicht vollständig oder nicht rechtzeitig erteilt,

21a. entgegen § 42a Abs. 1 eine Anscheinswaffe, eine dort genannte Hieb- oder Stoßwaffe oder ein dort genanntes Messer führt,

22. entgegen § 46 Abs. 1 Satz 1, auch in Verbindung mit Satz 2, eine Ausfertigung der Erlaubnisurkunde nicht oder nicht rechtzeitig zurückgibt oder

23. einer Rechtsverordnung nach § 15a Absatz 4, § 27 Absatz 7 Satz 2, § 36 Absatz 5, den §§ 39a, 39c Absatz 1 oder 2 Satz 1, § 42 Absatz 5 Satz 1 oder Absatz 6 Satz 1 oder § 47 oder einer vollziehbaren Anordnung auf Grund einer solchen Rechtsverordnung zuwiderhandelt, soweit die Rechtsverordnung für einen bestimmten Tatbestand auf diese Bußgeldvorschrift verweist.

(1a) Ordnungswidrig handelt, wer vorsätzlich oder fahrlässig ohne Genehmigung nach Artikel 4 Absatz 1 Satz 1 der Verordnung (EU) Nr. 258/2012 des Europäischen Parlaments und des Rates vom 14. März 2012 zur Umsetzung des Artikels 10 des Protokolls der Vereinten Nationen gegen die unerlaubte Herstellung von Schusswaffen, dazugehörigen Teilen und Komponenten und Munition und gegen den unerlaubten Handel damit, in Ergänzung des Übereinkommens der Vereinten Nationen gegen die grenzüberschreitende organisierte Kriminalität (VN-Feuerwaffenprotokoll) und zur Einführung von Ausfuhrgenehmigungen für Feuerwaffen, deren Teile, Komponenten und Munition sowie von Maßnahmen betreffend deren Einfuhr und Durchfuhr (ABl. L 94 vom 30.3.2012, S. 1) einen dort genannten Gegenstand ausführt.

(2) Die Ordnungswidrigkeit kann mit einer Geldbuße bis zu zehntausend Euro geahndet werden.

(3) Verwaltungsbehörden im Sinne des § 36 Absatz 1 Nummer 1 des Gesetzes über Ordnungswidrigkeiten sind

1. in den Fällen des Absatzes 1, soweit dieses Gesetz von der Physikalisch-Technischen Bundesanstalt, dem Bundesverwaltungsamt oder dem Bundeskriminalamt ausgeführt wird, die für die Erteilung von Erlaubnissen nach § 21 Absatz 1 zuständigen Behörden,

2. in den Fällen des Absatzes 1a die Hauptzollämter.

### § 54 Einziehung

(1) Ist eine Straftat nach den §§ 51, 52 Abs. 1, 2 oder 3 Nr. 1, 2 oder 3 oder Abs. 5 begangen worden, so werden Gegenstände,

1. auf die sich diese Straftat bezieht oder

2. die durch sie hervorgebracht oder zu ihrer Begehung oder Vorbereitung gebraucht worden oder bestimmt gewesen sind,

eingezogen.

(2) Ist eine sonstige Straftat nach § 52 oder eine Ordnungswidrigkeit nach § 53 begangen worden, so können in Absatz 1 bezeichnete Gegenstände eingezogen werden.

(3) § 74a des Strafgesetzbuches und § 23 des Gesetzes über Ordnungswidrigkeiten sind anzuwenden.

(4) Als Maßnahme im Sinne des § 74f Absatz 1 Satz 3 des Strafgesetzbuches kommt auch die Anweisung in Betracht, binnen einer angemessenen Frist eine Entscheidung der zuständigen Behörde über die Erteilung einer Erlaubnis nach § 10 vorzulegen oder die Gegenstände einem Berechtigten zu überlassen.

**§ 55 Ausnahmen für oberste Bundes- und Landesbehörden, Bundeswehr, Polizei und Zollverwaltung, erheblich gefährdete Hoheitsträger sowie Bedienstete anderer Staaten**

(1) Dieses Gesetz ist, wenn es nicht ausdrücklich etwas anderes bestimmt, nicht anzuwenden auf

1. die obersten Bundes- und Landesbehörden und die Deutsche Bundesbank,

2. die Bundeswehr und die in der Bundesrepublik Deutschland stationierten ausländischen Streitkräfte,

3. die Polizeien des Bundes und der Länder,

4. die Zollverwaltung

und deren Bedienstete, soweit sie dienstlich tätig werden. Bei Polizeibediensteten und bei Bediensteten der Zollverwaltung mit Vollzugsaufgaben gilt dies, soweit sie durch Dienstvorschriften hierzu ermächtigt sind, auch für den Besitz über dienstlich zugelassene Waffen oder Munition und für das Führen dieser Waffen außerhalb des Dienstes.

(2) Personen, die wegen der von ihnen wahrzunehmenden hoheitlichen Aufgaben des Bundes oder eines Landes erheblich gefährdet sind, wird an Stelle einer Waffenbesitzkarte, eines Waffenscheins oder einer Ausnahmebewilligung nach § 42 Abs. 2 eine Bescheinigung über die Berechtigung zum Erwerb und Besitz von Waffen oder Munition sowie eine Bescheinigung zum Führen dieser Waffen erteilt. Die Bescheinigung ist auf die voraussichtliche Dauer der Gefährdung zu befristen. Die Bescheinigung erteilt für Hoheitsträger des Bundes das Bundesministerium des Innern oder eine von ihm bestimmte Stelle.

(3) Dieses Gesetz ist nicht anzuwenden auf Bedienstete anderer Staaten, die dienstlich mit Waffen oder Munition ausgestattet sind, wenn die Bediensteten im Rahmen einer zwischenstaatlichen Vereinbarung oder auf Grund einer Anforderung oder einer allgemein oder für den Einzelfall erteilten Zustimmung einer zuständigen inländischen Behörde oder Dienststelle im Geltungsbereich dieses Gesetzes tätig werden und die zwischenstaatliche Vereinbarung, die Anforderung oder die Zustimmung nicht etwas anderes bestimmt.

(4) Auf Waffen oder Munition, die für die in Absatz 1 Satz 1 bezeichneten Stellen in den Geltungsbereich dieses Gesetzes verbracht oder hergestellt und ihnen überlassen werden, ist § 40 nicht anzuwenden.

(4a) (aufgehoben)

(5) Die Bundesregierung kann durch Rechtsverordnung, die nicht der Zustimmung des Bundesrates bedarf, eine dem Absatz 1 Satz 1 entsprechende Regelung für sonstige Behörden und Dienststellen des Bundes treffen. Die Bundesregierung kann die Befugnis nach Satz 1 durch Rechtsverordnung, die nicht der Zustimmung des Bundesrates bedarf, auf eine andere Bundesbehörde übertragen.

(6) Die Landesregierungen können durch Rechtsverordnung eine dem Absatz 5 Satz 1 entsprechende Regelung für sonstige Behörden und Dienststellen des Landes treffen. Die Landesregierungen können die Befugnis nach Satz 1 durch Rechtsverordnung auf andere Landesbehörden übertragen.

### § 56 Sondervorschriften für Staatsgäste und andere Besucher

Auf

1. Staatsgäste aus anderen Staaten,

2. sonstige erheblich gefährdete Personen des öffentlichen Lebens aus anderen Staaten, die sich besuchsweise im Geltungsbereich dieses Gesetzes aufhalten, und

3. Personen aus anderen Staaten, denen der Schutz der in den Nummern 1 und 2 genannten Personen obliegt,

sind § 10 und Abschnitt 2 Unterabschnitt 5 nicht anzuwenden, wenn ihnen das Bundesverwaltungsamt oder, soweit es sich nicht um Gäste des Bundes handelt, die nach § 48 Abs. 1 zuständige Behörde hierüber eine Bescheinigung erteilt hat. Die Bescheinigung, zu deren Wirksamkeit es der Bekanntgabe an die betroffene Person nicht bedarf, ist zu erteilen, wenn dies im öffentlichen Interesse, insbesondere zur Wahrung der zwischenstaatlichen Gepflogenheiten bei solchen Besuchen, geboten ist. Es muss gewährleistet sein, dass in den Geltungsbereich dieses Gesetzes verbrachte oder dort erworbene Schusswaffen oder Munition nach Beendigung des Besuches aus dem Geltungsbereich dieses Gesetzes verbracht oder einem Berechtigten überlassen werden. Sofern das Bundesverwaltungsamt in den Fällen des Satzes 1 nicht rechtzeitig tätig werden kann, entscheidet über die Erteilung der Bescheinigung die nach § 48 Abs. 1 zuständige Behörde. Das Bundesverwaltungsamt ist über die getroffene Entscheidung zu unterrichten.

**§ 57 Kriegswaffen**

(1) Dieses Gesetz gilt nicht für Kriegswaffen im Sinne des Gesetzes über die Kontrolle von Kriegswaffen. Auf tragbare Schusswaffen, für die eine Waffenbesitzkarte nach § 59 Abs. 4 Satz 2 des Waffengesetzes in der vor dem 1. Juli 1976 geltenden Fassung erteilt worden ist, sind unbeschadet der Vorschriften des Gesetzes über die Kontrolle von Kriegswaffen § 4 Abs. 3, § 45 Abs. 1 und 2 sowie § 36, die Vorschriften einer Rechtsverordnung nach § 36 Absatz 5 und § 52 Absatz 3 Nummer 7a anzuwenden. Auf Verstöße gegen § 59 Abs. 2 des Waffengesetzes in der vor dem 1. Juli 1976 geltenden Fassung und gegen § 58 Abs. 1 des Waffengesetzes in der vor dem 1. April 2003 geltenden Fassung ist § 52 Abs. 3 Nr. 1 anzuwenden. Zuständige Behörde für Maßnahmen nach Satz 2 ist das Bundesamt für Wirtschaft und Ausfuhrkontrolle.

(2) Wird die Anlage zu dem Gesetz über die Kontrolle von Kriegswaffen (Kriegswaffenliste) geändert und verlieren deshalb tragbare Schusswaffen ihre Eigenschaft als Kriegswaffen, so hat derjenige, der seine Befugnis zum Besitz solcher Waffen durch eine Genehmigung oder Bestätigung der zuständigen Behörde nachweisen kann, diese Genehmigung oder Bestätigung der nach § 48 Abs. 1 zuständigen Behörde vorzulegen; diese stellt eine Waffenbesitzkarte aus oder ändert eine bereits erteilte Waffenbesitzkarte, wenn kein Versagungsgrund im Sinne des Absatzes 4 vorliegt. Die übrigen Besitzer solcher Waffen können innerhalb einer Frist von sechs Monaten nach Inkrafttreten der Änderung der Kriegswaffenliste bei der nach § 48 Abs. 1 zuständigen Behörde die Ausstellung einer Waffenbesitzkarte beantragen, sofern nicht der Besitz der Waffen nach § 59 Abs. 2 des Waffengesetzes in der vor dem 1. Juli 1976 geltenden Fassung anzumelden oder ein Antrag nach § 58 Abs. 1 des Waffengesetzes in der vor dem 1. April 2003 geltenden Fassung zu stellen war und der Besitzer die Anmeldung oder den Antrag unterlassen hat.

(3) Wird die Anlage zu dem Gesetz über die Kontrolle von Kriegswaffen (Kriegswaffenliste) geändert und verliert deshalb Munition für tragbare Kriegswaffen ihre Eigenschaft als Kriegswaffe, so hat derjenige, der bei Inkrafttreten der Änderung der Kriegswaffenliste den Besitz über sie ausübt, innerhalb einer Frist von sechs Monaten einen Antrag auf Erteilung einer Erlaubnis nach § 10 Abs. 3 bei der nach § 48 Abs. 1 zuständigen Behörde zu stellen, es sei denn, dass er bereits eine Berechtigung zum Besitz dieser Munition besitzt.

(4) Die Waffenbesitzkarte nach Absatz 2 und die Erlaubnis zum Munitionsbesitz nach Absatz 3 dürfen nur versagt werden, wenn Tatsachen die Annahme rechtfertigen, dass der Antragsteller nicht die erforderliche Zuverlässigkeit oder persönliche Eignung besitzt.

(5) Wird der Antrag nach Absatz 2 Satz 2 oder Absatz 3 nicht gestellt oder wird die Waffenbesitzkarte oder die Erlaubnis unanfechtbar versagt, so darf der Besitz über die Schusswaffen oder die Munition nach Ablauf der Antragsfrist oder nach der Versagung nicht mehr ausgeübt werden. § 46 Abs. 2 findet entsprechend Anwendung.

### § 58 Altbesitz

(1) Soweit nicht nachfolgend Abweichendes bestimmt wird, gelten Erlaubnisse im Sinne des Waffengesetzes in der Fassung der Bekanntmachung vom 8. März 1976 (BGBl. I S. 432), zuletzt geändert durch das Gesetz vom 21. November 1996 (BGBl. I S. 1779), fort. Erlaubnisse zum Erwerb von Munition berechtigen auch zu deren Besitz. Hat jemand berechtigt Munition vor dem Inkrafttreten dieses Gesetzes erworben, für die auf Grund dieses Gesetzes eine Erlaubnis erforderlich ist, und übt er über diese bei Inkrafttreten dieses Gesetzes noch den Besitz aus, so hat er diese Munition bis 31. August 2003 der zuständigen Behörde schriftlich anzumelden. Die Anmeldung muss die Personalien des Besitzers sowie die Munitionsarten enthalten. Die nachgewiesene fristgerechte Anmeldung gilt als Erlaubnis zum Besitz.

(2) Eine auf Grund des Waffengesetzes in der Fassung der Bekanntmachung vom 8. März 1976 (BGBl. I S. 432) erteilte waffenrechtliche Erlaubnis für Kriegsschusswaffen tritt am ersten Tag des sechsten auf das Inkrafttreten dieses Gesetzes folgenden Monats außer Kraft.

(3) Ist über einen vor Inkrafttreten dieses Gesetzes gestellten Antrag auf Erteilung einer Erlaubnis nach § 7 des Waffengesetzes in der Fassung der Bekanntmachung vom 8. März 1976 (BGBl. I S. 432) noch nicht entschieden worden, findet für die Entscheidung über den Antrag § 21 dieses Gesetzes Anwendung.

(4) Bescheinigungen nach § 6 Abs. 2 des Waffengesetzes in der Fassung der Bekanntmachung vom 8. März 1976 (BGBl. I S. 432) gelten im bisherigen Umfang als Bescheinigungen nach § 55 Abs. 2 dieses Gesetzes.

(5) Ausnahmebewilligungen nach § 37 Abs. 3 und § 57 Abs. 7 des Waffengesetzes in der Fassung der Bekanntmachung vom 8. März 1976 (BGBl. I S. 432) gelten in dem bisherigen Umfang als Ausnahmebewilligungen nach § 40 Abs. 4 dieses Gesetzes.

(6) Die nach § 40 Abs. 1 des Waffengesetzes in der Fassung der Bekanntmachung vom 8. März 1976 (BGBl. I S. 432) ausgesprochenen Verbote gelten in dem bisherigen Umfang als Verbote nach § 41 dieses Gesetzes.

(7) Besitzt eine Person am 6. Juli 2017 ein Geschoss, das nicht dem bis zum 5. Juli 2017 geltenden Verbot der Anlage 2 Abschnitt 1 Nummer 1.5.4 unterfiel, so wird das Verbot nach Anlage 2 Abschnitt 1 Nummer 1.5.4 gegenüber dieser Person nicht wirksam, wenn

1. sie bis zum 1. Juli 2018 einen Antrag nach § 40 Absatz 4 stellt und

2. ihr daraufhin eine Erlaubnis nach § 40 Absatz 4 erteilt wird.

§ 46 Abs. 3 Satz 2 und Abs. 5 findet entsprechend Anwendung.

(8) Wer eine am 6. Juli 2017 unerlaubt besessene Waffe oder unerlaubt besessene Munition bis zum 1. Juli 2018 der zuständigen Behörde oder einer Polizeidienststelle übergibt, wird nicht wegen unerlaubten Erwerbs, unerlaubten Besitzes, unerlaubten Führens auf dem direkten Weg zur Übergabe an die zuständige Behörde oder Polizeidienststelle oder wegen unerlaubten Verbringens bestraft. Satz 1 gilt nicht, wenn

1. vor der Unbrauchbarmachung, Überlassung oder Übergabe dem bisherigen Besitzer der Waffe die Einleitung des Straf- oder Bußgeldverfahrens wegen der Tat bekannt gegeben worden ist oder

2. der Verstoß im Zeitpunkt der Unbrauchbarmachung, Überlassung oder Übergabe ganz oder zum Teil bereits entdeckt war und der bisherige Besitzer dies wusste oder bei verständiger Würdigung der Sachlage damit rechnen musste.

(9) Besitzt eine Person, die noch nicht das 25. Lebensjahr vollendet hat, am 1. April 2003 mit einer Erlaubnis auf Grund des Waffengesetzes in der Fassung der Bekanntmachung vom 8. März 1976 (BGBl. I S. 432) eine Schusswaffe, so hat sie binnen eines Jahres auf eigene Kosten der zuständigen Behörde ein amts- oder fachärztliches oder fachpsychologisches Zeugnis über die geistige Eignung nach § 6 Abs. 3 vorzulegen. Satz 1 gilt nicht für den Erwerb und Besitz von Schusswaffen im Sinne von § 14 Abs. 1 Satz 2 und in den Fällen des § 13 Abs. 2 Satz 1.

(10) Die Erlaubnispflicht für Schusswaffen im Sinne der Anlage 2 Abschnitt 2 Unterabschnitt 1 *Satz 3* gilt für Schusswaffen, die vor dem 1. April 2008 erworben wurden, erst ab dem 1. Oktober 2008.

(11) Hat jemand am 1. April 2008 eine bislang nicht nach Anlage 2 Abschnitt 1 Nr. 1.2.1.2 dieses Gesetzes verbotene Waffe besessen, so wird dieses Verbot nicht wirksam, wenn er bis zum 1. Oktober 2008 diese Waffe unbrauchbar macht, einem Berechtigten überlässt oder der zuständigen Behörde oder einer

Polizeidienststelle überlässt oder einen Antrag nach § 40 Abs. 4 dieses Gesetzes stellt. § 46 Abs. 3 Satz 2 und Abs. 5 findet entsprechend Anwendung.

(12) Besitzt der Inhaber einer Waffenbesitzkarte am 1. April 2008 erlaubnisfrei erworbene Teile von Schusswaffen im Sinne der Anlage 2 Abschnitt 2 Unterabschnitt 2 Nr. 2, so sind diese Teile bis zum 1. Oktober 2008 in die Waffenbesitzkarte einzutragen.

(13) Hat jemand am 1. September 2020 ein erlaubnispflichtiges wesentliches Teil im Sinne von Anlage 1 Abschnitt 1 Unterabschnitt 1 Nummer 1.3.1.2 oder 1.3.1.6 besessen, das er vor diesem Tag erworben hat, so hat er spätestens am 1. September 2021 eine Erlaubnis nach § 10 Absatz 1 Satz 1 oder eine gleichgestellte andere Erlaubnis zum Besitz zu beantragen oder das wesentliche Teil einem Berechtigten, der zuständigen Behörde oder einer Polizeidienststelle zu überlassen. Für die Zeit bis zur Erteilung oder Versagung der Erlaubnis gilt der Besitz als erlaubt. § 46 Absatz 3 Satz 2 und Absatz 5 findet entsprechend Anwendung.

(14) Hat jemand am 1. September 2020 ein nach Anlage 2 Abschnitt 1 Nummer 1.1, 1.2.1.1, 1.2.1.2, 1.2.2, 1.2.3 oder 1.2.5 verbotenes wesentliches Teil im Sinne von Anlage 1 Abschnitt 1 Unterabschnitt 1 Nummer 1.3.1.2 oder 1.3.1.6 besessen, das er vor diesem Tag erworben hat, so wird das Verbot ihm gegenüber in Bezug auf dieses wesentliche Teil nicht wirksam, wenn er spätestens am 1. September 2021 das wesentliche Teil einem Berechtigten, der zuständigen Behörde oder einer Polizeidienststelle überlässt oder einen Antrag nach § 40 Absatz 4 stellt. § 46 Absatz 3 Satz 2 und Absatz 5 findet entsprechend Anwendung.

(15) Hat jemand am 1. September 2020 eine erlaubnispflichtige Salutwaffe im Sinne von Anlage 1 Abschnitt 1 Unterabschnitt 1 Nummer 1.5 besessen, die er vor diesem Tag erworben hat, so hat er spätestens am 1. September 2021 eine Erlaubnis nach § 10 Absatz 1 Satz 1 oder eine gleichgestellte andere Erlaubnis zum Besitz zu beantragen oder die Waffe einem Berechtigten, der zuständigen Behörde oder einer Polizeidienststelle zu überlassen. Für die Zeit bis zur Erteilung oder Versagung der Erlaubnis gilt der Besitz als erlaubt. § 46 Absatz 3 Satz 2 und Absatz 5 findet entsprechend Anwendung.

(16) Hat jemand am 1. September 2020 eine nach Anlage 2 Abschnitt 1 Nummer 1.2.8 verbotene Salutwaffe besessen, die er vor diesem Tag erworben hat, so wird das Verbot ihm gegenüber in Bezug auf diese Waffe nicht wirksam, wenn er bis zum 1. September 2021 die Waffe einem Berechtigten, der zuständigen Behörde oder einer Polizeidienststelle überlässt oder einen Antrag nach § 40 Absatz 4 stellt. § 46 Absatz 3 Satz 2 und Absatz 5 findet entsprechend Anwendung.

(17) Hat jemand am 13. Juni 2017 ein nach Anlage 2 Abschnitt 1 Nummer 1.2.4.3 oder 1.2.4.4 verbotenes Magazin oder ein nach Nummer 1.2.4.5 verbotenes Magazingehäuse besessen, das er vor diesem Tag erworben hat, so wird das Verbot ihm gegenüber in Bezug auf dieses Magazin oder Magazingehäuse nicht wirksam, wenn er den Besitz spätestens am 1. September 2021 bei der zuständigen Behörde anzeigt oder das Magazin oder Magazingehäuse einem Berechtigten, der zuständigen Behörde oder einer Polizeidienststelle überlässt. Hat jemand am oder nach dem 13. Juni 2017, aber vor dem 1. September 2020 ein nach Anlage 2 Abschnitt 1 Nummer 1.2.4.3 oder 1.2.4.4 verbotenes Magazin oder ein nach Nummer 1.2.4.5 verbotenes Magazingehäuse besessen, das er am oder nach dem 13. Juni 2017 erworben hat, so wird das Verbot ihm gegenüber in Bezug auf dieses Magazin oder Magazingehäuse nicht wirksam, wenn er bis zum 1. September 2021 das Magazin oder Magazingehäuse einem Berechtigten, der zuständigen Behörde oder einer Polizeidienststelle überlässt oder einen Antrag nach § 40 Absatz 4 stellt. § 46 Absatz 3 Satz 2 und Absatz 5 findet in den Fällen der Sätze 1 und 2 entsprechend Anwendung.

(18) Hat jemand am 13. Juni 2017 auf Grund einer Erlaubnis nach § 10 Absatz 1 Satz 1 oder einer gleichgestellten anderen Erlaubnis zum Besitz eine nach Anlage 2 Abschnitt 1 Nummer 1.2.6 oder 1.2.7 verbotene Schusswaffe besessen, die er vor diesem Tag erworben hat, so wird das Verbot ihm gegenüber in Bezug auf diese Schusswaffe nicht wirksam. Hat jemand nach dem 13. Juni 2017, aber vor dem 1. September 2021 eine nach Anlage 2 Abschnitt 1 Nummer 1.2.6 oder 1.2.7 verbotene Schusswaffe besessen, die er am oder nach dem 13. Juni 2017 erworben hat, so wird das Verbot ihm gegenüber in Bezug auf diese Schusswaffe nicht wirksam, wenn er bis zum 1. September 2021 die Schusswaffe einem Berechtigten, der zuständigen Behörde oder einer Polizeidienststelle überlässt oder einen Antrag nach § 40 Absatz 4 stellt. Im Fall des Satzes 2 findet § 46 Absatz 3 Satz 2 und Absatz 5 entsprechend Anwendung.

(19) Der Inhaber einer Erlaubnis nach § 21 Absatz 1 Satz 1 hat in seinem Besitz befindliche fertiggestellte Schusswaffen, deren Erwerb oder Besitz der Erlaubnis bedarf und die er vor dem 1. September 2020 erworben hat, bis zum 1. März 2021 elektronisch gemäß § 37 Absatz 2 anzuzeigen. Die wesentlichen Teile dieser Schusswaffen unterfallen dieser Anzeigepflicht nicht.

(20) Hat jemand am 1. September 2020 ein nach Anlage 1 Abschnitt 1 Unterabschnitt 2 Nummer 1.2.3 den Schusswaffen gleichgestelltes Pfeilabschussgerät besessen, das er vor diesem Tag erworben hat, so hat er spätestens am 1. September 2021 eine Erlaubnis nach § 10 Absatz 1 Satz 1 oder eine gleichgestellte andere Erlaubnis zum Besitz zu beantragen oder das Pfeilabschussgerät einem Berechtigten, der zuständigen Behörde oder einer Polizeidienststelle zu überlassen. Für die Zeit bis zur Erteilung oder Versagung der Erlaubnis gilt der

Besitz als erlaubt. § 46 Absatz 3 Satz 2 und Absatz 5 findet entsprechende Anwendung.

(21) Bis zum Ablauf des 31. Dezember 2025 kann das Bedürfnis nach § 14 Absatz 4 Satz 1 auch durch eine Bescheinigung des dem Schießsportverband angehörenden Vereins glaubhaft gemacht werden.

(22) Besitzt jemand am 1. September 2020 auf Grund einer Erlaubnis nach § 14 Absatz 6 mehr als zehn Waffen, gilt die Erlaubnis abweichend von § 14 Absatz 6 Satz 1 für die eingetragene Anzahl, solange der Besitz besteht.

(23) Hat eine Landesregierung eine Rechtsverordnung nach § 27a Absatz 4 nicht erlassen, so gilt für das betreffende Land § 12 Absatz 4 bis 6 der Allgemeinen Waffengesetz-Verordnung in der am 19. Februar 2020 geltenden Fassung fort.

### § 59 Verwaltungsvorschriften

Das Bundesministerium des Innern erlässt allgemeine Verwaltungsvorschriften über den Erwerb und das Führen von Schusswaffen durch Behörden und Bedienstete seines Geschäftsbereichs sowie über das Führen von Schusswaffen durch erheblich gefährdete Hoheitsträger im Sinne von § 55 Abs. 2; die anderen obersten Bundesbehörden und die Deutsche Bundesbank erlassen die Verwaltungsvorschriften für ihren Geschäftsbereich im Einvernehmen mit dem Bundesministerium des Innern.

### § 60 Übergangsvorschrift zur Kostenverordnung

Die Kostenverordnung zum Waffengesetz in der Fassung der Bekanntmachung vom 20. April 1990 (BGBl. I S. 780), die zuletzt durch Artikel 2 der Verordnung vom 10. Januar 2000 (BGBl. I S. 38) geändert worden ist, gilt in den Ländern bis zum 1. Oktober 2021 fort, solange die Länder keine anderweitigen Regelungen getroffen haben; für die Erhebung von Auslagen ist insoweit § 10 des Verwaltungskostengesetzes vom 23. Juni 1970 in der bis zum 14. August 2013 geltenden Fassung weiter anzuwenden.

### § 60a Übergangsvorschrift zu den Waffenbüchern

(1) Die Pflicht zur Führung von Waffenbüchern nach § 23 Absatz 1 oder Absatz 2 in der bis zum 19. Februar 2020 geltenden Fassung besteht bis zum Ablauf des 31. Dezember 2021 fort. Nach Durchführung der letzten Eintragung sind die Waffenbücher mit Datum und Unterschrift der Person, die das Waffenbuch führen muss, so abzuschließen, dass nachträglich keine Eintragungen mehr vorgenommen werden können.

(2) Die Person, die das Waffenbuch führen muss, hat das Waffenbuch mit den Belegen im Betrieb oder in dem Betriebsteil, in dem die Schusswaffen hergestellt oder vertrieben werden, bis zum Ablauf von zehn Jahren ab dem Tage der letzten Eintragung an aufzubewahren. Will sie das Waffenbuch nach Ablauf der in Satz 1 genannten Frist nicht weiter aufbewahren, so hat sie es der zuständigen Behörde zur Aufbewahrung zu übergeben. Gibt die Person, die das Waffenbuch führen muss, das Gewerbe auf, so hat sie das Buch ihrem Nachfolger zu übergeben oder der zuständigen Behörde zur Aufbewahrung auszuhändigen.

(3) Soweit in den Absätzen 1 und 2 nichts anderes bestimmt ist, finden auf die Führung der Waffenbücher bis zum Ablauf des 31. Dezember 2021 die Vorschriften des Abschnitts 6 Unterabschnitt 2 und § 34 Nummer 14 bis 17 der Allgemeinen Waffengesetz-Verordnung in der bis zum 19. Februar 2020 geltenden Fassung Anwendung.

(4) Die für die Ausführung dieses Gesetzes zuständigen Behörden haben die nach Absatz 2 Satz 2 oder Satz 3 übernommenen Waffenbücher bis zum Ablauf von 30 Jahren nach dem Tage der Übernahme aufzubewahren. Anschließend haben sie die Waffenbücher zu vernichten.

**Anlage 1 (zu § 1 Abs. 4)**

**Abschnitt 1: Waffen- und munitionstechnische Begriffe, Einstufung von Gegenständen**

**Unterabschnitt 1: Schusswaffen**

1. Schusswaffen im Sinne des § 1 Abs. 2 Nr. 1

**1.1 Schusswaffen**

**Schusswaffen** sind Gegenstände, die zum Angriff oder zur Verteidigung, zur Signalgebung, zur Jagd, zur Distanzinjektion, zur Markierung, zum Sport oder zum Spiel **bestimmt** sind und bei denen **Geschosse durch einen Lauf getrieben** werden.

**1.2 Gleichgestellte Gegenstände**

Den Schusswaffen stehen gleich tragbare Gegenstände,

1.2.1 die zum **Abschießen von Munition** für die in Nummer 1.1 genannten Zwecke bestimmt sind,

1.2.2 die in Anhang IV Nummer 18 der Richtlinie 2006/42/EG des Europäischen Parlaments und des Rates vom 17. Mai 2006 über **Maschinen** und zur Änderung der Richtlinie 95/16/EG (Neufassung) (ABl. L 157 vom 9.6.2006, S. 24; L 76 vom 16.3.2007, S. 35), die zuletzt durch die Verordnung (EU) Nr. 167/2013 (ABl. L 60 vom 2.3.2013, S. 1) geändert worden ist, aufgeführt sind und **zum Abschießen von Munition für andere** als die in Nummer 1.1 genannten **Zwecke** (insbesondere **Schlachtzwecke**, technische und industrielle Zwecke) bestimmt sind (tragbare **Befestigungsgeräte** mit Treibladung und andere Schussgeräte), sofern

a) sie nicht die Anforderungen des § 7 des Beschussgesetzes erfüllen und zum Nachweis das Kennzeichen der in § 20 Absatz 3 Satz 1 des Beschussgesetzes bezeichneten Stelle oder ein anerkanntes Prüfzeichen eines Staates, mit dem die gegenseitige Anerkennung der Prüfzeichen vereinbart ist, tragen oder

b) bei ihnen nicht die Einhaltung der Anforderungen nach Anhang I Nummer 2.2.2.1 der Richtlinie 2006/42/EG durch Bescheinigung einer zuständigen Stelle eines Mitgliedstaates oder des Übereinkommens über den Europäischen Wirtschaftsraum nachgewiesen ist,

1.2.3 bei denen bestimmungsgemäß **feste Körper gezielt verschossen** werden, deren Antriebsenergie **durch Muskelkraft oder eine andere Energiequelle** eingebracht und **durch eine Sperrvorrichtung gespeichert oder gehalten** werden kann (zum Beispiel **Armbrüste**, **Pfeilabschussgeräte**). Dies gilt nicht für feste Körper, die mit elastischen Geschossspitzen (zum Beispiel Saugnapf aus

Gummi) versehen sind, bei denen eine maximale Bewegungsenergie der Geschossspitzen je Flächeneinheit von 0,16 J/cm2 nicht überschritten wird;

### 1.3 Wesentliche Teile von Schusswaffen, Schalldämpfer

**Wesentliche Teile von Schusswaffen** und **Schalldämpfer** stehen, soweit in diesem Gesetz nichts anderes bestimmt ist, den Schusswaffen gleich, für die sie bestimmt sind. Dies gilt auch dann, wenn sie mit anderen Gegenständen verbunden sind und die Gebrauchsfähigkeit als Waffenteil nicht beeinträchtigt ist oder mit allgemein gebräuchlichen Werkzeugen wiederhergestellt werden kann. Teile von Kriegswaffen im Sinne des Gesetzes über die Kontrolle von Kriegswaffen, die nicht vom Gesetz über die Kontrolle von Kriegswaffen erfasst und nachstehend als wesentliche Teile aufgeführt sind sowie Schalldämpfer zu derartigen Waffen werden von diesem Gesetz erfasst;

1.3.1 Wesentliche Teile sind

1.3.1.1 der Lauf oder Gaslauf; der **Lauf** ist ein aus einem ausreichend festen Werkstoff bestehender rohrförmiger Gegenstand, der Ge- schossen, die hindurchgetrieben werden, ein gewisses Maß an Führung gibt, wobei dies in der Regel als gegeben anzusehen ist, wenn die Länge des Laufteils, der die Führung des Geschosses bestimmt, mindestens das Zweifache des Kalibers beträgt; der **Gaslauf** ist ein Lauf, der ausschließlich der Ableitung der Verbrennungsgase dient;

1.3.1.2 der **Verschluss**; der Verschluss ist die **Baugruppe** einer Schusswaffe, welche das Patronen- oder Kartuschenlager nach hinten abschließt; bei **teilbaren Verschlüssen** sind **Verschlusskopf** und **Verschlussträger** jeweils wesentliche Teile; der **Verschlusskopf** ist das unmittelbar das Patronen- oder Kartuschenlager oder den Lauf abschließende Teil; der Verschlussträger ist das Bauteil, welches das Verriegeln und Entriegeln des Verschlusskopfs steuert;

1.3.1.3 das **Patronen- oder Kartuschenlager**, wenn dieses nicht bereits Bestandteil des Laufes ist; das Patronen- oder Kartuschenlager ist ein Hohlkörper aus einem hinreichend festen Material, dessen Abmaße für die Aufnahme von Patronenmunition, Kartuschenmunition oder Ladungen mit oder ohne Geschoss eingerichtet sind und in dem die Munition oder Ladung gezündet wird;

1.3.1.4 bei Schusswaffen, bei denen zum Antrieb ein entzündbares flüssiges oder gasförmiges Gemisch verwendet wird, die **Verbrennungskammer** und die **Einrichtung zur Erzeugung des Gemisches**;

1.3.1.5 bei Schusswaffen mit anderem Antrieb die **Antriebsvorrichtung**, sofern diese fest mit der Schusswaffe verbunden ist;

1.3.1.6 das **Gehäuse**; das Gehäuse ist das Bauteil, welches den **Lauf**, die **Abzugsmechanik** und den **Verschluss aufnimmt**; setzt sich das Gehäuse aus einem **Gehäuseober**- und einem **Gehäuseunterteil** zusammen, sind beide Teile wesentliche Teile; das Gehäuseoberteil nimmt den Lauf und den Verschluss auf; das Gehäuseunterteil nimmt die Abzugsmechanik auf; bei Kurzwaffen wird das Gehäuseunterteil als **Griffstück** bezeichnet;

1.3.1.7 **vorgearbeitete wesentliche Teile** von Schusswaffen sowie **Teile** und **Reststücke** von **Läufen** und **Laufrohlingen**, wenn sie mit allgemein gebräuchlichen Werkzeugen fertiggestellt werden können.

1.3.2 **Führendes wesentliches Teil** ist das Gehäuse; wenn dieses aus Gehäuseober- und Gehäuseunterteil zusammengesetzt ist, das Gehäuseunterteil (Griffstück bei Kurzwaffen); wenn kein Gehäuse vorhanden ist, ist der Verschluss führendes wesentliches Teil; wenn kein Verschluss vorhanden ist, ist der Lauf führendes wesentliches Teil.

1.3.3 **Schalldämpfer** sind Vorrichtungen, die der wesentlichen Dämpfung des Mündungsknalls dienen und für Schusswaffen bestimmt sind;

### 1.4 Unbrauchbar gemachte Schusswaffen (Dekorationswaffen)

Schusswaffen sind **unbrauchbar** gemacht, wenn die zuständige Behörde eines Mitgliedstaates der Europäischen Union für diese Schusswaffen eine Bescheinigung nach Artikel 3 Absatz 4 der Durchführungsverordnung (EU) 2015/2403 der Kommission vom 15. Dezember 2015 zur Festlegung gemeinsamer Leitlinien über Deaktivierungsstandards und -techniken, die gewährleisten, dass Feuerwaffen bei der Deaktivierung **endgültig unbrauchbar** gemacht werden (ABl. L 333 vom 19.12.2015, S. 62), die zuletzt durch die Durchführungsverordnung (EU) 2018/337 (ABl. L 65 vom 8.3.2018, S. 1) geändert worden ist, ausgestellt hat und die zuständige Behörde die Schusswaffen gemäß Artikel 5 der Durchführungsverordnung (EU) 2015/2403 gekennzeichnet hat.

### 1.5 Salutwaffen

Salutwaffen sind

1.5.1 veränderte **Langwaffen**, die unter anderem für Theateraufführungen, Foto-, Film- oder Fernsehaufnahmen bestimmt sind, wenn sie die nachstehenden Anforderungen erfüllen:

a) das **Patronenlager** muss dauerhaft so verändert sein, dass **keine** Patronen- oder pyrotechnische **Munition geladen werden kann**,

b) der **Lauf** muss in dem dem Patronenlager zugekehrten Drittel mindestens sechs kalibergroße, offene **Bohrungen** oder andere gleichwertige Laufveränderungen aufweisen und vor diesen in Richtung der Laufmündung mit einem kalibergroßen gehärteten **Stahlstift** dauerhaft **verschlossen** sein,

c) der **Lauf muss mit dem Gehäuse fest verbunden** sein, sofern es sich um Waffen handelt, bei denen der Lauf ohne Anwendung von Werkzeugen ausgetauscht werden kann,

d) die Änderungen müssen so vorgenommen sein, dass sie **nicht** mit allgemein gebräuchlichen Werkzeugen **rückgängig gemacht** und die Gegenstände nicht so geändert **werden können**, dass aus ihnen Geschosse, Patronen- oder pyrotechnische Munition verschossen werden können, und

e) der **Verschluss** muss ein **Kennzeichen** nach Abbildung 11 der Anlage II zur Beschussverordnung tragen;

1.5.2 Schusswaffen, die **vor dem 1. April 1976** entsprechend den Anforderungen des § 3 der Ersten Verordnung zum Waffengesetz vom 19. Dezember 1972 (BGBl. I S. 2522) **verändert** worden sind;

**1.6 Anscheinswaffen**

Anscheinswaffen sind

**1.6.1 Schusswaffen**, die ihrer äußeren Form nach im Gesamterscheinungsbild den **Anschein von Feuerwaffen** (Anlage 1 Abschnitt 1 Unterabschnitt 1 Nr. 2.1) hervorrufen und bei denen zum Antrieb der Geschosse **keine heißen Gase** verwendet werden,

**1.6.2 Nachbildungen von Schusswaffen** mit dem Aussehen von Schusswaffen nach Nummer 1.6.1 oder

**1.6.3 unbrauchbar gemachte Schusswaffen** mit dem Aussehen von Schusswaffen nach Nummer 1.6.1.

Ausgenommen sind solche Gegenstände, die **erkennbar** nach ihrem Gesamterscheinungsbild **zum Spiel oder für Brauchtumsveranstaltungen bestimmt** sind oder die Teil einer kulturhistorisch bedeutsamen Sammlung im Sinne des § 17 sind oder werden sollen oder Schusswaffen, für die gemäß § 10 Abs. 4 eine Erlaubnis zum Führen erforderlich ist. Erkennbar nach ihrem Gesamterscheinungsbild **zum Spiel bestimmt** sind insbesondere Gegenstände, deren **Größe** die einer entsprechenden Feuerwaffe **um 50 Prozent über- oder unterschreiten**, **neonfarbene Materialien** enthalten oder **keine Kennzeichnungen von Feuerwaffen** aufweisen.

**2. Arten von Schusswaffen**

**2.1 Feuerwaffen**; dies sind Schusswaffen nach Nummer 1.1, bei denen ein Geschoss mittels heißer Gase durch einen oder aus einem Lauf getrieben wird.

**2.2 Automatische Schusswaffen**; dies sind Schusswaffen, die nach Abgabe eines Schusses selbsttätig erneut schussbereit werden und bei denen aus demselben Lauf durch einmalige Betätigung des Abzuges oder einer anderen

Schussauslösevorrichtung mehrere Schüsse abgegeben werden können (**Vollautomaten**) oder durch einmalige Betätigung des Abzuges oder einer anderen Schussauslösevorrichtung jeweils nur ein Schuss abgegeben werden kann (**Halbautomaten**). Als automatische Schusswaffen gelten auch Schusswaffen, die mit allgemein gebräuchlichen Werkzeugen in automatische Schusswaffen geändert werden können. Als Vollautomaten gelten auch in Halbautomaten geänderte Vollautomaten, die mit den in Satz 2 genannten Hilfsmitteln wieder in Vollautomaten zurückgeändert werden können.

**Double-Action-Revolver** sind **keine halbautomatischen Schusswaffen**. Beim Double-Action-Revolver wird bei Betätigung des Abzuges durch den Schützen die Trommel weitergedreht, so dass das nächste Lager mit einer neuen Patrone vor den Lauf und den Schlagbolzen zu liegen kommt, und gleichzeitig die Feder gespannt. Beim weiteren Durchziehen des Abzuges schnellt der Hahn nach vorn und löst den Schuss aus.

**2.3 Repetierwaffen**; dies sind Schusswaffen, bei denen das Zuführen der Patrone aus einem Magazin, das Abfeuern und das Entfernen der Patrone oder Patronenhülse mit Hilfe eines nur von Hand zu betätigenden Mechanismus erfolgt.

**2.4 Einzelladerwaffen**; dies sind Schusswaffen ohne Magazin mit einem oder mehreren Läufen, die vor jedem Schuss aus demselben Lauf von Hand geladen werden.

**2.5 Langwaffen**; dies sind Schusswaffen, deren Lauf und Verschluss in geschlossener Stellung insgesamt länger als 30 cm sind **und** deren kürzeste **bestimmungsgemäß** verwendbare Gesamtlänge 60 cm überschreitet;

**Kurzwaffen** sind alle anderen Schusswaffen.

**2.6 Schreckschusswaffen**; dies sind Schusswaffen mit einem Kartuschenlager, die zum Abschießen von Kartuschenmunition bestimmt sind.

**2.7 Reizstoffwaffen**; dies sind Schusswaffen mit einem Patronen- oder Kartuschenlager, die zum Verschießen von Reiz- oder anderen Wirkstoffen bestimmt sind.

**2.8 Signalwaffen**; dies sind Schusswaffen mit einem Patronen- oder Kartuschenlager oder tragbare Gegenstände nach Nummer 1.2.1, die zum Verschießen pyrotechnischer Munition bestimmt sind.

**2.9 Druckluft- und Federdruckwaffen und Waffen, bei denen zum Antrieb der Geschosse kalte Treibgase verwendet werden**; Federdruckwaffen sind Schusswaffen, bei denen entweder Federkraft direkt ein Geschoss antreibt (auch als Federkraftwaffen bezeichnet) oder ein federbelasteter Kolben in einem Zylinder bewegt wird und ein vom Kolben erzeugtes Luftpolster das Geschoss antreibt.

Druckluftwaffen sind Schusswaffen, bei denen Luft in einen Druckbehälter vorkomprimiert und gespeichert sowie über ein Ventilsystem zum Geschossantrieb freigegeben wird. Waffen, bei denen zum Antrieb der Geschosse kalte Treibgase Verwendung finden, sind z. B. Druckgaswaffen.

**3. Weitere Begriffe zu den wesentlichen Teilen**

**3.1 Austauschläufe** sind Läufe für ein bestimmtes Waffenmodell oder -system, die ohne Nacharbeit ausgetauscht werden können.

**3.2 Wechselläufe** sind Läufe, die für eine bestimmte Waffe zum Austausch des vorhandenen Laufes vorgefertigt sind und die noch eingepasst werden müssen.

**3.3 Einsteckläufe** sind Läufe ohne eigenen Verschluss, die in die Läufe von Waffen größeren Kalibers eingesteckt werden können.

**3.4 Wechseltrommeln** sind Trommeln für ein bestimmtes Revolvermodell, die ohne Nacharbeit gewechselt werden können.

**3.5 Wechselsysteme** sind Austauschläufe einschließlich des für sie bestimmten Verschlusses sowie der für sie bestimmten Gehäuseteile, sofern diese Gehäuseteile technisch erforderlich sind und Austauschlauf, Verschluss und Gehäuseteile in ihrer Gesamtheit keine bestimmungsgemäß verwendbare Waffe ergeben.

**3.6 Einstecksysteme** sind Einsteckläufe einschließlich des für sie bestimmten Verschlusses sowie der für sie bestimmten Gehäuseteile, sofern diese Gehäuseteile technisch erforderlich sind und Einstecklauf, Verschluss und Gehäuseteile in ihrer Gesamtheit keine bestimmungsgemäß verwendbare Waffe ergeben.

**3.7 Einsätze** sind Teile, die den Innenmaßen des Patronenlagers der Schusswaffe angepasst und zum Verschießen von Munition kleinerer Abmessungen bestimmt sind.

**4. Sonstige Vorrichtungen für Schusswaffen**

**4.1 Zielscheinwerfer** sind für Schusswaffen bestimmte Vorrichtungen, die das Ziel beleuchten. Ein Ziel wird dann beleuchtet, wenn es mittels Lichtstrahlen bei ungünstigen Lichtverhältnissen oder Dunkelheit für den Schützen erkennbar dargestellt wird. Dabei ist es unerheblich, ob das Licht sichtbar oder unsichtbar (z. B. infrarot) ist und ob der Schütze weitere Hilfsmittel für die Zielerkennung benötigt.

**4.2 Laser oder Zielpunktprojektoren** sind für Schusswaffen bestimmte Vorrichtungen, die das Ziel markieren. Ein Ziel wird markiert, wenn auf diesem für den Schützen erkennbar ein Zielpunkt projiziert wird.

**4.3 Nachtsichtgeräte oder Nachtzielgeräte** sind für Schusswaffen bestimmte Vorrichtungen, die eine elektronische Verstärkung oder einen Bildwandler und eine Montageeinrichtung für Schusswaffen besitzen. Zu Nachtzielgeräten zählen auch Nachtsichtvorsätze und Nachtsichtaufsätze für Zielhilfsmittel (Zielfernrohre).

**4.4 Magazine** sind für die Verwendung in Schusswaffen bestimmte Munitionsbehältnisse, die der Aufbewahrung und Zuführung von Patronen im Rahmen des Ladevorgangs dienen.

**4.4.1 Eingebaut sind Magazine**, die während ihrer Befüllung bestimmungsgemäß mit der Schusswaffe verbunden bleiben.

**4.4.2 Wechselmagazine** sind Magazine, die während ihrer Befüllung bestimmungsgemäß von der Schusswaffe getrennt werden.

**4.4.3 Magazingehäuse** sind diejenigen Bestandteile von Wechselmagazinen, die dazu bestimmt sind, die Patronen aufzunehmen.

**5. Reizstoffe** sind Stoffe, die bei ihrer bestimmungsgemäßen Anwendung auf den Menschen eine belästigende Wirkung durch Haut- und Schleimhautreizung, insbesondere durch einen Augenreiz ausüben und resorptiv nicht giftig wirken.

**6. Nachbildungen** von Schusswaffen sind Gegenstände,

- die nicht als Schusswaffen hergestellt wurden,

- die die äußere Form einer Schusswaffe haben,

- aus denen nicht geschossen werden kann und

- die nicht mit allgemein gebräuchlichen Werkzeugen so umgebaut oder verändert werden können, dass aus ihnen Munition, Ladungen oder Geschosse verschossen werden können.

**Unterabschnitt 2: Tragbare Gegenstände**

**1. Tragbare Gegenstände** nach § 1 Abs. 2 Nr. 2 Buchstabe a sind insbesondere

**1.1 Hieb- und Stoßwaffen** (Gegenstände, die ihrem Wesen nach dazu bestimmt sind, unter unmittelbarer Ausnutzung der Muskelkraft durch Hieb, Stoß, Stich, Schlag oder Wurf Verletzungen beizubringen),

**1.2 Gegenstände,**

1.2.1 die unter Ausnutzung einer anderen als mechanischen Energie Verletzungen beibringen (z. B. **Elektroimpulsgeräte**),

1.2.2 aus denen Reizstoffe versprüht oder ausgestoßen werden, die eine Reichweite bis zu 2 m haben (**Reizstoffsprühgeräte**),

1.2.3 bei denen in einer Entfernung von mehr als 2 m bei Menschen

a) eine angriffsunfähig machende Wirkung durch ein gezieltes Versprühen oder Ausstoßen von Reiz- oder anderen Wirkstoffen oder

b) eine gesundheitsschädliche Wirkung durch eine andere als kinetische Energie, insbesondere durch ein gezieltes Ausstrahlen einer elektromagnetischen Strahlung,

hervorgerufen werden kann,

1.2.4 bei denen gasförmige, flüssige oder feste Stoffe den Gegenstand gezielt und brennend mit einer Flamme von mehr als 20 cm Länge verlassen,

1.2.5 bei denen leicht entflammbare Stoffe so verteilt und entzündet werden, dass schlagartig ein Brand entstehen kann, oder in denen unter Verwendung explosions-gefährlicher oder explosionsfähiger Stoffe eine Explosion ausgelöst werden kann,

1.2.6 die nach ihrer Beschaffenheit und Handhabung dazu bestimmt sind, durch Drosseln die Gesundheit zu schädigen,

**1.3 Schleudern**, die zur Erreichung einer höchstmöglichen Bewegungsenergie eine Armstütze oder eine vergleichbare Vorrichtung besitzen oder für eine solche Vorrichtung eingerichtet sind (Präzisionsschleudern), sowie Armstützen und vergleichbare Vorrichtungen für die vorbezeichneten Gegenstände.

**2. Tragbare Gegenstände** im Sinne des § 1 Abs. 2 Nr. 2 Buchstabe b sind

**2.1 Messer**,

2.1.1 deren Klingen auf Knopf- oder Hebeldruck hervorschnellen und hierdurch oder beim Loslassen der Sperrvorrichtung festgestellt werden können (Springmesser),

2.1.2 deren Klingen beim Lösen einer Sperrvorrichtung durch ihre Schwerkraft oder durch eine Schleuderbewegung aus dem Griff hervorschnellen und selbsttätig oder beim Loslassen der Sperrvorrichtung festgestellt werden (Fallmesser),

2.1.3 mit einem quer zur feststehenden oder feststellbaren Klinge verlaufenden Griff, die bestimmungsgemäß in der geschlossenen Faust geführt oder eingesetzt werden (Faustmesser),

2.1.4 Faltmesser mit zweigeteilten, schwenkbaren Griffen (Butterflymesser),

**2.2 Gegenstände**, die bestimmungsgemäß unter Ausnutzung einer anderen als mechanischen Energie Tieren Schmerzen beibringen (z. B.

Elektroimpulsgeräte), mit Ausnahme der ihrer Bestimmung entsprechend im Bereich der Tierhaltung oder bei der sachgerechten Hundeausbildung Verwendung findenden Gegenstände (z. B. Viehtreiber).

**Unterabschnitt 3: Munition und Geschosse**

**1. Munition** ist zum Verschießen aus Schusswaffen bestimmte

**1.1 Patronenmunition** (Hülsen mit Ladungen, die ein Geschoss enthalten, und Geschosse mit Eigenantrieb),

**1.2 Kartuschenmunition** (Hülsen mit Ladungen, die ein Geschoss nicht enthalten),

**1.3 hülsenlose Munition** (Ladung mit oder ohne Geschoss, wobei die Treibladung eine den Innenabmessungen einer Schusswaffe oder eines Gegenstandes nach Unterabschnitt 1 Nr. 1.2 angepasste Form hat),

**1.4 pyrotechnische Munition** (dies sind Gegenstände, die Geschosse mit explosionsgefährlichen Stoffen oder Stoffgemischen [pyrotechnische Sätze] enthalten, die Licht-, Schall-, Rauch-, Nebel-, Heiz-, Druck- oder Bewegungswirkungen erzeugen und keine zweckbestimmte Durchschlagskraft im Ziel entfalten); hierzu gehört

**1.4.1 pyrotechnische Patronenmunition** (Patronenmunition, bei der das Geschoss einen pyrotechnischen Satz enthält),

**1.4.2 unpatronierte pyrotechnische Munition** (Geschosse, die einen pyrotechnischen Satz enthalten),

1.4.3 mit der Antriebsvorrichtung fest verbundene pyrotechnische Munition.

**2. Ladungen** sind die Hauptenergieträger, die in loser Schüttung in Munition oder als vorgefertigte Ladung oder in loser Form in Waffen nach Unterabschnitt 1 Nr. 1.1 oder Gegenstände nach Unterabschnitt 1 Nr. 1.2.1 eingegeben werden und

- zum Antrieb von Geschossen oder Wirkstoffen oder

- zur Erzeugung von Schall- oder Lichtimpulsen

bestimmt sind, sowie Anzündsätze, die direkt zum Antrieb von Geschossen dienen.

**3. Geschosse** im Sinne dieses Gesetzes sind als Waffen oder für Schusswaffen bestimmte

3.1 feste Körper,

3.2 gasförmige, flüssige oder feste Stoffe in Umhüllungen.

**Abschnitt 2: Waffenrechtliche Begriffe**

Im Sinne dieses Gesetzes

1. **erwirbt** eine Waffe oder Munition, wer die tatsächliche Gewalt darüber erlangt,

2. **besitzt** eine Waffe oder Munition, wer die tatsächliche Gewalt darüber ausübt,

3. **überlässt** eine Waffe oder Munition, wer die tatsächliche Gewalt darüber einem anderen einräumt,

4. **führt** eine Waffe, wer die tatsächliche Gewalt darüber außerhalb der eigenen Wohnung, Geschäftsräume, des eigenen befriedeten Besitztums oder einer Schießstätte ausübt,

5. **verbringt** eine Waffe oder Munition, wer diese Waffe oder Munition über die Grenze zum dortigen Verbleib oder mit dem Ziel des Besitzwechsels in den, durch den oder aus dem Geltungsbereich des Gesetzes zu einer anderen Person oder zu sich selbst transportieren lässt oder selbst transportiert,

6. **nimmt** eine Waffe oder Munition **mit**, wer diese Waffe oder Munition vorübergehend auf einer Reise ohne Aufgabe des Besitzes zur Verwendung über die Grenze in den, durch den oder aus dem Geltungsbereich des Gesetzes bringt,

7. **schießt**, wer mit einer Schusswaffe Geschosse durch einen Lauf verschießt, Kartuschenmunition abschießt, mit Patronen- oder Kartuschenmunition Reiz- oder andere Wirkstoffe verschießt oder pyrotechnische Munition verschießt,

8.

8.1 werden Waffen oder Munition **hergestellt**, wenn aus Rohteilen oder Materialien ein Endprodukt oder wesentliche Teile eines Endproduktes erzeugt werden oder bei einer Waffe das führende wesentliche Teil durch ein Teil, das noch nicht in einer Waffe verbaut war, ersetzt wird; eine Schusswaffe ist hergestellt, wenn sie weißfertig im Sinne von § 2 Absatz 5 des Beschussgesetzes ist oder der Austausch des führenden wesentlichen Teils abgeschlossen ist; als Herstellen von Munition gilt auch das Wiederladen von Hülsen,

8.1a ist eine Waffe **fertiggestellt**, sobald sie mit dem amtlichen Beschusszeichen nach § 6 des Beschussgesetzes versehen wurde oder, sofern die Waffe nicht der amtlichen Beschussprüfung unterliegt, sobald sie zum Inverkehrbringen bereitgehalten wird,

8.2 wird eine Schusswaffe **bearbeitet**, wenn

8.2.1 sie verkürzt, in der Schussfolge verändert oder so geändert wird, dass andere Munition oder Geschosse anderer Kaliber aus ihr verschossen werden können (**Umbau**),

8.2.2 **wesentliche Teile**, zu deren Einpassung eine Nacharbeit erforderlich ist, **ausgetauscht** werden, sofern nicht Nummer 8.1 zutrifft,

8.2.3 Arbeiten an der Schusswaffe durchgeführt werden, die eine **Beschusspflicht** gemäß § 3 Absatz 2 des Beschussgesetzes auslösen, wenn nicht die Nummern 8.1, 8.2.1 oder 8.2.2 zutreffen (**Instandsetzung**); eine Schusswaffe wird nicht bearbeitet, wenn lediglich geringfügige Änderungen, insbesondere am Schaft oder an der Zieleinrichtung, vorgenommen werden,

8.3 wird eine Schusswaffe **unbrauchbar gemacht**, wenn an ihr die Maßnahmen des Anhangs I Tabelle II bis III der Durchführungsverordnung (EU) 2015/2403 durchgeführt werden,

9. treibt **Waffenhandel**, wer gewerbsmäßig oder selbstständig im Rahmen einer wirtschaftlichen Unternehmung Schusswaffen oder Munition ankauft, feilhält, Bestellungen entgegennimmt oder aufsucht, anderen überlässt oder den Erwerb, den Vertrieb oder das Überlassen vermittelt,

10. sind **Kinder** Personen, die noch nicht 14 Jahre alt sind,

11. sind **Jugendliche** Personen, die mindestens 14, aber noch nicht 18 Jahre alt sind;

12. ist eine Waffe **schussbereit**, wenn sie geladen ist, das heißt, dass Munition oder Geschosse in der Trommel, im in die Waffe eingefügten Magazin oder im Patronen- oder Geschosslager sind, auch wenn sie nicht gespannt ist;

13. ist eine Schusswaffe **zugriffsbereit**, wenn sie **unmittelbar in Anschlag** gebracht werden kann; sie ist **nicht zugriffsbereit**, wenn sie in einem **verschlossenen** Behältnis mitgeführt wird,

14. sind **Mitgliedsstaaten** die Mitgliedsstaaten der Europäischen Union und gelten als Mitgliedsstaaten auch die Vertragsstaaten des Schengener Übereinkommens.

**Abschnitt 3: Einteilung der Schusswaffen oder Munition in die Kategorien A bis C nach der Richtlinie 91/477/EWG des Rates vom 18. Juni 1991 über die Kontrolle des Erwerbs und des Besitzes von Waffen (ABl. L 256 vom 13.9.1991, S. 51), die zuletzt durch die Richtlinie (EU) 2017/853 des Europäischen Parlaments und des Rates vom 17. Mai 2017 (ABl. L 137 vom 24.5.2017, S. 22) geändert worden ist**

1. Kategorie A

1.1 Kriegsschusswaffen der Nummern 29 und 30 der Kriegswaffenliste (Anlage zu § 1 Abs. 1 des Gesetzes über die Kontrolle von Kriegswaffen),
1.2 vollautomatische Schusswaffen,

1.3 als anderer Gegenstand getarnte Schusswaffen,

1.4 Pistolen- und Revolvermunition mit Expansivgeschossen sowie Geschosse für diese Munition mit Ausnahme solcher für Jagd- und Sportwaffen von Personen, die zur Benutzung dieser Waffen befugt sind,

1.5 panzerbrechende Munition, Munition mit Spreng- und Brandsätzen und Munition mit Leuchtspursätzen sowie Geschosse für diese Munition, soweit die Munition oder die Geschosse nicht von dem Gesetz über die Kontrolle von Kriegswaffen erfasst sind,

1.6 automatische Feuerwaffen, die zu halbautomatischen Feuerwaffen umgebaut wurden, unbeschadet des Artikels 7 Absatz 4a der Richtlinie 91/477/EWG des Rates vom 18. Juni 1991 über die Kontrolle des Erwerbs und des Besitzes von Waffen (ABl. L 256 vom 13.9.1991, S. 51), die zuletzt durch die Richtlinie (EU) 2017/853 des Europäischen Parlaments und des Rates vom 17. Mai 2017 (ABl. L 137 vom 24.5.2017, S. 22) geändert worden ist,

1.7 jede der folgenden halbautomatischen Zentralfeuerwaffen:

1.7.1 Kurz-Feuerwaffen, mit denen ohne Nachladen mehr als 21 Schüsse abgegeben werden können, sofern eine Ladevorrichtung mit einer Kapazität von mehr als 20 Patronen in diese Feuerwaffe eingebaut ist oder eine abnehmbare Ladevorrichtung mit einer Kapazität von mehr als 20 Patronen eingesetzt wird,

1.7.2 Lang-Feuerwaffen, mit denen ohne Nachladen mehr als elf Schüsse abgegeben werden können, sofern eine Ladevorrichtung mit einer Kapazität von mehr als zehn Patronen in diese Feuerwaffe eingebaut ist oder eine abnehmbare Ladevorrichtung mit einer Kapazität von mehr als zehn Patronen eingesetzt wird,

1.8 halbautomatische Lang-Feuerwaffen, die ursprünglich als Schulterwaffen vorgesehen sind und die ohne Funktionseinbuße mithilfe eines Klapp- oder Teleskopschafts oder eines ohne Verwendung eines Werkzeugs abnehmbaren Schafts auf eine Länge unter 60 cm gekürzt werden können,

1.9 sämtliche Feuerwaffen dieser Kategorie, die für das Abfeuern von Platzpatronen, Reizstoffen, sonstigen aktiven Substanzen oder pyrotechnischer Munition oder in Salutwaffen oder akustische Waffen umgebaut wurden.

2. Kategorie B

2.1 kurze Repetierfeuerwaffen,

2.2 kurze Einzellader-Feuerwaffen für Munition mit Zentralfeuerzündung,

2.3 kurze Einzellader-Feuerwaffen für Munition mit Randfeuerzündung mit einer Gesamtlänge von weniger als 28 cm,

2.4 halbautomatische Lang-Feuerwaffen, deren Ladevorrichtung und Patronenlager zusammen bei Randfeuerwaffen mehr als drei Patronen und bei Zentralfeuerwaffen mehr als drei aber weniger als zwölf Patronen aufnehmen können,

2.5 halbautomatische Kurz-Feuerwaffen, die nicht unter Nummer 1.7.1 aufgeführt sind,

2.6 halbautomatische Lang-Feuerwaffen, die unter Nummer 1.7.2 aufgeführt sind, deren Ladevorrichtung und Patronenlager zusammen nicht mehr als drei Patronen aufnehmen können, deren Ladevorrichtung auswechselbar ist oder bei denen nicht sichergestellt ist, dass sie mit allgemein gebräuchlichen Werkzeugen nicht zu Waffen, deren Ladevorrichtung und Patronenlager zusammen mehr als drei Patronen aufnehmen können, umgebaut werden können,

2.7 lange Repetier- und halbautomatische Lang-Feuerwaffen, jeweils mit glattem Lauf, deren Lauf nicht länger als 60 cm ist,

2.8 sämtliche Feuerwaffen dieser Kategorie, die für das Abfeuern von Platzpatronen, Reizstoffen, sonstigen aktiven Substanzen oder pyrotechnischer Munition oder in Salutwaffen oder akustische Waffen umgebaut wurden,

2.9 halbautomatische Feuerwaffen für den zivilen Gebrauch, die wie vollautomatische Waffen aussehen und die nicht unter den Nummern 1.6, 1.7 oder 1.8 aufgeführt sind.

3. Kategorie C

3.1 andere lange Repetier-Feuerwaffen als die, die unter Nummer 2.7 aufgeführt sind,

3.2 lange Einzellader-Feuerwaffen mit gezogenem Lauf/gezogenen Läufen,

3.3 andere halbautomatische Lang-Feuerwaffen als die, die unter Nummer 1 oder Nummer 2 aufgeführt sind,

3.4 kurze Einzellader-Feuerwaffen für Munition mit Randfeuerzündung, ab einer Gesamtlänge von 28 cm,

3.5 sämtliche Feuerwaffen dieser Kategorie, die für das Abfeuern von Platzpatronen, Reizstoffen, sonstigen aktiven Substanzen oder pyrotechnischer Munition oder in Salutwaffen oder akustische Waffen umgebaut wurden,

3.6 Feuerwaffen der Kategorien A oder B oder dieser Kategorie, die gemäß der Durchführungsverordnung (EU) 2015/2403 deaktiviert worden sind,

3.7 lange Einzellader-Feuerwaffen mit glattem Lauf oder glatten Läufen, die am oder nach dem 14. September 2018 in Verkehr gebracht wurden.

**Anlage 2 (zu § 2 Abs. 2 bis 4) Waffenliste**

**Abschnitt 1: Verbotene Waffen**

Der Umgang mit Ausnahme der Unbrauchbarmachung mit folgenden Waffen und Munition ist verboten:

**1.1 Waffen** (§ 1 Abs. 2), mit Ausnahme halbautomatischer tragbarer Schusswaffen, die in der Anlage zum Gesetz über die Kontrolle von Kriegswaffen (Kriegswaffenliste) in der Fassung der Bekanntmachung vom 22. November 1990 (BGBl. I S. 2506) oder deren Änderungen aufgeführt sind, nach Verlust der Kriegswaffeneigenschaft;

**1.2 Schusswaffen** im Sinne des § 1 Abs. 2 Nr. 1 nach den Nummern 1.2.1 bis 1.2.3 und deren Zubehör nach Nummer 1.2.4, die

1.2.1

1.2.1.1 **Vollautomaten** im Sinne der Anlage 1 Abschnitt 1 Unterabschnitt 1 Nr. 2.2 sind oder

1.2.1.2 Vorderschaftrepetierflinten, bei denen **anstelle** des Hinterschaftes ein **Kurzwaffengriff** vorhanden ist oder die **Waffengesamtlänge** in der **kürzest möglichen Verwendungsform weniger als 95 cm** oder die **Lauflänge weniger als 45 cm** beträgt, sind;

1.2.2 ihrer Form nach geeignet sind, einen anderen Gegenstand vorzutäuschen oder die mit Gegenständen des täglichen Gebrauchs verkleidet sind (z. B. Koppelschlosspistolen, Schießkugelschreiber, Stockgewehre, Taschenlampenpistolen);

1.2.3 über den für Jagd- und Sportzwecke allgemein üblichen Umfang hinaus zusammengeklappt, zusammengeschoben, verkürzt oder schnell zerlegt werden können;

1.2.4 **für Schusswaffen bestimmte**

1.2.4.1 Vorrichtungen sind, die das Ziel **beleuchten** (z. B. Zielscheinwerfer) oder **markieren** (z.B. Laser oder Zielpunktprojektoren);

1.2.4.2 Nachtsichtgeräte und Nachtzielgeräte **mit Montagevorrichtung für Schusswaffen** sowie Nachtsichtvorsätze und Nachtsichtaufsätze für Zielhilfsmittel (z.B. Zielfernrohre) sind, sofern die Gegenstände einen Bildwandler oder eine elektronische Verstärkung besitzen;

1.2.4.3 **Wechselmagazine** für **Kurzwaffen** für **Zentralfeuermunition** sind, die **mehr als 20 Patronen** des kleinsten nach Herstellerangabe bestimmungsgemäß verwendbaren Kalibers aufnehmen können;

1.2.4.4 **Wechselmagazine** für **Langwaffen** für **Zentralfeuermunition** sind, die **mehr als zehn Patronen** des kleinsten nach Herstellerangabe bestimmungsgemäß verwendbaren Kalibers aufnehmen können; ein Wechselmagazin, das sowohl in Kurz- als auch in Langwaffen verwendbar ist, gilt als Magazin für Kurzwaffen, wenn nicht der Besitzer gleichzeitig über eine Erlaubnis zum Besitz einer Langwaffe verfügt, in der das Magazin verwendet werden kann;

1.2.4.5 **Magazingehäuse für Wechselmagazine** nach den Nummern 1.2.4.3 und 1.2.4.4 sind;

1.2.5 mehrschüssige Kurzwaffen sind, deren Baujahr nach dem 1. Januar 1970 liegt, für **Zentralfeuermunition in Kalibern unter 6,3 mm**, wenn der Antrieb der Geschosse nicht ausschließlich durch den Zündsatz erfolgt;

1.2.6 **halbautomatische Kurzwaffen für Zentralfeuermunition** sind, die über ein **eingebautes Magazin** mit einer Kapazität von **mehr als 20 Patronen** des kleinsten nach Herstellerangabe bestimmungsgemäß verwendbaren Kalibers verfügen;

1.2.7 **halbautomatische Langwaffen für Zentralfeuermunition** sind, die über ein **eingebautes Magazin** mit einer Kapazität von **mehr als zehn Patronen** des kleinsten nach Herstellerangabe bestimmungsgemäß verwendbaren Kalibers verfügen;

1.2.8 nach diesem Abschnitt **verbotene Schusswaffen** sind, die **zu Salutwaffen** im Sinne von Anlage 1 Abschnitt 1 Unterabschnitt 1 Nummer 1.5 **umgebaut** worden sind;

**1.3 Tragbare Gegenstände** im Sinne des § 1 Abs. 2 Nr. 2 Buchstabe a nach den Nummern 1.3.1 bis 1.3.8

1.3.1 Hieb- oder Stoßwaffen, die ihrer Form nach geeignet sind, einen anderen Gegenstand vorzutäuschen, oder die mit Gegenständen des täglichen Gebrauchs verkleidet sind;

1.3.2 Stahlruten, Totschläger oder Schlagringe;

1.3.3 sternförmige Scheiben, die nach ihrer Beschaffenheit und Handhabung zum Wurf auf ein Ziel bestimmt und geeignet sind, die Gesundheit zu beschädigen (Wurfsterne);

1.3.4 Gegenstände, bei denen leicht entflammbare Stoffe so verteilt und entzündet werden, dass schlagartig ein Brand entstehen kann; oder in denen unter Verwendung explosionsgefährlicher oder explosionsfähiger Stoffe eine Explosion ausgelöst werden kann;

1.3.5 Gegenstände mit Reiz- oder anderen Wirkstoffen, es sei denn, dass die Stoffe als gesundheitlich unbedenklich amtlich zugelassen sind und die Gegenstände

- in der Reichweite und Sprühdauer begrenzt sind und

- zum Nachweis der gesundheitlichen Unbedenklichkeit, der Reichweiten- und der Sprühdauerbegrenzung ein amtliches Prüfzeichen tragen;

1.3.6 Gegenstände, die unter Ausnutzung einer anderen als mechanischen Energie Verletzungen beibringen (z. B. Elektroimpulsgeräte), sofern sie nicht als gesundheitlich unbedenklich amtlich zugelassen sind und ein amtliches Prüfzeichen tragen zum Nachweis der gesundheitlichen Unbedenklichkeit; sowie Distanz-Elektroimpulsgeräte, die mit dem Abschuss- oder Auslösegerät durch einen leitungsfähigen Flüssigkeitsstrahl einen Elektroimpuls übertragen oder durch Leitung verbundene Elektroden zur Übertragung eines Elektroimpulses am Körper aufbringen

1.3.7 Präzisionsschleudern nach Anlage 1 Abschnitt 1 Unterabschnitt 2 Nr. 1.3 sowie Armstützen und vergleichbare Vorrichtungen für die vorbezeichneten Gegenstände;

1.3.8 Gegenstände, die nach ihrer Beschaffenheit und Handhabung dazu bestimmt sind, durch Drosseln die Gesundheit zu schädigen (z. B. Nunchakus);

**1.4 Tragbare Gegenstände** im Sinne des § 1 Abs. 2 Nr. 2 Buchstabe b nach den Nummern 1.4.1 bis 1.4.4

1.4.1 Spring- und Fallmesser nach Anlage 1 Abschnitt 1 Unterabschnitt 2 Nr. 2.1.1 und 2.1.2. Hiervon ausgenommen sind Springmesser, wenn die Klinge seitlich aus dem Griff herausspringt und der aus dem Griff herausragende Teil der Klinge

- höchstens 8,5 cm lang ist und

- nicht zweiseitig geschliffen ist;

1.4.2 Faustmesser nach Anlage 1 Abschnitt 1 Unterabschnitt 2 Nr. 2.1.3,

1.4.3 Butterflymesser nach Anlage 1 Abschnitt 1 Unterabschnitt 2 Nr. 2.1.4,

1.4.4 Gegenstände, die unter Ausnutzung einer anderen als mechanischen Energie Tieren Verletzungen beibringen (z. B. Elektroimpulsgeräte), sofern sie nicht als gesundheitlich unbedenklich amtlich zugelassen sind und ein amtliches Prüfzeichen tragen zum Nachweis der gesundheitlichen Unbedenklichkeit oder bestimmungsgemäß in der Tierhaltung Verwendung finden.

**1.5 Munition und Geschosse nach den Nummern 1.5.1 bis 1.5.7**

1.5.1 Geschosse mit Betäubungsstoffen, die zu Angriffs- oder Verteidigungszwecken bestimmt sind;

1.5.2 Geschosse oder Kartuschenmunition mit Reizstoffen, die zu Angriffs- oder Verteidigungszwecken bestimmt sind ohne amtliches Prüfzeichen zum Nachweis der gesundheitlichen Unbedenklichkeit;

1.5.3 Patronenmunition für Schusswaffen mit gezogenen Läufen, deren Geschosse im Durchmesser kleiner sind als die Felddurchmesser der dazugehörigen Schusswaffen und die mit einer Treib- und Führungshülse umgeben sind, die sich nach Verlassen des Laufes vom Geschoss trennt;

1.5.4 Munition und Geschosse nach Anlage 1 Abschnitt 3 Nummer 1.5 sowie Munition mit Geschossen, die einen Hartkern (mindestens 400 HB 25 - Brinellhärte - bzw. 421 HV - Vickershärte -) enthalten, sowie entsprechende Geschosse, ausgenommen pyrotechnische Munition, die bestimmungsgemäß zur Signalgebung bei der Gefahrenabwehr dient;

1.5.5 Knallkartuschen, Reiz- und sonstige Wirkstoffmunition nach Tabelle 5 der Maßtafeln nach § 1 Abs. 3 Satz 3 der Dritten Verordnung zum Waffengesetz in der Fassung der Bekanntmachung vom 2. September 1991 (BGBl. I S. 1872), die zuletzt durch die Zweite Verordnung zur Änderung von waffenrechtlichen Verordnungen vom 24. Januar 2000 (BGBl. I S. 38) geändert wurde, in der jeweils geltenden Fassung (Maßtafeln), bei deren Verschießen in Entfernungen von mehr als 1,5 m vor der Mündung Verletzungen durch feste Bestandteile hervorgerufen werden können, ausgenommen Kartuschenmunition der Kaliber 16 und 12 mit einer Hülsenlänge von nicht mehr als 47 oder 49 mm;

1.5.6 Kleinschrotmunition, die in Lagern nach Tabelle 5 der Maßtafeln mit einem Durchmesser P(tief)1 bis 12,5 mm geladen werden kann;

1.5.7 Munition, die zur ausschließlichen Verwendung in Kriegswaffen oder durch die in § 55 Abs. 1 Satz 1 bezeichneten Stellen bestimmt ist, soweit die Munition nicht unter die Vorschriften des Gesetzes über die Kontrolle von Kriegswaffen oder des Sprengstoffgesetzes fällt.

**Abschnitt 2: Erlaubnispflichtige Waffen**

**Unterabschnitt 1: Erlaubnispflicht**

Der Umgang, ausgenommen das Überlassen, mit Waffen im Sinne des § 1 Absatz 2 Nummer 1 (Anlage 1 Abschnitt 1 Unterabschnitt 1 **Nummer 1 bis 4.3**) und der dafür bestimmten Munition bedarf der Erlaubnis, soweit solche Waffen oder Munition nicht nach Unterabschnitt 2 für die dort bezeichneten Arten des Umgangs von der Erlaubnispflicht freigestellt sind. In Unterabschnitt 3 sind die Schusswaffen oder Munition aufgeführt, bei denen die Erlaubnis unter erleichterten Voraussetzungen erteilt wird. Ist eine erlaubnispflichtige

Feuerwaffe in eine Waffe umgearbeitet worden, deren Erwerb und Besitz unter erleichterten und wegfallenden Erlaubnisvoraussetzungen möglich wäre, so richtet sich die Erlaubnispflicht nach derjenigen für die ursprüngliche Waffe, soweit nicht etwas anderes bestimmt ist.

**Unterabschnitt 2: Erlaubnisfreie Arten des Umgangs**

**1. Erlaubnisfreier Erwerb und Besitz**

1.1 **Druckluft-, Federdruckwaffen** und Waffen, bei denen zum Antrieb der Geschosse **kalte Treibgase** Verwendung finden, wenn den Geschossen eine Bewegungsenergie von **nicht mehr als 7,5 Joule** erteilt wird und die das **Kennzeichen** nach Anlage 1 Abbildung 1 zur Ersten Verordnung zum Waffengesetz vom 24. Mai 1976 (BGBl. I S. 1285) in der zum Zeitpunkt des Inkrafttretens dieses Gesetzes geltenden Fassung oder ein durch Rechtsverordnung nach § 25 Nr. 1 bestimmtes Zeichen tragen;

1.2 Druckluft-, Federdruckwaffen und Waffen, bei denen zum Antrieb der Geschosse kalte Treibgase Verwendung finden, die vor dem 1. Januar 1970 oder in dem in Artikel 3 des Einigungsvertrages genannten Gebiet vor dem 2. April 1991 hergestellt und entsprechend den zu diesem Zeitpunkt geltenden Bestimmungen in den Handel gebracht worden sind;

1.3 **Schreckschuss-, Reizstoff- und Signalwaffen**,

a) die der zugelassenen Bauart nach § 8 des Beschussgesetzes entsprechen und das **Zulassungszeichen** nach Anlage 1 Abbildung 2 zur Ersten Verordnung zum Waffengesetz vom 24. Mai 1976 (BGBl. I S. 1285) in der zum Zeitpunkt des Inkrafttretens dieses Gesetzes gelten- den Fassung oder ein durch Rechtsverordnung nach § 25 Nummer 1 bestimmtes Zeichen tragen oder

b) die den **Rechtsvorschriften eines anderen Mitgliedstaates** entsprechen, die dieser der Europäischen Kommission nach Artikel 4 Absatz 2 der Durchführungsrichtlinie (EU) 2019/69 der Kommission vom 16. Januar 2019 zur Festlegung technischer Spezifikationen für Schreckschuss- und Signalwaffen gemäß der Richtlinie 91/477/EWG des Rates über die Kontrolle des Erwerbs und des Besitzes von Waffen als Maßnahme zur Umsetzung dieser Durchführungsrichtlinie mitgeteilt hat;

1.4 Kartuschenmunition für die in Nummer 1.3 bezeichneten Schusswaffen;

1.5 **einläufige** Einzelladerwaffen mit Zündhütchenzündung (Perkussionswaffen), deren Modell vor dem 1. Januar 1871 entwickelt worden ist;

1.6 Schusswaffen mit Lunten- oder Funkenzündung, deren Modell vor dem 1. Januar 1871 entwickelt worden ist;

1.7 Schusswaffen mit Zündnadelzündung, deren Modell vor dem 1. Januar 1871 entwickelt worden ist;

1.8 Armbrüste;

1.9 Kartuschenmunition für die nach Anlage 1 Abschnitt 1 Unterabschnitt 1 Nummer 1.5 abgeänderten Schusswaffen sowie für Schussapparate nach § 7 des Beschussgesetzes;

1.10 pyrotechnische Munition, die das Zulassungszeichen nach Anlage II Abbildung 5 zur Dritten Verordnung zum Waffengesetz in der Fassung der Bekanntmachung vom 2. September 1991 (BGBl. I S. 1872) mit der Klassenbezeichnung PM I trägt.

**2. Erlaubnisfreier Erwerb durch Inhaber einer Waffenbesitzkarte (unbeschadet der Anzeige- und Eintragungspflicht nach § 37a und 37g)**

2.1 Wechsel- und Austauschläufe gleichen oder geringeren Kalibers einschließlich der für diese Läufe erforderlichen auswechselbaren Verschlüsse (Wechselsysteme);

2.2 Wechseltrommeln, aus denen nur Munition verschossen werden kann, bei der gegenüber der für die Waffe bestimmten Munition Geschossdurchmesser und höchstzulässiger Gebrauchsgasdruck gleich oder geringer sind;

für Schusswaffen, die bereits in der Waffenbesitzkarte des Inhabers einer Erlaubnis eingetragen sind.

**2a. Erlaubnisfreier Erwerb und Besitz durch Inhaber einer Waffenbesitzkarte**

Einsteckläufe und dazugehörige Verschlüsse (Einstecksysteme) sowie Einsätze, die dazu bestimmt sind, Munition mit kleinerer Abmessung zu verschießen, und die keine Einsteckläufe sind;

für Schusswaffen, die bereits in der Waffenbesitzkarte des Inhabers einer Erlaubnis eingetragen sind.

**2b. Erlaubnisfreier Erwerb und Besitz und erlaubnisfreies Überlassen unbeschadet der Anzeigepflicht nach § 37d von unbrauchbar gemachten Schusswaffen**

**3. Erlaubnisfreies Führen**

3.1 Schusswaffen mit Lunten- oder Funkenzündung, deren Modell vor dem 1. Januar 1871 entwickelt worden ist;

3.2 Armbrüste.

3.3 unbrauchbar gemachte Schusswaffen.

**4. Erlaubnisfreier Handel und erlaubnisfreie Herstellung**

4.1 Schusswaffen mit Lunten- oder Funkenzündung, deren Modell vor dem 1. Januar 1871 entwickelt worden ist;

4.2 Armbrüste.

**5. Erlaubnisfreier Handel**

5.1 Einläufige Einzelladerwaffen mit Zündhütchenzündung (Perkussionswaffen), deren Modell vor dem 1. Januar 1871 entwickelt worden ist;

5.2 Schusswaffen mit Zündnadelzündung, deren Modell vor dem 1. Januar 1871 entwickelt worden ist.

5.3 unbrauchbar gemachte Schusswaffen.

**6. Erlaubnisfreie nichtgewerbsmäßige Herstellung**

6.1 Munition.

**7. Erlaubnisfreies Verbringen und erlaubnisfreie Mitnahme in den, durch den oder aus dem Geltungsbereich des Gesetzes**

7.1 Druckluft-, Federdruckwaffen und Waffen, bei denen zum Antrieb der Geschosse kalte Treibgase Verwendung finden, sofern sie den Voraussetzungen der Nummer 1.1 oder 1.2 entsprechen;

7.2 Schreckschuss-, Reizstoff- und Signalwaffen,

a) die der zugelassenen Bauart nach § 8 des Beschussgesetzes entsprechen und das Zulassungszeichen nach Anlage 1 Abbildung 2 zur Ersten Verordnung zum Waffengesetz vom 24. Mai 1976 (BGBl. I S. 1285) in der zum Zeitpunkt des Inkrafttretens dieses Gesetzes geltenden Fassung oder ein durch Rechtsverordnung nach § 25 Nummer 1 bestimmtes Zeichen tragen oder

b) die den Rechtsvorschriften eines anderen Mitgliedstaates entsprechen, die dieser der Europäischen Kommission nach Artikel 4 Absatz 2 der Durchführungsrichtlinie (EU) 2019/69 der Kommission vom 16. Januar 2019 zur Festlegung technischer Spezifikationen für Schreckschuss- und Signalwaffen gemäß der Richtlinie 91/477/EWG des Rates über die Kontrolle des Erwerbs und des Besitzes von Waffen als Maßnahme zur Umsetzung dieser Durchführungsrichtlinie mitgeteilt hat;

7.3 unbrauchbar gemachte Schusswaffen;

7.4 Munition für die in Nummer 7.2 bezeichneten Waffen;

7.5 einläufige Einzelladerwaffen mit Zündhütchenzündung (Perkussionswaffen), deren Modell vor dem 1. Januar 1871 entwickelt worden ist;

7.6 Schusswaffen mit Lunten- oder Funkenzündung oder mit Zündnadelzündung, deren Modell vor dem 1. Januar 1871 entwickelt worden ist;

7.7 Armbrüste;

7.8 pyrotechnische Munition, die das Zulassungszeichen nach Anlage II Abbildung 5 zur Dritten Verordnung zum Waffengesetz in der Fassung der Bekanntmachung vom 2. September 1991 (BGBl. I S. 1872) mit der Klassenbezeichnung PM I trägt;

7.9 Kartuschenmunition für Salutwaffen nach Anlage 1 Abschnitt 1 Unterabschnitt 1 Nummer 1.5.1 sowie für Schussapparate nach § 7 des Beschussgesetzes.

**8. Erlaubnisfreies Verbringen und erlaubnisfreie Mitnahme aus dem Geltungsbereich dieses Gesetzes in einen Staat, der nicht Mitgliedstaat ist (Drittstaat)**

8.1 Sämtliche Waffen im Sinne des § 1 Absatz 2 und die hierfür bestimmte Munition. Außenwirtschaftsrechtliche Genehmigungspflichten, insbesondere nach der in § 48 Absatz 3a genannten Verordnung (EU) Nr. 258/2012, bleiben hiervon unberührt.

**9. Erlaubnisfreies Verbringen aus dem Geltungsbereich des Gesetzes in andere Mitgliedstaaten**

Sämtliche Waffen im Sinne des § 1 Absatz 2 Nummer 1 und der dafür bestimmten Munition mit Ausnahme von Waffen oder Munition gemäß Anlage 1 Abschnitt 3.

**10. Erlaubnisfreie Unbrauchbarmachung unbeschadet der Anzeigepflicht nach § 37b Absatz 2**

Sämtliche Schusswaffen im Sinne des § 1 Absatz 2 Nummer 1.

**Unterabschnitt 3: Entbehrlichkeit einzelner Erlaubnisvoraussetzungen**

**1. Erwerb und Besitz ohne Bedürfnisnachweis (§ 4 Abs. 1 Nr. 4)**

1.1 Feuerwaffen, deren Geschossen eine Bewegungsenergie von nicht mehr als 7,5 Joule erteilt wird und die das Kennzeichen nach Anlage 1 Abbildung 1 der Ersten Verordnung zum Waffengesetz vom 24. Mai 1976 (BGBl. I S. 1285) in der zum Zeitpunkt des Inkrafttretens dieses Gesetzes geltenden Fassung oder ein durch Rechtsverordnung nach § 25 Abs. 1 Nr. 1 Buchstabe c bestimmtes Zeichen tragen;

1.2 für Waffen nach Nummer 1.1 bestimmte Munition.

**2. Führen ohne Sachkunde-, Bedürfnis- und Haftpflichtversicherungsnachweis (§ 4 Abs. 1 Nr. 3 bis 5) - Kleiner Waffenschein**

2.1 Schreckschuss-, Reizstoff- und Signalwaffen nach Unterabschnitt 2 Nr. 1.3.

**Abschnitt 3: Vom Gesetz ganz oder teilweise ausgenommene Waffen**

**Unterabschnitt 1: Vom Gesetz mit Ausnahme von § 2 Abs. 1 (Mindestalter) und § 41 (Waffenverbot für den Einzelfall) ausgenommene Waffen**

Unterwassersportgeräte, bei denen zum Antrieb der Geschosse keine Munition verwendet wird (**Harpunengeräte**),

**Unterabschnitt 2: Vom Gesetz mit Ausnahme des § 42a ausgenommene Waffen**

1. **Schusswaffen** (Anlage 1 Abschnitt 1 Unterabschnitt 1 Nr. 1.1, ausgenommen Blasrohre),

a) die **zum Spiel bestimmt** sind, wenn aus ihnen nur Geschosse verschossen werden können, denen eine Bewegungsenergie von nicht mehr als 0,5 Joule (J) erteilt wird, es sei denn, sie können mit allgemein gebräuchlichen Werkzeugen so geändert werden, dass die Bewegungsenergie der Geschosse über 0,5 Joule (J) steigt, **oder**

b) die **Spielzeuge** im Sinne von Artikel 2 Absatz 1 der Richtlinie 2009/48/EG des Europäischen Parlaments und des Rates vom 18. Juni 2009 über die Sicherheit von Spielzeug (ABl. L 170 vom 30.6.2009, S. 1) sind, wenn sie

aa) die Anforderungen nach Artikel 10 in Verbindung mit Anhang II Ab- schnitt I Nummer 8 der Richtlinie 2009/48/EG in der jeweils geltenden Fassung erfüllen und

bb) die nach Artikel 16 Absatz 1 der Richtlinie 2009/48/EG **erforderliche Kennzeichnung** aufweisen.

2. Schusswaffen (Anlage 1 Abschnitt 1 Unterabschnitt 1 Nr. 1.1), bei denen feste Körper **durch Muskelkraft ohne Möglichkeit der Speicherung** der so eingebrachten Antriebsenergie durch eine Sperrvorrichtung angetrieben werden (z. B. Blasrohre).

3. Gegenstände, die **zum Spiel bestimmt** sind, wenn mit ihnen nur Zündblättchen, -bänder, -ringe (Amorces) oder Knallkorken abgeschossen werden können, es sei denn, sie können mit **allgemein gebräuchlichen Werkzeugen** in eine Schusswaffe oder einen anderen einer Schusswaffe gleichstehenden Gegenstand umgearbeitet werden.

4. **Nachbildungen** von Schusswaffen nach Anlage 1 Abschnitt 1 Unterabschnitt 1 Nr. 6.

## 16.2. Allgemeine WaffG-Verordnung (AWaffV)

Ausfertigungsdatum: 27.10.2003

Inkrafttreten der letzten Änderungen: 01.09.2020

### Eingangsformel

Auf Grund des § 6 Abs. 4, § 7 Abs. 2, § 15 Abs. 7 Satz 2, § 22 Abs. 2, § 25 Abs. 1, § 27 Abs. 7 Satz 2, § 34 Abs. 6, § 36 Abs. 5 und § 47 des Waffengesetzes vom 11. Oktober 2002 (BGBl. I S. 3970, 4592, 2003 I S. 1957), jeweils auch in Verbindung mit Artikel 17 des Gesetzes vom 11. Oktober 2002 (BGBl. I S. 3970, 4013), verordnet das Bundesministerium des Innern:

### § 1 Umfang der Sachkunde

(1) Die in der Prüfung nach § 7 Abs. 1 des Waffengesetzes nachzuweisende Sachkunde umfasst ausreichende Kenntnisse

1. über die beim Umgang mit Waffen und Munition zu beachtenden Rechtsvorschriften des Waffenrechts, des Beschussrechts sowie der Notwehr und des Notstands,

2. auf waffentechnischem Gebiet über Schusswaffen (Langwaffen, Kurzwaffen und Munition) hinsichtlich Funktionsweise, sowie Innen- und Außenballistik, Reichweite und Wirkungsweise des Geschosses, bei verbotenen Gegenständen, die keine Schusswaffen sind, über die Funktions- und Wirkungsweise sowie die Reichweite,

3. über die sichere Handhabung von Waffen oder Munition einschließlich ausreichender Fertigkeiten im Schießen mit Schusswaffen.

(2) Die nach Absatz 1 nachzuweisenden Kenntnisse über Waffen und Munition brauchen nur für die beantragte Waffen- und Munitionsart und nur für den mit dem Bedürfnis geltend gemachten und den damit im Zusammenhang stehenden Zweck nachgewiesen werden.

(3) Wird eine Erlaubnis nach § 26 des Waffengesetzes beantragt, so umfasst die nachzuweisende Sachkunde außer waffentechnischen Kenntnissen auch Werkstoff-, Fertigungs- und Ballistikkenntnisse.

### § 2 Prüfung

(1) Die zuständige Behörde bildet für die Abnahme der Prüfung Prüfungsausschüsse.

(2) Ein Prüfungsausschuss besteht aus dem Vorsitzenden und zwei Beisitzern. Die Mitglieder müssen sachkundig sein. Nicht mehr als ein Mitglied des Ausschusses darf in der Waffenherstellung oder im Waffenhandel tätig sein.

(3) Die Prüfung besteht aus einem theoretischen und einem praktischen Teil, der den Nachweis der ausreichenden Fertigkeiten nach § 1 Abs. 1 Nr. 3 einschließt. Über das Ergebnis und den wesentlichen Inhalt der Prüfung ist eine Niederschrift anzufertigen, die vom Vorsitzenden des Prüfungsausschusses zu unterzeichnen ist.

(4) Über das Prüfungsergebnis ist dem Bewerber ein Zeugnis zu erteilen, das Art und Umfang der erworbenen Sachkunde erkennen lassen muss und vom Vorsitzenden des Prüfungsausschusses zu unterzeichnen ist.

(5) Eine Prüfung kann bei Nichtbestehen auch mehrmals wiederholt werden. Der Prüfungsausschuss kann bestimmen, dass die Prüfung erst nach Ablauf einer bestimmten Frist wiederholt werden darf.

**§ 3 Anderweitiger Nachweis der Sachkunde**

(1) Die Sachkunde gilt insbesondere als nachgewiesen, wenn der Antragsteller

1.

a) die Jägerprüfung oder eine ihr gleichgestellte Prüfung bestanden hat oder durch eine Bescheinigung eines Ausbildungsleiters für das Schießwesen nachweist, dass er die erforderlichen Kenntnisse durch Teilnahme an einem Lehrgang für die Ablegung der Jägerprüfung erworben hat,

b) die Gesellenprüfung für das Büchsenmacherhandwerk bestanden hat oder

2.

a) seine Fachkunde nach § 22 Abs. 1 Satz 1 des Waffengesetzes nachgewiesen hat,

b) mindestens drei Jahre als Vollzeitkraft im Handel mit Schusswaffen und Munition tätig gewesen ist oder

c) die nach § 7 des Waffengesetzes nachzuweisenden Kenntnisse auf Grund einer anderweitigen, insbesondere behördlichen oder staatlich anerkannten Ausbildung oder als Sportschütze eines anerkannten Schießsportverbandes erworben und durch eine Bescheinigung der Behörde, des Ausbildungsträgers oder Schießsportverbandes nachgewiesen hat,

sofern die Tätigkeit nach Nummer 2 Buchstabe b oder Ausbildung nach Nummer 2 Buchstabe c ihrer Art nach geeignet war, die für den Umgang mit der beantragten Waffe oder Munition erforderliche Sachkunde zu vermitteln.

Ausbildungen im Sinne der Nummer 2 Buchstabe c können auch durchgeführt werden im Rahmen von

1. Ausbildungen, die mit einer zum Führen eines Luft- oder Wasserfahrzeuges berechtigenden staatlichen Prüfung abschließen,

2. staatlich anerkannten Berufsausbildungen der Luft- und Seefahrt.

Der Nachweis der waffenrechtlichen Sachkunde wird durch eine von der Prüfungskommission erteilte Bescheinigung oder einen Eintrag im Prüfungszeugnis oder der Fahrerlaubnis geführt.

(2) Die staatliche Anerkennung von Lehrgängen zur Vermittlung der Sachkunde im Umgang mit Waffen und Munition erfolgt durch die zuständige Behörde; sie gilt für den gesamten Geltungsbereich des Waffengesetzes. Eine Anerkennung des waffenrechtlichen Teils einer zum Führen eines Luft- oder Wasserfahrzeuges berechtigenden staatlichen Prüfung soll erfolgen, wenn die theoretische Ausbildung auf der Grundlage anerkannter Grundsätze, insbesondere eines zwischen Bund, Ländern und Verbänden abgestimmten Fragenkatalogs, stattfindet und die praktische Unterweisung im Umgang mit Seenotsignalmitteln durch sachkundige Personen erfolgt.

(3) Lehrgänge dürfen nur anerkannt werden, wenn in einem theoretischen Teil die in § 1 Abs. 1 Nr. 1 und 2 bezeichneten Kenntnisse und in einem praktischen Teil ausreichende Fertigkeiten in der Handhabung von Waffen und im Schießen mit Schusswaffen im Sinne des § 1 Abs. 1 Nr. 3 vermittelt werden; § 1 Abs. 2 bleibt unberührt. Außerdem dürfen Lehrgänge nur anerkannt werden, wenn

1. der Antragsteller die erforderliche Zuverlässigkeit und persönliche Eignung für die Durchführung des Lehrgangs besitzt,

2. die fachliche Leitung des Lehrgangs und die von dem Lehrgangsträger beauftragten Lehrkräfte die ordnungsgemäße Durchführung der Ausbildung gewährleisten,

3. die Dauer des Lehrgangs eine ordnungsgemäße Vermittlung der erforderlichen Kenntnisse und Fertigkeiten gewährleistet und

4. der Antragsteller mit den erforderlichen Lehrmitteln ausgestattet ist und über einen geeigneten Unterrichtsraum verfügt.

(4) Der Lehrgang ist mit einer theoretischen und einer praktischen Prüfung abzuschließen. Sie ist vor einem Prüfungsausschuss abzulegen, der von dem Lehrgangsträger gebildet wird. Im Übrigen gilt § 2 entsprechend mit der Maßgabe, dass der Lehrgangsträger verpflichtet ist,

1. die Durchführung der Prüfung und die Namen der Prüfungsteilnehmer der für den Ort der Lehrgangsveranstaltung zuständigen Behörde zwei Wochen vor dem Tag der Prüfung anzuzeigen

und

2. einem Vertreter der Behörde die Teilnahme an der Prüfung zu gestatten. Im Falle seiner Teilnahme hat der Vertreter der Behörde die Stellung eines weiteren Beisitzers im Prüfungsausschuss; bei Stimmengleichheit gibt die Stimme des Vorsitzenden den Ausschlag.

(5) **Schießsportliche Vereine**, die einem nach § 15 Abs. 3 des Waffengesetzes **anerkannten Schießsportverband** angehören, können Sachkundeprüfungen für ihre **Mitglieder** abnehmen. Absatz 2, zweiter Halbsatz und die Absätze 3 und 4 finden hierfür entsprechende Anwendung. Zur Durchführung der Prüfung bilden die schießsportlichen Vereine **eigene Prüfungsausschüsse**.

### § 4 Gutachten über die persönliche Eignung

(1) Derjenige,

1. dem gegenüber die zuständige Behörde die Vorlage eines amts- oder fachärztlichen oder fachpsychologischen Gutachtens angeordnet hat, weil **begründete Zweifel** an von ihm beigebrachten Bescheinigungen oder durch Tatsachen begründete Bedenken bestehen, dass er

a) geschäftsunfähig oder in seiner Geschäftsfähigkeit beschränkt ist,

b) abhängig von Alkohol oder anderen berauschenden Mitteln, psychisch krank oder debil ist,

c) auf Grund in seiner Person liegender Umstände mit Waffen oder Munition nicht vorsichtig oder sachgemäß umgehen oder diese Gegenstände nicht sorgfältig verwahren kann oder dass die konkrete Gefahr einer Fremd- oder Selbstgefährdung besteht,

oder

2. der zur Vorlage eines Gutachtens über die geistige Eignung verpflichtet ist, weil er noch nicht das 25. Lebensjahr vollendet hat und eine erlaubnispflichtige Schusswaffe, ausgenommen Schusswaffen der in § 14 Abs. 1 Satz 2 des Waffengesetzes genannten Art, erwerben und besitzen will,

hat auf eigene Kosten mit der Begutachtung einen sachkundigen Gutachter zu beauftragen.

(2) Die Begutachtung in den Fällen des Absatzes 1 soll von Gutachtern folgender Fachrichtungen durchgeführt werden:

1. Amtsärzten,

2. Fachärzten der Fachrichtungen Psychiatrie, Psychiatrie und Psychotherapie, Psychiatrie und Neurologie, Nervenheilkunde, Kinder- und Jugendpsychiatrie oder Kinder- und Jugendpsychiatrie und -psychotherapie,

3. Psychotherapeuten, die nach dem Psychotherapeutengesetz approbiert sind,

4. Fachärzten für Psychotherapeutische Medizin oder

5. Fachpsychologen der Fachrichtungen Rechtspsychologie, Verkehrspsychologie oder klinische Psychologie.

Das Vorliegen der Sachkunde auf dem betreffenden Gebiet beurteilt sich nach berufsständischen Regeln.

(3) In den Fällen des Absatzes 1 Nr. 1 teilt die Behörde dem Betroffenen unter Darlegung der Gründe für die Zweifel oder der die Bedenken begründenden Tatsachen hinsichtlich seiner persönlichen Eignung mit, dass er sich innerhalb einer von ihr festgelegten Frist auf seine Kosten der Untersuchung zu unterziehen und ein Gutachten beizubringen hat. Der Betroffene hat die Behörde darüber zu unterrichten, wen er mit der Untersuchung beauftragt hat. Die Behörde übersendet zur Durchführung der Untersuchung auf Verlangen des Gutachters bei Vorliegen der Einwilligung des Betroffenen die zur Begutachtung erforderlichen ihr vorliegenden Unterlagen. Der Gutachter ist verpflichtet, sich mit der Erstattung des Gutachtens von den Unterlagen zu entlasten, indem er sie der Behörde übergibt oder vernichtet.

(4) Zwischen dem **Gutachter** und dem **Betroffenen** darf in den letzten fünf Jahren **kein Behandlungsverhältnis** bestanden haben. Der Gutachter hat in dem Gutachten zu versichern, dass der Betroffene in dem vorgenannten Zeitraum nicht in einem derartigen Behandlungsverhältnis stand oder jetzt steht. Die Sätze 1 und 2 schließen eine Konsultation des in den genannten Zeiträumen behandelnden Haus- oder Facharztes durch den Gutachter nicht aus.

(5) Der Gutachter hat sich über den Betroffenen einen persönlichen Eindruck zu verschaffen. Das Gutachten muss darüber Auskunft geben, ob der Betroffene persönlich ungeeignet ist, mit Waffen oder Munition umzugehen; die bei der Erstellung des Gutachtens angewandte Methode muss angegeben werden. In den Fällen des Absatzes 1 Nr. 2 ist in der Regel ausreichend ein Gutachten auf Grund anerkannter Testverfahren über die Frage, ob der Betroffene infolge fehlender Reife geistig ungeeignet ist für den Umgang mit den dort aufgeführten Schusswaffen. Kann allein auf Grund des Tests nicht ausgeschlossen werden, dass der Betroffene geistig ungeeignet ist, ist mit einer weitergehenden Untersuchung nach dem jeweiligen Stand der Wissenschaft vorzugehen.

(6) **Weigert** sich in den Fällen des Absatzes 1 Nr. 1 der **Betroffene**, sich **untersuchen** zu lassen, oder bringt er der zuständigen Behörde das von ihr geforderte Gutachten aus von ihm zu vertretenden Gründen nicht fristgerecht bei, darf die Behörde bei ihrer Entscheidung auf die **Nichteignung** des Betroffenen schließen. Der Betroffene ist hierauf bei der Anordnung nach Absatz 1 Nr. 1 in Verbindung mit Absatz 3 Satz 1 hinzuweisen.

(7) Dienstwaffenträger können an Stelle des in § 6 Abs. 3 des Waffengesetzes genannten Zeugnisses eine Bescheinigung ihrer Dienstbehörde vorlegen, dass eine Begutachtung ihrer geistigen Eignung durch einen sachkundigen Gutachter bereits stattgefunden hat und dass sie uneingeschränkt zum Umgang mit Dienstwaffen berechtigt sind.

### § 5 Schießsportordnungen

(1) Die Genehmigung einer Sportordnung für das Schießen mit Schusswaffen setzt insbesondere voraus, dass das **Schießen nur auf zugelassenen Schießstätten** veranstaltet wird und

1. jeder Schütze den Regeln der Sportordnung unterworfen ist,

2. ausreichende Sicherheitsbestimmungen für das Schießen festgelegt und dabei insbesondere Regelungen zu den erforderlichen **verantwortlichen Aufsichtspersonen** (§ 10) getroffen sind,

3. mit nicht vom Schießsport ausgeschlossenen Waffen (§ 6) durchgeführt wird,

4. nicht im Schießsport unzulässige Schießübungen (§ 7) durchgeführt werden,

5. jede einzelne Schießdisziplin beschrieben und die für sie zugelassenen Waffen nach Art, Kaliber, Lauflänge und Visierung bezeichnet sind, wobei bei einzelnen Schießdisziplinen auch ausdrücklich festgelegt werden kann, dass nur einzelne oder auch keine speziellen Vorgaben (freie Klassen) erfolgen, und

6. zur Ausübung der jeweiligen Schießdisziplinen **zugelassene Schießstätten** zur regelmäßigen Nutzung **verfügbar** sind.

(2) Dem Antrag auf Genehmigung einer Schießsportordnung sind die zur Prüfung des Vorliegens der Voraussetzungen wesentlichen Regelungen und Angaben, insbesondere auch die Beschreibung des Ablaufs der einzelnen Schießdisziplinen, beizufügen. Die Genehmigung von Änderungen der Schießsportordnung, insbesondere von der Neuaufnahme von Schießdisziplinen, ist vor Aufnahme des jeweiligen Schießbetriebs nach den geänderten Regeln einzuholen. Der Wegfall oder der Ersatz der regelmäßigen Nutzungsmöglichkeit von nach Absatz 1 Nr. 6 angegebenen Schießstätten ist unverzüglich anzuzeigen.

(3) Im Einzelfall kann ein Verband oder ein ihm angegliederter Teilverband zur Erprobung neuer Schießübungen Abweichungen von den Schießdisziplinen der genehmigten Schießsportordnung zulassen. Zulassungen nach Satz 1 sind auf höchstens ein Jahr zu befristen und müssen die Art der Abweichung von der genehmigten Schießsportordnung bezeichnen; sie sind dem Bundesverwaltungsamt vor Beginn der Erprobungsphase anzuzeigen. Das Bundesverwaltungsamt kann zur Abwehr von Gefahren für die öffentliche Sicherheit oder Ordnung Zulassungen nach Satz 1 untersagen oder Anordnungen treffen.

(4) Für das sportliche Schießen im Training und im Einzelfall für Schießsportveranstaltungen können Schießsportordnungen Abweichungen von den in ihr festgelegten Schießdisziplinen zulassen.

### § 6 Vom Schießsport ausgeschlossene Schusswaffen

(1) Vom sportlichen Schießen sind ausgeschlossen:

1. **Kurzwaffen** mit einer Lauflänge von weniger als 7,62 Zentimeter (drei Zoll) Länge;

2. **halbautomatische Schusswaffen**, die ihrer **äußeren Form** nach den **Anschein einer vollautomatischen Kriegswaffe** hervorrufen, die Kriegswaffe im Sinne des Gesetzes über die Kontrolle von Kriegswaffen ist, **wenn**

a) die **Lauflänge** weniger als 40 Zentimeter beträgt,

b) das **Magazin** sich **hinter der Abzugseinheit** befindet (so genannte Bul-Pup-Waffen)

oder

c) die **Hülsenlänge** der verwendeten Munition **bei Langwaffen** weniger als 40 Millimeter beträgt;

3. **halbautomatische Langwaffen** mit einem **Magazin**, das eine **Kapazität von mehr als zehn Patronen** hat.

(2) Das Verbot des Schießsports mit Schusswaffen und Munition im Sinne der Anlage 2 Abschnitt 1 des Waffengesetzes bleibt unberührt.

(3) Das Bundesverwaltungsamt kann auf Antrag eines anerkannten Schießsportverbandes Ausnahmen von den Verboten des Absatzes 1 zulassen, insbesondere wenn es sich um in national oder international bedeutenden Schießsportwettkämpfen verwendete Schusswaffen handelt.

(4) Zuständige Behörde für die Beurteilung der Schusswaffen nach Absatz 1 ist das Bundeskriminalamt.

## § 7 Unzulässige Schießübungen im Schießsport

(1) Im Schießsport sind die Durchführung von Schießübungen in der Verteidigung mit Schusswaffen (§ 22) und solche Schießübungen und Wettbewerbe verboten, bei denen

1. das Schießen aus Deckungen heraus erfolgt,

2. nach der Abgabe des ersten Schusses Hindernisse überwunden werden,

3. das Schießen im deutlich erkennbaren Laufen erfolgt,

4. das schnelle Reagieren auf plötzlich und überraschend auftauchende, sich bewegende Ziele gefordert wird,

a) ausgenommen das Schießen auf Wurf- und auf laufende Scheiben,

b) es sei denn, das Schießen erfolgt entsprechend einer vom Bundesverwaltungsamt genehmigten Sportordnung,

5. das Überkreuzziehen von mehr als einer Waffe (Cross Draw) gefordert wird,

6. Schüsse ohne genaues Anvisieren des Ziels (Deutschüsse) abgegeben werden, ausgenommen das Schießen auf Wurfscheiben, oder

7. der Ablauf der Schießübung dem Schützen vor ihrer Absolvierung nicht auf Grund zuvor festgelegter Regeln bekannt ist.

Die Veranstaltung der in Satz 1 genannten Schießübungen und die Teilnahme als Sportschütze an diesen sind verboten.

(2) Das Verbot von Schießübungen des kampfmäßigen Schießens (§ 15 Abs. 6 Satz 2 des Waffengesetzes) und mit verbotenen oder vom Schießsport ausgeschlossenen Schusswaffen oder Teilen von Schusswaffen (§ 6), soweit nicht eine Ausnahme nach § 6 Abs. 3 erteilt ist, bleibt unberührt.

(3) Die Ausbildung und das Training im jagdlichen Schießen einschließlich jagdlicher Schießwettkämpfe werden durch die vorstehenden Regelungen nicht beschränkt.

## § 8 Beirat für schießsportliche Fragen

(1) Beim Bundesministerium des Innern wird ein Beirat für schießsportliche Fragen (Fachbeirat) gebildet. Den Vorsitz führt ein Vertreter des Bundesministeriums des Innern. An den Sitzungen des Fachbeirates nehmen Vertreter des Bundesverwaltungsamtes teil.

(2) Der Fachbeirat setzt sich aus dem Vorsitzenden und aus folgenden ständigen Mitgliedern zusammen:

1. je einem Vertreter jedes Landes,

2. einem Vertreter des Deutschen Olympischen Sportbundes,

3. je einem Vertreter der anerkannten Schießsportverbände,

4. einem Vertreter der Deutschen Versuchs- und Prüfanstalt für Jagd- und Sportwaffen e.V.

(3) Die Mitglieder des Fachbeirates sollen auf schießsportlichem Gebiet sachverständig und erfahren sein.

(4) Das Bundesministerium des Innern kann Vertreter weiterer Bundes- und Landesbehörden sowie weitere Sachverständige insbesondere auf schießsportlichem oder waffentechnischem Gebiet zur Beratung hinzuziehen. In den Fällen, in denen der Fachbeirat über die Genehmigung der Schießsportordnung eines nicht anerkannten Schießsportverbandes beraten soll, lädt das Bundesministerium des Innern auch einen Vertreter dieses Verbandes ein.

(5) Das Bundesministerium des Innern beruft

1. die Vertreter jedes Landes einschließlich deren Stellvertreter auf Vorschlag des Landes;

2. die Vertreter der in Absatz 2 Nr. 2, 3 und 4 bezeichneten Verbände und Organisationen nach Anhörung der Vorstände dieser Verbände.

(6) Die Mitglieder des Fachbeirates üben ihre Tätigkeit ehrenamtlich aus, sofern sie keine Behörde vertreten.

### § 9 Zulässige Schießübungen auf Schießstätten

(1) Auf einer Schießstätte ist **unter Beachtung des Verbots des kampfmäßigen Schießens** (§ 27 Abs. 7 Satz 1 des Waffengesetzes) das Schießen mit Schusswaffen und Munition auf der Grundlage der für die Schießstätte erteilten Erlaubnis (§ 27 Abs. 1 Satz 1 des Waffengesetzes) nur zulässig, wenn

1. die Person, die zu schießen beabsichtigt, die Berechtigung zum Erwerb und Besitz von Schusswaffen nachweisen kann und das Schießen mit Schusswaffen dieser Art innerhalb des der Berechtigung zugrunde liegenden Bedürfnisses erfolgt,

2. geschossen wird

a) auf der Grundlage einer genehmigten Schießsportordnung,

b) im Rahmen von Lehrgängen oder Schießübungen in der Verteidigung mit Schusswaffen (§ 22),

c) zur Erlangung der Sachkunde (§ 1 Abs. 1 Nr. 3) oder

d) in der jagdlichen Ausbildung,

oder

3. es sich nicht um Schusswaffen und Munition nach § 6 Abs. 1 handelt.

In den Fällen des Satzes 1 Nr. 1, Nr. 2 Buchstabe c und Nr. 3 gilt § 7 Abs. 1 und 3 entsprechend; beim Schießen nach Satz 1 Nr. 2 Buchstabe a bleibt § 7 unberührt. Der Betreiber der Schießstätte hat die Einhaltung der Voraussetzungen nach den Sätzen 1 und 2 zu überwachen.

(2) Die zuständige Behörde kann dem Betreiber einer Schießstätte oder im Einzelfall dem Benutzer Ausnahmen von den Beschränkungen des Absatzes 1 gestatten, soweit Belange der öffentlichen Sicherheit und Ordnung nicht entgegenstehen.

(3) Absatz 1 gilt nicht für Behörden oder Dienststellen und deren Bedienstete, die nach § 55 Abs. 1 des Waffengesetzes oder auf Grund einer nach § 55 Abs. 5 oder 6 des Waffengesetzes erlassenen Rechtsverordnung von der Anwendung des Waffengesetzes ausgenommen sind.

### § 10 Aufsichtspersonen; Obhut über das Schießen durch Kinder und Jugend

(1) Der Inhaber der Erlaubnis für die Schießstätte (Erlaubnisinhaber) hat unter Berücksichtigung der Erfordernisse eines sicheren Schießbetriebs eine oder mehrere verantwortliche Aufsichtspersonen für das Schießen zu bestellen, soweit er nicht selbst die Aufsicht wahrnimmt oder eine schießsportliche oder jagdliche Vereinigung oder ein Veranstalter im Sinne des § 22 durch eigene verantwortliche Aufsichtspersonen die Aufsicht übernimmt. Der Erlaubnisinhaber kann selbst die Aufsicht wahrnehmen, wenn er die **erforderliche Sachkunde** nachgewiesen hat und, sofern es die Obhut über das Schießen durch Kinder und Jugendliche betrifft, die **Eignung** zur Kinder- und Jugendarbeit besitzt. Aufsichtspersonen müssen das 18. Lebensjahr vollendet haben. Der Schießbetrieb darf nicht aufgenommen oder fortgesetzt werden, solange keine ausreichende Anzahl von verantwortlichen Aufsichtspersonen die Aufsicht wahrnimmt. Die zuständige Behörde kann gegenüber dem Erlaubnisinhaber die Zahl der nach Satz 1 erforderlichen Aufsichtspersonen festlegen.

(2) Der Erlaubnisinhaber hat der zuständigen Behörde die Personalien der verantwortlichen Aufsichtspersonen zwei Wochen vor der Übernahme der Aufsicht schriftlich oder elektronisch anzuzeigen; beauftragt eine schießsportliche oder jagdliche Vereinigung die verantwortliche Aufsichtsperson, so obliegt diese Anzeige der Aufsichtsperson selbst. Der Anzeige sind Nachweise beizufügen, aus denen hervorgeht, dass die Aufsichtsperson die erforderliche Sachkunde und, sofern es die Obhut über das Schießen durch Kinder und Jugendliche betrifft, auch die Eignung zur Kinder- und Jugendarbeit besitzt. Der Erlaubnisinhaber hat das Ausscheiden der angezeigten Aufsichtsperson und die

Bestellung einer neuen Aufsichtsperson der zuständigen Behörde unverzüglich anzuzeigen.

(3) Bei der Beauftragung der verantwortlichen Aufsichtsperson durch einen schießsportlichen Verein eines anerkannten Schießsportverbandes genügt an Stelle der Anzeige nach Absatz 2 Satz 1 eine Registrierung der Aufsichtsperson bei dem Verein. Dieser hat bei der Registrierung das Vorliegen der Voraussetzungen der erforderlichen Sachkunde und, sofern es die Obhut über das Schießen durch Kinder und Jugendliche betrifft, auch der Eignung zur Kinder- und Jugendarbeit zu überprüfen und zu vermerken. Der Aufsichtsperson ist durch den Verein hierüber ein Nachweisdokument auszustellen. Die Aufsichtsperson hat dieses Dokument während der Wahrnehmung der Aufsicht mitzuführen und zur Kontrolle Befugten auf Verlangen zur Prüfung auszuhändigen. Für eine Überprüfung nach Satz 4 hat der Verein auf Verlangen Einblick in die Registrierung der Aufsichtsperson zu gewähren. Die Sätze 1 bis 5 gelten entsprechend bei der von einer jagdlichen Vereinigung beauftragten verantwortlichen Aufsichtsperson mit der Maßgabe, dass während der Ausübung der Aufsicht ein gültiger Jagdschein nach § 15 Abs. 1 Satz 1 des Bundesjagdgesetzes mitzuführen ist.

(4) Ergeben sich Anhaltspunkte für die begründete Annahme, dass die verantwortliche Aufsichtsperson die erforderliche Zuverlässigkeit, persönliche Eignung oder Sachkunde oder, sofern es die Obhut über das Schießen durch Kinder und Jugendliche betrifft, die Eignung zur Kinder- und Jugendarbeit nicht besitzt, so hat die zuständige Behörde dem Erlaubnisinhaber gegenüber die Ausübung der Aufsicht durch die Aufsichtsperson zu untersagen.

(5) Die Obhut über das Schießen durch Kinder und Jugendliche ist durch eine hierfür qualifizierte und auf der Schießstätte anwesende Aufsichtsperson auszuüben, die

1. für die Schießausbildung der Kinder oder Jugendlichen leitend verantwortlich ist und

2. berechtigt ist, jederzeit der Aufsicht beim Schützen Weisungen zu erteilen oder die Aufsicht beim Schützen selbst zu übernehmen.

(6) Die Qualifizierung zur Aufsichtsperson oder zur Eignung zur Kinder- und Jugendarbeit kann durch die Jagdverbände oder die anerkannten Schießsportverbände erfolgen; bei Schießsportverbänden sind die Qualifizierungsrichtlinien Bestandteil des Anerkennungsverfahrens nach § 15 des Waffengesetzes.

(7) Die Absätze 1 bis 6 gelten nicht für ortsveränderliche Schießstätten im Sinne von § 27 Abs. 6 des Waffengesetzes.

## § 11 Aufsicht

(1) Die verantwortlichen Aufsichtspersonen haben das Schießen in der Schießstätte ständig zu beaufsichtigen, insbesondere dafür zu sorgen, dass die in der Schießstätte Anwesenden durch ihr Verhalten keine vermeidbaren Gefahren verursachen, und zu beachten, dass die Bestimmungen des § 27 Abs. 3 oder 6 des Waffengesetzes eingehalten werden. Sie haben, wenn dies zur Verhütung oder Beseitigung von Gefahren erforderlich ist, das Schießen oder den Aufenthalt in der Schießstätte zu untersagen.

(2) Die Benutzer der Schießstätten haben die Anordnungen der verantwortlichen Aufsichtspersonen nach Absatz 1 zu befolgen.

(3) Eine zur Aufsichtsführung befähigte Person darf schießen, ohne selbst beaufsichtigt zu werden, wenn sichergestellt ist, dass sie sich allein auf dem Schießstand befindet.

## § 12 (aufgehoben)

## § 13 Aufbewahrung von Waffen oder Munition

(1) Schusswaffen, deren Erwerb und Besitz erlaubnispflichtig sind, verbotene Waffen und verbotene Munition sind ungeladen und in einem Behältnis aufzubewahren, das

1. mindestens der Norm DIN/EN 1143-1 (Stand Mai 1997, Oktober 2002, Februar 2006, Januar 2010, Juli 2012 oder Juli 2019) mit dem in Absatz 2 geregelten Widerstandsgrad und Gewicht entspricht und

2. zum Nachweis dessen über eine Zertifizierung durch eine akkreditierte Stelle gemäß Absatz 10 verfügt.

Der in Satz 1 Nummer 1 genannten Norm gleichgestellt sind Normen eines anderen Mitgliedstaates des Übereinkommens über den Europäischen Wirtschaftsraum, die das gleiche Schutzniveau aufweisen. Die zuständige Behörde kann eine andere gleichwertige Aufbewahrung der Waffen und Munition zulassen. Vergleichbar gesicherte Räume sind als gleichwertig anzusehen. Alternative Sicherungseinrichtungen, die keine Behältnisse oder Räume sind, sind zulässig, sofern sie

1. ein den jeweiligen Anforderungen mindestens gleichwertiges Schutzniveau aufweisen und

2. zum Nachweis dessen über eine Zertifizierung durch eine akkreditierte Stelle gemäß Absatz 10 verfügen.

(2) Wer Waffen oder Munition besitzt, hat diese **ungeladen** und unter Beachtung der folgenden Sicherheitsvorkehrungen und zahlenmäßigen Beschränkungen aufzubewahren:

1. mindestens in einem verschlossenen Behältnis: Waffen oder Munition, deren Erwerb von der Erlaubnispflicht freigestellt ist;

2. mindestens in einem Stahlblechbehältnis ohne Klassifizierung mit Schwenkriegelschloss oder einer gleichwertigen Verschlussvorrichtung oder in einem gleichwertigen Behältnis: Munition, deren Erwerb nicht von der Erlaubnispflicht freigestellt ist;

3. in einem Sicherheitsbehältnis, das mindestens der Norm DIN/EN 1143-1 Widerstandsgrad 0 (Stand Mai 1997, Oktober 2002, Februar 2006, Januar 2010, Juli 2012 oder Juli 2019) entspricht und bei dem das Gewicht des Behältnisses 200 Kilogramm unterschreitet:

a) eine unbegrenzte Anzahl von Langwaffen und insgesamt bis zu fünf nach Anlage 2 Abschnitt 1 Nummer 1.1 bis 1.2.3 und 1.2.5 des Waffengesetzes verbotene Waffen und Kurzwaffen (Anlage 1 Abschnitt 1 Unterabschnitt 1 Nummer 2.5 des Waffengesetzes), für deren Erwerb und Besitz es ihrer Art nach einer Erlaubnis bedarf, und

b) zusätzlich eine unbegrenzte Anzahl nach Anlage 2 Abschnitt 1 Nummer 1.2.4 bis 1.2.4.2 und 1.3 bis 1.4.4 des Waffengesetzes verbotener Waffen sowie

c) zusätzlich Munition;

4. in einem Sicherheitsbehältnis, das mindestens der Norm DIN/EN 1143-1 Widerstandsgrad 0 (Stand Mai 1997, Oktober 2002, Februar 2006, Januar 2010, Juli 2012 oder Juli 2019) entspricht und bei dem das Gewicht des Behältnisses mindestens 200 Kilogramm beträgt:

a) eine unbegrenzte Anzahl von Langwaffen und bis zu zehn nach Anlage 2 Abschnitt 1 Nummer 1.1 bis 1.2.3 und 1.2.5 des Waffengesetzes verbotene Waffen und Kurzwaffen (Anlage 1 Abschnitt 1 Unterabschnitt 1 Nummer 2.5 des Waffengesetzes), für deren Erwerb und Besitz es ihrer Art nach einer Erlaubnis bedarf, und

b) zusätzlich eine unbegrenzte Anzahl nach Anlage 2 Abschnitt 1 Nummer 1.2.4 bis 1.2.4.2 und 1.3 bis 1.4.4 des Waffengesetzes verbotener Waffen sowie

c) zusätzlich Munition;

5. in einem Sicherheitsbehältnis, das mindestens der Norm DIN/EN 1143-1 Widerstandsgrad I (Stand Mai 1997, Oktober 2002, Februar 2006, Januar 2010, Juli 2012 oder Juli 2019) entspricht:

a) eine unbegrenzte Anzahl von Lang- und Kurzwaffen (Anlage 1 Abschnitt 1 Unterabschnitt 1 Nummer 2.5 des Waffengesetzes), für deren Erwerb und Besitz es ihrer Art nach einer Erlaubnis bedarf,

b) eine unbegrenzte Anzahl nach Anlage 2 Abschnitt 1 Nummer 1.1 bis 1.4.4 des Waffengesetzes verbotener Waffen sowie

c) Munition.

(3) Bei der Bestimmung der Zahl der Waffen, die nach Absatz 2 in einem Sicherheitsbehältnis aufbewahrt werden dürfen, bleiben außer Betracht:

1. **wesentliche Teile von Schusswaffen und Schalldämpfer** nach Anlage 1 Abschnitt 1 Unterabschnitt 1 Nummer 1.3 bis 1.3.3 des Waffengesetzes,

2. **Vorrichtungen** nach Anlage 2 Abschnitt 1 Nummer 1.2.4.1 des Waffengesetzes, **die das Ziel beleuchten oder markieren**, und

3. **Nachtsichtgeräte, -vorsätze und -aufsätze sowie Nachtzielgeräte** nach Anlage 2 Abschnitt 1 Nummer 1.2.4.2 des Waffengesetzes.

Satz 1 Nummer 1 gilt nur, sofern die zusammen aufbewahrten wesentlichen Teile **nicht zu einer schussfähigen Waffe zusammengefügt** werden können.

(4) In einem **nicht dauernd bewohnten Gebäude** dürfen **nur bis zu drei Langwaffen**, zu deren Erwerb und Besitz es einer Erlaubnis bedarf, aufbewahrt werden. Die Aufbewahrung darf nur in einem mindestens der Norm DIN/EN 1143-1 Widerstandsgrad I entsprechenden Sicherheitsbehältnis erfolgen. Die zuständige Behörde kann Abweichungen in Bezug auf die Art oder Anzahl der aufbewahrten Waffen oder das Sicherheitsbehältnis auf Antrag zulassen.

(5) Die zuständige Behörde kann auf Antrag bei einer **Waffen- oder Munitionssammlung** unter Berücksichtigung der Art und der Anzahl der Waffen oder der Munition und ihrer Gefährlichkeit für die öffentliche Sicherheit und Ordnung von den Vorgaben der Absätze 1, 2 und 4 insbesondere unter dem Gesichtspunkt der Sichtbarkeit zu Ausstellungszwecken abweichen und dabei geringere oder höhere Anforderungen an die Aufbewahrung stellen; bei Sammlungen von Waffen, deren Modell vor dem 1. Januar 1871 entwickelt worden ist, und bei Munitionssammlungen soll sie geringere Anforderungen stellen. Dem Antrag ist ein Aufbewahrungskonzept beizugeben.

(6) Die zuständige Behörde kann auf Antrag von Anforderungen an Sicherheitsbehältnisse, Waffenräume oder alternative Sicherungseinrichtungen nach den Absätzen 1 und 2 absehen, wenn ihre Einhaltung unter Berücksichtigung der

Art und der Anzahl der Waffen und der Munition und ihrer Gefährlichkeit für die öffentliche Sicherheit und Ordnung **eine besondere Härte** darstellen würde. In diesem Fall hat sie die niedrigeren Anforderungen festzusetzen.

(7) Bestehen begründete Zweifel, dass Normen anderer EWR-Mitgliedstaaten im Schutzniveau den in den Absätzen 1 und 2 genannten Normen gleichwertig sind, kann die Behörde vom Verpflichteten die Vorlage einer Stellungnahme insbesondere des Deutschen Instituts für Normung verlangen.

(8) Die **gemeinschaftliche Aufbewahrung** von Waffen oder Munition durch berechtigte Personen, die in einer **häuslichen Gemeinschaft** leben, ist zulässig.

(9) Bei der **vorübergehenden Aufbewahrung** von Waffen im Sinne des Absatzes 1 Satz 1 oder des Absatzes 2 oder von Munition außerhalb der Wohnung, insbesondere im Zusammenhang mit der Jagd oder dem sportlichen Schießen, hat der Verpflichtete die Waffen oder Munition unter angemessener Aufsicht aufzubewahren oder durch sonstige erforderliche Vorkehrungen gegen Abhandenkommen oder unbefugte Ansichnahme zu sichern, wenn die Aufbewahrung gemäß den Anforderungen des Absatzes 1 und 2 nicht möglich ist.

(10) Die Konformitätsbewertung von Sicherheitsbehältnissen und Sicherungseinrichtungen nach den Absätzen 1 und 2 erfolgt durch akkreditierte Stellen. Akkreditierte Stellen sind Stellen, die

1. Konformitätsbewertungen auf dem Gebiet der Zertifizierung von Erzeugnissen des Geldschrank- und Tresorbaus einschließlich Schlössern zum Schutz gegen Einbruchdiebstahl vornehmen und

2. hierfür über eine Akkreditierung einer nationalen Akkreditierungsstelle nach Artikel 4 Absatz 1 der Verordnung (EG) Nr. 765/2008 des Europäischen Parlaments und des Rates vom 9. Juli 2008 über die Vorschriften für die Akkreditierung und Marktüberwachung im Zusammenhang mit der Vermarktung von Produkten und zur Aufhebung der Verordnung (EWG) Nr. 339/93 des Rates (ABl. L 218 vom 13.8.2008, S. 30) in der jeweils geltenden Fassung verfügen.

Als nationale Akkreditierungsstellen gelten

1. Stellen, die nach § 8 des Akkreditierungsstellengesetzes vom 31. Juli 2009 (BGBl. I S. 2625), das zuletzt durch Artikel 4 Absatz 79 des Gesetzes vom 18. Juli 2016 (BGBl. I S. 1666) geändert worden ist, in der jeweils geltenden Fassung beliehen oder errichtet sind, und

2. jede andere von einem Mitgliedstaat oder einem Staat des Europäischen Wirtschaftsraums nach Artikel 4 Absatz 1 der Verordnung (EG) Nr. 765/2008 als nationale Akkreditierungsstelle benannte Stelle.

## § 14 Aufbewahrung von Waffen oder Munition in Schützenhäusern, auf Schießstätten oder im gewerblichen Bereich

Die zuständige Behörde kann auf Antrag eines Betreibers eines Schützenhauses, einer Schießstätte oder eines Waffengewerbes Abweichungen von den Anforderungen des § 13 Absatz 1, 2 und 4 Satz 1 und 2 zulassen, wenn ihr ein geeignetes Aufbewahrungskonzept vorgelegt wird. Sie hat bei ihrer Entscheidung neben der für die Aufbewahrung vorgesehenen Art und der Anzahl der Waffen oder der Munition und des Grades der von ihnen ausgehenden Gefahr für die öffentliche Sicherheit und Ordnung die Belegenheit und Frequentiertheit der Aufbewahrungsstätte besonders zu berücksichtigen.

## § 15 Umfang der Fachkunde

(1) Die in der Prüfung nach § 22 Abs. 1 Satz 1 des Waffengesetzes nachzuweisende Fachkunde umfasst ausreichende Kenntnisse

1. der Vorschriften über den Handel mit Schusswaffen und Munition, den Erwerb und das Führen von Schusswaffen sowie der Grundzüge der sonstigen waffenrechtlichen und der beschussrechtlichen Vorschriften,

2. über Art, Konstruktion und Handhabung der gebräuchlichen Schusswaffen, wenn die Erlaubnis für den Handel mit Schusswaffen beantragt ist,

und

3. über die Behandlung der gebräuchlichen Munition und ihre Verwendung in der dazugehörigen Schusswaffe, wenn die Erlaubnis für den Handel mit Munition beantragt ist.

(2) Der Antragsteller hat in der Prüfung nach Absatz 1 Kenntnisse nachzuweisen über

1. Schusswaffen und Munition aller Art, wenn eine umfassende Waffenhandelserlaubnis beantragt ist,

2. die in der Anlage aufgeführten Waffen- oder Munitionsarten, für die Erlaubnis zum Handel beantragt ist.

## § 16 Prüfung

(1) Die zuständige Behörde bildet für die Abnahme der Prüfung staatliche Prüfungsausschüsse. Die Geschäftsführung kann auf die örtliche Industrie- und Handelskammer übertragen werden. Es können gemeinsame Prüfungsausschüsse für die Bezirke mehrerer Behörden gebildet werden.

(2) Der Prüfungsausschuss besteht aus dem Vorsitzenden und zwei Beisitzern. Die Mitglieder des Prüfungsausschusses müssen in dem Prüfungsgebiet

sachkundig sein. Der Vorsitzende darf nicht im Waffenhandel tätig sein. Als Beisitzer sollen ein selbstständiger Waffenhändler und ein Angestellter im Waffenhandel oder, wenn ein solcher nicht zur Verfügung steht, ein Angestellter in der Waffenherstellung bestellt werden.

(3) Die Prüfung ist mündlich abzulegen.

(4) Für die Erteilung eines Zeugnisses, die Anfertigung einer Niederschrift und die Wiederholung der Prüfung gilt § 2 Abs. 3 Satz 2 und Abs. 4 und 5 entsprechend.

### § 17 Grundsätze für das Führen der Ersatzdokumentation

(1) Die Ersatzdokumentation ist in gebundener Form oder in Karteiform oder mit Hilfe der elektronischen Datenverarbeitung im Betrieb oder in dem Betriebsteil, in dem die Schusswaffen aufbewahrt werden, zu führen und gegen Abhandenkommen, Datenverlust und unberechtigten Zugriff gesichert aufzubewahren.

(2) Alle Eintragungen im Rahmen der Ersatzdokumentation sind unverzüglich in dauerhafter Form und in deutscher Sprache vorzunehmen; § 239 Absatz 3 des Handelsgesetzbuches gilt entsprechend. Sofern eine Eintragung nicht gemacht werden kann, ist dies unter Angabe der Gründe zu vermerken.

(3) Die Ersatzdokumentation ist zum 31. Dezember jeden zweiten Jahres sowie beim Wechsel des Betriebsinhabers oder bei der Einstellung des Betriebs mit Datum und Unterschrift so abzuschließen, dass nachträglich Eintragungen nicht mehr vorgenommen werden können. Der beim Abschluss der Ersatzdokumentation verbliebene Bestand ist vorzutragen, bevor neue Eintragungen vorgenommen werden. Eine Ersatzdokumentation, die nicht mehr verwendet wird, ist unter Angabe des Datums abzuschließen.

### § 17a Vorlage und Aufbewahrung der Ersatzdokumentation

(1) Die Ersatzdokumentation ist auf Verlangen der zuständigen Behörde auch in deren Diensträumen oder den Beauftragten der Behörde vorzulegen.

(2) Der zur Anzeige nach § 37 Absatz 1 und § 37d Absatz 1 oder 2 des Waffengesetzes Verpflichtete hat die Ersatzdokumentation im Betrieb oder in dem Betriebsteil, in dem die Schusswaffen aufbewahrt werden, bis zum Ablauf von zehn Jahren, von dem Tage der letzten Eintragung an gerechnet, aufzubewahren. Will der Verpflichtete die Ersatzdokumentation nach Ablauf der in Satz 1 genannten Frist nicht weiter aufbewahren, so hat er sie der zuständigen Behörde zur Aufbewahrung zu übergeben. Gibt der Verpflichtete das Gewerbe auf, so hat er die Ersatzdokumentation seinem Nachfolger zu übergeben oder der zuständigen Behörde zur Aufbewahrung auszuhändigen. Der Verpflichtete

oder sein Nachfolger hat die Ersatzdokumentation zu vernichten, wenn seit der letzten Eintragung 30 Jahre vergangen sind.

(3) Die zuständigen Behörden haben die nach Absatz 2 Satz 2 oder Satz 3 übernommenen Ersatzdokumentationen aufzubewahren. Sie haben die Ersatzdokumentation jeweils zu vernichten, wenn seit der letzten Eintragung 30 Jahre vergangen sind.

### § 18 Führung der Ersatzdokumentation in gebundener Form

(1) Wird die Ersatzdokumentation in gebundener Form geführt, so sind die Seiten laufend zu nummerieren; die Zahl der Seiten ist auf dem Titelblatt anzugeben.

(2) Die in gebundener Form geführte Ersatzdokumentation hat folgende Angaben zu enthalten:

1. laufende Nummer der Eintragung,
2. Datum des Eingangs,
3. Waffentyp,
4. Name, Firma oder Marke, die auf der Waffe angebracht sind,
5. Herstellungsnummer,
6. Name und Anschrift des Überlassers,
7. Datum des Abgangs oder der Kenntnis des Verlustes,
8. Name und Anschrift des Empfängers oder Art des Verlustes,

sofern die Schusswaffe nicht einem Erwerber nach § 21 Absatz 1 des Waffengesetzes überlassen wird, die Bezeichnung der Erwerbsberechtigung unter Angabe der ausstellenden Behörde und des Ausstellungsdatums, und

sofern die Schusswaffe einem Erwerber nach § 34 Absatz 5 Satz 1 des Waffengesetzes überlassen oder an ihn versandt wird, Bezeichnung und Datum der Bestätigung der Anzeige durch das Bundesverwaltungsamt.

Die Angaben zu den Nummern 1 bis 6 sind auf den linken Seiten, die Angaben zu den Nummern 7 bis 10 jeweils auf der rechten Seite der gebundenen Ersatzdokumentation gegenüber einzutragen.

(3) Die Eintragungen nach Absatz 2 sind für jede Waffe gesondert vorzunehmen.

## § 19 Führung der Ersatzdokumentation in Karteiform

(1) Wird die Ersatzdokumentation in Karteiform geführt, so können die Eintragungen für mehrere Waffen desselben Typs (Waffenposten) nach Absatz 2 zusammengefasst werden. Auf einer Karteikarte darf nur ein Waffenposten nach Absatz 2 Nummer 1 eingetragen werden. Neueingänge dürfen auf demselben Karteiblatt erst eingetragen werden, wenn der eingetragene Waffenposten vollständig abgebucht ist. Abgänge sind mit den Angaben nach Absatz 2 Nummer 2 gesondert einzutragen. Für jeden Waffentyp ist ein besonderes Blatt anzulegen, auf dem der Waffentyp und der Name, die Firma oder die Marke, die auf der Waffe angebracht sind, zu vermerken sind. Die Karteiblätter sind der zuständigen Behörde zur Abstempelung der Blätter und zur Bestätigung ihrer Gesamtzahl vorzulegen.

(2) Die Ersatzdokumentation in Karteiform hat folgende Angaben zu enthalten:

1. bei der Eintragung des Eingangs:

a) laufende Nummer der Eintragung,

b) Datum des Eingangs,

c) Stückzahl,

d) Herstellungsnummern sowie

e) Name und Anschrift des Überlassers,

2. bei der Eintragung von Abgängen:

a) laufende Nummer der Eintragung,

b) Datum des Abgangs oder der Kenntnis des Verlustes,

c) Stückzahl,

d) Herstellungsnummern,

e) Name und Anschrift des Empfängers oder Art des Verlustes,

f) die Bezeichnung der Erwerbsberechtigung unter Angabe der ausstellenden Behörde und des Ausstellungsdatums,

g) sofern die Schusswaffe einem Erwerber nach § 34 Absatz 5 Satz 1 des Waffengesetzes überlassen oder an ihn versandt wird, Bezeichnung und Datum der Bestätigung der Anzeige durch das Bundesverwaltungsamt.

## § 20 Führung der Ersatzdokumentation in elektronischer Form

(1) Wird die Ersatzdokumentation in elektronischer Form geführt, so müssen die gespeicherten Datensätze die nach § 19 Absatz 2 geforderten Angaben

enthalten. Die Datensätze sind unverzüglich zu speichern; sie sind fortlaufend zu nummerieren.

(2) Die gespeicherten Datensätze sind nach Ablauf eines jeden Monats in Klarschrift auszudrucken. Der Ausdruck hat so zu erfolgen, dass die Angaben im Ausdruck den Angaben der Ersatzdokumentation in Karteiform nach § 19 Absatz 2 entsprechen. Der Name des Überlassers, des Erwerbers und die Erwerbsberechtigung können auch in verschlüsselter Form ausgedruckt werden. In diesem Fall ist dem Ausdruck ein Verzeichnis beizugeben, das eine unmittelbare Entschlüsselung der bezeichneten Daten ermöglicht. Die Bestände sind auf den nächsten Monat vorzutragen.

(3) Der Ausdruck der nach dem letzten Monatsabschluss gespeicherten Datensätze ist auf Verlangen der zuständigen Behörde auch in deren Diensträumen oder den Beauftragten der Behörde auch während des laufenden Monats jederzeit vorzulegen.

(4) Die zuständige Behörde kann Ausnahmen von Absatz 2 Satz 1 und 5 zulassen, wenn der Gesamtbestand an Waffen zu Beginn eines jeden Jahres und die Zu- und Abgänge monatlich in Klarschrift ausgedruckt werden und sichergestellt ist, dass die während des Jahres gespeicherten Daten auf Verlangen der zuständigen Behörde jederzeit in Klarschrift ausgedruckt werden können.

### § 21 Kennzeichnung von Schusswaffen

(1) Wer Schusswaffen im Geltungsbereich des Waffengesetzes herstellt oder in diesen verbringt, hat folgende in § 24 Absatz 1 bis 3 des Waffengesetzes genannte Angaben auf folgenden wesentlichen Teilen der Schusswaffen anzubringen:

1. die Angaben nach § 24 Absatz 1 Satz 1 Nummer 1, 2, 4 und 5 sowie Absatz 2 und 3 des Waffengesetzes auf dem führenden wesentlichen Teil der Schusswaffe;

2. die Angaben nach § 24 Absatz 1 Satz 1 Nummer 1 und 5 des Waffengesetzes auf den wesentlichen Teilen der Schusswaffe, die keine führenden wesentlichen Teile sind;

3. die Angabe nach § 24 Absatz 1 Satz 1 Nummer 3 des Waffengesetzes auf dem Lauf und auf dem Patronenlager.

Bei Schusswaffen, deren Bauart nach § 8 des Beschussgesetzes zugelassen ist, sind die nach § 24 Absatz 1 Satz 1 Nummer 1 und 3 in Verbindung mit Satz 2 Nummer 1 Buchstabe a des Waffengesetzes anzubringenden Angaben nur auf dem führenden wesentlichen Teil anzubringen. Auf Druckluft- und Federdruckwaffen nach Anlage 1 Abschnitt 1 Unterabschnitt 1 Nummer 2.9 des Waffengesetzes ist Satz 1 Nummer 2 nicht anzuwenden.

(2) Abweichend von Absatz 1 Satz 1 Nummer 2 und Satz 3 sind wesentliche Teile erlaubnispflichtiger Schusswaffen mit den Angaben nach § 24 Absatz 1 Satz 1 Nummer 1, 2, 4 und 5 des Waffengesetzes zu kennzeichnen, wenn sie einzeln gehandelt werden. Bei Wechsel- oder Einstecksystemen ist der Lauf gemäß Absatz 1 Satz 1 Nummer 1 und 3 und der Verschluss sowie zugehörige Gehäuseteile gemäß Absatz 1 Satz 1 Nummer 2 zu kennzeichnen.

(3) Wird eine Schusswaffe aus wesentlichen Teilen hergestellt, die bereits mindestens mit einer Seriennummer gekennzeichnet sind, so sind diese wesentlichen Teile abweichend von Absatz 1 Satz 1 Nummer 1 und 2 lediglich mit der Angabe nach § 24 Absatz 1 Satz 1 Nummer 1 des Waffengesetzes zu kennzeichnen. Es ist jedoch sicherzustellen, dass auf dem führenden wesentlichen Teil alle Angaben gemäß Absatz 1 Satz 1 Nummer 1 angebracht sind. Deuten Angaben auf der Schusswaffe auf einen anderen Hersteller hin, so sind diese durch zwei waagerecht dauerhaft eingebrachte Striche zu entwerten, wobei die Angaben weiterhin lesbar bleiben müssen. Angaben auf der Schusswaffe, die auf eine andere Munition oder auf ein anderes Laufkaliber hindeuten, sind zu entwerten.

(4) Wer ein wesentliches Teil einer Schusswaffe austauscht, hat das neu eingebaute wesentliche Teil wie in Absatz 1 bestimmt zu kennzeichnen. Absatz 3 gilt entsprechend.

(5) Wer eine Schusswaffe umbaut, hat auf allen wesentlichen Teilen, die beim Umbau verändert wurden, die Angaben nach § 24 Absatz 1 Satz 1 Nummer 1 des Waffengesetzes anzubringen. Bereits vorhandene Angaben müssen weiterhin lesbar bleiben. Hat der Umbau zur Folge, dass die Bewegungsenergie der Geschosse 7,5 Joule überschreitet, so sind alle wesentlichen Teile entsprechend Absatz 1 zu kennzeichnen. Das Kennzeichen nach § 24 Absatz 2 des Waffengesetzes ist zu entfernen. Auf dem führenden wesentlichen Teil ist der Buchstabe „U“ anzubringen.

(6) Bei Aussonderung von Schusswaffen aus staatlicher Verfügung und dauerhafter Überführung in zivile Verwendung sind die Angaben nach § 24 Absatz 3 des Waffengesetzes durch zwei waagerecht dauerhaft eingebrachte Striche zu entwerten. Dabei muss erkennbar bleiben, welche nach § 55 Absatz 1 Satz 1 des Waffengesetzes bezeichnete Stelle verfügungsberechtigt über die Schusswaffe war. Vor der dauerhaften Überführung in zivile Verwendung hat die überführende Stelle sicherzustellen, dass die Schusswaffe gemäß Absatz 1 gekennzeichnet ist.

(7) Die Kennzeichnung gemäß den Absätzen 1 bis 6 hat eine Schriftgröße von mindestens 1,6 Millimetern aufzuweisen. Von der Mindestgröße gemäß Satz 1 kann abgewichen werden, wenn dies aufgrund der geringen Größe des zu kennzeichnenden wesentlichen Teils erforderlich ist. Für die Kennzeichnung

gemäß den Absätzen 1 bis 6 sind lateinische Buchstaben sowie das arabische und das römische Zahlensystem zulässig. Wird eine Schusswaffe in den Geltungsbereich des Waffengesetzes verbracht, werden auch Kennzeichnungen in griechischer oder kyrillischer Schrift als ordnungsgemäß anerkannt, sofern die übrigen Vorgaben erfüllt sind.

(8) Besteht das gemäß den Absätzen 1 bis 7 zu kennzeichnende Gehäuse einer Schusswaffe aus Kunststoff, kann die Kennzeichnung gemäß den Absätzen 1 bis 7 auf einer Metallplatte angebracht werden, die fest mit dem Material des Gehäuses verbunden ist, sodass bei ihrer Entfernung ein Teil des Gehäuses zerstört würde.

**§ 22 Lehrgänge und Schießübungen**

(1) In Lehrgängen zur Ausbildung in der Verteidigung mit Schusswaffen oder bei Schießübungen dieser Art sind unter Beachtung des Verbots des kampfmäßigen Schießens (§ 27 Abs. 7 Satz 1 des Waffengesetzes) Schießübungen und insbesondere die Verwendung solcher Hindernisse und Übungseinbauten nicht zulässig, die der Übung über den Zweck der Verteidigung der eigenen Person oder Dritter hinaus einen polizeieinsatzmäßigen oder militärischen Charakter verleihen. Die Verwendung von Zielen oder Scheiben, die Menschen darstellen oder symbolisieren, ist gestattet. Die Veranstaltung der in Satz 1 genannten Schießübungen und die Teilnahme als Schütze an diesen Schießübungen sind verboten.

(2) Wer Lehrgänge zur Ausbildung in der Verteidigung mit Schusswaffen oder Schießübungen dieser Art veranstalten will, hat die beabsichtigte Tätigkeit und den Ort, an dem die Veranstaltung stattfinden soll, zwei Wochen vorher der zuständigen Behörde schriftlich oder elektronisch anzuzeigen. Auf Verlangen der zuständigen Behörde ist ein Lehrgangsplan oder Übungsprogramm vorzulegen, aus dem die zu vermittelnden Kenntnisse und die Art der beabsichtigten Schießübungen erkennbar sind. Die Beendigung der Lehrgänge oder Schießübungen ist der zuständigen Behörde innerhalb von zwei Wochen ebenfalls anzuzeigen. Der Betreiber der Schießstätte darf die Durchführung von Veranstaltungen der genannten Art nur zulassen, wenn der Veranstalter ihm gegenüber schriftlich oder elektronisch erklärt hat, dass die nach Satz 1 erforderliche Anzeige erfolgt ist.

(3) In der Anzeige über die Aufnahme der Lehrgänge oder Schießübungen hat der Veranstalter die Personalien der volljährigen verantwortlichen Aufsichtsperson und der Ausbilder anzugeben. § 10 Abs. 2 Satz 2 ist entsprechend anzuwenden. Die spätere Einstellung oder das Ausscheiden der genannten Personen hat der Veranstalter der zuständigen Behörde unverzüglich anzuzeigen.

(4) Auf die Verpflichtung des Veranstalters zur Bestellung einer verantwortlichen Aufsichtsperson und von Ausbildern ist § 10 Abs. 1 entsprechend anzuwenden.

**§ 23 Zulassung zum Lehrgang**

(1) Zur Teilnahme an den Lehrgängen oder Schießübungen im Sinne des § 22 dürfen nur Personen zugelassen werden,

1. die auf Grund eines Waffenscheins oder einer Bescheinigung nach § 55 Abs. 2 des Waffengesetzes zum Führen einer Schusswaffe berechtigt sind

oder

2. denen ein in § 55 Abs. 1 des Waffengesetzes bezeichneter Dienstherr die dienstlichen Gründe zum Führen einer Schusswaffe bescheinigt hat oder denen von der zuständigen Behörde eine Bescheinigung nach Absatz 2 erteilt worden ist.

Die verantwortliche Aufsichtsperson hat sich vor der Aufnahme des Schießbetriebs vom Vorliegen der in Satz 1 genannten Erfordernisse zu überzeugen.

(2) Die zuständige Behörde kann Inhabern einer für Kurzwaffen ausgestellten Waffenbesitzkarte und Inhabern eines Jagdscheins, die im Sinne des § 19 des Waffengesetzes persönlich gefährdet sind, die Teilnahme an Lehrgängen oder Schießübungen der in § 22 genannten Art gestatten.

**§ 24 Verzeichnisse**

(1) Der Veranstalter hat ein Verzeichnis der verantwortlichen Aufsichtspersonen, der Ausbilder und der Teilnehmer gemäß Absatz 2 zu führen.

(2) Aus dem Verzeichnis müssen folgende Angaben über die in Absatz 1 genannten Personen hervorgehen:

1. Vor- und Familiennamen, Geburtsdatum und -ort, Wohnort und Anschrift;

2. Nummer, Ausstellungsdatum und ausstellende Behörde des Waffenscheins, der Bescheinigung nach § 55 Abs. 2 des Waffengesetzes oder der Bescheinigung des Dienstherrn nach § 23 Abs. 1 Satz 1 Nr. 2 oder der Ausnahmeerlaubnis nach § 23 Abs. 2;

3. in welchem Zeitraum (Monat und Jahr) sie als Aufsichtsperson oder als Ausbilder tätig waren oder an einer Veranstaltung teilgenommen haben.

(3) Das Verzeichnis ist vom Veranstalter auf Verlangen der zuständigen Behörde auch in deren Diensträumen oder den Beauftragten der Behörde vorzulegen.

(4) Der Veranstalter hat das Verzeichnis bis zum Ablauf von fünf Jahren, vom Tage der letzten Eintragung an gerechnet, sicher aufzubewahren. Gibt der Veranstalter die Durchführung des Verteidigungsschießens auf, so hat er das Verzeichnis seinem Nachfolger zu übergeben oder der zuständigen Behörde zur Aufbewahrung auszuhändigen.

### § 25 Untersagung von Lehrgängen oder Lehrgangsteilen; Abberufung von Aufsichtspersonen oder Ausbildern

(1) Die zuständige Behörde kann Veranstaltungen im Sinne des § 22 untersagen, wenn Tatsachen die Annahme rechtfertigen, dass der Veranstalter, die verantwortliche Aufsichtsperson oder ein Ausbilder die erforderliche Zuverlässigkeit, persönliche Eignung oder Sachkunde nicht oder nicht mehr besitzt. Ergeben sich bei einer verantwortlichen Aufsichtsperson oder einem Ausbilder Anhaltspunkte für die begründete Annahme des Vorliegens von Tatsachen nach Satz 1, so hat die zuständige Behörde vom Veranstalter die Abberufung dieser Person zu verlangen.

(2) Der Veranstalter hat auf Verlangen der zuständigen Behörde die Durchführung einzelner Lehrgänge oder Schießübungen einstweilen einzustellen. Die Behörde kann die einstweilige Einstellung verlangen, solange der Veranstalter

1. eine verantwortliche Aufsichtsperson oder die unter Berücksichtigung der Erfordernisse eines sicheren Schießbetriebs erforderliche Anzahl von Ausbildern nicht bestellt hat oder

2. dem Verlangen der Behörde, eine verantwortliche Aufsichtsperson oder einen Ausbilder wegen fehlender Zuverlässigkeit, persönlicher Eignung oder Sachkunde von seiner Tätigkeit abzuberufen, nicht nachkommt.

### § 25a Besondere Bestimmungen in Bezug auf den Umgang mit unbrauchbar gemachten Schusswaffen

(1) Der Besitzer einer unbrauchbar gemachten Schusswaffe ist verpflichtet, die Deaktivierungsbescheinigung nach § 8a Absatz 2 Satz 3 des Beschussgesetzes aufzubewahren. Kommt ihm die Deaktivierungsbescheinigung abhanden, so hat er dies der gemäß § 48 Absatz 1 und 3 des Waffengesetzes zuständigen Behörde unverzüglich nach Feststellung des Abhandenkommens anzuzeigen. § 37b Absatz 5 des Waffengesetzes gilt entsprechend.

(2) Wer eine unbrauchbar gemachte Schusswaffe führt oder transportiert, ist verpflichtet, dabei die Deaktivierungsbescheinigung oder eine amtlich beglaubigte Abschrift hiervon mit sich zu führen.

(3) Das dauerhafte Überlassen im Geltungsbereich des Waffengesetzes sowie das Verbringen und die Mitnahme von unbrauchbar gemachten Schusswaffen

1. in den Geltungsbereich des Waffengesetzes,

2. durch den Geltungsbereich des Waffengesetzes oder

3. aus dem Geltungsbereich des Waffengesetzes in einen anderen Mitgliedstaat

ist nur zulässig gemeinsam mit der Deaktivierungsbescheinigung nach § 8a Absatz 2 Satz 3 des Beschussgesetzes oder gemeinsam mit einer entsprechenden Bescheinigung eines anderen Mitgliedstaates auf Grundlage des Anhangs III der Durchführungsverordnung (EU) 2015/2403 der Kommission vom 15. Dezember 2015 zur Festlegung gemeinsamer Leitlinien über Deaktivierungsstandards und -techniken, die gewährleisten, dass Feuerwaffen bei der Deaktivierung endgültig unbrauchbar gemacht werden (ABl. L 333 vom 19.12.2015, S. 62), die zuletzt durch die Durchführungsverordnung (EU) 2018/337 (ABl. L 65 vom 8.3.2018, S. 1) geändert worden ist.

### § 25b Vernichtung unbrauchbar gemachter Schusswaffen

Wer eine unbrauchbar gemachte Schusswaffe vernichtet, hat die Deaktivierungsbescheinigung und alle beglaubigten Abschriften, Abdrucke, Ablichtungen und dergleichen der Deaktivierungsbescheinigung unverzüglich bei der gemäß § 48 Absatz 1 und 3 des Waffengesetzes zuständigen Behörde abzugeben.

### § 25c Erwerb und Besitz von unbrauchbar gemachten Schusswaffen, die nicht den Vorgaben der Verordnung (EU) 2015/2403 entsprechen

(1) Für Schusswaffen, die

1. vor dem 1. April 2003 entsprechend den Anforderungen des § 7 der Ersten Verordnung zum Waffengesetz vom 24. Mai 1976 (BGBl. I S. 1285) in der bis zu diesem Zeitpunkt geltenden Fassung unbrauchbar gemacht worden sind,

2. vor dem 8. April 2016 entsprechend den Anforderungen der Anlage 1 Abschnitt 1 Unterabschnitt 1 Nummer 1.4 in der Fassung des Gesetzes vom 11. Oktober 2002 (BGBl. I S. 3970, 4592; 2003 I S. 1957) unbrauchbar gemacht worden sind und die ein Zulassungszeichen nach Anlage II Abbildung 11 der Beschussverordnung vom 13. Juli 2006 (BGBl. I S. 1474) in der bis zu diesem Zeitpunkt geltenden Fassung aufweisen oder

3. vor dem 28. Juni 2018 entsprechend den Anforderungen der Durchführungsverordnung (EU) 2015/2403 unbrauchbar gemacht worden sind,

besteht die Berechtigung zum Besitz fort, es sei denn, die Schusswaffen werden in einen anderen Mitgliedstaat verbracht. Im Übrigen gelten die in Satz 1 genannten Schusswaffen als Schusswaffen im Sinne von § 1 Absatz 2 Nummer 1 des Waffengesetzes.

(2) Wer gemäß Absatz 1 Satz 1 zum Besitz einer dort genannten Schusswaffe berechtigt ist, kann diese erlaubnisfrei überlassen. § 37a Satz 1 Nummer 1, § 37e Absatz 3, §§ 37f und 37h des Waffengesetzes gelten entsprechend.

(3) Für die Erteilung einer Erlaubnis zum Erwerb und Besitz von in Absatz 1 Satz 1 genannten Schusswaffen ist weder ein Nachweis der Sachkunde gemäß § 7 des Waffengesetzes noch ein Nachweis eines Bedürfnisses gemäß § 8 des Waffengesetzes erforderlich.

(4) § 39b Absatz 3 des Waffengesetzes gilt für die unter Absatz 1 Satz 1 genannten Schusswaffen entsprechend.

### § 26 Allgemeine Bestimmungen

(1) Auf Staatsangehörige eines Mitgliedstaates ist § 21 Abs. 4 Nr. 1 des Waffengesetzes nicht anzuwenden.

(2) Auf Staatsangehörige eines Mitgliedstaates, die in einem anderen Mitgliedstaat ihren gewöhnlichen Aufenthalt haben, ist § 21 Abs. 4 Nr. 2 des Waffengesetzes nicht anzuwenden, soweit die Erlaubnis darauf beschränkt wird,

1. Bestellungen auf Waffen oder Munition bei Inhabern einer Waffenherstellungs- oder Waffenhandelserlaubnis aufzusuchen und diesen den Erwerb, den Vertrieb oder das Überlassen solcher Gegenstände zu vermitteln und

2. den Besitz nur über solche Waffen oder Munition auszuüben, die als Muster, als Proben oder als Teile einer Sammlung mitgeführt werden.

(3) Absatz 2 ist entsprechend anzuwenden auf Gesellschaften, die nach den Rechtsvorschriften eines Mitgliedstaates gegründet sind und ihren satzungsmäßigen Sitz, ihre Hauptverwaltung oder ihre Hauptniederlassung innerhalb der Europäischen Union haben. Soweit diese Gesellschaften nur ihren satzungsmäßigen Sitz, jedoch weder ihre Hauptverwaltung noch ihre Hauptniederlassung innerhalb der Europäischen Union haben, gilt Satz 1 nur, wenn ihre Tätigkeit in tatsächlicher und dauerhafter Verbindung mit der Wirtschaft eines Mitgliedstaates steht.

(4) Die Vorschriften der Absätze 1 bis 3 zugunsten von Staatsangehörigen eines Mitgliedstaates sind nicht anzuwenden, soweit dies zur Beseitigung einer Störung der öffentlichen Sicherheit oder Ordnung oder zur Abwehr einer bevorstehenden Gefahr für die öffentliche Sicherheit oder Ordnung im Einzelfall erforderlich ist.

(5) Auf Staatsangehörige eines Mitgliedstaates ist § 4 Abs. 2 des Waffengesetzes nicht anzuwenden, soweit sie im Geltungsbereich des Waffengesetzes ihren gewöhnlichen Aufenthalt haben und eine selbstständige oder unselbstständige

Tätigkeit ausüben, die den Erwerb, den Besitz oder das Führen einer Waffe oder von Munition erfordert.

### § 27 Besondere Bestimmungen zur Fachkunde

(1) Der Nachweis der Fachkunde für den Waffenhandel im Sinne des § 22 des Waffengesetzes ist für einen Staatsangehörigen eines Mitgliedstaates als erbracht anzusehen, wenn er in einem anderen Mitgliedstaat im Handel mit Waffen und Munition wie folgt tätig war:

1. drei Jahre ununterbrochen als Selbstständiger oder in leitender Stellung,

2. zwei Jahre ununterbrochen als Selbstständiger oder in leitender Stellung, wenn er für die betreffende Tätigkeit eine vorherige Ausbildung nachweisen kann, die durch ein staatlich anerkanntes Zeugnis bestätigt oder von einer zuständigen Berufsinstitution als vollwertig anerkannt ist,

3. zwei Jahre ununterbrochen als Selbstständiger oder in leitender Stellung sowie außerdem drei Jahre als Unselbstständiger

oder

4. drei Jahre ununterbrochen als Unselbstständiger, wenn er für den betreffenden Beruf eine vorherige Ausbildung nachweisen kann, die durch ein staatlich anerkanntes Zeugnis bestätigt oder von einer zuständigen Berufsinstitution als vollwertig anerkannt ist.

(2) In den in Absatz 1 Nr. 1 und 3 genannten Fällen darf die Tätigkeit als Selbstständiger oder in leitender Stellung höchstens zehn Jahre vor dem Zeitpunkt der Antragstellung beendet worden sein.

(3) Als ausreichender Nachweis ist auch anzusehen, wenn der Antragsteller die dreijährige Tätigkeit nach Absatz 1 Nr. 1 nicht ununterbrochen ausgeübt hat, die Ausübung jedoch nicht mehr als zwei Jahre vor dem Zeitpunkt der Antragstellung beendet worden ist.

(4) Eine Tätigkeit in leitender Stellung im Sinne des Absatzes 1 übt aus, wer in einem industriellen oder kaufmännischen Betrieb des entsprechenden Berufszweigs tätig war

1. als Leiter des Unternehmens oder einer Zweigniederlassung,

2. als Stellvertreter des Unternehmers oder des Leiters des Unternehmens, wenn mit dieser Stellung eine Verantwortung verbunden ist, die der des vertretenen Unternehmers oder Leiters entspricht,

oder

3. in leitender Stellung mit kaufmännischen Aufgaben und mit der Verantwortung für mindestens eine Abteilung des Unternehmens.

(5) Der Nachweis, dass die Voraussetzungen der Absätze 1 bis 4 erfüllt sind, ist vom Antragsteller durch eine Bescheinigung der zuständigen Stelle des Herkunftslandes zu erbringen.

### § 28 Erlaubnisse für den Erwerb von Waffen und Munition in einem anderen Mitgliedstaat

Eine Erlaubnis nach § 11 Abs. 2 des Waffengesetzes wird als Zustimmung durch einen Erlaubnisschein der zuständigen Behörde erteilt. Für die Erteilung hat der Antragsteller folgende Angaben zu machen:

1. über seine Person: Vor- und Familienname, Geburtsdatum und -ort, Anschriften sowie Nummer, Ausstellungsdatum und ausstellende Behörde des Passes oder des Personalausweises;

2. über die Waffe: bei Schusswaffen Anzahl, Art, Kaliber und Kategorie nach Anlage 1 Abschnitt 3 zum Waffengesetz und gegebenenfalls CIP-Beschusszeichen; bei sonstigen Waffen Anzahl und Art der Waffen;

3. über die Munition: Anzahl, Art, Kaliber und gegebenenfalls CIP-Prüfzeichen.

### § 29 Erlaubnisse zum Verbringen von Waffen und Munition

(1) Eine Erlaubnis nach § 29 oder § 30 des Waffengesetzes wird durch einen Erlaubnisschein der zuständigen Behörde erteilt.

(2) Für die Erteilung einer Erlaubnis nach § 29 Absatz 1 und 2 des Waffengesetzes hat der Antragsteller folgende Angaben zu machen:

1. über den Versender- und den Empfängermitgliedstaat: jeweils die Bezeichnung des Mitgliedstaates;

2. über die Person des Überlassers und des Erwerbers oder desjenigen, der die Waffen oder Munition ohne Besitzwechsel in einen anderen Mitgliedstaat verbringt:

a) Vor- und Familienname,

b) Geburtsdatum und -ort,

c) Anschrift,

d) bei Unternehmen auch Telefon- oder Telefaxnummer und

e) die Angabe, ob es sich um einen Waffenhändler oder um eine Privatperson handelt;

3. über die Waffen: Anzahl und Art der Waffen;

4. über Schusswaffen zusätzlich zu den Angaben nach Nummer 3 die folgenden weiteren Angaben:

a) Kategorie nach der Anlage 1 Abschnitt 3 des Waffengesetzes,

b) Name, Firma oder eingetragenes Markenzeichen des Herstellers,

c) Modellbezeichnung,

d) Kaliber,

e) Herstellungsnummer und

f) sofern vorhanden, CIP-Beschusszeichen;

5. über die Munition:

a) Anzahl und Art der Munition,

b) Firma oder eingetragenes Markenzeichen des Herstellers, Kaliber und

c) sofern vorhanden, CIP-Munitionsprüfzeichen;

6. über die Lieferanschrift: Anschrift, an die die Waffen oder die Munition versandt oder transportiert werden;

7. über die Art und Weise der Verbringung im Fall des Verbringens aus dem Geltungsbereich des Waffengesetzes in einen anderen Mitgliedstaat:

a) das Beförderungsmittel,

b) den Tag der Absendung,

c) den voraussichtlichen Ankunftstag und

d) die Durchgangsländer.

Wird eine Erlaubnis zum Verbringen in oder durch den Geltungsbereich des Waffengesetzes zwischen gewerbsmäßigen Waffenherstellern oder Waffenhändlern beantragt, kann auf die Angabe des Kalibers und der Herstellungsnummer verzichtet werden, wenn besondere Gründe hierfür glaubhaft gemacht werden. Im Fall des Satzes 2 müssen die genannten Angaben den nach § 33 Absatz 3 des Waffengesetzes zuständigen Überwachungsbehörden beim Verbringen mitgeteilt werden, wenn das Verbringen aus einem Drittstaat erfolgt.

(3) Für die Erteilung einer Erlaubnis nach § 30 des Waffengesetzes hat der Antragsteller Angaben über Name und Anschrift der Firma, Telefon- oder Telefaxnummer, Vor- und Familienname, Geburtsort und -datum des Inhabers der Erlaubnis nach § 21 Abs. 1 des Waffengesetzes, Empfängermitgliedstaat und Art der Waffen und Munition zu machen.

## § 30 Erlaubnisse für die Mitnahme von Waffen und Munition nach, durch oder aus Deutschland

(1) Eine Erlaubnis nach § 32 Absatz 1 Satz 1 oder Absatz 1a Satz 1 des Waffengesetzes wird durch einen Erlaubnisschein der zuständigen Behörde erteilt. Für die Erteilung der Erlaubnis nach Satz 1 hat der Antragsteller folgende Angaben zu machen:

1. über seine Person:

Vor- und Familienname, Geburtsdatum und -ort, Wohnort und Anschrift, bei Firmen auch Telefon- oder Telefaxnummer, sowie Nummer, Ausstellungsdatum und ausstellende Behörde des Passes oder des Personalausweises;

2. über die Waffen:

bei Schusswaffen Anzahl und Art der Waffen, Kategorie nach der Anlage 1 Abschnitt 3 zum Waffengesetz, Firma oder eingetragenes Markenzeichen des Herstellers, Modellbezeichnung, Kaliber, Herstellungsnummer und gegebenenfalls CIP-Beschusszeichen; bei sonstigen Waffen Anzahl und Art der Waffen;

3. über die Munition:

Anzahl und Art der Munition, Kategorie nach der Richtlinie 93/15/EWG des Rates vom 5. April 1993 zur Harmonisierung der Bestimmungen über das Inverkehrbringen und die Kontrolle von Explosivstoffen für zivile Zwecke (ABl. EG Nr. L 121 S. 20), Firma oder eingetragenes Markenzeichen des Herstellers, Kaliber und gegebenenfalls CIP-Munitionsprüfzeichen;

4. über den Grund der Mitnahme:

genaue Angabe des Ortes, zu dem die Waffen oder die Munition mitgenommen werden sollen, und der Zweck der Mitnahme.

Der Erlaubnisschein für die Mitnahme von Waffen oder Munition aus einem Drittstaat muss alle in Satz 2 genannten Angaben enthalten.

(2) Bei der Erteilung einer Erlaubnis nach § 32 Abs. 1 Satz 1 des Waffengesetzes kann die Sachkunde auch als nachgewiesen angesehen werden, wenn eine ausreichende Kenntnis der geforderten Inhalte durch einen Beleg des Staates, in dem die Person ihren gewöhnlichen Aufenthalt hat, glaubhaft gemacht wird.

(3) Bei der Erteilung einer Erlaubnis nach § 32 Abs. 4 des Waffengesetzes kann die zuständige Behörde auf einzelne der in Absatz 1 Satz 2 Nr. 2 und 3 aufgeführten Angaben verzichten, wenn diese nicht rechtzeitig gemacht werden können. Die Angaben sind der zuständigen Behörde unverzüglich nachzureichen und bei der Einreise den nach § 33 Abs. 3 des Waffengesetzes zuständigen Überwachungsbehörden mitzuteilen.

(4) Die zuständige Behörde kann in besonderen Fällen gestatten, dass Antragstellungen für die Erteilung einer Erlaubnis nach § 32 Abs. 4 des Waffengesetzes durch mehrere Personen gemeinsam auf dem hierfür vorgesehenen amtlichen Vordruck erfolgen. Im Falle des Satzes 1 sind für die Antragsteller jeweils die Angaben nach Absatz 1 Satz 2 Nr. 1 und 4 vollständig zu machen, die Angaben nach Absatz 1 Satz 2 Nr. 2 und 3, soweit die Behörde hierauf nicht verzichtet hat.

**§ 31 Anzeigen**

(1) Eine Anzeige nach § 30 Satz 3 des Waffengesetzes an das Bundesverwaltungsamt muss folgende Angaben enthalten:

1. über die Beförderung:

a) die Bezeichnung des Versender- und des Empfängermitgliedstaates,

b) die Bezeichnung der Durchgangsländer,

c) die Beförderungsart und

d) den Beförderer;

2. zu dem Versender, dem Erklärungspflichtigen und dem Empfänger jeweils:

a) den Namen oder bei Unternehmen, sofern vorhanden, die Firma,

b) Anschrift und

c) Telefon- oder Telefaxnummer;

3. zu der Erlaubnis nach § 30 des Waffengesetzes:

a) Ausstellungsdatum,

b) Ausstellungsnummer,

c) ausstellende Behörde,

d) Geltungsdauer;

4. zu der Erlaubnis oder der Freistellung von der Erlaubnis des anderen Mitgliedstaates:

a) Ausstellungsdatum,

b) ausstellende Behörde,

c) Geltungsdauer,

d) Angaben zu den von der Erlaubnis umfassten Waffen;

5. über die Waffen:

Anzahl und Art der Waffen;

6. über Schusswaffen zusätzlich zu den Angaben nach Nummer 5 die folgenden weiteren Angaben:

b) c) d) e) f)

a) die Kategorie nach Anlage 1 Abschnitt 3 des Waffengesetzes,

b) den Namen, die Firma oder das eingetragene Markenzeichen des Herstellers,

c) die Modellbezeichnung,

d) das Kaliber,

e) die Herstellungsnummer und

f) das CIP-Beschusszeichen, sofern vorhanden;

7. zu der Munition:

a) Art und Anzahl,

b) Name, Firma, oder eingetragenes Markenzeichen des Herstellers,

c) Kaliber,

d) CIP-Munitionsprüfzeichen, falls vorhanden,

e) Anschrift, an die die Waffen oder die Munition versandt oder transportiert werden.

Im Fall des Satzes 1 Nummer 4 ist der Anzeige eine Ablichtung der Erlaubnis oder Freistellung beizufügen.

(2) Die Anzeige gemäß § 30 Satz 3 des Waffengesetzes an das Bundesverwaltungsamt hat unter Verwendung des hierfür vorgesehenen amtlichen Vordrucks oder elektronisch zu erfolgen. Für die elektronische Anzeige kann das Bundesverwaltungsamt Abweichungen von der Form, nicht aber vom Inhalt des amtlichen Vordrucks, zulassen. Das Bundesverwaltungsamt kann verlangen, dass der Anzeigende seine Identität auf geeignete Weise nachweist.

(3) Im Fall der Verwendung des amtlichen Vordrucks bestätigt das Bundesverwaltungsamt den Eingang der vollständigen Anzeige auf dem Anzeigevordruck oder elektronisch. Im Fall der elektronischen Anzeige bestätigt das Bundesverwaltungsamt den Eingang der vollständigen Anzeige elektronisch.

(4) Eine Anzeige nach § 34 Abs. 4, erster Halbsatz des Waffengesetzes an das Bundesverwaltungsamt ist mit dem hierfür vorgesehenen amtlichen Vordruck zu erstatten und muss folgende Angaben enthalten:

1. über die Person des Überlassers:

Vor- und Familiennamen oder Firma, Wohnort oder Firmenanschrift, bei Firmen auch Telefon- oder Telefaxnummer, Datum der Überlassung;

2. über die Person des Erwerbers:

Vor- und Familiennamen, Geburtsdatum und -ort, Anschriften in Mitgliedstaaten sowie Nummer, Ausstellungsdatum und ausstellende Behörde des Passes oder des Personalausweises;

3. über die Waffen oder die Munition:

die Angaben nach § 29 Abs. 2 Satz 1 Nr. 2 und 3.

(5) Eine Anzeige nach § 34 Abs. 5 Satz 1 des Waffengesetzes an das Bundesverwaltungsamt ist mit dem hierfür vorgesehenen amtlichen Vordruck in zweifacher Ausfertigung zu erstatten und muss folgende Angaben enthalten:

1. über die Person des Erwerbers oder denjenigen, der eine Schusswaffe zum dortigen Verbleib in einen anderen Mitgliedstaat verbringt:

Vor- und Familiennamen, Geburtsdatum und -ort, Wohnort und Anschrift, Beruf sowie Nummer, Ausstellungsdatum und ausstellende Behörde des Passes oder des Personalausweises, ferner Nummer, Ausstellungsdatum und ausstellende Behörde der Waffenerwerbsberechtigung;

2. über die Schusswaffe:

Art der Waffe, Name, Firma oder eingetragene Marke des Herstellers, Modellbezeichnung, Kaliber und Herstellungsnummer;

3. über den Versender:

Name und Anschrift des auf dem Versandstück angegebenen Versenders.

Beim Erwerb durch gewerbliche Unternehmen sind die Angaben nach Satz 1 Nr. 1 über den Inhaber des Unternehmens, bei juristischen Personen über eine zur Vertretung des Unternehmens befugte Person mitzuteilen und deren Pass oder Personalausweis vorzulegen. Bei laufenden Geschäftsbeziehungen entfällt die wiederholte Vorlage des Passes oder des Personalausweises, es sei denn, dass der Inhaber des Unternehmens gewechselt hat oder bei juristischen Personen zur Vertretung des Unternehmens eine andere Person bestellt worden ist. Wird die Schusswaffe oder die Munition einer Person überlassen, die sie außerhalb des Geltungsbereichs des Waffengesetzes, insbesondere im Versandwege erwerben will, so ist die Angabe der Erwerbsberechtigung nach Satz 1 Nr. 1 nicht erforderlich, ferner genügt an Stelle des Passes oder des Personalausweises eine amtliche Beglaubigung dieser Urkunden. Das Bundesverwaltungsamt bestätigt dem Anzeigenden den Eingang auf dem Doppel der Anzeige.

## § 32 Mitteilungen der Behörden

(1) Die zuständige Behörde teilt dem Bundesverwaltungsamt alle ihr vorliegenden erteilten Erlaubnisse zum Verbringen von Waffen oder Munition aus einem anderen Mitgliedstaat in den Geltungsbereich des Waffengesetzes und aus dem Geltungsbereich des Waffengesetzes in einen anderen Mitgliedstaat nach § 29 des Waffengesetzes unter Angabe des Datums der Erlaubniserteilung und des Ablaufdatums der Erlaubnis elektronisch mit. Die Mitteilung muss unverzüglich, im Fall des Verbringens aus dem Geltungsbereich des Waffengesetzes in einen anderen Mitgliedstaat spätestens bis zum nach § 29 Absatz 2 Satz 1 Nummer 6 mitgeteilten Tag der Absendung, erfolgen. Die Mitteilung muss alle gemäß § 29 Absatz 2 erforderlichen Angaben enthalten. Eine Ablichtung des Erlaubnisscheins ist der Mitteilung beizufügen.

(2) Das Bundesverwaltungsamt

1. übermittelt dem anderen Mitgliedstaat die Angaben nach § 31 Absatz 1 und die nach Absatz 1 erhaltenen Angaben nach Maßgabe der Delegierten Verordnung (EU) 2019/686 der Kommission vom 16. Januar 2019 zur Festlegung detaillierter Vorkehrungen gemäß Richtlinie 91/477/EWG des Rates für den systematischen elektronischen Austausch von Informationen im Zusammenhang mit der Verbringung von Feuerwaffen innerhalb der Union (ABl. L 116 vom 3.5.2019, S. 1);

2. übermittelt dem anderen Mitgliedstaat die Angaben nach § 31 Absatz 4;

3. übermittelt an die zuständige Behörde

a) die von anderen Mitgliedstaaten in den Fällen des § 29 Absatz 1 und 2 des Waffengesetzes erhaltenen Angaben,

b) die von anderen Mitgliedstaaten erhaltenen Angaben über die Erteilung von Erlaubnissen zum Verbringen von Schusswaffen oder Munition in das Hoheitsgebiet des anderen Mitgliedstaates aus dem Geltungsbereich des Waffengesetzes, es sei denn, es besteht für diese Verbringung eine Erlaubnis nach § 30 des Waffengesetzes, und

c) die von anderen Mitgliedstaaten erhaltenen Angaben über das Überlassen von Waffen nach Anlage 1 Abschnitt 3 Nummer 1 bis 3 (Kategorien A 1.2 bis C) des Waffengesetzes oder von Munition an Personen und den Besitz von solchen Waffen oder Munition durch Personen, die jeweils ihren gewöhnlichen Aufenthalt im Geltungsbereich des Waffengesetzes haben;

4. übermittelt die von anderen Vertragsstaaten des Übereinkommens vom 28. Juni 1978 über die Kontrolle des Erwerbs und Besitzes von Schusswaffen durch Einzelpersonen (BGBl. 1980 II S. 953) erhaltenen Mitteilungen über das

Verbringen oder das Überlassen der in § 34 Absatz 5 Satz 1 des Waffengesetzes genannten Schusswaffen erhaltenen Angaben an die zuständige Behörde;

5. soll den Erwerb von Schusswaffen und Munition durch die in § 34 Absatz 5 Satz 1 des Waffengesetzes genannten Personen der zuständigen zentralen Behörde des Heimat- oder Herkunftsstaates des Erwerbers mitteilen, sofern Gegenseitigkeit gewährleistet ist; die Mitteilung soll die Angaben nach § 31 Absatz 5 Satz 1 Nummer 1 und 2 enthalten.

(3) Die nach § 33 Abs. 3 des Waffengesetzes zuständigen Überwachungsbehörden übermitteln den zuständigen Behörden die nach § 29 Absatz 2 Satz 3 und nach § 30 Abs. 3 Satz 2 mitgeteilten Angaben.

### § 33 Europäischer Feuerwaffenpass

(1) Die Geltungsdauer des Europäischen Feuerwaffenpasses nach § 32 Abs. 6 des Waffengesetzes beträgt fünf Jahre; soweit bei Jägern oder Sportschützen in ihm nur Einzellader-Langwaffen mit glattem Lauf oder mit glatten Läufen eingetragen sind, beträgt sie zehn Jahre. Die Geltungsdauer kann zweimal um jeweils fünf Jahre verlängert werden. § 9 Abs. 1 und 2 und § 37 Abs. 2 des Waffengesetzes gelten entsprechend.

(2) Der Antragsteller hat die Angaben nach § 30 Abs. 1 Satz 2 Nr. 1 bis 3 zu machen. Er hat ein Lichtbild aus neuerer Zeit in der Größe von mindestens 45 Millimeter x 35 Millimeter im Hochformat ohne Rand abzugeben. Das Lichtbild muss das Gesicht im Ausmaß von mindestens 20 Millimeter darstellen und den Antragsteller zweifelsfrei erkennen lassen. Der Hintergrund muss heller sein als die Gesichtspartie.

### § 34 Ordnungswidrigkeiten

Ordnungswidrig im Sinne des § 53 Abs. 1 Nr. 23 des Waffengesetzes handelt, wer vorsätzlich oder fahrlässig

1. entgegen § 7 Abs. 1 Satz 2 oder § 22 Abs. 1 Satz 3 eine Schießübung veranstaltet oder an ihr teilnimmt,

2. entgegen § 9 Abs. 1 Satz 1 auf einer Schießstätte schießt,

3. entgegen § 9 Abs. 1 Satz 3 die Einhaltung der dort genannten Voraussetzungen nicht überwacht,

4. entgegen § 10 Abs. 1 Satz 4 den Schießbetrieb aufnimmt oder fortsetzt,

5. entgegen § 10 Abs. 2 Satz 1 oder 3, § 22 Abs. 2 Satz 1 oder 3 oder Abs. 3 Satz 3 oder § 25a Absatz 1 Satz 2 eine Anzeige nicht, nicht richtig, nicht vollständig, nicht in der vorgeschriebenen Weise oder nicht rechtzeitig erstattet,

6. entgegen § 10 Abs. 3 Satz 4 oder § 25a Absatz 2 ein dort genanntes Dokument nicht mitführt oder nicht oder nicht rechtzeitig aushändigt,

7. entgegen § 10 Abs. 3 Satz 5 Einblick nicht oder nicht rechtzeitig gewährt,

8. entgegen § 11 Abs. 1 Satz 1 das Schießen nicht beaufsichtigt,

9. entgegen § 11 Abs. 1 Satz 2 das Schießen oder den Aufenthalt in der Schießstätte nicht untersagt,

10. entgegen § 11 Abs. 2 eine Anordnung nicht befolgt,

11. entgegen § 12 Abs. 2 Satz 2 eine Schießstätte betreibt oder benutzt,

12. entgegen § 13 Absatz 2 eine Waffe oder Munition nicht richtig aufbewahrt,

13. entgegen § 13 Absatz 4 Satz 1 oder 2 eine Waffe oder Munition aufbewahrt,

14. entgegen § 17a Absatz 1 oder § 24 Absatz 3 eine dort genannte Ersatzdokumentation oder ein dort genanntes Verzeichnis nicht oder nicht rechtzeitig vorlegt,

15 entgegen § 17a Absatz 2 Satz 1 eine dort genannte Ersatzdokumentation nicht oder nicht mindestens zehn Jahre aufbewahrt,

16. entgegen § 17a Absatz 2 Satz 2 eine dort genannte Ersatzdokumentation nicht oder nicht rechtzeitig übergibt,

17. entgegen § 17a Absatz 2 Satz 3 eine dort genannte Ersatzdokumentation nicht oder nicht rechtzeitig übergibt und nicht oder nicht rechtzeitig aushändigt,

18. entgegen § 22 Abs. 2 Satz 2 den Lehrgangsplan oder das Übungsprogramm nicht oder nicht rechtzeitig vorlegt,

19. entgegen § 22 Abs. 2 Satz 4 die Durchführung einer Veranstaltung zulässt,

20. entgegen § 23 Abs. 1 Satz 2 sich vom Vorliegen der dort genannten Erfordernisse nicht oder nicht rechtzeitig überzeugt,

21. entgegen § 24 Abs. 1 ein Verzeichnis nicht, nicht richtig, nicht vollständig oder nicht in der vorgeschriebenen Weise führt,

22. entgegen § 24 Abs. 4 Satz 1 das Verzeichnis nicht oder nicht mindestens fünf Jahre aufbewahrt,

23. entgegen § 25 Abs. 2 Satz 1 die Durchführung eines Lehrgangs oder einer Schießübung nicht oder nicht rechtzeitig einstellt,

24. entgegen § 25a Absatz 3 eine unbrauchbar gemachte Schusswaffe dauerhaft überlässt, verbringt oder mitnimmt oder

25. entgegen § 25b ein dort genanntes Dokument nicht oder nicht rechtzeitig abgibt.

**§ 35 (weggefallen)**

**§ 36 Inkrafttreten, Außerkrafttreten**

Diese Verordnung tritt am 1. Dezember 2003 in Kraft. Gleichzeitig treten die Erste Verordnung zum Waffengesetz in der Fassung der Bekanntmachung vom 10. März 1987 (BGBl. I S. 777), zuletzt geändert durch Artikel 10 des Gesetzes vom 11. Oktober 2002 (BGBl. I S. 3970) sowie die Zweite Verordnung zum Waffengesetz vom 13. Dezember 1976 (BGBl.I S. 3387) außer Kraft.

**Anlage (zu § 15 Abs. 2 Nr. 2) Waffen- und Munitionsarten**

1. Schusswaffen und ihnen gleichstehende Geräte

1.1 Büchsen und Flinten einschließlich Flobertwaffen und Zimmerstutzen

1.2 Pistolen und Revolver zum Verschießen von Patronenmunition; Schalldämpfer

1.3 Schreckschuss-, Reizstoff- und Signalwaffen gemäß Anlage 1 Abschnitt 1 Unterabschnitt 1 Nr. 2.7 bis 2.9 des Waffengesetzes

1.4 Signalwaffen mit einem Patronen- oder Kartuschenlager von mehr als 12,5 mm Durchmesser

1.5 Druckluft-, Federdruck- und Druckgaswaffen

1.6 Schusswaffen, die vor dem 1. Januar 1871 hergestellt worden sind

1.7 Schusswaffen und ihnen gleichstehende Geräte, die nicht unter 1.1 bis 1.5 fallen.

2. Munition

2.1 Munition zum Verschießen aus Büchsen und Flinten (1.1)

2.2 Munition zum Verschießen aus Pistolen und Revolvern (1.2)

2.3 Munition zum Verschießen aus Schreckschuss-, Reizstoff- und Signalwaffen (1.3)

2.4 Munition zum Verschießen aus Signalwaffen mit einem Kartuschenlager von mehr als 12,5 mm Durchmesser (1.4)

2.5 Munition zum Verschießen aus Schusswaffen, die vor dem 1. Januar 1871 hergestellt worden sind, und aus sonstigen ihnen gleichstehenden Geräten (1.6 und 1.7).

## 16.3. Bundesjagdgesetz (BJagdG) – Auszug

### § 19 Sachliche Verbote

(1) **Verboten** ist

1. mit Schrot, Posten, gehacktem Blei, Bolzen oder Pfeilen, auch als Fangschuss, auf Schalenwild und Seehunde zu schießen;

2.

a) auf Rehwild und Seehunde mit Büchsenpatronen zu schießen, deren Auftreffenergie auf 100 m (E 100) weniger als 1.000 Joule beträgt;

b) auf alles übrige Schalenwild mit Büchsenpatronen unter einem Kaliber von 6,5 mm zu schießen; im Kaliber 6,5 mm und darüber müssen die Büchsenpatronen eine Auftreffenergie auf 100 m (E 100) von mindestens 2.000 Joule haben;

c) mit **halbautomatischen Langwaffen**, die mit insgesamt **mehr als drei Patronen geladen** sind, sowie mit automatischen Waffen auf Wild zu schießen;

d) auf **Wild mit Pistolen oder Revolvern** zu schießen, ausgenommen im Falle der Bau- und Fallenjagd sowie zur Abgabe von **Fangschüssen**, wenn die **Mündungsenergie** der Geschosse **mindestens 200 Joule** beträgt;

...

5.

a) künstliche Lichtquellen, Spiegel, Vorrichtungen zum Anstrahlen oder Beleuchten des Zieles, Nachtzielgeräte, die einen Bildwandler oder eine elektronische Verstärkung besitzen und für Schusswaffen bestimmt sind, Tonbandgeräte oder elektrische Schläge erteilende Geräte beim Fang oder Erlegen von Wild aller Art zu verwenden oder zu nutzen sowie zur Nachtzeit an Leuchttürmen oder Leuchtfeuern Federwild zu fangen;

## 16.4. BewachV - Auszug

### § 17 Dienstanweisung

(1) Der Gewerbetreibende hat den Wachdienst durch eine Dienstanweisung nach Maßgabe der Sätze 2 und 3 zu regeln. Die Dienstanweisung muss den Hinweis enthalten, dass die Wachperson nicht die Eigenschaft und die Befugnisse eines Polizeivollzugsbeamten, oder eines sonstigen Bediensteten einer Behörde besitzt. Die Dienstanweisung muss ferner bestimmen, dass die Wachperson während des Dienstes nur mit Zustimmung des Gewerbetreibenden

eine Schusswaffe, Hieb- und Stoßwaffen sowie Reizstoffsprühgeräte führen darf und jeden Gebrauch dieser Waffen unverzüglich der zuständigen Polizeidienststelle und dem Gewerbetreibenden anzuzeigen hat.

**§ 20 Behandlung der Waffen und Anzeigepflicht nach Waffengebrauch**

(1) Der Gewerbetreibende ist für die sichere Aufbewahrung der Waffen und der Munition verantwortlich. Er hat die ordnungsgemäße Rückgabe der Waffen und der Munition nach Beendigung des Wachdienstes sicherzustellen.

(2) Hat der Gewerbetreibende oder eine Wachperson im Wachdienst von Waffen Gebrauch gemacht, so hat der Gewerbetreibende dies unverzüglich der für den Vollzug des § 34a der Gewerbeordnung zuständigen Behörde und, soweit noch keine Anzeige nach § 17 Absatz 1 Satz 3 erfolgt ist, der zuständigen Polizeidienststelle anzuzeigen.

## 16.5. DGUV Vorschrift 23 - Auszug

**§ 18 Ausrüstung mit Schusswaffen**

(1) Der Unternehmer hat unter Beachtung der waffenrechtlichen Bestimmungen sicherzustellen, dass eine Ausrüstung des Wach- und Sicherungspersonals mit Schusswaffen nur dann erfolgt, wenn er dies ausdrücklich anordnet. Es dürfen nur Versicherte mit Schusswaffen ausgerüstet werden, die nach dem Waffenrecht zuverlässig, geeignet und sachkundig sowie an den Waffen ausgebildet sind.

(2) Der Unternehmer hat sicherzustellen, dass Versicherte, die Träger von Schusswaffen nach Absatz 1 sind, regelmäßig an Schießübungen teilnehmen und ihre Schießfertigkeit sowie Sachkunde nach dem Waffenrecht ihm oder einem Sachkundigen nachweisen.

(3) Schießübungen nach Absatz 2 müssen unter der Aufsicht eines nach Waffenrecht Verantwortlichen auf Schießstandanlagen durchgeführt werden, die den behördlich festgelegten sicherheitstechnischen Anforderungen entsprechen.

(4) Der Unternehmer hat sicherzustellen, dass über die Schießübungen, die Schießfertigkeit und den Sachkundestand Aufzeichnungen geführt werden.

(5) Der Unternehmer hat sicherzustellen, dass der Entzug von Schusswaffen nach Absatz 1 unverzüglich erfolgt, wenn die Voraussetzungen der Absätze 1 und 2 bei den Versicherten nicht mehr gegeben sind.

**§ 19 Schusswaffen**

(1) Es dürfen nur Schusswaffen bereitgehalten und geführt werden, die amtlich geprüft sind und ein in der Bundesrepublik Deutschland anerkanntes Beschusszeichen tragen.

(2) Der Unternehmer hat dafür zu sorgen, dass Schusswaffen bei Verdacht auf Mängel, mindestens jedoch einmal jährlich durch Sachkundige hinsichtlich ihrer Handhabungssicherheit geprüft werden.

(3) Der Unternehmer hat dafür zu sorgen, dass die Instandsetzung von Schusswaffen nur durch Inhaber einer Erlaubnis nach § 7 oder § 41 Waffengesetz (WaffG) erfolgt.[394]

(4) Das Bereithalten und Führen von Schreck- oder Gas-Schusswaffen ist bei der Durchführung von Wach- und Sicherungsaufgaben unzulässig.

**§ 20 Führen von Schusswaffen und Mitführen von Munition**

(1) Schusswaffen müssen in geeigneten Trageeinrichtungen geführt werden. Das Abgleiten oder Herausfallen der Waffe muss durch eine Sicherung verhindert sein.

(2) Munition darf nicht lose mitgeführt werden.

(3) Außer bei drohender Gefahr darf sich keine Patrone vor dem Lauf befinden. Dies gilt nicht, wenn durch konstruktive Maßnahmen sichergestellt ist, dass sich bei entspanntem Hahn kein Schuss lösen kann.

(4) Geführte Schusswaffen mit einer äußeren Sicherungseinrichtung sind, ausgenommen bei ihrem Einsatz, zu sichern.

(5) Von den Bestimmungen der Absätze 3 und 4 darf für Bereiche abgewichen werden, in denen entsprechende behördliche oder militärische Sonderregelungen bestehen.

**§ 21 Übergabe von Schusswaffen, Kugelfangeinrichtungen**

(1) Schusswaffen dürfen nur in entladenem Zustand übergeben werden.

(2) Der Übernehmende hat sich sofort vom Ladezustand der Waffe zu überzeugen und diese auf augenfällige Mängel zu kontrollieren.

(3) Bei Feststellung von Mängeln darf die Waffe nicht geführt werden. Vor einer Wiederverwendung ist sie einer sachkundigen Instandsetzung zuzuleiten.

(4) Beim Laden und Entladen von Schusswaffen müssen diese an sicherem Ort auf eine geeignete Kugelfangeinrichtung gerichtet sein. Jegliches Hantieren mit der Waffe hat hierbei so zu erfolgen, dass keine Versicherten durch einen sich lösenden Schuss verletzt werden können.

**§ 22 Aufbewahrung von Schusswaffen und Munition**

(1) Der Unternehmer hat dafür zu sorgen, dass für die Aufbewahrung von Schusswaffen und Munition zumindest Stahlblechschränke mit Sicherheitsschloss oder entsprechend sichere Einrichtungen vorhanden sind, die eine getrennte Unterbringung von Waffen und Munition ermöglichen und Schutz gegen Abhandenkommen oder unbefugten Zugriff gewährleisten.

(2) Die Aufbewahrung von Schusswaffen und Munition muss in verschlossenen Einrichtungen nach Absatz 1 erfolgen. Schusswaffen dürfen nur im entladenen Zustand aufbewahrt werden.

## 16.6. Das Strafgesetzbuch (StGB) - Auszug

### § 32 Notwehr

(1) Wer eine Tat begeht, die durch Notwehr geboten ist, handelt nicht rechtswidrig.

(2) Notwehr ist die Verteidigung, die erforderlich ist, um einen gegenwärtigen rechtswidrigen Angriff von sich oder einem anderen abzuwenden.

### § 33 Überschreitung der Notwehr

Überschreitet der Täter die Grenzen der Notwehr aus Verwirrung, Furcht oder Schrecken, so wird er nicht bestraft.

### § 34 Rechtfertigender Notstand

Wer in einer gegenwärtigen, nicht anders abwendbaren Gefahr für Leben, Leib, Freiheit, Ehre, Eigentum oder ein anderes Rechtsgut eine Tat begeht, um die Gefahr von sich oder einem anderen abzuwenden, handelt nicht rechtswidrig, wenn bei Abwägung der widerstreitenden Interessen, namentlich der betroffenen Rechtsgüter und des Grades der ihnen drohenden Gefahren, das geschützte Interesse das beeinträchtigte wesentlich überwiegt. Dies gilt jedoch nur, soweit die Tat ein angemessenes Mittel ist, die Gefahr abzuwenden.

### § 35 Entschuldigender Notstand

(1) Wer in einer gegenwärtigen, nicht anders abwendbaren Gefahr für Leben, Leib oder Freiheit eine rechtswidrige Tat begeht, um die Gefahr von sich, einem Angehörigen oder einer anderen ihm nahestehenden Person abzuwenden, handelt ohne Schuld. Dies gilt nicht, soweit dem Täter nach den Umständen, namentlich weil er die Gefahr selbst verursacht hat oder weil er in einem besonderen Rechtsverhältnis stand, zugemutet werden konnte, die Gefahr hinzunehmen; jedoch kann die Strafe nach § 49 Abs. 1 gemildert werden, wenn

der Täter nicht mit Rücksicht auf ein besonderes Rechtsverhältnis die Gefahr hinzunehmen hatte.

## 16.7. Die Strafprozessordnung (StPO) - Auszug

### § 127 Vorläufige Festnahme

(1) Wird jemand auf frischer Tat betroffen oder verfolgt, so ist, wenn er der Flucht verdächtig ist oder seine Identität nicht sofort festgestellt werden kann, jedermann befugt, ihn auch ohne richterliche Anordnung vorläufig festzunehmen. (...)

## 16.8. Das Bürgerliche Gesetzbuch (BGB) – Auszug

### § 227 Notwehr

(1) Eine durch Notwehr gebotene Handlung ist nicht widerrechtlich.

(2) Notwehr ist diejenige Verteidigung, welche erforderlich ist, um einen gegenwärtigen rechtswidrigen Angriff von sich oder einem anderen abzuwenden.

### § 228 Notstand

Wer eine fremde Sache beschädigt oder zerstört, um eine durch sie drohende Gefahr von sich oder einem anderen abzuwenden, handelt nicht widerrechtlich, wenn die Beschädigung oder die Zerstörung zur Abwendung der Gefahr erforderlich ist und der Schaden nicht außer Verhältnis zu der Gefahr steht. Hat der Handelnde die Gefahr verschuldet, so ist er zum Schadensersatz verpflichtet.

### § 229 Selbsthilfe

Wer zum Zwecke der Selbsthilfe eine Sache wegnimmt, zerstört oder beschädigt oder wer zum Zwecke der Selbsthilfe einen Verpflichteten, welcher der Flucht verdächtig ist, festnimmt oder den Widerstand des Verpflichteten gegen eine Handlung, die dieser zu dulden verpflichtet ist, beseitigt, handelt nicht widerrechtlich, wenn obrigkeitliche Hilfe nicht rechtzeitig zu erlangen ist und ohne sofortiges Eingreifen die Gefahr besteht, dass die Verwirklichung des Anspruchs vereitelt oder wesentlich erschwert werde.

## § 230 Grenzen der Selbsthilfe

(1) Die Selbsthilfe darf nicht weiter gehen, als zur Abwendung der Gefahr erforderlich ist.

(2) Im Falle der Wegnahme von Sachen ist, sofern nicht Zwangsvollstreckung erwirkt wird, der dingliche Arrest zu beantragen.

(3) Im Falle der Festnahme des Verpflichteten ist, sofern er nicht wieder in Freiheit gesetzt wird, der persönliche Sicherheitsarrest bei dem Amtsgericht zu beantragen, in dessen Bezirk die Festnahme erfolgt ist; der Verpflichtete ist unverzüglich dem Gericht vorzuführen.

(4) Wird der Arrestantrag verzögert oder abgelehnt, so hat die Rückgabe der weggenommenen Sachen und die Freilassung des Festgenommenen unverzüglich zu erfolgen.

## § 231 Irrtümliche Selbsthilfe

Wer eine der im § 229 bezeichneten Handlungen in der irrigen Annahme vornimmt, dass die für den Ausschluss der Widerrechtlichkeit erforderlichen Voraussetzungen vorhanden seien, ist dem anderen Teil zum Schadensersatz verpflichtet, auch wenn der Irrtum nicht auf Fahrlässigkeit beruht.

## § 904 Notstand

Der Eigentümer einer Sache ist nicht berechtigt, die Einwirkung eines anderen auf die Sache zu verbieten, wenn die Einwirkung zur Abwendung einer gegenwärtigen Gefahr notwendig und der drohende Schaden gegenüber dem aus der Einwirkung dem Eigentümer entstehenden Schaden unverhältnismäßig groß ist. Der Eigentümer kann Ersatz des ihm entstehenden Schadens verlangen.

# Sach- und Stichwortverzeichnis

Die Abbildungen in diesem Buch erfolgen mit freundlicher Genehmigung der Unternehmen Brenneke GmbH, Langenhagen, BRÜGGER + THOMET, Thun, C. G. HAENEL GmbH, Suhl, C. J. Herbertz GmbH, Solingen, CARL WALTHER, Arnsberg, Carl Zeiss Sports Optics GmbH, Wetzlar, Chemring Defence Germ., Bremerhaven, HECKLER & KOCH, Oberndorf, IGB Austria, Ebenthal, RUAG AMMOTEC, Fürth, SIG SAUER, Eckernförde und Technisches Büro Conrad, Jellenbek, sowie dem bei der jeweiligen Abbildung genannten Unternehmen.

Dank gilt der Bundesdruckerei und dem Bundesministerium des Innern für die erteilte Abdruckgenehmigung sowie der id pool GmbH, Stuttgart.

*Eine praktische Übersicht zu den Aufbewahrungsvorschriften finden Sie auf der Internetseite des Autors zur persönlichen Verwendung.*

***Download** unter **https://www.sv-busche.de**, **Suchbegriff: „Aufbewahrung“***

**Aufbewahrung von Waffen[6] und Munition[6] nach § 36 WaffG vor und ab dem 6.7.2017 für Alt- und Neubesitzer**

| **Sicherheitsstufe**[4] VDMA 24992 Stufe A / B DIN EN 1143-1 WG 0 / I | Beschreibung der Eigenschaften dieser Behälterklasse/Sicherheitsstufe[4] mit Angaben typischer Materialien und Maße | **Langwaffen**, wesentliche Teile[3] von Langwaffen und Schalldämpfer[3] | **Kurzwaffen**, ihre wesentlichen Teile[3], Schalldämpfer[3] und verbotene Waffen | **Munition** für mit aufbewahrte Waffen: Lagerungsart |
|---|---|---|---|---|
| **Stahlblechbehälter** | Behälter mit Schwenkriegelschloss | | | **ohne weitere Einschränkung** |
| **A ohne Innenfach** | Einwandiger Behälter, Stahlblech, mind. 3 mm, kein verschließbares Innenfach | 10 | | |
| **A mit Innenfach** | Einwandiger Behälter, Stahlblech, mind. 3 mm, mit verschließbarem Innenfach, ca.1,5 mm Stahlblech | 10 | | F[1] |
| **A/B Jägerschrank** | Einwand. Behälter, Stahl., mind. 3 mm, mit doppelw, Innenschrank, mind. 30 mm, Doppelbartschlüssel für Innenschrank | 10 | 5 im Innenschrank | J/F[1] |
| **B ohne Innenfach** | Mehrwandiger Behälter, Stahlblech, mind. 60 mm (Möbeltresor[5] mind. 30 mm), kein separat verschließbares Innenfach | ohne Begrenzung | 10/5[2] | |
| **B mit Innenfach** | Einwandiger Behälter, Stahlblech, mind. 60 mm (Möbeltresor[5] mind. 30 mm), mit verschließbarem Innenfach, ca.1,5 mm Stahlbl. | ohne Begrenzung | 10/5[2] | F[1] |
| **0** – **Vorgeschrieben bei erstmaligem Erwerb erlaubnispflichtiger Schusswaffen oder Neukauf von Behältern ab 6. Juli 2017!** | Mehrwandiger Behälter, in der Regel Stahlblech, aber auch andere Materialen (Holz, Glas) sind zulässig | ohne Begrenzung | 10/5[2] | G[1] |
| **I** | Mehrwandiger Behälter, in der Regel Stahlblech, aber auch andere Materialen (Holz, Glas) sind zulässig | ohne Begrenzung | ohne Begrenzung | G[1] |

**Nur bei Nutzung vor dem 6.7.2017 weiterhin zulässig!** (A ohne Innenfach bis B mit Innenfach)

Merkblatt © 2017 IHK-Sachverständiger Busche Kiel Tel. 0431 5301000 ab@sv-busche.de

[1] F: **Munition** muss im Innenfach gelagert werden; J: **Munition** darf mit Waffen im Innenschrank gelagert werden; G: **Gemeinsame Lagerung mit Waffen** zulässig; Munition, die nicht aus den aufbewahrten Waffen verschossen werden kann, darf in A- oder B-Schrank mit diesen Waffen in demselben Behältnis gelagert werden.
[2] Behälter unter 200 kg **Gewicht**: bis zu 5 Kurzwaffen, ab 200 kg bis zu 10 Kurzwaffen; bei Altbesitz kann das geforderte Eigengewicht durch **Abrisslast** (Anker) ersetzt werden.
[3] **Wesentliche Teile und Schalldämpfer** werden nicht auf die Zahl der gelagerten Waffen angerechnet; sie sind in der für die Waffe vorgeschriebenen Behälterart zu lagern.
[4] Sicherheitsstufe oder Widerstandsgrad müssen durch ein **Typenschild** im Behälter nachgewiesen sein oder durch **Gutachten** eines Sachverständigen.
[5] **Möbeltresore** müssen in einem Möbelstück befestigt werden; eine zusätzliche Verankerung in einer massiven Wand ist zum Schutz vor Wegnahme dringend angeraten.
[6] Von der **Erlaubnispflicht freigestellte Waffen u. Munition**, zB Schreckschusswaffe, Salutwaffe o. Armbrust, sind in einem verschlossenen Behälter aufzubewahren. Andere Waffen, die nicht der Erlaubnispflicht unterliegen, zB Elektroimpulsgerät, CS-Gas o. Schlagstock, müssen lediglich vor unbefugter Wegnahme gesichert sein.

# Hinweise zu weiteren Lehrmaterialien

Neben der bewährten Literatur zur Vorbereitung auf die Waffensachkundeprüfung bietet der Verlag Lehrgangsträgern und Dozenten verschiedene Lehrmaterialien, mit denen Sie Ihren Teilnehmern auch hinsichtlich des Präsentationsmaterials eine optimale Ausbildung bieten können.

So können Sie, auch im Zuge der Beantragung der staatlichen Zulassung als Lehrgangsträger, ein zeitlich begrenztes Nutzungsrecht für umfangreiche Foliensätze zu rechtlichen und technischen Themen der Waffensachkunde in einem Lizenzmodell erwerben. Diese Foliensätze enthalten die Abbildungen, die Ihren Auszubildenden bereits aus den Lehrbüchern bekannt sind, so dass Eigenstudium des Lehrbuchs und Präsenz- oder Online-Unterricht als eine Einheit erlebt werden. Ein durchdachtes System für die effektive Durchführung der schriftlichen Abschlussprüfung, das ebenfalls über den Autor bezogen werden kann, rundet das Materialangebot ab.

Besuchen Sie die Website **www.busche-lernsystem.de** – dort erhalten Sie neben weiteren Informationen zu den verfügbaren Lehrmaterialien auch Zugriff auf Lernvideos, die Ihren Auszubildenden zur Verfügung stehen. Diese Lernvideos dienen der frühzeitigen Vorbereitung auf den praktischen Teil der Ausbildung und erleichtern Teilnehmern das Verständnis der sicheren Handhabung der unterschiedlichen Waffenarten.

Wählen Sie selbst aus dem umfangreichen Angebot:

- ☐ Foliensatz Waffensachkunde (mehr als 200 Beamerfolien)
- ☐ Prüfungssystem mit Fragebögen und Auswertungshilfen
- ☐ Lehrbücher in verschiedenen Ausstattungen
- ☐ Übungshefte mit Lernhilfen und Textmaterial
- ☐ Arbeitsbuch zur effektiven Überprüfung des Lernerfolgs

Sie haben Fragen? Dann zögern Sie nicht und setzen Sie sich mit uns in Verbindung – die Kontaktdaten können Sie der Website entnehmen.

# Endnoten

[1] *so in BVerwG 1 C 5/99, Urteil vom 13. Juli 1999*

[2] *„tragbar" im Sinne von: Von einer Person aus der Hand bedienbar*

[3] *Anlage 1 A1 UA1 Nr. 2.1 WaffG*

[4] *§ 2 Abs. 1 BeschG*

[5] *somit keine Schusswaffe, nur Waffe; Anlage 1 A1 UA1 Nr. 1.2.1 WaffG*

[6] *§ 12 Abs. 4 Nr. 1 Buchstabe a WaffG*

[7] *BayVGH München 21 B 98.2184, Urteil vom 27. Juni 2000*

[8] *OVG Lüneburg 1 LC 244/07, Urteil vom 18.02.2010 (entgegen BayVGH München 21 B 98.2184)*

[9] *Rechtsprechung zum Begriff des „gewerblichen Händlers" auf Internet-Auktionsplattform in: BGH I ZR 3/06, Urteil vom 04. Dezember 2008*

[10] *Anlage 1 A1 UA1 Nr. 1.2.3 WaffG; keine Schusswaffe, lediglich Waffe.*

[11] *BVerwG 6 C 30.08, Urteil vom 01. September 2009*

[12] *§ 5 Abs. 1 Nr. 2 Buchstabe b WaffG*

[13] *OVG Lüneburg 11 LA 389/09, Beschluss vom 19. April 2010*

[14] *BayVGH Mün. 21 CS 10.164, 21 C 10.731, Urteil vom 24. März 2010*

[15] *OVG Rh.-Pfalz 7 A 10410/10.OVG, Beschluss vom 29. April 2010*

[16] *BayVGH München 21 CS 10.392, Urteil vom 30. März 2010*

[17] *VG Oldenburg 11 B 4175/06, Beschluss vom 26. Sept. 2006*

[18] *Zu beachten ist, dass im Falle einer Erbschaft zugunsten der Person, die bislang mit dem Erblasser Waffen gemeinschaftlich aufbewahrt hat, das Behältnis durch diesen Erben weiterhin verwendet werden darf, im Falle des Ablebens der Erben eine erneute Berufung auf die Besitzstandsregelung mit einer weiteren Vererbung aber nicht mehr möglich ist.*

[19] *§ 34 Abs. 1 WaffG sowie Anlage 2 A2 UA1 WaffG*

[20] *§ 38 Abs. 1 Buchstabe g WaffG*

[21] *siehe Fischer „Strafgesetzbuch und Nebengesetze", 63. Auflage 2016, Rn. 6 zu § 123 StGB, Rn. 14 zu § 243 StGB*

[22] *AG Kiel 597 Js-OWi 27781/09, Urteil vom 07. August 2009*

*[23] Der Begriff „geschlossen" wurde durch „verschlossen" ersetzt.*

*[24] OVG Berlin-Brandenburg 11 N 1.06, Beschluss vom 27. April 2006*

*[25] VG Darmstadt 5 E 1211/06, Urteil vom 1. Oktober 2007*

*[26] § 38 WaffG; zu beachten ist Nr. 1 Buchstabe g, der die Fälle der Leihe, der Verwahrung und des Führens durch Bewachungskräfte regelt*

*[27] § 12 Abs. 3 Nr. 2 WaffG (Empfehlung: Koffer mit Zahlenschloss)*

*[28] § 12 Abs. 4 WaffG, weiterführende Informationen auf Seite 57*

*[29] Anlage 1 A2 WaffG*

*[30] § 6 AWaffV*

*[31] § 9 AWaffV*

*[32] Kriegswaffen unterliegen ausschließlich dem Kriegswaffenkontrollgesetz; nur durch Streichung der Waffengattung aus der Kriegswaffenliste verlieren sie die Kriegswaffeneigenschaft im Sinne der Anlage 2; der Verlust der Kriegswaffeneigenschaft durch Unbrauchbarmachung der Kriegswaffe ist nicht gemeint, auch wenn der Text der Anlage 2 dies nahelegt.*

*[33] Ausgenommen von dem Verbot für Nachtsichtvorsatz- und -aufsatzgeräte sind Jäger und Inhaber einer Handels- oder Herstellungserlaubnis.*

*[34] Bei Federdefekt liegt die verbotsbegründende Eigenschaft nicht vor, somit in diesem konkreten Fall keine verbotene Waffe (BGH 1 StR 35/17)*

*[35] Berechtigte Altbesitzer und Inhaber von Ausnahmegenehmigungen dürfen diese Magazine verwenden, das Verbot wird gegen sie nicht wirksam.*

*[36] Abschließende Liste in Anlage 1 A1 UA2 Nr. 2 WaffG mit Definitionen*

*[37] nach Definition in Anlage 1 A1 UA2 Nr. 1.1 WaffG*

*[38] HINWEIS: Vor Änderung der AWaffV 2020 Mindestlauflänge 42 cm.*

*[39] HINWEIS: Vor Änderung des WaffG 2020 waren nur Griffstücke von Kurzwaffen wesentliche Teile und damit der Schusswaffe gleichgestellt, für die sie bestimmt waren.*

*[40] HINWEIS: Vor Änderung des WaffG 2020 war nur das Bauelement, das unmittelbar das Patronenlager abschloss, wesentliches Teil, bei teilbaren Verschlüssen also nur der Verschlusskopf, nicht aber der Verschlussträger.*

*[41] Zur Definition siehe Anlage 1 A1 UA1 Nr. 1.3.1 WaffG*

*[42] BVerwG 6 C 21/08, Urteil vom 24. Juni 2013*

[43] *BKA-Feststellungsbescheid SO11 – 5164.01-Z-382*

[44] *Die abweichenden Definitionen von „Feuerwaffe" in Anl. 1 WaffG und § 2 BeschG nebst den unterschiedlichen Bestimmungen für den Begriff „Munition" in diesen Gesetzen sind zu beachten; Bolzensetzgeräte sind zwar als Feuerwaffen nach BeschG der Bauartprüfung unterworfen, aber keine Schusswaffen nach WaffG. So unterfallen Bolzensetzgeräte dem Begriff des Schussapparates nach Anlage 2 A2 UA2 Nr. 1.11 WaffG, der auf § 7 BeschG Bezug nimmt; eine Erweiterung des Munitionsbegriffs nach WaffG, der eine Erlaubnispflicht gemäß § 21 WaffG begründen würde, ist dadurch aber nicht abzuleiten.*

[45] *§ 10 Abs. 3 Satz 1 WaffG*

[46] *Ausnahme: Beantragung von cal. .22 lfB bzw. cal. 12 oder kleiner*

[47] *Bis Ende 2025 darf die Bescheinigung für das Bedürfnis zum Besitz auch durch den Verein ausgestellt werden, dem der Erlaubnisinhaber angehört.*

[48] *Zum Begriff siehe Abschnitt 5.10*

[49] *§ 13 Abs. 2 S. 2 WaffG*

[50] *§ 13 Abs. 3 WaffG*

[51] *§ 13 Abs. 4 WaffG*

[52] *Die vor Änderung des Bundesjagdgesetzes am 10. November 2016 intensive Diskussion zur Auslegung der Verbotsnorm in § 19 BJagdG fand ihren Höhepunkt in dem Urteil 6 C 59.14 des BVerwG vom März 2016, das nicht nur das Einführen eines Magazins mit mehr als zwei Schuss Kapazität in eine halbautomatische Langwaffe als Verstoß gegen das WaffG ansah (was ebenfalls nicht unumstritten war), sondern schon die bloße Möglichkeit dazu bei Waffen mit Wechselmagazin als Verbotsmerkmal auslegte, wodurch über Monate Jägern das Führen von solchen Waffen in ihrem Bestand zur Jagd unmöglich war, ebenso der Erwerb dieser Waffen.*

[53] *Zu beachten ist, dass im Falle einer Kontrolle des Waidmanns im Revier eine Waffe, die mit mehr als drei Patronen geladen ist, leicht zu einem Ermittlungsverfahren führen kann, wenn unterstellt wird, dass aus <u>dieser</u> Waffe in <u>diesem</u> Ladezustand ein Schuss auf Wild abgegeben worden ist.*

[54] *OVG Lüneburg 13 L 1856/95, Urteil vom 19. Februar 1997*

[55] *VG Darmstadt 5 E 1211/06, Urteil vom 1. Oktober 2007*

[56] *§ 17 Abs. 3 WaffG*

[57] *§ 20 Abs. 2 WaffG*

[58] *Die gesetzliche Regelung, die ab 01. September 2020 gilt, spricht zwar von Erwerb, es geht aber in der Praxis um den Besitz. Besitzt der Inhaber der „WBK für Sportschützen" zehn oder mehr Waffen aufgrund der zugrundeliegenden Erlaubnis, sind vor einem weiteren Erwerb zunächst so viele Waffen auszutragen (oder auch umzutragen auf eine andere Erlaubnisart, etwa eine Standard-WBK „grün"), damit in der „WBK für Sportschützen" zum Zeitpunkt des Erwerbs nicht mehr als neun Waffen eingetragen sind; nicht die Zahl der Erwerbsvorgänge soll eingeschränkt werden, sondern die Zahl der Waffen, die ein Sportschütze im Rahmen der erleichterten Voraussetzungen, insbesondere ohne Nachweis des Bedürfnisses für eine Disziplin in seinem eigenen Verband, besitzen darf.*

[59] *BVerwG 6 C 9.02, Urteil vom 10. Oktober 2002*

[60] *BVerwG 6 C 9.02, Urteil vom 10. Oktober 2002*

[61] *OLG Koblenz 2 Ss 190/00, Beschluss vom 25. August 2000*

[62] *BVerwG 6 C 9.02, Urteil vom 10. Oktober 2002*

[63] *§ 10 Abs. 4 WaffG*

[64] *Anlage 1 A2 Nr. 4 WaffG*

[65] *nach § 12 Abs. 3 WaffG*

[66] *§ 28 Abs. 1 WaffG*

[67] *VG Arnsberg 14 K 50/06, Urteil vom 5. November 2007*

[68] *VG Darmstadt 5 K 147/08.DA, Urteil vom 30. April 2009*

[69] *Potrykus/Steindorf, Waffenrecht[5]: § 32 WaffG aF, zu Nr. 3, Nr. 6*

[70] *Potrykus/Steindorf, Waffenrecht[5]: § 32 WaffG aF, zu Nr. 3, Nr. 6*

[71] *VG Oldenburg 11 A 3043/09, Urteil vom 08. Dezember 2010*

[72] *§ 4 Abs. 1 Nr. 5 WaffG*

[73] *§ 13 Abs. 1 Satz 1 WaffG*

[74] *Zu beachten ist die nach § 12 Abs. 1 Nr. 1 WaffG zusätzliche Möglichkeit der Leihe (und Verwahrung) durch den Inhaber einer WBK, die neben Leihe und Verwahrung von Langwaffen auch Leihe und Verwahrung von Kurzwaffen umfasst.*

[75] *§ 4 Abs. 2 BeschG*

[76] *§ 6 Abs. 2 in Verbindung mit § 4 Abs. 1 Nr. 3 Buchst. d BeschG*

[77] *zu CIP siehe Abschnitt 6.8*

[78] *§ 2 Abs. 5 BeschG*

[79] *§ 3 BeschussV*

[80] *§ 7 Abs. 1 BeschG*

[81] *Gasböller sind Geräte zur Erzeugung des Schussknalls, bei denen der Schussknall durch die Explosion bestimmter Gase erzeugt wird. Das Dosiergerät, das die Zuführung und Dosierung der Gase regelt, bedarf der Zulassung durch die PTB. Nach Anlage I Nr. 2.3 BeschussV muss der Gasböller bei einem Beschussamt zur Prüfung vorgestellt werden. Es wird dort die Übereinstimmung des Gerätes mit der Zulassung überprüft und eine Funktionsprüfung durchgeführt. Nach Ablauf von 5 Jahren ist der Gasböller zur Wiederholungsprüfung vorzustellen.*

[82] *§ 4 Abs. 1 Nr. 3 b BeschG*

[83] *§ 4 Abs. 1 Nr. 2 BeschG*

[84] *§ 1 Abs. 2 BeschG*

[85] *§ 11 Abs. 6 BeschussV*

[86] *Gilt ab 09/2020 nach Änderung von WaffG und § 21 AWaffV; zuvor galten andere Vorschriften, insbesondere für wesentliche Teile*

[87] *zur Begrifflichkeit siehe Anlage 1 A1 UA1 Nr. 1.3.2 WaffG; vor dem 1. September 2020 galt, dass bei Kurzwaffen die Seriennummer des Griffstücks und bei Langwaffen die Seriennummer des Laufes einzutragen war.*

[88] *§ 24 Abs. 3 WaffG*

[89] *§ 12 Abs. 1 Satz 1 BeschG*

[90] *§ 12 Abs. 1 Satz 2 BeschG, § 10 Abs. 2 BeschussV*

[91] *§ 2 Abs. 1 Nr. 2 BeschG; Prüfungsumfang s. Anlage 1 BeschussV*

[92] *§ 4 Abs. 1 Nr. 2 BeschG*

[93] *§ 9 Abs. 1 BeschussV*

[94] *§ 3 Abs. 1 Satz 3 BeschG*

[95] *§ 9 Abs. 5 BeschussV*

[96] *Der Umfang der erforderlichen Arbeiten an den betroffenen Teilen der jeweiligen Waffe unterscheidet sich nach Waffenarten und geht teilweise über die bis zum Erlass der Richtlinie in Deutschland geltenden Vorschriften hinaus; er ist aus Vereinfachungsgründen hier nicht abgedruckt und kann unter*

*Angabe der Richtlinien-Nummer „2015/2403" im EU-Portal http://eur-lex.europa.eu in der aktuellen Fassung abgerufen werden.*

*[97] § 17 Abs. 2 Satz 1 BeschussV*

*[98] § 28 Abs. 2 BeschussV*

*[99] § 11 Abs. 2 Nr. 2 BeschG, § 37 Abs. 1 Nr. 4 BeschussV*

*[100] § 37 Abs. 1 BeschussV*

*[101] § 29 iVm. § 37 Abs. 2 BeschussV*

*[102] Nach „Bekanntmachung, betreffend die Ausführung des Gesetzes über die Prüfung der Läufe und Verschlüsse der Handfeuerwaffen vom 19. Mai 1891", veröffentlicht am 29. Juni 1892*

*[103] HINWEIS: Vor Änderung der AWaffV 2020 Mindestlauflänge 42 cm.*

*[104] Zum Begriff siehe Ausführungen zum Verschluss auf Seite 209*

*[105] Die vereinfachte Bezeichnung „Zündhütchen" ist technisch wie sprengstoffrechtlich fehlerhaft und sollte nicht verwendet werden*

*[106] Die erleichternden Regelungen für Jäger für den Umgang mit Schalldämpfern nach § 13 Abs. 9 WaffG gelten nur für Zentralfeuer-Langwaffen!*

*[107] Siehe auch Seite 270; nach $m=2*E/v^2$ wäre für eine $E_{100}$ von 2.000 J bei einer $v_0$ von 320 m/s und $v_{100}$ von 288 m/s (10% Geschwindigkeitsverlust auf 100 m) eine Masse m von 48 Gramm erforderlich, schwere Jagdgeschosse erreichen meist weniger als die Hälfte dieses Gewichts.*

*[108] Anlage 1 A2 UA3 WaffG*

*[109] Siehe dazu auch Ausführungen ab Seite 205*

*[110] OVG Berlin-Brandenburg 11 B 26.08, Urteil vom 28. September 2010*

*[111] BR-Drs. 596/01, S. 114 Abs. 4 zu § 12 Abs. 1 Nr. 3 c) WaffG*

*[112] Anlage 1 A1 UA3 Nr. 1.4 WaffG*

*[113] Anlage 2 A2 UA2 Nr. 1.12 WaffG, erlaubnisfreier Erwerb und Besitz*

*[114] WaffVwV zu Anlage 1 A1 UA 1 Nr. 1.1*

*[115] Gegenäußerung der Bundesregierung zum 3. WaffRÄndG (BT-Drs. 19/13839 vom 9. Oktober 2019, Anlage 4, S. 142, „zu Artikel 1 Nr. 26"); die auf die Bestimmung von Nachtzielgeräten bezogene Aussage gilt für jegliche Erforschung der Bestimmung eines Gegenstandes.*

*[116] BVerwG 6 C 21.08, Urteil vom 24. Juni 2009; das Gericht stellte bei seinem Urteil deutlich auf die herstellerseitige Bestimmung ab, wonach das*

*Jagdlampenset zwar durchaus mithilfe einer beigelegten Montagevorrichtung zum Anleuchten eines Ziels an einer Schusswaffe befestigt werden könnte, aber die als „Jagdlampe" bezeichnete Beleuchtungseinrichtung weder durch ihre Konstruktion noch durch ihre Bauart ausschließlich zum Schusswaffenzubehör bestimmt ist; in diesem Falle gälte das tatsächliche, durch das Gesetz missbilligte Verwenden als verbotene Handlung, die dabei verwendete Jagdlampe würde dadurch aber nicht zu einer (verbotenen) Waffe; zugleich unterstrich dieses Urteil die Begrenzung der Zuständigkeit des BKA auf die Beurteilung von Gegenständen bezüglich ihres Verbotenseins; die Beurteilung von Verhaltensweisen oder Handlungsformen beim Umgang mit Waffen fällt nicht in die Zuständigkeit des BKA.*

[117] *BVerwG 6 C 21.08, Rn. 21*

[118] *Im Falle des Jägers, den § 40 Abs. 3 WaffG von dem Verbot des Umgangs mit Nachtsichtaufsatz- und -vorsatzgeräten ausnimmt, wäre die Verwendung nicht verboten; für das „Dual-Use"-Gerät benötigt der Jäger auch dann keine Erwerbs- oder Besitzerlaubnis in Form einer Waffenbesitzkarte, wenn dieses „Dual-Use"-Gerät an der Waffe montiert ist.*

[119] *BKA-Feststellungsbescheid SO11 – 5164.01-Z-384 stuft einen in ein Taschentuch eingeknoteten Golfball nicht als Waffe im Sinne des WaffG ein, da die Gegenstände lediglich kombiniert, nicht aber technisch verändert oder umgestaltet wurden; die Verknotung stellt keine technische Veränderung dar; als Beispiel für eine die Einordnung als Waffe begründende Umgestaltung siehe BKA-Feststellungsbescheid SO11 – 5164.01-Z-252 („selbstgebauter Totschläger")*

[120] *§ 1 Abs. 4 WaffG; als Waffe unterliegen diese Messer fast vollständig Verboten nach Anlage 2 A1 WaffG*

[121] *Zum Schusswaffenbegriff ausführlich Kapitel 15.1.5*

[122] *Zwar wird Munition in Anlage 2 A1 WaffG im Kanon der „Verbotenen Waffen" genannt, ist aber nicht Waffe im Sinne des WaffG; zu beachten ist stets, dass der Munitionsbegriff sich nicht auf Geschosse erstreckt, diese aber Verboten unterfallen können.*

[123] *§ 2 Abs. 2 WaffG in Verbindung mit Anlage 2 A2 UA1 Satz 1 WaffG*

[124] *Begriff „Angriff" setzt mind. eine Rechtsgutsbedrohung voraus; der nicht jagdliche Schuss auf Tiere ist zB bei Schlachtung kein Angriff (siehe Begriff "Schlachtzwecke" in Anlage 1 A1 UA1 Nr. 1.2.2 als nicht in Nr. 1.1 genannter Zweck).*

[125] *Bestimmung zum Einsatz gegen Menschen (dagegen einschränkend § 1 Abs. 2 Nr. 2 WaffG: „von Menschen") hier nicht gefordert; Schusswaffen*

können auch solche sein, die zum Angriff auf oder zur Verteidigung gegen Tiere bestimmt sind (so auch Gade zum Schusswaffengriff zu Anlage 1, Rn. 3a).

[126] Beachten Sie die Erweiterung des Waffenbegriffs auf Werkzeuge in § 1 Abs. 2 Nr. 2 Buchst. b und die Gleichstellung bestimmter Bolzensetzgeräte mit Schusswaffen gemäß Anlage 1 A1 UA1 Nr. 1.2, 1.2.2, die so Waffen im Sinne des WaffG werden.

[127] Zum Begriff des Geschosses siehe Anlage 1 A1 UA3 Nr. 3 WaffG

[128] Definition des Laufes aus Anlage 1 A1 UA1 Nr. 1.3.1

[129] Durch die Ausnahme von den Vorschriften des WaffG gemäß Anlage 2 A3 UA2 Nr. 2 WaffG sind, abgesehen von § 42a WaffG, die Vorschriften des WaffG und damit auch die Einordnung des Blasrohrs als „Schusswaffe" gemäß § 1 Abs. 4 WaffG und der Definition in Anlage 1 WaffG nicht anwendbar; dass Anlage 2 A3 UA2 Nr. 2 WaffG das Blasrohr als Beispiel für eine Gruppe von „Schusswaffen" benennt, ist offenbar dem nicht logischen Aufbau des WaffG geschuldet.

[130] Durch die Gleichstellung sind Vorschriften für Schusswaffen auch auf die Armbrust anzuwenden, auch wenn sie keine Schusswaffe im Sinne des WaffG ist und durch die Gleichstellung auch nicht Schusswaffe iSd WaffG wird.

[131] Es mangelt beim Bogen, anders als bei der Armbrust, an einer Sperrvorrichtung zur Speicherung der durch Muskelkraft eingebrachten Energie.

[132] Definition in Anlage 1: Länge, auf der das Geschoss ein gewisses Maß an Führung erfährt, mindestens zwei Innendurchmesser des Rohres; Kunststoff kann die geforderte ausreichende Festigkeit besitzen.

[133] Eine chem. Reaktion unter hohem Druck führt zu schneller, starker Erhitzung

[134] Anlage 1 A1 UA1 Nr. 2.1 WaffG

[135] § 2 Abs. 1 BeschG

[136] Anlage 1 A1 UA1 Nr. 1.2.1 WaffG; siehe Kapitel **Fehler! Verweisquelle konnte nicht gefunden werden.**

[137] WaffVwV zu Anlage 1 A1 UA1 Nr. 1.2

[138] Anlage 1 A1 UA1 Nr. 2.2 Satz 4 WaffG; siehe Kapitel 15.1.6.9.1.

[139] WaffVwV 1994, Nr. 1.5 zu § 1 Abs. 5 WaffG aF

[140] *Der Begriff „Mehrlader" für Repetierwaffen ist untauglich, da auch automatische Waffen Mehrlader sind; § 3 BeschussV verwendet den Begriff „Mehrladewaffe".*

[141] *Vertiefend Kapitel 15.1.6.9.1.*

[142] *WaffVwV zu Anlage 1 A1 UA1 Nr. 1.1*

[143] *Es ist die kürzeste Form zugrundezulegen, in die die betroffene Waffe ohne Nutzung von Werkzeugen unter Aufrechterhaltung der bestimmungsgemäßen Verwendungsfähigkeit gebracht werden kann, etwa durch Einklappen einer Schulterstütze, wenn mit dieser Waffe auch mit eingeklappter Schulterstütze mindestens ein Schuss abgegeben werden kann, die Waffe also weiterhin verwendbar ist.*

[144] *Vertiefende Informationen zu SRS-Waffen im Kapitel* ***Fehler! Verweisquelle konnte nicht gefunden werden.***

[145] *Vertiefende Informationen zu SRS-Waffen im Kapitel* ***Fehler! Verweisquelle konnte nicht gefunden werden.***

[146] *Vertiefende Informationen zu SRS-Waffen im Kapitel* ***Fehler! Verweisquelle konnte nicht gefunden werden.***

[147] *Anlage 1 A1 UA1 Nr. 2.2 Satz 5 WaffG*

[148] *§ 3 der DVO zum RWaffG 1938 zählte die Trommel zu den wesentlichen Teilen; da die Trommel das Patronenlager darstellt, das wesentliches Teil ist, wird die Trommel seit Inkrafttreten des BWaffG 1968 nicht gesondert im Gesetz genannt.*

[149] *§ 1 Abs. 3 WaffG*

[150] *Zum Begriff der tatsächlichen Gewalt und Möglichkeiten der Besitzausübung durch mehrere Personen ausführlich NJW 1977, 1737 zu BayObLG RReg. 4 St 108/76, Beschluss vom 30. Dezember 1976*

[151] *NJW 1977, 1737 zu BayObLG RReg. 4 St 108/76*

[152] *Stellt der Betroffene aber fest, dass sich eine Waffe in seinem Besitz befindet, sind die Vorschriften zum Fund nach § 37c WaffG zu beachten.*

[153] *siehe Kapitel 15.2.5*

[154] *NJW 1977, 1737 zu BayObLG RReg. 4 St 108/76; ebenso WaffVwV zu Anlage 1 A2 Nr. 3*

[155] *§§ 52 Abs. 3 Nr. 7, § 53 Abs. 1 Nr. 16 WaffG*

[156] WaffVwV zu Anlage 1 A2 Nr. 3 nennt als Überlassen das Aushändigen von Zweitschlüsseln

[157] §§ 51 Abs. 1, 52 Abs. 1, 3 WaffG

[158] Hat eine Person Hausrecht, handelt es sich um eigene Räumlichkeiten oder Bereiche; die gemietete Wohnung ist eigene Wohnung im Sinne des WaffG; der Vermieter kann dem Mieter den Umgang mit Waffen nicht untersagen (AG Hannover 546 C 2917/10, Urteil vom 20. August 2010).

[159] BT-Drs. VI/2678, S. 26

[160] Ausnahmen bestehen für Schusswaffen mit Lunten- oder Funkenzündung, deren Modell vor dem 1. Januar 1871 entwickelt worden ist, für Armbrüste und unbrauchbar gemachte Schusswaffen; die Ausnahme für unbrauchbar gemachte Schusswaffen befreit dieses Führen nur von der Erlaubnispflicht und damit von einer Strafbarkeit bei einem Verstoß, während das Führverbot nach § 42a WaffG für Anscheinswaffen gilt und ein Verstoß dagegen lediglich als Ordnungswidrigkeit geahndet werden kann.

[161] Ausführliche Darstellung in Kapitel 15.8.5

[162] BT-Drs. 14/8886, S. 119; zuvor war in BT-Drs. 14/7758, S. 70, 71 zu § 31 WaffG von einem „vorübergehenden Verbringen" die Rede

[163] Das Verschießen aus einem Lauf, zB aus Vorderladerwaffen, bei denen das Geschoss nicht durch den Lauf geführt wird, da es sich bereits darin befindet, wird erfasst (WaffVwV zu Anlage 1 A1 UA 1 Nummer 1.1).

[164] § 12 Abs. 4 Satz 1 WaffG

[165] Anlage 1 A1 UA1 Nr. 1.2.3

[166] Anlage 2 A3 UA1, ausgenommen Mindestalter und Waffenverbot

[167] Steindorf § 1, Rn. 57; auf **Modularwaffen** („Baukastensystem", das eine Konfiguration eines Waffenmodells ermöglicht, indem wesentliche Teile ohne Nachbearbeitung zu einer funktionsfähigen Schusswaffe zusammengefügt werden können, ohne Spezialwerkzeug oder -kenntnisse einsetzen zu müssen) wohl nicht anwendbar, da die Regelung durch § 19 DVO RWaffG von einem Zusammenfügen von Teilen anderer (inländischer) Hersteller ausging; auch der BKA-Leitfaden „Wesentliche Teile im neuen Waffengesetz" sieht im Zusammenfügen der Teile oder im erstmaligen Einsetzen des führenden Waffenteils einer Modularwaffe eines Herstellers keine Herstellung im Sinne des WaffG.

[168] Vertiefend zur Umbestimmung von Waffen Kapitel 15.1.3

[169] *Da der Erwerb einer erlaubnispflichtigen Waffe, die unbrauchbar gemacht werden soll, ebenso wie der Besitz dieser Waffe durch den gewerblichen Ausführenden grundsätzlich der Erlaubnispflicht unterliegt, könnte aus Sicht des Verfassers ein möglicher Fall einer „ähnlichen Arbeit" im Sinne von § 12 Abs. 1 Nr. 2 WaffG vorliegen; von der Erforderlichkeit einer Erlaubnis zum Handel mit Schusswaffen kann mangels einer Definition des Handeltreibens, die den gewerblichen Erwerb und Besitz umfasst, nicht ausgegangen werden; somit bedürfte der gewerbliche Ausführende keiner Erlaubnis für den Erwerb und vorübergehenden Besitz, müsste aber sonstige Vorschriften des WaffG, etwa zur Aufbewahrung, einhalten.*

[170] *siehe Rechtsprechung zum Begriff des „gewerblichen Händlers" auf Internet-Auktionsplattform in: BGH I ZR 3/06, Urteil vom 4. Dezember 2008*

[171] *Nach WaffVwV zu § 11 WaffG hat eine Person ihren gewöhnlichen Aufenthalt an dem Ort, an dem sie sich aus persönlichen oder beruflichen Gründen ständig oder nicht nur vorübergehend aufhält; die Grundsätze des Verwaltungsverfahrensrechts finden Anwendung.*

[172] *Zum Begriff Anlage 1 A2 Nr. 14 WaffG; neben den Staaten der Europäischen Union auch Schweiz, Norwegen, Liechtenstein und Island.*

[173] *WaffVwV zu § 4 WaffG; die Erlaubnis soll insbesondere dann nach § 4 Abs. 2 WaffG versagt werden, wenn die Zuverlässigkeit (§ 5 WaffG) wegen des Aufenthalts außerhalb des Bundesgebietes nicht den gesetzlichen Vorschriften voll entsprechend überprüft werden kann.*

[174] *BVerwG 6 C 30.08, Urteil vom 1. September 2009*

[175] *Eine Weigerung des Betroffenen kann zur Unzuverlässigkeit führen.*

[176] *§ 37g WaffG*

[177] *Ausnahme für Erwerb: WBK nach § 18 WaffG*

[178] *Zur Begründung BT-Drs. 14/7758, S. 58 „Zu Absatz 1"*

[179] *§ 2 Abs. 1 WaffG*

[180] *§ 14 Abs. 1 WaffG*

[181] *§ 6 WaffG*

[182] *Abgrenzung zum Begriff „Kind": ab 14 Jahren, noch nicht 18 Jahre alt*

[183] *§ 13 Abs. 8 WaffG*

[184] *§ 3 Abs. 2 WaffG*

[185] *Kind: Person, die noch nicht 14 Jahre alt ist*

*[186] VG Arnsberg 14 K 3810/09, Urteil vom 22.November 2010*

*[187] BVerwG 6 C 30.13, Urteil vom 22. Oktober 2014*

*[188] Bayerischer VGH 21 CS 13.1758, Beschluss vom 28. November 2013*

*[189] BVerwG 6 C 30.13, Urteil vom 22. Oktober 2014*

*[190] BVerwG 3 B 12.08, Beschluss vom 21. Juli 2008*

*[191] Zur Thematik auch BVerfG 1 BvR 1326/90, 1 BvR 2257/01*

*[192] § 12 Abs. 1 StGB; maßgeblich Einstufung als Verbrechen, nicht Strafmaß*

*[193] § 12 Abs. 2 StGB*

*[194] siehe Fischer „StGB u. Nebenges.", 63. Aufl., Rn. 2 zu § 186 StGB*

*[195] BVerwG 6 B 4.08, Beschluss vom 31. Januar 2008*

*[196] BVerwG 1 B 215.93, Beschluss vom 02. November 1994*

*[197] VG Düsseldorf 18 K 1111/06, Urteil vom 20.12.2006; gleichwohl ist fraglich, warum die in Abs. 1 Nr. 1 festgelegte Höchstgrenze der Berücksichtigung eines Strafurteils nicht auch für die Tatsachenverwertbarkeit nach Nr. 2 gelten sollte.*

*[198] BVerwG 6 C 30.13, Urteil vom 22. Oktober 2014; siehe auch oben S. 311: die Unschuldsvermutung gilt im Recht der Gefahrenabwehr nicht, denn das strafrechtliche „in dubio pro reo" stünde dem zentralen Schutzgedanken des Waffenrechts, bei der Prognose (Abs. 1 Nr. 2) oder Prüfung der Ausnahme von der Regelvermutung (Abs. 2) kein Restrisiko (dazu S. 312) hinzunehmen, unvereinbar gegenüber.*

*[199] BayVGH 24 B 20.2220, Beschl. v. 13. April 2021 mVa BVerwG 1 CB 24/91*

*[200] VG München M 7 S 17.3502, M 7 S 17.4504, Beschluss vom 21. Februar 2018*

*[201] Bayerischer VGH 21 CS 18.658, Beschluss vom 06. Juni 2018, Rn. 25*

*[202] § 38 Abs. 2 StGB, mindestens ein Monat Freiheitsentzug*

*[203] § 18 Abs. 1 JGG, mindestens sechs Monate Freiheitsentzug*

*[204] § 56 StGB*

*[205] VG Ansbach AN 16 K 17.02004, Urteil vom 12. Februar 2021*

*[206] Keine Unschuldsvermutung im Gefahrenabwehrrecht, siehe Fn. 198*

*[207] Zum Begriff „Tatsache" siehe Definition auf Seite 311*

*[208] Es ist aus hiesiger Sicht davon auszugehen, dass Verstöße gegen Landesjagdgesetze ebenfalls durch diese Regelung erfasst werden; die Föderalismusreform ermöglicht Landesjagdgesetzgebung, die als konkurrierende Gesetzgebung das BJagdG vollständig ersetzen kann; Taten, die durch die Regelung der Nr. 5 in die Bewertung der Zuverlässigkeit einfließen sollen, könnten bei Beschränkung auf das BJagdG nicht berücksichtigt werden, was aber dem waffengesetzgeberischen Willen nicht entsprechen würde; auch ist durch den Verweis auf jagdrechtliche Vorschriften in § 17 Abs. 4 Nr. 1 Buchst. d und Nr. 2 BJagdG naheliegend, die Einbeziehung von Verstößen gegen landesrechtliche Jagdgesetze anzunehmen; Hamburgisches OVG 5 Bf 25/17 bejaht in anderem Zusammenhang, aber mit gleicher Intention, die Zulässigkeit analoger Anwendung: Danach ist im umgekehrten Falle (BJagdG greift auf Katalogtaten nach WaffG zu) die Berücksichtigung eines strafrechtlichen Ermittlungsverfahrens als Anlass einer Aussetzung des Verfahrens zur Erteilung des Jagdscheins auch dann zulässig, wenn es sich nicht um Katalogtaten nach § 17 Abs. 4 Nr. 1 BJagdG handelt, auf die § 17 Abs. 5 Satz 1 BJagdG quasi abschließend verweist, diese Taten aber im Falle einer Verurteilung im Sinne von § 5 Abs. 1 oder 2 Nr. 1 WaffG führen können und damit zum Verlust der Zuverlässigkeit; bei Auslegung nach dem Wortlaut der Norm ist problematisch, dass § 5 Abs. 2 Nr. 1 Buchst. c WaffG das BJagdG explizit benennt und gerade nicht auf „jagdrechtliche Vorschriften" und damit außerhalb dieses Gesetzes geregelte Verstöße verweist.*

*[209] VG München M 7 K 16.4911, Urt. v. 15. Feb. 2017; die Wertung des Gerichts wird auf vors. Straftaten gegen die anderen genannten Normen anwendbar sein.*

*[210] OVG Lüneburg 11 ME 135/19, Beschluss vom 26. April 2019*

*[211] Bayerischer VGH, 21 CS 13.1758, Beschluss vom 28. November 2013*

*[212] VGH München 24 ZB 19.1204, Beschluss vom 20. Juli 2020*

*[213] WaffVwV zu § 5, Nr. 5.4, Abs. 3 Satz 2; somit quasi unbefristete Verwertbarkeit, allerdings unter Berücksichtigung des Verhältnismäßigkeitsgrundsatzes*

*[214] § 2 Abs. 1 Nr. 9 BZRG*

*[215] Diese Anfrage soll sich nur auf Straftaten nach § 5 Abs. 2 Nr. 1 WaffG beziehen. Das staatsanwaltschaftliche Verfahrensregister enthält, anders als das Bundeszentralregister, Informationen zu nicht abgeschlossenen Ermittlungsverfahren und damit aktuellere Angaben zu den juristisch bewertbaren Aspekten einer Person.*

*[216] Dabei handelt es sich um eine zentrale Dienststelle der Landespolizei, die für die Bearbeitung zuständig ist; in diese Stellungnahme sollen neben*

*Tatsachen, die Bedenken gegen die Zuverlässigkeit begründen, auch die Ergebnisse der Prüfung nach § 5 Abs. 2 Nr. 4 WaffG bezüglich des polizeilichen Präventivgewahrsams wegen Gewalttätigkeit einfließen.*

[217] *Liegt der Hauptwohnsitz des Betroffenen außerhalb Deutschlands, ist zuständige Behörde das Bundesamt für Verfassungsschutz.*

[218] *VGH Baden-Wbg. 1 S 1391/11, Beschluss vom 3. August 2011; OVG Berlin-Brandenburg 11 S 7.11, Beschluss vom 16. Juni 2011; VG Minden 8 K 2308/05, Urteil vom 6. Januar 2006: Problemfeld Ehegatten ohne waffenrechtliche Erlaubnis*

[219] *VGH München 24 ZB 20.1648, Beschluss vom 14. Oktober 2020*

[220] *§ 5 Abs. 1 Nr. 2 Buchst. b WaffG*

[221] *OVG Lüneburg 11 LA 389/09, Beschluss vom 19. April 2010; BayVGH München 21 CS 10.164, 21 C 10.731, Urteil vom 24. März 2010*

[222] *OVG Lüneburg 11 ME 365/19, Beschluss vom 10. Januar 2020; ebenso VG Gießen 9 K 8133/17.GI, Urteil vom 5. März 2020, Rn. 21*

[223] *BayVGH 21 ZB 16.1678, Beschl. v. 12. Dez. 2018; Äußerungen zu Waffen und deren Nutzung, die den Eindruck einer erheblichen Aggressivität erwecken*

[224] *OVG Rheinland-Pfalz 7 A 10410/10.OVG, Beschluss vom 29. April 2010*

[225] *BayVGH München 21 CS 10.392, Urteil vom 30. März 2010; in diesem Falle ebenfalls geahndet: Verstoß gegen Transportvorschriften*

[226] *Verbot nach § 3 Abs. 3 VSG 4.4 (Unfallverhütungsvorschrift „UVV Jagd")*

[227] *BVerwG 6 C 3.14, Urteil vom 28. Januar 2015*

[228] *OVG Lüneburg 8 ME 50/06, Beschluss vom 19. Mai 2006*

[229] *BVerwG 6 C 29.08, Urteil vom 30. September 2009; durch das 3. WaffRÄndG faktisch in § 5 Abs. 2 Nr. 3 WaffG gesetzt.*

[230] *VG Minden 8 K 570/07, 14. September 2007 mit Bezug auf BVerwG 1 C 31.92 und BVerwG 1 CB 24.91, trotz mittlerweile wieder erteilter Fahrerlaubnis nach Sperrzeit; VG Mainz 3 L 823/12.MZ, Entscheidung vom 10. Juli 2012: Entzug der Fahrerlaubnis bei Handlungen unter starker Alkoholisierung ohne Bezug zum Straßenverkehrsrecht (Randalierer) zulässig*

[231] *OVG Saarlouis 1 B 355/08, Beschluss vom 11. Dezember 2008; das Gericht führt bisherige Rechtsprechung fort, stellt aber klar, dass konkrete Tatsachen vorliegen müssen, die einen maßgeblichen Einfluss des Ehepartners belegen.*

*[232] VGH München 24 ZB 19.2526, Beschluss vom 21. Februar 2020*

*[233] VGH Baden-Württemberg 1 S 976/04, Beschluss v. 19. August 2004, anders: BayVGH Mün. 21 CS 03.2056, Beschluss v. 14. Nov. 2003*

*[234] VG Gießen 9 K 8133/17.GI, Urteil vom 5. März 2020, Rn. 21*

*[235] BVerwG 6 C 30.13, Urteil v. 22. Okt. 2014, nach OVG Münster 20 A 2430/11*

*[236] OVG Lüneburg 11 ME 35/16, Beschluss vom 22. März 2016*

*[237] VGH Baden-Württemberg 1 S 1726/17, Urteil vom 26. Oktober 2018*

*[238] BVerwG 6 C 30.13 weist in Rn. 18 einen Widerspruch auf: Zunächst wird auf Nüchternheit abgestellt, dann aber auf eine Menge von Alkohol, die die Reaktionsfähigkeit mindern könnte; insofern ist aus dieser Entscheidung nicht eindeutig ersichtlich, dass eine absolute Nüchternheit gefordert ist.*

*[239] HH OVG 5 Bf 475/19.Z, Beschluss vom 26. Februar 2021; dagegen stellte BayVGH 24 CS 20.1010, Beschluss vom 18. Juni 2020, auf die Hinnehmbarkeit eines gewissen Quantums an Alkoholkonsum ab.*

*[240] VG Oldenburg 11 B 4175/06, Beschluss vom 26. September 2006*

*[241] WaffVwV zu § 6, Nr. 6.7; danach kann sich ein Mangel an persönlicher Eignung auch daraus ergeben, dass die für den Umgang mit Waffen und Munition erforderlichen Kenntnisse der deutschen Sprache in Wort und Schrift fehlen, der in begründeten Einzelfällen aber ausgeglichen werden kann, zB durch Hilfspersonen.*

*[242] § 60 Abs. 1 Nr. 1 bis 7 BZRG*

*[243] VG Ansbach AN 14 K 16.00416, Urteil vom 22. Juli 2016*

*[244] § 4 Abs. 6 AWaffV*

*[245] § 6 Abs. 2 WaffG*

*[246] § 4 Abs. 3 AWaffV; die Mitteilung muss nach Auftragserteilung erfolgen (BR-Drs. 415/03, S. 39), faktisch aber vor Beginn der Untersuchung*

*[247] Hessischer VGH 4 B 2306/16, Beschluss vom 22. November 2016*

*[248] Es ist zweifelhaft, ob diese Ausnahme genutzt werden kann, um die Pflicht zur Begutachtung der persönlichen Reife zum Umgang mit einer Großkaliber-Waffe zu umgehen, indem der erste Antrag auf Erteilung einer Erlaubnis die Ausnahme-Kaliber oder -Waffenarten betrifft und folgende Erlaubnis für eine Großkaliberwaffe nicht die erste waffenrechtliche Erlaubnis wäre. Hier ist davon auszugehen, dass eine Beantragung der privilegierten Kaliber/Waffen*

*nicht anzurechnen ist und bei erstmaliger Beantragung eines nicht erfassten Kalibers bei Personen unter 25 Jahren, die nicht von einer der weiteren Ausnahmen des Gesetzes erfasst sind, ein Gutachten zum Nachweis der persönlichen Eignung zu fordern ist.*

[249] *Diese Argumentation ist angesichts einer derzeit zunehmenden Zahl sogenannter „Intensiv-Lehrgänge" von wenigen Tagen Dauer zumindest diskussionswürdig.*

[250] *WaffVwV zu § 6, Nr. 6.4*

[251] *Gilt grundsätzlich nicht für Soldaten; im Falle der Angehörigen der Militärpolizei (Feldjäger) ist aus hiesiger Sicht allerdings eine Begutachtung aufgrund des polizeilichen Charakters dieser Tätigkeit verzichtbar.*

[252] *§ 3 Abs. 1 Nr. 1 Buchst. a AWaffV; die erste Erteilung des Falknerjagdscheins setzt nach § 15 Abs. 7 BJagdG neben der Falknerprüfung eine Jägerprüfung voraus; nach BVerfG 1 BvR 290/78 erfüllt auch eine „eingeschränkte Jägerprüfung", zB nach § 17 JFPO (Bayern), die Forderung des BJagdG; da die Lehr- und Prüfungsgebiete der Waffensachkunde nach § 1 AWaffV nicht Gegenstand einer solchen eingeschränkten Jägerprüfung sind, setzt der Besitz des Falknerjagdscheins nicht in jedem Falle den vorherigen Nachweis erforderlicher Kenntnisse der Waffensachkunde nach § 3 AWaffV voraus und kann darum nicht als verlässlicher Nachweis der Sachkunde dienen; auch ein Falkner müsste somit den Nachweis einer bestandenen uneingeschränkten Jägerprüfung erbringen.*

[253] *Ergänzend Kapitel 15.8.11*

[254] *§ 3 Abs. 1 Nr. 2 Buchst. b AWaffV*

[255] *VG Darmstadt 5 K 38/10.DA, Urteil vom 27. August 2010*

[256] *VG Darmstadt 5 K 321/10.DA, Urteil vom 21. Januar 2011; zu beachten ist aber die Regelung zum Nachweis des Bedürfnisses für Sportschützen zehn Jahre nach Erteilung der ersten waffenrechtlichen Erlaubnis nach § 14 Abs. 4 Satz 3 WaffG für Waffen, die nicht aufgrund § 14 Abs. 5 WaffG erworben wurden.*

[257] *VG Arnsberg 14 K 50/06, Urteil vom 5. November 2007*

[258] *VG Darmstadt 5 K 147/08.DA, Urteil vom 30. April 2009*

[259] *VG Stuttgart 5 K 521/10, Urteil vom 20. September 2011*

[260] *§ 46 Abs. 1 WaffG*

[261] *Dies ist in der Praxis insbesondere im Falle von Erlaubnisinhabern nach § 28 WaffG bedeutsam, denen neben dem Waffenschein nach § 10 Abs. 4*

*WaffG im Falle einer größeren Zahl von Mitarbeitern Ersatzdokumente ausgestellt werden, die das Führen von Schusswaffen erlauben.*

[262] *VG Arnsberg 14 K 265/11, Urteil vom 28. November 2011*

[263] *So verbindet die für das Gebiet des Landes Berlin zuständige Waffenbehörde grundsätzlich die Erteilung eines KWS mit der Auflage, die SRS-Waffe verdeckt zu führen, was in der jeweiligen Erlaubnis vermerkt wird; der Internetauftritt der Behörde enthält einen entsprechenden Hinweis (Quelle: „https://www.berlin.de/polizei/service/waffenbehoerde/erlaubnisfreie-waffen/“, abgerufen am 22. Mai 2020); die Auflage gilt auch außerhalb Berlins; umgekehrt handelt es sich nicht um eine gesetzliche Regelung für das Gebiet Berlins, weshalb das Führen von SRS-Waffen dort Erlaubnisinhabern ohne entsprechende Auflage nicht untersagt ist; der Begriff des „verdeckten Führens“ ist nicht gesetzlich definiert, landläufig ist darunter ein Bei-sich-Tragen einer Schusswaffe zu verstehen, die zugriffsbereit ist, aber durch die Kleidung des Besitzers den Blicken Dritter entzogen ist, womit für eine andere Person nicht erkennbar sein darf, dass eine Schusswaffe geführt wird; auch bei plötzlichen Bewegungen oder beim möglicherweise erforderlichen Ablegen eines Kleidungsstückes darf das Führen der Schusswaffe nicht erkennbar sein.*

[264] *§ 36 Abs. 6 WaffG gestattet der zuständigen Behörde, im Einzelfall intensivere Maßnahmen zum Schutz vor Wegnahme von Waffen oder Munition von dem Erlaubnisinhaber zu fordern; so ist im Falle eines psychisch kranken Familienmitglieds, das im Haushalt eines Waffenbesitzers lebt, die Erteilung einer Auflage nach §§ 9 Abs. 1, Abs. 2 Satz 2 iVm 36 Abs. 6 WaffG zulässig, die eine Aufbewahrung der Schusswaffen außerhalb der gemeinsamen Wohnung festlegt (so Thüringer OVG 3 EO 946/05, Beschluss vom 10. März 2006).*

[265] *§ 53 Abs. 1 Nr. 4 WaffG*

[266] *Zum Begriff des „gewöhnlichen Aufenthalts“ und der Erstreckung der Erteilungsfähigkeit auch auf ausländische Antragsteller Kapitel 15.3.1; zur Entstehung des § 11 WaffG siehe auch BR-Drs. 596/01, S. 110, 111*

[267] *Ausgenommen zB Schießstände zur Erprobung gemäß § 27 Abs. 2 WaffG*

[268] *Anders als das „Kontrollieren“ beschreibt der legal nicht definierte Begriff des „Überwachens“ zB im polizeilichen Kontext eine beobachtende Tätigkeit, die ein konkretes Handeln, etwa durch eine Kontrolle der Erlaubnisdokumente, zur Gefahrenabwehr nur als Möglichkeit vorsieht.*

[269] *§ 9 Abs. 1 Satz 3 AWaffV statuiert keine Pflicht zur Überprüfung des Vorliegens der Voraussetzungen für die Nutzung der Schießstätte aus § 9 Abs. 1 AWaffV bei jedem Besucher. Vielmehr verpflichtet die Norm den Betreiber zu einem „Überwachen der Einhaltung“ der in ihr genannten Voraussetzungen, womit eine stichprobenartige Prüfung der waffenrechtlichen Erlaubnis eines*

*Schießstättenbenutzers und seiner Waffen aus hiesiger Sicht insbesondere dann ausreichend ist, wenn der Schütze dem Betreiber als Inhaber einer WBK bekannt ist. Grundsätzlich sollte bei unbekannten Personen eine Überprüfung des befugten Umgangs erfolgen.*

*[270] Kinder ab 12 Jahren: Druckluft-, Federdruck- und Kaltgaswaffen nach Anlage 2 A2 UA2 Nr. 1.1 und 1.2; Jugendliche ab 14 Jahren: sonstige Schusswaffen mit Randfeuerzündung bis cal. .22 lfB. bis 200 J sowie Einzellader-LW mit glatten Läufen cal. 12 oder kleiner; Ausnahmen möglich*

*[271] § 12 Abs. 4 WaffG, siehe auch Kapitel 3.3.1.3*

*[272] § 16 Abs. 3 WaffG, Erteilung für fünf Jahre für verantwortlichen Leiter*

*[273] § 27 Abs. 1 WaffG*

*[274] WaffVwV zu § 27, 27.1.1, Absatz 2*

*[275] VG Würzburg W 3 K 14.438, Urteil vom 14. April 2016, gem. § 7 Jugendschutzgesetz*

*[276] Anlage 2 A2 UA2 Nr. 1.1 und 1.2 WaffG*

*[277] § 27 Abs. 6 WaffG*

*[278] Anlage 1 A2 WaffG*

*[279] Zu den Voraussetzungen für eine Teilnahme Kapitel 15.6.6*

*[280] Jagdliches Schießen fällt nicht in den Regelungsbereich von § 6 AWaffV und wird durch dessen Vorgaben nicht eingeschränkt (BR-Drs. 415/03 zu § 6 AWaffV)*

*[281] Die Aussage zur Zulässigkeit einer Blockierung beschränkt sich ausdrücklich lediglich auf den Ausschluss von der schießsportlichen Verwendung; dagegen ist es nicht ausreichend, ein nach § 2 Abs. 3 WaffG verbotenes „Hi-Cap-Magazin“ zB durch Verklotzung oder Verstiftung zu blockieren, da das Umgangsverbot die Magazingehäuse erfasst.*

*[282] Die Mindestlauflänge wurde von 42 cm herabgesetzt, um „international übliche Sportwaffen, die häufig eine Lauflänge von 16 Zoll (40,64 cm) haben, auch in Deutschland zum sportlichen Schießen zulassen zu können.“ (BR-Drs. 495/19)*

*[283] Zu beachten sind Ausnahmen aufgrund einer genehmigten Sportordnung (SpO), beispielsweise Disziplin C.9.7 der SpO des BDMP*

*[284] Hessischer VGH 4 A 152/11, Urteil vom 10. Juli 2012, bezugnehmend auf WaffVwV Nr. 15.9 zu § 15 des WaffG 2009*

*[285] WaffVwV zum WaffG in der Fassung vom 20. Oktober 1994, Nr. 37.2.4*

[286] BR-Drs. 415/03 zu § 7 Abs. 1 und 2 AWaffV

[287] VG Hamburg 17 VG 2328/98, Urteil vom 11. Mai 1999

[288] Bayerischer VGH 21 CS 13.1564, Beschl. vom 02. Okt. 2013, Rn. 17

[289] VG Köln 20 K 577/09, Urteil vom 09. Dezember 2010

[290] VG Sigmaringen 10 K 335/18, Urteil vom 24. Januar 2019, Rn. 71

[291] VGH Kassel 4 B 845/21, Beschluss vom 30. April 2021

[292] VG Sigmaringen 10 K 335/18, Urteil vom 24. Januar 2019, Rn. 59

[293] In diesem Falle sollte frühzeitig durch den Erlaubnisinhaber eine Anfrage an die Waffenbehörde gestellt werden, ob diese der Aufstellung in Geschäftsräumen zustimmt, da diese einem erhöhten Einbruchsrisiko unterfallen bzw. einem geringeren Risiko der Entdeckung außerhalb der kommunizierten Öffnungs- oder Geschäftszeiten; es ist insbesondere an die Festsetzung höherer Anforderungen nach § 36 Abs. 6 zu denken.

[294] Zur Aufbewahrungskontrolle Kapitel 15.7.8

[295] WaffVwV 36.7, Absatz 3

[296] AG Hannover 546 C 2917/10, Urteil vom 20. August 2010

[297] BGH 4 StR 169/12, Beschluss vom 17. Juli 2012

[298] BayObLG 4St RR 138/03, Beschluss vom 17. November 2003

[299] KG Berlin IV 121 Ss 126/15 (144/15), Beschluss vom 20. August 2015

[300] VG Braunschweig, 5 A 46/08, Urteil vom 23. Oktober 2008

[301] VG Sigmaringen 10 K 335/18, Urteil vom 24. Januar 2019, Rn. 71; Bayerischer VGH, 21 CS 13.1758, Beschluss vom 28. November 2013

[302] Fischer „StGB und Nebengesetze", 63. Auflage, Rn. 14 ff. zu § 243 StGB

[303] Fischer „StGB und Nebengesetze", 63. Auflage, Rn. 14 zu § 243 StGB, Rn. 6 zu § 202 StGB; mangels einer waffengesetzlichen Definition des „Behältnisses" ist der Rückgriff auf das Strafrecht erforderlich; § 243 StGB nennt als Tatbestandsmerkmal eines besonders schweren Falls des Diebstahls die Wegnahme eines Gegenstandes, der durch ein verschlossenes Behältnis besonders gesichert ist.

[304] Für Behälter nach DIN/EN 1143-1, die vor dem 6. Juli 2017 genutzt wurden, ist eine „Gewichtserhöhung" durch Verankerung gesetzlich nicht mehr vorgesehen; für diese Regelung gilt kein Bestandsschutz durch die Altbesitzregelung.

*[305] Eigengewicht unter 200 kg: Fünf Kurzwaffen oder verbotene Waffen*

*[306] Ein Schwenkriegelschloss ist ein Metallriegel oder Haken, der am Schließzylinder befestigt ist und um dessen Achse gedreht wird, zB in einer Geldkassette.*

*[307] WaffVwV Nr. 36.2.2; das „feste verschlossene Behältnis" wird als gleichwertiges Behältnis im Sinne dieses Mindeststandards angesehen, unabhängig vom Material; problematisch: Fest sind Substanzen, die nicht flüssig oder gasförmig sind; von einer gewissen Widerstandsfähigkeit muss gleichwohl auszugehen sein.*

*[308] Es handelt sich dabei idR um Behältnisse der Stufen A und B nach VDMA 24992 Stand Mai 1995; grundsätzlich dürfen nur Altbesitzer Schränke dieser Sicherheitsstufen verwenden (Ausnahme: gemeinschaftliche Aufbewahrung).*

*Der **„A-Schrank"** – Behältnis der Sicherheitsstufe A nach VDMA 24992 – darf zur Aufbewahrung von **bis zu zehn Langwaffen** eingesetzt werden. Der **„B-Schrank"** – Behältnis der Sicherheitsstufe B nach VDMA 24992 – darf zur Aufbewahrung einer **unbegrenzten Zahl von Langwaffen** und **bis zu zehn Kurzwaffen** (Schrank-Eigengewicht oder Abrisslast durch Verankerung unter 200 kg: bis zu fünf **Kurzwaffen**) eingesetzt werden.*

***Für A- und B-Schrank gilt: Munition**, die aus den darin aufbewahrten Waffen verschossen werden kann, darf in diesem Schrank **nur in einem verschließbaren Fach** aufbewahrt werden. Ein zur Munitionsaufbewahrung zugelassenes Behältnis darf im Schrank deponiert sein.*

***Munition**, die nicht aus den aufbewahrten Waffen verschossen werden kann, darf zusammen mit den Waffen aufbewahrt werden.*

*In einem A-Schrank mit Innen**schrank** der Sicherheitsstufe B (sog. **„Jägerschrank"**) ist die Lagerung von bis zu zehn Langwaffen sowie von **bis zu fünf Kurzwaffen im Innenschrank** gestattet sowie passender Munition für die Lang- und Kurzwaffen im Innenschrank.*

*[309] Vertiefend Kapitel 15.7.4*

*[310] Vertiefend Kapitel 15.7.6*

*[311] VGH München 21 CS 16.2083, Beschluss vom 07. April 2017*

*[312] VG Stuttgart 5 K 4397/11, Urteil vom 15. November 2013*

*[313] Vertiefend, auch zur Code-Auswahl bei Zahlenschloss, Kapitel 15.7.4*

*[314] VG Gelsenkirchen 17 L 274/21, Beschluss vom 16. April 2021*

*[315] VG Bayreuth B 1 K 15.345, Urteil vom 30. Oktober 2015*

*[316] VG Dresden 4 L 621/09, Urt. v. 7. April 2010, Sächsisches OVG Bautzen 3 B 128/10, Beschl. v. 2. Mai 2011; VG Köln 20 K 8077/17, Urt. v. 21. Februar 2019*

*[317] VGH München 24 ZB 21.943, Rn. 11, Beschl. v. 25. Mai 2021, nach VG Würzburg W 9 K 19.1131, Urt. v. 22. Januar 2021 („Dauerversteck")*

*[318] VG Münster 1 K 691/19, Urteil vom 18. Juni 2021, Rn. 50; siehe auch OVG Münster 20 A 2384/20, Urt. v. 30. Aug. 2023 nach VG Düsseldorf 22 K 3002/19*

*[319] Der Schlüssel eines B-Schranks, in dem Kurzwaffen aufbewahrt werden, muss mindestens in einem B-Schrank verwahrt werden, wenn dieser Schlüsselbehälter von dem oberflächlich suchenden Täter entdeckt werden und als potentielles Aufbruchsziel erscheinen muss; siehe auch OVG Münster 20 A 2384/20, Urteil vom 30. August 2023, dessen Aussage hinsichtlich einer Mindestanforderung an eine sichere Aufbewahrung, dass ein Waffenschrankschlüssel immer in einem mindestens gleichwertigen qualifizierten Behältnis aufbewahrt werden muss, aus hiesiger Sicht hinsichtlich der verpflichtenden Erforderlichkeit nicht gefolgt werden kann, da Rechtsprechung gleicher Höhe (VGH München 24 ZB 21.943, Beschluss vom 25. Mai 2021) lediglich ein nicht sorgfältiges Verstecken für unzulässig erklärt, ein geeignetes Versteck als Maßnahme zur sicheren Aufbewahrung somit nicht ausschließt, und eine diesbezügliche gesetzliche Regelung nicht besteht; zwar besteht eine gesetzliche Regelung zur sicheren Aufbewahrung von Waffen und Munition durch Festlegung von Mindestanforderungen an die Qualität des Waffenschranks, nicht aber zur sicheren Aufbewahrung von Schlüsseln und Codes oder den Anforderungen an das Verschlusssystem des genutzten Behälters.*

*[320] OVG Berlin-Brandenburg 11 S 7.11, Beschluss vom 16. Juni 2011; zum Überlassen von Zweitschlüsseln (keine sorgfältige Verwahrung) auch BayVGH 21 ZS 01.1719, Beschluss vom 18. Dezember 2001*

*[321] VG Bayreuth B 1 K 15.345, Urteil vom 30. Oktober 2015*

*[322] VGH München 24 ZB 20.1648; gilt auch, wenn nur Zugriffsberechtigte im Haushalt leben (VGH München 24 CS 23.495, Beschl. v. 20. April 2023).*

*[323] § 13 Abs. 8 AWaffV*

*[324] WaffVwV Nr. 36.2.14; in der Praxis ist die Fähigkeit zur Leihe iSv. § 12 Abs. 1 WaffG von jeder der Waffen in diesem Behälter, auf die der Zugriff möglich wäre, das Kriterium, um von einem „gleiches Erlaubnisniveau" ausgehen zu können.*

*[325] Als Angehörige gelten verwandte und verschwägerte Personen gerader Linie, Pflegeeltern und –kinder, Ehegatten, Lebenspartner (aber nicht*

*Lebensgefährte), Verlobte und Geschwister. Auch die Ehegatten oder Lebenspartner der Geschwister fallen unter den Begriff „Angehörige", ebenso wie die Geschwister der Ehegatten oder Lebenspartner (somit in jeglicher Konstellation). Auch nach einer Trennung oder Scheidung fallen die Betroffenen strafrechtlich unter diesen Begriff.*

[326] *BR-Drs. 415/03 zu § 13 Abs. 10 AWaffV aF*

[327] *so Bayerisches LKA in den „Arbeitsgrundlagen für polizeiliche Fachberater": „Aufbewahrung von Waffen und Munition in Bayern", Stand 2011*

[328] *so noch Steindorf, Kommentar zum WaffG, 9. Auflage, Rn. 7 zu § 13 AWaffV; die Folgeauflage sieht dagegen die Aufbewahrung von Munition in einem Behältnis des WG I nach DIN EN 1143-1 auch in diesem Falle als zulässig an, was aber unter dem gefahrenmindernden Aspekt der Regelung aus hiesiger Sicht nicht vertreten wird; § 13 Abs. 4 AWaffV benennt einzig Langwaffen als betroffene Gegenstandsart und auch die Verordnungsbegründung BR-Drs. 415/03 die Aufbewahrung von Munition als ausnahmsweise Abweichung mit behördlicher Zustimmung; auch ist aus einer fehlenden ausdrücklichen Regelung für Kurzwaffen wie auch für Munition zu schließen, dass in nicht dauernd bewohnten Gebäuden andere Gegenstände als Langwaffen, somit Kurzwaffen, Schalldämpfer und Munition, nicht aufbewahrt werden dürfen; praktisch stünde einem Einbrecher bei Aufbruch des Behälters keine zu der aufbewahrten Waffe passende Munition zur Verfügung, was dem präventiven Gedanken Rechnung trägt.*

[329] *vertiefend Kapitel 15.7.7.3*

[330] *WaffVwV zu § 36 WaffG, 36.2.9*

[331] *VGH Kassel 4 B 845/21, Beschluss vom 30. April 2021*

[332] *WaffVwV zu § 36, Nr. 36.2.15*

[333] *VG Düsseldorf 22 K 7560/11, Urteil vom 10. Mai 2013, Rn. 35*

[334] *VG Karlsruhe 4 K 2472/14, Beschluss vom 14.10.2014*

[335] *WaffVwV zu § 36, Nr. 36.2.15*

[336] *So müssen Prüfpersonen zB über das erforderliche Wissen verfügen, um Waffen und Munition den Kategorien nach § 13 Abs. 2 AWaffV zuordnen zu können.*

[337] *WaffVwV zu § 36 WaffG, 36.7 Abs. 3; gleichwohl setzen einzelne Waffenbehörden Kontrollgebühren fest, was gerichtlich nicht beanstandet worden ist, so etwa VG Sigmaringen 2 K 1819/12, Urteil vom 26. Juni 2013, oder VG Stuttgart 5 K 2953/10 sowie 5 K 4898/10*

*[338] VGH Baden-Wbg. 1 S 1391/11, Beschluss vom 3. August 2011*

*[339] VG Hamburg 9 K 4459/17, Urteil vom 18. November 2019*

*[340] VG Freiburg, Beschluss vom 14. Juni 2012, 4 K 914/12*

*[341] § 46 Abs. 4 WaffG stellt höhere Anforderungen an die Qualität des Delikts als § 46 Abs. 2 WaffG; VG Freiburg 4 K 914/12, Beschluss vom 14. Juni 2012*

*[342] § 73 Abs. 2 StPO, § 404 Abs. 2 ZPO*

*[343] Rechtsgrundlage ist § 36 Abs. 6 WaffG, da es sich bei der Aufbewahrung nicht um eine Erlaubnis im Sinne von § 9 WaffG handelt; Art und Anzahl der Waffen oder der Ort der Verwahrung sind keine abschließende Aufzählung der Gründe für die Forderung höherer Sicherheitsstandards, als sie § 36 WaffG und § 13 AWaffV vorsehen*

*[344] § 36 Abs. 1 Satz 2, Abs. 2 WaffG aF*

*[345] Ersetzt § 52a WaffG 2009, entfallen durch WaffG-Änderung 2017*

*[346] Fahrlässiges Begehen wurde nach § 53 Abs. 1 Nr. 19 WaffG aF mit Geldbuße geahndet; diese Regelung ging in § 34 AWaffV auf.*

*[347] Gade weist mit Hinweis auf die Materialien zur Neuregelung überzeugend darauf hin, dass dies nur für Verstöße gilt, die die stationäre Aufbewahrung betreffen; Verstöße im Zuge der nicht stationären Aufbewahrung wären nicht sanktioniert.*

*[348] Vertiefend zur Unzuverlässigkeit in diesem Zusammenhang Kapitel 15.3.3.3*

*[349] § 13 Abs. 1 Satz 1 WaffG; Inhaber eines **Jugendjagdscheins** oder **Falknerjagdscheins** sind Jäger nach BJagdG, **nicht** aber **Jäger im Sinne des WaffG***

*[350] Das Jagdjahr beginnt gemäß § 11 Abs. 4 BJagdG am 1. April und endet am 31. März des Folgejahres.*

*[351] OLG Oldenburg 4 U 12/78, Urteil vom 3. Oktober 1978*

*[352] Jagdrechtliche Erlaubnis zur Ausübung der „Beizjagd“ mit Greifvögeln oder Falken, die ein Jagdschein nach § 15 Abs. 1 Satz 3 BJagdG ist, aber waffenrechtlich einem Jahres- oder Tagesjagdschein nicht gleichgestellt; somit ist der Falknerjagdschein waffenrechtlich nur in Anwendung zu bringen, wenn die waffengesetzliche Vorschrift allgemein von einer „jagdrechtlichen Erlaubnis“ als Voraussetzung spricht (etwa § 40 Abs. 3 Satz 1 WaffG für den Umgang mit Faustmessern), nicht aber einen gültigen Jagdschein nach § 15 Abs. 1 Satz 1 BJagdG fordert.*

*[353] Informationen zum Jugendjagdschein in Kapitel 15.8.9*

[354] zB Verbot der Jagd mit **Vorderladerwaffen** in Rheinland-Pfalz, § 23 LJG.

[355] Zum Führen von SRS-Waffen durch Jäger Kapitel 15.8.8

[356] Zu beachten ist die nach § 12 Abs. 1 Nr. 1 WaffG zusätzliche Möglichkeit der Leihe (und Verwahrung) durch den Inhaber einer WBK, die neben Leihe und Verwahrung von Langwaffen auch Leihe und Verwahrung von Kurzwaffen umfasst.

[357] Die Erlaubnisfreiheit für den Erwerb vollständiger Jagd-Langwaffen umfasst den Erwerb wesentlicher Teile für Jagd-Langwaffen, die der Besitzer gemäß § 13 Abs. 3 Satz 1 WaffG erwerben kann

[358] § 13 Abs. 3 Satz 2 WaffG iVm §§ 37a, 37g Abs. 1 WaffG

[359] Zur Kontingentierung (zwei Kurzwaffen) siehe Kapitel 5.2.3.2

[360] Nicht für Langwaffen mit Zentralfeuerkaliber bestimmt, sondern beispielsweise für Kurzwaffen oder Randfeuer-Langwaffen; für einen solchen Erwerbsfall ist der Nachweis eines Bedürfnisses nach § 8 iVm § 13 WaffG erforderlich.

[361] Es handelt sich bei einem Ausländerjagdschein um ein Dokument, das von einer deutschen Behörde ausgestellt worden ist. Der Begriff umfasst nicht durch ausländische Behörden ausgestellte Jagdscheine. Beachten Sie zum Erwerb von Waffen durch Ausländer auch Kapitel 15.5

[362] Ausländische Jagdscheine haben in Deutschland keine Gültigkeit und berechtigen nicht zur Jagdausübung; der Europäische Feuerwaffenpass ist ein auf die Mitnahme von Waffen beschränkter waffenrechtlicher Nachweis und keine Erlaubnis.

[363] WaffVwV zu § 13, Nr. 13.1, Abs. 4

[364] Im Falle des Faustmessers ist mindestens ein Behältnis WG 0 nach DIN EN 1143-1 erforderlich, bei Altbesitz auch Stufe B nach VDMA 24992; zur Aufbewahrung verbotener Waffen Band 2 zu diesem Buch, ISBN 9783963940217.

[365] Es ist aufgrund der sonst im WaffG üblichen Verweise und das Fehlen eines Satzes 2 in § 15 Abs. 2 BJagdG davon auszugehen, dass es sich bei dem im Bundesgesetzblatt veröffentlichten Text des 3. WaffRÄndG in § 40 Abs. 3 Satz 4 „§ 15 Abs. 2 Satz 1 des Bundesjagdgesetzes" um einen Schreibfehler handelt und es dort heißen müsste „§ 15 Abs. 1 Satz 1 des Bundesjagdgesetzes" oder „§ 15 Abs. 2 des Bundesjagdgesetzes". Beide Möglichkeiten führen aber zum gleichen Ergebnis, wonach ein Tages- oder Jahresjagdschein erforderlich ist.

[366] OLG Stuttgart 4 Ss 185/2007 Urteil vom 24. Juli 2007

[367] *Regelungen mit* ***Revierbezug*** *wie etwa für das Einschießen im Revier beziehen sich auf* *jede* *Person, die dort die Jagd befugt ausüben darf, somit nicht allein den Revierinhaber selbst, sondern zB auch* ***Jagdgäste****; auch die Fahrt mit der nicht schussbereiten Waffe in ein* *fremdes* *Revier, um dort als Jagdgast die Jagd befugt auszuüben, unterfällt als Führen im Zusammenhang mit der befugten Jagdausübung der Freistellung von der Erlaubnispflicht für das Führen.*

[368] *Zum Jagdschutz vertiefend Kapitel 15.8.7*

[369] *Bayerischer VGH 21 CS 15.2718, Beschluss vom 04. März 2016, zuvor Bayerischer VGH 21 ZB 15.83, Beschluss vom 17. April 2015*

[370] *§ 3 Abs. 1 Satz 1, Abs. 3 Satz 1 UVV Jagd (VSG 4.4); siehe Kapitel 15.8.6*

[371] *OVG Lüneburg 8 ME 50/06, Beschluss vom 19. Mai 2006*

[372] *Umfasst auch das Schießen mit Kartuschenmunition („Platzpatronen"); beachten Sie Kapitel 15.8.8 zum Führen von SRS-Waffen durch Jäger*

[373] *Erläuterungen zur VSG 4.4 in Kapitel 15.8.6*

[374] *Zu den Begrifflichkeiten siehe BT-Drs. 14/7758, S. 109, Nr. 32*

[375] *Die Beschränkung auf das ihm zugewiesene Revier als Zuständigkeitsbereich des Jagdschützers lässt im Gesetzestext den Zusatz „im Revier" entfallen, der bei Ein- und Anschießen sowie Hundeausbildung einschränkend hinzugesetzt ist.*

[376] *Zum Jagdschutz, insb. den Befugnissen des Jagdaufsehers, Kapitel 15.8.7*

[377] *Es ist aber zu beachten, dass in Fällen der Verfolgung eines flüchtenden Straftäters die erweiterten Jedermannsrechte, nämlich §§ 127 Abs. 1 StPO, 32, 34 StGB, in Anspruch genommen werden können; in diesem Zuge wären Verstöße gegen das Waffenrecht, nämlich das Führen einer schussbereiten Waffe außerhalb des Reviers und außerhalb der privilegierenden Tätigkeit des Jagdschutzes, darauf zu prüfen, ob ein Entladen der Waffe vor Verlassen des Reviers die Verfolgung des Täters und damit die Rechtsdurchsetzung durch den Verfolger beeinträchtigt hätten.*

[378] *So im Juni 2023 durch Ergänzung von Vorgaben für die Anforderungen an die Schützenposition bei Erntejagden, siehe dort Hinweise zu § 3 Abs. 4*

[379] *Von der SLVFG zum Download online beziehbar; die Hinweise sollen das Erreichen der in der UVV normierten Schutzziele unterstützen; sie schließen andere, mindestens ebenso sichere Lösungen nicht aus und enthalten Erläuterungen für die praktische Durchführung der Jagd.*

[380] *zB VGH München 24 CS 22.1575, Beschluss vom 09. August 2022, Rn. 14*

*[381] Aus Sicherheitsgründen darf in diesem Moment der Verschluss, insbesondere bei einem Halbautomaten nicht geöffnet sein – bei einem Anstoßen der Waffe könnte der Verschlussfang gelöst werden und der schließende Verschluss eine Patrone aus dem Magazin in das Patronenlager führen und den beabsichtigten Schutz durch diese Regelung der UVV aufheben.*

*[382] Zeitlich und räumliches Zusammenwirken von Schützen; nach Landesrecht ist geregelt, ab welcher Schützenzahl von einer Gesellschaftsjagd auszugehen ist.*

*[383] Kleiner Waffenschein nach § 10 Abs. 4 WaffG*

*[384] Schießerlaubnis nach § 10 Abs. 5 WaffG*

*[385] WaffVwV 2012 zu § 13 WaffG, 13.6 Abs. 4; BT-Drs. 14/8886, S. 111 zur negativen Abgrenzung, wonach die Definition der Jagdwaffe nur nach § 19 BJagdG verbotene Waffen ausnimmt, damit aber andere Waffen positiv zur Jagdwaffe erklärt, selbst dann, wenn sie zur eigentlichen Schussabgabe auf das Wild nicht geeignet oder bestimmt sind; BT-Drs. 14/7758, S. 62, hier insbesondere zur Verwendung der SRS-Waffe im Rahmen der von § 13 Abs. 6 WaffG erfassten Tätigkeit „Erprobung und Prüfung der Schussfestigkeit von Jagdhunden", wobei die in diesem Zusammenhang eingesetzte Schusswaffe nicht der Jagdausübung dient. Gleiches gilt für die Verwendung zur Wildschadensverhütung.*

*[386] **Abweichend** mit Verweis auf fehlende explizite Freistellung von der Erlaubnispflicht OVG Lüneburg 11 ME 373/07, Beschluss vom 12. November 2007; allerdings ist diese Entscheidung vor Inkrafttreten der WaffVwV 2012 ergangen.*

*[387] Nicht zulässig wäre eine Zugriffsgestattung auf die Waffe, die sich im Waffenschrank des Vaters befindet. Zwar ist der Erwerb und vorübergehende Besitz der Büchse im Rahmen des § 13 Abs. 7 WaffG erlaubt, nicht aber eine Überlassung der Tresorschlüssel oder des Zahlencodes des Waffenschranks an den Sohn. Dies würde voraussetzen, dass es sich um eine gemeinschaftliche Aufbewahrung handelt, womit sowohl Vater als auch Sohn Inhaber einer WBK sein müssten.*

*[388] Für eine $E_{100}$ von 2.000 J bei einer $v_0$ von 320 m/s und $v_{100}$ von 288 m/s (10% Geschwindigkeitsverlust auf 100 m) wäre eine Masse m von 48 Gramm erforderlich, schwere Jagdgeschosse haben meist weniger als die Hälfte dieses Gewichts.*

*[389] BT-Drs. 19/13839, S. 72, zu Nummer 5, Buchst. b*

*[390] Zum Umgang mit Waffen in der Ausbildung vertiefend Kapitel 15.8.11.3*

[391] *siehe Kapitel 15.8.11.4*

[392] *WaffVwV 13.6, 5. Absatz, zu § 13 WaffG*

[393] *WaffVwV 13.8. zu § 13 WaffG, wie zuvor WaffVwV 1994, Nr. 32.5.2; vertiefend zu Voraussetzungen und Verfahren Kapitel 15.8.11.2*

[394] *Redaktioneller Hinweis: Die Paragraphenangaben beziehen sich auf das WaffG 1976 und entsprechen den §§ 21, 26 WaffG (2003)*